NUESTROS INTEGRISTAS

Gerardo López Laguna

NUESTROS INTEGRISTAS

EDITORIAL ANAWIM 2024

© Del texto, Gerardo López Laguna, 2024

© De esta edición, Editorial Anawim, 2024

Cubierta diseñada por María Giménez-Arnau
Web: mariagimenezarnau.com

ISBN: 978-84-128851-0-1

Dpto. legal: M-22400-2024

Editorial Anawim S.L.
CIF: B-10812618
C/Condesa de Venadito 17, 4ºD
28027 Madrid
Web: anawim.es
Email: anawimperiodico@gmail.com

ÍNDICE

5

INTRODUCCIÓN

Un fermento

> «Creo que en todas las religiones hay un pequeño grupo fundamentalista. Nosotros lo tenemos»[1]

Estas palabras del Papa Francisco nos sitúan en un terreno más universal, más crucial, de lo que parece podrían significar o suscitar a primera vista. Efectivamente, el hecho de que se haga referencia a pequeños grupos puede conducirnos a minusvalorar un fenómeno que por su propia naturaleza y por sus consecuencias espirituales con resonancias históricas y constatables en el tiempo, no se muestra precisamente como inocuo o débil, o circunscrito a los contornos fácilmente identificables de algunos grupos sectarios. Si hablamos de minorías, si el Papa utiliza esa expresión, esa referencia a «un pequeño grupo fundamentalista», esto es debido en primer lugar, a que, a día de hoy, las explicitaciones integristas o fundamentalistas en el seno de las religiones sí son minoritarias. Las explicitaciones. Lo cual no quiere decir que no puedan llegar a seducir a mayorías, como de hecho ha ocurrido en épocas y contextos determinados. Y tampoco quiere decir que las mayorías no fundamentalistas adscritas a las religiones representen limpiamente el camino a seguir...

No obstante esa observación sobre el carácter numérico de los grupos fundamentalistas, podemos intentar profundizar sobre otros sentidos, más universales, asociados a esta catalogación del fundamentalismo como asunto de minorías. Podemos contemplar,

---

[1] Francisco, *Rueda de prensa vuelo Cracovia-Roma* (31-7-2016)

en relación al aserto del Papa, que la intrínseca dimensión religiosa de la persona humana, solicitada natural y sobrenaturalmente por Dios de modo incesante, no se puede identificar con las numerosas deformaciones religiosas que le acosan en su peregrinaje por la historia. Es decir, la tentación fundamentalista así como las otras tentaciones, las que convierten a la religión en sociología, en política terrenalista, en rutina y costumbre cultural, en manifiesto conservador, en psicologismo individualista, en escapismo, en ideología de algún poder... y en todo lo que se le ocurra al ser humano, aún en el caso de que en un momento y lugar concreto estas deformaciones definieran de alguna manera a una mayoría, siempre seguirían representando la labor de «un pequeño grupo», un grupo que se ha erigido en autoridad él mismo y que con mayor o peor fortuna pretende fermentar a la masa...

Ahora bien, si convenimos que las deformaciones han sido y son siempre mayoritarias como se nos advierte de esto en las Escrituras, en el Evangelio, en las referencias a «un resto» y en la gravedad de la enseñanza sobre la «puerta estrecha», ¿por qué entonces seguir hablando, respecto a cada una de estas deformaciones, de minorías?... Porque el referente religioso último y que fundamenta todo no es el hombre y sus pobres respuestas, sino la iniciativa amorosa de Dios... Universal, dirigida a todos y no a «un pequeño grupo», con vigor para renovar una llamada siempre vigente y que toca todo corazón. Con claridad como para que la propia dimensión religiosa, la religiosidad constitutiva del ser humano, por su universalismo se erija como juez que desmiente las deformaciones reduccionistas pregonando con voz de trueno que la religión, la relación amorosa de Dios con los hombres, es cosa de todos tal y como se configura de parte de Dios. Así pues, las tentativas humanas de atrapar la religión en lo inmanente cerrado en sí, la explícita tentativa que supone el fundamentalismo religioso, aunque sedujera a multitudes, a mayorías, no albergaría en su naturaleza el ser mayoritario pues este lugar ya está ocupado por la gracia, por el vínculo real que Jesucristo tiene con cada hombre y mujer llamado a la existencia. Es decir, ni siquiera es un enfrentamiento entre mayorías y minorías, sino entre la llamada de Dios dirigida a la totalidad y quienes de entre esa totalidad, constituidos en pequeños grupos auto-seleccionados, pretenden frustrar la vocación a que ellos mismos son invitados y pretenden alistar a otros para su batalla mundana ejercida en nombre de Dios.

En este sentido, el de la iniciativa total de parte de Dios, también se entiende respecto a la vida espiritual de cada persona la aparente contradicción con que ayuntamos la idea del «resto» fiel, de esa minoría que opta por la puerta estrecha, con la calificación precisamente de «elementos minoritarios» a quienes deforman la religión con su reduccionismo integrista. La paradoja es superada por la visión de que esa mayoría entregada a la mediocridad y al costumbrismo religioso que se adapta a todas las mundanidades, es amada de Dios en cada uno de sus miembros (entre los que nos contamos), llamados por tanto, todos, a la santidad, contempladas sus vidas desde la perspectiva de su final, de su fin. Vistos entonces los desvaríos como elementos que purificar en la progresión de un camino.

Además, en esta consideración sobre mayorías y minorías, o mejor, sobre totalidades y minorías, somos conducidos al carácter constitutivamente fraterno de la persona humana: el resto que resueltamente dice un «sí» a la vocación a la santidad, se hace signo total de esta totalidad, asunción de las mayorías mediocres y de las minorías sectarias, porque carga vicariamente sobre sí estos estancamientos y estas resistencias conscientes, a fin de que, como decíamos antes, tales desvaríos sean purificados.

La búsqueda de seguridad

Es ésta, la seguridad, el control, una de las características psicológicas propias de todo sectarismo. De cualquier signo. Es una reacción temerosa ante amenazas reales: los vaivenes del mundo, las dudas metódicas, las negaciones transcendentes, las bofetadas recibidas de parte de la mentira, de la hipocresía... inducen a la búsqueda de lo Absoluto. El deseo de un Absoluto es acicateado por el juego de acción y reacción en que el espíritu del mundo atrapa al ser humano, pues, en el polo opuesto, en la actual cultura dominante occidentalista, el propio concepto, la noción de «absoluto», causa terror.

Dios se ha revelado, sin embargo, como Amor absoluto, como compasión absoluta. Como un Absoluto perdonador y vivificador. Ocurre que esta verdad, a muchos se les presenta asimismo como gaseosa, un poema esteticista que no tiene entidad, una nueva fuente de inseguridad. Por la sencilla razón de que este Amor, esta Verdad, son incontrolables, son una invitación a lo que, con toda propiedad, el mundo denomina como locuras... Y entonces la sed de seguridad ante los mundos disolventes, conjugada con el temor a perder pie definitivamente a que invita el Amor, concluye en la fabricación de *absolutos* que se pueden controlar. Porque son hechura de hombres.

Puede suceder, según circunstancias históricas y sociales, que la búsqueda de seguridad acucie a hermanos sumidos en miserias y pobrezas. Aquí asoma, como una tentación, ese género de integrismo mesiánico pujante en nuestros días que se dirige a los humillados y les propone un camino de autoafirmación –de odio- envuelto en promesas ultraterrenas y en lisonjas zalameras que jamás habían oído: *tú eres único, un elegido, para hacer algo grande, más grande que tú y que todos. Al servicio de Dios...*. En la rueda de prensa ofrecida por Francisco en el vuelo Cracovia-Roma de 31 de julio de 2016, de la que hemos tomado las palabras con que comienza este libro, el Papa también afirmaba, en relación con lo que estamos diciendo: «¿Cuántos jóvenes, que nosotros europeos hemos dejado vacíos de ideales, que no tienen trabajo y van a la droga o el alcohol, se juntan en grupos fundamentalistas?».

Búsqueda de seguridad vital, pues. Esta actitud, sin embargo, no se circunscribe a los sectores de población machacados por el mundo, sino que, con otros modos y otras expresiones, acampa también en el corazón de una multitud de *acomodados*. En general asegurados materialmente, buscan ante todo seguridad religiosa. Seguridad doctrinal. Y pisan firme. Se creen *guerreros de Dios*, no a favor de los otros, sino contra los otros. El desamor infla el orgullo, y éste ahonda el desamor. «A favor de los otros» es el riesgo de ese Amor del que hablábamos, y en el que se pierde pie. Amor sin comercio, a amigos y enemigos, que conduce entonces a fronteras misteriosas. El desamor implica cebar la siempre presente auto-referencialidad. Y así enumerar (enumerarse) el bien, la verdad, de la que seríamos supuestos poseedores, para cargar mundanamente (odio, violencia, desprecio e insulto) contra el adversario.

La enumeración maniquea exige control, delimitaciones doctrinales controlables humanamente. Necesitan, pues, tenerlo todo atado, bien atado. Con propia conciencia de ello... «(Juan Pablo II) se rió de buena gana el día que alguien le definió así a un integrista: "Es alguien que quiere hacer siempre la voluntad de Dios, lo quiera Dios o no"»[2]

Esta ocurrencia expresa mucho. La pretensión de dominar a Dios... Francisco, haciendo referencia indudablemente al frente intraeclesial conservador opositor a su magisterio –a su ministerio-, ha incidido en esa dimensión del dominio, desde el que ciertas propuestas de ese magisterio, ciertas andaduras, causan a alguno

---

[2] Miguel Ángel VELASCO, *Juan Pablo II, ese desconocido* (Planeta, Barcelona 1998) 185

perplejidad porque quiebran los mamotretos cerrados del racionalismo teológico, protagonista habitual de discursos integristas y protointegristas:

> «Una cosa es un sano y humilde uso de la razón para reflexionar sobre la enseñanza teológica y moral del Evangelio; otra es pretender reducir la enseñanza de Jesús a una lógica fría y dura que busca dominarlo todo»[3]

Un dominio que, desde el control silogista de la Verdad que supuestamente convendría a los hombres y por la que esta Verdad queda al fin bien escuálida, pretende elevar su radio de acción hasta la Verdad misma: «Quien lo quiere todo claro y seguro pretende dominar la trascendencia de Dios»[4].

Este es un problema perenne, un reto, en la historia de la religiosidad. Y específicamente, con notas propias, en cada una de las religiones y confesiones. En la Iglesia católica se han expresado histórica y circunstancialmente diversos repuntes poderosos de este género de actitudes. Ahora nos hallamos en uno de ellos, vinculado a los previos del Concilio Vaticano II y a las crisis originadas por su recepción. Es una evidencia este repunte, hasta poder contemplarlo no ya como asunto de minorías sectarias sino como algo sociológicamente perceptible en la marcha histórica de la Iglesia peregrina. Afirma al respecto Francisco: «surgen, surgen resistencias anticonciliares que antes no se veían»[5]. Es un espíritu, a su vez, vinculado con continuidad a toda la gran tormenta eclesial acontecida en las postrimerías del siglo XVIII, todo el siglo XIX y los inicios del XX, a causa del proceso en que murió, como civilización, la cristiandad europea y sus supuestas seguridades religiosas.

La tentación integrista es al fin un no fiarse del Espíritu, y en lugar de las *insensateces* conceptuales, las verdades abiertas que este Espíritu nos va mostrando, optar por petrificar lo recibido... en un punto preciso, en un momento histórico dado. Esta inmovilización no sólo contradice el ser peregrino de la Iglesia, la marcha del Pueblo de Dios, no sólo contradice esa acción del Espíritu, que va mostrándonos la Verdad, desenvolviéndola hasta el fin de los tiempos, sino que corrompe lo recibido, lo estanca y lo deforma para que quepa en un recipiente histórico. Pudre precisamente aquel depósito del que el integrismo se erige en

---

[3] FRANCISCO, *Gaudete et exsultate*, n.39
[4] *Ibid,* n.41
[5] FRANCISCO, «Entrevista (por Javier Fariñas)»: *Mundo Negro* n.687 (Enero 2023)
23

custodio. Una paradoja que como tal notaba De Lubac hace ya muchos años:

«"Mantener la piedad hasta la superstición", decía Pascal, "es destruirla". Mantener la ortodoxia hasta el integrismo, es también destruirla»[6]

...Destruir la ortodoxia privándola de la vida, es decir, del crecimiento y la expresión nueva. De Lubac, víctima él mismo de quienes sostenían esta actitud embalsamadora, ahondaba sobre esta tentación de la que ahora nos advierte el Papa, con palabras que parecen desarrollar las nociones de Francisco:

«En todo lo referente a las cuestiones esenciales, la objeción es más fácil que la respuesta. El hombre animal habla siempre más espontáneamente que el hombre espiritual, y rara vez le faltan las sutilezas y las delicadezas propias para parecer el más inteligente de los dos. Pero precisamente es esta facilidad la que se me hace sospechosa en tema arduos; esta claridad, en temas misteriosos; esta palabra obvia, en temas que exigen reflexión e investigación... Esta manera de ser inteligente frente a problemas ante los cuales el hombre verdaderamente grande debe, ante todo, reconocer su perplejidad. La vida, en cualquier orden, es el triunfo de lo improbable, -de lo imposible. Lo mismo sucede con la fe viva. Traslada las montañas, -rompe los círculos viciosos. Extrae su alimento de venenos, y progresa a base de obstáculos. Pero si decae, aun conservándose por otra parte enteramente sincera, si se ablanda o se endurece, todo se convierte en ocasión de retroceso. En caso de ablandamiento, la defensa ya no actúa; en caso de endurecimiento, la asimilación ya no se realiza más»[7]

El símil utilizado por De Lubac es luminoso. Aquí se trata, obviamente, de «endurecimiento». En la búsqueda de una mundana seguridad doctrinal es obligado situarse *en el mundo*, valga la redundancia; es decir, en unos referentes históricos, civilizatorios, que se convierten en roca, en absolutos desde los que medir y valorar. El integrismo de matriz católica se convierte entonces en heraldo de la era de cristiandad europea. También en América,

---

[6] Henri DE LUBAC, *Paradojas y nuevas paradojas* (Edic. Península, Madrid 1968) 11
[7] *Ibid*, pp 15-16

cristiandad europea. El resto del mundo sólo ha existido, para esta visión de las cosas, bien como subordinado, pasivo, objeto de imperios *cristianizadores* y colonias *civilizadoras*, bien, en el caso de antiquísimas cristiandades no europeas, como una anécdota folklórica, un ornamento cuya existencia no ha alterado la esencia eurocéntrica de la visión.

La «Roca» real no sería Cristo, sino la cristiandad blanca de Europa. Esto provoca en el integrismo una actitud inquisitorial de defensa de un viejo orden posteriormente atacado y descompuesto. Entonces, como permanentes rebuscadores de las herejías del nuevo mundo, la visión se auto-incapacita para percibir de entre las propuestas y malestares de ese mundo, cuál es el «lugar teológico»: si un reto conceptual, un drama, padecido por las gentes, una solicitud o grito salido de los corazones humanos... o, de modo sordo y obsesivo, sólo las falsas o deficientes respuestas al reto, al drama, al grito, que se hayan podido elaborar filosófica y teológicamente...

Aun cuando tales respuestas falsas o deficientes coparan con vigor el escenario histórico, la forma de *desactivar* su carácter dañino o parcialmente dañino sólo puede ser que, con más vigor aún (el que viene del Espíritu y el mundo no puede dar), se muestre la respuesta cristiana, la asunción cristiana purificadora del reto, el drama, la solicitud y el grito.

La actitud integrista muestra, en primer lugar, que no percibe los retos como tales retos. O bien por indiferencia, pues su corazón –el del integrismo- estaría en otros lugares, otras batallas, o bien por negación de los mismos, quitándoles todo sentido y consecuentemente afirmando el orden establecido al que el reto se enfrenta.

La postura entonces es esencialmente reaccionaria: en la medida en que la propuesta de cambio, las denuncias, se perciben como venidas del *enemigo* (enemigo de un orden divino, nada más y nada menos), son rechazadas sin más o tratadas con indiferencia mirando a otro lado. Así la revolución social, el feminismo, el pacifismo, el ecologismo, el indigenismo y todo lo demás que no entre en el vocabulario conceptual y sentimental de la vieja cristiandad europea. No digo de la Iglesia, pues en Ella, en muchos de sus santos y en multitud de corazones, con mayor o menor ardor, tales retos sí han estado presentes desde el principio. Con otros lenguajes, otras definiciones, otros objetivos últimos y primeros que los del mundo, según conviene a la vocación sobrenatural del hombre.

Fundamentalismo, integrismo: un espíritu

Aunque ambos términos tienen diferencias aquí los vamos a usar, como venimos haciendo, de un modo equivalente. El propio desarrollo de este estudio va a ir mostrando que, en la práctica, para los que perciben tales fenómenos, y en las concreciones, en realidad se trata de un único fenómeno con diversos orígenes, contextos y matices.

En un artículo publicado años antes de su ordenación episcopal, José Rico Pavés resumía así el origen de los términos:

> «(...) el término "fundamentalismo" fue acuñado en sectores protestantes de EE.UU. El nombre proviene de una serie de doce folletos, publicados entre 1909 y 1915, titulados *The Fundamentals: A Testimony to the Truth*, edición financiada por Lyman Stewart, fundador de la *Union Oil Company* (...) se interpreta literalmente el texto sagrado, marginando los métodos científicos en su estudio y vinculando su verdad a su eficacia emocional, subjetivista, en el lector»[8]

Respecto al término «integrismo», el autor del artículo nos remita a «ámbitos católicos». Se trata de un *movimiento* decimonónico que brota en diversos lugares de Europa y Latinoamérica:

> «(...) se aferraron a un catolicismo cerrado a todo diálogo con el mundo y a todo progreso en la comprensión y formulación del dogma. Aunque es un fenómeno anterior a la aparición de los fundamentalismos, se asemeja a ellos por la rigidez intelectual con la que se concibe la vida cristiana. Teológicamente, sus posturas son muy próximas al fideísmo, pues conceden muy poca importancia a los problemas de credibilidad de la revelación. Una expresión más reciente de esta actitud es la manifestada por el arzobispo Marcel Lefebvre durante y después del Concilio Vaticano II. Su postura es llamada también *tradicionalismo* en cuanto se aferra a algunas *tradiciones eclesiásticas* –que se han de distinguir de la Tradición de la Iglesia, como depositaria y transmisora, junto con la Escritura, de la Revelación–, de la misma forma que los fundamentalistas

---

[8] José Rico Pavés, «Fundamentalismo y verdad»: *Verdad y Vida* 234/LX (2002) 245

protestantes se aferran a la interpretación literal de la Biblia»[9]

Haciendo referencia al propio origen de estos términos, a los ámbitos en que nacieron, podríamos simplificar aduciendo que el «fundamentalismo» establece como roca algún texto basal, petrificado, pseudosacralizado en la medida en que, para afirmar su carácter absoluto, se le descontextualiza y es leído en clave literal para concluir en una aplicación literalista. En el «integrismo», el referente, su roca basal es un concepto mundano de tradición; es decir, se trata de un referente civilizatorio, concebido en la práctica como la exaltación de una «edad de oro» histórica (con matices o sin ellos) que habría que reproducir moralmente.

Fundamentalismo e integrismo. Al fin, se suponen mutuamente: el integrismo eleva a lo intemporal –para ser imitado– los aconteceres, los escritos, expresiones, actitudes, de una época, de unos personajes humanos, concluyendo en una especie de fundamentalismo historicista. El fundamentalismo, por su parte, también mitifica épocas y establece referentes históricos, civilizatorios... los Padres de la Reforma... o incluso más concreto aún: en Estados Unidos, por ejemplo, o en Sudáfrica, los «pioneros»... la Biblia y las armas, un remedo de la «elección» veterotestamentaria.

La confluencia fundamental, la que nos conduce a tratarlos en la práctica como un único fenómeno con diversos rostros y contextos, es el género de actitudes y concreciones de respuesta ante los retos de hoy que tales fenómenos producen en sus adeptos y en los numerosísimos sometidos al influjo de tal espíritu.

Este último aspecto es crucial: hablamos de pocos adeptos explícitos, con conciencia de haber sido de algún modo *escogidos*, pero también de una gran masa que, de un modo u otro, en unos aspectos más que en otros y en grados diversos, se ha dejado fermentar...

Efectivamente, el integrismo de matriz católica, el que centra ahora nuestra atención, puede ocultarse a modo de semilla en el corazón de muchos. Es decir, de hermanos que son vocados al Amor y pueden entorpecer o frustrar la llamada de Dios albergando en sus almas aquello que contradice a tal Amor.

---

[9] *Ibid,* p.246

Por otro lado la fermentación operada por aquellas minorías puede provocar una eclosión: hay ejemplos históricos (que aparecerán en este estudio) de esa impregnación integrista, conduciendo emocional y actitudinalmente a multitudes.

No se puede, ni se debe, desvalorizar su potencial, pues, como *espíritu* que es, igual que otros que acosan al hombre, aprovecha la debilidad de nuestra naturaleza caída para hacer fructuosos sus embates basados en la mentira, en el mal. Más allá de las diversidades incluso antitéticas de sus manifestaciones explícitas, el integrismo es un *espíritu* que no viene de Dios, y que se muestra como tentación. Halaga el orgullo, cebando *fariseísmo* contra los hermanos... Halaga orgullos carnales: la pertenencia a una nación, a una raza, una cultura. Ofrece fáciles soluciones maniqueas según tablas moralistas que clasifican en morales e inmorales a fin de justificar –siempre- recetas socialmente represivas. Muestra este espíritu, con estas actitudes, su existencia previa, transtemporal, a las manifestaciones explícitas de los grupos integristas militantes. Es decir, muestra su carácter de tendencia espiritual en el mundo proto-integrista de conservadores moralistas y cristiandistas... Es ciertamente mucho más peligroso de lo que las estadísticas ofrecen.

Efectivamente, no es un problema marginal, inocuo por su propia marginalidad. No sólo históricamente ha provocado tal fenómeno efectos perversos de carácter sangriento y masivo, sino que a día de hoy y por de pronto, la disposición emocional proclive al integrismo está sirviendo –en confluencia con otros *espíritus*- como una de las poderosas cimentaciones ideológicas de las ultraderechas emergentes, sobre todo en forma de islamofobia odiante, sacronacionalismo y moralismo social que justifica y alienta los desprecios y la violencia institucional. Todo esto, en nombre de Dios. Y en nuestros parámetros histórico-circunstanciales, tal vivencia concreta y deforme, en nombre de la fe católica.

El camino a recorrer en este ensayo

De modo sintético podemos decir que estas páginas quieren desembocar en la actual irrupción del nuevo repunte de espíritu integrista que asoma entre fieles de la Iglesia católica. Para ello vamos a intentar recorrer un itinerario histórico por el que podamos discernir algunas de las motivaciones y circunstancias en que se apoya este fenómeno. Estas incursiones históricas, presentadas a modo de mosaico expresivo, nos pueden ayudar a comprender y abordar algunos de los elementos cruciales por los que se puede identificar tanto este espíritu integrista como los integrismos explícitos que a día de hoy batallan por ganar el corazón de los fieles de diversas regiones del mundo.

La reacción integrista al Vaticano II no sólo se nos presenta como un amplio abanico de opciones diversas sino como un episodio histórico, prolongado y profundo, que mantiene vínculos de continuidad con ciertos mundos del pre-Concilio. Es decir, el integrismo en cuanto heterodoxia de matriz católica no nace como reacción al Concilio, sino que reacciona ante este Acontecimiento eclesial porque ya existía antes. Por tanto debemos situarnos primeramente en los orígenes de este género de integrismo de matriz católica. Los eventuales ejemplos que podamos utilizar referidos a otras confesiones cristianas servirán para ilustrar un fenómeno universal que, sin embargo, presenta en cada una de las Iglesias y comunidades eclesiales un aspecto propio.

Así pues, estudiaremos en referencia a la Iglesia católica de modo especial la gran crisis que señalábamos páginas atrás, sufrida en el siglo XIX en Europa y Latinoamérica. También indicábamos más atrás que la tentación integrista acosa a todos y, por tanto, a las Iglesias católicas de Asia, África, Oriente Medio, Oceanía... pero la articulación orgánica del actual integrismo, y su poderosa secuela espiritual, se configura en la Europa de la transición a la poscristiandad, y en la América que vive bajo gobiernos liberales y masónicos de aquella centuria y los inicios del siglo XX.

Tras los orígenes, nuestro itinerario nos conducirá a presentar una serie de aspectos fisonómicos por los que la tendencia es reconocible, diversas descripciones y definiciones del fenómeno, en las cuales podemos percibir un *quid* que hace posible el englobar en este término a las diferentes manifestaciones de esta deformada y deformante corriente religiosa. Son aspectos universalizables. Por eso los integristas de matriz católica expresan simpatías por personajes y opciones no pertenecientes al catolicismo, no por ningún tic ecuménico sino porque en ellos reconocen esos valores universales que los configuran.

Un libro titulado *El ultra* –que usaremos en diversas ocasiones en este estudio-, escrito por Heinrich Mann en 1914 y que está ambientado en la Alemania de las últimas décadas del siglo XIX, en plena descomposición total de las civilizaciones cristiandistas europeas, nos muestra a esta clase de personaje, «el ultra», reconocible desde entonces en una multitud de tiempos y lugares diversos: utilización de la religión como ídolo tradicional y factor cohesivo, culto a la fuerza y el poder, antijudaísmo, elitismo, patrioterismo agresivo, militarismo, machismo, imperialismo, policialismo... El lote completo. En este libro, el protagonista, Diederich, es presentado con graves notas de estricto fariseísmo en armonía con mezquindades y complejos. Todo, en nombre de Dios... Las notas fisonómicas que presentaremos no pretenden sin embargo juzgar personalmente a nadie, pero sí advertir de que, espiritualmente, se oponen al Evangelio de Jesucristo.

Tras los orígenes y esa suerte de descripción tipológica nos adentraremos en los disensos teológicos originados a raíz del Concilio Vaticano II. Efectivamente, entre las consecuencias originadas por la celebración de este Concilio, nos topamos con una reacción integrista de alcances más amplios de lo que pudiera parecer a primera vista. Esta reacción se nos ha mostrado elocuente a través de figuras personales fulgurantes, tales como un Monseñor Lefebvre y la particular iniciativa por él acaudillada. Iniciativa que a fecha de hoy aún presenta la forma de movimiento cismático entre otras cosas. La reacción integrista no se puede reducir, sin embargo, a este episodio de la historia de la Iglesia, es decir, al cisma lefebvrista; sabemos que es fruto de algo más profundo y más antiguo, y por tanto con capacidad para mostrarse de un modo plural tanto en sus manifestaciones interiores como en sus planteamientos doctrinales.

Intentaremos abordar las diferencias y continuidades expresadas interiormente en el integrismo de matriz católica desde el siglo XIX hasta nuestros días. Percibimos que antes del Concilio las tendencias integristas pugnaban con otras facciones de la Iglesia para presentarse como los más «fieles», los más «auténticos». Todos –ellos y quienes no compartían sus visiones- acudían generalmente al Magisterio en esta pugna. De un modo más o menos sesgado, más o menos deformante. Siempre pasando por sus respectivas cribas selectivas e interpretativas. Con el Concilio Vaticano II los parámetros de este dinamismo de confrontación se resquebrajan: los integristas, que se presentan como «auténticos» católicos, se ven obligados a oponerse al Magisterio eclesial. Los integrismos más explícitos lo hacen directamente: hay quienes no sólo rechazan el Concilio sino a los mismos Papas, a quienes consideran «herejes modernistas», usurpadores e impostores, y a quienes califican sin más de «Antipapas». Otras corrientes, con el soporte de los mismos argumentos y pretensiones que éstos, no rechazan el Concilio Vaticano II sin más y como tal, sino que lo reinterpretan para acomodarlo a una idea concreta de «tradición» que realmente les separa de aquel *sentire cum Ecclesia* que debe caracterizar la vida cristiana, incluso cuando uno se crea o se sepa llamado a intervenir con determinadas correcciones o desarrollos no tenidos en cuenta. Otros más –la mayoría-, no llega a la oposición explícita, ni a ese titánico esfuerzo interpretativo: opta por la selección de textos magisteriales. Instalados prácticamente en las mismas posiciones espirituales y en la misma eclesiología que los integristas explícitos, sencillamente ignoran las enseñanzas que tienen que ver con la libertad religiosa y el diálogo inter-religioso, con la no violencia y una opción preferencial por los más pobres despojada de romanticismo burgués y que conduce a posiciones socialmente peligrosas para ciertas concepciones de la propiedad, la jerarquía, la política, las fronteras...

Intentaremos abordar los elementos que conforman la confrontación entre la Iglesia que recibe como un don la doctrina del Concilio y esta corriente que califica esta doctrina como herejía o la mutila y manipula para compatibilizarla con una serie de presupuestos inamovibles y supuestamente sagrados.

El disenso teológico, explícito o soterrado, condujo en ciertos casos a una confrontación directa con la Iglesia que culminó en cismas, sectas, y el mantenimiento de una poderosa corriente de opinión que, como rescoldo de un fuego sagrado, ha esperado su momento para volver a emerger con facha de confrontación.

Tras tratar de estos disensos teológicos y algunas de sus concreciones intraeclesiales, intentaremos mostrar cómo tal corriente teológica, el integrismo de matriz católica, ha tenido sus influjos históricos y políticos, rastreando las consecuencias morales con concreciones históricas bien determinadas -y bien malignas- que ha producido esta tendencia religiosa cuando ha servido de soporte doctrinal para impulsar o bendecir ciertas alternativas en el mundo de la política... Aquí nos adentraremos en diversas situaciones paradigmáticas al respecto: los antijudaísmos activos, la confluencia con los fascismos clásicos, la guerra española, la guerra de Argelia, las dictaduras latinoamericanas...

Por fin, como decíamos, desembocaremos en la situación actual. Cómo el integrismo de matriz católica, el no explícito, el que se muestra como espíritu conductor, corrector, vertebrador, tiene relación de influjo en los ultraconservadurismos contemporáneos de occidente. Un trasvase de simpatías, de puntos comunes, de fortalecimiento de tendencias. Y, de parte del clero adscrito al espíritu integrista, un bendecir las conciencias de quienes forman parte de la base social de tales opciones enemigas del Sermón de la Montaña, de la cruz de Cristo.

El signo de esta emergencia es la resistencia al papa Francisco. Con bastante insolencia por parte de no pocos de los protagonistas; otros, con sutilezas clericales. Se vuelve a hacer verdad aquello de que hablaba Balthasar en *El complejo antirromano*: que los integristas, idolatrando una supuesta edad de oro de pureza doctrinal, siempre perteneciente al pasado, al «antes», sajan por donde quieren, por donde ellos dicen. Ahora, en el pontificado de Francisco, a quien no dudan en calificar de cómplice de herejías y sacrilegios, y de quien otros esperan, sencillamente, que se muera pronto para que llegue, en fin, un Papa *de verdad...*

Evangelizar a los integristas

Este trabajo, en el que se plantea uno de los aspectos de la diversa y desbordante historia eclesiástica contemporánea, no pretende, sin embargo, exponer simplemente una divergencia de fondo de carácter doctrinal o una serie de consecuencias negativas desde una visión errada de la vivencia de la fe, sino hacer resaltar, a modo de contraste, el *Veritatis Splendor*, su belleza, su carácter misterioso y por tanto no controlable de modo matematizado por el hombre, y asimismo el resultado de la irrupción de la caridad entre los hombres; algo especialmente visible en esta confrontación en la medida en que la reacción integrista constituye una legitimación y un impulso a medidas que han supuesto y suponen el odio entre los hombres.

El ensayo se confronta con el integrismo de matriz católica y con los previos espirituales que lo hacen posible. Decíamos que no quiere ser un mero señalar como error fundamental a tal opción vital y doctrinal, sino ocasión para reflexionar sobre los retos que este fenómeno presenta a la Iglesia y al mundo.

Antes hacíamos referencia a cómo este integrismo es incapaz de percibir como verdadero lugar teológico los desafíos que la historia presenta. En su afán por solidificar lo que ellos llaman «tradición», identifican los desafíos con las falsas o carentes respuestas que a los mismos se ofrecen desde las filosofías materialistas vigentes. Ahora bien, no podemos nosotros hacer lo mismo con el integrismo: esta opción no es sólo una colección de errores venidos de algunos falsos principios, sino que, a su manera, se confronta con retos reales que precisan de una respuesta cristiana. Pues nada del hombre es ajeno a Cristo y, como decía San Juan Pablo II, el camino de la Iglesia es el hombre.

Efectivamente, el integrismo de matriz católica, por ejemplo y de modo fundamental, pretende combatir el liberalismo. La respuesta que ofrece es errónea, pero fuera de su ámbito –el integrista- la generalidad de los católicos ha cerrado en falso este debate. Y eso no es legítimo, pues la cuestión expresa elementos fundamentales.

En relación con lo anterior, la relación Iglesia-mundo es otro de los retos fundamentales a los que el integrismo ofrece la errónea respuesta de una reconstrucción de la *cristiandad*. Pero el reto de la relación Iglesia y sociedad está ahí, y todas las fáciles fórmulas de conveniencia con las que hasta ahora *vamos tirando*, no sólo presentan males objetivos sino que no deben servir para eludir la búsqueda de alternativas desde el referente absoluto de la Verdad y el Amor... porque muchos hermanos son vejados y a muchos se les traba el camino a la Verdad...

Y así, con todo lo demás. La libertad religiosa, abominable para el integrismo, no puede para los católicos identificarse con el indiferentismo y la desvalorización de la religión en sí mientras se busca un espacio institucional, cómodo jurídica y económicamente, para situar a la Iglesia en un mundo al que no le impacta su misión...

Podríamos seguir con cada una de las obsesiones integristas: las tradiciones nacionales como ídolo, la violencia sacralizada, el jerarquismo... Son respuestas indignas a batallas, retos, que se han de librar a la luz del Espíritu, de lo que Él inspira a las Iglesias de Dios a fin de que los fieles se conformen cada vez más según Jesucristo, en Jesucristo.

Esta confrontación con las respuestas que da el integrismo al mundo, significa que el mundo integrista de matriz católica es un mundo de misión, necesitado de evangelización. Así es: ese universo plagado de doctores en teología, de filósofos eruditísimos y densísimos, de miembros de la jerarquía sacramental de la Iglesia, de consagrados... capaces de olfatear cualquier herejía catalogada y cualquier *complicidad* con las mismas... es un universo que precisa de un primer anuncio del Evangelio: que Dios es Padre, que Cristo ha muerto por todos, que el Espíritu solicita a cada uno, que a la locura del Sermón de la Montaña le sobran glosas...

Evangelizar a los integristas, anunciarles la gracia, no el tratado *De gratia* sino el misterio, la relación personal con Jesucristo, el reconocimiento inefable de los soplos del Espíritu... La Belleza, pues el atentado fundamental del integrismo lo es contra la Belleza, la belleza de la caridad. Se han vedado a sí mismos la contemplación de Aquél que enjugará las lágrimas de todos los rostros.

La vida de los hombres es compleja. Pueden, en un hombre, en una mujer, coexistir en su interior visiones y mundos que realmente se excluyen entre sí. Hay numerosas brechas saludables, hay gentes bondadosas que sostienen algunas ideas que contradicen esa bondad. Bondad que de modo soterrado resquebraja esas ideas erróneas. Hay que llevar pues ese resquebrajamiento hasta la ruptura. Dios lo ha hecho así con no pocos... Los antecedentes personales de un Maritain, un Helder Camara, de un San Óscar Romero, del venerable José Rivera, y de tantos otros. Fueron liberados sobrenaturalmente tras haber vivido encerrados o constreñidos en sus visiones, por el mundo ultraconservador, protointegrista. O incluso, como en el caso del brasileño, explícitamente integrista. Sensibles al sufrimiento de los hermanos, de los oprimidos, saltaron los cerrojos y sus visiones se ensancharon y purificaron, y dejaron de rememorar cadáveres para caminar en pos de la Alegría.

Salud.

I.- ANTECEDENTES

En la búsqueda de antecedentes que nos den luz sobre el fenómeno integrista de matriz católica, no podemos ni debemos embarcarnos en la tarea de buscar relaciones, referentes e influjos históricos de un modo exhaustivo pues dada la condición histórica del hombre –en la que no hay *espacios vacíos* y todo está relacionado– podríamos perdernos en un mar de datos, aconteceres, pensamientos, y en un encadenamiento temporal hacia atrás sin fin.

El referente más próximo y claro por el que creemos deber comenzar nos sitúa en el siglo XVIII, en la Ilustración, la Enciclopedia, el nacimiento formal de la masonería especulativa con la redacción de las Constituciones de Anderson en 1723. ¿Por qué? Porque tal tendencia filosófica con sus correspondientes iniciativas culturales, sociales y políticas, se nos muestra como ruptura respecto al llamado «Antiguo Régimen». Este proceso histórico nos conduce directamente a una fecha clave: 1789, la Revolución Francesa, en la que se cristaliza de modo progresivo pero vertiginoso esta ruptura.

Las brutales guerras de religión del siglo XVI se prolongaron en el decadente siglo XVII; el afianzamiento del esquema político-religioso del absolutismo desprestigia a la religión; la hostilidad frente a una Iglesia enmarañada en manejos mundanos se hace cada vez más evidente de parte precisamente de quienes están imbuidos en esos indignos manejos, es decir, entre las clases cultas, aristocracia y una burguesía pujante. Por fin el siglo XVIII intentará dar forma definitiva a ese malestar mediante el fomento de un pensamiento rupturista: exaltación y primacía absoluta de «la Razón» frente a «las supersticiones», una pseudoteología deísta que propugna por tanto una vaga religiosidad universal alternativa a la pretensión católica de la Iglesia romana, una revisión de la ética en que se acusa a la moral cristiana de enemiga de la vida y de la alegría...

El año 1789, con el inicio de la Revolución Francesa, ha supuesto que tales ideas supuestamente emancipadoras han salido de los clubs de élite, de los salones en que los empelucados filosofaban y reían los insultos de Voltaire a *la Infame*, para empapar el tejido social y buscar concreciones históricas ya. Sin embargo, hay una gradación y una diferencia notables en este campo de las concreciones y las motivaciones inmediatas: desde aristócratas reformadores a revolucionarios jacobinos; desde constitucionalistas enemigos de los abusos absolutistas o campesinos que sufren la tiranía económica de los señores pero que en su protesta conservan la fe católica, hasta ateos convencidos adversos a toda idea religiosa...

La Revolución misma presenta estas contradicciones internas: las purgas se suceden, muchos campesinos que habían participado en los sucesos de 1789 son ahora exterminados en masa en La Vendèe porque se oponen a la constitución civil del clero y a los reclutamientos obligatorios...

Sea como fuere, 1789 se convierte en símbolo de una nueva era. La ruptura con el Antiguo Régimen es su seña de identidad y por eso, a pesar de las semejanzas con las anteriores revoluciones inglesa y americana, esta revolución, la «Revolución Francesa», se torna referente para todos aquellos que de modo ideológicamente fragmentario o total se quieren enfrentar al «Antiguo Régimen».

Las guerras napoleónicas constituyen una tremenda paradoja al respecto: un nuevo absolutismo principesco que, sin embargo, se hace portavoz a su modo de las nuevas ideas. La paradoja se reproduce entre las víctimas de este imperialismo y así muchos de los que lucharon en España o Italia, por ejemplo, contra los invasores franceses, después combaten al interior de sus naciones por la implantación de aquellas ideas venidas de Francia.

Obviamente todo este proceso va a ser monstruosamente traumático. Es aquí donde podemos situar el origen de los integrismos de matriz católica que llegan hasta nuestros días: en la reacción religiosa, política, cultural y bélica de aquellos que contemplan a las nuevas alternativas como un ataque directo a un ordenamiento histórico que nada más y nada menos sería a sus ojos el ordenamiento de Dios.

1.- La nostalgia de la cristiandad o el sueño de una Edad de Oro

El realismo cristiano está cimentado en realidades sobrenaturales que fecundan la historia, la tensan desde la Plenitud, la criban y purifican desde una Victoria ya dada. Frente a este realismo se alzan las ideologías, y entre ellas, la ideología cristiandista, en la que a sus valoraciones de sabor mundano y expectativas mundanas se las sella con el nombre de Dios.

En la época de transición en que se desmantela el edificio civilizatorio de la cristiandad, se alzaba una voz –desde Papas hasta laicos- advirtiendo sobre la ruina de las sociedades civiles que despreciaran las enseñanzas divinas de Jesucristo. Una primera cuestión de orden esencial encierra tal advertencia: qué se entiende por ruina de las sociedades civiles. El desprecio de la Verdad ciertamente acarrea ruina, pero ésta no tiene por qué identificarse en sus contornos con ese género de desastre que los hombres cuantifican desde la constatación de los derrumbes económicos y las descomposiciones políticas y sociales. La ruina puede tener ese lenguaje o dejar de tenerlo y presentar la facha –al menos en un periodo significativo de tiempo- de una sociedad engrasada, opulenta, ajena a disturbios...y envilecida por el egoísmo, la degradación de sus miembros, la desesperación soterrada y ahogada por el jolgorio de la juerga.

Quienes denunciaban, en aquel periodo de desmontaje de la cristiandad, el desprecio de la Verdad revelada por Jesucristo, se podían basar sin equívoco en las propias declaraciones y acciones del agresivo laicismo de una parte importante de las nuevas sociedades. Obviamente, en aquel contexto brota poderosa la nostalgia, la afirmación del tiempo de cristiandad como sociedad supuestamente regida por esas enseñanzas ahora despreciadas.

Estas falsas idealizaciones son consustanciales a la reacción integrista:

«El reaccionario es un tradicionalista, es decir, quiere volver a poner en juego la tradición, o el pasado. Ahora bien, se trata de una tradición o un pasado según los entiende él, con inexactitudes idealistas»[10]

Esta convicción, más o menos explícita, se fundamenta en una afirmación que tomada in globo no se corresponde con la verdad, pues, sencillamente, no era verdad que la sociedad atacada

---

[10] Salvador Giner, *Historia del pensamiento social* (Ed. Ariel, Barcelona[8] 1992) 399

por los nuevos enemigos de la fe reflejara la vida evangélica. Más bien asemejaba a la sociedad religiosa que rechazaba a Jesús cuando anduvo por la tierra como un hombre: una primacía de ritualismo vano, hipocresía, una mezcla de bien y mal estatuida como normal, asentada como norma; injusticia y desamor evidentes, violencia y desamor evidentes... Evidentemente, igual que en tiempo de Jesús y su religiosísima sociedad, también en la cristiandad se encontraban «israelitas de verdad», muchas gentes que se dejaban santificar, con claridad o a trompicones, y que reconocían la verdad en muchos de los postulados *oficiales*, en los referentes religiosos de tal sociedad. Muchos vivieron sin embargo toda su vida en combate por la fe y enfrentados al *mundo*. Y eso, en una sociedad que se jactaba de estar cimentada en ella.

Un mundo viejo entonces. Y de hecho bastantes de los grandes adalides de las protestas cristiandistas frente a las políticas y visiones de las nuevas sociedades laicistas, eran representantes bien directos de ese viejo mundo, columnas del mismo. Aristócratas y burgueses ricos. Que defendían con uñas y dientes sus estatutos personales como venidos de un orden divino.

Psicológicamente, el escollo de la evidencia de normativas, actitudes, expectativas y acciones antievangélicas de la vieja cristiandad, se quiso superar mediante una vaga idealización de un pasado indefinido. El propio León XIII, que alentó el proceso de desvinculación de la Iglesia en sí con el Antiguo Régimen, vivía esta suerte de referente nostálgico y romántico como una verdad:

> «Hubo una época en que la filosofía del Evangelio gobernaba los Estados; en aquel tiempo, la fuerza y la influencia soberanas del espíritu cristiano habían penetrado las leyes, las instituciones, las costumbres de los pueblos y las organizaciones del Estado»[11]

En la fecha en que este Papa escribió esta afirmación ya era evidente para muchos que el contenido de la misma conducía a míticos y añorados lugares y espacios que no se podían definir con claridad. Para otros, sin embargo, la afirmación se seguía correspondiendo con esa cristiandad tangible que se resistía a morir. Afirma al respecto Giuseppe Alberigo que «la nostalgia de

---

[11] Leon XIII, *Inmortale Dei* n.9 (1-11-1885)

28

una "cristiandad" protectora de la fe y de la Iglesia se mantenía viva en muchos espíritus»[12].

Describe este autor el clima espiritual y doctrinal expresado por algunos de los receptores de la convocatoria de un Concilio ecuménico realizada por Pío IX, de este modo:

«A través de itinerarios a veces incluso contradictorios, volvía a tener crédito la eventualidad de una "cristiandad". Si no como simbiosis entre el trono y el altar, sí al menos como convergencia de intereses frente a la amenaza común del socialismo»[13]

Este es el aspecto más sobrenaturalmente trágico de la añoranza de tal cristiandad: la búsqueda de nuevos *constantinos*, la búsqueda de una seguridad no cifrada en la confianza en el Padre sino en las armas del César. Una tentación que se prolonga en el tiempo y que, a día de hoy, vige en los corazones de muchos fieles católicos adscritos a la tranquilidad institucional que les brindan las opciones conservadoras de tinte tradicionalista.

El mito de una Edad Dorada entre los nostálgicos de una cristiandad fundamentalmente irreal, como respuesta a los nuevos desafueros y a los ataques a la fe venidos de facciones pertenecientes a ese nuevo orden de cosas, tiene por lo menos el sabor del idealismo y se sustrae de alguna manera del espíritu de quienes tienen como referente a la cristiandad tal cual se ha presentado hasta entonces. Con todas sus luces y todas sus groserías. El problema, para los seguidores del mito, para quienes identifican de algún modo esa «época» y ese «aquel tiempo» de que hablaba León XIII, es que se ven obligados a hacer tantos paréntesis históricos, tantas amputaciones temporales a fin de no manchar la claridad de la imagen que, al fin, sólo les queda afirmar con rotundidad y vaguedad el propio mito... «una época», «un tiempo»... Les quedan, a modo de chispazos, una serie de referentes intermitentes reducidos finalmente a un par de atmósferas históricas... Carlomagno, las Cruzadas, el siglo XIII... Algunos referentes de entre los que han compuesto a la cristiandad europea pueden añadir alguna particularidad. En la península ibérica, la «Reconquista», el «Descubrimiento», el «Siglo de oro»; otros, en otros lugares de Europa, la contención del imperio turco; otros, los

---

[12] Giuseppe ALBERIGO, «El Concilio Vaticano I (1869-1870)», en Giuseppe ALBERIGO, ed., *Historia de los Concilios Ecuménicos* (Ed. Sígueme, Salamanca 1999) 315
[13] *Ibid*, pp 317-318

momentos fundacionales en los que sus pueblos comienzan a formar parte de la cristiandad...

Unos pocos referentes que, a su vez, no son sometidos a juicio por el Evangelio sino glorificados sin más. Eso queda del mito, si, como hacen tantos de los propios pensadores cristiandistas, comenzamos a sajar por aquí y por allá para no dañar a ese constructo cultural manchándolo con ese «siglo de hierro» en que culmina el pretendido «Imperio Sacro»; y con el «nominalismo», apenas culminado el siglo XIII, fenómeno con el que tales pensadores identifican el proceso que ha conducido a occidente hasta hoy. Un Alberto Caturelli, por ejemplo, quien tiene la suficiente sensatez como para rechazar el «antiguo régimen», identificado por él con el absolutismo prerrevolucionario, se sitúa en ese género de análisis que nos conduce a Occam, los averroístas, Marsilio, etc. Así, para seguir afirmando a la cristiandad como referente dorado según la fe cristiana y tras la doble operación consistente en indefinir los primeros siglos de tal cristiandad y en indicar su decadencia al inicio del siglo XIV, se ve obligado a recurrir al mito, a hablar de un pasado glorioso que ha sido atacado. Caturelli nos habla de «la destrucción progresiva de un orden social no "separado" sino unido al orden sobrenatural, orden en el cual el Estado no centralizaba, no existía una tiránica tutela administrativa y no existía la nación como el colegio de individuos, sino una orgánica distribución de cuerpos intermedios»[14].

...Ese pasado no ha existido sino parcialmente y lleno de claroscuros. En medio de sombras y contradicciones, en la complejidad de aquellas sociedades medievales, de las que se pueden extraer lecciones saludables, contemplar referentes luminosos, retos audaces, a la par que toda la podredumbre del mundo como enemigo del alma y con visibilidad institucional y costumbrista. Examinar y escoger lo bueno, dice el Apóstol, pero no establecer como referente, como roca, lo que no lo es.

Otros adalides de la ideología cristiandista prescinden de las sutilezas de Caturelli y reivindican a la cristiandad prerrevolucionaria como un todo. Sentimental y pasionalmente todos confluyen aquí, en tal reivindicación.

Decíamos en la Introducción que la Roca es Cristo, no la cristiandad. Desde la plenitud, desde Él, su modo de ser y su operación, desde la participación que nos es regalada, se juzga el devenir histórico de otra manera. Y se evita vivir y morir por

---

[14] Alberto CATURELLI, *Liberalismo y apostasía* (Fundación Gratis Date, Pamplona 2008) 16

bagatelas. Desde esa plenitud se pueden percibir las luces y las sombras, los equívocos y los aciertos firmes, los rumbos y los desvaríos de tal civilización. No es, ciertamente, la «edad oscura» con que la denominan los nuevos mesianismos cronocéntricos. Tampoco la empalagosa y falsa visión de los románticos. Es un lugar de combate, como todas las edades del mundo.

Frente a esos referentes idolatrados por la ideología cristiandista, se alza poderosa la visión, la confrontación cósmica, profunda, personal, histórica, metahistórica y suprahistórica expresada por un San Pablo. Cuando el Apóstol enumera los verdaderos males del mundo, la materia de redención, se refiere a todas las edades. Y así lo han clamado, frente a sus mundos y épocas respectivas una legión de santos que han vivido en era de cristiandad: los mismos retos, las mismas pasiones, las mismas altas verdades enamoradas, las mismas degradaciones señaladas. Tanto entre incensarios oficiales destinados a «los dioses», como en los destinados oficialmente al propio Jesucristo, la misma batalla entre gracia y pecado. Con más o menos referentes verdaderos enunciados socialmente y expresados culturalmente. Con procesos buenos y malos entremezclados. Con altibajos, con retrocesos degradantes o con bocanadas de esperanza... Una batalla que indica que el referente no puede ser ella misma.

La referencia paulina a Cristo o Belial trasciende el confesionalismo externo, por muy subjetivizado que esté. La batalla no es entre una sociedad que tiene el referente cultural-religioso de Cristo frente a una sociedad que no lo tiene. Que lo ha perdido o ha rechazado a los anteriores referentes culturales. La batalla es más profunda y ni siquiera tiene ese lenguaje social externo y maniqueo. Tan profunda es que una multitud de santos han sido vejados, perseguidos, matados, por la cristiandad. Y luego digeridos culturalmente por la misma cristiandad.

La batalla es más profunda, la idealización de la cristiandad como referente y roca es algo falso. La crisis de la cristiandad como concepto civilizatorio data del su propio inicio en el tiempo. Porque ciertamente es fórmula histórica, ineludible pues la Encarnación es real, la comunidad de los discípulos no es un grupo gnóstico sino que fecunda y consagra la historia de modo consciente. Pero precisamente como fórmula histórica que es presenta esa mezcolanza de bien y mal, de referentes de plenitud imbricados en carencias esenciales y equívocos de que venimos hablando. La crisis interna forma parte de su ser, y tarde o temprano la crisis letal hace eclosión. No existe, pues, una época, un trazo del tiempo, que pueda servir como referente trascendente. La tentación de la

«Edad de Oro» es perenne, pero choca con la brutalidad de los hechos.

2.- Obviar el examen de conciencia, escandalizar de modo renovado

La lucha por el restablecimiento de la cristiandad, o de algo similar, reduce el misterio de la Iglesia a institución inmanente en pugna con otras cuyos referentes son diversos y contrapuestos. Aquí, con tal planteamiento, no hay espacio para el examen de conciencia, para un remitirlo todo a la misericordia de Dios, a su gloria. Por el contrario, aquel «vosotros os dais gloria unos a otros» se estatuye como basamento de una autoafirmación frente al adversario.

Lo cierto es que la cristiandad cayó por podredumbre interna, pues aun los opositores de la fe habían sido criados en aquel seno, el que obstaculizó su propio asentimiento al don de la fe. Esto no dirime las responsabilidades haciendo caer el peso en la cristiandad de modo unívoco (sólo Dios sabe lo que hay en los corazones), pero incide en esa responsabilidad precisamente por la altura sobrenatural de las nociones invocadas: Jesucristo y su Iglesia.

La respuesta cristiandista fue diversa desde ese fondo común de la autoafirmación inmanentista. Por un lado quienes, como el jesuita Lorenzo Hervás, *externalizaron* de modo absoluto las causas y desarrollo de la crisis. En 1794 escribió una obra conocida por su título breve, *Causas de la Revolución Francesa*[15]. La obra tardó en publicarse debido a su condición de jesuita, sus ataques al regalismo y el que, tras la guerra, España mantenía relaciones con la República francesa y el libro podía ser considerado injurioso para los franceses. Esto es lo circunstancial. La clave profunda de la obra es esa ausencia de examen de

---

[15] La edición de Madrid, 1803, se titulaba: *Revolución religiosa y civil de los franceses en el año 1789: Sus causas morales y modos usados para efectuarla. Obra en carta que el Muy I.(lustre) S.(eñor) D.(on) T.(omás) B.(ernard) escribió en Italia D.(on) L.(orenzo) H.(ervás) y P.(anduro) en el año 1794.* La edición de Madrid, 1807, es exactamente la misma pero su luengo título era diferente: *Causas de la Revolución de Francia en el año 1789, y medios de que se han valido para efectuarla los enemigos de la Religión y del Estado. Obra escrita en Italia por el abate don Lorenzo Hervás y Panduro, bibliotecario de N.SS.P. Pío VII, en cata que dirigió desde Roma a un respetable miembro del Consejo de Castilla, amigo suyo.*

conciencia respecto a la deriva existencial de los hombres y mujeres de la época en lugares de preeminencia institucional de la Iglesia. Hervás piensa de modo determinante que las causas de la Ilustración y de la Revolución se hallan en la acción de «las sectas», en la propaganda de los filósofos y en su soberbia irreverente. Ni rastro de las vilezas saciantes y el hartazgo producido por el Antiguo Régimen.

En todas las grandes crisis visibles externamente como grandes de la historia de la Iglesia se pueden percibir, sin embargo y siempre, la responsabilidad interna de los hijos de la Iglesia. Pues la Iglesia peregrina, verdadero misterio sobrenatural injertado en la historia, no se identifica sin más con la Ciudad de Dios, sino que en su interior combaten las dos Ciudades. En el alma de cada cual, y desde esta batalla primordial, en las expresiones comunitarias, las instituciones, los modos...

Así, por ejemplo, la crisis de la Reforma viene precedida por la historia de la segunda mitad del siglo XIV y por el siglo XV, que «constituyen uno de los periodos más funestos en la historia (de la Iglesia) (...) también a causa de la conducta de los Papas»[16].

La Ilustración, en su vertiente primigenia irreverente, proviene de la enorme frustración originada por las guerras de religión, el absolutismo monárquico de «derecho divino» amparado por una institución eclesiástica privilegiada, y la percepción de que tal institución frena la expansión de los saberes humanos... Y etc.

Para una multitud de personas, la Iglesia, visibilizada en la acción de muchos pastores, terminó siendo percibida como un esqueleto ornamentado y sin vida... pero con suficiente solidez como para amargar la vida de los demás. No pocos de esos mismos pastores participaron de la percepción... Un Paul de Gondi, en las postrimerías del decadente siglo XVIII europeo, Cardenal de Retz, se definía a sí mismo como «el alma menos eclesiástica que existe». En sus *Memorias* de jacta de su escepticismo.

O la tragedia personal de Jean Meslier (1660-1733), párroco de Estrepigny... Ordenado sacerdote por voluntad familiar, jamás fue creyente. Ni católico, ni cristiano, ni teísta, ni deísta. Cumplía con sus obligaciones en lo referente al culto, ayudaba a los

---

16 David GUTIÉRREZ OSA, *Storia dell'ordine di Sant'Agostino* vol.I (Institutum ordinis fratrum S. Agustini, Roma 1986) 21

pobres... Cuando murió se encontró una suerte de *testamento*[17] en el que atacaba a la religión en sí –cualquier religión-, intentaba demostrar la inexistencia de Dios, vinculaba a la religión de modo esencial con la tiranía política, y daba cuenta desde un craso materialismo de los sentimientos y actitudes humanas. Meslier se indignaba de un modo especial con lo que él percibía como «moral cristiana», por no dejar gozar de la sexualidad.

La tragedia de este hombre no se puede despachar con una descalificación sin más, pues cuando hablaba de la miseria de los pueblos, del despotismo de señores civiles y eclesiásticos, cuando describía al episcopado como «pedantes y ambiciosos señores obispos y prelados que de buena gana se harían adorar en la tierra»[18], sencillamente estaba describiendo lo que veía. Aunque no quisiera ver otras cosas.

Paradójicamente, uno de los críticos de Meslier fue Voltaire, quien comenta el caso en su *Séptima carta sobre los franceses*. El clima cultural y social en el que se hace la crítica muestra –otra vez paradójicamente- el estado de la vida religiosa en la época. Voltaire ataca la decisión de Meslier de legar ese *testamento* a sus feligreses, por motivos de conveniencia social:

«¿Por qué quitarles un yugo saludable, un temor necesario que por sí sólo puede prevenir los crímenes secretos? La creencia de las penas y de las recompensas tras la muerte es un freno que el pueblo necesita. La Religión bien depurada sería el primer lazo de la sociedad»[19]

En este escrito, Voltaire muestra otros dos ejemplos de pastores desengañados por el clima religioso de la época: el cura de Bonne-Nouvelle, quien escribía contra la religión, y Monseñor Lavardin, obispo de Mans, quien al morir rechazó los sacramentos, declaró que jamás había consagrado y que jamás había tenido intención de bautizar o de ordenar cuando había protagonizado tales ritos.

El derrumbe interno de la cristiandad propicia la aceleración de este movimiento espiritual: del anticlericalismo se pasa al anticristianismo. Efectivamente, la continuidad asentada de un modo de concebir la vida que escandaliza (en el sentido de

---

[17] Cf la Antología de textos extraída de las *Oeuvres Complètes* publicadas por Anthropos de París 1970, en Jean MESLIER, *Crítica de la religión y del Estado* (Edicions 62, Barcelona 1978)

[18] Jean MESLIER, o.c., p.233

[19] En o.c., Apéndice: «Voltaire sobre Meslier», p.246

obstaculizar el acceso a la fe) produce este crucial paso. De la crítica feroz al clero, acusado de hipocresía pero aduciendo al fin que la Iglesia en cuanto tal sí es lo que Ella dice ser y que son sus representantes quienes la contradicen por su conducta... al rechazo de la propia Iglesia.

Siglos atrás, tal rechazo reviste el modo de herejía: buscar *otra* Iglesia; después, en el siglo XVIII y en adelante, en forma de increencia. Como si la cristiandad, en cuanto concepto civilizatorio europeo, hubiese labrado, a través de los siglos y con paciencia su propia destrucción. Un dinamismo que conllevaría, desde la refutación total del cristianismo por parte de los opositores a la cristiandad, persecuciones martiriales y, obviamente, las nuevas frustraciones que el ser humano padecería a causa de los nuevos artificios sustitutivos de la vieja cristiandad.

Cierto es que el escándalo es poderoso. Produce nuevos escándalos y engulle en ellos incluso a quienes son inocentes: muchas leyendas anticlericales tienen base en algún hecho real que luego ha sido exagerado y deformado para universalizarlo absolutamente. Como escribe Caro Baroja hablando de uno de estos añejos sucesos en la era de cristiandad, «el castigo (...) y el escándalo producido no fueron obstáculo para que ocurrieran otros casos, igualmente escandalosos, en época posterior, y ellos, sin duda, amplificados por la imaginación popular, han dado pie a bastantes de las narraciones legendarias que han corrido, y corren todavía en nuestros días (...) acerca de orgías y excesos conventuales»[20].

El vínculo entre la caída de la cristiandad y los desastres espirituales producidos por los propios dinamismos internos de esa civilización no se pueden despachar sin más acudiendo a las leyendas y las injustas exageraciones: la recepción de las mismas ya es otro indicio del mal interno, de cómo una masa de bautizados, antes de las apostasías, no ha vivido como tal ni ha recibido impulso sobrenatural y externamente ejemplarizante para querer vivir como tal... Estamos en medio de la época en que, v.gr. y en la ciudad de Toledo, antes de la reforma promovida por el bienaventurado Manuel Domingo y Sol, seminaristas eran conducidos por algún cura a los lupanares, se producían peleas multitudinarias entre estos seminaristas y los cadetes, y al interior de la institución había servidumbre: los seminaristas pobres servían a los ricos, y así *pagaban* la estancia. Una inversión de aquello de «no he venido a

---

[20] Julio CARO BAROJA, *Introducción a una historia contemporánea del anticlericalismo español* (Ediciones Istmo, Madrid 1980) 65

ser servido sino a servir» que perduró durante gran parte del siglo XX y que era espectáculo elocuente para gentes del pueblo, muchos de los cuales acababan en la increencia. La búsqueda de riquezas y el servilismo a los poderosos hizo el resto... «Los conventos no rememoraban la vida de personajes santos o sabios, sino la de validos y ministros arrogantes o inmorales que los habían fundado»[21].

En el cuadro de acicates para la caída de la cristiandad aparece, como siempre al momento de la ruptura de un paradigma, la figura del antiguo entusiasta, después defraudado, después *rebotado*. El drama de muchos *rebotados* es que no salen de los horizontes inmanentistas, sólo cambian de paradigma. No salen del desamor. Aparte de las exageraciones propias de quien quiere justificar –ante sí y ante otros- que su conducta no consiste en una mera traición, concepto asociado a intereses particulares y mezquinos, los testimonios tienen valor porque en ellos se descubren inconsistencias y maldades que, vistas desde la Verdad amorosa de la vida de la gracia revelada y otorgada por Dios, aparecen como intrínsecas a tal opción mundana. En este caso, la cristiandad:

«Era Peco un antiguo coronel carlista, convencido hacía bastantes años al liberalismo y al libre pensamiento. Me dijo varias veces que se alegraba de haber sido carlista, porque en seis años de guerra en las filas de D. Carlos había aprendido a odiar a los frailes, a los curas, a los fanáticos y a los sacristanes»[22]

Así pues, en la época de transición hacia el occidente de la poscristiandad, nos encontramos con dos poderosos paradigmas inmanentistas en combate entre sí: defensores de la cristiandad en clave de tradición civilizatoria, y enemigos de la misma defensores de unos nuevos fundamentos y expresiones civilizatorias. Por supuesto, como veremos más adelante, esto no agota esta historia en esos tiempos y esos lugares. Atravesando todo ello, de modo a la vez misterioso y perceptible, hay elementos sobrenaturales que escapan a tales esquemas. Tienen más o menos relación con ambos, de un modo u otro, pero no se identifican con ellos. No son realidades ajenas a la historia sino verdaderamente consagradoras de la misma, lo que quiere decir sobrenaturalizadoras,

---

[21] Ibid, p.169
[22] Nicolás Estébanez, Fragmentos de mis memorias (Tip. De Hijos de R. Álvarez, Madrid[2] 1903) 315

purificadoras. Su operación impulsa desde dentro, carga vicariamente, representa el triunfo de la Parusía, perdona, espera, enamora, convierte... En medio de los equívocos que los *portadores* de tales operaciones muestran, se puede rastrear un vector de vida sobrenatural, de Amor de Dios, que contradice en raíz, entre otras, a la opción cristiandista.

3.- Un combate horizontalista en las ideas y en los medios

3.1.- Breve imagen del cuadro histórico de fondo

Los *ultramontanos*, los de más allá de los montes, de Los Alpes -denominación aparecida en la época de la Reforma para calificar en tono peyorativo a los sujetos a Roma-, con la Ilustración se habían convertido en los partidarios de la Santa Sede frente a políticas anticlericales o regalistas; ahora, tras la Revolución Francesa, serán los partidarios de la continuidad de la alianza Trono-Altar frente a la ruptura predicada y realizada por las nuevas ideas.

La Revolución había producido en Francia una contienda civil. La resistencia de los que se veían a sí mismos como monárquicos católicos (como un todo inseparable), se convierten en referente para otros muchos en toda Europa y así, ya al inicio del siglo XIX, brotan por doquier grupos político-religiosos partidarios del Antiguo Régimen que luchan por todos los medios –legítimos e ilegítimos- para frenar esa nueva corriente que viven como amenaza apocalíptica respecto a un orden cuya raíz e incluso cuyas concreciones tangibles consideraban eternas.

El Congreso de Viena de 1815 representa un esfuerzo de supervivencia de parte de las propias monarquías amenazadas, pero a la par de este género de iniciativas organizadas directamente por la cúpula de los poderes aún en vigor, surgen en el mismo tejido social otro tipo de acciones y organizaciones que desde el campo del periodismo y la literatura, de la política, de la insurgencia armada, del terrorismo, combatirán e intentarán derrotar al liberalismo triunfante.

Cada una de estas iniciativas está signada a su vez por las circunstancias concretas vividas en sus estados y naciones; también se diferenciarán por el énfasis puesto a determinadas cuestiones o por el orden de la jerarquía de valores a defender.

La virulenta confrontación entre el Antiguo Régimen y las nuevas ideas pujantes desde 1789, va adquiriendo más profundidad a medida que avanzan los años y van cayendo o transformándose las monarquías tradicionales. Todos estos movimientos de carácter político-religioso defensores del antiguo orden habían encontrado apoyo explícito en una gran parte del clero. Además, los pronunciamientos papales fueron leídos por muchos de un modo unívoco: las condenas se han interpretado como bendición o canonización de estos antiguos órdenes. Algo de lo que participaron subjetivamente algunos de los propios Papas protagonistas de estas proclamas. Más tarde volveremos sobre ello. Lo que interesa destacar es que esta profundización doctrinal va a originar el que gran parte de los seguidores de estas tendencias comiencen un proceso de alejamiento de las concretas disputas dinásticas, con la pretensión de situarse en el corazón de una batalla concebida como intemporal. Si en los comienzos de la confrontación todo orbita sobre tal o cual rey o dinastía que representaría el orden divino frente a los revolucionarios, ahora el centro, la roca de la batalla sería este supuesto orden sin más: las monarquías o tal rey o tal concreta disputa dinástica, serían sólo la expresión histórica de esta *guerra de religión* que incluye como ingrediente constitutivo el monarquismo. Este cambio de órbita actuará como bisagra entre lo político-religioso y lo religioso integrista propiamente dicho.

Representante notable de este giro es, por ejemplo, Louis Veuillot en Francia, director de *L'Univers*. En España expresa esta tendencia un Ramón Nocedal, antiguo carlista que rompe con el pretendiente Carlos VII y funda en 1888 el Partido Católico Nacional, oficiosamente conocido como «Partido Integrista». Esta denominación no era peyorativa sino grata a sus seguidores y profusamente empleada por ellos. Entre éstos encontramos figuras históricas como Juan Manuel Ortí y Lara, Antonio Aparisi y Guijarro o el célebre sacerdote Félix Sardá y Salvany, autor de *El liberalismo es pecado*[23]. Este libro refleja bien el carácter de la confrontación: ciertamente ese liberalismo filosófico, enemigo de la propia noción de «Verdad», es dañino. No así gran parte de lo que denuncia, así como una serie de aportaciones, de retos que sí tienen que ver con la dignidad de los hombres. Sin embargo y concediendo el error de fondo de la ideología liberal, el problema es que el antiliberalismo

---

[23] SARDÁ, hombre convencido de sus ideas reaccionarias y a la par verdaderamente caritativo en las relaciones concretas con los pobres y los enfermos, publicó este libro en 1884, en la Librería y Tipografía Católica, Barcelona. Un año después el canónigo Celestino DE PAZOS impugnó su doctrina con la publicación en Madrid del libro *El proceso del integrismo*. Y comenzó una interesante polémica entre ambos.

propugnado por Sardá también lo es, también es dañino, porque sus referentes históricos y doctrinales, sus referentes metodológicos, sus principios y objetivos, alejan igualmente –y con extrema violencia- de la gracia y la caridad.

Si anteriormente muchos habían reivindicado con pasión a las dinastías concretas que habían representado la alianza Trono-Altar, ahora los términos del combate se hacen más universales. Un buen ejemplo de este proceso lo constituye Charles Maurras, fundador de la «Acción Francesa». Este hombre, a la vez ateo y *cristiandista*, reivindica un orden definitivo cuyo modelo encuentra en la Edad Media, porque tal orden habría sido el fundamento de una supuesta gloria nacional. El referente no es fulano o mengano en el Trono, sino «la cristiandad».

Este fenómeno se manifiesta también con cierta claridad en Latinoamérica. Allí la disputa no es entre partidarios de la independencia —de corte liberal— y realistas españolistas partidarios del antiguo ordenamiento, incluido el territorial. No. Este esquema, esta sencilla división habría sido sepultada en la historia porque todos, salvo alguna minoría, han aceptado como hecho consumado y recibido como un bien el resultado independentista y la constitución de esos nuevos Estados nacionales. La disputa entonces se manifiesta allí con ese tono de intemporalidad que representaría la batalla entre dos grandes paradigmas: el revolucionarismo masónico y el supuesto orden cristiano. Así se manifiesta, por ejemplo, en el caso del presidente García Moreno, de Ecuador, un hombre sinceramente creyente a su manera, y referencia para los integristas por su confrontación con el liberalismo y por su asesinato el 6 de agosto de 1895. Sus posturas, sin embargo, no expresaban ni podían expresar un «orden cristiano» sin más. Los equívocos y errores, las carencias doctrinales, los frentes no atendidos, los medios ilegítimos, las injusticas flagrantes, señalan esta iniciativa, en cuanto tentativa histórica, como algo no intemporal y por tanto con algunas luces actuales e intencionales, y con sombras muy poderosas.

Otro lugar en que se manifiesta la confrontación de modo prolongado y muy sangriento es México, con una formal persecución a los fieles y pastores católicos por parte del poder. La Iglesia que camina en esta nación se verá marcada, hasta el día de hoy, por aquellos acontecimientos provocando la existencia de una sólida tendencia integrista como supuesta y adecuada respuesta a las brutalidades y frustraciones originadas por un mesianismo auto-confesadamente masónico.

El siglo XX va a vivir la conformación de varias líneas integristas de matriz católica que no carecerán de relaciones mutuas. Algunas de estas líneas aparecen como opciones confesionalistas en el ámbito de lo político-social y lo cultural; otras nacen como fenómenos explícitamente intraeclesiales. Clérigos y laicos van a ir de la mano en esta aventura. Una ruta que conducirá, como reacción al Concilio Vaticano II, a la fundación de iniciativas eclesiales o con pretensiones eclesiales, sacramentales, de oposición a Roma e incluso de negación de Roma.

3.2.- La reacción integrista frente a la Ilustración y el liberalismo

Valga como preámbulo que cuestionar el integrismo y su reacción frente a los nuevos paradigmas culturales occidentales no significa bendecir a éstos. La crítica al integrismo no tiene por qué ser una adscripción a las Luces y el liberalismo. Aquí, en estas letras, no lo es. Lo que sí es objeto de integración en la crítica a la reacción integrista es el reto que suponen las nuevas ideas, tanto en cuanto espíritu de búsqueda de la verdad o profundización de la misma, como políticamente desde el liberalismo en cuanto confrontación con el absolutismo.

El racionalismo pronto manifestó sus intrínsecas limitaciones y contradicciones, pero eso no significa el rechazar ciertas motivaciones fontales, discriminadas unas de otras: no es lo mismo afirmar «la Razón» frente a la Revelación, reducida ésta previamente no a dogmas sino a dogmatismo de hechura humana, que afirmar «la razón», es decir, lo que es «correcto», frente a la arbitrariedad absolutista o frente a verdaderas supersticiones e idolatrías. Tampoco es lo mismo afirmar «la razón» como elemento último —y confinante— del entero ser humano, que, en el plano de la aplicación histórica, afirmar la búsqueda consensuada de la razón, esto es, afirmar la participación política frente a la arrogancia usurpadora y blasfema venida de las monarquías.

Al igual que el racionalismo como basamento exclusivo de acceso a la *realidad*, el liberalismo ya en sus propios inicios muestra su intrínseco carácter frustrante de la realización histórica del hombre.

Así pues, al contemplar las aberraciones –bien groseras- defendidas por muchos partidarios del Antiguo Régimen y al comprobar determinadas falsedades sostenedoras de su visión conspiracionista y maniquea, no vamos a canonizar a la Ilustración y todo lo demás. Al fin, aquellos reaccionarios de primera hora tuvieron pasto abundante ante la visión del Terror, el imperio napoleónico o la agresividad anticatólica de determinadas facciones de la masonería.

La reacción integrista brota desde la incapacidad de ver: es el Antiguo Régimen, entre otros factores fundamentales, el que estaba matando a la Iglesia desde hacía siglos, desde el inicio de la cristiandad, destruyendo una y otra vez sus expresiones sobrenaturales al confinar a sus hijos, de modo esencial, en mediocridades mundanas espantosas, en la estupidez y en las violencias. Hay, en tal civilización, un antagonismo interior que sólo el amor sobrenatural acogido —y expresado con rotundidad por muchos santos— puede sortear para mostrar, a modo de señales del cielo, de la plenitud, otros modos, otros caminos, otras referencias, otros deseos.

La reacción integrista en la Europa de fines del siglo XVIII y comienzos del XIX, establece la confrontación en términos de *santidad* frente a *pecado*, incluyendo en el primer polo a una serie de concreciones históricas que, objetivamente, no pueden ser canonizadas. No se trata de juzgar a las personas implicadas como columnas —reyes, nobles, ricos—, sujetos, como todos, a la solicitación del Amor de Dios y trabados por circunstancias venidas del hacer de los hombres. Pero sí se trata de desautorizar como modelos a quienes representan valores que contradicen el Evangelio.

El integrismo de la época no se arredra: identifica el Evangelio, usado como un mamotreto ideológico nominalmente referencial, es decir, sin entrar en sus contenidos, con tales modelos. Así, el jesuita Lorenzo Hervás no duda en usar la noción de «santidad» para hablar de los reyes absolutistas franceses:

> «Si seguimos las vidas de Enrique IV, Luis XIV, Luis XV y Luis XVI, ¿qué encontramos sino admirables ejemplos de heroicas virtudes e inquebrantable fidelidad a la Iglesia? Y en la época contemporánea, ¿podrían encontrarse muestras más puras de la virtud cristiana que la familia real?»[24]

El P. Hervás usa en su obra terminología estrictamente martirial. Y equipara la muerte de los reyes con la redención de Cristo. Resume así la visión de este jesuita uno de los estudiosos de la época:

---

[24] Lorenzo HERVÁS Y PANDURO, *Causas de la Revolución de Francia...*, o.c. I, p.53

41

«Los reyes, víctimas santas e inocentes, son la imagen de Cristo; lo mismo que éste fue crucificado por nuestros pecados para redimirnos, así la monarquía francesa subió a la guillotina para con su sangre librar al mundo moderno de los peligros de la libertad y de la Ilustración. Efectivamente, Hervás concluirá que ese sacrificio alzará a los franceses y a Europa entera a la Contrarrevolución "para vengar sus ultrajes e inhumana muerte contra los regicidas"; éstos serán destruidos, los impíos disipados, la maldad extirpada y el bien y la felicidad florecerán de nuevo»[25]

Si nos puede sorprender esa referencia al bien y la felicidad supuestamente imperantes hasta la llegada de la Revolución, y el que el apologista del Antiguo Régimen considere santo a un Luis XIV, la estupefacción se apodera del alma cuando nos centramos en el proceso de *mesianización* —y aun divinización— realizado con la figura de Fernando VII en España.

En 1812 aparece la primera edición, seguida pronto de otras muchas, de *Preservativo contra la irreligión*, del capuchino P. Vélez[26]. En esta obra, el fraile y futuro obispo confronta la maldad de Godoy con las sublimes virtudes del príncipe Fernando, «¡suspirado Fernando!»[27]. Vélez acusa a «los filósofos», a Napoleón, de la muerte de María Antonia de Nápoles, primera esposa de Fernando («un veneno privó a su esposo de su consorte más querida»[28]), y alaba de este modo la actitud del príncipe, actitud que exasperaba a Napoleón por el servilismo que expresaba de modo impúdico, como cuando pidió a Bonaparte la mano de su sobrina, Zenaida, de trece años:

«Sacrifica sus sentimientos contra una familia que le había matado a su esposa; se resuelve aun a dar la mano a una sobrina de su homicida para conciliar el bien de sus

---

[25] Javier HERRERO, *Los orígenes del pensamiento reaccionario español* (Edicusa, Madrid 1971) 165

[26] Citaremos con este título corto. El completo es como sigue: *Preservativo contra la irreligión, o los planes de la filosofía contra la religión y el Estado, realizados por la Francia para subyugar la Europa, seguidos por Napoleón en la conquista de España, y dados a luz por algunos de nuestros sabios en perjuicio de nuestra patria.*

[27] P. Rafael DE VÉLEZ, *Preservativo contra la irreligión* (Imprenta de la Junta de Provincia, Cádiz 1812) 81

[28] Ibid, p.83

vasallos y la paz de su nación ¿Qué virtud tan grande era necesaria para este enlace!»[29]

Napoleón llama a Bayona a Fernando...
«La mala fe, la entereza, la tiranía, la ferocidad, el orgullo de un hombre ensalzado al trono por sus crímenes salen a la cara de Bonaparte cuando recibe al rey más querido, al príncipe más inocente, al hombre más justo que jamás había tratado»[30]

Fernando representa para estas gentes la garantía de continuidad del viejo orden. Así, el periódico «servil» *El Procurador General de la Nación y del Rey*, escribe que «con su venida se sofocará la hidra del infernal partido que solo intenta destruir el trono y el altar»[31]. Pero no se contentan con hacer de una persona el símbolo de un orden que consideran divino, sino que lo consideran, en un remedo crístico, la encarnación de tal orden.

El P. fray Agustín de Castro, de la Orden de San Jerónimo, fue director y redactor de otro gran periódico servil de la época, *La Atalaya de la Mancha*. «Pájaro de cuenta el tal padrecito»[32], al decir de Carlos Le Brun, quien señala cómo el 28 de abril de 1814 defendía la Constitución para obtener favores de las Cortes, y cómo la atacó con saña días después cuando Fernando VII establece el absolutismo[33]. El P. Castro usará *La Atalaya* para divinizar a Fernando VII:

«¡Oh Fernando! (...) señor absoluto de nuestros corazones (...) ídolo prodigioso de nuestro corazón, hechizo indestructible de todas nuestras potencias, dueño y señor absoluto de nuestra vida (...) Sí, Dios omnipotente, permitid que me regocije en Vos, pues Vos lo elegisteis desde vuestros eternos alcázares para nuestro digno rey

---

[29] Ibid., p.85
[30] Ibid., p.92
[31] *El Procurador General de la Nación y del Rey* (22-2-1814)
[32] Cf Carlos Le Brun, *Retratos políticos de la revolución de España* (Filadelfia 1826) 252-253
[33] En *La Atalaya* de 28 de abril dice que España debe regirse por el Evangelio y la Constitución... Pero unas semanas después, el 16 de mayo escribía: «Gracias te sean dadas, ¡oh Fernando!, que así supiste unirte a los religiosos y justos sentimientos de tu pueblo, cuyo odio a esa Constitución destructora, que te quería hacer jurar por la fuerza, para perderte y perdernos, no conoce semejante»

(...) Sí, amado Fernando; sí, apetecido consuelo en nuestras aflicciones; sí, hermoso y deseado iris en todas nuestras horribles borrascas (...) ¡A dónde estáis potencia de mi alma! ¡Os busco y por ninguna parte os encuentro! ¡Habéis volado en busca de aquel imán de nuestros corazones! ¡A dónde estás, FERNANDO! ¡Hechizo de mi corazón! ¿A dónde te encontraré?... ¡Mi alma no acierta en la efusión de su placer a expresar de ningún modo los sentimientos de que se halla inundada! ¡Mi memoria..., mi voluntad..., mi entendimiento; sí, no sé lo que me digo..., todo es vuestro, Dios eterno! ¡Pero si FERNANDO está en Vos, y Vos en FERNANDO, en Vos mismo gozaré de su amorosa presencia!»[34]

Vergüenza ajena se siente al leer tales sandeces. Este tratar a Fernando VII como al Verbo de Dios, hace clamar al comentarista: «Parece que no se podría llegar más lejos en abyección; que esa adulación blasfema había alcanzado los límites de lo concebible, pero quien tal creyera no ha leído los interminables volúmenes de la prensa clerical de principios del siglo XIX»[35]

Duro es, para posteriores adscritos al integrismo político-religioso, el saber de estas alabanzas ditirámbicas a personajes históricos como Luis XIV o Fernando VII, este último y según el periódico promovido por el franciscano Raimundo Strauch Vidal, posterior obispo de Vich, «un monarca amante y amado de sus vasallos; un soberano, sí, soberano religioso, prudente, justo y santo»[36]...

Algunos —no todos— de estos posteriores integristas han persistido. Por ejemplo, en 1955, un franciscano comentador de la «Instrucción Pastoral» que publicaron con fecha de 12 de diciembre de 1812 seis obispos refugiados en Mallorca durante la guerra de la independencia, y en la que atacan con dureza a la Constitución y las Cortes, lamenta la desaparición de la Inquisición y de la monarquía absoluta, personificada en Fernando VII[37]. Está también el caso del inglés Mac Nair Wilson, autor de un libro

---

[34] *La Atalaya de la Mancha* (30-4-1814)
[35] Javier HERRERO, o.c., p.389
[36] *Semanario cristiano-político de Mallorca* (30-7-1812)
[37] Cf Fr. Isidoro DE VILLAPADIERNA OFM, «El episcopado español y las Cortes de Cádiz»: *Hispania Sacra* VIII (1955) 275-335

delirante escrito en 1932 en el que pone como modelos de política cristiana a Richelieu, a Luis XIV...

> «La Monarquía francesa, con Richelieu y Luis XIII, acabó por desempeñar el ministerio que desde un principio la misma Iglesia había asignado a los Reyes. Richelieu realizó la unión del Rey y del pueblo»[38]
>
> «El reinado de Luis XIV de Francia es el ejemplo más perfecto de una verdadera monarquía»[39]

Sin embargo, y como hacíamos notar páginas atrás, el integrismo de matriz católica, y especialmente en su vertiente ideológica político-seglar más que eclesial, desarrolla un proceso de profundización tendente a desligarse de todas estas figuras personales concretas para centrarse en la supuesta intemporalidad, *eternidad*, de las instituciones mismas de la civilización cristiandista. Empezando, claro está, con la esencialización de la monarquía.

Este mismo Mac Nair Wilson, admirador de Luis XIV, se sitúa en tal terreno. Para él, la monarquía es sagrada, e impone su deber a las partes para que éstas —según él intrínsecamente entregadas a la fuerza del dinero— no incumplan tales deberes. Wilson prácticamente priva a la monarquía, es decir, a los humanos que la constituyen, de pecado original. La lamentable historia de la institución es obviada, o situada en terrenos ajenos a su esencia, que sería divina:

> «Desde un principio, la Iglesia reconoció el carácter que este Estado forzosamente había de tener, y no puso en tela de juicio que la gracia, por la que el rey había de reinar, era don directo de Dios, sin intervención ninguna extraña»[40]

Volviendo al tiempo de la ruptura, la Ilustración y el liberalismo son contestados por esta primera reacción, que acude a añejas fuentes doctrinarias del absolutismo... Bossuet y su *Política sagrada*, Fleury, el autor del *Catecismo histórico* y la *Historia eclesiástica*...

Los integristas españoles de la primera hora de esta reacción, paradójicamente haciendo caso omiso a las aportaciones del medioevo ibérico y los pensadores del siglo XVI, quienes

---

[38] Mac Nair WILSON, *La Monarquía contra la fuerza del dinero* (Doncel, Madrid 1976) 21
[39] Ibid, p.24
[40] Ibid, p.18

realmente les podrían contradecir, usan como modelos a quienes en Francia y en Italia se han confrontado con las nuevas ideas para sacralizar, literalmente, los viejos órdenes vigentes... El jesuita Nonotte, contradictor de Voltaire; el canónigo parisiense Bergier, enemigo de los enciclopedistas; el dominico italiano Valsecchi; el también italiano Mozzi, otro jesuita y uno de los padres de las teorías de la conspiración... Todos ellos convienen en defender el carácter *eterno, sacro*, de las monarquías tradicionales bajo la facha contemporánea del absolutismo.

Entre los reaccionarios españoles la noción es asimismo rotunda y clara: se trata de un orden divino. Así, el ya citado P. Rafael de Vélez y su *Apología del Altar y del Trono*. O el presbítero Antonio Vila y Camps, quien en su obra *El vasallo instruido en las principales obligaciones que debe a su legítimo monarca*, absolutiza de tal modo a la monarquía absoluta, valga la redundancia, que establece los hechos derivados de tal gobierno como hechos dictados por Dios, de manera que incluso en caso de tiranía flagrante y brutal al vasallo no le quedaría otra opción que una suerte de sometimiento a la voluntad de Dios expresada mecánicamente en la sumisión al tirano. Voluntad de Dios que, sin duda alguna, no pondría en evidencia a la monarquía sino que estaría así castigando los pecados del pueblo. Es decir, que las aberraciones que este autor admite pueden ocurrir al amparo de tal monarquía son para que el pueblo expíe[41]. El escollo, sin embargo, lo resuelve este apologista de la reacción integrista diciendo que tales casos «por la misericordia de Dios son raros»[42], pues lo normal, para él, es que a tal régimen *santo* le corresponda un monarca igualmente *santo*:

> «Ello es cierto que cuando Dios dio a cada pueblo su rey, no le daría ningún hombre malo, ambicioso ni injusto, sino que, como hechura de su Criador, tendría todo aquel cúmulo de virtudes y cualidades indispensables en los que han de gobernar»[43]

Otro de los adalides de esta divinización de la monarquía absoluta es el jerónimo fray Fernando de Zeballos, autor de *La falsa filosofía*, una obra en seis volúmenes cuyo título completo explicita su contenido: *La falsa filosofía, o el ateísmo, deísmo, materialismo y*

---

[41] Cf Antonio Vila y Camps, *El vasallo instruido en las principales obligaciones que debe a su legítimo monarca* (Madrid 1792) 109-110
[42] Ibid, p.110
[43] Ibid, p.22

demás nuevas sectas convencidas de crimen de Estado contra los soberanos y sus regalías, contra los magistrados y potestades legítimas. Se combaten las máximas sediciosas y subversivas de toda sociedad y aun de la humanidad. Escrita por fray Fernando de Zeballos, monje jerónimo del Monasterio de San Isidro del Campo. Madrid, 1775-1776.

El P. Zeballos contempla la historia, él también, en clave de un nítido maniqueísmo: idealiza la monarquía absoluta de derecho divino, en la que los reyes son como padres, y en que todo depende de la virtud de los mismos. Idea que casa con la enumeración de los males de la época toda vez que éstos no son achacados a la falta de virtud de los monarcas sino a la actividad de las sectas, la soberbia de los filósofos y sus «libelos impíos»[44]. Javier Herrero, en su estudio sobre estos pensadores, no duda en ironizar sobre esta concepción de la monarquía sostenida por el P. Zeballos:

«La idea de que la monarquía absoluta del siglo XVIII dista mucho de tan cristiano ideal, y de que tal distancia pueda ser una de las causas del pensamiento ilustrado, es algo que no cruza por la mente de nuestro monje»[45]

El restauracionismo del siglo XIX va a ahondar los planteamientos de esta cosmovisión acentuando su carácter de intemporalidad. Los reyes concretos, las dinastías, pasan a un segundo plano, son la expresión, o la esperanza en ciertos casos, de un algo más profundo: lo que ellos conciben como alianza tradicional trono-altar en que se basa la cristiandad como civilización, que es el referente vital absoluto para estas poderosas facciones sociales y eclesiales.

Nuevas figuras puntales asoman a la historia. Algunos con influjos en toda Europa: «El conde Joseph de Maistre (1753-1821) se convirtió rápidamente en el pensador más influyente de la Restauración»[46]. De Maistre ejercerá un influjo poderoso sobre otras figuras del siglo, como Donoso Cortés o Louis Veuillot.

Cortés, venido del constitucionalismo y cuya evolución integrista le convierte a su vez en referencia *universal* (occidental), en el «reaccionario más descollante del siglo XIX»[47], apuntala este proceso mitificador de la monarquía en sí. Un propagandista de

---

[44] Fray Fernando DE ZEBALLOS, *La falsa filosofía* I (Madrid 1775-1776) 108
[45] Javier HERRERO, o.c., p.98
[46] Salvador GINER, *Historia del pensamiento social* (Edit. Ariel, Barcelona[8] 1992) 402
[47] Ibid, p.405

Cortés aclara que este marqués (Donoso es otro aristócrata) «afirma la necesidad de reforzar el poder del Monarca (pues) la Familia Real es la depositaria de la inteligencia que le han legado los siglos»[48]. La reducción que supone aquella concepción y concreción histórica sobre la relación del trono y del altar se convierte en leitmotiv de estos pensadores:

«¡La Monarquía! Ved ahí para nosotros la realidad política. ¡El catolicismo! Ved ahí para nosotros, para todos, pero especialmente para nosotros, la verdad religiosa»[49]

La universalización del integrismo político-religioso de matriz católica, su liberación respecto a la atadura que supondría identificar la visión con alguna de sus concreciones políticas, es un hecho notorio desarrollado en el siglo XIX y fijado en el XX. Un Vázquez de Mella, por ejemplo, quien al igual que Ramón Nocedal, «se apartó del carlismo y se dedicó durante el resto de su vida a precisar la doctrina tradicionalista»[50]. El proceso se alimentará de una relación dialéctica con las tendencias integristas propiamente eclesiales, de suyo doctrinas con aspiración universalista y por encima de particularismos y concreciones. Y todo ello en el caldo de cultivo de la propia marcha dramática de los acontecimientos históricos y de los ambivalentes pronunciamientos magisteriales, papales, de la Iglesia, leídos de modo rígido desde el previo hermenéutico del propio integrismo.

3.3.- En el espíritu del mundo

El viejo orden –orden mundano- estaba transido de violencia y crueldad… como el nuevo. Y así, la reivindicación de ese orden decadente, la lucha para que no se derrumbara y los ulteriores combates para recuperarlo, expresaron del mismo modo esas violencias, esas crueldades, esa violación a las conciencias, mostrando de esta manera que la idea era patrimonio del teológico «mundo viejo», no del mundo de la redención.

Esta es precisamente una de las grandes claves de identificación del universo integrista como el de una opción mundana en pugna con otras: que el odio y la violencia son

---

[48] Santiago GALINDO HERRERO, *Donoso Cortés* (Publicaciones Españolas, Madrid 1956) 8

[49] Donoso CORTÉS, cit. en ibid, p.11

[50] Santiago GALINDO HERRERO, *Tradicionalistas* (Publicaciones Españolas, Madrid 1955) 22

glorificados. Efectivamente aquí no se trata de afrontar los graves dilemas con que se topa el amor universal y la no violencia oblativa ante el reto de la defensa de los inocentes atacados de facto y otras cuestiones de la misma hondura, sino que, desde el principio, como principio existencial, no se cree a Jesucristo, a su gracia, a las palabras creadoras pronunciadas para siempre en el Sermón de la Montaña. Al contrario, se hace gala de un odio explícito y se canta la gloria de la guerra. La lucha, por tanto, lo es con armas mundanas. Con todo el armamento: insulto, odio, difamación, violencia, represión institucional violenta, terrorismo, guerra, cárcel, tortura, pena capital...

El integrismo de matriz católica –como sus adversarios- justifica una serie de violencias, las propone como modelo, y condena otras, cuya metodología respecto a las primeras es calcada. Porque la violencia, el dañar a otro, se ha integrado previamente en su cuadro moral. Así, la violencia, para su defensa o su condena, es juzgada según la carga ideológica del agresor y el agredido o de los contendientes, agresores ambos, agredidos ambos. En el escenario de la historia, pasada o actual, violencia ejercen todos. Y violencias inauditas. Pero aquí no se trata de comparar la violencia integrista con la que otros defienden y practican, o no defienden pero sí practican... Se trata, en el caso que nos ocupa, de una situación específica: se trata de afirmar la esencial ilicitud y contradicción de tales actitudes y actos cometidos cuando se amparan en el nombre de la fe cristiana.

3.3.1.- Represión

El integrismo se ha auto-incapacitado para conocer el amor universal, el que se derrama como lluvia benefactora y rayo de sol luminoso «sobre buenos y malos». El integrismo vive del desamor. Desde ahí, desde este principio negativo, teoriza. Cuando el integrismo de la época de transición a la poscristiandad reivindica la represión violenta no lo hace como otros por entregarse a un inmoral pragmatismo. O a causa de un rígido moralismo que no admite misericordia alguna respecto al transgresor y hace recaer la responsabilidad del duro castigo en el propio castigado. El integrismo de la reacción anti-ilustrada y anti-liberal, además y ante todo, justifica la represión violenta como un modo estable de entender la existencia social de los hombres, a causa de una previa deformación de su antropología teológica.

La concepción católica de la persona humana no establece una maldad por naturaleza. Al contrario, la afirmación es que el hombre es creado en la Bondad de Dios y desde la Bondad de Dios. Por naturaleza es bueno. No en el sentido de cierto liberalismo rousseniano... un aserto desmentido primeramente por la propia vida de Rousseau, quien a medida que se iba liberando de constricciones sociales iba creciendo en vileza. Sí creemos en un desorden primigenio que contradice y antagoniza a esa naturaleza haciéndola tender al mal. En lucha consigo misma, pues su dinamismo –no desaparecido- lo es hacia el bien. Así pues, la gracia de Dios solicita continuamente a cada persona para no sólo restituirla a las tendencias de la inocencia primera, conforme a su naturaleza, sino a desbordarla elevándola. El mensaje es positivo, es, en medio de los dolores y las tragedias, de las oscuridades y las descomposiciones que atraviesan las edades, una llamada a la esperanza y a la bondad. Una llamada, una vocación, que se refiere a cada cual, capacitado para su conversión, su arrepentimiento, su crecimiento en el amor.

El integrismo de la primera hora vive en otro previo antropológico con el que justifica su reivindicación expresa de una Iglesia inquisitorial y una monarquía absoluta: estos serían los medios institucionales que Dios querría para frenar y conducir al hombre-animal sometido intrínsecamente a las pasiones. Sólo la ley coactiva, el poder incuestionado, el castigo severo y sin titubeos, y una dirección rígida en el pensar y el obrar, puede habérselas con ese hombre presto a desatarse. El integrismo vive un verdadero terror a la libertad, al libre albedrío.

La primera brutal contradicción de este cuadro aparece cuando sencillamente se tiene en cuenta que los responsables de tal Iglesia inquisitorial y de tales monarquías absolutas... son hombres como los demás. ¿Cómo solventar esta paradoja?, pues si son hombres, si no son ángeles, tienen la misma condición *animal* que cualquiera... Y a ellos, ¿quién los dirige, quién los reprime y amenaza?... El integrismo ofrece varias respuestas. Por un lado, sí se ha tenido la desfachatez —como hemos visto— de situar a los personajes rectores de tal tipo de sociedad en una suerte de limbo angélico que les distinguiría de la sordidez congénita de los súbditos inferiores. Por otro lado, la respuesta la da el integrismo respondiendo: Dios. Dios mismo les da la gracia de estado, los dirige, y si hace al caso, reprime y amenaza. No habría más ministerio y don en la sociedad eclesiástico-civil que a esos dirigentes absolutos. Los demás han de estar sujetos. Y entonces el programa se clarifica: hay que divinizar la mamarrachada sangrienta de la monarquía absoluta, mantener subordinado al pueblo mediante el mantenimiento de una sana incultura y el conocimiento y experiencia de la tabla de castigos a los insubordinados; hay que combatir con las armas del mundo, las que antes hemos enumerado (guerra, tortura, pena capital...) cualquier oposición. La gracia aparece aquí como una caricatura, un presupuesto ligado a la acción represiva del altar y el trono unidos en la empresa.

El integrismo de aquella hora identifica «libertad» con desate de las pasiones. De la plebe, claro está. Este desate es el que produciría, primero, el odio a la religión, y en consecuencia, el odio a la monarquía en cuanto ésta, según esta pobre concepción, es guardiana de un orden querido por Dios y aspecto esencial de ese mismo orden. La respuesta es la represión. De Maistre afirmará que el verdugo es la base de la sociedad. Frase que algunos han querido minimizar aduciendo que la producción del conde no se puede reducir a esto. Es sin embargo el propio De Maistre el que la ha condensado ahí, el que con la lapidaria afirmación ha expresado su concepción del poder, de la autoridad y de la organización de las relaciones sociales.

En 1776, el cisterciense Antonio José Rodríguez publica una obra conocida como *El Filoteo*. A la falsa concepción de «libertad» propagada por los pensadores ilustrados, enciclopedistas y padres del liberalismo –pues realmente sus concepciones eran y son erróneas en raíz-, el monje opone una concepción de «verdad» cuya misión es ante todo el castigo del libertinaje:

«Las pasiones e ilusiones de su corazón ciegan y obstinan su entendimiento, y sostenido todo por el miedo al castigo de su libertinaje, si Dios es como es, quisieran que no le hubiera. Pero como eso es imposible, e igualmente lo es que su Ley no sea eterna e inmutable, he aquí el atragantarse, y la sublevación de las pasiones, tocando a tumulto, por si pudiesen con la rebelión ahogar la ley y poner en su puesto la libertad»[51]

Esto no iba a quedar en palabras. Una célebre estampa religiosa publicada por los rebeldes *sanfedistas* –de quienes luego hablaremos- alzados contra los *jacobinos* en Nápoles, mezclaba ilustraciones religiosas con efigies de monarcas y santos. Bajo la figura de San Antonio situaban el dibujo de unos cuantos liberales ahorcados y el lema «Muerte a los infames jacobinos». En otro lado

---

[51] Antonio José Rodríguez, *El Philoteo en conversaciones del tiempo* vol.II (Madrid 1776) 4

se veía a un ángel destruyendo con llamas un «árbol de la libertad» ornado con un gorro frigio. Debajo de la ilustración, el lema «Muera la libertad y viva Su Majestad».

La exigencia de represión y las alabanzas a la misma se manifiestan comunes a esta reacción integrista temprana. El caso español es muy significativo. Por la franqueza de todos y la brutalidad de algunos.

El pobre e impresentable P. Castro, el autor de las adulaciones blasfemas que antes hemos citado, incitaba a lo que él denominaba como de «santa e implacable crueldad». Cuando Fernando VII está en plena campaña represiva, en 1814, el monje escribe en su periódico un artículo titulado «Premio y castigo»:

«Si Luis (se refiere a Luis XIV) hubiera hecho descuartizar a cuantos distinguía ya el pueblo con el nombre de jacobinos, ni hubiera sido guillotinado ni la nación hubiera tenido que llorar esa terrible serie de desgracias y horrores (...) Sería de desear que al aplicar el castigo a los principales jefes de él (del partido liberal) se tuviesen presentes los que se hicieron el siglo pasado en Francia y Portugal con los que atentaron contra aquellos reyes (se refiere a descuartizamiento y hoguera). Tres o cuatro mil enemigos de vuestra majestad, mandados los unos a una hoguera y los otros a una isla incomunicable, en nada disminuyen el número de vuestros vasallos. Yo bien penetro que sus cómplices os dirán que si se fuera a castigar a todos los del partido era menester castigar a muchos miles y cubrir de luto y amargura a un sinnúmero de familias: pero traed a la memoria cuántos millares más fue menester herir para arrojar de España a los moriscos y a los judíos, mucho menos perjudiciales que nuestros jacobinos, y con todo su expulsión se ejecutó y desde entonces comenzamos a vivir felices y sin susto. No; la multitud de reos no debe ser un estorbo al castigo: al contrario, por lo mismo que son tantos es necesario más rigor. Yo creo no poder presentar a vuestra majestad lecciones más convincentes sobre esto que las que hallamos en las obras de nuestro Dios, misericordia por esencia. Pues trasladémonos por un momento al desierto y le veremos mandando pasar a cuchillo a veinticuatro mil personas en un solo día (...) Ea, pues, señor, que nada sea capaz de impedir el castigo de todos vuestros enemigos»[52]

Otro de los adalides de una represión sin límites es el P. Zeballos. Incluso piensa que se deben cerrar los teatros porque las tragedias históricas que allí se representan hablan de rebeliones y regicidios, y eso, para él, sería una muestra clara de incitación a la insurrección de los pueblos[53]. Zeballos, por supuesto, defiende la pena de muerte; por otro lado, como prácticamente todos los adscritos a cualquiera de las tendencias en liza. En sus escritos ataca a Beccaria, ridiculizándolo:

«Entre lo poco que se puede entender de su lenguaje, se va transportando el ánimo del autor a un afecto de humanidad que le dicta mil discursos contra la pena de muerte, en favor de los parricidas, sodomitas, ladrones y otros malvados»[54]

No es de extrañar que Zeballos quiera normalizar el castigo total hacia incluso quienes no han cometido homicidio, pues su concepción de la sociedad, el espíritu que la sustenta, es el castigo. Para él, frente a las nuevas ideas, el ordenamiento viene de Dios, directamente. Y si Dios es dueño de vidas y muertes, los que dicen actuar en su nombre y con su autoridad, lo mismo. Incluso para matar a inocentes. Es decir, si tales inocentes son ejecutados por el príncipe, el hecho queda revestido de legitimidad:

«Dios no debe a ninguna criatura la vida que le ha dado y puede quitársela con tanta alabanza y gloria cuanta merece porque se la dio (...) La muerte, pues, no es injuria cuando viene de la mano de Aquel que graciosamente nos ha dado la vida (...) Lo mismo se debe decir de cualquier otro que en nombre de Dios y por sus órdenes quitase la vida a ciertos hombres, aun cuando por parte de éstos no hubiera culpa»[55]

El P. Zeballos completa el lote defendiendo, como una obviedad, el uso de la tortura; por su utilidad... «(...) para que en

---

[52] P. Castro, «Premio y castigo»: *La Atalaya de la Mancha* (2-7-1814)
[53] Cf P. Zeballos, o.c. VI. Disert.XI, arts. III y IV
[54] Ibid, V, p.271
[55] Ibid, V, pp 309-310

ella se quebrante la contumacia del acusado y quede más dócil y fácil a entregar el secreto que guarda injustamente»[56].

Este monje, ajeno al Evangelio hasta estos límites a fin de justificar pseudo-teológicamente ese ayuntamiento intrínseco entre la Iglesia inquisitorial y la monarquía absoluta, explicita los basamentos de su sociedad ideal edificada sobre la represión y el castigo:

> «Cuando en una Corte o en una gran ciudad veo la cárcel pública, la venero por una obra tan acepta a Dios y no menos necesaria que muchísimas obras sagradas»[57]

Todos los ideólogos de la reacción integrista piensan del mismo modo. El autor de *Desengaños filosóficos,* Fernández de Valcarce, se confronta con las ideas nuevas para afirmar el orden establecido. Los tres primeros volúmenes aparecieron en 1787, 1788 y 1790; el IV en 1797, es decir, con posterioridad a los crímenes del Terror en Francia, y a la guerra de España contra el gobierno republicano francés. Por eso el último volumen acentúa su alarma y le induce a defender la intolerancia ideológica con efectos civiles explícitamente represivos.

El P. Hervás exige represión para el «exterminio de las sectas»[58]. El franciscano Strauch, en su *Semanario* mallorquín, incita una y otra vez a la represión. De él escribe Javier Herrero:

> «Su influencia fue inmensa y su arrolladora pasión, así como la intensidad de sus ataques a los liberales y la incitación a la violencia durante la represión de 1814, le costarían la vida en el trienio liberal, cuando, siendo ya obispo de Vich, fue asesinado en 1823»[59]

El trasfondo de todo esto, de todas estas proclamas y exigencias, estas indicaciones al poder y aprobaciones a sus sangrientos procedimientos, es teológico. Se llama odio. Un estado del alma que, reverso de la caridad, goza con ésta de la prerrogativa de la imaginación. La una para amar, el otro para dañar.

Todo vale, pues. Como las publicaciones del poeta Rodríguez de Avellano. Un comentarista posterior, inmediatamente comenzado el siglo xx, lo definía así:

---

[56] Ibid, V, p.367
[57] Ibid, V, p.292
[58] Lorenzo HERVÁS Y PANDURO, o.c. II, p.115
[59] Javier HERRERO, o.c., p.348

«Gacetista sin conciencia ni sinceridad, pluma venal y corrompida, que aquí se acogió al bando reaccionario como se hubiera acogido a otro cualquiera que asegurase su pitanza, y que con un deplorable exceso de celo llegó hasta donde no se hubieran permitido los mismos que le azuzaban a manera de perro dañino e hidrófobo»[60]

El odio contradice al ser humano y, en cristiano, es la mayor de las *heterodoxias,* pues Dios es Amor. El hombre, imago Dei y acuciado por la gracia, vive la entrega al odio como contradicción en sí. Por tanto, destructora de su ser. En muchos de los conscientemente entregados a las totalizantes ideologías, siempre productoras de odio, asoman débiles rayos de esa otra luz, la que viene de lo Alto, que a su vez atempera o contradice la entrega al odio. Aquí viene al caso el anuncio de la Escritura sobre «el pábilo vacilante» y «la caña cascada». Bueno es retener esas contradicciones que a alguno le ha servido como primer paso para una ulterior conversión.

Uno de los protagonistas de esas saludables quiebras interiores fue ministro de Fernando VII: José García de León y Pizarro. Por tanto, coautor de las represiones. Este hombre, sin embargo, llegó a escandalizarse y horrorizarse con lo que habían puesto en marcha:

«En Valencia había una comisión militar que, como siempre, se dirigía también contra los facinerosos; el tribunal estaba en Murviedro. Se contaban mil cosas; pero el temor de ser apasionados debe excitar nuestra cautela; el hecho es que había ahorcados todos los días, todos como ladrones, aunque el susurro era otro. Yo vivía en casa del duque de Villahermosa, camino de estas ejecuciones, y era tal el disgusto que recibía, a pesar de cerrar las ventanas, que me mudé sólo por esto. El verdugo era delicado, y decían que no tenía los sentimientos de su oficio, se ponía malo, etc; de modo que, menudeándole los quehaceres, pedía misericordia; entonces se empezó a fusilar (...) Es evidente que la Inquisición hubiera obrado más circunspecta y moderadamente»[61]

---

[60] Miguel S. Oliver, *Mallorca durante la primera revolución. 1808-1814* (Imprenta de Amengual y Muntaner, Palma 1901) 515-516
[61] José García de León y Pizarro, *Memorias* vol. 1(Revista de Occidente, Madrid 1953) 282.284

El texto es elocuente, muestra la elasticidad del odio, su extensión y su intensidad, tan evidente que llega a hacerse rutinaria. Hay cegueras al respecto que chocan. Y es que el encorsetamiento espiritual que producen los previos ideológicos abotargan la sensibilidad o la hacen mirar, para estremecerse de gloria, a otros lugares, evitando de esta manera el contemplar el desagradable espectáculo de la sangre, los gritos, las súplicas, la desesperación. Así, por la entrega previa a un reductor encasillamiento, se puede entender la intervención parlamentaria de un Donoso Cortés, en años posteriores y con ocasión del golpe protagonizado en España por Narváez: el famoso discurso conocido con el título *Sobre la dictadura* y pronunciado en la Cámara el 4 de enero de 1849. El más célebre fragmento de la intervención es este:

«La cuestión no está entre la libertad y la dictadura; si estuviera entre la libertad y la dictadura, yo votaría por la libertad, como todos los que nos sentamos aquí. Pero la cuestión es ésta, y concluyo: se trata de escoger entre la dictadura de la insurrección y la dictadura del Gobierno; puesto en este caso yo escojo la dictadura del Gobierno, como menos pesada y menos afrentosa. Se trata de escoger, por último, entre la dictadura del puñal y la dictadura del sable: yo escojo la dictadura del sable, porque es más noble»[62]

¿Y por qué habría de ser «más noble» tal dictadura del sable? El señor Donoso quizá pensaba en ejecuciones con gente uniformada y redobles de tambor en vez de una celada en una calle oscura. O en formaciones militares muy pulcras y con invocaciones al honor en vez de una masa heterogénea y vociferante... Es su educación de marqués y su falta de imaginación, pues la historia de los hechos históricos protagonizados por «la dictadura del sable», allá donde se haya ejercido, es decir, en casi todas partes, también ha tenido la recurrente coreografía de las entradas a saco, los saqueos propiamente dichos, las matanzas callejeras, las violaciones, las mutilaciones, las brutalidades ejemplarizantes, y todo el resto del cuadro...

Por lo demás, hablamos de Cortés, cuyas obras son prologadas posteriormente por el integrista francés Veuillot: ambos invocan para todo a la fe cristiana... Las palabras arriba citadas, objetivamente presentan una degradación absoluta de la

---

[62] Donoso CORTÉS, «Sobre la dictadura»: cit. en Santiago GALINDO HERRERO, *Donoso Cortés*, o.c., p.17

novedad cristiana, de la locura de la gracia... ¿Por qué íbamos a tener que elegir entre mal y mal? ¿No se nos ha dicho que cuando el mundo plantea así las cosas, salgamos de la ciudad? Para poder anunciar esa novedad y esa bondad precisamente a los que contienden por sus respectivas falsedades y bagatelas.

3.3.2.- Glorias belicistas

Decíamos páginas atrás que tales actitudes no se iban a quedar en palabras, o en un aplaudir las violencias del orden que consideraban divino. La ideología ejecutó sus propias violencias, en medio de un canto general a la guerra santa y a la muerte de los enemigos. La atmósfera dio de sí hasta el extremo de la *creación* de un personaje como la «Tía Cotilla» en el Madrid del siglo XIX... Famosa por sus sistemáticas delaciones de elementos liberales, o juzgados como tales. Su odio era tal que cuando se mataba a alguno se bañaba las manos en su sangre. Y tan popular fue la figura que su sobrenombre, «cotilla», se comenzó a usar desde entonces para definir a las personas entrometidas y divulgadoras de secretos y chismes.

Ciertamente la reacción integrista -ideología frente a otras ideologías, combate horizontalista y mundano-, compitió con sus adversarios en la provocación de baños de sangre. Ocasión privilegiada para esta expresión guerrera de la ideología cristiandista fueron las guerras acaecidas en Europa frente a las invasiones francesas. Primero contra los jacobinos, después frente al Napoleón emperador.

Antes hemos hecho referencia a los *sanfedistas* de la península italiana. El «sanfedismo» brotó como realidad visible a modo de reacción ante las increíbles y brutales matanzas protagonizadas por los ocupantes franceses en el reino de Nápoles durante los años 1796 a 1799. Estos jacobinos, supuestos heraldos de la libertad, hicieron atrocidades. En el reino de Nápoles, en general, aristócratas y burgueses se mostraron colaboracionistas con el invasor, pero el bajo pueblo se sublevó. Efectivamente, los crímenes, la irreligión y las profanaciones, los saqueos, los impuestos y la imposición del servicio militar, actuaron como intolerable provocación que fue respondida con el levantamiento. Escribía al respecto Croce:

«La monarquía napolitana, sin esperarlo, sin haberlo puesto en sus cálculos, vio a la plebe del campo y de las ciudades levantarse a su favor en todos lados (...) para luchar y morir por la religión y por el rey. Fueron llamados, por primera vez, "Bandas de la Santa Fe"»[63]

El Cardenal Fabrizio Ruffo organizó entonces, en Calabria, en 1799, el ejército *sanfedista*. Era una milicia heterogénea, de gentes de todas las clases sociales pero con predominio popular, y con clérigos armados dándole el tono de guerra santa que se pretendía. Ruffo tuvo la colaboración de famosos bandoleros calabreses como Michele Pezza, apodado Fra Diavolo, y, además, usó de un procedimiento reclutador, ya utilizado por el ejército borbónico, una institución jurídica denominada «truglio». Consistía en reclutar presos y perseguidos por la justicia a cambio de indulto.

La exaltación mística de la guerra sin escrúpulo alguno, las humillaciones recibidas por parte del invasor, la miseria social, la oportunidad de saqueo parra no pocos, produjeron lo que el espíritu mundano que animaba la ideología integrista debía producir: matanzas. Así, los *sanfedistas* saquearon y mataron masivamente en Crotona y Paula, en Nápoles tras la conquista, en Térmoli, Casacalenda, Senigallia... y en Altamura, en Apulia, donde ocurrió lo peor. Tres días seguidos de orgiástica matanza en que fueron masacrados niños de toda edad, mujeres, ancianos... En nombre de «la santa Fe».

Obviamente y atrapados por ese espíritu las violencias y los asaltos continuaron movidos por su propio dinamismo:

«Hacia 1800 las huestes guerrilleras del cardenal Ruffo eran las que, al marchar los franceses, se habían dedicado al pillaje»[64]

En España la reacción integrista quiso convertir la guerra de la independencia de 1808 en una suerte de cruzada. Haciendo caso omiso a la realidad de que muchos desafectos del Antiguo Régimen no sólo no eran «afrancesados» sino que luchaban contra el invasor, los ideólogos de esta primera reacción situaron la guerra dentro del mismo esquema rígido con el que se estaban confrontando a la Ilustración y el liberalismo: se luchaba por conservar la alianza entre la Iglesia inquisitorial y la monarquía absoluta, orden concebido como directamente dependiente de Dios, frente a la impiedad de la Revolución representada por el ejército napoleónico.

---

[63] Benedetto CROCE, *Historia del reino de Nápoles* (Laterza, Bari 1980) 206
[64] Julio CARO BAROJA, *Terror y terrorismo* (Plaza y Janés/Cambio 16, Barcelona 1989) 128

El esquema ideológico, cerrado sobre sí mismo, impide que las actitudes y hechos sean iluminados por la verdad evangélica, y así, legitimado desde el principio y de modo absoluto el carácter de la confrontación, no se duda en atizar un odio explícito y se canta que las manos de los consagrados, en vez de bendecir, derramen sangre. El P. Vélez exalta expresamente el odio atizado por la religión:

> «En las conversaciones privadas y públicas, en el sacramento de la penitencia y en sus sermones, siempre han excitado el mayor odio a nuestros enemigos. Desde el primer día hasta ahora no han cesado de alarmar los ánimos y los pueblos»[65]

Los periódicos afectos a los ideales y procedimientos del Antiguo Régimen hacen llamamientos a los sacerdotes para clarificarles su misión histórica en aquella hora:

> «Vosotros, ministros del Señor, que ofrecéis la incruenta víctima del inocente Cordero, animad, exhortad a todos, para que concurran a una proeza de tanta gloria y honor. No deis crédito a aquellas insulsas proclamas con que los catedráticos de derecho público pretendían apartaros de un oficio tan sagrado cuando os motejaban *que manchabais vuestras manos con sangre, después de haber inmolado al Dios de la paz y de la caridad.* Estas son máximas de los afrancesados, que querían que ninguno los resistiese. Pero *El Patriota Compostelano* os asegura lo contrario: id al ejército; quitad en el combate la vida a nuestros furiosos enemigos»[66]

Como venimos diciendo en este estudio, la tentación ideológica integrista es algo intemporal, un espíritu que acecha al hombre de todos los tiempos. Y esta concreción de tal espíritu, este desear sacerdotes combatientes, no sólo legitimadores morales in globo de una acción bélica, no sólo exaltadores religiosos de la misma, sino partícipes directos de las muertes concretas, es algo que persiste. Más de un siglo después de los hechos, al inicio del siglo XX, un autor de esta tendencia escribe estas elocuentes palabras:

> «Estos benditos señores, amantes de la paz y enemigos de todo acto de violencia, tienen sangre en las venas como los

---

[65] P. Rafael Vélez, o.c., p.117
[66] *El Patriota Compostelano* (17-7-1809)

demás mortales; y si a la noble indignación que producen los inicuos atropellos se une que sea considerado el autor de éstos como impío y enemigo de la religión y del papa, resultará natural o por lo menos lo ha sido en España, que los que, por su misión en la tierra, predican contra la guerra y las discordias humanas, sean los primeros en pecar contra el quinto mandamiento, y que, cuando se deciden a pecar, pequen de veras; porque aunque vistan faldas, no son mujeres (...) Fueron tantos, que no pueden contarse los curas que cambiaron la estola por la espada y, en vez de echar responsos, se dieron a repartir mandobles y linternazos, o la metralla de los trabucos en lugar de agua bendita, para defender la religión al mismo tiempo que el honor y la independencia de la patria»[67]

El siglo continúa con sus alternancias revolucionarias y restauracionistas. Y por tanto el ánimo belicista del integrismo se expresa donde y cuando puede. En el poder y fuera del poder, la reacción integrista funde en uno solo el nombre de Dios con el odio a sus enemigos. Éstos compiten con los otros en matanzas, atentados, opresiones, orgullo y corruptelas... En Francia los ultrarrealistas, los legitimistas, practican el llamado «Terror Blanco»...

«Al "Terror revolucionario", más famoso, se agrega el que se llamó *Terror blanche*, de signo contrario, que sobrevino en el sur de Francia en junio de 1815, cuando las bandas realistas se lanzaron al asalto y al pillaje»[68]

Desde el poder la violencia continúa. Jules de Polignac, perteneciente a esa facción ultramonárquica integrista y primer ministro de Carlos X, labra con sus acciones la revolución de julio de 1830... Efectivamente, la restauración de un absolutismo total, las violencias ejercidas, la pauperización de gran parte del pueblo, las hambrunas, es decir, la falsificación blasfema del nombre de Dios, invocado explícitamente como garante de tal orden, fue respondida por una insurrección de signo anticlerical protagonizada por gentes venidas de las clases populares y la baja burguesía.

---

[67] José Cascales Muñoz, *1807-1814 Rasgos de nuestra epopeya* (Madrid 1918) en cap. «Los frailes patriotas» cf pp 215-224, y en cap. «Los curas en la brecha» cf pp 225-232

[68] Julio Caro Baroja, *Terror y terrorismo*, o.c., p.19

Como signo de que el carácter de este combate se vive de modo universal y trasciende los particularismos, España y Francia, ayer enfrentadas, quieren unir sus destinos en pos del ideal común: el Viejo Régimen, el Altar coactivo y el Trono absoluto. Tras el trienio liberal comenzado en España en 1820, los «Cien mil Hijos de San Luis», el ejército francés, penetra otra vez en suelo ibérico el 7 de abril de 1823. Se hacen llamar «Ejército de la Fe»...

> «Un palpable sentimiento de venganza recorre la espina dorsal de los tradicionalistas cuando los "Cien mil Hijos de San Luis" entronizan nuevamente a Fernando VII como rey absoluto; junto a los gloriosos tedeums y los acostumbrados sermones laudatorios de los turiferarios, proliferan los gritos de "exterminio de aquellos hijos indignos que habían introducido en su patria el reinado de las sectas". Huyen los clérigos liberales y los que permanecen son encarcelados y desposeídos de sus beneficios. Publicistas clericales y clero regular, en sus apostólicas misiones, prescinden de cualquier preocupación pastoral encaminada al renacimiento de la moral; sólo importa fustigar el liberalismo con todo lujo de apóstrofes, hasta el punto de escandalizar a un sacerdote conservador: "se ha profanado la cátedra del Espíritu Santo excitando al odio y a la venganza"»[69]

Los dos paradigmas mundanos en lid atacan y contraatacan, cometen crímenes y sufren la venganza. Todas las batallas que se expresarán a lo largo del siglo XIX asoman en este escenario: la división al interior de la Iglesia, las incautaciones de bienes eclesiásticos, justas e injustas en un solo movimiento, los motines anticlericales, la deposición de obispos, las intrigas políticas de muchos de ellos... el asesinato de sacerdotes... los más de cincuenta fusilados con el obispo de Vich, Strauch... Y las represalias, violencias, ejecuciones, vejaciones, ejercidas en nombre de la fe. El terrorismo asoma desde todas las facciones:

> «*Exaltados* conservadores fundan sociedades secretas, a semejanza de los denostados liberales, como la llamada "El Ángel Exterminador", dedicada a perseguir el liberalismo»[70]

---

[69] W.J. CALLAHAN, «Dos Españas, dos Iglesias»: *Historia 16* año IV n.37 (mayo 1979) 47-48
[70] Ibid, p.48

El ambiente que se respira en el movimiento restauracionista es todo menos evangélico. Del otro lado, las burlas blasfemas y obscenas, las agresiones y abusos, los crímenes, eran asimismo cotidianos. Ambas facciones, en un juego diabólico de acciones y reacciones, alimentan mutuamente su odio.

El vizconde de Martignac, ministro de Carlos X que defendió la postura de la monarquía francesa en ayuda de Fernando VII, supo ver, sin embargo, que los desafueros brutales eran cosa de todos. Martignac escribió sus impresiones en un libro, y en él hay algún pasaje altísimamente representativo del espíritu fundador de los integrismos de matriz católica que llegan hasta nuestros días. Por ejemplo, el cuadro en el que describe la figura de fray Antonio Marañón, apodado *El Trapense*:

«Le he visto en Madrid en 1823, y aunque fue rápido su paso por allí, no se ha debilitado el recuerdo que me ha dejado. Era por entonces un hombre de alrededor de los cuarenta y cinco años, sin nada digno de señalar en su rostro, pero tenía el aspecto sombrío, la mirada segura y ojos vivos. Vestido con su hábito de monje, el crucifijo al pecho, un sable y dos pistolas al cinto, y un látigo en la mano derecha, montaba sobre un caballo de poca alzada y galopaba solo en medio de una masa de gente que corría ante él y se arrodillaba a su paso. Miraba de modo frío a derecha e izquierda, distribuyendo las bendiciones que le pedían con una especie de desdén, o más bien de indiferencia, que me llamó la atención»[71]

El siglo avanzaba y las revoluciones y contrarrevoluciones se sucedían. Las guerras también. En Italia el «sanfedismo» vive una suerte de segunda etapa. Si en el reino de Nápoles, en toda la Italia meridional y en Sicilia el movimiento se sectariza cada vez más, en los Estados Pontificios, organizados por Giovanni Battista Bartolazzi, los *sanfedistas* se vuelven a constituir en ejército. Primero conocidos como «centuriones», estos nuevos *sanfedistas* operarán desde 1833 a 1847. El espíritu seguía siendo el mismo: guerra, terrorismo, secuestros, calumnias... cualquier medio para atacar a los enemigos de los regímenes absolutistas teocráticos.

En España y tras la muerte de Fernando VII, los partidarios de la entronización de Carlos, su hermano, frente a la camarilla que rodeaba a la niña Isabel, su hija, capitalizan la reacción integrista.

---

[71] M. le Vicomte DE MARTIGNAC, *Essai historique sur la révolution d'Espagne et sur l'intervention de 1823* t.I (A. Pinard, París 1832) 398-399

De las denominadas «guerras carlistas» hubo tres a lo largo del siglo. Brutales, con excesos inauditos en ambos bandos; excesos tanto más lamentables entre los carlistas cuanto tenían constantemente en la boca el término «Dios». Así las masacres indiscriminadas ordenadas por el Tigre del Maestrazgo, el caudillo carlista general Cabrera[72], tras el infame fusilamiento de su madre por parte de los liberales. O la producción de figuras como el sacerdote y cabecilla carlista Manuel de Santa Cruz, a quien no alcanzó el indulto general concedido a los carlistas después de la tercera guerra a causa de su crueldad (v.gr., apuñalaba gente con un crucifijo). Se le había incluido en el número de los criminales comunes...

Esto fue algo habitual... El general carlista Francisco Savells y Masot fusilaba sistemáticamente a los prisioneros. Y el célebre Zumalacárregui publicaba bandos de este tenor:

«D. Carlos, por la gracia de Dios, Rey de las Españas, y en su Real nombre D. Tomás de Zumalacárregui, teniente general (...) Todos los prisioneros que se hagan al enemigo, sean de la clase y graduación que fueran, serán pasados por las armas como traidores a su legítimo soberano (...) Los alcaldes regidores y demás miembros de justicia que circulen las órdenes del Gobierno revolucionario serán pasados por las armas, y lo mismo cuantos hablen y sostengan por escrito la rebelión (también debían ser fusilados los conductores de pliegos cristinos, las autoridades que los retuviesen sin quemar las órdenes, los alcaldes) y demás individuos que diesen parte al enemigo del movimiento de las tropas leales»[73]

Hay que decir que, por supuesto, los generales de Isabel publicaban bandos semejantes. Todos estos hechos, estas actitudes, estos sentimientos, objetivamente hablando alejan a los hombres de la gracia y la caridad. Por esta gracia, sin embargo —hablaremos sobre ello— la complejidad del ser humano ofrece el espectáculo de las contradicciones saludables, las emergencias de bondad en contextos en que la bondad es sofocada por el odio. En un plano objetivo, con capacidad para seducir, confundir, engañar, alistar a

---

[72] Cf. por ejemplo las numerosas referencias que al respecto figuran en Fernando MARTÍNEZ LAÍNEZ, *El rey del Maestrazgo. Luces y sombras del caudillo carlista Ramón Cabrera* (Martínez Roca, 2005)

[73] Cit. en Benjamín JARNES, *Zumalacárregui, el caudillo romántico* (Espasa Calpe, Madrid-Barcelona 1931) 189

un sinfín de subjetividades, la reacción integrista ante la oleada de nuevas ideas ambivalentes, portadoras de retos deseables pero a la vez oscuras, frustrantes, erróneas, malignas, fue parte de un movimiento pendular mundano enemigo de la cruz de Cristo, del Amor de Dios.

Este carácter no implica *sólo* el canto general que habla de matar... por ejemplo, aquel «¡que voy a matar más guiris (*rojos* en 1936) que flores tiene mayo y abril!», sino de matar con fruición. En la primera guerra carlista, a la llegada de una «Legión británica» a San Sebastián para apoyar al pretendiente Carlos, los naturales del lugar les compusieron una canción. Está recogida en los escritos, no de algún enemigo de su causa sino de un francés que luchaba con ellos. La canción dice así:

«Y si al Casacagorri los podéis encontrar
Matadlos como bestias sin tenerlos piedad.
Para aquestos borrachos sin fe ni humanidad
No haya cuartel ninguno ni tener caridad»[74]

Obviamente y con este espíritu no se puede respetar como intangible nada de nada. Ni un lugar sagrado: en 1865, Núñez de Castro, gobernador de Burgos bajo un gobierno que había decretado una serie de incautaciones de bibliotecas, documentos y otros bienes depositados en iglesias y catedrales, fue asesinado dentro de la catedral de Burgos por una masa enfurecida por aquellas disposiciones legales. Una masa que creía así honrar el nombre de Dios y de la Santa Iglesia.

Cuando las guerras legitimistas, restauracionistas, fueron remitiendo en toda Europa, en aquel siglo XIX, su herencia espiritual, la de la gloria de la guerra, quedó incrustada en el alma del integrismo político-religioso y del específicamente eclesial. Tal espíritu motivó otro género de violencias. Una de ellas fue y es el aplaudir las represiones venidas del poder cuando las víctimas son consideradas representantes de órdenes que, en esencia, se opondrían al orden divino. Aconteció con la represión de La Comuna de París en 1871. Loa sublevados, en las primeras semanas, respetaron a las iglesias y a las personas consagradas. Luego llegaron las acusaciones contra éstas, y las persecuciones... el asesinato del arzobispo de París y de varias decenas de sacerdotes y religiosos, la profanación de varias iglesias, etc. La represión fue brutal. Unos veinte mil muertos en combates y

---

[74] M.G. MITCHELL, *Le camp et le cour de D. Carlos* (Imprimiere d'Edouard Maurin, Bayona 1839) 237

ejecuciones sumarias, cuarenta mil arrestados, casi cinco mil de ellos enviados a campos de prisioneros infectos situados al otro lado del globo, en Nueva Caledonia... 13.450 sentencias en consejos de guerra, entre ellas 157 dirigidas contra mujeres y 80 contra niños...

El aplastador de La Comuna, el hermano masón Thiers, ordenó que se exhibieran los cadáveres para dar una lección a los rebeldes...

Pues bien, todo esto recibió el aplauso de muchos, liberales y no liberales; y entre otros y de modo destacado, del ultraconservadurismo católico. Y el representante más famoso del integrismo de la época, hombre de resonancias internacionales, Luis Veuillot, director de L'Univers, pronunció su cristiana sentencia... que Thiers había sido demasiado blando.

3.3.3.- Como signo: la defensa de la Inquisición

Ciertamente para la reacción integrista al desmantelamiento de la cristiandad como civilización occidental, la Inquisición era un símbolo elocuente de la unión Altar-Trono que defendían. Y por eso, en los lugares en que la institución ya no era nada, fue evocada para reivindicar aquellos *tiempos mejores*, y defendida de calumnias y pretendidas calumnias. En otras latitudes, como en España, la Inquisición había tenido un estatuto especial, propio, y, además, al inicio de la reacción y durante toda la primera fase de su desarrollo, bien entrado el siglo XIX, la institución era una realidad jurídica y social. Por tanto, el debate en torno a la misma se tornó crucial tanto para los integristas como para los promotores del cambio de paradigma. Y por supuesto, para quienes, en nombre de la fe precisamente, querían su extinción.

En realidad, el problema de la Inquisición, en última instancia, se podría reducir a un principio básico en medio de su enorme complejidad. Se trataba de una atmósfera espiritual respirada de modo casi inconsciente... Tal atmósfera se llama mediocridad: hacer lo que hace el mundo; y luego buscar justificaciones de orden espiritual e incluso aplicar matices de sello propio, tanto en el sentido benigno de contención como potenciadores de las malignidades mundanas.

En tanto institución bisagra de dos órdenes que jamás van a encajar armónicamente de modo mecánico, tenía su propia lógica. Efectivamente, salvo en las opciones religiosas o metafísicas estrictamente individualistas y esotéricas, ignotas para los demás, los marcos de valores referenciales -sean religiosos, irreligiosos o ateos- tienen una expresión moral que, a la vez, tiene expresión social. Esto significa que el que alguien adopte un marco de valores diverso al vigente en un tiempo y lugar concretos, suele conducir de un modo u otro, más o menos consciente, a posturas disidentes. Totales, parciales o incluso muy parciales, pero discernibles como tales por parte de los adeptos al orden en vigor y, sobre todo, a los poderes que dominan la situación y son garantes de su mantenimiento.

Esto lo vivieron los cristianos de la primera hora en carne propia. Por mucho que luego se haya querido ningunear esta expresión disidente reduciendo el asunto a una disputa cultual (a quién se dirige el incienso), o aduciendo las protestas de fidelidad de aquellos mismos cristianos, la realidad era más honda: no sólo cuestionaron la escuela o el teatro porque se enseñara politeísmo, sino por el contenido inmoral de la enseñanza o el espectáculo... No sólo cuestionaron el ejército o la magistratura por adorar al César, sino por derramar sangre... No sólo, en fin, negarse a incensar al César sino que al negarle como dios, admitir su debilidad humana, la posibilidad de que sus decisiones sean injustas, inmorales, sangrientas y, por tanto, no secundarlas.

La cristiandad como civilización, en sus diversas facciones tras las rupturas, se encuentra en tal tesitura frente a los «herejes» mutuos: no sólo pecados, sino delitos sociales. Y reacciona.

El primer problema, obvio, es el género de reacción: se usan -decíamos páginas atrás- las armas del mundo. La violencia y el odio. Se obvia el examen de conciencia: qué puede haber de cierto y corregible en las acusaciones venidas desde la disidencia. El drama de la Inquisición es que a partir de estos presupuestos se ensancha desde el principio su propia pretensión. Piensan que los príncipes cristianos deben proteger a la Iglesia. Y que tienen el deber, siempre violento, de defender una supuesta sociedad cristiana. El hereje representa dos amenazas entonces: socava la fe de la Iglesia, y por su propia herejía se convierte en un alterador del orden social y su autoridad. La Iglesia entonces usa del «brazo secular» para castigar a los enemigos de ese orden supuestamente armónico entre las dos potestades. Y los príncipes usan a la Iglesia para detectar a los disidentes en los reinos... Desde el principio la cuestión no se ciñe a quienes, con razón o sin ella, se alzan objetivamente contra el ordenamiento social a causa de una motivación espiritual o filosófica, sino que se pretende controlar las conciencias. En la historia de la institución, con altibajos y diferencias enormes según lugares y épocas, hay momentos en que

66

se deja a la gente en paz en cuanto a su expresión religiosa católica exterior; pero hay otros muchos momentos en que esta expresión se mide, se controla, y se castiga, no al rebelde social -con toda la carga de ilegitimidad evangélica que puede conllevar esto-, sino al que no cumple externamente: el que no asiste a misa, el que no hace tal o cual reverencia en una procesión, etc…

El clima, objetivamente falso por más que la gracia guarde a muchos en la veracidad y la humilde autenticidad, se torna para otros muchos asfixiante y escándalo para sus almas. Ya en medio del descalabro de la cristiandad, en pleno siglo XVIII, hay quien sigue sufriendo ese hipócrita control social de las conciencias, espantador de la fe. El marqués de Villa de San Andrés, en el año 1741, elogiaba la vida -la de un noble, claro- en París, en el París del absolutismo, porque allí se veía libre de este género de acoso religioso normalizado socialmente en España. Decía el marqués que allí podía circular «sin que te pregunten adónde vas, ni te examinen quién eres, ni en Pascua Florida te pida el cura la cédula de confesión»[75]…

La reacción integrista piensa que el uso de la violencia para reprimir las nuevas ideas y para defender lo que ellos llaman orden divino, es algo obvio, que ni siquiera tiene que ser argumentado. Una de sus señas de identidad en la época es la defensa de la permanencia de la institución inquisitorial y el pensar que es tal institución la que puede salvaguardar aquel orden amenazado. Así, por ejemplo, el obispo de Cuenca, Falcón Salcedo, leyendo la guerra de la independencia en clave de guerra santa, declara:

> «Diré que de las naciones del continente de la Europa que ha arrollado y vencido Napoleón solas dos detuvieron el curso de sus triunfos y sonrojaron sus armas, que son precisamente el Portugal y la España, donde la religión se conserva en pureza y la Inquisición en ejercicio libre»[76]

Los integristas, con la Inquisición ya inexistente en muchas naciones y cuestionada en España, en Portugal, propagan la idea de que es precisamente tal institución el baluarte del catolicismo. No la fe, ni la esperanza, ni la caridad. No la gracia de Jesucristo, ni la fuerza del Espíritu, ni el misterio sacramental de la Iglesia, sino un aparato policial y judicial.

---

[75] Cit. en Jaume VICENS VIVES (ed), *Historia social y económica de España y América* IV (Teide, Barcelona 1957) 247

[76] Cit. en Ricardo GARCÍA CARCEL, *La Inquisición* (CECI, Madrid 1991) 78

En 1812 se publica la traducción al castellano de una obra del Abad Barruel, del que más adelante hablaremos, bajo el título *Compendio de las memorias para servir a la historia del jacobinismo*. El traductor, «el muy ilustre señor don Simón de Rentería y Reyes, abad de la insigne iglesia colegial de Villafranca del Bierzo y de su territorio abacial», condensando las ideas de Barruel, dice en una presentación de la obra que si la Inquisición se suprime «la conspiración jacobina consumaría, sin obstáculo alguno eficaz, su plan infernal de destruir la santa religión»[77].

La idea se fija en los corazones adscritos al integrismo: es la Inquisición el instrumento adecuado para la defensa de la cristiandad. Muchos años después de abolida la institución. D. ramiro Fernández y Valbuena, canónigo de la catedral de Toledo y prefecto del seminario de esa diócesis española, sigue estableciendo tal relación:

«Desde que se entronizó el liberalismo entre nosotros, comenzaron las sectas todas a respirar y concebir esperanzas halagüeñas para lo futuro, contando como contaban con la protección oficial, cuyo primer paso en este camino fue la abolición del Santo Oficio, gracias al cual se había conservado ilesa la fe católica en España, mientras se iba perdiendo o amortiguando en otras naciones»[78]

Así pues y con este planteamiento, la defensa de la Inquisición se convirtió en caballo de batalla entre los defensores de la cristiandad, es decir, de la civilización cristiandista, y los enemigos de la misma, ya católicos, ya anticatólicos. Dice Caro Baroja que muchos de entre los «católicos contrarrevolucionarios», los que eran hombres de letras, se dedicaron a refutar a sus enemigos y, entre otros argumentos, «procuraron defender también las instituciones que habían producido la mayor antipatía hacia la Iglesia, como la Inquisición. Navarro Villoslada, Ortí y Lara, Gumersindo Laverde y algunos hombres de Iglesia se distinguieron en esta empresa, usando a veces argumentos que, en vez de convencer, producían más antipatía en la masa de lectores. Libros como el que escribió Ortí y Lara sobre la Inquisición parecen haber tenido un efecto contraproducente»[79].

---

[77] En Discurso preliminar del traductor t.I(Imp. de Pablo Miñón, Villafranca del Biierzo 1812) III-IV

[78] Ramiro Fernández y Valbuena, *La herejía liberal* (Florentino de Elosu editor, Durango-Vizcaya 1907 [4ª edición aumentada]) 175

[79] Julio Caro Baroja, *Introducción...* o.c., p.208

El ocaso de la Inquisición española no se presentó históricamente de un modo abrupto, y tampoco por agotamiento y cansancio, apagándose. Su desaparición lo fue en medio de encendidos debates en pro y en contra, y atravesando vaivenes jurídicos en que fue suprimida e instaurada varias veces. Así se pudieron poner de manifiesto las diversas formas de pensar, de entender al hombre, a la sociedad, a la política y a la Iglesia.

En las Cortes de Cádiz, con el voto en contra de los tradicionalistas que protagonizaban la reacción integrista a las «novedades» de la época, se suprimió la Inquisición. Era el año 1813 y los votos fueron de noventa a favor de esta supresión y sesenta por la permanencia de la institución. En 1814, restablecido el absolutismo por Fernando VII, asimismo se instaura de nuevo el Tribunal. A pesar de sus coletazos sangrientos, los tiempos estaban cambiando: el rey nombró al obispo de Almería, D. Francisco Mier y Campillo, para presidir la Inquisición, y «ese cuadragésimo quinto Inquisidor general publicó a principios de 1815 un edicto lleno de moderación, pero que luego no dio los resultados que se esperaban. Efectivamente, las delaciones, hijas del odio, envidia, venganza y espíritu de partido, no habían producido nunca en España efectos tan desastrosos como en esta época. Por fortuna, el papa Pío VII no permitía el tormento, sin embargo en las cárceles entraron infinidad de personas por denuncias ante la Inquisición»[80]

Los argumentos ideológicos esgrimidos por el nuevo inquisidor Mier y Campillo situaban la misión del Tribunal en la lucha contra las nuevas ideas, tratadas como un todo extranjerizante y ajeno a la tradición «de nuestros mayores». No hay atisbo alguno de algo parecido a un examen de conciencia que juzgara desde puntos más elevados al Antiguo Régimen: él mismo, este régimen, era ya percibido como ese punto elevado desde el que juzgar por parte de sus defensores. El obispo de Almería justificaba así el retorno de la Inquisición:

«(a causa de) la incredulidad y la espantosa corrupción de costumbres que ha contaminado al suelo español y de que se avergonzarían la piedad y religioso celo de nuestros mayores, viendo los mismos errores y doctrinas nuevas y peligrosas que han perdido miserablemente a la mayor parte de Europa, infestan su amada patria, y que la juventud bebe como el agua este pestífero veneno por lo mismo que halaga sus pasiones y sentidos»[81]

---

[80] Leonardo GALLOIS, *La Inquisición* (Editorial Fenix, Barcelona 1973) 139
[81] Cit. en Ricardo GARCÍA CARCEL, o.c., p.81

Al inicio, del llamado trienio liberal, en 1820, Fernando VII, presionado, vuelve a decretar la supresión del Tribunal, pero apenas acaba con el gobierno de los liberales en 1823, se restablece si no la Inquisición propiamente dicha, unos remedos de la misma a instancias de algunos obispos. Efectivamente, los obispos de Valencia, Tarragona y Orihuela organizan una «Juntas de Fe» para proceder contra quienes ofendieran a la Iglesia con sus ideas. Al fin, el 15 de junio de 1834 y tras una iniciativa legal de Pío VIII en1829 por la que se despojaba de funciones a la dichosa institución, se publica un decreto que la extingue definitivamente. Según Kamen ya una mera formalidad jurídica.

Todo este proceso de idas y venidas provoca el que la Inquisición se convierta en símbolo para unos y otros. En las insurrecciones y mítines de carácter integrista se oyen gritos de «¡viva la Inquisición!». Y los clérigos ideólogos de esta reacción integrista la glorifican como signo de la continuidad histórica que reclaman, o la reivindican como el instrumento adecuado para la nueva batalla que, según ellos, ha entablado un orden eterno contra los enemigos de Dios. Uno de estos clérigos, fray Francisco Alvarado, dominico, quien se hacía llamar a sí mismo «El Filósofo Rancio», la pone como ejemplo de lo que hay que hacer frente a los liberales en textos en los que justifica el uso de la tortura y en los que se burla del respeto a las conciencias:

> «Se trata, sí, de que la voluntad con sus depravados antojos no distraiga ni ofusque el entendimiento, para que éste pueda, como debe, contemplar y descubrir la verdad. ¿Y quién ha dudado jamás de que el palo y el castigo son el mejor específico para curar los antojos, cuando la razón no alcanza a curarlos...? Volverá al ejercicio de sus funciones la Inquisición...; veremos a ustedes transformados de filósofos en hipócritas, de liberales en serviles y de despreocupados en supersticiosos»[82]

Al final, toda esta protesta antievangélica culminará con la desgraciada ejecución del maestro de escuela Cayetano Ripoll en 1826, tras dos años de prisión. Fue precisamente una de esas «Juntas de Fe», la de Valencia, con las que se quiso resucitar a la Inquisición, la responsable de este turbio asunto. Ripoll había sido hecho prisionero durante la guerra de independencia y trasladado

---

[82] P. Francisco ALVARADO O.P., *Cartas críticas* X, t.I (Imprenta de E. Aguado, Madrid 1824) 12-13

a Francia donde, con otros presos de guerra, fue sometido a trabajos forzados. Volvió a su pueblo, Busafa (Valencia), en 1820: Fernando VII acababa de jurar la Constitución, y la Inquisición había sido abolida. Cuando retornó el absolutismo Cayetano Ripoll fue acusado de cambiar en la escuela el saludo de «Ave María Purísima» por un «Alabado sea Dios», de no ir a misa, de no arrodillarse ante el viático... Según Henry Kamen se había vuelto deísta[83]; según la novela corta escrita sobre este asunto por César Vidal[84], en Francia había sido ayudado por cuáqueros y se había convertido en uno de ellos. Sea como fuere, Ripoll no hizo siquiera proselitismo de sus nuevos planteamientos vitales, con lo cual la violación a su conciencia se multiplica. Detenido el 28 de septiembre de 1824 estuvo dos años preso en Valencia, donde enseñó a leer a algunos compañeros de prisión. Condenado a horca y hoguera fue colgado el 31 de julio de 1826 a causa de sus ideas religiosas. La hoguera fue simbólica: se pintaron llamas en un barril en el que introdujeron sus restos.

Este absurdo pleno de crueldad era según los reaccionarios el orden querido por Dios. Ya en 1820, tras la segunda supresión de la Inquisición española, se había dicho en Roma que «no hay razón para lamentar la desaparición del Tribunal en España»[85]. No obstante, la reacción integrista lo lamentó. Y los herederos, los que llegan a nuestros días, si bien no batallan por una restauración explícita, añoran aquel orden, y sitúan el Tribunal entre los beneficios que la Iglesia trajo al mundo. Años después de su desaparición en España, Menéndez Pelayo, erudito en muchas cosas, sabio en algunas, profundo sectario en otras, exponía esos argumentos instrumentales con los que muchos, ante el evidente embarazo que produce este fenómeno histórico, han querido estérilmente cerrar el caso. Don Marcelino, como tantos, usaba de ese tipo de apologética decimonónica que consistía, al fin, en defender la fe católica diciendo que *los otros* habían matado más. O que este Tribunal era más benigno que otros tribunales civiles. Que no había perjudicado al desarrollo de la cultura y el conocimiento. Y, en fin, que así, con las persecuciones y las expulsiones, España se había ahorrado las guerras religiosas que asolaron otros lugares de Europa... Es decir, todo menos la referencia absoluta de la Iglesia:

---

[83] Cf Henry KAMEN, *La Inquisición española* (ed. revisada) (Crítica, Barcelona 2013) 472

[84] Cf César VIDAL, *El último ajusticiado* (Ediciones de Bolsillo, Barcelona 1999)

[85] Cit. en Luis ALONSO TEJADA, *Ocaso de la Inquisición en los últimos años del reinado de Fernando VII* (Edit. Zero, Madrid 1969) 43

el amor del Padre, manifestado en Cristo Jesús, real por obra del Espíritu, que hace amar universalmente, orar por los enemigos, pedir el sol y la lluvia para buenos y malos, hacer el bien a quien nos daña, no defender la Verdad con la espada, pues si el Padre quisiera mandaría legiones de ángeles, no ser una guardia armada de este mundo... y guardar la libertad de las conciencias siguiendo la estela de Aquel que es dueño de ellas, asumiendo el riesgo: «Vosotros, ¿también queréis marcharos?»...

Tras estas opciones, las del integrismo de matriz católica, y tras sus enseñanzas, hay una carga doctrinal fuerte, poderosa, que, objetivamente, se opone a la gracia de Dios, a lo que el Espíritu ha ido comunicando a las Iglesias de Dios. Esto es así pese a los desagrados y los silencios que hoy copan no pocos corazones cuando se hace este examen de conciencia:

«Así fue cómo la Inquisición se convirtió en un sistema de control y de represión policial y judicial a la vez, que habría de servir de modelo, a través de los siglos, a tantas policías políticas. El instrumento privilegiado de todos los totalitarismos futuros. Sólo un José de Maistre podía estimar que la que luchó contra los cátaros, como también la de la España de los Reyes Católicos, habían salvado la civilización (J. de Maistre, *Lettres à un gentilhomme russe sur l'Inquisition espagnole,* 1822). Leyendo las cosas de otra manera, al Iglesia romana ha expresado solemnemente, en marzo de 2000, su arrepentimiento por las trágicas secuelas de ese instrumento represivo que empañaba su historia»[86]

_____

[8686] Michel ROQUEBERT, *Santo Domingo. La leyenda negra* (Editorial San Estéban, Salamanca 2008) 330

II.- LA BARCA DE PEDRO SACUDIDA

1.-La visión integrista

La Barca de Pedro, la Iglesia, es sacudida por la tempestad en toda época. Fundada en Aquél que es signo de contradicción, los embates del mundo, nacidos en su interior, en el alma de sus hijos, o venidos de fuera, manifiestan que siempre estará en combate y que no se hunde sostenida por la gracia. Sólo por gracia.

Ocurre que hay momentos en que, o bien las sacudidas son más severas, o bien tienen un tono, una fisonomía específica que, paradójicamente, obligan a la Iglesia a profundizar más en su misterio, la impulsan a purificar su visión y su misión. Esta época de transición, desde el modelo dominante de la cristiandad como civilización europea, a una igualmente occidental e imperialista sociedad de la poscristiandad, es uno de esos momentos históricos cruciales para la vida de la Iglesia.

Las miradas integristas de matriz católica presentan un esquema básico interpretativo de este acontecer, que está en la raíz de la continuidad ideológica de este integrismo, hasta la manifestación de las actuales resistencias al papa Francisco. Este esquema interpretativo opera en muchos aun de modo inconsciente, no explicitado a la manera con que algunos otros lo hacen. Y, como decíamos páginas atrás, no sólo ese esquema interpretativo motiva tal resistencia, sino que está en el fondo de la n asunción personal de muchos de los postulados de la Iglesia del siglo XX y de sus Pontífices, a los cuales, sencillamente, sus admiradores han ignorado cuando sus intervenciones magisteriales han ido en la línea condenada por el integrismo.

El esquema básico con que este integrismo se justifica a sí mismo pretendiendo una teología de la historia y, en ella, una eclesiología, presenta en primer lugar esa práctica identificación de que venimos hablando entre «Iglesia» y «cristiandad». Esta simbiosis sería expresión de un orden divino. Pero, en la visión integrista, he aquí que los enemigos de tal orden, secuaces de Satán, corrompen a la Iglesia desde su interior mediante la introducción en la misma del liberalismo y el modernismo. El integrismo - reductor como todas las ideologías- no puede ver como principales enemigos de la Iglesia, ante todo, a los siete pecados capitales, presentes en toda coyuntura, desde el principio hasta el final. No ve como enemigo de la Iglesia, por ejemplo, la pompa y las riquezas. Ni los honores y los títulos, la acepción de personas, el uso acumulado de seguridades mundanas, la postergación de los pobres... Nada de lo que socialmente la ha desacreditado en determinados lugares y épocas como misionera de la Verdad - entregando a los defraudados a fabricarse verdades-, es motivo de escándalo sobrenatural para el integrismo. Sólo lo que ellos calibran como herejía formal, o metafísica falsa, sería el enemigo... La premisa, pues, es que había un orden divino que es atacado.

El segundo punto de este esquema básico es la convicción de que los Papas que vivieron aquella época entablaron batalla para sostener ese viejo orden. Así de sencillo y sin matiz.

El tercer punto es la constatación de grietas que se van agigantando en el interior de la Iglesia, infectada por la modernidad pero sostenida por el Magisterio... Hasta que llega el Concilio Vaticano II.

El esquema interpretativo integrista, llegado a este punto, se bifurca, hay división explícita en el seno de esta gran corriente ideológica. Para unos, el Concilio mismo representa la ruptura, la negación de aquellas batallas papales para salvar la cristiandad. Para otros, para muchos otros afectos a este gran esquema básico, no sería el Concilio el culpable, sino su recepción y sus interpretaciones. El problema que tienen éstos es que no saben cómo sostener como referencia fundamental lo que ellos llaman «tradición» sin tener que confrontar radical y excluyentemente el magisterio del siglo XIX e inicios del XX con el Concilio. La solución ya la hemos anotado antes: silenciar, obviar, seleccionar, y ajustar lo seleccionado al molde previo. Hasta convertir en su mundo y en los círculos a que llega su influjo en inexistentes aspectos cruciales del magisterio actual de la Iglesia. Aspectos que jamás van a figurar de modo propositivo en las predicaciones y escritos de estos sectores conservadores, proto-integristas y neo-integristas. Antes bien, van a ser contenidos doctrinales que van a ser contestados públicamente, sin advertir a los fieles que tales contenidos tienen por autores a una ya larga lista de Papas.

Este gran esquema no es real, la Verdad no es esa. Una mirada a la época, mirada animada por la propia Iglesia, muestra no sólo complejidades no reducibles a tal esquema, no sólo riqueza espirituales, betas vitales, signos santos, apuntes, desarrollos, luces impensables, audacias sagradas... que no encajan en aquella interpretación, sino un proceso discernible como tal por el que la Iglesia que ha caminado en la cristiandad europea, occidentalista, como marco civilizatorio, en dependencia mutua evidente, se va desasiendo de tal marco, de tal constricción al fin esclavizante, movida por el Espíritu Santo... No para entrar en la pureza final -que es cosa de la Iglesia celeste-, o en holganza, sino para seguir batallando hasta el fin de los tiempos frente a otros retos y liberada de una de las tentaciones encorsetadoras en las que han caído muchos de sus hijos en la historia. Liberada de una de ellas... y sometida a otras mil tentaciones diversas. Como la de volver a la servidumbre, esta vez en el nuevo marco civilizatorio de las pujantes democracias burguesas.

Vamos a entonces nosotros a intentar mostrar un bosquejo a modo de esquema alternativo a la visión integrista en el que se manifieste este proceso dramático de desasimiento.

2.- Los contextos de contestación a la Iglesia

El planteamiento que el integrismo de matriz católica defiende para pergeñar su particular teología de la historia cuenta con el aliado poderoso de que, efectivamente, la caída de la cristiandad estuvo y está acompañada por la emergencia de ideologías anticristianas y por persecuciones a la Iglesia o dificultades para su misión verdadera. Esto, este dato crucial, le guste o no oírlo al integrismo, no sólo no agota el cuadro sino que es incompleto incluso aislado de otra serie de factores y actitudes que realmente existieron y existen y que no casan con la división maniquea propuesta por el integrismo. Es decir, que incluso las persecuciones e intromisiones, ilegítimas en sí, no se dirigieron siempre contra organismos y personas que realmente reflejaran en la historia la irrupción tangible del Sermón de la Montaña. Ya hemos hablado antes de luchas horizontales, de paradigmas mundanos confrontados entre sí. Lo que sí ha ocurrido es que en medio de esta batalla se ha atacado a personas que sí reflejaban el cristianismo. Sea porque para los atacantes lo que los tales hacían y decían les parecía intolerable o hipócrita, sea porque ni siquiera han querido ver y oír qué hacían y decían, y englobados en la Institución que para ellos representaba el baluarte principal del orden a abatir, han arremetido contra todo y todos los que tuvieran algo que ver con la misma.

La época presenta, pues, un clima de contestación a la Iglesia, de confrontación con el elemento institucional-visible de la Iglesia. Los vaivenes históricos en que se alternan en el poder o en el influjo social los liberales más o menos anticlericales y los restauracionistas, ofrecen asimismo el espectáculo de las continuas medidas propuestas por unos, derogadas por otros y al fin transformadas por otros más para intentar algún género de conciliación o para diferir nuevos enfrentamientos.

Los Estados intervienen en asuntos eclesiásticos, no en clave regalista sino para manifestar una forma de lucha o para, aun inconscientemente, abrir nuevos caminos a esta relación siempre confusa e irresuelta. Las intervenciones no eran tan sólo respecto a los «bienes eclesiásticos», donde la pretensión de debilitar o de contener todavía se podía acompañar de la invocación de los también evidentes abusos y contradicciones respecto a los enunciados evangélicos, protagonizados por las gentes de Iglesia... Denunciar esto no sólo era cuestión de anticlericales o anticristianos sino de santos o de gentes encendidas por su fe... Un Ligorio, en el siglo XVIII, en la época que preparó todo esto, ya bufaba y sufría porque sus canónigos se negaban a enajenar bienes y objetos de culto mientras el pueblo pasaba hambre... Un Rosmini, bienaventurado Rosmini, escribía *Las llagas de la Iglesia* y hacía notar que una de ellas, virulenta e interior, era este asunto de las propiedades, las rentas, las riquezas, la pompa... Otro de los bienaventurados, Chevrier, clamaba de la misma manera y decía que los despojadores eran emisarios de Dios pues Él nos invitaba a ese despojamiento y nosotros nos negábamos dando mil razones de sabor supuestamente sobrenatural... Y así, Don Orione, santo, y muchos otros, hasta llegar a los coléricos exabruptos de un Bloy ante el escenario del sufrimiento de los pobres y la indiferencia o bendición de la situación por parte de muchos cristianos.

Decíamos que estas intervenciones de los Estados eran ambiguas desde el principio. Además, las acusaciones eran selectivas, dirigidas sólo a la Iglesia. Pero no sólo se ceñían al tema de las propiedades sino a la administración interna de la Iglesia, inmiscuyéndose en nombramientos, dispensas de votos, etc. Tampoco se pueden reducir estas intervenciones a las excusas dadas por algunos gobernantes por las que se las justificaba aduciendo, nuevamente, el combatir abusos: que tal nombramiento alteraba el orden público, v. gr., o portaba un significado concreto de animadversión al poder civil o a la sociedad; o que, en la cuestión de los votos, de lo que se trataba era de proteger civilmente a quien quisiera desvincularse de sus votos religiosos... No, la injerencia coactiva y amenazante significaba más: era una injerencia instituida como tal, e identificada como misión normal del poder público, sea para *contener* a la Institución eclesiástica en los límites del *interés nacional*, sea como paso previo para desgastarla, desprestigiarla y, al fin, deshacerse de la misma.

La atmósfera político-moral existente en las naciones europeas que básicamente son paradigma del proceso (Francia principalmente, Italia, España, Portugal...), se manifiesta en las continuas disposiciones por las que se controlan los seminarios y el cupo de ordenandos, se disuelven órdenes, se confisca incluso a obras de asistencia a pobres, se expulsa... El clima provoca estallidos de violencia en los que diversos clérigos son asesinados o maltratados. Al error abismal de querer ligar indisoluble y esencialmente el misterio de la Iglesia a una civilización nacida bajo su influjo en una parte del mundo y agotada por corrupción interior, le oponen muchos el error, asimismo abismal, de pretender una civilización alternativa en la que figura como una de sus señas de identidad el ser enemiga de la Iglesia. Tal cual, como si aquellos corazones y sus seguidores de hoy hubieran dominado y desvelado el arcano que les conduce a saber, sin lugar a dudas, que la Iglesia en sí es mentira.

Así, en medio de las tremendas ambigüedades que presenta esta época de transición, el integrismo se nutre, como reacción, de los hechos y dichos anticristianos protagonizados por no pocos representantes de la nueva era. Ambas facciones intentan perfilar sus posiciones de modo nítido... Vienen entonces las batallas por el control de la educación... la ley Ferry, en la Francia de 1880, que expulsaba a las congregaciones religiosas de la enseñanza, y que se mostraba con tal sectarismo y agresividad que provocó el que representantes de mundo abiertamente opuestos a la Iglesia católica protestaran contra dicha ley por injusta... Así, el positivista (y masón) Littré, el racionalista Vacherot y otros.

En el afán por debilitar el poder tangible de la institución eclesiástica se plantean al fin disyuntivas totales. En la Francia ya curtida por casi dos siglos de contienda entre ambos paradigmas se discute en el parlamento un proyecto de ley contra las congregaciones religiosas. El diputado René Viviani, el 15 de enero de 1901, manifiesta lo que él vive como trasfondo de la pretensión legislativa:

«No nos hallamos tan sólo frente a frente de las congregaciones religiosas y belicosas; nos hallamos frente a frente de la Iglesia católica, de esa Iglesia católica que les sirve de baluarte legal y oficial, de esa Iglesia católica que debería ser mucho más modesta en las reivindicaciones de la libertad. No lo olvidemos: por encima de este combate de un día, por encima de esta ley que pasa, se tropieza, una vez más, con el conflicto formidable en el que el poder espiritual y el poder temporal, tratan, alzándose con las conciencias, de conservar hasta lo último la dirección de la Humanidad»[87]

En los muchos momentos de conflicto durante toda aquella era de transición, y hasta hoy, numerosas veces se tradujo la batalla por parte de los impugnadores de tal o cual privilegio o potestad eclesiásticas según estas palabras de Viviani. En la Francia de principios del siglo xx y sea lo que fuere de la responsabilidad sobrenatural de los cristianos en la desafección de muchos, el presidente Émile Combes (antiguo seminarista) y compañía pretendían combatir a la Iglesia en sí, pues la consideraban incompatible con su idea del hombre.

Un paradigma de esta confrontación, en la cual combatían retroalimentándose las dos ideologías en pugna, lo constituye el caso de Zola. Más tarde volveremos sobre él a propósito de una de las manifestaciones más aberrantes del integrismo de matriz católica: el antijudaísmo. Ahora lo mostramos para ilustrar el hecho de que las posiciones anticristianas de muchos de los protagonistas de la época sirvieron y sirven para afianzar ese integrismo.

En efecto, Zola, jaleado interiormente y asimismo por determinadas injusticias que denunció y también por las que sufrió, acompañadas de insultos y difamaciones, expresa en alto esa visión existencial que considera a la Iglesia, sencillamente, un gran fraude. No es sólo que denuncie en su *Yo acuso* el «fanatismo clerical» de alguno o de muchos, sino que en su *Carta a la juventud* alude a la fe cristiana como una sarta de «rancias y falsas creencias»[88], y engloba a los creyentes en las filas de los que se entregan a

---

[87] Cit. en Fernando Mourret, *Historia general de la Iglesia* t.IX vol I (Edit. Voluntad, Madrid 1927) 201

[88] «Carta a la juventud» en volumen recopilatorio de escritos de y sobre él: Emilio Zola, *Yo acuso...* (Edit. TOR, Buenos Aires 1947) 52

«abominables pasiones políticas y religiosas»[89], «estúpidas pasiones políticas y religiosas»[90], «el más odioso y estúpido de todos los fanatismos»[91].

Zola es un personaje cualificado de un grupo (como «los intelectuales» serán conocidos) con grandes influjos en la sociedad. Él creía de verdad en una alborada liberadora que exigía el previo aplastamiento de «el viejo orden del catolicismo y de la monarquía»[92]. No una purificación de la religión o la denuncia de ese compromiso con la monarquía que realmente enturbiaba el catolicismo, sino la práctica extinción de la Iglesia y su sustitución por «la ciencia». Zola y la escuela anticristiana creían en el progreso indefinido[93] y en que la ciencia traería la paz universal (!)... y que «la instrucción» sería portadora de «felicidad universal» (!!)[94].

Cuando Zola murió, Anatole France pronunció un discurso en su funeral. Allí se confirmó la ingenuidad de estos profetas de la destrucción de la Iglesia... «Confiaba en el pensamiento, en la ciencia. Esperaba de la fuerza nueva, de la máquina, la liberación progresiva de la humanidad laboriosa»[95].

Estos personajes representaban el afán por una *pureza republicana* frente a los reaccionarios. Ambas facciones penduleaban en el influjo social y se justificaban mutuamente. Ambas facciones pretendían representar lo perenne, lo profundo, el ser del hombre. Sin embargo, sus concreciones históricas obviamente se agrietaron: cuando Zola exaltaba hasta el delirio el cuadro ideológico en el que estaba creciendo una «nueva y libre humanidad», los pujantes mesianismos emergentes brotados del sufrimiento proletario precisamente querían acabar violentamente con el mundo que representaban Zola y «los intelectuales»... Él mismo simbolizaba esa cara del mundo a abatir por los revolucionarios: un burgués descreído, con modos burgueses y dineros burgueses, frecuentador del burdel de lujo de la Païva en París, creyente —con verdadera fe— en la ciencia, ciego ante el significado profundo de las nuevas emergencias revolucionarias.

Así pues, la justificación integrista para defender su supuesto orden perenne y cristiano sólo muestra que

---

[89] Ibid, p.56
[90] Ibid, p.61
[91] Ibid, p.62
[92] Emilio ZOLA, o.c., p.155
[93] Cf ibid, p.147
[94] Ibid, p.153
[95] Anatole FRANCE, en ibid., p.181

efectivamente entre los impugnadores del orden viejo figuraban de modo eminente ideas y personajes enemigos del cristianismo. Queda por ver si esto justifica sin más como cristiano el orden atacado, y si la respuesta del integrismo puede ser calificada de cristiana... Judet, difamando al padre de Zola, los «camelots» gritando injurias y cantando groserías en la puerta de la casa de Zola, De Mun pidiendo su procesamiento, su castigo, por el artículo «Yo acuso», en el que es escritor ha osado, nada menos, que señalar infamias cometidas en el ejército, poniendo de relieve, para indignación del otro paradigma, que la sacralización de tal institución es una patraña...

3.- Entre dos aguas

La nitidez maniquea con que el integrismo de matriz católica ha querido presentar esta historia no se corresponde con los hechos, las manifestaciones, las disposiciones e intenciones subjetivas de muchos de los protagonistas de tal historia. La época, una época de disolución, de confusión, de nacimiento de nuevos paradigmas, de intentos de síntesis para comprender, ofrece el cuadro de las numerosas personalidades, con mayor o menor influjo sobre los demás, que vivieron su fe como entre dos aguas, con sensación de estar inmersos en situaciones sin salida, caóticas incluso, pero con la esperanza de que de un modo u otro al fin las contradicciones se diluirían, las confrontaciones cesarían.

El integrismo zanja estos dramas interiores acusando a los católicos que no se adhirieron a su reacción reivindicadora del viejo esquema de la cristiandad europea, sencillamente de herejes. Ciertamente había posiciones de confrontación radical. En la batalla entablada en aquel periodo de transición hacia un occidente poscristiandista, unos quieren acabar con el papel social de la Iglesia aduciendo una buena runfla de aberraciones reales. Otros se oponen a esto sin rebatir las aberraciones sino ignorándolas o defendiéndolas. Algunos usan de una lectura deforme del carácter intemporal, sobrenatural, de la Iglesia, que la eximiría de responsabilidad en tales desafueros, injusticias y escándalos, y, sobre todo, la eximiría por tanto de pedir perdón, corregir, restituir. Algunos más, simplemente no niegan determinadas acusaciones que los enemigos de la Iglesia señalan, sino que se dedican a identificar a la Iglesia con tales hechos y a justificarlos... Aquí viene al caso recordar, como indicamos en otro lugar, a los que se afanaron en defender a la Inquisición, sus métodos y sus acciones a toda costa. Para ellos esto era defender «el honor» de la Iglesia.

Respecto a los impugnadores de la Iglesia en su papel social, unos afirman su combate desde cosmovisiones que niegan a la Iglesia en sí, pero hay otros, inmiscuidos en confrontaciones con la jerarquía de la Iglesia o con el papado, que no cuestionan a la Iglesia como tal... Y luego hay muchos otros que padecen la situación con perplejidad y como dando tumbos o buscando grietas por las que entrever caminos diferentes a los que presentan los nítidamente confrontados. Son gentes que tienen fe pero no comparten las visiones del viejo orden; o no saben cómo conciliar con cierta claridad una serie de aspiraciones políticas, sociales, nacionales, a las que no conciben como negadoras de la fe, antes bien incluso fruto de su vivencia, con las declaraciones y posturas de numerosos pastores de la Iglesia e instituciones de la misma.

Unos pocos sufrieron al ver el carácter mismo de la confrontación: esos abusos del Estado que se justificaban por las situaciones privilegiadas, abusivas, de la propia Iglesia institucional, la cual pregonaba el no tener que responder ante ningún hombre... Un clima originado por deformaciones profundas: principios legítimos, como la libertad de la Iglesia, encerrados en concreciones ilegítimas en cuanto contrarias a la novedad evangélica... Riquezas, esa pretensión de que cualquier petición de responsabilidad constituiría un ataque la Iglesia, privilegios ostentosos... Y por parte del Estado, pretensión de controlar no sólo abusos sino abusivamente, negar libertad incluso en asuntos estrictamente religiosos o de estricta administración interna, fomento oficial y oficioso de una cultura negadora de la religión. Un clima apasionado que provocó, por un lado, ese enfrentamiento directo entre integristas y anticristianos, y por otro lado, la manifestación de todas las gradaciones actitudinales: conciliadores, tolerantes, buscadores de un nuevo estatus que suprimiera los habituales términos, de la confrontación, críticos severos al clericalismo que con subjetiva sinceridad seguían proclamándose católicos... Y también perseguidores hipócritas que se decían católicos, o católicos que simplemente querían evitarse disgustos adaptándose a las nuevas situaciones en la medida en que fueran dominantes o favorecedoras de la *tranquilidad* buscada.

Es decir, un buen número de personas del ámbito católico que, como decíamos más arriba, vivieron el drama entre dos aguas. Unos, por motivos nobles y otros por mezquindades.

Estas ambigüedades, que rompen con las férreas visiones maniqueas, ya se perciben con claridad en el XVIII, en el siglo en que, de mano de la Ilustración, se acelera y se va explicitando el proceso de resquebrajamiento. Efectivamente, la época nos muestra a un P.

Feijoo, hombre de fe a quien espanta la superstición y el irracionalismo. O al mismo Jovellanos. En su *Memoria sobre la educación pública* (1802) afirma la Ilustración, la desvincula de los excesos, de las sectas, y propone una suerte de regeneracionismo popular mediante la educación en los viejos principios tradicionales. Encontramos así a un ilustrado que escribe párrafos que provocarían sarpullidos a los enciclopedistas...

«¿A quién, pues, acudiré sino a Ti, y dónde buscaré apoyo sino en Ti, Señor, que eres escudo y protección de los inocentes, y amparo y consuelo de los oprimidos? Bien conozco, Dios mío, que nada se hace en la tierra sin el concurso de tu adorada Providencia, y por eso, rendido a tus santos decretos, sufro con resignación y paciencia el peso de humillación y amargura que oprime mi alma ¡Ah! ¡Cómo no le sufriré, cuando recuerdo tantas y tan graves ofensas como he cometido contra Ti, mi Creador, mi Redentor y Salvador misericordioso»[96]

Otro caso en el que más que una síntesis o asunción de valores nuevos vemos una ambigüedad manifiesta es el de Juan Pablo Forner. A día de hoy todavía disputan los estudiosos cuando se trata de clasificarle ideológicamente... Ilustrado moderado como tantos otros ilustrados católicos en sus *Discursos filosóficos sobre el hombre* (1787), aparece sin embargo como un reaccionario fanático en su *Discurso sobre el espíritu patriótico*, de 1794.

«El pensamiento de Forner ha merecido de los críticos juicios asombrosamente contradictorios, a diferencia de la práctica unanimidad de los formulados sobre otros de sus contemporáneos»[97]

El caso Forner no trataba de un mero cambiar de ideas, por los motivos que fueren, buenos o malos, sino que parece coexistían en él los dos espíritus que en la época trababan batalla cultural y política. Efectivamente, en 1792 escribe su *Discurso sobre la tortura*, en el que defiende la abolición del tormento judicial, alineándose así con otros críticos del viejo orden en este doloroso aspecto concreto. Eran los reaccionarios reivindicadores de la *tradición* sacrosanta los que se oponían a estos críticos. El P.

[96] Anexo a una carta sin fecha dirigida a D. Carlos González de Posada en Melchor de JOVELLANOS, *Obras* t.II (B.A.E. Rivadeneyra) 230
[97] Santiago MOLLFULLEDA, «Estudio preliminar» en Juan Pablo FORNER, *Discurso sobre la tortura* (Crítica, Barcelona 1990) 53

Zeballos atacaba violentamente a Beccaria, el canónigo sevillano Pedro de Castro, en su repugnante obra *Defensa de la tortura*, atacaba con saña a Alfonso de Acevedo, opuesto al uso del tormento. El P. Feijoo o el P. Sarmiento también eran críticos opositores a la tortura... y he ahí que Forner, el Forner ultraconservador reivindicado como tal por Menéndez Pelayo o Lázaro Carreter, escribe en aquel contexto este libro, que a pesar de su infatigable batalla no logrará publicar en vida... La obra no estaba descontextualizada sino inmersa, a su modo, al modo de Forner, en aquella batalla de ideas. Así, por ejemplo, aludía a Pedro de Castro, sacerdote, ironizando sobre su condición de tal:

> «El señor Castro supo que yo había hablado de la tortura en términos menos rígidos de los que este ministro del Dios de las Misericordias usó en su famosa defensa del potro (...) un sacerdote de la religión más benigna hecho defensor irreducible de una atrocidad cuya justicia está en opiniones»[98]

El siglo XIX, todo el siglo y su epílogo en las primeras décadas del siglo XX, ofrece asimismo esta realidad, la de personas, situaciones, decisiones, que significan la vivencia de la transición a la poscristiandad europea *entre dos aguas*. Una realidad cada vez más acentuada a medida que avanzaban los tiempos y que consistía en confesar la fe y progresivamente desasirse, en buena o mala dirección, del viejo orden cristiandista.

Así, la historia muestra situaciones sorprendentes... En Francia, por ejemplo, se organiza en 1878 la celebración del centenario de Voltaire, con apoyo oficial. Pero Monseñor Dupanloup escribe contra el evento, de manifiesto carácter irreverente, y entonces el gobierno hace caso al obispo y desautoriza el acto... En Italia la ley de conventos de Cavour (de 22 de mayo de 1885), que en el contexto de las batallas respecto a los bienes de la Iglesia suprimió conventos de órdenes contemplativas, quiso respetar a las órdenes religiosas de caridad, que se podrían expresar como tales...

Este asunto de las «desamortizaciones», o «incameraciones» como las llamaban en Italia, expresaba en el alma de algunos esa ambigüedad de que venimos hablando: ¿privar a la Iglesia de los medios para sus fines o corregir abusos evidentes?, ¿combatir unos privilegios abusivos o, como pasó en

---

[98] Juan Pablo FORNER, o.c., pp 138-139

España tras Mendizábal, sustituirlos por otros privilegios abusivos?, ¿libertar a la Iglesia de la tutela al acabar con el concepto de clero asalariado del Estado, funcionarializado, o intentar someterla a los nuevos Estados en condición de inferioridad o sujeción?

Confrontaciones interiores, espirituales, irresueltas en el alma de muchos, que eran finalmente motivadas por un problema previo: ¿por qué la Iglesia, en muchas de sus instituciones, tenía esos bienes, de esa manera, y esos privilegios propios de poderosos según el mundo?... No pocos santos de la época lo sufrieron así, y, al fin, los propios Papas, mucho tiempo después, pudieron ver lo que aquéllos sufrieron:

> «En efecto, las secularizaciones —sea que consistan en expropiaciones de bienes de la Iglesia o en supresión de privilegios o cosas similares— han significado siempre una profunda liberación de la Iglesia de formas mundanas: se despoja, por decirlo así, de su riqueza terrena y vuelve a abrazar plenamente su pobreza terrena»[99]

Así Benedicto XVI, en clave de liberación providencial. Otros, como Bloy, en clave de castigo saludable. Así escribía en 1903 en una suerte de prólogo a su diario:

> «"La regla de nuestra Orden nos prohíbe hacer limosnas", me dijo cierto día uno de ellos. Estas palabras, monstruosas ya en su sentido literal, tomadas en el espiritual son estrictamente diabólicas. Se los ha barrido como parásitos, y se ha hecho bien. Los horrendos católicos de este tiempo tienen lo que se merecen, y lo tendrán cada día más»[100]

La llamada «cuestión romana» muestra asimismo de un modo evidente estas rupturas y antagonismos internos padecidos por muchos. Todas las vacilaciones, dobles caminos, dimes y diretes, protagonizados por tantos responsables de las políticas europeas, no sólo hablan de maquiavelismo político, de equilibrios de poder, de búsqueda de los mismos, o de agresividades paulatinas y calculadas. También hablan de espíritus que, a su modo (precario, confuso y ambiguo, como ahora, como casi siempre) querían seguir siendo católicos. Y no compartían el incluir entre los dogmas de fe al poder temporal del Papa, o, queriendo

---

[99] BENEDICTO XVI, *Discurso* (Friburgo de Brisgovia 25-9-2011)
[100] Leon BLOY, *Mi diario* (Edit. Mundo Moderno, Buenos Aires 1947) 7

conciliar posturas, reconocían el poder temporal o bien limitado territorialmente, o bien co-ejercido con el poder civil.

En Italia se muestran a modo de gradación todas las actitudes: entre un Garibaldi, no sólo anticlerical sino enemigo de la fe cristiana, y un Pío IX, defensor a toda costa del poder temporal en los límites que había heredado, aparecen, con expresiones gradualmente aproximativas en la lealtad a la Iglesia, un Mazzini, un Cavour y un Manzoni. El integrismo no vería aquí ninguna *aproximación* sino nítidas rupturas respecto a la fe... No ven que las grietas y las rupturas, en su realidad espiritual más profunda, más real, siempre se han manifestado asimismo en las actitudes y hechos que han violado el Evangelio y protagonizadas por cualquiera. Por ejemplo, en el numeroso catálogo de actitudes y de hechos protagonizados por los defensores del viejo orden, cuya sumisión a espíritus que son de este mundo les conducía al fin a confrontarse, también ellos y a su modo, a la Iglesia institucional... Un Metteernich, por ejemplo: contrarrevolución... y josefismo.

En el caso de España respecto a la «cuestión romana», se vio con claridad la presencia de estos intentos de conciliación entre la lealtad o el respeto a la Iglesia, y el reconocimiento pluriforme y en diversos grados de los nuevos órdenes que triunfaban o pugnaban por asomar. Los debates fueron intensos... Pacheco, Balaguer, Cánovas, Corradi... el integrista Aparisi y Guijarro, Juan Valera, Escosura, Campoamor, el P. Miguel Sánchez, Pastor Díaz... disputaban entre sí desde sus respectivas visiones: defensores a ultranza del poder temporal y numerosos *conciliadores*. Incluso varios de los enemigos declarados de tal potestad papal reconocían que habría que buscar una fórmula para que el Papa fuera de todos modos «independiente»[101]. La correspondencia entre Isabel II de España y el papa Pío IX, así como el testimonio y las intervenciones de San Antonio María Claret ante la reina, dan fe de esta ambigüedad:

«El Gobierno español, que el 14 de diciembre de 1865 había reconocido, a pesar de la oposición del clero, el nuevo reino de Italia, hacía protestas de su adhesión al Padre Santo y a su soberanía temporal»[102]

---

101 Para estos debates cf Jesús PABÓN, *España y la cuestión romana* (Edit. Moneda y Crédito, Madrid 1972) 27-34
102 Fernando MOURRET, *Historia General de la Iglesia*, parte primera t.VIII vol.II (Edit. Voluntad, Madrid 1926) 594

En muchos corazones, insistimos, no era un mero querer enfrentarse a la Iglesia institucional o al pueblo católico. Había más, y por tanto la situación era más compleja. El mismo gobierno de España que toma esa decisión a fines de 1865, poco antes se mostraba -según los modos del poder mundano, claro está- celoso *defensor* de la fe:

> «Por vez primera, el año de 1865 el gobierno español separó a unos profesores de sus cátedras como sospechosos de no ser católicos, como hombres que difundían doctrinas contrarias a la religión del Estado (...) El reconocimiento del Reino de Italia hizo que, poco después, el alto clero atacara al Gobierno desde otro punto de vista y hasta que se amenazara con una nueva guerra civil»[103]

4.- Transición: el drama de los Papas decimonónicos

Estamos reflexionando sobre los antecedentes del integrismo de matriz católica que llega a nuestros días. Elemento fundamental de este breve y genérico escudriñamiento son los Papas de la época. A día de hoy son el referente usado por el integrismo explícito contra la Iglesia del Concilio Vaticano II. Respecto a las tendencias integristas y las actitudes proto-integristas que crecen entre los católicos de determinadas áreas culturales (*occidente* y sus influjos más inmediatos), tales Papas no son esgrimidos de modo explícito contra quienes son considerados enemigos de la fe en el interior de la Iglesia contemporánea, a los que han declarado la guerra. Sencillamente porque estas tendencias, más que un articular una respuesta doctrinal alternativa, como hace la militancia abiertamente integrista, vive sentimentalmente el mismo rechazo que esta militancia expresa a determinados postulados doctrinales del Concilio y del Magisterio posterior. Evidentemente, todo lo relacionado con la libertad religiosa, el papel de las religiones en la historia de la humanidad, la opción preferencial por los pobres como carisma universal... Si la militancia integrista y sus eruditísimos cuadros intelectuales teorizan sobre esto, la tendencia, la que hoy siente aversión por Francisco, sencillamente ignora declaraciones magisteriales y hechos de los Papas posconciliares entroncándose inconsciente-

---

[103] Julio CARO BAROJA, *Introducción a una historia contemporánea del anticlericalismo español* (Ediciones Istmo, Madrid 1980) 203-204

mente en el ámbito vital de quienes han petrificado a aquellos Papas decimonónicos para desautorizar el Magisterio posterior. Por vía de sentimientos confluyen con los teorizadores integristas cada vez que se escandalizan o miran a otro lado cuando algún Papa se encuentra con gentes de otras religiones... del Islam... o cuando hablan de ecología y todo el etcétera.

Es entonces perentorio el reflexionar sobre el «drama de los Papas decimonónicos», el por qué pueden ser usados con cierta soltura por el integrismo, el cómo este integrismo hace una lectura reduccionista de aquel acontecer y aquellas palabras. Nos debemos situar, lo mejor que podamos, en aquel contexto *interior* de los Papas para entender muchas de sus posturas y contemplar cómo el Espíritu ha ido decantando lo perenne y situando lo contingente en la caducidad.

Más adelante, en otro capítulo, abordaremos de modo específico dos asuntos cruciales al respecto: uno sobre el carácter del Magisterio; y en segundo lugar, concretamente sobre la relación entre los pronunciamientos papales del siglo XIX y las posteriores enseñanzas relativas a la libertad religiosa y la relación de la Iglesia con las religiones. Ahora aludiremos brevemente a estas cuestiones, para situarnos, junto a otros aspectos, en el mundo interior de los Papas decimonónicos.

El cuadro es fácil de imaginar. Si quedaban ya algo lejos las pretensiones enciclopedistas y las hirientes burlas volterianas, no estaban tan distantes en el tiempo las brutalidades a que llegó la Revolución Francesa... el genocidio de La Vendée, las grandes matanzas fruto de las purgas en las grandes ciudades, el Comité de Salud Pública, el Terror, las guerras exteriores y sus levas obligatorias, la ejecución de sacerdotes, religiosos, religiosas, obispos... Más cerca aún la prisión y muerte miserable, con desprecio del cadáver incluido, del papa Pío VI por parte del general Bonaparte. Para muchos, un evento que significaba nada menos que el fin del papado:

«El 19 de febrero de 1797 había escrito (Napoleón) al Directorio: "Es mi opinión que Roma no puede sostenerse más. El viejo mecanismo se arruinará por sí mismo". Después de la muerte de Pío VI, no sólo Napoleón, sino toda Francia contaba como seguro que el Papado terminaba. El obrero que cerró el ataúd de Pío VI, exclamó: "Ha muerto el último Papa". "¡Ha terminado el Papado, ha terminado la

Iglesia Católica!", pregonaban los incrédulos. Y Napoleón decía satisfecho: "¡Ya no hay tiara!"»[104]

Poco después nueva prisión para otro Papa, Pío VII, ya no por parte del «general» sino del «emperador» Bonaparte. Curioso cómo se puede afrentar a la Iglesia desde muy diversos paradigmas. Napoleón persigue a Pío VI en nombre de ideas totales alternativas a la Iglesia. Y este mismo Napoleón persigue a su sucesor en nombre de un viejísimo concepto forjado en la era de cristiandad: el cesaropapismo:

> «Induciré al Papa a no deplorar más el poder temporal... Tendré mis asambleas religiosas, lo mismo que mis asambleas legislativas. Mis Concilios serán la representación de la cristiandad; los Papas no serán más que presidentes. Yo abriré y cerraré estas asambleas, aprobaré y publicaré sus decisiones, como los hacían Constantino y Carlomagno»[105]

Todo el siglo XIX se va a convertir en un hervidero de ideas, actitudes y sucesos que parecen presentarse, en la percepción de los Papas y en no pocos promotores de tales iniciativas, como alternativas al cristianismo.

En el mundo intelectual se da una batalla feroz. Los Papas van contemplando cómo una tras otra brotan cosmovisiones «hostiles al catolicismo»[106]. Michelet, en nombre de los aplastados de la historia, proclama con absoluta seguridad que la Iglesia es enemiga de la Naturaleza, de la vida, de la alegría. Nietzsche dirá lo mismo del cristianismo en sí... En nombre, esta vez, de los aplastadores de los prójimos, a quienes tal fe cuestiona sus expansiones vitales, proclama el grito definitivo de la liberación: «¡Dios ha muerto!»... Comte, en nombre de la razón y la ciencia, augura que pronto se recitará el credo positivista en Notre Dame... Feuerbach invierte la realidad de Jesucristo, Dios hecho Hombre, y habla de un hombre *divinizado*, en cuanto realizado plenamente... Marx cifra la existencia en el materialismo histórico y pontifica que la religión es el opio del pueblo... Las lecturas materialistas del

---

[104] Mons. Guillermo Tower, *Lo que las biografías de Napoleón no dicen* (Edic. Paulinas, Zalla-Vizcaya 1957) 30

[105] Napoleón Bonaparte cit. en Compte de les Cases, *Mémorial de Sainte-Hélène* t.VI (H.L. Delloye, París 1840) 74-75

[106] Julio Caro Baroja, *Introducción a una historia contemporánea del anticlericalismo español*, o.c., p.203

legado de Darwin acompañan y fortalecen a lo que se ha dado en llamar cientifismo... EL etcétera es enorme. Y en clave de alborada, de «nuevo mundo».

La *reacción* de los Papas proviene ante todo de esta percepción de ataque esencial. Y al afirmar valores perennes expresados, confundidos y aun fusionados con una buena runfla de elementos contingentes indebidamente sacralizados... se provocan nuevos rechazos.

Ciertamente aquellos Papas viven un cambio de época que para los occidentales, y en su influjo para muchos en el mundo, supone un cambio de «era». La civilización cristiandista, la vieja cristiandad occidental como visión civilizatoria, se derrumba ante sus ojos. Una mirada más a lo profundo, desde la propia Revelación, nos muestra que realmente esa *cristiandad* cae víctima de su propia podredumbre. Como civilización hubiera podido derrumbarse, o tambalearse, gracias, por ejemplo, a una irrupción vigorosa de cristianismo en ella, una inyección de vitalidad cristiana. Pues ciertamente sus nociones de jerarquía, de relación con los bienes de la tierra, de las glorias y los honores, sus vanidades, violencias, sospechas, linajes y sangres, no aguantan el confrontarse con las nociones que pueden brotar del Evangelio...

Pero no fue así: la cristiandad, podrida por dentro, engendra ella misma alternativas poderosas que atacan a la fe y que se presentan de modo virulento y triunfante. Y esto refuerza el espíritu de reacción, de defensa. Así, en la actitud genérica de las jerarquías eclesiásticas se percibe la carga brutal de muchos compromisos históricos acumulados, que chocaban, chocan y chocarán con la siempre fresca y sencilla novedad del Evangelio. Son adherencias mundanas muy difíciles de cuestionar. Y desde ahí, desde ese catálogo de lealtades históricas, se pretendía maniobrar cristianamente. Otra muestra de una época de confusión, y una oportunidad para, desde la fe, ahondar en el misterio de la Iglesia, pues aun en estas confusiones de sus hijos Ella es garante del edificio de la fe, y lo esencial -y que da frutos de amor en la medida de la lealtad- se ha sostenido: con luz y con oscuridad, por caminos tortuosos, en espera siempre de ulteriores clarificaciones... y en la inmediatez de ciertas vidas de santos, evangélicas...

En otro capítulo abordaremos con más detalle, como antes indicábamos, los aspectos más conflictivos de aquellas intervenciones papales. De un Gregorio XVI, un Pío IX, de León XIII, y ya iniciado el siglo XX, de un San Pío X. Ahora, unas referencias a algunas concreciones que son fruto de esa percepción de ataque y que condiciona dramáticamente las actitudes de los Papas: las llamadas «libertades modernas», la «cuestión romana», la relación entre Iglesia y Estado, la tardanza en asumir la «cuestión social»...

Hay que situarse, pues, en las lecturas inmediatas de aquellos Papas ante estos retos: tanto el asunto de las «libertades modernas» como el de la relación entre Iglesia y Estado (o más profundamente, entre Iglesia y sociedad), entran de lleno en la problemática de las relaciones entre Verdad y Derecho... ¿Qué es vinculante y qué no respecto al ordenamiento social?, ¿cuál o cuáles son las fuentes del Derecho?

En aquellas batallas por el reconocimiento socio-político de determinadas libertades civiles, y en las disputas respecto al papel de la Iglesia jerárquica, *institucional*, en la cosa pública dadas en aquel contexto histórico, geográfico, cultural, y en medio y a través de las cosmovisiones existentes, los Papas sufrían la tentación de reducir todo este cuadro dramático percibiéndolo como un mero atentado contra «la Verdad».

La batalla se plantea cuando se resquebrajan las falsas soluciones vividas en la era de cristiandad. Falsas no porque todo fuera falso en los viejos planteamientos sino porque se había forjado un todo ideológico orgánico que pretendía responder definitivamente a la cuestión de la relación entre las dos potestades, y que insertaba en él elementos tanto verdaderos en principio como otros falsos, coyunturales supratemporalizados, que envenenaban el conjunto.

Los intentos conciliadores no podían ocultar nuevas deficiencias, y esto alimentaba el espíritu de reacción ante las novedosas alternativas. La solución de Cavour, por ejemplo, aquel eslogan «la Iglesia libre en el Estado libre» - fórmula triunfante a día de hoy en la generalidad de las democracias burguesas-, parte del presupuesto de que la Iglesia no intervenga en la cosa pública más que para alentar lo que propone el Estado. Esta Iglesia se debería entonces dedicar a «sus asuntos», que tienen que ver con la privacidad de las conciencias, concepto asimismo limitado a algunas expresiones individuales e individualistas, ajenas al devenir social público. Con esta premisa, el Estado dejaría en paz a la Iglesia, con advertencias de tanto en cuando ya que se reconoce que habría líneas fronterizas difusas, y para que todo quedara ahí: en manos exclusivas del Estado. Una solución falsa.

Esta batalla tiene asimismo relación directa con la «cuestión romana», a la que ya hemos aludido. Cavour en Italia, otros en España o Francia, intentan desligar sus disputas con la Santa Sede de los ataques a la Iglesia, de la cual, como antes advertimos, muchos de ellos se declaran hijos. Pero el ambiente y las intromisiones, así como cierta lógica teológica que luego se desvelaría como contingente, provocaron el que la Santa Sede quiera fundir en un todo la defensa de su estatus histórico con la defensa de la fe de la Iglesia. Los Papas, concretamente y con vigor el bienaventurado Pío IX, creían que lo que estaba en juego de modo nítido y definitivo era la libertad de la Iglesia. Libertad para su misión. Es decir, que se trataría de una agresión esencial a la propia Iglesia.

Ciertamente la libertad de la Iglesia es un principio verdadero, pero hay que hacer notar que la ausencia de coacción externa no es una condición absoluta para la misión de la Iglesia. Ella vive y vivirá en medio de persecuciones que, paradójicamente, han sido ocasión de vigorizaciones sobrenaturales y de necesarias purificaciones. Ahora bien, esto, el que la Iglesia pierda su libertad civil, es algo sobrevenido, no un principio que define totalmente el estatus de la Iglesia. La pérdida de libertad se puede deber a un castigo medicinal permitido providencialmente por Dios, o a un premio martirial debido a una sobreabundancia de fe, esperanza y caridad, asimismo permitido providencialmente por Dios. Pero ciertamente, tal negación de libertad, injusta en sí, no puede formar parte de la voluntad positiva de Dios en cuanto al ordenamiento social. Porque significa que muchos rechazan o no conocen su Amor...

Un segundo aspecto asoma sin embargo en toda esta cuestión: una cosa es defender como principio la libertad de la Iglesia, y otra son las concreciones de tal principio.

En la «cuestión romana», los Papas fusionaron el principio con la configuración concreta del Estado Pontificio. Como el propio devenir temporal ha mostrado, tal fusión presentaba profundas inconsistencias. Sin embargo, la percepción papal no era algo disparatado, ajeno al sentir del resto del mundo. Son muchos en la época los que percibían el drama del mismo modo: católicos de muchas tendencias diversas y aun opuestas, y no católicos que no veían otro modo de salvaguardar la independencia del Papa, valor que asumían como algo beneficioso socio-políticamente hablando.

Pío IX protestaba diciendo que no podía renunciar ni disponer de lo que consideraba que no era suyo, «que no podía ceder lo que pertenecía, no a él, sino a todos los católicos»[107]. Esto, realmente, era una ficción, una proyección sin contenido, pero entre muchos católicos de la época, en Europa y relativamente en

---

[107] Cit en F. MOURRET, o.c. t.VIII vol II, p.542

América, sí se percibía la disputa, primero como un ataque al Papa, y además, como un ataque a la Iglesia y todo lo que pudiera representar a sus ojos. El Tercer Congreso de Malinas, por ejemplo, al concluir hacía una declaración al respecto el 12 de septiembre de 1867:

> «En la ocupación de los Estados de la Iglesia veía no sólo un crimen sacrílego, sino también un perjuicio muy grave inferido al derecho, a la libertad y el bienestar de toda la cristiandad»[108]

Realmente quedaba fuera de cualquier horizonte en el pensamiento y el corazón de todos los actores el concebir una actitud como la del Maestro: subir a Jerusalén pese a todos y todas las amenazas y advertencias, para anunciar la Verdad y el Amor mostrando obediencia al Padre, y dejarse despojar de todo. Con lo que la obediencia al designio amoroso del Padre se revela públicamente. Para que el que tenga sed venga libremente.

Los derramamientos de sangre, las intrigas, los equilibrios en que se ponen en juego esenciales nociones que no lo son, las corruptelas, las agresiones... la confusión que cegaba la verdad evangélica a muchos... todo lo que acompañó el proceso se hubiera evitado en una masiva *sequela Christi*. En el alma de algunos protagonistas y actores en aquella coyuntural confusión, sí había indicios de esto: el tomar decisiones concretas para evitar más derramamiento de sangre; el estar dispuestos al martirio antes que doblar la rodilla delante de quienes no son Dios; el estar asimismo dispuestos a sufrir personalmente despojamientos bien concretos... Pero eran indicios, y actitudes espirituales de signo individual vagamente ejemplarizantes para otros. No eran proclamaciones abiertas dirigidas a todos los fieles: poned la otra mejilla, dejaos despojar de la túnica y del manto, no resistáis violentamente, no reclaméis lo vuestro... y seguid obstinadamente, con la gracia de Dios, con la fuerza del Espíritu, proclamando la Verdad sin temor. Con cadenas o sin ellas, ante jueces y reyes de la tierra, en la vida y en la muerte, sed testigos de la Verdad, subid a Jerusalén...

El drama de los Papas decimonónicos, sus reacciones ante el derrumbamiento del viejo orden en medio de una turbamulta de proposiciones negadoras de la verdad revelada, tuvo asimismo una consecuencia trágica, de las que antes hemos enumerado: el no

---

[108] Ibid, p.602

percibir a tiempo el hondo significado, sobrenatural, que expresaba la llamada «cuestión social». Se llegó muy tarde, y con escaso eco en grandes sectores del catolicismo público.

El contexto de ruptura y de auroras definitivas propició ese bullir de mesianismos terrenalistas del siglo XIX que luego fracasaron estrepitosa y tangiblemente durante el siglo XX. Y en medio de esta irrupción poderosa, que llegaría a copar las confrontaciones del próximo siglo, he aquí que muchos aún se hallan inmersos en la gran disputa originada en el siglo XVIII. En ambos lados de la confrontación, en el alma de burgueses ricos como Zola o Viviani, o en el alma de católicos como Pío IX o Montalambert, se percibe ceguera ante lo que viene, su origen y su sentido.

Años más tarde Pío XI declaraba a Cardjin el drama que representaba el que la Iglesia hubiera perdido a la clase obrera. En aquellas décadas del XIX, sin embargo, la preocupación era el descubrir errores filosóficos en los mesianismos sociales emergentes —errores que apuntaban hacia el ateísmo o lo afirmaban sin más—, y el señalarlos como tales. Este dinamismo formaba parte del gran cuadro de la confrontación de la época, y así, la percepción del origen de tales mesianismos en el alma de tantos quedaba eclipsada, sin tratar, sin atención... o resuelta de modo simplista hablando de las «sociedades secretas» enemigas del orden social... ¿Qué orden?...

Ese mirar a otro lado, ese estar en otros asuntos, produjo tremenda aversión entre gran parte de las capas populares. La misma prensa anticlerical que difundía obscenidades contra el clero, prensa cuya visión de la Iglesia se resume así: «la vida de los hombres de Iglesia y la de los fieles es una pura suciedad, y no hay más que decir»[109], era la que convenía en presentar «a Cristo como un revolucionario, amigo de los pobres; a los papas, como a grandes falsarios, y a la Iglesia, en general, como una gigantesca compañía comercial»[110]

5.- Y sin embargo... Los Papas y el lento desasirse del Antiguo Régimen

La transición hacia la poscristiandad deja a la Iglesia occidental, grosso modo, varada hacia el mundo viejo y, a la vez,

---

[109] Espíritu de esa prensa descrito así en J. CARO BAROJA, *Introducción...* o.c., p.213
[110] Ibid, p.212

inmersa en el proceso, poco a poco resquebrajando los compromisos con tal mundo.

Hay una tensa ambivalencia en el seno de la Iglesia, en la que se perciben impulsos y resistencias simultaneas. No me refiero sólo a los impulsos de quienes sencilla y trágicamente, sin convicción o con convicciones deformadas, pretenden meramente adaptarse a los nuevos órdenes de cosas. Tampoco me refiero a las claras y explícitas resistencias integristas. La ambivalencia, cierto es que se percibe contaminada de ambas posturas, pero hay más estatutos.

Hay quienes perciben, aun inconscientemente, esto que luego se dio en llamar «signos de los tiempos», y entonces acogen tal transición de época como un reto para profundizar, reconocer nuevos frentes, purificar. En diversos grados de explicitación, claro. Esto forma parte del devenir histórico-sobrenatural de la Iglesia: verdades perennes y concreciones temporales que expresan ajustes y desajustes entre sí; incluso desajustes realmente profundos, en ambos sentidos.

Lo cierto es que la Iglesia comienza a separarse del Antiguo Régimen mediante algunos actos simbólicos y diversas decisiones frente a sus requerimientos, así como con algunos apuntamientos doctrinales, algunos silencios con significado, algunas indicaciones de acción. Y a través asimismo de las posturas de no pocos de sus hijos fieles. El proceso, con toda su ambigüedad, dura todo el siglo XIX y parte del siglo XX.

Desde el principio del resquebrajamiento encontramos personajes que, por fidelidad a su fe católica, adoptan actitudes, actúan y expresan ideas que son críticas con el universo de valores y concreciones de la civilización cristiandista. Estos fieles ocupan todo el arco temporal de este drama... Desde, por ejemplo y a principios del siglo XIX, el cura canario Antonio José Ruiz de Padrón, hasta aquel diputado francés en las postrimerías del siglo, Étienne Lamy, que se declaraba con firmeza católico y republicano. El sacerdote canario Ruiz de Padrón fue un hombre de fe. Y por eso luchó por lo que ahora llamamos los «derechos humanos». Luchó contra la esclavitud, contra la pauperización y el analfabetismo... Contra la Inquisición:

«Consiguió ser elegido diputado por las Cortes de Cádiz de 1812, y desempeñó un papel destacado en el debate un año después, con un apasionado discurso atacando a la Inquisición que, según afirmaba, era completamente innecesaria a la Iglesia, enemiga del Estado, y contraria al espíritu del Evangelio. Su discurso, pronunciado en enero

94

de 1813, resultó decisivo para conseguir los votos necesarios para la abolición»[111]

A lo largo del siglo XIX van apareciendo personajes con influjo en la Iglesia y con convicciones, que por confesión propia brotan de su pertenencia a la misma, que expresan este proceso de ruptura con los antiguos parámetros que se resisten a morir. Gentes como Montalambert, Dupanloup, Lacordaire, el cardenal Manning, el cardenal Rampolla, el cardenal Lavigerie, el bienaventurado Ozanam, el P. Diton, Goyau, el cardenal Richard, el cardenal Guibert... Y luego, algún inclasificable, ajeno al cuadro general de esta confrontación, como Leon Bloy y más tarde Péguy... Y los numerosos santos, situados *por encima* de la disputa. Algunos incluso tomando partido, pero tanto éstos como muchos otros viviendo por gracia amores evangélicos, perennes, y ajenos asimismo a la generalidad de los dinamismos de los disputadores.

El historiador Mourret, de tendencia claramente conservadora pero no integrista, se hace eco de este procreso de desasimiento, en las actitudes de varios de estos personajes:

«El Cardenal Rampolla no pensó nunca que la idea de la independencia y de la unidad de Italia debiera estar vinculada al odio contra la Santa Sede, ni la idea de la república en Francia a la causa de la francmasonería, ni el justo sentimiento de la nacionalidad alemana a la lucha contra la Iglesia»[112]

El cardenal Guibert, en lucha contra una «secularización» antirreligiosa y explícitamente anticristiana, escribe sin embargo que «la Iglesia deja al arbitrio de los pueblos y de los soberanos las formas de gobierno, las leyes que regulan los intereses temporales»; y añade:

«Si por la palabra tan frecuentemente repetida de la secularización de la sociedad entendéis que las formas políticas y administrativas de una nación pueden variar con el curso de los siglos, que pueden modificarse las relaciones accidentales de la Iglesia y del Estado, no os contradeciremos en eso»[113]

---

[111] Henry KAMEN, o.c., p.483
[112] F. MOURRET, o.c. t.IX, vol I, p.48
[113] *Semaine religieuse de Paris* (9-3-1878) pp 357 y ss

El sucesor de Guibert en el arzobispado de París, cardenal Richard, también escribía alusiones a las nuevas situaciones históricas en clave de búsqueda de algún estatuto asimismo nuevo, dejando de lado el falso dogmatismo restauracionista. En una Carta Pastoral sobre el Centenario de 1789, el cardenal hablaba de la «Ciudad de Dios» como no atada decisivamente a una u otra forma de gobierno, advirtiendo sin embargo que tal Ciudad «admite el uso legítimo de las libertades civiles». Y el 2 de marzo de 1891, en otra Carta, recordaba que «la Iglesia no condena ninguna de las formas diversas de gobierno, lo mismo que no esclaviza a ningún partido».

Como testimonia Mourret, había «católicos sinceros (que) se habían afiliado claramente a la República, siguiendo a Esteban (Étienne) Lamy. Otros parecían dispuestos a renunciar a toda tentativa de restauración monárquica para defender su fe en el terreno constitucional»[114]. Y alguno, como Charles Jean Marie Loyson, el famoso carmelita conocido como P. Hyacinthe (el P. Jacinto), predicador de Notre Dame y al final excomulgado, se expresaba con virulencia en un intento de separar la causa católica «de la de algunos católicos que echaban de menos la Inquisición y las dragonadas»[115].

Una de las concreciones de estas *avanzadillas* no encuadrables en la tradicional reacción restauracionista es, por ejemplo, la constitución en Alemania del Zentrum, en diciembre de 1870. Antes de su posterior y claro alineamiento en el conservadurismo liberal, aquel partido y en el contexto de su fundación se presenta públicamente como defensor de la minoría católica durante el Kulturkampf. Pero lo interesante es que, a propósito, niega ser antirrepublicano, y aglutina tendencias diversas, incluidos liberales y gentes con talante de izquierda. Era interclasista, es decir, no estaba atado al aristocratismo propio de los defensores de la «cristiandad». Lamentablemente su nacionalismo sí estaba bien atado a ciertas nociones muy añejas: este partido se mostró, por ejemplo, contrario a las minorías polacas.

Hay otro terreno en el que se perciben asimismo ciertos signos de desasimiento respecto a rigideces firmemente consolidadas. Me refiero a la relación con las otras confesiones cristianas y con otras religiones. Todo muy incipiente, muy germinal, pero iniciador de procesos.

---

[114] F. Mourret, o.c., p.66
[115] Cit. en Joseph Chantrel, *Annales Ecclesiastiques 1840-1866* (Gaume Fréres et J. Duprey Editeurs, Paris 1867) 840

Ya en la primera mitad del siglo XIX descolla en este sentido el muy profundo Johann Adam Möhler, célebre autor de *Simbólica* o de *La unidad de la Iglesia*. Asoman al respecto y ya en época de Pío IX figuras como el obispo de Diakovar, en Bosnia, lugar de encuentro de tres realidades religiosas: el catolicismo, la ortodoxia y el Islam. Este obispo, Monseñor Strossmayer, mantiene contacto desde un espíritu alentador del diálogo y precursor del ecumenismo con Soloviev y con el barnabita romano Cesare Tondini, quien sostenía que la unión de las Iglesias romana y oriental, especialmente la rusa, se operaría a través de María, de quien todos se sabían hijos.

La época vivió la aparición fervorosa de numerosas peregrinaciones a Jerusalén, donde ocurrió, de modo imprevisto, el que católicos y ortodoxos experimentaran una aproximación mutua hasta entonces desconocida... Semillas para el futuro ecumenismo, y paladas de tierra para enterrar las tradicionales descalificaciones en bruto con que el viejo régimen de cristiandad occidental despachaba el misterio de los «cismáticos».

Todas estas *brechas* en la confrontación general que la Iglesia institucional sostiene con el mundo europeo del siglo XIX no se pueden interpretar de modo reduccionista como indicios de una mera *aceptación* del nuevo orden de cosas. Evidentemente hay diversas lecturas, recepciones, respecto al significado de estas brechas. Y no son sólo las lecturas que hagan otros sino la real pluralidad de vivencias subjetivas por parte de los promotores de estos signos que parecen romper ideas y modos sólidamente establecidos y que muchos creían ordenamiento divino.

Efectivamente, la existencia de tales signos provoca que algunos juzguen que los protagonistas de los mismos simplemente quieren eludir confrontaciones y no meterse en líos con las nuevas autoridades políticas. Entonces, los que así juzgan, piensan que hay que descalificar esos signos y apuntamientos doctrinales porque los consideran traición a la Revelación... teniendo en cuenta, además, que los tales han identificado esa Revelación y su orden consecuente con la cristiandad de facto.

Otros, protagonistas de los signos o receptores positivos de los mismos, piensan de ellos que significan un situarse por encima de los bloques contendientes (*cristiandad* versus *modernidad*), para sí tomar lo que se considera bueno de cada cual.

Hay, en fin, quien ha visto en los signos rupturistas el mensaje de que no es lícito atar dogmáticamente la Iglesia a la *cristiandad*... Tiempo después y con perspectiva, esto no sólo conduciría a ese legítimo desasimiento respecto al Viejo Régimen, sino a la afirmación de que la Iglesia no debería atarse a ningún régimen. Sea tratada bien o mal, perciba en algunos regímenes cierto elementos de verdad a valorar y así lo diga públicamente... no debería atar su nombre y su misión a ninguno. Obviamente tal mensaje no es generalmente creído: desde aquel desasirse del Antiguo Régimen hasta hoy, muchas Iglesias que caminan en la historia han establecido maridazgos dañinos con un sinfín de regímenes, y, en la actualidad y de modo muy generalizado con las democracias burguesas imperantes en gran parte del mundo y en casi todo el mundo rico.

El proceso de desasimiento que estamos tratando no es sólo cosa de personajes con influjo eclesial y que por tanto marcan caminos que otros seguirán, sino que también es protagonizado de algún modo por los Papas. En este caso cobrar relevancia especial ciertos gestos y decisiones que aparentemente parecen poca cosa inmersos en la actitud general de algunos de dichos Papas, pero que tienen un valor singular precisamente por el contraste que manifiestan respecto a la enorme fuerza arrolladora de las ataduras históricas y de los parámetros de la confrontación que han establecido los mismos Papas.

Los signos de desasimiento realizados por los Papas asoman con intermitencias a lo largo de aquel siglo, hasta hacerse ostensibles en el pontificado de León XIII. Es decir, en aquellos pontificados y hasta la llegada de este último, no se percibe una gradación en intensidad y número de tales gestos. Son leves, esporádicos; son semillas. Es León XIII quien dará un impulso fundamental a este desatarse de aquel grave condicionamiento. Pero los otros signos existieron, sólo discernibles como tales vistos muchas décadas después de transcurridos.

Por ejemplo y en fecha temprana, Pío VIII, cuyo pontificado fue muy breve, de 1829 hasta su muerte en 1830. Este hombre sabía algo en relación a lo que significa confrontarse con los poderes del mundo: veinte años antes de ser elegido Papa fue encarcelado en 1808 por negarse a jurar lealtad a Napoleón...

Siendo ya Pío VIII desautorizó una vinculación esencialista de la Iglesia con el absolutismo del francés Carlos X, derrocado en la revolución de 1830, e instó a reconocer a Luis Felipe de Orleans. Asimismo reconoció a Bélgica como nuevo Estado, independencia respecto a los Países Bajos conseguida por la unión constitucionalista de católicos y liberales que lucharon juntos contra el absolutista monarca holandés. También se confrontó con el integrismo en España, a cuenta de la Inquisición:

«Los reiterados intentos de restablecer la Inquisición quedaron definitivamente sepultados cuando en 1829 el nuevo papa Pío VIII decidía, por el breve *Cogitationes nostras*, que la Rota admitiera las apelaciones en las causas de fe»[116]

Estos acontecimientos, que se pueden interpretar en clave de equilibrios políticos y de tantas cosas mundanas, también significan en el fondo que la vinculación de la Iglesia con el Viejo Régimen no tenía por qué ser algo fatal, determinado por conceptos esenciales e inmutables. Los integristas ciertamente sí piensan así. Piensan, por ejemplo, que Carlos X cometió algunos errores estratégicos y de falta de *prudencia*, pero que en definitiva «estuvo dispuesto siempre a mantener en pie una concepción cristiana de la sociedad y del trono»[117]... ¿Concepción cristiana de la sociedad?...

El pontificado de Gregorio XVI aparentemente no muestra señales de este desasimiento de que hablamos. No obstante su lucha contra la esclavitud, o su no apoyar al pretendiente Carlos, representante del viejo orden, en la contienda librada en España, o incluso no obstante las críticas recibidas por él de parte de Metternich por no pronunciarse con claridad en favor del legitimismo... su pontificado no da muestras de brechas que pudieran, a la vez que denunciar con firmeza los errores de los nuevos órdenes hacer lo mismo, aun tímidamente, respecto a los viejos órdenes. Más tarde, cuando tratemos de la libertad religiosa, abordaremos qué se puede y debe retener de su encíclica *Mirari vos* a partir de las nuevas luces que desde entonces ha recibido la Iglesia.

5.1.- Pío IX

Sí se perciben gestos en el sentido que aquí tratamos en el papa Pío IX, el pontífice de la Quanta cura y el Syllabus, en cuyo contexto, alcance y estatuto nos adentraremos más adelante.

Apenas iniciado su pontificado y atendiendo un signo del tiempo, promueve una reforma de orden constitucional en los

---

[116] Manuel REVUELTA GONZÁLEZ, *La exclaustración (1833-1840)* (BAC, Madrid 1976) 90

[117] Andrés GAMBRA GUTIÉRREZ, «Los católicos y la democracia» en AAVV, *Los católicos y la acción política. Actas de la XX Reunión de Amigos de la Ciudad Católica* (Speiro, Madrid 1982) nota 40 en p.147

Estados Pontificios, y así, el 14 de marzo de 1848 aprueba una Constitución conocida como *Estatuto fundamental*, que incluye una limitada representación popular no sólo consultiva sino deliberativa.

Ese mismo año de 1848 había contemplado la Revolución que en Francia volvió a instaurar la República. Fue una Revolución sui generis en lo que tocaba a la Iglesia: vivas a Cristo y a Pío IX; declaración de simpatía por el cristianismo; en el asalto a las Tullerías la capilla respetada y los asaltantes, descubierta la cabeza, escoltando el crucifijo y los vasos sagrados hasta la iglesia de San Roque; los sacerdotes bendiciendo la plantación de los «árboles de la libertad»; Lacordaire aplaudido en Notre Dame por una multitud mientras alababa a un pueblo que «después de haber derrocado varias generaciones de reyes, llevaba en sus manos sumisas, y como asociada a su triunfo, la imagen del Hijo de Dios hecho hombre»[118]; Monseñor Affre, arzobispo de París, el cardenal de Bonald, arzobispo de Lyon, y el resto de los obispos, saludando la llegada de esta República; y Pío IX expresándose así el 20 de marzo de ese año:

> «Los sucesos que desde hace dos meses se suceden y se acumulan con tan gran rapidez no son obra humana ¡Ay de quien no oye la voz del Señor en esta tempestad, que sacude, arranca y hace astillas a los cedros y a las cañas!»[119]

Otra vez se puede rastrear el mensaje: la Iglesia, en su expresión social, no está atada consustancialmente al Antiguo Régimen. La lección de 1848, es decir, el que la Iglesia respetaría a gobiernos e instituciones que respetaran su libertad, aun sin solucionar la relación Iglesia-sociedad civil, y en su limitación, tiene no obstante calado porque apunta a seguir buscando fórmulas, las flexibiliza, y en su tiempo, de modo incoado, se convierte en una suerte de principio desvinculador del antiguo orden.

Pío IX, en 1853, logra reintroducir a la Iglesia católica en la Holanda mayoritariamente protestante gracias a la Constitución holandesa de 1848, que amparaba la libertad de enseñanza y de cultos. Es otro signo, pues el Papa invoca la libertad y no el exclusivismo católico.

Cuando estalle el escándalo por la publicación de la *Quanta cura*, Pío IX aplaudirá a Monseñor Dupanloup por las

---

[118] Henri Dominique LACORDAIRE, *Oeuvres* IV (Poussielgue Rusand, Paris 1861) 257

[119] Cit en Joseph CHANTREL, o.c., p.35

interpretaciones que este obispo daba de la encíclica y que la distanciaban de alguna manera de ciertos literalismos descontextualizados defendidos por los integristas.

Cuando la Asamblea legislativa francesa promulga la Ley de Educación de 1850 y pese a la oposición integrista a causa de la equiparación legal de la enseñanza católica con la protestante y la laica, Pío IX se alinea con Monseñor Dupanloup, Dom Guéranger, el P. de Ravignan, y defiende el que se acepte esta ley sencillamente porque amparaba la libertad de la Iglesia para enseñar.

Este Papa, que escribió la *Quanta cura*, sin embargo, protagoniza en el aspecto de la relación con las religiones y confesiones, gestos germinales, probablemente soterrados como tales a su propia conciencia, que también aparecen como brechas de ruptura con los dinamismos establecidos. Por ejemplo, cuando dirigiéndose a los anglicanos y esperando que volvieran al catolicismo romano, alaba su religiosidad, en un tono que parece contradecir el de las afirmaciones que sobre «herejes» y «cismáticos» se contenían en la *Mirari vos*, la encíclica de su predecesor que inspira a la *Quanta cura*. O cuando el 2 de enero de 1847 recibe en audiencia a un embajador turco. Era la primera vez que un diplomático otomano pedía una audiencia para entrevistarse con el Papa. Se intercambiaron palabras de evidente simpatía que parecían ir más allá de la mera buena educación; como si, inconscientemente, el Papa -y el embajador- percibieran un algo más, un misterio saludable en la religiosidad profesada y simbolizada por ambos.

Pío IX intentó de alguna manera expresar *catolicidad* en medio de la confusión y división de los tiempos y que afectaba también a los católicos. El equilibrio que practicó realmente no podía ser respuesta profunda... Por ejemplo, poniendo a la par al cardenal Antonelli, de la *línea Veuillot*, y al cardenal Mérode, de la *línea Montalambert*. Sin embargo, la pretensión apuntaba a las profundidades de la libertad y la pluralidad en la aproximación a la verdad... y rompía las tendencias exclusivistas del integrismo, quien identificaba sus afanes restauracionistas con la misión de la Iglesia sin más.

Pío IX, que muchas veces alteró ese equilibrio llamando la atención a los que contendían en la Iglesia al compás de los debates históricos, no dejó de hacerlo también con los integristas. En una alocución de 13 de abril de 1872 declaró:

«Ruego que desparezcan para siempre ciertos partidos, exagerados por uno y otro concepto. Hay un partido que

101

teme demasiado la influencia del Papa... Hay otro partido, opuesto a éste, el cual olvida totalmente las leyes de la caridad»

Como antes advertíamos, cuando en este estudio nos situemos más adelante en el debate sobre la libertad religiosa y el diálogo interreligioso, intentaremos examinar los contextos objetivos y subjetivos en que aquellos Papas —Gregorio XVI, Pío IX, León XIII...— estaban inmersos, para discernir qué percibían, a qué se referían, cuál era el carácter e intenciones de las visiones condenadas por ellos, qué proponían como alternativa, qué lenguaje usaban, qué perspectiva, qué relación tenía entre sí el magisterio de los diversos Papas de la época, qué herencia tenían, qué legado dejaron... Qué ha decantado el tiempo, cuyo Señor es Dios providente...

El caso de Pío IX es especialmente profundo, pues es un hombre de corazón santo. Su batalla primordial, ciertamente lo es frente a las ideas y concreciones que se van afirmando en su época, en las cuales ve —como muchos de los seguidores de tales ideas— primeramente un ataque esencial a la Iglesia. Fundamento tenía... Siendo un joven sacerdote, Giovanni Maria Mastai participó en la misión que condujo a Monseñor Muzi a Chile y Argentina entre 1823 y 1825. Allí se encontró, de primera mano, con la visión del dogmatismo y de la intolerancia represiva y amenazante de los regímenes liberales de aquellos países. Luego, en Europa y en el contexto de las luchas contra los Estados pontificios y de las medidas legislativas que se suceden en el viejo continente, Pío IX percibe como núcleo de esta *modernidad* liberal la idea de que el Estado es la única fuente de derecho, la extensión del agnosticismo y el relativismo como principios vitales, la concepción del *progreso* como un dinamismo continuo guiado por la sola razón humana... Es decir, una buena runfla de falsedades que quiebran la vida sobrenatural de las gentes y su vocación última. El problema de Pío IX fue el no percibir qué verdades se podían contener en este dinamismo histórico que exigía una serie de libertades. El Papa contempla estas exigencias a la luz de aquellos principios falsos. Pero había más lecturas, como luego mostró el Espíritu a las Iglesias de Dios.

Esta falta de visión por parte del Papa hace resaltar más el significado de que, a pesar de eso, no se alineara con claridad con las claras posturas de un Veuillot o un Cortés. Y por otro lado, hace resaltar más el misterio de la Iglesia que peregrina hacia una Plenitud de la cual Ella es custodio pero de la que, aquí y ahora, no goza aún. Se camina en el desierto, guiados por la nube, mirando como en un espejo, siempre oteando desde el Nebo a la Tierra Prometida. Y en este estatuto en el que las luces y las sombras caminan juntas y en que la Verdad se va desvelando entre amores y combates, Dios santifica a los hombres. Como aclaraba San Juan Pablo II en la ceremonia de beatificación del papa Pío IX, «al beatificar a un hijo suyo, la Iglesia no celebra opciones históricas particulares realizadas por él, más bien lo propone como modelo a la imitación y veneración por sus virtudes, para alabanza de la gracia divina que resplandece en ellas»[120].

En aquella misma ceremonia San Juan Pablo II beatificaba también, en un gesto preñado de significados, al papa Juan XXIII, y en esa homilía incluía una cita del *Diario del alma* del papa Juan: «Pienso siempre en Pío IX, de santa y gloriosa memoria, e, imitándolo en sus sacrificios, quisiera ser digno de celebrar su canonización».

El misterio de salud que expresa la vida de Pío IX, cuyos escritos han servido y sirven de soporte de la reacción integrista y que sin embargo se pueden engarzar en la Tradición que conduce a la *Dignitatis humanae* o a la *Declaración de Abu Dabhi*, fue expresado por San Juan XXIII no sólo en la intimidad de su *Diario*, sino con expresión pública:

«Pío IX, el Papa de la Inmaculada, excelsa y admirable figura del Pastor, del cual se escribió también, comparándolo con Nuestro Señor Jesucristo, que nadie fue más amado y odiado que él por sus contemporáneos. Mas su empresa, su entrega a la Iglesia brillarán hoy más que nunca ¡Unánime es la admiración para con él!»[121]

5.2.- *León XIII*

Aludíamos páginas atrás al papel específico que en el proceso de desvinculación de la Iglesia con el Antiguo Régimen tuvo León XIII. Con él se disparan los gestos que significan brechas en el vínculo histórico, y no sólo gestos, signos, sino explícitos desarrollos doctrinales conducentes a intentar romper el carácter general de la confrontación, en lo que a la Iglesia tocaba.

Efectivamente, León XIII, a la vez que entra en batalla con el entorno solicitando una base real, territorial, para la

---

[120] San Juan Pablo II, *Homilía en la Misa por la beatificación de Pío IX y otros cuatro Siervos de Dios* (3-9-2000)
[121] San Juan XXIII, *Audiencia general* (22-8-1962)

independencia del Papa, y señalando errores profundos en las nuevas propuestas existenciales, va abriendo camino hacia posibles alternativas para los cristianos. Una actitud que le hace chocar una y otra vez con los integristas.

En este Papa, tal simultaneidad de posturas no asoma con claridad desde el principio. Hay una evolución. Su primera encíclica, *Inescrutabili Dei consilio*, de 21 de abril de 1878, tiene un tono general de protesta por la pérdida de los Estados Pontificios, los ataques a la Iglesia y por lo que el Papa califica de enorme calumnia y que es el acusar a la Iglesia de ser enemiga de la civilización. León XIII, entonces, defiende lo que históricamente han hecho diversos Papas en favor de las ciencias, de las Artes y del bien del género humano. El tono general es de apologética civilizatoria, negando que los dinamismos e ideas que van conformando las sociedades en su época se puedan considerar verdaderamente civilización.

Pronto, sin embargo, tanto la actitud como las decisiones y el magisterio de este Papa van a ir mostrando esas brechas de que hablamos.

Ante las acusaciones a la Iglesia, León XIII pretende aclarar lo que él concibe como verdadero sentido del polémico magisterio de su predecesor formulado en la *Quanta cura* y el *Syllabus*. Para el Papa, tales enseñanzas no contienen una mera condenación del mundo moderno, y así, en la encíclica *Inmortale Dei* de 1885, y desarrollando con matices las enseñanzas recibidas, explicita tres principios que pretenden ser aclaratorios: la no adscripción de la Iglesia a una sola forma de gobierno[122]; los límites y correctas relaciones entre la potestad civil y la eclesiástica, donde extensamente habla de competencias mutuas y de cooperación y no de invasión o suplantación[123]; sobre una legítima tolerancia de cultos motivada «ya para conseguir algún bien importante, ya para evitar algún grave mal»[124], además de una condena a las coacciones en materia de fe[125].

En posteriores intervenciones magisteriales León XIII insistirá en estas cuestiones. Concretamente en las encíclicas *Libertas*, de 20 de junio de 1888, y *Sapientiae christianae*, de 10 de enero de 1890. En la práctica tales principios se van abriendo paso: León XIII vuelve a confirmar el apoyo a la Constitución belga, que

---

[122] Cf LEÓN XIII, *Inmortale Dei* n.6 (2-11-1885)
[123] Cf ibid, nn 16-42
[124] Ibid, n.46
[125] Cf ibid., n.47

consagra la libertad religiosa. Apoyo que servirá para fundamentar los debates al respecto, tal como hizo en su día el dominico P. Didon, *heredero* de Lacordaire.

León XIII, asimismo, luchará por la libertad religiosa en Suiza. No era sólo protestar por la persecución a los católicos sino, al fin, el admitir, aún con toda su *provisionalidad*, la noción de una nación plurirreligiosa con libertad de culto. Lo mismo hará en Noruega, apoyando explícitamente las batallas de Monseñor Falliza, Prefecto Apostólico en ese país.

Respecto al revuelto mundo de la política y la responsabilidad de los católicos, León XIII alentará la idea incipiente de una «democracia cristiana», legitimando la propia idea de «democracia», discutida como tal por los restauracionistas y por no pocos de los *innovadores* de entre los católicos, muchos de las cuales si bien querían romper ataduras con el viejo régimen seguían viendo como subversivo (en sentido peyorativo) el ideal de la efectiva participación popular. Este aliento papal será público: por ejemplo, en las palabras dirigidas el 8 de octubre de 1888 a una peregrinación de obreros organizada por Leon Harmel.

Parece que el Papa ve cada vez con más claridad que la Iglesia, los católicos, no deben estar atados a modos sociopolíticos de hacer y organizarse que se están muriendo. Un año antes de esa peregrinación, León XIII había expuesto en una carta pública dirigida al Secretario de Estado cardenal Rampolla y fechada el 15 de junio de 1887 las líneas generales de su política. El Papa, como notábamos más arriba, no cede al reivindicar «una soberanía efectiva del Pontífice romano», pero se cuida de resaltar que esto no lo vincula esencialmente con el viejo orden. León XIII, expresando así otro signo seminal de ruptura con tal régimen, aclara sobre esa soberanía reivindicada que «no implicaría ni el retorno al pasado, a la Edad Media, ni el desprecio de los progresos modernos, porque todo lo que no es licencia, todo lo que es libertad verdadera y digna del hombre, todo esto lo bendice la Iglesia».

Poco después, el Papa solicita al cardenal Lavigerie una intervención pública en la que pida a los católicos franceses la adhesión a la República para luchar por el catolicismo en el marco republicano. Ya antes León XIII había alentado al obispo de Sura, Monseñor Maret, para que compusiera una obra manifestando esta tendencia. El libro apareció en febrero de 1884 y se titulaba *La verdad católica y la paz religiosa*. En él, el obispo Maret afirmaba que «la fuerza principal de los enemigos de la Iglesia consiste en un prejuicio firmemente arraigado, que representa al clero como ligado esencialmente con el antiguo régimen y aun con la Edad

Media... Preservémonos con el mayor cuidado de todo lo que podría dar a este prejuicio una apariencia de razón»[126]. El apoyo del Papa lo era asimismo en favor de la creación de un partido republicano católico. Desde este espíritu el cardenal Lavigerie obedece al Papa y protagoniza el famoso «brindis de Argel» el 12 de noviembre de 1890, en el que pronuncia ante las autoridades y el público unas palabras en las que cita las ideas de León XIII e invita a los católicos franceses a la adhesión a la República. El mensaje iba dirigido a la Iglesia en Francia, lugar no sólo simbólico sino realmente primer protagonista de este acontecer histórico en el que la civilización cristiandista toca a su fin. Pero a la vez era un mensaje universal: la relatividad de formas que algunos consideraban sagradas y absolutas, definitivas estricto sensu, y la afirmación de que la atadura de la Iglesia al Antiguo Régimen no era esencial a la misma.

En este asunto de la adhesión a la República, dinamismo conocido como *ralliement*, el Papa estaba instando a los católicos a que abandonaran a los viejos partidos para situarse en un plano diferente al de la disputa entre monárquicos y republicanos. Se volvía a poner en juego este carácter de irresolución relativa pero permanente que presenta la relación histórica y metahistórica Iglesia-sociedad. León XIII intentó fórmulas, ciertamente flexibles, como la distinción entre «poderes establecidos», a los que habría que respetar, y «legislación», que habría que combatir y cambiar. Así lo expresaba en la encíclica *Au milieu des sollicitudes*, escrita en francés y publicada el 18 de febrero de 1892.

Todas las propuestas de *resolución* en cuanto a la relación de la Iglesia y la sociedad, las de antes y las de ahora, expresan fragilidad. Cuando no es así, como se ha pretendido en el Antiguo Régimen y sus posteriores imitadores confesionalistas, o como pretende su reverso laicista, han basado su firmeza en falsedades que de inmediato manifiestan su carácter dañino. La respuesta de León XIII no carece de esa fragilidad y ambigüedad, lo que significa desde la perspectiva del misterio de la Iglesia peregrina en la historia, que el debate y las aportaciones quedan abiertos. Y así será hasta el fin de los tiempos.

Hay otro vasto campo en el que León XIII protagoniza gestos de ruptura, es decir, impulsos para ir abandonando ciertos estancamientos y para crecer: es el de la llamada «cuestión social».

---

[126] Cit en F. MOURRET, o.c. t.IX, vol I, pp 100-101

En este campo León XIII heredó unas concepciones, no sólo como Papa recién electo sino en su vida personal, que manifestaban ceguera ante los «signos de los tiempos». Pero en su magisterio impulsó un desarrollo doctrinal notable, no por el grado de sus afirmaciones, sino por un verdadero giro en la perspectiva que conducía a la visión de aspectos cruciales antes desatendidos o minusvalorados, así como a concreciones diferentes. Y esto no sólo lo hizo respecto al clima doctrinal de sus predecesores sino respecto a su propio magisterio inicial.

Efectivamente, cuando León XIII, recién comenzado su pontificado, publicó la encíclica *Quod apostoloci muneris* el 28 de diciembre de 1878, en la que se atacaba al socialismo, comunismo y nihilismo de la época, esta doctrina tan cuidadosa en señalar los errores antropológicos y teológicos de las nuevas ideologías no ofrecía respuesta satisfactoria a lo que expresaban las causas originantes de tales ideologías. Estas causas eran la opresión, repugnante opresión, y las miserias sociales.

En la respuesta papal había una suerte de *espiritualización* selectiva, por la que se ofertaban *remedios* venidos de la teología espiritual, es decir, consejos e indicaciones para las actitudes del alma, sin ver lo que de pecaminoso, de oposición al designio de Dios había en las condiciones de vida socioeconómica y sus modos esenciales de estructurarse, de organizarse. León XIII, por aquel entonces, sólo veía a dónde podrían conducir las alternativas ideológicas, y, confirmando implícitamente los modos de vida socioeconómicos, sin enjuiciarlos en sí, antes vistos como designio de la Providencia, resumía su propia respuesta en predicar *caridad* a los ricos y resignación y paciencia a los pobres... pues otra actitud en éstos era englobada de modo reduccionista en el esquema espiritualista y vista entonces como «envidia», etc. Aun el fenómeno de la huelga era englobado en ese esquema individualista reductor, y entonces se la relacionaba, de modo absurdo, con el «ocio», con lo malsano de la ociosidad...

La encíclica sí contenía elementos perennes en sus afirmaciones, pero aparecían como sepultados por estas erróneas apreciaciones. Era irreal, como si predominara en el alma del Papa el conde De Pecci, ajeno a la vida de las fábricas y los talleres, de las miserias en las familias, los barrios infectos, las vejaciones de los capataces, el trabajo de los niños, las migraciones a las ciudades, las chabolas, la desesperación de los enfermos despedidos, los desahucios, la pelagra, la tisis, la silicosis, el escorbuto... el analfabetismo y el sinsentido, el alcohol, la mortandad infantil...

Unas *espiritualizaciones* indebidas por universalizar juicios que no respondían a todas la realidades, ni subjetivas ni objetivas... como ese predicar a los obreros que «colocados bajo la tutela de la Religión, se habitúen a contentarse con su suerte, a soportar meritoriamente los trabajos y a llevar siempre una vida apacible y tranquila»[127], como si juzgara que todo movimiento, todo *desorden* externo, obedeciera a la envidia, y como si no concibiera la imposibilidad real de esa apacibilidad y esa tranquilidad.

El contexto mental era el del Antiguo Régimen: los ciertos errores de los diversos *igualitarismos* propuestos por las ideologías, daban pie a confirmar viejas doctrinas sobre la desigualdad que a su vez expresaban errores profundos: que la desigualdad social de facto era fruto de un ordenamiento divino. Realmente, tales desigualdades, vinculadas a privilegios en bienes, oportunidades y poder, contradecían el Evangelio... «no he venido a ser servido sino a servir», «haced vosotros lo mismo», «los grandes de la tierra oprimen (...) se hacen llamar a sí mismos bienhechores (...) que no sea así entre vosotros», «el primero, que se haga siervo de todos», «los que visten con lujo están en los palacios de los reyes», «ay de los ricos», «mirad vuestras asambleas...»; y todo lo demás.

Las desigualdades debidas a la pluralidad de la naturaleza y las circunstancias, es decir, respecto al genio, capacidades, etc, ni siquiera escapan al dinamismo de la naturaleza caída y sus frutos: las herencias, los entornos, la actitud de los otros... la historia, la propia presencia del pecado que, invirtiendo el Evangelio, ha establecido sus propias jerarquías de dominio y cosificación. Todo esto es ciertamente providencial, en cuanto ocasión de mutua solidaridad por amor: «que los fuertes carguen con los débiles», «da a quien te pida», «el que tenga dos túnicas de una al que no tiene»... Es decir, algo que de suyo no viene de Dios sino de la oposición a Dios, Él lo puede transfigurar en circunstancia para el bien.

Obviamente las añejas llamadas a los ricos para que ejercieran la *caridad*, reducida a control humano, caían y caen en general en saco roto.

León XIII comenzó a cambiar al respecto. Con lentitud personal, pero de modo rápido según los parámetros de la historia. El 5 de agosto de 1889, en la encíclica *Quamquam pluries*, sobre el patrocinio de San José y la Virgen María, ya no dice a los obreros

---

[127] León XIII, *Quod apostoloci muneris* n.35 (28-12-1878)

que se conformen sino que admite que «tienen derecho de salir de la pobreza y adquirir una mejor situación». Sin embargo, aún persisten en el Papa ciertos temores propios de quien ha sido educado en la creencia de que las situaciones sociales de facto eran queridas así por Dios: el Papa contrasta esa afirmación sobre la legítima no conformidad de los obreros con su situación injusta («su suerte», como decía en la primera encíclica), con la advertencia obsesivamente repetida de que no subviertan «el orden establecido por la Providencia de Dios». Se refería a la propiedad, pero sobre todo, al temor a la rebelión, a los desórdenes públicos.

Dos años después, y tras el influjo de Ketteler y tantos otros, publicaba la *Rerum novarum*, y ese orden supuestamente providencial, realmente pauperizante y codicioso, ya no será cosa de Dios, sino del pecado del hombre...

Efectivamente, el Papa rompe con el unívoco esquema espiritualista, el de la *paciencia* para los unos y la *caridad* para los otros, visto como ordenamiento divino, para comenzar a verlo como ocasiones de respuesta interior ante las situaciones provocadas por el pecado del mundo. Y declara que los órdenes basados en la opresión, la explotación, deben ser denunciados y cambiados.

Realmente León XIII desborda —y corrige— al propio León XIII: la encíclica ya no se centra en la salvaguarda a toda costa del orden social existente, sino que habla directamente de inhumanidad, usura, esclavización, soledad, miseria, trabajo infantil... Además, frente al viejo fatalismo de la desigualdad de facto como algo «ordenado», y frente a un nuevo economicismo determinista defendido por el naciente cientifismo social —el que en definitiva está vigente a día de hoy—, sostenía que ni actitudes personales ni mecanismos económicos supuestamente autónomos están por encima de lo que es justo. Que la justicia social debe vertebrar a la estructuración de la economía y de la vida del trabajo.

Era otro paso más en la desvinculación de la Iglesia respecto a los viejos órdenes. Por eso no es de extrañar que, como le sucediera posteriormente a Pío XI, en determinados ambientes se recibiera mal la encíclica e incluso se instara a rezar por la Iglesia porque el Papa se había hecho comunista...

Es ésta otra señal en el camino alentado por el Papa: los integristas, con mayor, menor o ningún respeto, se revuelven contra León XIII. Y él no rehúye, cuando lo cree necesario, la confrontación.

Cuando el periódico integrista de Veuillot fomentó la acción política de los católicos en Francia en torno a la Liga de la Contra-Revolución, el Papa desaprobó la iniciativa. Ya había choques entre él y este periódico... «nadie ignoraba que, cuando el Papa había censurado los extravíos de la polémica de la prensa católica, el blanco principal de su condenación era el diario de los Veuillot»[128]. Por su parte el periódico lo dejaba claro:

> «En otros tiempos, hubiera podido ponerse al frente del movimiento un legado del Papa... Pero el Soberano Pontífice anda con miramientos con el Gobierno violador de las Leyes de la Iglesia»[129]

La Liga, presidida por el conde Albert de Mun, optó por cambiar de nombre: en las mismas oficinas de la Liga, y apoyada igualmente por *L'Univers*, nacía la Unión Católica. La imagen que este partido mostraba era sencillamente el querer resucitar el Antiguo Régimen. León XIII pidió a De Mun que desistiera del proyecto y éste obedeció declarando públicamente el 5 de noviembre de 1885 que renunciaba.

León XIII tuvo muchos tropiezos... El cardenal Pitra, en una carta fechada el 19 de mayo de 1885 y publicada en el *Diario de Roma*, se queja de León XIII juzgando que es condescendiente con «el espíritu moderno» y confrontándolo, a fin de descalificarlo, con la figura de Pío IX. Más tarde el cardenal desautorizó este juicio y declaró su obediencia.

La política del *ralliement* asimismo desató algunas furias: Drumont, el jefe de los antisemitas (el Drumont a quien Bloy calificaba de «acéfalo»), se preguntaba dónde estaban los caballeros franceses capaces de usar la manopla con la que Nogaret había abofeteado a Bonifacio VIII[130]. Otros sacan el fantasma de la conspiración aludiendo a la «coalición de Roma y el Gran Oriente»... Paul de Cassagnac, dogmatizando que República y francmasonería eran mutuamente consustanciales, ataca en *L'Autorité* la indicación

---

[128] F. Mourret, o.c. t.IX, vol I, p.105

[129] *L'Univers* (28-8-1884)

[130] Se refería a Guillermo de Nogaret (1260-1313), jurista y consejero real francés. Inmiscuido, al frente de un gran contingente armado, en las luchas entre los Colonna y los Gaetani, esta última familia del Papa, fue uno de los responsables del aprisionamiento de Bonifacio VIII. El hecho de la prisión del Papa y la bofetada recibida (algunos discuten si fue física o sólo moral) el 7 de septiembre de 1303 es conocido como el Atentado de Anagni.

del Papa. Este mismo periódico había calificado la intervención del cardenal Lavigerie, el «brindis de Argel», de «acto de política pueril», «divagación general», «capitulación sin condiciones de la religión católica ante la francmasonería», «invitación a besar los pies de los verdugos»[131]...

En España pasaba otro tanto de lo mismo respecto a León XIII. El principal órgano de los integristas era el periódico *El siglo futuro*, dirigido por Ramón Nocedal. Éste había organizado una gran peregrinación nacional a Roma como desagravio por lo acontecido en el traslado de los restos de Pío IX desde San Pedro a la basílica de San Lorenzo extramuros, cuando la noche del 12 al 13 de julio de 1881 la comitiva fue insultada y atacada a fin de apoderarse del sarcófago para arrojarlo al Tíber.

En principio León XIII dio su aprobación, pero luego se desautorizó tal peregrinación, sustituida por peregrinaciones regionales dirigidas por los obispos, al constatar que el acto estaba organizado por carlistas y que las proclamas eran de signo belicoso, como muestra entre líneas la diplomática carta que el cardenal Jacobini, Secretario de Estado, dirigió al cardenal Moreno, arzobispo de Toledo en la que le comunicaba el deseo del Papa de que la iniciativa cambiara.

Integristas de la época quisieron en su día tapar de algún modo la desaprobación de León XIII a causa del espíritu que animaba a tales facciones. Y alguno, sencillamente, falseó los hechos. Así, un canónigo de la catedral de Toledo en un libro cuya primera edición data de 1893:

«(...) es público que (el señor Nocedal) recibió de Su Santidad el honrosísimo encargo de preparar una peregrinación de católicos españoles a Roma, peregrinación que, a juzgar por el entusiasmo que despertó su anuncio en toda España, había sido, de no impedirlo la herejía liberal, la primera romería del siglo presente»[132]

León XIII, en la encíclica *Cum multa* de 8 de diciembre de 1882, había pedido el fin de las divisiones entre los católicos españoles a causa de una, en principio, legítima pluralidad de opciones políticas. El Papa se dirigía específicamente a los escritores católicos, advirtiéndolos... León XIII expresaba su desaprobación cuando indicaba como ilícitas «el desabrimiento en

---

[131] Cf *L'Autorité* de 16, 22 y 26 de noviembre de 1890
[132] Ramiro FERNÁNDEZ Y VALBUENA, o.c., p.143

el hablar, la temeridad en sospechar, y la malicia en acriminar»[133]. Ramón Nocedal se sintió herido por tales advertencias, y le echó la culpa al Nuncio en Madrid, Monseñor Rampolla. Años más tarde, *El siglo futuro* y otras publicaciones integristas de menor entidad recibían los reproches del Beato cardenal Sancha[134] y del propio León XIII otra vez. El Papa les acusaba de un exclusivismo orgulloso, de decidir por sí mismos, con su propia autoridad, «quién piensa católicamente y quién no», y de «señalar límites arbitrarios a la autoridad de la Santa Sede»[135].

La reacción integrista ante los signos de desasimiento de la Iglesia respecto al Antiguo Régimen tuvo unas pautas generales: *petrificar* a Gregorio XVI y a Pío IX, ignorando las llamadas a la caridad del Bienaventurado Pío y ciertos signos, leves, vagos, pero ciertos; sortear o atacar a León XIII; catalogar como dañinos para la Iglesia, o directamente infieles, a los personajes públicos católicos que se oponían al exclusivismo integrista y sus interpretaciones (Montalambert, Dupanloup, Lacordaire, Manning, Rampolla, Lavigerie, etc); hacer *desaparecer* del mapa de la disputa a diversos personajes, por la misma razón, pero a los que era mejor ignorar que atacar: santos y santas como Ozanam, Chevrier, Javohuey, Orione...; señalar como selectos guardianes de la fe, como campeones de la doctrina, incluso alguno calificado de «Verbo»..., a su propio panteón de sabios: Veuillot, De Maistre, Cortés, Mella...; crear, al fin, un humus ideológico sólido que será la base para las batallas posconciliares del siglo XX... y del XXI.

Muchos de los integristas del ámbito anterior al Concilio Vaticano II, señalaron como punto de inflexión hacia la decadencia y el sometimiento a la herejía, el pontificado de León XIII. Volvemos a insistir en el rastreo de la acción del Espíritu; acción que se *inserta* en las realidades claroscuras, ambiguas -o inconfesables- que protagonizan los hombres de la Iglesia, nosotros. En los señalamientos de León XIII los integristas sólo han visto rendición,

---

[133] LEÓN XIII, *Cum multa* n.10 (8-12-1882)

[134] En carta al cardenal Rampolla (18 de agosto de 1901), Sancha afirmaba que «hace mucho daño a la Iglesia la destemplanza y exageración apasionada de la prensa carlista e integrista (que) es como un hueso dislocado que sobre impedir el funcionamiento normal del cuerpo, causa además interno dolor» (cit en José-Leonardo RUIZ SÁNCHEZ, «El Cardenal Sancha-Hervás y la unión de los católicos»: *Revista de Historia Contemporánea* 9-10 (1, 2000) 154)

[135] Carta de 22 de agosto de 1899, cit en F. MOURRET, o.c. t.IX, vol I, p.301

temor al combate, contemporanización. No sabemos cuánto de esto habría y quiénes lo albergaban así en sus corazones frente a otros que creyeran sinceramente que tal camino indicado por el Papa era correcto, o simplemente, que fuera o no a alguna parte, tuviera o no frutos perceptibles, veían como claramente incorrecto, relativamente hablando, el camino belicoso de los restauracionistas del viejo orden. Más allá y más al fondo de tales motivaciones, como señalábamos páginas atrás, se percibe el mensaje del propio desasirse, abriendo paso a una multitud de posibles desarrollos y direcciones.

La mayoría de los integristas posteriores han exonerado a León XIII: delante de un Pablo VI y el Concilio, de las turbulencias del posconcilio, tenían suficiente pasto para su protesta. Aun así, hay de entre las filas del integrismo explícito y militante quien no ha perdonado al papa León. No sólo siguen identificando el *raillement* como mero entreguismo, sin leer más, sino que se le ha acusado de ser pieza fundamental en «la aceptación del laicismo por la Iglesia».

Efectivamente, en 1977 aparece un libro de Jean Madiran, pensador integrista, en que acusa a León XIII de una deliberada manipulación de la religión... por cobardía:

«Lo que hizo fue buscar el apaciguamiento mediante el compromiso. Pero no lo dijo. Al menos oficialmente. Oficialmente invocaba los motivos más sagrados para que se sacrificase todo en favor de un combate en el que no creía, y que no tenía intención ninguna de proseguir»[136]

El mensaje de fondo de Madiran no es este juicio personal, de actitudes internas, que aquí no vamos a valorar; porque son internas. El mensaje fundamental del integrista es poner en relación la doctrina de León XIII con el Concilio Vaticano II y con el magisterio de San Pablo VI. Descalificados éstos por el autor, intenta escudriñar antecedentes histórico-eclesiales:

«Los historiadores dan una razón política. León XIII daba a los católicos una razón religiosa. Nosotros pensábamos hace años, de forma casi automática, que los historiadores se equivocaban. No habíamos tenido todavía la experiencia de la política montiniana. Habiéndola conocido consideramos con una óptica distinta, menos crédula, la

---

[136] Jean MADIRAN, *Les deux démocraties* (Nouvelles Editions Latines, Paris 1977) 123

política de León XIII y el enunciado religioso de que la revestía»[137]

«Algunas de las peores suposiciones de entonces parece hoy que eran las menos alejadas de la verdad. Si hubiera que admitir que Pablo VI y el Vaticano II han continuado a León XIII y Pío XI o, dicho de otro modo, que León XIII y Pío XI preparaban al Vaticano II y a Pablo VI en la medida en que ello era factible en su época, podemos afirmar que era la aceptación del laicismo por la Iglesia lo que ellos habían preparado desde muy atrás»[138]

5.3.- En el siglo XX

El inicio cronológico del siglo XX en Europa y el mundo occidental no parece coincidir en el tiempo con la específica fisonomía cultural de este siglo pasado. Parece que tenemos que esperar al desarrollo de la Gran Guerra, hacia 1916-1917, para que los dinamismos del siglo XIX cesen dando paso a otro siglo, con rostro propio.

Con San Pío X estamos, pues, todavía culturalmente en el siglo XIX y sus parámetros de confrontación. Las referencias, los desafíos legislativos y culturales, el lenguaje, las expectativas de restitución... todo tiene tono de continuidad. Sin embargo, las *discontinuidades* que permitirán a la Iglesia afrontar el futuro con nuevas luces y nuevos paradigmas enraizados en la Tradición mayúscula de la Iglesia también siguen asomando durante el pontificado de San Pío X.

Ante todo y para evitar interpretaciones que no convienen a este ensayo, la afirmación rotunda de que Pío X fue un hombre santo. Virtudes, vida de gracia, dones del Espíritu... amor sobrenatural, fe... Su dejarse ir santificando data de mucho antes de su acceso al papado. Viene al caso recordar ahora las palabras de San Juan Pablo II antes citadas con ocasión de la beatificación de Pío IX: no se canonizan determinadas opciones históricas, determinados puntos de vista, sino el cómo un hermano, una hermana, se han dejado modelar por la gracia hasta hacer para los demás notable tal operación sobrenatural. Y esto se percibe en el cómo se vive, cómo se muere. Cierto que el pensamiento, los modos de pensar, los juicios, tienen relación con esta vida, y no puede ser de otra manera; pero, como muestra el inmenso mosaico de los

---

[137] Ibid, p.92
[138] Ibid, pp 74-75

santos de la Iglesia, no siempre coinciden. Muchos santos han vivido en nociones, interpretaciones —o las han promovido— que luego han sido abandonadas por la Iglesia o corregidas sin más. O discutidas por otros en su propia época, por hermanos que habían recibido luz al respecto.

En el caso de San Pío X hay que retener la certeza de su santidad y no confrontarla con una valoración de su pontificado que, o bien niega aquella santidad o bien desprecia radicalmente a éste.

Un pontificado, en cuanto a su significado, sólo se puede entrever. Y este entrever tampoco se hace aislándolo de la historia de la salvación. Un pontificado se contempla desde una perspectiva que abarca la historia de la Iglesia —y en su influjo sacerdotal, la historia de la humanidad—, y no sólo en cuanto a los fenómenos de la misma, lo que es *cuantificable*, audible, valorable en su visibilidad, sino en su misterio de santificación, por luz y por cruz.

Parece que San Pío X entendió que su misión en aquella hora era la salvaguarda de lo esencial. Parece que su pontificado tuvo como objetivo más intenso el dirigirse hacia el interior de la Iglesia, específicamente hacia sus ministros, sus consagrados... Ahí se percibía el meollo de la crisis modernista, un movimiento que queriendo responder a retos reales que necesitaban más respuestas era en verdad una ideologización de la fe que realmente socavaba sus fundamentos.

El «hacia fuera» de la Iglesia en San Pío X, aun con toda su inmensa actividad, su dolor por las situaciones, su amor por las gentes, su deseo de conversiones, de paz de concordias reales, sus intervenciones... aparece sin embargo con limitaciones profundas. De hecho, el magisterio posterior —que paulatinamente ha integrado de modo *connatural* a la vida de la Iglesia lo que del magisterio de San Pío X debía ser providencialmente integrado— no ha hecho un especial uso de estas enseñanzas en lo relativo a la misión y la relación con el mundo.

Había en tales enseñanzas muchas nociones seminales, grandes principios que convienen a toda época, graves denuncias de los principios que informaban determinadas alternativas... pero las concreciones, tanto para la defensa de unos principios como para la condena de otros, eran de signo preponderante tradicionalista. Unas referencias que volvían a evocar pasados inciertos y civilizaciones inexistentes. Y que, sobre todo, no tenían vigor para hacer frente a las corrientes históricas mesiánicas, ni para seducir a muchos: de hecho, a su muerte un sinfín de católicos europeos, de cristianos, se mataban entre sí en la Gran Guerra mientras sus respectivos capellanes les aseguraban, a cada cual de los contendientes, que Dios estaba con ellos. La fórmula que denunciaba los males reales del liberalismo laicista -batalla fontal en San Pío X-, pero que oponía a estos males los supuestos bienes de la extinta cristiandad, no sólo no tenía fuerza para provocar que los cristianos se amaran entre sí en lugar de asesinarse mutuamente al compás de las pasiones de sus respectivos impíos césares, sino que carecía de luz y de atractivo para eclipsar a los mesianismos totalitarios que coparon la marcha del siglo XX. Los fascismos en germen, el comunismo, marchaban victoriosos, éstos sí, seduciendo existencialmente a millones de personas a las que había sido destinado un Evangelio, una Buena Nueva, y no las glorias marchitas de una, como todas, ambigua civilización.

La fe aparecía, tal como era generalmente presentada, o bien como un paralelo a los mesianismos sacros (los protofascismos), que así se podían incluso ver bendecidos por la gente de Iglesia atemorizada y buscadora de protección, o bien como un obstáculo para los mesianismos ateos que prometían justicia ya.

San Pío X, no obstante su entrega principal a una labor de salvaguarda interior de la fe de la Iglesia, y no obstante sus simpatías evidentes hacia opciones tradicionalistas de respuesta a los restos del mundo, también protagonizó ciertos gestos que no permitían se le encuadrara sin más de modo ideológico.

Esas simpatías de que hablamos, sus tendencias de interpretación eran, como decimos, evidentes. Por ejemplo, la carta que envió al sobrino de Veuillot felicitándole por haber culminado la biografía de su tío, el famoso Luis Veuillot[139]. Cierto que el estatuto magisterial del documento es muy leve, pero está ahí. Las alabanzas al que fuera alma de *L'Univers* rozan la *canonización*. De un modo inconsciente, quizá, San Pío X habla en esta carta laudatoria de grandes actitudes (lealtad, tenacidad, valentía, no compromiso en la defensa de la verdad, de la Iglesia, de Cristo ante los incesantes ataques, etc), pero no entra a dilucidar ni a indicar los contenidos en que tales actitudes se traducían. Por lo demás, hay una cierta contradicción —asimismo inconsciente parece— en San Pío X cuando al hacer la alabanza tampoco se mencionan los modos de Veuillot y sus posibles significados profundos... ausencia de amor evangélico era lo que en su día le había dicho algún Papa.

---

[139] Cf SAN PÍO X, *Carta a Francisco Veuillot (sobre la figura de Luis Veuillot) (22-10-1913)* en Jesús IRIBARREN (ed.), *El derecho a la verdad. Doctrina de la Iglesia sobre prensa, radio y televisión 1831-1968* (BAC, Madrid 1968) 47-49

Contradicción en Pío X porque precisamente la primera encíclica de este Papa, la *E Supremi Apostolatus*, «sobre la falta de doctrina y el deber de darla a conocer»[140], insiste una y otra vez en la caridad, tanto en cuanto actitud de fondo como en su necesaria expresión acorde a sí misma. San Pío X, entre otras cosas, *excusa* a muchos de los que se presentan como enemigos... «¡Cuántos son los que odian a Cristo, los que aborrecen a la Iglesia y al Evangelio por ignorancia más que por maldad!». Además, indica unos modos que excluyen lo que denominaba «un celo amargo», el «increpar con acritud», y usando las palabras del Apóstol a Timoteo, pide que la enseñanza lo sea «con toda paciencia». Y esto lo extiende a los enemigos manifiestos: «Y es preciso que esta caridad, *paciente y benigna* se extienda hasta aquellos que nos son hostiles o nos siguen con animosidad. *Somos maldecidos y bendecimos*, así hablaba Pablo de sí mismo, *padecemos persecución y la soportamos; difamados, consolamos»*... Esto, objetivamente, está en las antípodas de los artículos de *L'Univers*.

San Pío X, decíamos, no es férreamente encuadrable; porque del mismo modo que estas simpatías tradicionalistas eran notorias, el Papa tenía otras simpatías que le condujeron a realizar otros signos. Aun sin saber que realmente eran signos.

El apoyo firme al obispo de Bérgamo, Monseñor Tedeschi, y a su secretario Angelo Roncalli, el futuro San Juan XXIII, cuando éstos apoyaban la huelga obrera de 1909 para escándalo de muchos... La profunda amistad que le unía a Don Orione, y el impulso a sus obras...

«Don Orione (...) se propuso como consigna y lema *Instaurare omnia in Christo*; es extraño, pero esta misma frase paulina será elegida como lema y programa por el papa Pío X, al ser elegido pontífice. Se sabe cuán profunda fue la amistad entre Don Orione y Pío X»[141]

Este San Luis Orione, a quien algunos veían como «socialista», que tuvo problemas acusado de modernismo, que, apasionado por la justicia social promovería huelgas, era visto por San Pío X como un hombre santo.

Pío X también es el Papa que protagonizó una primera abrogación de facto del *Non expedit* por el que se imponía a los católicos italianos el no participar en política como medida de

---

[140] San Pío X, *E Supremi Apostolatus* (4-10-1903)
[141] Giorgio Papasogli, *Vida de Don Orione* (Edit. Ciudad Nueva, Madrid 1989)
322

protesta por la situación del Papa, despojado de los Estados Pontificios y enclaustrado. San Pío X expresó a quienes le argumentaban que debían estar presentes públicamente como católicos en ese mundo de la acción política, que obrasen según les dictara la conciencia. Y esta fórmula la repitió cuando se le requirieron explicaciones. Al fin, en la encíclica Il fermo proposito, dirigida a los obispos de Italia «acerca de la Acción Católica», el Papa zanjaba oficialmente la cuestión invitando a los católicos a participar:

> «Gravísimas son las razones que nos disuaden, venerables hermanos, de seguir la norma decretada por nuestro antecesor, de santa memoria, Pío IX, y continuada después por el otro predecesor nuestro, de santa memoria, León XIII, en su largo pontificado, en virtud de la cual queda, generalmente prohibida a los católico en Italia la participación del poder legislativo (...) la posibilidad de esta benigna concesión nuestra ha de poner a los católicos en la obligación de apercibirse, cuerda y seriamente, a la vida pública, cuando a ella fueren llamados»[142]

Era una forma de comenzar a desasirse de planteamientos rígidos respecto a la «cuestión romana»; una declaración implícita de que la Iglesia, su acción apostólica (esta vez en el terreno de la cosa pública) no estaba atada esencialmente a una vieja formulación de un conflicto que, por grande y grave que sea éste, per se no determina a la acción de la Iglesia en la historia.

San Pío X también intervino mediante la encíclica *Singulari quadam* para dirimir la disputa entre los sindicatos católicos de Berlín y de Colonia en torno a la confesionalidad o no de estas organizaciones como tales. El Papa intentó romper concepciones rígidas al respecto, respetando la adscripción de católicos a sindicatos obreros multiconfesionales.

Hasta el detalle, no exento de comicidad, de las disputas originadas por el tango y el cómo las solventó San Pío X, se puede leer como una señal. Acusado este popular baile argentino de inmoral, San Pío X pidió a una pareja de bailarines que ejecutaran un tango en su presencia. Y ahí acabó la disputa: el Papa dio el *placet*, ignorando las alarmas difundidas por ciertos tradicionalistas.

---

[142] SAN PÍO X, *Il fermo proposito* nn 17, 18 (11-6-1905)

Estas simpatías, estas intervenciones, no le presentan como un mero reivindicador de un viejo orden moribundo. En él parece que coexistía una vena tradicionalista que condicionaba sus opciones y sus temores, junto a una libertad de espíritu que le permitía comportarse ante ciertos casos como no se hubiera comportado un tradicionalista.

Hay que volver a hacer notar, sin embargo, que los mayores afanes de este Papa se dirigían a la reforma espiritual del interior de la Iglesia. Antes hemos hecho mención de la concreción de este afán con motivo de la extensión entre miembros de la jerarquía eclesiástica, teólogos, sacerdotes, religiosos... de ciertas concepciones eclesiológicas, sacramentarias, exegéticas, cristológicas, que se dieron en llamar «modernistas». La labor de San Pío X para atajar esta crisis tuvo el sabor ambivalente de la presencia simultánea de la defensa clara de la verdad frente a lo que realmente rompía el depósito de la fe, junto a una cultura intraclerical de tono integrista extensiva de la sospecha sistemática y de la delación. Muchos fieles, incluso santos, incluso futuros Papas, fueron señalados injustamente por sus adversarios acusándoles de modernistas.

Antes hemos aludido al respecto a Don Orione:

«Se le acusará de modernismo -una corriente secularizante condenada entonces por la jerarquía de la Iglesia-, por su esfuerzo para acercarse a los que comulgaban con esta corriente, para ganarlos a Cristo y a su Iglesia»[143]

El propio Don Orione contará más tarde estas vicisitudes testimoniando indirectamente el clima creado:

«Analizaban hasta mi respiración y controlaban todos mis pasos... En Messina, el Señor me visitó con algunos dolores, y fui denunciado al Santo Oficio, como modernista, en carta al P. Pasqualigo, que fue a dar en manos del Santo Padre Pío X; él me la hizo llegar a través del Cardenal Merry del Val: ¡con lo que significaba denunciar a alguien como modernista ante Pío X!»[144]

Obviamente, Don Orione, San Luis Orione, siguió acercándose con amor sobrenatural a sacerdotes que vivieron la confusión y la duda; e incluso le remitieron a algunos para que los acogiera.

---

[143] Juan Félix BELLIDO, *Joven, cincuenta años después. Un encuentro con Don Orione* (Edit. Ciudad Nueva, Madrid 1990) 96-97

[144] Cit en Ibid, p.101

El ambiente que crearon los integristas con ocasión de la condena del modernismo significó para muchos eclesiásticos el ser denunciados. Gentes como el cardenal Mercier, arzobispo de Bruselas, junto a otra buena runfla de arzobispos, fueron señalados como modernistas. Y hay quien sostiene que el nombramiento del cardenal Giacomo Della Chiesa, futuro Benedicto XV, como arzobispo de Bolonia, lo fue en calidad de *represaliado*, para alejarlo de la curia, acusado de proximidad a los modernistas.

Los tics integristas de una parte de miembros de la jerarquía continuaron visibles en aquellos años. Por ejemplo, en las actitudes de determinados obispos durante la Primera Guerra Mundial, que apoyaban a los Imperios Centrales no por otra razón que por ver en ellos, además de *autoridad* y *tradición*, un freno al paneslavismo y la religión ortodoxa...

Benedicto XV no veía con buenos ojos a las tendencias integristas. El proceso de desasimiento de la Iglesia respecto al viejo orden continuó dando pasos. El Papa ayudó, de una forma sorprendentemente tan activa como desconocida, a las víctimas de ambos bandos de aquella guerra absurda y brutalmente exterminadora, sin alinearse con ninguno en nombre de algún *valor* supuestamente trascendente que conllevara tal violencia y tales daños.

Benedicto XV, en fin, publicaba el 1 de noviembre de 1914 la carta encíclica *Ad Beatissimi*. En ella advertía, como había hecho en su día León XIII y antes Pío IX, a las facciones que en la Iglesia se consideraban maestros exclusivistas que juzgaban condenatoriamente a todos los demás. Benedicto XV escribía en la encíclica que, en las cosas en que la Iglesia no hubiera dado juicio definitivo, «se puede disputar por ambas partes», y «a todos es lícito manifestar y defender lo que opinan». Pero advertía asimismo que «en estas disputas húyase de toda intemperancia de lenguaje que pueda causar grave ofensa a la caridad». El Papa «se refería a la actitud integrista»[145], a la que advertía también sobre los alcances de su postura inmovilista, enunciando el principio *non nova sed noviter*, donde, a la vez que ataca al modernismo que en nombre de la novedad por principio desdeña a la Tradición, advierte de que hay cosas enraizadas en ella que son mutables.

Años después, en la encíclica *Pacem Dei munus*, de 23 de mayo de 1920, Benedicto XV volvía a corregir estas actitudes dirigiéndose a la misma facción. El Papa pedía a los obispos

---

[145] José Rico Pavés, a.c., nota 119, p.246

«advertir y exhortar con insistencia a los escritores, publicistas y periodistas católicos para que, como escogidos de Dios, santos y amados, procuren revestirse de entrañas de misericordia y benignidad y procuren reflejar esta benignidad en sus escritos. Por lo cual deben abstenerse no sólo de toda falsa acusación, sino también de toda intemperancia e injuria en las palabras»; una actitud que Benedicto XV definía como de «contraria a la Ley de Cristo».

Este Papa, asimismo, no sólo permitió sino que alentó a Don Sturzo en su proyecto socio-político por el que se pretendía acoger positivamente la irrupción histórica de la «democracia» fecundando y purificando la noción desde una concepción católica de la existencia, a juicio del sacerdote y sus seguidores. Muy poco antes, San Pío X había fulminado a *Le Sillon*, de Sagnier. Ciertamente, la iniciativa de Marc Sagnier se estaba desviando: algunos, en su exaltación de la democracia, trataban explícitamente de santos a hombres como Robespierre o Danton... Pero Benedicto XV asumió el riesgo.

El proyecto de Luigi Sturzo era objetivamente ambiguo y estaba en germen, en formación. Presentaba grandes ideales junto a vagas concreciones: semillas que traerían más tarde nuevas confusiones y nuevos males, cuando la opción católica se fundiera, allí también, con el cosmovisivo conservadurismo capitalista. Una realidad que haría de hombres santos como Giorgio La Pira un disidente de facto, y de Milani un atronador profético... Sin embargo y en la época concreta que nos ocupa, era de transición intraeclesial en su visión de la historia y de su misión en la misma, el gesto del Papa indicaba una vez más que la cuestión misteriosa de la relación entre la Iglesia peregrina y la sociedad humana estaba abierta y no encorsetada dogmáticamente a las formulaciones del Antiguo Régimen.

Como breve epílogo de este apartado, en el que nos hemos querido acercar al lento proceso de desvinculación de la Iglesia respecto a la vieja cristiandad europeo-occidental, y como introducción al siguiente subcapítulo, queríamos hacer notar algo asimismo misterioso que es común a todas las edades de la Iglesia. Es como una acción *histórica* del Espíritu que nos sitúa, imperfectamente aún, en el ámbito de las plenitudes: las políticas concretas de Roma, en sus relaciones institucionales e incluso en sus indicaciones para la acción de los cristianos, discutibles o no, matizables o asumidas tal cual, no coartan las locuras evangélicas, los amores incomprensibles, el profetismo... Incluso aunque los agraciados sean calumniados o perseguidos al interior de la Iglesia, entre sus hermanos, hay un hacer del Espíritu que protege estas expresiones sobrenaturalmente vitales. Expresiones que suelen ir siempre *más allá* de las indicaciones *oficiales* y las políticas eclesiales pero que, explícita o la mayoría de las veces implícitamente, viven amparadas por esa misma Iglesia. Muchos de sus hijos quizá no entienden o se sienten perplejos o escandalizados ante la irrupción de esos amores santos; pueden ser mayoría estos hijos... pero no pueden sofocar la irrupción: el hecho de que la Iglesia tiene garantía de salvaguardar la Revelación la convierte en custodia de tales locuras y las produce misteriosamente. Es ese vínculo intrínseco de que hablaba Balthasar entre la Iglesia joánica y la Iglesia petrina en la misma Iglesia católica.

6.-Historia teológica de la Iglesia: historia de la santidad

6.1.- Contextos y vidas que no encajan en la reducción integrista

Al fin es éste el elemento crucial que desmonta la pretensión interpretadora del integrismo: la verdadera historia de la Iglesia se lee desde el final, desde su purificación total tras caminar en todos los desiertos, por todas las cañadas y sumida en la tensión de los pecados y los milagros. La verdadera historia de la Iglesia es lo que perdura, la santidad. Y la expresión histórica de la misma, aun en sus carencias y equívocos, no encaja en los rígidos parámetros integristas.

El conflicto, tal como lo plantea el integrismo de matriz católica, era total, no sólo en el sentido de profundidad sino en el de los contornos. Y sin embargo, una multitud de santos se dejaron santificar en contextos ajenos a ese planteamiento de disyuntiva total que dividía nítidamente la contienda en defensores de la civilización cristiandista occidental frente a revolucionarios opuestos a ese orden divinizado.

Efectivamente podemos hablar de una multitud de hermanos: en el seno de viejas cristiandades no occidentales, o en la vida contemplativa, o en la atención a los pobres y con el alma sumida en el dolor de las carencias, o en las misiones... santas y santos que no encajan en los parámetros conductuales, en los sentimientos, en las pasiones que querrían un Veuillot o un Cortés. Y no sólo los que en su medio circunstancial-providente están físicamente *fuera* del escenario (una Madre Seton, una Damián de Molokai...), sino muchos de los que vivían en la vieja Europa vendando heridas y acogiendo marginados, como San José Benito Cottolengo.

La pretendida teología de la historia enarbolada por el integrismo de matriz católica no puede integrar -valga la irónica redundancia- a estos personajes de un modo coherente.

Esta divergencia vital se muestra en un lugar o en otro desde el inicio del declive de la civilización cristiandista occidental, en el siglo XVIII, y hasta el final del proceso, en las primeras décadas del siglo XX.

No podía ser de otra manera. La santidad juzga las eras, las acrisola, siembra semillas escatológicas y denuncia las caducidades letales. Entonces siempre habrá santos y santas que, en la medida de su libertad interior respecto a las servidumbres de época, y en la medida de las luces recibidas, de su misión y vocación, rompen con los esquemas en que el espíritu mundano atrapa una y otra vez a los hombres y mujeres de la Iglesia peregrina. Más allá de lo que tales santos pensaran concretamente sobre el devenir en que estaban inmersos, las vidas de muchos de ellos no reflejan el ideal militante tradicionalista que enarbola el integrismo.

Los que en el siglo XVIII se santificaban en los Reductos del Paraguay, las «misiones guaraníes» atacadas violentamente en 1768; los martirizados en Vietnam, como San Manuel Nguyen Van Trieu; los que abrazaron la pobreza y sirvieron a los pobres... un San Gerardo Mayela, un San Félix de Nicosia, un San Alfonso María de Ligorio, una Santa María Margarita de Youville sirviendo a los más pobres en el Canadá; quienes se entregaron a la redención de los niños de la calle, como San Juan Bautista de la Salle; o profundizaron enamorados en la pasión de Cristo, como San Pablo de la Cruz; o quienes se despojaron hasta el extremo, como San Benito José Labre, verdadera bofetada al aristocratismo dieciochesco... Todos estos y muchos más batallaban vitalmente por unas Realidades celestes que sólo forzando los conceptos y tergiversando los hechos y las actitudes se podrían encuadrar en la reivindicación cristiandista que mueve al integrismo de matriz católica.

El siglo XIX va a acentuar esta divergencia. Las apasionadas lides entre nostálgicos de las restauraciones monárquico-tradicionales frente a los liberales más o menos anticlericales y los declaradamente anticristianos, tienen poco eco en otros parámetros en que hay hermanos que se santifican... Los mártires de Corea, los mártires de Uganda, los kakure kirishitans, «cristianos ocultos», es decir, la Iglesia clandestina de Japón... El entorno y los afanes del santo libanés P. Charbel Makhlouf, o del ya citado San

Damián de Molokai entre los leprosos; o de San Pedro Chanel en las islas oceánicas, o de Santa Mary Mackillop en Australia... Las peripecias vitales de un Newman, una Santa Josefina Bakhita, un San Juan Bosco, un Cura de Ars, un Carlos de Foucauld... La lista interminable de santos y santas dedicados a los sufrientes, piel con piel, en concreción de servicio amoroso absoluto, como el antes aludido San José Benito Cottolengo; santos y santas cuyas obras e instituciones se multiplican por Europa y América... Los místicos y contemplativos: un San Gabriel de la Dolorosa, una Santa Teresa de Lisieux, testigos escondidos del Misterio que juzga las edades para anunciar la misericordia... Los que luchan contra la esclavitud y la trata de seres humanos... San Daniel Comboni, la Madre Javouhey, Lavigerie, Libermann...

El propio significado y la expresión del misterio de Lourdes, donde la Virgen María, en medio del fragor de esa contienda entre integristas aromados de aristocratismo contra descreídos, se dirige a una niña ignorante de las cosas religiosas hablando con ella en una lengua despreciada por los unos y por los otros, le habla de usted, le pide permiso... todo para anunciar el Amor de Dios, cuyo signo serán conversiones imposibles y curaciones imposibles... Unas sorprendentes explicitaciones celestes del amor a los enemigos y la opción por los pobres.

Todo este cuadro aparece como ajeno al gran debate civilizatorio, en cuanto sus intereses, pasiones y acciones de carácter evangélico se situaban en otro plano. Los integristas entonces tienen que rebuscar referentes para *canonizarlos* por su cuenta, a fin de que cuadren con su reduccionismo previo. Pero en la Iglesia el Espíritu está sembrando otras semillas, que comenzarán a germinar en un futuro próximo, tras dejar atrás esta era de transición. Efectivamente, aquellos gestos proféticos, el servicio a los pobres, el amor a la pobreza, la humildad en las expresiones, el no desgastar la vida en bagatelas, como la restauración de facto de la vieja civilización cristiandista, sino el mirar a lo Alto en verdad... conformarán nuevos cuadros magisteriales en la Iglesia, nuevas referencias, nuevos retos - algunos, algunos tan antiguos como la propia Iglesia- y cristalizarán en el Concilio Vaticano II.

6.2.- Santos que representan una ruptura con el tradicionalismo integrista

Del mismo modo que no es legítima la nítida distinción maniquea enarbolada por el integrismo, tampoco podemos hacer nosotros lo mismo en relación a «los santos» respecto a las opciones y tendencias integristas. Hay grados, hay grises, claroscuros. En casos, luminosidad evangélica, en otros, confusión. Son hermanos que caminan en la historia, con toda la ambigüedad que conlleva esta condición.

Por un lado, han respondido a los retos de siempre que se le han ofrecido a la Iglesia: la fe vivida y notable, la esperanza en medio de las caducidades, el amor de Dios, la caridad, concreta, en relación a rostros suplicantes, sufrientes, muy concretos. Contrasta realmente el ver en este sentido esa enorme constelación de santos y santas en esta época de transición, al lado, inmersos, en el ambiente clerical del tiempo... mediocre, brutal, servil, corrupto, oscuro en muchos de sus miembros y aun como atmósfera general y predominante en multitud de contextos.

Está ciertamente la respuesta de los santos a estos retos seculares; pero hay otros retos en aquel tiempo, retos nuevos: reconfiguraciones en la relación de la Iglesia con las sociedades humanas, cambios de perspectiva, audacias doctrinales reclamadas para la salvación del mundo... Y en medio de estos dinamismos, trigo y cizaña, luz y confusión, ofrecen un espectáculo dramático en el que los santos son introducidos; en los procesos, en las contiendas.

Las respuestas por parte de éstos han sido multiformes. Hay aproximaciones o lejanías respecto al conflicto -los conflictos- expresado en la caída de la civilización cristiandista europea.

Un San Gabriel de la Dolorosa, por ejemplo, vive como pasionista en otras alturas, desde las que, aun inconscientemente, puede acoger a unos y otros. No se trata de equidistancias mundanas sino de ese otro plano vital, sobrenatural, que juzga desde y para la misericordia a las edades.

Toda la familia de San Gabriel es creyente. Son católicos que muestran con sus opciones la complejidad de la situación, no reducible de modo maniqueo:

«Los hermanos seglares optan por una vía política opuesta a la del padre: don Santos sirve a los Estados Pontificios, mientras sus hijos Lorenzo; Pablo y Miguel militan en la unidad italiana, cuyo objetivo es despojar al Papa de los mismos (...) Francisco (San Gabriel) encuentra en la familia ayudas y obstáculos. Llegado el momento, su libertad, la generosidad de su espíritu y la independencia de sus criterios juegan limpio: ni sigue a ciegas la línea paterna ni cae en el *mimetismo* de sus hermanos»[146]

La época ofrece muchos casos de hermanos que se han dejado santificar y han tenido contacto fraterno, colaborativo o a causa de una misión superior, con personajes que representan históricamente los múltiples impulsos que de un modo u otro, con una perspectiva u otra, con diversos fines, estaban quebrando la falsa solución cristiandista para las relaciones entre la Iglesia y las sociedades humanas. Y no sólo colaboración sino, en casos, participación en esta tarea, que si para unos era un aplastar a la Iglesia, para otros era un reformar profundamente esa relación a fin de responder adecuadamente a la misión de anunciar la Salvación.

Vemos a un Venerable Francisco Libermann, el cual, como escribió de si mismo San Pablo, era «de la raza de Israel; hebreo, hijo de hebreos» (Flp 3,15). Recibido en 1840 por Gregorio XVI es alentado en su obra en favor de los negros esclavos... Este Papa, que parecía no comprender algunas de las motivaciones fundamentales de la rebelión en Europa contra la Iglesia, sí percibía con claridad cristiana el carácter infame de la esclavitud y trata de los negros. En su carta *In Supremo Apostolatus* las condenó severa y solemnemente. El P. Libermann parece que iba más allá: del mismo modo que sufría y denunciaba la esclavitud de los negros, predicaba la libertad para todos, y acogía como un don las nuevas conciencias respecto a los derechos ciudadanos. Tras la Revolución de febrero de 1848 en Francia, Libermann escribe en marzo al P. Blanpin:

> «Los esclavos van a ser liberados sin demora de su cautividad y van incluso a participar de todos los derechos de los ciudadanos. Van a elegir sus diputados para la Asamblea nacional. ¿No es esto una maravilla que Dios ha operado»[147]

El P. Libermann predica la igualdad de los hombres y habla de falsedad y de calumnias respecto a los que declaran la inferioridad de los negros. «La divisa de la Revolución Francesa, "Libertad, Igualdad, Fraternidad" formaba parte, en su legítima

---

[146] Fernando PIÉLAGOS, C.P., *Juventud de fuego. San Gabriel de la Dolorosa* (Conferencia Interprovincial Ibérica PP Pasionistas, Barcelona 1981) 24

[147] Cit en «Libermann y el respeto a la persona II»: *Cuadernos humanismo espiritano* n.44 (Junio 1979) p.11

pureza, del bagaje ideológico y espiritual de Libermann»[148]. Este santo religioso abomina de las opresiones y manipulaciones... «Hagamos nosotros lo que creemos deber hacer y dejemos a los demás el cuidado de obrar, también ellos, como juzguen conveniente. No seamos intolerantes; cada uno responderá ante Dios de sus actos»[149]. Vislumbra que el único modo de presentar el Evangelio es el lenguaje de la caridad, no la coacción de la fuerza pública. Con algo de ironía escribe: «lo que es cierto es que en Roma se admiten herejes e infieles: los embajadores turcos tendrán sus lugares en los oficios»[150]; y evitando distingos entre lo que serían al respecto obligados modos diplomáticos frente al quehacer público de la Iglesia, condena las coacciones:

> «Jamás hombre alguno en el mundo es capaz de forzar en la menor de las cosas, ni las conciencias ni voluntades, ni las inteligencias de sus semejantes. Dios no ha querido hacerlo, ¿por qué lo vamos a querer nosotros? Dios deja a estos hombres la libertad de desconocerle, de obrar contra Él; no debemos querer forzarles ni irritarnos contra ellos, sino al contrario, tener pena no contra ellos sino por ellos, de verles tan mal; como consecuencia de esta pena, quererlos, ser libres y abiertos con ellos, hablarles de toda clase de cosas que les agraden, tratar de ganar su amistad, mostrándoles siempre buen semblante»[151]

Tal espíritu no casa con el encuadramiento integrista de la época sobre el bien y el mal, y sus respectivas fuerzas.

El Venerable Libermann explicita que se ha de estar en otro lugar. Escribe en 1848:

> «El mal del clero siempre ha sido, en estos últimos tiempos, anclarse en el pasado (...) Querer aferrarse a los viejos tiempos y quedarse en las costumbres y el espíritu que reinaba entonces, es anular nuestros esfuerzos y el enemigo se fortificará en el orden nuevo. Abracemos, pues, con franqueza y sencillez el orden nuevo y aportémosle el

[148] Ibid, p.14
[149] Ibid, p.15
[150] Ibid, p.21
[151] Ibid, pp 25-26

espíritu del Evangelio. Santificaremos el mundo y el mundo se unirá a nosotros»[152]

En esta línea de *despreocupación* por el mantenimiento de los modos, mentalidades y estructuras del Antiguo Régimen, vemos asimismo a la Beata Ana María de Javouhey. No era mujer dada a confusiones: había participado y organizado ceremonias religiosas durante el Terror y, adolescente, se había hecho especialista en esconder y conducir a sacerdotes perseguidos...

Vocada a la vida religiosa, Francia, Senegal, Gambia, Sierra Leona, habían visto sus esfuerzos por sacar adelante a los pobres de la tierra. En La Guayana se vuelca con los esclavos negros y es entonces cuando el gobierno de Luis Felipe, «Felipe Igualdad», es decir, de uno de los representantes, sui generis, de la ruptura con el Antiguo Régimen, cuenta con ella para que se haga cargo de los hombres, mujeres y niños arrebatados a los negreros tras la prohibición de la trata.

Cuando sucede la revolución de 1848, Ana María de Javouhey se encuentra en Francia... Otra muestra de su consciente no alineación con las fuerzas restauracionistas: ella había ayudado a los obreros de los denostados Talleres Nacionales, y esto con tal grado de caridad y sinceridad que, acercándose a las barricadas y reconocida, los obreros sublevados le franquean el paso gritando: «¡Es la Madre Javouhey! ¡dejadla pasar!»...

Cuando el gobierno revolucionario proclama la abolición de la esclavitud, la Madre Javouhey acoge la medida acogiendo a los esclavos negros que quedaban en situación de desamparo social y económico. Una mujer que suscitó admiración y respeto entre no pocos enemigos de la Iglesia, como atestigua la famosa frase de Luis Felipe de Orleans: «¡Madame Javouhey, qué gran hombre!».

La Beata Ana María de Javouhey vivía de la fidelidad a Jesucristo, el Cristo del Sermón de la Montaña. Sus raíces no estaban, pues, en ninguna monarquía, ni en ningún linaje, ni en ninguna añeja civilización añorada como gloriosa, sino en el espíritu – el Espíritu- del Evangelio. Como ya había intentado en Senegal, levantó en La Mana, en Guayana, una colonia agrícola comunitaria, un proyecto «no muy distinto, en resumidas cuentas, de aquellas *Reducciones* que antaño hicieran los jesuitas a las orillas

---

[152] Francisco LIBERMANN, cit en Alphonse GILBERT, *Un mensaje de Francisco Libermann para nuestro tiempo. Has puesto Tu mano sobre mí* (Misioneros Espiritanos, Madrid 1992) 100-101

del Paraguay»[153]. Aquello cuajó, por amor sobrenatural, de manera que «cuando se dijo a los negros que eligieran un diputado, hubo de explicarles de mil maneras que las mujeres no podían ser elegidas; aun así votaron en masa por la Madre Javouhey»[154].

El beato Chevrier es otra muestra de acercamiento, desde una plena identidad cristiana, a los retos nuevos que los signos de los tiempos le revelan. En él tampoco hay sombra de nostalgias por antiguos órdenes supuestamente sacros.

En la valiosa antología de sus escritos que Pierre Berthelon convirtió en biografía y semblanza espiritual podemos encontrar, como ejemplo altamente significativo, una lectura diferente de las expropiaciones que en la época se ejecutaban sobre bienes de la Iglesia:

«La primera cosa que hacen los revolucionarios es despojarnos, empobrecernos. ¿No será que Dios nos quiere castigar por nuestro apego a los bienes de la tierra y forzarnos así a practicar la pobreza, ya que no queremos practicarla voluntariamente?»[155]

El sacerdote Chevrier es un sacerdote del pueblo y para el pueblo:

«Antonio Chevrier manifestará, tanto con su actitud como con sus palabras, que no tiene miedo del pueblo, incluso del pueblo encolerizado, y esto veinte años después del levantamiento de la "Comuna"»[156]

Por esto, por este acercamiento vital y real a una multitud de sufrientes, Chevrier no duda en descalificar los modos de la burguesía. Modos que considera inadmisibles para los sacerdotes y futuros sacerdotes:

«Cómo se acostumbra uno rápidamente a la vida de los burgueses y qué difícil es volver atrás cuando se le ha tomado el gusto y se ha entrado en ella (...) Vivir como burgueses no consiste únicamente en tener una buena mesa, salones y muebles lujosos, subir en carruajes, tener

---

[153] Daniel Rops, *Historia de la Iglesia de Cristo* XI. *La Iglesia de las Revoluciones.* Parte 2ª (Círculo de Amigos de la Historia, Madrid 1971) 118
[154] Ibid, p.119
[155] Cit. en P. Berthelot, *Antonio Chevrier 1826-1879* (Gráf. Caribe, Madrid 1976) 20
[156] Ibid, p.20

vestidos elegantes (...) Evitemos todo este aparato, este ceremonial propio de los ricos y burgueses, comamos como los viajeros y los pobres»[157]

Chevrier quiere sacerdotes extenuados por el servicio, a imitación de los obreros, «toda esta gente (que) trabaja el día entero y a veces incluso de noche para ganar el pan para ellos y su familia»[158].

Este santo sacerdote, que quiere ser pobre entre los pobres y que quiere que los sacerdotes sean así, deja que sus juicios sean penetrados por este Amir de Dios a los explotados. Así, lo mismo denuncia el trabajo infantil que entiende que ciertas magnificencias en el culto no le parecen gratas a Dios. Pues son símbolos de riqueza -y muchas veces de vanidad- expuestos ante masas pauperizadas...

«Incluso si se trata de objetos de culto, pobres, sencillos y limpios; nada de aparatoso (...) Siempre se dice: pero si es para Dios, tiene que ser hermoso. ¡Ilusión! Dios se burla de todo lo bello y resplandeciente que podamos ofrecerle: hay que servir a Dios en espíritu y verdad»[159]

Chevrier, «mientras rechaza la "corona de luces" que le ofrece una burguesa de Lyon para la capilla, se refiere en estos términos a una pequeña lámpara de cristal al recomendar al sacristán: "tenga cuidado con esta lámpara, es muy valiosa por su origen, es un recuerdo que debo a la caridad de un pobre trabajador cristalero, que ha perdido horas de sueño para fabricarla"»[160]

Antonio Chevrier está en un universo distinto al de las pasiones y acciones que el integrismo de matriz católica suscita, fomenta y organiza. Él, enraizado en el Evangelio, en el trato personal con Jesucristo, nada parece saber de reivindicaciones nobiliarias, ni de privilegios eclesiales socialmente constitutivos, ni de imposiciones religiosas apoyadas por la fuerza de los Césares...

Otro hombre de la época, también sacerdote, también Antonio, controvertido en vida y en muerte, beatificado... es Rosmini. Un creyente que toma unas opciones de búsqueda de alternativas que contradicen la angustia restauracionista y mundanamente nostálgica del integrismo. En su vertiente filosófica

---

[157] Cit. en ibid., pp 22-23
[158] Cit. en ibid., p.27
[159] Cit. en ibid, p.36
[160] Ibid, pp 63-64

propone nuevas vías, acertadas o no, ante ciertas propuestas escolásticas ya petrificadas y repetidas de modo inane. Sus escritos terminan en el Índice, y habrán de pasar muchos años hasta que San Juan Pablo II y más tarde la Congregación para la Doctrina de la Fe rehabiliten su figura como teólogo-filósofo.

Efectivamente, San Juan Pablo II, en la encíclica de 1998 *Fides et ratio*, en su número 74, propone a Rosmini, junto a otros, como modelo por su actitud de búsqueda. El Papa especificaba ahí mismo que no pretendía con ello avalar el pensamiento de uno u otro, sino ensalzar ese espíritu por el que se clarifican o se plantean nuevos retos en las relaciones entre la fe y la razón. Una actitud, la del Papa santo, que se mostraba lejos de la de los persistentes inquisidores minuciosos que siempre han estado y que ahora afloran como hongos. El 1 de julio de 2001, la Sagrada Congregación para la Doctrina de la Fe hacía público un Decreto de rehabilitación, y el 18 de noviembre de 2007 sería beatificado.

Respecto al tema que nos ocupa importa destacar que Rosmini está fuera de la clasificación maniquea propuesta por el integrismo: es amigo y confesor de Manzoni, uno de los representantes del *Risorgimento*; propone una confederación presidida por el Papa como modo de solventar tanto la independencia de éste como la unidad italiana; escribe *Las cinco llagas de la Iglesia*, donde, como ya indicamos más arriba, aborda el escándalo de las riquezas de la Iglesia; escribe asimismo *Constitución según la justicia social*, obra en la que propone un constitucionalismo enemigo del despotismo y basado en principios inalterables, no sujetos a los vaivenes de la voluntad de uno, de algunos o de muchos... Enemigo del liberalismo -pues sí cree que hay verdad objetiva- se muestra también enemigo del absolutismo, del derecho divino invocado por los monarcas. Su propuesta sociopolítica, técnicamente compleja y con aspectos obviamente discutibles y rechazables, le aleja sustancialmente de las tendencias restauracionistas y del espíritu integrista.

En este elenco de figuras santas que no sólo representan el estar en otro lugar que el acordado por el integrismo para los católicos de la época, sino en estar precisamente contra ese lugar absolutamente designado, no podíamos dejar de mencionar al Bienaventurado Federico Ozanam.

Ozanam publicó el 10 de febrero de 1848 en *Le Correspondant* el famoso artículo «Pasemos a los bárbaros», donde compara la irrupción de las nuevas ideas con la penetración de los pueblos «bárbaros» en la sociedad romana a partir del siglo VI.

131

Ozanam propone a los católicos el «volvernos hacia esa democracia y hacia ese pueblo que no nos conocen». Un «pasemos a los bárbaros» que se refiere a la cristianización de aquellos pueblos que precisamente atacaban a sociedades culturalmente cristianizadas.

Funda con otros *L'Ere nouvelle*. El prospecto que se imprimió para dar a conocer el nuevo diario decía:

> «Existen hoy dos fuerzas victoriosas: la nación y la religión, el pueblo y Jesucristo. Si estas dos fuerzas se dividen, estamos perdidos; pero si se entienden, estamos salvados. Ambas pueden entenderse si la Iglesia trabaja en bien de la nación y si la nación consiente en el bien de la Iglesia»[161]

Federico Ozanam va viendo con mayor hondura cada vez el asunto capital de la explotación obrera, «la lucha de los que no tienen nada y de los que tienen demasiado (...) el choque violento de la opulencia y de la pobreza»[162]. Funda las Conferencias de San Vicente de Paul para organizar ayudas directas e inmediatas a los empobrecidos; va profundizando en las causas de las miserias y paulatinamente su pensamiento y sus expresiones se vuelven más audaces.

Con aciertos y con errores, con ciertas prevenciones de época, lo cierto es que este hermano combatió la opresión sufrida por los proletarios... «El obrero-máquina no es más que una parte del capital, como lo era el esclavo de los antiguos»[163]... Sumergido en esa atmósfera no le fue difícil desligarse de la dogmática integrista para ir proponiendo alternativas cristianas -irrealizables o no, irrealizadas o no- como respuesta a lo que más tarde hemos denominado como «signos de los tiempos».

Efectivamente, en aquellos contextos el beato Federico Ozanam, junto al abate Maret, se declararon republicanos convencidos, en discusión con el mismo P. Lacordaire:

> «Ozanam, si aceptó la República, no fue por condescendencia. Ni la aceptó, como sus compañeros, como un régimen de transición. No. Él la aceptó por convicción. Para él, la República no fue un expediente, fue

---

[161] En Bazin, *Vie de Mgr. Maret* t.I (Paris 1891) 230
[162] Cit. en Léonce Celier, *Federico Ozanam* (Edit. Claret, Barcelona 1975) 83
[163] Cit. en ibid., p.87

una solución (...) Esas razones las encontraba en el pasado»[164]

Evidentemente Ozanam fue atacado por todos... hablaba de democracia, admitía relaciones con protestantes para socorrer a los pobres «sin distinción de culto»...

Los graves sucesos de junio de 1848 en Francia sellaron en muchos la desafección a este hombre santo. Ozanam, con otros, se presentó junto a Monseñor Affre en las barricadas para mediar. El arzobispo de París quiso avanzar solo, fue bien recibido por los insurrectos... pero alguien disparó. Tras esto, católicos integristas y católicos abiertos a la ruptura con el Antiguo Régimen cargaron contra *L'Ere nouvelle* con dureza. Montalambert

«sólo veía una ilusión beata y peligrosa en el impulso tal vez demasiado generoso que arrastraba a *L'Ere nouvelle* hacia la democracia. En la misma democracia veía tan sólo el advenimiento del despotismo del número, junto con la relajación de los caracteres y de las voluntades. Hora dolorosa fue, sin duda, para Ozanam aquella en que vio a Montalambert aliarse, aunque sólo fuera momentáneamente, con *L'Univers* para derribar el humilde baluarte que, a pesar de todo, enarbolaba también el estandarte de la Cruz»[165]

Efectivamente, mientras Montalambert publicaba en *L'Ami de la Religion* (23-10-1848) un artículo amargo hablando de los católicos «fautores inconscientes de las aberraciones socialistas», Veiullot acusaba al periódico de Ozanam de pactar con los falansterianos y de someterse al gobierno. Y no sólo eso, sino que en extenso artículo de *L'Univers* de 3 de julio de 1850, Ozanam es atacado por su nombre:

«Lo acusan cruelmente de cobarde deserción, de mórbida complacencia, de tímidos silencios, de adulaciones interesadas, de componendas, de claudicaciones y hasta de complicidades. Y todo esto en cuatro o cinco columnas en las que el nombre del apóstol se ve entregado a la ironía más ultrajante»[166]

---

[164] Pativilca, *Federico Ozanam según su correspondencia* (Desclée de Brouwer, Zarautz 1983) 212-213
[165] Ibid, pp 214-215
[166] Ibid, p.223

Ciertamente Ozanam, como esos otros santos y santas que hemos mencionado, estaba en otros parámetros: ni el conde de Montalambert, en cuanto «propietario que habla a propietarios» y que representa una incomprensión absoluta del movimiento obrero, ni Veuillot, en cuanto adalid de la vieja cristiandad occidental cual si Reino de Dios en la tierra se tratara, podían entender qué bullía en el corazón de aquel hombre, qué es lo que Dios profetizaba a través de sus palabras y de su vida.

6.3.- ¿Y los santos de tendencias integristas?

Vemos un elenco de situaciones y de respuestas en los que ha emergido la santidad en esta época específicamente convulsa por el comienzo del fin de la civilización cristiandista: contextos eclesiales no europeos, no occidentales, ajenos a los parámetros en lid de la vieja Europa; vocaciones que en el propio occidente han conducido a los que se iban santificando a ser absorbidos por otras *batallas,* en la contemplación, en la caridad inmediata inmersos en los mundos del sufrimiento; santos que se han confrontado, de un modo u otro, con el paradigma integrista... Y por fin, santos implicados, comprometidos asimismo de un modo u otro en tal paradigma... Hay que ver entonces cuál es la manifestación de su santidad, qué se ha recogido como legado desde sus vidas.

Ante todo tenemos que volver a aquella clarificación pronunciada por San Juan Pablo II durante la ceremonia de beatificación del papa Pío IX: las opciones históricas, las iniciativas, los juicios de valor ante los acontecimientos, los pronunciamientos al respecto, tienen relación con el proceso de santificación de tal o cual hermano o hermana, pero no tienen identidad plena con él. No pocas veces hay profundas contradicciones objetivas, o carencias de luz para iluminar los aconteceres de un modo libre respecto a las muchas servidumbres de época que todos padecemos. Hay, además, verdades perennes desajustadas en referencia a la expresión temporal de las mismas. Es decir, expresiones, acciones de facto que, venidas de tales verdades, no las manifiestan con claridad evidente o incluso mezclan los destellos de verdad con elementos imperfectos que más tarde el Espíritu mostrará como tales a todos los miembros de la Iglesia.

En la época que nos ocupa hubo personajes que, participando de las viejas ideas cristiandistas, se separaron de algún modo de la clásica interpretación de los reaccionarios - defensiva y autocomplaciente- respecto a las nuevas ideas. Gentes como el franciscano José de Areso, quien en las primeras décadas del siglo XIX «concebía la tragedia política y espiritual que España venía padeciendo en los últimos años invirtiendo los términos de las causas y efectos de aquella situación. No era en la maldad de los liberales y las sectas donde debían ponerse las causas de nuestra desgracia, sino los efectos de nuestra maldad»[167].

Evidentemente todo esto es muy limitado, y no llega a tener ni vigor suficiente para el desvelamiento de los errores, ni intención clara de identificar asimismo como errores las viejas fórmulas tradicionales, las de «nuestros padres»... Limitado, pero da idea de la existencia de estos desajustes de que hablamos y que han manifestado diversos santos de todas las épocas.

Vamos a ceñirnos ahora, brevemente, a un par de ejemplos paradigmáticos, uno en referencia a la confrontación con la Ilustración, y otro al liberalismo. No hay muchos ejemplos más, por la sencilla razón de que la inmensa mayoría de los campeones del tradicionalismo como reacción a las nuevas ideas no han sido ni han podido ser canonizados por motivos bastante obvios.

Nuestros ejemplos son el fraile capuchino beato Diego José de Cádiz, muerto en 1801 y beatificado por León XIII en 1894, y el obispo San Ezequiel Moreno, de Colombia, quien murió un siglo después, en 1906, y fue canonizado por San Juan Pablo II en 1992.

Comencemos pues con el beato Diego José de Cádiz. No hay por qué mitigar la crítica que se puede hacer a las ideas sostenidas con pasión por este hombre; se deben enmarcar en los acontecimientos de su época y en sus propias vivencias subjetivas. Fray Diego José de Cádiz, predicador ambulante y escritor, participa de prácticamente todos los tópicos de la reacción tradicionalista a las nuevas ideas. Jerarquismos supuestamente queridos por Dios como legítimo ordenamiento de las sociedades humanas; exaltaciones de la patria e identificación de su grandeza con su supuesta fidelidad a la fe, así como identificación de tal grandeza con los dominios temporales; una lírica religiosa que ensalza la guerra contra las fuerzas que sustentan las nuevas ideas, y la eleva a cruzada religiosa, etc, etc, etc.

Hay que ver, como decíamos, el contexto en que vive este capuchino predicador de misiones populares. En primer lugar, decir que el afirmar que su respuesta al reto de las nuevas ideas aparece como equivocado por sacralizar lo que no debe ser sacralizado, no hace buenas a tales nuevas ideas. La Ilustración fue una tentativa más de parte de la humanidad en un contexto

167167 M. REVUELTA GONZÁLEZ, *La exclaustración*, o.c., p.91

histórico y geográfico preciso por dar con la verdad del hombre, tras constatar la decadencia, la contradicción profunda e hiriente que presentaban la cultura y las sociedades que se decían a sí mismas guardianes de esa verdad del hombre expresada en la Revelación cristiana.

El drama es que la Ilustración ya nació decadente en su estrechez de miras y en sus protagonistas. En sí expresaba asimismo antagonismos internos, y, respecto a las culturas y sociedades que engendró, frustraron igualmente el ser profundo del hombre.

Fray Diego José de Cádiz veía esto, pero no veía aquello, ni el que *esto* fuera una reacción a *aquello*. Además, condicionamiento determinante para las visiones de este fraile, como culminación histórica del proceso acaecido en Francia se muestra a la vista de todos el horror y el terror de la Convención...

Muy retorcido había de ser alguien -salvo insalvable apasionamiento sectario- para no ver en tal evento histórico y metahistórico una burla a la libertad, la igualdad y la fraternidad... El capuchino, desgraciadamente, lo que veía en aquellas aberraciones sangrientas era precisamente «libertad» (entendida unívocamente como desvinculación respecto a la verdad) e «igualdad» (como algo contra natura), nociones que, según él y con matices en positivo apenas apreciables, eran las responsables de la abolición de la «fraternidad»...

Así pues, en su misión de predicador para la salvación de las almas, recorrió España con verbo fogoso para denunciar estos males. Con ocasión de la guerra de España contra la Convención (1793-1795) escribió un libro en forma de carta dirigida a su sobrino Antonio: *El soldado católico en la guerra de religión*, que fue editado en Barcelona en 1794. El tono era determinante en cuanto a la justificación religiosa del recurso bélico. No martirio sino exterminio del impío enemigo. Y «martirio» reformulado para englobar en él a los que cayeran en tal guerra contra la impiedad.

No parece haber entonces mucha diferencia entre este hombre y el elenco que mostramos páginas atrás cuando señalábamos el carácter antievangélico de la reacción tradicionalista a estas ideas que resquebrajaban a la indebidamente divinizada cristiandad en cuanto civilización histórica. Sí había diferencia, sin embargo; aunque hay que buscarla en las actitudes del beato en relación inmediata con las gentes, en su género de vida, en sus pretensiones más profundas... aun emborronadas por el cuadro genérico en que creía.

Hay críticos a este hombre que lo han presentado como un agresivo vociferador que anunciaba a sus oyentes el fuego del infierno. Una imagen que sí corresponde a ciertos predicadores de la época, y de todo el siglo XIX, de diversos lugares europeos y americanos. Pero el beato fray Diego José de Cádiz no era así. Su modelo era San Bernardino de Siena, anunciador de la misericordia, no de la amenaza del castigo. Así lo explica el propio capuchino en carta al Cardenal Lorenzana en que detalla cómo hacía las misiones y el ánimo que le movía. Explicita que su misión era anunciar la misericordia de Dios, y que las amenazas espantaban a las gentes y no producían conversión.

Por otro lado, este fraile, que luego fue usado para dar un tinte religioso de cruzada a la guerra de la independencia -años después de su muerte- y que fue referencia de posteriores seguidores del absolutismo, no vivía como vivían éstos, que eran elitistas y amigos de refinamientos: él era pobre y fustigaba a los ricos por su egoísmo y su injusticia, denunciaba la usura, el lujo; clamaba en los lugares donde no había instituciones para pobres y huérfanos señalando la carencia. Tenía una querencia especial por los presos.

En cuanto a las «novedades», o se opuso en sí a diversas sociedades de nuevo cuño cuyo fin era servir al bien común y socorrer a los pobres. Sí a otras de carácter ilustrado.

Como decía Javier Herrero, «la lectura de sus cartas nos da una impresión del beato mucho más amable de lo que el energumenismo de sus expresiones político-teológicas parecería indicar: es un hombre sencillo, con conciencia de sus limitaciones»[168].

Era, en fin, de carácter alegre, ameno... Algo habría en él que escapa a sus constricciones cuando hubo oyentes de sus predicaciones que se arrepintieron de verdad de males graves, muy graves: unos, que iban a asesinar a un francés por ser francés; otros, que estaban planificando un robo violento... Su propio escrito incitando al combate durante la guerra contra los revolucionarios franceses, no parecía a su alma en contradicción con su intención de ir a Francia a misionar en 1793 dejándose matar sin matar a nadie... No fue al fin por obediencia.

El beato fray Diego no supo ver que la irreligiosidad que veía en derredor no estaba en general articulada en alguna visión mesiánica -visión que realmente tenía sus adeptos en las clases

---

[168] Javier Herrero, o.c., p.144, nota 20

pudientes- sino que era la propia de un ambiente secular de frivolidad, hipocresía y corrupción, venidas del corazón de la sociedad de cristiandad.

El señalamiento de algunos hombres y mujeres como santos no significa otra cosa que el que Dios ha hecho su obra desde las oscuridades del mundo y la ha labrado en el interior de los corazones. Estos hombres y mujeres se han mostrado más o menos libres de las servidumbres del tiempo, de esas oscuridades del mundo, según las luces ofrecidas y las luces recibidas. Sus vidas son como una prenda de lo que vendrá, no son lo que vendrá.

El otro ejemplo del que hablábamos, como paradigma también y éste ya en pugna con las formulaciones liberales explícitas y explícitamente antirreligiosas, es San Ezequiel Moreno.

Efectivamente, San Ezequiel, siendo obispo de Pasto en Colombia, adoptó frente al liberalismo agresivo posturas integristas, tradicionalistas. Lo primero que no supo ver en el fenómeno de la agresividad antirreligiosa es cuánto podía haber de reacción a abusos reales cometidos bajo el amparo de la religión, o qué cosas reivindicadas por aquellos liberales podían tener poso, elemento, destello de verdad. Para él el drama tenía mucho de diáfano: unos hombres soberbios se rebelaban contra Jesucristo. Y ya está.

Ciertamente, para comprender sus aciertos y sus servidumbres (sobre ambos se edifica la obra de Dios en su alma, sin que por eso la servidumbre y sus nefastas consecuencias dejen de ser tales), para comprenderle, es necesario situarse en el contexto. Lo que el beato fray Diego José de Cádiz había vivido *de lejos*, pues la Convención está en Francia, y que ve como futura consecuencia de las ideas ilustradas que combate, San Ezequiel Moreno lo vive en primera persona: un liberalismo perseguidor y profanador.

Era el mismo panorama que ofrecían tantos otros lugares de Latinoamérica y de Europa:

«En 1821 quedaron extinguidos los conventos menores a causa de los decretos de los nuevos dirigentes de la República, de manera que sólo permanecieron con vida los de Bogotá y del Desierto de la Candelaria. La situación cada día fue empeorando de una forma muy alarmante. Y finalmente en 1861 se promulgaron los decretos de tuición y desamortización de los bienes de "manos muertas". Los religiosos fueron arrojados de sus conventos y sus bienes confiscados por el Estado»[169]

Años más tarde, y en medio de una crisis bélica, San Ezequiel Moreno denunciaba atropellos y crímenes cometidos por fuerzas liberales en connivencia con el gobierno de Ecuador y con apoyo de éste, contra católicos de su diócesis, territorio fronterizo entre las dos Repúblicas. En carta de 25 de noviembre de 1901 al delegado apostólico y con encargo de que la hiciera llegar a la Santa Sede, este obispo señalaba que «el gobierno del Ecuador proporcionaba al famoso masón general Avelino Rosas toda clase de elementos, para que con su gente saqueara nuestros pueblos, asesinara a los buenos católicos y echara a Jesucristo de los altares». En la misma carta se hablaba del «grito infernal de "muera Cristo"» y de «periódicos plagados de obscenidades»[170].

San Ezequiel vive el drama de los destierros y huidas de obispos perseguidos; vive asimismo profanaciones:

«Nuestro amado Jesús fue bárbaramente ultrajado en el Sacramento de su Amor. Sacaron el Sagrario del altar (...) También ultrajaron a nuestra buena Madre María Santísima en su imagen del Carmen»[171]

El obispo de Pasto reacciona ante tal panorama viendo estos males como si los tales fueran sólo cosa de «los enemigos de Dios», sin escudriñar responsabilidades entre los declarados hijos de la Iglesia cuando tantos se apartaron de la fe en que habían sido bautizados. Una responsabilidad que no sólo se refería a omisiones y equívocos, sino a la comisión de actos criminales, negadores del Amor de Dios, y a la prosecución de ideales sociales asimismo negadores de facto del Reino de Dios y sus signos... es decir, justificadores de despotismos, codicias, injusticias, violencias.

La lectura de San Ezequiel Moreno respecto a la respuesta que se debería dar al liberalismo está determinada por las actitudes antirreligiosas, constitutivamente antirreligiosas. Como más tarde escribiera San Pío X en su primera encíclica, *E Supremi Apostolatus*, «se pretendía extinguir y aniquilar toda relación del hombre con la

---

[169] Eugenio AYAPE, *Semblanza de San Ezequiel Moreno* (Edit. Augustinus, Madrid 1994) 32
[170] Cit en ibid., p.108)
[171] Carta de San Ezequiel (sin fecha) cit en ibid., p.105

divinidad». Así se lamenta San Ezequiel porque «a Jesucristo lo quieren echar de las escuelas, de la sociedad, de los corazones»[172].

El liberalismo al que se refiere San Ezequiel y en el que engloba erróneamente a todos los «liberales» o a cualquiera que cuestione el tipo *tradicional* (habitual en el tiempo) de relación Iglesia-sociedad, significa para él un rechazo en lo civil de cualquier influjo de la Iglesia. Asoma entonces una persistente confusión *in radice* sobre esa relación. Si el liberalismo purista pretendía aniquilar el influjo religioso en la sociedad, la respuesta tradicionalista pretendía asegurar ese influjo o supuesto influjo con la fuerza de la ley de los hombres.

Hay aquí un par de contrasentidos. Por un lado ese legalismo coactivo siempre ha acarreado, o bien vivencias falsas y superficiales de la religión, vivencias ideologistas, costumbristas, supersticiosas, moralistas y fariseas..., o bien un rechazo a la misma religión.

San Ezequiel, ante la violencia de los enemigos —y sin querer ver la ejercida por los supuestos guardianes de la religión— no supo ir más allá. Defendía, pues, la línea coactiva. Secundando a su manera el «instaurar todas las cosas en Cristo», lema de San Pío X, escribe una pastoral para la Cuaresma de 1904:

> «Es preciso que los que ejercen potestad en la tierra vuelvan a ser lugartenientes de Jesucristo. Es necesario que los pueblos alcancen el reinado de Cristo y vuelvan a ser cristianos también en lo social. Es menester que reine Cristo»[173]

Los dos equívocos están servidos: la alusión al pasado («vuelvan a ser») indica una pobre concepción de esa vicariedad. Los jefes de las tradicionales sociedades de cristiandad no han sido en conjunto servidores sino que se han hecho servir, no han amado a los enemigos, no han perdonado setenta veces siete, no han ensalzado a los humillados, no han creído en el «sí, sí; no, no» y por tanto no han respetado la pureza de la verdad en sus intrigantes acciones... y así con todo lo demás.

El segundo equívoco es el no discernir que la estricta realidad de ese legítimo deseo y aspiración —que reine Cristo— exige que se desarrollara, se produjera, en la más franca y nítida libertad. Jamás por decreto.

---

[172] Cit en Eugenio Ayape, o.c., p.25
[173] Cit en ibid., p.114

Estas concepciones de San Ezequiel le pasaron factura. Estalló la guerra civil en Colombia, la llamada «Guerra de los mil días», de 1899 a 1902. Esta guerra tuvo dos fases generales; la primera fue calificada como la de los «Generales Caballeros», pues parece que en general se procuró un trato respetuoso con los vencidos, por parte de ambos contendientes. Como era de prever esta situación se deshizo pronto y la segunda fase de esta guerra se caracterizó por los excesos y crueldades cometidos por los dos bandos.

San Ezequiel Moreno vivió este drama desde un antagonismo interno no percibido por él como contradicción. En sus actitudes asoma lo específicamente cristiano, el amor. Así, por ejemplo y como atestiguó el arzobispo de Popayán, D. Manuel Antonio Arboleda, San Ezequiel se quejó de que se calificara a los liberales de modos irrespetuosos con determinados apelativos:

> «No me gusta, no me parece bien el que se use tal adjetivo que parece envolver una nota de menosprecio a las personas. Combatir las ideas es santo, y es muy santo respetar a las personas»[174]

Y en una pastoral suya de 28 de agosto de 1896, usando el plural mayestático para referirse a su persona, exclama:

> «¿Acaso podemos tener odio a persona alguna? ¿A quién podemos odiar? Habiéndonos encargado Jesucristo las almas de todos, ¿cómo hemos de abrigar mala voluntad para nadie?»[175]

Sus actitudes profundas viven sin embargo en convivencia con ciertas convicciones. Durante la guerra civil insta a combatir y escribe para motivar religiosamente hablando de «cruzada», usando citas de San Bernardo al respecto. Su disyuntiva total, «o con Jesucristo, o contra Jesucristo», que debería haber inundado de amor sobrenatural todas las dimensiones y recovecos de aquel drama, quedaba al fin flotando como divisa ideológica: los que invocaban a Jesucristo usaban de unos medios, se expresaban en un lenguaje y defendían una concepción de la vida que no era de Jesucristo...

San Ezequiel se muestra intransigente con lo que él cree es negociar con la verdad. La llamada «Concordia nacional», defendida por el delegado apostólico, por obispos como Nicolás Casas o

---

[174] Cit en ibid., p.74
[175] Cit en ibid., p.77

Ismael Perdomo, por la que régimen e Iglesia establecían relaciones, es rechazada por San Ezequiel porque cree que hace daño a las almas y reconoce algún tipo de legitimidad al liberalismo...

Entonces, ¿qué diferencia a San Ezequiel Moreno de la vida y obra de un Veuillot?...

Ya hemos hecho referencia antes a estos desajustes en la vida de los santos: arraigados en la tierra de una época, son *desarraigados* por la gracia, liberados, plantados en lugares celestes para fecundar esa tierra baldía y contaminada. Pero el proceso es progresivo, ofrece resistencias, perduran elementos venidos *de abajo*, las luces emergen desde oscuridades que persisten. Y esto mismo en grados muy diferentes según los santos.

Aludíamos al respecto a las aclaraciones de San Juan Pablo II durante la ceremonia de beatificación del papa Pío IX. Francisco, en su exhortación apostólica «sobre la llamada a la santidad en el mundo actual» redunda en esta cuestión. Haciendo referencia a unas reflexiones de von Balthasar escribe:

«No todo lo que dice un santo es plenamente fiel al Evangelio, no todo lo que hace es auténtico o perfecto. Lo que hay que contemplar es el conjunto de su vida, su camino entero de santificación, esa figura que refleja algo de Jesucristo y que resulta cuando uno logra componer el sentido de la totalidad de su persona»[176]

El caso de San Ezequiel es llamativo porque la controversia tal como él la vivió, magnificada y descontextualizada, provoca el que algunos —o muchos— sepulten en el olvido lo que era la totalidad de su vida, su quehacer diario. Su amor. No se ha de minusvalorar la carencia o el erro, ciertamente: otro hombre santo, el venerable José Rivera ocho décadas después de la muerte de San Ezequiel, reflexionaba sobre estas carencias; también para advertirse a sí mismo. Así, en su Diario escribe el 14 de julio de 1987 comentando el Evangelio según San Mateo. Habla José Rivera de santidad eximia, de que todo, todo, quede bajo el influjo vital del Espíritu Santo, sin ambigüedad. Y entonces se refiere a nuestro personaje:

---

[176] FRANCISCO, *Gaudete et exsultate* n.22

«Los defectos de prudencia de los santos... que pueden haber originado mucha malicia, por defecto. V.gr. las tendencias *integristas* del Beato Ezequiel»...[177]

San Ezequiel Moreno fue santo *a pesar* de estas tendencias. Cuando otros obispos no compartían su visión de las cosas, o sus remedios, él respetó sinceramente las divergencias. Al obispo Perdomo le animó a seguir con su actitud —que contradecía la suya— diciendo que lo que importaba era servir a las almas. El obispo Nicolás Casas[178] era tratado por San Ezequiel como hermano y amigo. Nicolás Casas era «concordista», y como muestra de que algo más grande los unía por arriba, San Ezequiel y Nicolás suspendieron su pública controversia amigablemente. El obispo Moreno supo por otro lado soportar en paz y alegría, y hasta apreciar, los ataques e injurias que se publicaban contra él.

Hemos dicho, sin embargo, que su vida no fue esta disputa. Cierto que vivió en ella y en ella murió, pero lo que movió a muchos a apreciar rasgos de santidad, lo que vieron y reconocieron en esa clave no pocos de los que disentían profundamente de sus planteamientos, fueron otras cosas. Cotidianas, persistentes, extremas.

Efectivamente, San Ezequiel Moreno fue un agustino enviado a Colombia desde España para restaurar su orden que vivió fiel a su vocación de pastor, en la pobreza radical, en la opción por los pobres, en el universalismo, en el consuelo a los sufrientes.

Las gentes lo veían... Aquella choza de leña como «palacio episcopal» del vicariato apostólico de Casanare, la entrega absoluta de su renta a los pobres, el socorro a los enfermos, a los presos, su despreocupación por la propia vida en las epidemias de cólera y de viruela, su tosco vestido, el ir y venir continuo de menesterosos en la residencia episcopal de Pasto, los zapatos destrozados y la carencia de ropa propia... Su amor por los indios y sus culturas, apoyando la iniciativa de una gramática hispano-gohaiva, aprendiendo la lengua de los guahivos y los saliva, relacionándose con los yayuros...

Es ésta la santidad de San Ezequiel Moreno, y es ésta la santidad que ha señalado, desde las mediaciones humanas, el Espíritu Santo: cuando San Juan Pablo II lo canonizó el 11 de

---

[177] Este Diario, a día de hoy y como tal, permanece inédito, aunque se han publicado numerosos fragmentos del mismo.

[178] «Se conocían y se apreciaban muy santamente» (Eugenio Ayape, o.c., p.110)

octubre de 1992, no hizo alusión alguna a sus opciones político-religiosas. Aquello por lo que es reivindicado por los integristas de hoy y puesto a la par que los otros referentes del integrismo de matriz católica, no fue siquiera aludido. San Juan Pablo II no aclaró si tenía razón o no, o cuánta razón tenía y no tenía, sino que habló del ánimo que le movía y que le condujo a la oración, a la pobreza y al servicio de los hermanos. Y esto es al fin la recepción de su figura en el Pueblo de Dios. En la propia Colombia, aparte de integristas que lo reivindiquen o de estudiosos de otro signo que lo rechacen, la gente sencilla ha practicado una recepción sencilla: un obispo enamorado de Dios, pobre, amante y servidor de los pobres, entregado a la Virgen. Es decir, en el común denominador de los santos.

6.4.- *Los santos: servidumbres y profecía. San Antonio María Claret como paradigma*

La irrupción de la santidad en el mundo, que es la obra normal de la gracia, contradice a la pretensión integrista. Hemos visto un cuadro genérico al respecto, en el que los combates y movimientos del alma de estos hermanos y hermanas no se alinean, explícita o implícitamente con tal pretensión. O la contradicen en aspectos fundamentales con conciencia de esto o sin ella. Vemos que santos de los siglos XVIII, XIX e inicios del siglo XX expresan una constelación, una sinfonía, que ayudará a marcar rumbos doctrinales de la Iglesia rompedores de compromisos históricos con el Antiguo Régimen. Una sinfonía que se recapitulará en el Concilio Vaticano II como piedra en el camino de la Gran Tradición, y, a la vez, como salida hacia nuevos horizontes.

En esta constelación de santos, vistos cada uno de ellos por separado no parece que alcance prácticamente ninguno las cotas proféticas que el tiempo reclamaba. Y esto contiene otra enseñanza de la teología de la historia: las carencias y las ambigüedades manifiestan que la historia de la Iglesia permanece abierta, hasta su consumación final. Vive en permanente combate y en permanente escucha de la voz del Espíritu.

Esto contradice profundamente al tradicionalismo integrista, que cree poder hacer frente a los nuevos retos, bien negándolos como tal o proclamando que son artificios irreales urdidos por el enemigo puesto que ya se habría expresado un orden inmutable; bien proponiendo como la respuesta que para ellos era en sí la vieja sociedad cristiana. Cristiandista.

En los santos se expresan simultáneamente apuntamientos de la plenitud y carencias. Apertura, pues, a la búsqueda. La lectura teológica (esperanzada) de las carencias es otra arma para desbancar al ideologismo integrista, una ideología que daña a las almas. Las carencias expresan intrínsecamente esa apertura porque esto significa que las confrontaciones siempre cerradas en falso o sin la suficiente luz para una clara resolución, originan nuevos retos a causa de la persistente *insatisfacción ontológica* que percibe el ser humano ante los desajustes.

No se pude entonces ofertar a los hombres como respuesta existencial el modelo idealizado, es decir, pleno de falsedades, de una era histórica, una civilización, un cuadro cerrado de soluciones supuestamente definitivas. Hecho para el cielo, el hombre siempre vive en tensión, y tal atmósfera, la de los viadores, se manifiesta en la historia de la Iglesia.

Respecto al drama que nos ocupa, es decir, la desintegración del modelo cristiandista y su desesperada reivindicación por parte del tradicionalismo integrista, podemos mostrar como paradigma a un santo sorprendente que encarna, según su propio genio personal, este tiempo de transición de la Iglesia hacia nuevos retos y nuevas formulaciones de su misión en la historia. Se trata de San Antonio María Claret, prácticamente inclasificable según los parámetros con que categorizamos la época, y muestra de esa condición constitutiva de apertura que es la Iglesia peregrina: en él hay señaladas servidumbres de época pero emergen notables apuntamientos proféticos. Y, sobre todo, su respuesta vital niega la pretensión restauracionista al plantear su misión en referencia a lo que él percibía como voluntad de Dios y no según las tendencias dominantes entre los hombres, de uno u otro signo, identificadas incluso con esa voluntad divina por no pocos.

Proponer a San Antonio María Claret como un santo que representa una transición exige primero *limpiar* su figura. Pocas personalidades históricas sufrieron lo que sufrió él en cuanto a difamación y calumnia organizada. Caro Baroja, que también presenta una imagen ridícula de él, admite la atmósfera general de calumnia que se abatió sobre este religioso, hasta pensar que «su canonización» estaría «más basada en la idea de reparar las calumnias de que fue objeto, que en virtudes positivas»[179]. Obviamente Caro Baroja ignora quién fue realmente San Antonio, pero acierta en incidir sobre el asunto de las calumnias...

Fue un aluvión continuado, metódico, con certezas que se pasaban unos a otros. Hay una extensa y documentada biografía del santo que muestra con una multitud de ejemplos elocuentes hasta dónde se llegó. Y se llegó no sólo a toda la gama imaginable de insultos y acusaciones sino a publicar numerosas obras con la firma de San Antonio María Claret... que él no había escrito. Unas, explícita y ruidosamente falsas, con títulos procaces, para reírse de él y de lo que supuestamente representaba o defendía; otras para señalarle como autor de sandeces y aberraciones. Sin pudor y sin escrúpulo.

La biografía aludida[180] habla de Valle Inclán, Galdós, Gil Blas, Azorín, Becquer, Blasco Ibáñez y muchos otros impulsores y propagadores de esta imagen. Asimismo, se muestran en esa biografía varios de los libros apócrifos atribuidos a él. Y coplas y artículos de revistas satíricas. El cuadro es impresionante: ladrón, corrupto, usurero, amancebado habitual (entre otras con Sor Patrocinio y con la reina), celebrador de orgías, conspirador traidor, borracho, comilón, manipulador de la reina por sus intereses, carlistón, falso místico, obtuso, falto de inteligencia, sapo repugnante, chabacano... todo.

Uno de los que habían dado por ciertas estas cosas, y había admitido con naturalidad que ciertos libros firmados por San Antonio María Claret eran de su autoría, quedó horrorizado años después al verificar que todo era mentira. Era Azorín, quien intentó reparar el mal difundiendo el bien que había hecho el santo cuando estuvo en Cuba como arzobispo.

Lo que queremos resaltar aquí es el grado de confrontación entre aquellos dos mundos —la vieja sociedad clericalizada que caía y el liberalismo irreligioso que copaba multitud de corazones—, y el que un personaje en el candelero usado como diana y símbolo, no autorizara la opción integrista ni se adhiriera a ella, mostrando brechas por las que caminar.

Hemos hablado de servidumbres de época, de señaladas servidumbres. Efectivamente, primen en sus escritos intentos de contrarrestar las simplezas de las hojas volantes antirreligiosas,

---

[179] J. Caro Baroja, *Introducción a una historia contemporánea del anticlericalismo español*, o.c., p.198
[180] Cf Atilano Alaiz, *No puedo callar. San Antonio María Claret* (San Pablo, Madrid 1995) 546-555

con otras simplezas de tinte devocionalista, pietista. Una moral tendente al individualismo bajo la añeja trampa de los consejos (los «Avisos») según «el estado» de cada cual, y que por eso elude la tarea de la transformación social por exigencia de la caridad. Un afán por valorizar la seriedad de los sacramentos a base, por ejemplo, de difundir historias amenazantes sobre gentes condenadas al infierno por *manipular* el sacramento de la penitencia o por comulgar sin la debida disposición. También una suerte de apoliticismo reivindicado por Claret como modo de llegar a todos —esta es la parte saludable y el que expresara desafección tanto por los promotores de la irreligión como por la causa integrista—, pero que de ningún modo podía ser la respuesta a los retos sobrenaturales que contiene el mundo de la política...

Junto a esto, los apuntes proféticos que tienen significado en varios sentidos: porque desmienten las acusaciones esenciales dirigidas contra la religión de parte de los nuevos mesianismos; porque desmienten asimismo a los partidarios del Antiguo Régimen y sus ordenamientos inamovibles; porque inspiran a otros para continuar por esos caminos que provocarán una profunda reflexión en la Iglesia con sus consecuentes reformas y descubrimientos.

Profético fue en primer lugar su testimonio vital. Frente a las horrorosas difamaciones encontramos a un hombre de constitución gruesa que ayunaba hasta la saciedad; que abominaba del dinero hasta el extremo de los viejos Padres del desierto, preocupado por no tener una sola moneda; que iba a sus misiones en Cataluña a pie, desdeñando cualquier privilegio; que era alegre y dado a recibir y hablar con cualquiera, fuese quien fuese, predicando la gloria del cielo antes que la amenaza de la condenación; un hombre obligado a ser confesor de la reina, que acepta por obediencia bajo la condición de no vivir en palacio, que siente repugnancia por la vida de la corte (vanidad, banquetes, riquezas e intrigas), y se goza en esa repugnancia... En fin, un hombre que cuando sufrió un grave atentado en Cuba, donde una persona le atacó rajándole profundamente la cara, primero se alegró de derramar sangre por el nombre de Jesucristo, y en consecuencia, se esforzó visiblemente por salvar de los castigos a su agresor...

Frente al exclusivismo integrista que a día de hoy asoma entre muchísimos hijos de la Iglesia con renovado vigor y con las mismas preocupaciones de fondo que antaño, San Antonio María Claret intuye sobrenaturalmente que aquella pretensión no podía solapar el ser inaprensible de la Iglesia y su misión en el mundo.

Durante la primera guerra carlista, en su parroquia de Sallent y con la mayoría de sus hermanos sacerdotes en derredor adscritos a la causa de D. Carlos, él niega la adhesión que los otros veían consecuencia obligada de su ser cristianos. Las guerras continuaban entre los dos paradigmas en lid, y al santo, en el contexto de la segunda guerra carlista «le parece sacrilegio hacer pasar por mensaje evangélico lo que no es más que una opción política discutible; como es sacrílego dar de comulgar con pan profano como si fuera pan eucarístico»[181]. El obispo Claret «ha rechazado incitaciones a utilizar el púlpito para azuzar veladamente a las masas contra los gobiernos constitucionales»[182], y en 1862, hablando de «los dos partidos», expresa de ambos que su móvil «no es más que la ambición, el orgullo y la codicia»[183].

La caída del régimen de cristiandad provoca diversas posturas entre los hijos de la Iglesia: colaboracionistas de los nuevos regímenes, inmovilistas tradicionalistas, posibilistas... y algún otro, como hemos visto antes, que a causa de su fe quiere estar en *otros lugares*. Claret aparece como posibilista, pues no tiene luz para disipar la confusión ofreciendo alternativas nuevas radicadas en el vigor del Evangelio, pero su posibilismo no es por conveniencia o por eludir la misión para adaptarse. Él, lo mismo que con su vida, va a protagonizar apuntamientos proféticos que — lo volvemos a señalar— indirectamente, con poca conciencia sobre ello, resquebrajan ataduras y ensanchan estrecheces que dañaban a la Iglesia en el occidente cristiandista.

San Antonio María Claret, arzobispo de Cuba, se enemista con los esclavistas: ataca la prohibición de matrimonios interraciales, abomina del trato dado a los esclavos, en Madrid es denunciado como abolicionista...

Los negreros se oponían a la cristianización de los esclavos. Sabemos que hay circunstancias en que esta cristianización es manipulada a fin de someter a unos hombres a la tiranía y el egoísmo de otros... hay muchos ejemplos históricos. Pero la historia también muestra, ampliamente, cómo el vigor de la fe, el descubrimiento de una dignidad que nadie puede arrebatar, se ha convertido en un peligro para estas tiranías institucionalizadas. Algo de esto se vivió en la Cuba de la época alrededor de este obispo cuando los esclavistas se oponían a sus intervenciones espirituales con los negros esclavizados allí.

---

[181] Atilano ALAIZ, o.c., p.153
[182] Ibid, p.477
[183] Cit en ibid, p.479

San Antonio María Claret es profeta también por la visión que tuvo sobre la vocación universal a la santidad de los seglares, por su elevación, su corresponsabilidad pastoral, y esto «en una Iglesia acusadamente clerical»[184]. A su manera, con muchas limitaciones, se convierte asimismo en promotor de la mujer; habla de «diaconisas» en pleno siglo XIX[185].

Otro signo: a propósito de las esperanzas que le suscita el Concilio Vaticano I y «con respecto a la renovación espiritual del clero y de los religiosos le preocupa el tema de la pobreza personal y comunitaria y la sencillez en los objetos de culto»[186]. San Antonio asoma como enemigo del boato, no sólo teóricamente. Como otros santos, vende su pectoral de plata para ayudar a un pobre, declara que querría tener uno de latón, e insta a vender vasos sagrados para socorrer a enfermos pobres[187].

Impulsa el movimiento bíblico, el movimiento seglar, defiende el ministerio de las diaconisas... Crea la Academia de San Miguel a fin de que artistas de toda disciplina, escritores y pensadores se pongan al servicio del Evangelio... Promueve diversas granjas-modelo y cajas rurales.

Podemos ver en este santo un impulsor del proceso de desasimiento del Antiguo Régimen precisamente por su labor de desbrozamiento de nuevos caminos que décadas después serán los caminos de la Iglesia. Caminos diversos a los del integrismo de hoy, que no vive el *sentire cum Ecclesia* y que, o bien *aguanta* esas indicaciones, o las ignora —que es lo más habitual—, o las priva del sentido que les da la propia Iglesia... o, sencillamente, las combate como dañinas para la fe católica.

---

[184] Ibis, p.195
[185] Cf ibid., p.191
[186] Ibid, p.633
[187] Cf ibid., p.476

III.- UNA FISONOMÍA DISCERNIBLE Y UNIVERSALIZABLE

Páginas atrás hacíamos referencia a las notas que caracterizaban al personaje Diederich, protagonista del libro *El ultra*, escrito a principios del siglo XX. Recapitulando las páginas anteriores en las que hemos pretendido mostrar algo de los orígenes del actual integrismo de matriz católica, observamos cómo esas notas definitorias de la personalidad de Diederich muestran el rostro de este integrismo a la perfección.

Abandonadas ya las disputas dinásticas, elevadas en su día a principios irrenunciables, el integrismo de matriz católica se configura con una fisonomía discernible por cualquiera, articulada en unas actitudes y postulados con pretensión universalista, y que serán roca para continuar su lucha en una Iglesia de la que piensan ha tomado derroteros erróneos, o, según otros, en la que los defensores de tales derroteros tienen el control y los medios para manipular y conducir por el error.

El integrismo culmina así en un verdadero anti-Evangelio... Inmisericordia, preminencias elitistas, derechos de sangre, antiuniversalismo, dominación, machismo, talión, racismo, culto a la guerra... son algunas de las actitudes que su cuadro ideológico favorece y ceba.

Estas actitudes, u otras similares en cuanto al desamor, acechan a cualquiera... «El que esté en pie, mire que no caiga», advierte el Apóstol. Sólo que en este caso son la consecuencia general de un cuadro ideológico previo. El problema de los errores doctrinales en el seno de la Iglesia suele consistir al principio en una desintegración, una fragmentación controlada respecto a una totalidad armónica, abierta *por arriba* y en continuo desenvolvimiento. Es decir, en la desmisterización de algún aspecto, en el intento de racionalizarlo o convertirlo —de manera aprehensible para la limitación humana— en la piedra angular sobre la que descansa la realidad. Éste es, por otro lado, el problema de todos los determinismos de corte inmanentista.

El control operado por el integrismo exige una intolerancia ajena a la vida de la gracia. Pues Dios es Amor, «la caridad es la forma de todas las virtudes», dice Santo Tomás. Y la caridad, este Amor de Dios, no es racionalizable, es infinita en su propia donación a nuestro ser limitado: no hay barreras que digan que no se puede amar más. Es participación de la vida de Dios. Es misterio. Y si de algo abomina inconscientemente este integrismo es del misterio, de aquello que no se puede controlar sino recibir con estupor. Un estupor que conduce a lugares fronterizos, a la visión de nuevos modos de sufrimiento, de carencia, de confusión, en los que hay que reformular, buscar desde lo dado, desde la Revelación, respuestas que vengan de la gracia y la caridad, y conduzcan a la gracia y la caridad.

Antes, en la introducción, nos fijábamos en una de las consecuencias del afán de control silogista a la hora de confrontarse con el drama del mundo: equivocar el lugar teológico, buscar errores —lo cual es legítimo—, pero sólo buscar errores en vez de expresar respuestas, caminos... Una actitud que así cierra cuadros doctrinales con lógica interna en que unos postulados conducen a otros, dejando fuera o negando sin más una runfla, ya enciclopédica, de proposiciones magisteriales de la Iglesia. Porque así lo exige su lógica cerrada, su visión controlada de las cosas.

Así, por ejemplo, en la denuncia integrista de la posmodernidad se muestra un cuadro en que se señala la ideología de género —que como tal sí es denunciada por la Iglesia— junto al «ecologismo», el «feminismo», la «revolución social», y otros retos que como tales sí han sido acogidos por la Iglesia ofreciendo respuestas desde sí, desde la Revelación, la Tradición, el Magisterio y aquello que en la experiencia humana se reconoce como verdadero y, por tanto, obra del Espíritu.

Estas denuncias integristas revelan de qué espíritu proviene el integrismo. En primer lugar, ese equivocar el lugar teológico: en vez del sufrimiento de los hermanos, obviarlos enfrascándose en las respuestas erradas a esos sufrimientos o en las falsedades o supuestas falsedades sobre su etiología. Porque la cuestión sería para ellos el conservar intacto un orden y denunciar por tanto lo que lo tambalea. Ya pasó con la clase obrera y las revoluciones: centrados en los errores que éstas proponían, obviaron o justificaron de modo blasfemo el sufrimiento obrero.

El afán de control, de conservación ordenada a escala humana, les conduce entonces a poderosas contradicciones que no pueden percibir porque escapan a sus cerrados esquemas lógico-racionalistas. En el ejemplo que hemos puesto, la Iglesia vincula la ideología de género con la cultura dominante, cuya raíz, valga la redundancia es el dominio, no la recepción y la donación; a su vez, vincula esta cultura con el totalitarismo mercantil, el que provoca precisamente la destrucción denunciada por los ecologistas y por la Iglesia como destrucción de la obra de Dios y sus dones. El integrismo no asume tales relaciones: para ellos el affaire «ecologismo» se reduce absolutamente a una herejía que niega el orden sobrenatural y que, siempre, persigue objetivos ocultos y despreciables.

Cuando el integrismo, siguiendo con este mismo ejemplo, introduce en el mismo saco «ideología de género» con «feminismo», sin más, también ignora las relaciones con que la enseñanza de la Iglesia ilumina el drama. Pues la Iglesia vincula tal ideología con lo propio del «pecado del mundo», es decir y como señalábamos, con el dominio. El dominio frente al amor. Un pecado que se expresa, entre otras cosas, en la soberbia machista y la violencia machista.

El integrismo no entiende que la Iglesia denuncie la ideología de género por los mismos motivos teológicos y antropológicos por los que denuncia la destrucción ecológica, los crímenes contra los pobres o la cosificación de las mujeres en forma instituida de infantilización y explotación, servidumbre impuesta y abuso psicológico y físico.

Así pues, el integrismo de matriz católica, que como repetimos no vive el *sentire cum Ecclesia*, tiene sus propios referentes sacros... ya hemos señalado antes algunos de estos referentes (el presidente Moreno, la llamada *cruzada* en España en 1936, o Godofredo de Bouillon, etc). Esta tendencia ideológico-teológica, intrínsecamente carece de capacidad para integrar una multitud de modelos acogidos como tales por la Iglesia; porque cuestionarían sus presupuestos ilegítimamente dogmatizados. Esa multitud de siervos de Dios propuestos al juicio de la Iglesia: Alce Negro, Guillermo Rovirosa, Primo Mazzolari, Dorothy Day, Julius Nyerere, Tonino Bello... La Iglesia, misterio *semper maior*, sí tiene capacidad de integración de modelos que aparecen como contradictorios entre sí en algunos y graves aspectos. *Ecclesia suplet* —y eleva y purifica. Porque su vida, la de estos santos, viene de Cristo, donde santidad objetiva y santidad subjetiva coinciden absolutamente. No así en los santos peregrinos, donde la actitud, el pensamiento y la acción, se pueden mostrar entre sí con desarmonías, contrastes, antagonismos internos, carencias, cegueras. El venerable José Rivera afirmaba sin rubor al respecto «que los santos, muchos santos, han incurrido en el yerro»[188]. Ya hemos hecho referencia antes a las valoraciones que este Venerable expresaba respecto a «las tendencias integristas del Beato Ezequiel»...

Ciertamente el integrismo de matriz católica no hubiera podido canonizar a un buen número de santos y santas de otras épocas si hubieran usado como una plantilla sus presupuestos ideológicos para medir la santidad de estos hermanos... No sé... Un San Francisco de Asís, hereje panteísta y ahora idólatra adorador de la Pacha Mama; un San Benito José Labre, loco, sucio, incapaz de disciplina, giróvago, y mancillador de la dignidad sagrada de las iglesias con sus piojos y sus harapos; un San Juan de Dios, loco también; un San Ignacio de Antioquía, suicida, gnóstico despreciador del cuerpo; un San Francisco Javier, legado del Papa con «lo puesto» como presentación, un desconocedor asimismo de

---

[188] Venerable José Rivera, *Diario* (inédito en totalidad) (19-6-1989)

la dignidad eclesiástica que representaba; una Santa Juliana de Norwich, hereje de la apocatástasis y desviada en su mística sobre lo *femenino* de Dios; una Santa Hildegarda, feminista escudriñadora de cosas impropias de las mujeres virtuosas; un San Isaac el Sirio, hereje animalista; los Santos Cirilo y Metodio, liturgos heterodoxos... Y así muchos más. Porque al fin el horror al misterio a causa de la necesidad de controlar humanamente, significa que estos campeones de la denuncia del mundo moderno como enemigo del orden sobrenatural son ellos mismos una herejía naturalista, una ideológica reivindicación enemiga del naturalismo reducido éste a sus manifestaciones filosóficas explícitas de la modernidad: Ilustración, liberalismo, etc.

El naturalismo en cuanto oposición o *paralelismo* o ignorancia del orden de la gracia que se derrama sobre todas las dimensiones históricas del ser humano (del orden social también) es más profundo, más intenso y más extenso. Porque la fisonomía de ese orden de gracia es reflejo del ser de Dios. Las concreciones del integrismo de matriz católica, su defensa —con matices o sin ellos— de la vieja *cristiandad* como civilización, su posicionamiento respecto a ciertos regímenes, movimientos, actitudes, etc, de los siglos XIX y XX, su ignorancia deliberada en este siglo XXI de los llamamientos magisteriales y pastorales de la Iglesia so capa de defender a la propia Iglesia de su destrucción interior, son una caricatura del orden sobrenatural, que es orden de caridad o no es.

Este orden sobrenatural, que como tal noción es defendida por esta facción, viene expresado por el integrismo de matriz católica con su modo de apropiarse de ciertas profecías y oráculos, su tendencia al maravillosismo, y, sobre todo, su peculiar marianismo. En esto sí han destacado:

> «De la parte católica, el culto a la Virgen debe ser depurado cada vez más de elemento que deterioran, que a veces lo han desfigurado: fanatismo, integrismo»[189]

No se trata sólo de desintegraciones y sentimentalismos que entorpecen el desarrollo de la vida sobrenatural a que estamos convocados, esa ruptura entre proclamación de la fe y vida consecuente que nos acecha como tentación y caída a todos. El Venerable José Rivera, empapado absolutamente de un marianismo cristológico, aludía irónicamente a este género de relación con María, Madre de Dios, hablando de los «alabadores

---

[189] Padre AMORTH, *La mujer que venció al mal. El evangelio de María* (San Pablo, Madrid 2013) 162

profesionales» de la Virgen… Sin embargo, el caso del integrismo tiene otra consistencia, la propia de una ideología. Un ejemplo es la manipulación del misterio acontecido en Fátima. Aquello no legitimaba los viejos órdenes sino que advertía que las respuestas mesiánicas, «los errores de Rusia», —que pretendían denunciar verdaderas aberraciones— traerían una multiplicación y agudización extrema de las mismas a causa de la *expulsión* de Dios. Sin embargo, aquellas advertencias sobre los pecados del mundo se referían en primera y directa instancia no al futuro por venir sino al propio momento en que se hicieron: de hecho al mundo previo a las realizaciones mesiánicas del siglo XX. Obviamente era un mensaje universal para todo tiempo. Y era un mensaje de amor: la «penitencia por los pecadores» presupone humildad y amor por los otros; nadie explota o agrede a otro mientras hace penitencia por él.

No obstante esta rotunda sencilles pronto se constató «la instrumentalización que determinados grupos hacían del mensaje religioso de Fátima para defender posturas ultraconservadoras y hasta fundamentalistas»[190].

El integrismo ha usado y usa este mensaje para fundamentar *teológicamente* su tradicionalismo y un burdo anticomunismo que sólo ha traído en la historia odio y crímenes brutales y masivos. Los paredones, las desapariciones, las matanzas, las picanas y todo el cortejo, son sencillamente odio, ofensas hirientes a la Madre de las víctimas, María, sean éstas inocentes —una multitud— o culpables de lo mismo. La exaltación de la guerra para aplastar «los errores de Rusia» contradice la presentación que de la guerra se hace en Fátima: lenguaje de los pecados de los hombres, mal en sí mismo.

Vamos ahora a desgranar algunas de las notas con que se identifica esta fisonomía general del integrismo de matriz católica. Desde unos principios fundamentales esta ideología emprende un proceso de concreciones consecuentes, de *encarnaciones* de tales principios, que asimismo contribuyen a darle un rostro reconocible en el concierto de las ideologías.

1.- Tradicionalismo versus Tradición

---

[190] Eduardo DE LA HERA BUEDO, *San Pablo VI. De la cruz a la gloria. Retrato de un Papa* (PPC, Madrid 2018) 324

El tradicionalismo es fruto del temor, del miedo a perder el control. Temor a la acogida de retos, temor a los nuevos caminos. Se acusa entonces de modo sistemático de romper con el depósito de la Tradición, y se busca seguridad en modelos del pasado. La referencia *vertical*, el Evangelio, el *contenido* de la Tradición, es entonces obviado en la medida en que se le presupone inserto en esa tradición en minúscula, en esas «tradiciones de hombres».

Cuando se comienzan a resquebrajar las instituciones de la civilización cristiandista, el tradicionalismo reacciona. Javier Herrero resume la actitud de fondo en este sencillo párrafo:

«Tales instituciones son perfectas, pues se basan, últimamente, en la voluntad divina interpretada por la Iglesia; el deseo de cambio sólo puede proceder de una voluntad diabólica»[191]

La referencia no es pues lo Alto, sino el pasado. Y la Tradición no es la Verdad perenne, sino las referencias del pasado sacralizado por los hombres:

«La tradición no puede ser un estanque de aguas que se pudren, sino un río de aguas que fluyen y se baten. Sólo ésta es la verdadera tradición. La otra es, más bien "traición" a la "tradición". Fulton Sheen, el famoso obispo norteamericano, solía decir ingeniosamente que "quien se casa con una época, a la siguiente se queda viudo"»[192]

Esta batalla, la de clarificar el concepto de Tradición, será recurrente en los Papas que han vivido la contestación abierta o soterrada al Concilio Vaticano II. No obstante, esta clarificación doctrinal ya formaba parte de la propia Tradición. El historiador de la Iglesia Juan María Laboa cita al respecto en uno de sus libros unas palabras de Gregorio VII muy elocuentes:

«Cristo no dijo: Yo soy la costumbre, sino Yo soy la verdad. Una costumbre, por muy antigua y extendida que se halle, debe ceder siempre ante la verdad»[193]

Todos estos Papas recientes advertían que tanto el tradicionalismo como el llamado progresismo en la Iglesia, eran ataduras al tiempo. San Pablo VI y San Juan Pablo II, que tendrán

---

[191] Javier HERRERO, o.c., p.250

[192] Atilano ALAIZ, o.c., p.663

[193] Cit en Juan María LABOA GALLEGO, *Por sus frutos los conoceréis. Historia de la caridad en la Iglesia* (San Pablo, Madrid 2011) 286

que lidiar con una de las expresiones más explícitas de este integrismo, es decir, con el movimiento acaudillado por Lefebvre, contestarán con sus definiciones sobre lo que significa la Tradición en la Iglesia. Lo veremos cuando abordemos este fenómeno cismático concreto.

El papa Francisco tiene delante una eclosión de tal actitud, y él también ha querido iluminar magisterialmente. Por ejemplo, en *Christus vivit*, exhortación especialmente dirigida a los jóvenes:

> «Pidamos al Señor que libere a la Iglesia de los que quieren avejentarla, esclerotizarla en el pasado, detenerla, volverla inmóvil. También pidamos que la libere de la otra tentación: creer que es joven porque cede a todo lo que el mundo le ofrece, creer que se renueva porque esconde su mensaje y se mimetiza con los demás»[194]

Más adelante, en la misma Exhortación Apostólica, redunda sobre este reto añadiendo a sus palabras una vieja cita del Venerable cardenal Pironio, de un *Mensaje a los jóvenes argentinos* en 1985:

> «Las raíces no son anclas que nos atan a otras épocas y nos impiden encarnarnos en el mundo actual para hacer nacer algo nuevo. Son, por el contrario, un punto de arraigo que nos permite desarrollarnos y responder a los nuevos desafíos. Entonces tampoco sirve "que nos sentemos a añorar tiempos pasados; hemos de asumir con realismo y amor nuestra cultura y llenarla de Evangelio. Somos enviados hoy para anunciar la Buena Noticia de Jesús a los tiempos nuevos. Hemos de amar nuestra hora con sus posibilidades y riesgos, con sus alegrías y dolores, con sus riquezas y sus límites, con sus aciertos y sus errores"»[195]

Estas afirmaciones, que parecen verdades de Perogrullo, contienen sin embargo una grave advertencia ante unas graves actitudes con sus correspondientes graves consecuencias. Todas las *encarnaciones* de ese concepto tradicionalista de tradición, es decir, los avatares que la representan, y que se ofrecen como rocas cada vez más *tangibles* para los adeptos (la llamada civilización occidental *cristiana*, los sacronacionalismos...), se expresan y culminan en verdaderos pecados... elitismos, racismos, belicismos. Y tal concepto de tradición, repetimos otra vez, brota como

---

[194] Francisco, *Christus vivit* n.35
[195] Ibid, n.200

búsqueda de seguridad ante los acontecimientos, vaivenes, confusiones y aberraciones que va presentando el mundo de la poscristiandad:

> «(...) el retorno a la tradición fue visto en el dominio de la literatura como comunión con una realidad más profunda, redescubrimiento de una verdad vital olvidada. José de Maistre había creado ya ese mecanismo (...) El hombre fatigado por siglos de idealismo filosófico y por la ilusión de la ciencia descriptiva buscaba una base nueva para su vida. Se esforzó en encontrar de nuevo un misterio dinámico que explicara un universo físico y moral, cuya descripción racional no le satisfacía. Algunos, como Barrés, Kipling, Maurras y Oriani o como Ramiro de Maeztu años más tarde, en su fuga del racionalismo quebrantado, se detuvieron ante las piadosas imágenes del tradicionalismo, del nacionalismo y del imperialismo, que ciertas clases, de las que fueron justificación ideológica, les brindaban. Los escritores las adornaron, sin embargo, con nuevos encantos y las renovaron por ese culto de la acción que es una característica general del siglo»[196]

Es decir, se falsifica el concepto de tradición y se toma como referencia una historia mundana. Hay aquí un clericalismo sistematizado cuya roca son épocas pretéritas mitificadas. Hay que hacer notar que contemplar así a la Iglesia es una blasfemia. La comunidad de hombres y mujeres que históricamente pertenecen a la Iglesia visible, ofrece siempre el espectáculo de la contradicción, la ambigüedad, el antagonismo. No en clave peyorativa sino porque gracia y pecado, luz y oscuridad, con sus progresiones, están en pugna y asoman como trigo y cizaña en el mismo campo.

Una lectura cristiandista, mundana, tiene por fuerza que falsificar los aconteceres para autoglorificarse, llamando virtudes a lo que no lo eran y haciendo grandes relatos panegíricos que ocultan las brutales podredumbres que tal comunidad ha podido mostrar y muestra. Porque en cuanto tentada a caer —y caída en sus miembros una y otra vez con la oferta siempre de ser levantados siempre— tal comunidad se muestra como otras en sus solicitaciones mundanas: corrupción, escalafones, honores mundanos, nepotismo, dobles lenguajes, diplomacias

---

[196] R-M. Albérès, *Panorama de las literaturas europeas 1900-1970* (Al-Borak, Madrid 1972) 72-73

balsámicamente mundanas hirientes para con la verdad, hipocresías, amiguismo, maquiavelismo... Basta con echar un vistazo a la historia, y a la historia en derredor... O en uno mismo, en sus pecados como miembro de la Iglesia.

La tentación es poderosa porque el pasado paradójicamente se puede manipular. Pero es una tentación en la que se puede caer no sólo por ser víctima de una manipulación que edulcora las escenas históricas, es decir, que oculta deliberadamente parte de la verdad, sino por haber asumido previamente como valores gloriosos aquello que el Evangelio muestra como nada y que precisamente vertebrarían ese pasado. Ese es el drama de Benson, por ejemplo, en su *Señor del mundo*, hasta el extremo de poder esterilizar en muchos la recepción de los inapreciables y geniales apuntes de su visión. Porque, efectivamente, en este autor y en esta gran obra concreta, hay que distinguir su *diagnóstico* sobre el espíritu que informa el mundo que a día de hoy sigue vigente y dominante sobre otros espíritus, de la *receta* que Benson propone frente a tal espíritu.

El diagnóstico muestra las interioridades sutiles y las obras esplendorosas de un mundo en que asoma la irrupción mesiánica del Anticristo. Decíamos que describe el alma del mundo que vige hoy porque tal irrupción, en la propia obra de Benson, es como la guinda, la culminación de todo un proceso previo. Precisamente el que nos ha conducido a nuestro mundo, no el de la ficción sino el nuestro.

Hay un punto muy luminoso en la visión de Benson, y es que no cae en ciertas valoraciones venidas de *espirituales* burgueses cuando se acercan a la figura pseudomesiánica del Anticristo. Benson no establece paralelos excluyentes entre sana espiritualidad y «humanitarismo», como si el hecho de combatir el hambre y la miseria, o de luchar por la paz, fueran intrínsecamente una suerte de distracción venida del Maligno para que los hombres olviden la vida del espíritu. Efectivamente, esta concepción por desgracia sí existe: una buena runfla de discursos antimasónicos en el occidente posmoderno, van en esa dirección. Por supuesto, tales críticos son, siempre, burgueses bien alimentados incapaces de ver que el hambre, la miseria, los sangrientos eventos de la guerra, no son cosa del «cuerpo», concebido éste casi como materia inerte sin valor escatológico, sino de la persona, del espíritu. Retos sobrenaturales que reclaman respuestas sobrenaturales, para el amor o para el odio.

En este sentido Benson acierta: las promesas del Anticristo, de bienestar ajeno a la religión, ocultan verdaderos crímenes, derramamiento de sangre de inocentes, nuevas y poderosas máquinas de guerra... No podía ser de otra manera: el materialismo, a la vez que produce abundancias abotargantes, crea hambre, miseria y violencia. Ahora bien, Benson participa a su modo del error enarbolado por el integrismo que aquí tratamos: el tradicionalismo. Ésa es su receta ante males reales del mundo contemporáneo; males que muchas facciones integristas señalan como tales sin equivocarse: inmanentismos, subjetivismos, relativismos, materialismos...

La obra de Benson, con sus elementos geniales, queda truncada en su capacidad de denuncia a causa de la exaltación y mitificación verdaderamente delirantes de ciertos viejos valores y añejas instituciones. Todas esas monarquías y aristocracias refugiadas en Roma, con sus disfraces y su sentido del honor, del linaje; toda esa lírica alrededor de los viejos combates, de la pena de muerte como participación de la autoridad de Dios; esa concepción de las preminencias sociales y los privilegios inherentes; aquellos poderes pretendidamente justificados como directo ordenamiento divino en sus principios y ejecuciones; esa exaltación del Viejo Régimen identificado con esencias sobrenaturales... no aguantan la luz del Evangelio. Ni el sufrimiento y las esperanzas de los hombres de la época en que Benson escribía así.

«Tradiciones de hombres», se nos ha advertido. Que pretenden nada más y nada menos que sustituir el mandato de Dios, lo que efectivamente constituye la Tradición, la verdad perenne, acogida y entregada para vivificar los tiempos, para corregirlos, para levantar y demoler.

El tradicionalismo puede ser muy tosco, pero también puede tener su embrujo cuando se presenta como respuesta firme frente a unos valores que realmente dañan al hombre: cuanto más clarificadora sea la crítica a tales valores, más posibilidades tiene el tradicionalismo que la enarbola de triunfar en su pretensión de aparecer como única respuesta. Es otra vez el caso de Benson: la profundidad de la visión del Anticristo, qué dinamismos activa para seducir, como «ángel de luz»... La profundidad de ciertas descripciones, de elementos culturales que presentados como libertadores esclavizan y degradan y conducen a la nada y al mal... La profundidad en el modo de mostrar la última hipocresía de todo el aparato libertador... Certera visión de la confrontación entre el mundo de la gracia y el mundo del mesianismo humanista. La visión de fondo, pero no la aplicación histórica, que pretende incluir en ese mundo de la gracia a esas instituciones de la vieja cristiandad.

Hay que hacer notar que cuando Benson escribe, también lo hace, v.gr., Bloy: pero éste, que denuncia asimismo la autoconstrucción babélica, ve uno de los síntomas de la misma en el pisotear el rostro del pobre, y especialmente —sobrenaturalmente hablando—, cuando la infamia, más que de los negadores explícitos, ha sido cometida «bajo el manto adorable de la fe»... Bloy era pobre; Benson, aristócrata, parece despojar al mundo de la opresión, de entidad sobrenatural.

Entre las idealizaciones de Benson figuran, como hemos señalado, las viejas monarquías *cristianas*... Bien, hay que notar también que cuando Jesucristo denuncia la sustitución de Dios por el hombre, no se dirige a un grupo de filósofos agnósticos, sino precisamente a los guardadores del orden sagrado, a los integristas.

Por otro lado, Benson contrapone el *derecho divino* de aquellos reyes con la «soberanía del pueblo». Identifica a uno y a otro como pertenecientes el primero al mundo de lo dado, de la recepción de lo divino, y el segundo al de la autoafirmación orgullosa. Un simplismo. La autoafirmación apropiadora de los dones de Dios se produce en la monarquía, en la democracia o donde sea. La verdad no está garantizada, como un *deus ex machina*, a los ordenamientos que invocan valores absolutos y no volubles por ser así, pues tales valores pueden ser falsedades... absolutas. De estos ordenamientos, como de otros, se ha dicho precisamente que «tiranizan» y que «se hacen llamar a sí mismos bienhechores»; y se nos ha advertido e indicado un camino de salud que contradice al mundo, a todos los mundos: «que no sea así entre vosotros».

Al fin, el integrismo sacraliza ilegítimamente glorias marchitas, carnales, pertenecientes en sí al teológico mundo viejo.

2.- El sofisma de la «Contrarrevolución»

El tradicionalismo que implica la concepción integrista de la existencia debía *salvarse* a toda costa de sus evidentes referencias terrenalistas mediante la reivindicación de algo superior, trascendente: la Tradición. Ignorando una y otra vez las clarificaciones magisteriales sobre qué es «Tradición» según la Iglesia, la han identificado con aquellas referencias temporales que, según ellos, eran expresión prácticamente unívoca de un orden inmutable establecido por Dios. Así pues, el combate en que consiste la existencia precisaba de un enemigo que estuviera a la altura de tal *Tradición*. Ese enemigo era la Revolución, en mayúscula; situada en sí en plano sobrenatural —maligno— como resultado de la previa sacralización del orden que tal Revolución se propondría abatir.

Obviamente y a día de hoy el término «revolución» es polivalente. Hay que ver qué significa entonces la confrontación que presenta el integrismo de matriz católica y el por qué no es asumible desde el catolicismo.

El asunto desborda la cuestión de la terminología. De hecho, el término «contrarrevolución» para designar lo que tales integristas defienden[197] sólo ha sido usado por grupos muy politizados, como el carlismo, o por esas élites intelectuales selectas del integrismo francés y sus influjos, o de algunas facciones latinoamericanas. Habitualmente «contrarrevolucionario» se ha utilizado de modo peyorativo para intentar descalificar a ciertos opositores de ciertos regímenes, fueran tales opositores reaccionarios o no.

Decíamos que el término «revolución» era polivalente en sus significados y en sus proyecciones... El propio régimen de Vichy, en un intento de mimetismo fascistizante para estar a la altura de la historia, hablaba de sí mismo como de «Revolución Nacional». Sus apoyos (Acción Francesa, por ejemplo), y su lema, aquel «Trabajo, familia, patria», lo situaban no obstante en la línea de las facciones contrarrevolucionarias, tradicionalistas.

«Revolución» ha sido visto, como concepto, asociado unívocamente a los principios filosóficos que originaron la Revolución Francesa. En este sentido es combatido —el término y el concepto— por los Papas decimonónicos. Pero el concepto parece que apuntaba a algo más que a esa concreción histórica y filosófica. La conjunción de las invocaciones emocionales de los revolucionarios (¡libertad!), junto con la realidad del *desajuste ontológico* que suponen las servidumbres forzadas y la injusticia, apuntan a realidades que van más allá que las respuestas elaboradas desde tal o cual antropología. Apuntan a retos que tienen que ver con el Amor de Dios donado a los hombres y que, rechazado y manipulado, provoca tal género de servidumbres e injusticias. Un reto teológico.

La evidencia de la injusticia y el entusiasmo emocional en las proclamas supuestamente libertadoras conducen a que el término y el concepto «Revolución» se libere de sus constricciones históricas para designar un estado del alma y unas acciones consecuentes que, sencillamente, pretenden cambiar las cosas —en

---

[197] «La Contrarrevolución no será una revolución contraria, sino lo contrario de la Revolución», había escrito De Maistre

el ámbito que fuere— para situarlas al compás de la justicia, de la libertad y de la verdad. En este sentido, la pretensión apunta a direcciones antitéticas: *construir* la justicia y la libertad, como han pretendido los mesianismos terrenalistas, o por el contrario, reconocerlas como perennes, como algo dado, como Verdad, en mayúscula, e intentar ajustar los hechos históricos a esa Verdad que hace libres. Tanto un caso como su antagonista se sitúan bajo una pretensión revolucionaria: cambiar las cosas.

Otro capítulo —otra reserva— es cuando el concepto «revolución» ha sido identificado con cambio brusco, destructivo y violento. Acentuando el aspecto de la violencia como constitutivo. San Pablo VI recelaba del término y del concepto por ese motivo. Sin embargo, esa acentuación, o esa reducción, no ha hecho fortuna: revolución sigue significando el cambiar las cosas establecidas, sin que esto implique constitutivamente violencia, brusquedad que no cuenta con elemento evolutivos, o destrucción sistemática de principios dados y recibidos. Todo depende de qué espíritu mueva a una Revolución, sea ésta moral, cultural, política, socioeconómica, de costumbres... o todo interrelacionado...

San Juan Pablo II podía, por eso, proclamar en paz estas palabras:

> «La última Eucaristía, celebrada en la Plaza de la Revolución, es muy significativa, porque la conversión de San Pablo es la más profunda, continua y más santa revolución de todos los tiempos»[198]

Esto no es sólo un uso estético sino que apunta a otras profundidades: a ese malestar ontológico de que hablamos, y que se manifiesta cuando los órdenes vitales (en todas sus dimensiones) contradicen el plan de Dios.

La Iglesia, movida por el Espíritu Santo, contempla tanto esos malestares y desajustes como las reacciones y búsquedas que provocan. Y contempla también el que muchas de estas reacciones y búsquedas están a su vez viciadas por principios y objetivos que asimismo contradicen ese plan de Dios para con los hombres. Es el Espíritu Santo el que, por un lado, *legitima* el malestar, y, por otro, indica qué ha dicho el Padre a la humanidad mediante su Verbo. Entonces, la propia Iglesia va reconociendo aspectos de esta Verdad, de este Verbo, en los movimientos humanos. No para sacralizarlos sin más, sino para asumirlos y purificarlos. El mismo

---

[198] SAN JUAN PABLO II, *Encuentro en la Catedral de La Habana* (25-1-1988)

San Juan Pablo II, incidiendo en esta misión de la Iglesia al hablar de «su contribución específica», no sólo asumía el concepto «Revolución», sino que indicaba como válido el trilema de la propia Revolución Francesa y lo situaba en terreno sacro, religioso, hablando de intercesión sobrenatural:

> «La Iglesia católica, respetando las responsabilidades y las competencias de cada uno, desea aportar a la sociedad su contribución específica con vistas a la construcción de un mundo en el que los grandes ideales de libertad, igualdad y fraternidad puedan construir la base de la vida social, en la búsqueda y la promoción incesante del bien común. Encomiendo estos deseos a la intercesión de la joven Bernardita Soubiros»[199]

Y así, el papa Francisco, siguiendo la estela de San Juan Pablo II en Cuba, acoge profundamente el concepto y el término para designar el verdadero cambio que necesita siempre la humanidad:

> «Una revolución para transformar la historia, una revolución que cambia en profundidad el corazón del hombre (...) la verdadera revolución, la que transforma radicalmente la vida la realizó Jesucristo a través de su resurrección (...) Si un cristiano no es revolucionario, en este tiempo, ¡no es cristiano!»[200]

Todas estas disquisiciones, distingos. Apuntes, son para el integrismo de matriz católica sencillamente una claudicación y una blasfemia modernista; cuando no la muestra de un dominio masónico sobre la Iglesia. Para ellos, como comentábamos al principio, «Revolución» se sitúa en la esfera sobrenatural de la rebelión de Lucifer. Así pues, las revoluciones en la historia serían una expresión satánica. Este esquema, sólo en su dimensión terminológica, quizá se hubiera podido sostener con legitimidad si hubiera sido refrendado de modo persistente y continuo hasta hoy por el magisterio de la Iglesia —cosa que no ha ocurrido— y, sobre todo, si la proyección de tal esquema básico con pretensión de teología de la historia no se concretara como es concretado por ese integrismo: el orden a abatir por la revolución satánica sería la civilización cristiandista, el occidentalismo cristiandista

---

[199] San Juan Pablo II, *Discurso Aeropuerto de Tarbes. Viaje apostólico a Lourdes* (14-8-2004)
[200] Francisco, *Discurso Asamblea Diocesana de Roma* (17-6-2013)

identificado prácticamente con la Iglesia y con el cristianismo, con el orden de Dios. Esto sí es una blasfemia.

Efectivamente, este esquema teologizado en que la Revolución queda situada en ámbitos demoníacos es defendida explícitamente por el integrismo. Así, por ejemplo, Donoso Cortés:

> «El germen de las revoluciones está en los deseos sobreexcitados de las muchedumbres por los tribunos que la explotan y se benefician. Y *seréis como los ricos*; ved ahí la fórmula de las revoluciones socialistas contra las clases medias. Y *seréis como los nobles*; ved ahí la fórmula de las revoluciones de las clases medias contra las clases nobiliarias. Y *seréis como los reyes*; ved ahí la fórmula de las revoluciones de las clases nobiliarias contra los reyes. Por último, señores, y *seréis a manera de dioses*; ved ahí la fórmula de la primera rebelión del primer hombre contra Dios. Desde Adán, el primer rebelde, hasta Proudhon, el último impío, ésa es la fórmula de todas las revoluciones»[201]

Así pues, un asunto exclusivamente espiritual de envidia y soberbia de los rebeldes. Y ya está. Los otros pecados, la opresión, la codicia, la instrumentalización de los hermanos, las propias envidias y vanidades soberbias que sustentan a la sociedad estamentada socioeconómicamente... desaparecen como pecados. Y se llega al colmo de intentar eclipsar la búsqueda de causas objetivamente malignas que pudieran justificar de alguna manera a los revolucionarios. Santiago Galindo, panegirista de Donoso Cortés, comentado el discurso del que acabamos de mostrar una cita, afirma sin inmutarse que «las revoluciones no las hacen los pueblos esclavos y hambrientos. Son enfermedades de los pueblos ricos y de los pueblos libres»[202]. O como decía un ruso prozarista, «las revoluciones tienen lugar cuando el pueblo experimenta un periodo de bienestar»[203]...

Esta concepción de la Revolución como actitud espiritual que habría comenzado con el *non serviam* luciferino es sostenida por el integrismo de matriz católica desde el principio. Así Barruel, por ejemplo:

> «La historia de Barruel es de una claridad y una simplicidad admirables; todos los inmensos

---

[201] Donoso Cortés, cit en Santiago Galindo Herrero, o.c., p.17
[202] Ibid
[203] Rurik de Kotzebu, «Conferencia»: *Fuerza Nueva* n.617 (4-11-1978) p.34

acontecimientos del siglo XVIII son explicados en función de dos sistemas, que se enfrentan en una lucha implacable y en los que reside el bien y el mal en absoluta pureza. De un lado, el Supremo Bien, encarnado en la alianza de la Iglesia y la monarquía, quienes bajo la amorosa mirada divina llevan a los hombres hacia la felicidad. Por otro lado, una secta de refinada perversidad, representando lo diabólico, el mal en su pureza, sin mezcla de bien alguno, planea la destrucción universal para entregarse a la satisfacción de los más perversos apetitos»[204]

La imagen se mantiene a lo largo del tiempo. En 1966, Francisco Puy, discípulo de otro de los patriarcas del integrismo, Elías de Tejada, publica un libro sobre lo que él denomina «pensamiento tradicional». Puy contrapone la Revolución con la construcción de la Ciudad de Dios, identificada —aquí el meollo— con la civilización tradicional europea:

«Por su obra (la de los opositores españoles a la Ilustración y las ideas revolucionarias) no se olvidó el edificio de la ciudad de Dios, y con su acción hicieron lo posible por evitar la construcción de esta ciudad terrena que padecemos»[205]

«Llamamos tradición en sentido estricto a la ideología jurídico-política que mantuvo la postura de realizar el programa divino, de construir la ciudad de Dios, de combatir la revolución en todos los terrenos del ámbito jurídico-político en que ésta quiso edificar la ciudad de los hombres»[206]

La saga francesa del integrismo de matriz católica, liderada en buena parte de del siglo XX por Jean Ousset, y corazón de la supervivencia y extensión de este integrismo, predicaba lo mismo: «liberar la Cristiandad de la garra de la Revolución y volverla a poner bajo el solo y suavísimo yugo de Cristo-Rey»[207]. El integrismo ideologizado y erudito de nuestros días, una minoría hoy, sostiene la tesis, la fundamenta, levanta edificios doctrinales al respecto. Cuál es el poder de fermentación directa no lo sabemos, pero sí

---

[204] Javier HERRERO, o.c., p.218
[205] Francisco PUY, *El pensamiento tradicional en la España del siglo XVIII (1700-1760)* (Instituto de Estudios Políticos, Madrid 1966) 67
[206] Ibid, p.214
[207] Jean MASSON, Ponencia en el Congreso de La Cité Catholique (Poitiers 1957)

sabemos que está creciendo esta visión en el mundo católico. Más que como doctrina, como sentimiento, como añoranza de algo a la vez legendario pero tremendamente compacto: la fe como arma de combate mundano, la fe como identidad contra los otros... y junto a esto un horror visceral a todo lo que suena a revolucionario, a deseo de que nuestras relaciones humanas, nuestra relación con bienes que son universales, nuestro vínculo con el universo, cambien. Un combate por el cambio que para los cristianos debe estar signado de arriba abajo por la gracia de Dios.

Es espíritu contrarrevolucionario zanja despectivamente cualquier tentativa al respecto, las despacha sin entrever siquiera qué están gritando en cuanto tentativas y búsquedas. Así se desahoga el integrista:

«Queda el consuelo de estar en los epígonos de la quinta utopía vencidas la iniciada por Platón y sus secuelas renacentistas de Tomás Moro, Campanella y Bacon, que pueden servir para poco más que almacenar polvo y años en los estantes de una librería»[208]

3.- Occidentalismo cristiandista

Los Papas de la transición a la era de poscristiandad occidental sufrieron evidentemente la tentación de la reivindicación cristiandista. El eco de aquellas intervenciones llega hasta hoy, en quienes mitifican el pasado como referente para hacer frente a los retos actuales.

Ante aquel cambio de paradigma, leído como la «expulsión» de Dios de la vida social, la tentación era fácil: «Hubo época...». Pero en la cristiandad como concepto civilizatorio el cristianismo no era el referente único y real, sino que se mostraba como una mezcolanza de referencia real y a la vez ideológica vertebradora, con fronteras poco definidas entre ambas salvo para algunos pocos. No puede ser referencia entonces la propia cristiandad, en la que se afirmaba como roca social a Cristo y se realizaban múltiples concreciones asentadas culturalmente, normalizadas, dadas por buenas... negadoras del Amor de Cristo. Muchos santos, aun inconscientemente, vivieron la cristiandad como ese «mundo» al que combatir en nombre de la fe, la esperanza y la caridad. El Evangelio siempre es novedad y bondad en un mundo que siempre es caduco e infectado de males, y esto no lo pueden entender los que buscan como piedra angular una

---

[208] Ángel MARTÍNEZ SARRIÓN, «La metamorfosis del derecho de familia»: *Verbo* num. 299-300 (1991) 1328-1329

civilización, la «cristiandad». En ella muchos habían de batirse contra el mundo en sentido joánico, en sentido paulino.

La Iglesia ha recibido luz para ligar y a la vez confrontar la llamada de San Pío X («civilización cristiana» en *Notre charge Apostolique*) con la «civilización del amor» de San Pablo VI y San Juan Pablo II. La referencia, insistimos, no pueden ser los frutos que puede dar una civilización que confiesa a su vez un referente trascendente, pues esos frutos son ambiguos y en ocasiones —muchas—malignos. Hay que volver a ver aquí la confrontación de Jesús con la religiosidad nacional de Israel, de un Israel al que Él pertenecía consciente y libremente. El referente entonces es la propia referencia trascendente invocada, que sin embargo no está en las nubes, etérea, sino que fecunda y hace posibles realidades tangibles. Pero siempre es más allá; inaprensible, siempre produce tensión, corrección, humildad, estímulo para no mirar atrás y poder seguir con el arado.

San Juan Pablo II ha apuntado en algunas de sus intervenciones esta realidad: una civilización no es vara de medir, sino que ella misma es juzgada. Esto implica, primero, no ceder ante las mitificaciones idealistas... «El nuestro es un continente de paradojas: capaz de inteligencia y de dominio, pero también capaz de destruir por codicia y por orgullo»[209]. Además, implica reconocer que el mal proviene de la negación de la voluntad amorosa de Dios, por mucho que se le invoque:

«Las monstruosidades de aquella guerra (II Guerra Mundial) se manifestaron en el continente que permaneció más tiempo bajo el influjo del Evangelio y de la Iglesia»[210]

La reivindicación apologética de la cristiandad, el poner tal concepto como fundamento es un acto de idolatría; una reducción. Un cristiano, cimentado en la vida celeste, mira desde arriba el acontecer. La cristiandad como civilización es una expresión telúrica, con elementos de verdad, de fundamentos celestes no asimilados totalmente, mutilados unos, deformados otros. El que mira desde arriba, por el contrario, se acerca, como a sí mismo, a los diversos contextos humanos, culturales, históricos, religiosos. Los *juzga* para purificar, escoger lo bueno, elevar, consagrar. Entonces, no sólo no queda atrapado de modo determinante por su

---

[209] San Juan Pablo II, cit en Miguel Ángel Velasco, *Juan Pablo II, ese desconocido* (Planeta, Barcelona 1998) 137

[210] San Juan Pablo II, *Mensaje con motivo del 50 aniversario del final en Europa de la II Guerra Mundial* (8-5-1995)

propia cultura, sino que vive una atmósfera universalista en la que sus criterios de proximidad —todo hombre es mi prójimo— no están atados a esos determinismos venidos de tiempos y lugares. Este universalismo es algo precario de facto, pues subjetiva y objetivamente el cristiano parece que no puede estar en todo tiempo y lugar, en eterna fraternidad, como su espíritu ansía. Pero realmente —desde la estricta Realidad—, sí puede, aunque sea imposible registrarlo.

La fundamentación critiandista es, por el contrario, etnocéntrica, imperialista culturalmente hablando, racista, reducida. Vive conscientemente ajena a una multitud de aspectos humanos que han reclamado la atención magisterial de la Iglesia repetidas veces. Vive alojada en unas cuantas realizaciones históricas, muchas contingentes y caducas, que son tomadas como permanentes. El fundamento antropológico de cualquier realización histórica es teológico. El referente sobrenatural para juzgar son los dones de Dios, reconocibles también en su rechazo. Y esto quiebra el mito eurocéntrico de la cristiandad, pues junto a valores, y apuntamientos de valores, universales y universalizables, la verdad nos muestra con inusitada energía y pasión la soberbia europea, la codicia europea, la vanidad europea, la tiranía europea. Que son dimensiones trascendentes.

Así pues, hablamos de idolatría, de una idolatría que ha generado un cuerpo doctrinal compacto y emocionalmente poderoso para seducir. Una idolatría que, como todas, pretende asentarse en sí misma. Por eso pudo generar el *fenómeno Maurras*, a la vez cristiandista y ateo, movilizador de una generación de católicos reivindicadores de la cristiandad. Muchos años después de aquella Acción Francesa, el integrismo de matriz católica sigue proponiendo a Charles Maurras como modelo:

«La defensa de la Iglesia había sido asumida del modo más inteligente y decidido por aquel grupo que tenía ya en Maurras su cabeza dirigente. Eran los días de la persecución religiosa y Maurras seguía en el agnosticismo. Pese a ello su nombre merece figurar al lado de los beneméritos católicos que más se caracterizaron en la lucha contra la Revolución»[211]

Y todavía años después resucita la visión con Oriana Fallaci, motivada esta vez de modo unívoco por su odio a los

---

[211] Francisco José Fernández de la Cigoña, «Maurras, Maritain, Mounier... A propósito de dos libros»: *Verbo* num. 126-127 (1974) 875

musulmanes. La periodista y escritora reivindicaba a la cristiandad, con sus referencias religiosas explícitas —y tradicionales— desde su confesión de ateísmo.

El occidentalismo cristiandista como ideología con la que hacer frente a los retos de la modernidad y de la posmodernidad muestra continuidad histórica. El sustrato espiritual de tal idolatría hunde sus raíces en el pasado aun antes de cobrar fuerza ideológica y sistematizarse como doctrina. Pertenece al estatuto de naturaleza caída del ser humano. La identificación de la religión con la pertenencia político-cultural es omnipresente. Así interpretaba, por ejemplo, una estudiosa de las cruzadas el saqueo de Constantinopla por parte de los cruzados:

«El sentimiento de superioridad latina, del imprescriptible e implícito derecho de los pueblos católicos a dominar el mundo hacía subterráneamente su camino en las conciencias (...) La segunda y ya previsible etapa de esta aventura era Constantinopla, cuya conquista, en la época, fue considerada igualmente una gloria para Occidente. El nacionalismo prevalecía en este caso frente a los móviles de tipo religioso que podía aún haber en el movimiento cruzado (...) La mayor parte de la caballería, lejos de seguir su ejemplo (el de los que continuaron su marcha a Tierra Santa), les criticó, y las crónicas de Villehardouin y de Roberto de Clari muestran a las claras que el ideal de guerra santa había sido sustituido en aquel momento por el más brutal y egoísta nacionalismo (...) Los cruzados de 1204 seguían siendo soldados de Dios, llevaban la cruz y cambiaban alegremente el odio santo que se debía a los infieles por un odio hacia unos cristianos que eran considerados pérfidos y en cualquier caso cismáticos. Un fenómeno análogo iba a producirse al poco tiempo en el Languedoc. Más tarde, cuando hacía mucho tiempo ya no se hablaba de Cruzadas, las guerras de conquista occidentales habían de seguir siendo tributarias de este mismo espíritu de falsedad. Bastaba con que el enemigo fuese, de una manera o de otra, considerado como enemigo de la religión o de cualquier valor moral superior (incluso cuando no lo era, era siempre fácil pretender que sí) y cualquier guerra podía ser considerada santa»[212]

---
[212] Zoé OLDENBURG, *Las Cruzadas* (Círculo de lectores, Barcelona 2005) 706-707

En la época que nos ocupa tenemos a un Louis Veuillot, redactor jefe de *L'Univers*, publicando *Les Français en Algérie*, libro «en el que se ponía frente a las costumbres de los árabes la pujanza de la civilización cristiana»[213]. Todo el movimiento colonialista, es decir, agresión, dominio y latrocinio a gran escala, recibió inyecciones doctrinales, motivacionales, en esa fusión reduccionista que expresa el término «civilización cristiana». No porque en sí no sea deseable tal civilización sino porque sencillamente aquella civilización no era cristiana. En ella había cristianos, con expresiones graduales en su ser; había instituciones cristianas, igualmente diversas en cuanto a la fidelidad evangélica; había referencias religiosas y culturalmente venidas de la religión cristiana... pero no era cristiana. Porque no creía en el amor al enemigo y por tanto, sus ordenamientos defensivos y judiciales no eran acordes a esta verdad; ni en la comunión de bienes, con lo que las fórmulas plurales que pueden hacer efectivo el destino universal de los bienes de Dios eran contradichas sistemáticamente; ni en el último puesto para servir, y de ahí las humillaciones institucionalizadas, los chanchullos de escalafón, la corrupción; ni en confiar en Dios hasta entregarle la preocupación por el mañana, hasta hacer virtud la acumulación de riquezas y poder... En fin, todas estas verdades que, recibidas como tal por un número suficiente de personas, configurarían el rostro preponderante de una sociedad, sus objetivos, sus quehaceres, sus relaciones, de un modo radicalmente diverso a cómo se manifestaba la pretendida «civilización cristiana» reivindicada por Veuillot y que ahora resucita con virulencia como principio frente al nihilismo religioso y su uniformización espiritualmente degradante, y frente a los hermanos que confiesan a Dios desde su fe islámica.

El reduccionismo idolátrico que supone la ideología cristiandista es impresionante. Comienza por hacer una lectura de la historia en que los apelativos «universal», «humana» para referirse a ella, indican de modo espontáneo a sola Europa occidental. Pasando por encima de la propia noción de Iglesia católica.

En el absurdo libro de Mac Nair Wilson que antes ya citamos, el autor afirma con rotundidad que «el Imperio de Carlomagno abrazaba toda Europa, que era entonces tanto como decir toda la Cristiandad»[214]. Así, de golpe, borradas todas la viejas

---

[213] F. Mourret, o.c. VIII-2ª, p.459
[214] Mac Nair Wilson, o.c., p.18

Iglesias orientales europeas, las de Oriente Medio, de Egipto, de Etiopía... Incluso la Iglesia en la península ibérica.

El mito occidentalista, persistente, asoma como un dios que fundamenta la misión de unos y la servidumbre de otros. Con referencias similares que indican idolatría se ha descrito acertadamente la labor de Maurice Barrés, uno de los soportes ideológicos de esta visión en que occidentalismo cristiandista y cristianismo se identificaban. Este impulsor interno de la Liga de la Patria Francesa y de Acción Francesa, desconocido hoy salvo círculos de estudiosos, está más vivo que nunca:

> «(Barrés) encerró su conversión en los cuadros estrechos del nacionalismo y la tradición, ideas vivas y recién nacidas del siglo XIV, que una clase social y un partido habían vuelto a tomar como arma de combate en el siglo XIX. Barrés volvió a hacerse cargo de todos los instrumentos de la nobleza, del partido militar y de la alta burguesía, y de puras convenciones sociales hizo realidades metafísicas. Para reprimir la angustia del individuo divinizó, no a la especie humana, sino las razas y los géneros humanos, los grupos y las familias de la humanidad. Mientras los cristianos elegían como realidad abismal un Dios que se manifiesta y se insinúa en los combates difíciles de la gracia y de la vida, mientras que los marxistas tomaban como realidad fundamental la humanidad que se desarrolla en el curso de la historia, Barrés seguía el mismo camino que los marxistas, pero sustituyendo la familia regional o nacional a la humanidad. Después de *Bajo la mirada de los bárbaros*, ya no luchó tanto, después de haberla escrito, para volver a unir al hombre, por medio del idealismo filosófico, con una realidad más profunda tanto como para reducir esa realidad a un particularismo»[215]

Este particularismo concebido como absoluto universal asoma incluso cuando se cuestionan los particularismos. Porque precisamente se ha universalizado ilegítimamente. Claudel fue un hombre de profundidades y, a la vez, de agudas ambigüedades que, en parte, han tenido poder para mitigar los influjos de lo que de bueno y muy bueno hay en su obra. Una de estas tremendas ambigüedades la ofrece respecto a esta visión pseudouniversalista en que consiste el europeísmo u occidentalismo cristiandista. En

---

[215] R-M. ALBÉRÈS, o.c., p.70

1926, sólo unos meses antes de la intervención del arzobispo de Burdeos, cardenal Andrieu, condenatoria de la doctrina de Acción Francesa, Paul Claudel se pronuncia respecto a las estrecheces nacionalistas en una entrevista concedida a *La Germania* el 10 de abril de ese año. No duda en hablar de «fanatismo nacionalista» y en afirmar que «el amor idólatra a la patria constituye un verdadero crimen contra el pensamiento humano»... El drama es que unas líneas más adelante la respuesta universalista a tal fanatismo y tal idolatría consiste en afirmar fanáticamente otra idolatría, cuyos contornos locales y culturales son sencillamente algo más grandes y más mundanamente poderosos que los de los Estados nacionales:

«Este pequeño navío de Europa lleva consigo el destino del mundo. El mundo ha nacido de Europa. En ella es donde se encuentra su cerebro y su corazón»[216]

Ante tal género de pensamiento, hoy en vigor y expansión, no es de extrañar que el integrismo de matriz católica haya señalado como a uno de sus personajes odiados a Mounier, quien en lugar de reivindicar la restauración de esa cristiandad hablaba del nacimiento de otra cristiandad, antitipo de la primera:

«La muerte se acerca. No la muerte del cristianismo sino la muerte de la cristiandad occidental, feudal y burguesa. Una cristiandad nueva nacerá mañana o pasado mañana, de nuevas capas sociales y de nuevos lugares extraeuropeos. Ahora falta que no la asfixiemos con el cadáver de la otra»[217]

El occidentalismo cristiandista sin embargo no ha muerto. El grito equivocado, profundamente equivocado, de Belloc, aquel «Europa es el cristianismo, el cristianismo es Europa», ha seguido asomando una y otra vez... María Calvo, autora de un libro titulado *Paternidad robada* es entrevistada por este motivo en el programa radiofónico Efecto Avestruz, de la Asociación Católica de Propagandistas, el 15 de marzo de 2022. Preguntada por la figura de San José como varón y padre, responde desde ese tic de antiuniversalismo que emerge con poder actualmente: «es el modelo del hombre de la civilización occidental»... En 2021 se

---

[216] Paul CLAUDEL, cit en Louis CHAIGNE, *Paul Claudel, poeta del simbolismo católico* (Ediciones Rialp, Madrid 1963) 182-183
[217] Emmanuel MOUNIER, *Obras completas* t.III (Ediciones Sígueme, Salamanca 1990) 566

publica el libro de Giulio Meotti *¿El último Papa de occidente?*: se reduce el cristianismo de modo obsceno, con estilo espiritualizado y cultas disquisiciones antropológicas pero obsceno, a europeísmo; se habla de modo indistinto de «occidente» y de «humanidad»; se ofende al islam haciendo propaganda del discurso de Ratisbona mientras se obvian tanto el magisterio de Benedicto XVI en cuanto a la relación con los musulmanes como las aclaraciones del mismo Papa sobre el pasaje controvertido de aquel discurso; se establece como valor último la defensa de occidente, y se señalan sus enemigos: el relativismo y la islamización. Como si el relativismo estuviera aislado de los antitestimonios masivos de los cristianos, entre los que se pueden contar la desvinculación que del mismo se hace respecto al repugnante economicismo que provoca miserias, migraciones forzadas y guerras, con sus cortejos de respectivos refugiados; y como si el crecimiento del islam en Europa fuera fruto de coacciones o de conversiones tras apostasías cristianas, en vez de sencillamente ser el bagaje religioso que portan por estos lares los numerosísimos pobres que abandonan sus lugares de origen. El libro es una ofensa, poderosa ofensa a los no occidentales. A Cristo, que, como advertía San Juan Pablo II en *Ecclesia in Asia*, no era occidental, «era un asiático» (n.20). Como San José...

La «pertenencia», la «identidad», son modos ineludibles del hombre en cuanto ser histórico. Sin embargo, ontológicamente, tales dimensiones son expresión de una pertenencia y una identidad previas: la de ser hijos de Dios. Esto sí es universal y universalizable. Lo otro, con toda la complejidad que presenta algo a la vez sólido, transmisible, pero singularmente flexible, capaz de transformación, de desarrollo, de mestizaje, de aparición y de extinción... no es una roca existencial. Ese lugar ya lo ocupa el Amor de Dios.

Su carácter contingente se revela entre otras cosas porque la solidificación idolátrica es fruto no del amor sino del miedo a la inseguridad. Bauman, en su *Retrotopía*, reflexiona sobre este resurgir, y contempla que la disolución, el terror al futuro, el desamparo, provocan el renacimiento del tradicionalismo, de un concepto de «patrimonio histórico» como soporte firme en relación a uno mismo y siempre frente a los demás[218]. Curiosamente Bauman hace una referencia trascendente, religiosa, a la hora de valorar estas actitudes de autoafirmación y de rechazo a los otros, señalando el *lugar* de la respuesta:

---

[218] Cf Zygmunt BAUMAN, *Retrotopía* (Paidós, Barcelona 2017) 62-63

«El principio de la responsabilidad absoluta e incondicional por todas las demás personas es uno a la altura del cual sólo pueden estar los santos»[219]

Hablamos, pues, de no santidad. Una muestra muy elocuente de esta negación trascendental es el vínculo que tiene este occidentalismo cristiandista, seña de identidad del integrismo de matriz católica, con el racismo. Se objetará con, por ejemplo, la presencia de africanos en Écône, o con el fuerte arraigo integrista en tierras mestizas de Latinoamérica. Hablamos de otro racismo, aunque en determinados ámbitos no se excluye el más franco, de tintes biologistas. Se trata de una suerte de racismo civilizatorio teologizado. Es una consecuencia. Una vez se ha reducido «cristianismo» a «cristiandad occidental» y su plasmación histórica, se confunde la identidad del hombre:

«La identificación del hombre con su pertenencia a una nación, etnia, raza o cultura determinadas, le quita a la persona humana una de sus propiedades más esenciales: la apertura interpersonal»[220]

A esta cerrazón se la ha pretendido mostrar como signo de una confrontación metafísica en la que «Occidente» es el cristianismo y lo no occidental el anticristianismo, el Anticristo. No importa que Cristo anunciara que vendrían del Norte y del Sur, de Oriente y Occidente, para sentarse juntos en la mesa de Abraham... Como ironizara Bloy al hablar de los textos sobre la pobreza y las interpolaciones en el escrito realizadas por algún monje harapiento, en este caso, una interpolación en el texto sagrado escrita seguramente por algún sub-hombre, es decir, por un no europeo...

En este esquema, pseudoteología de la historia, Oceanía no existe (sólo Europa en Oceanía), África sólo en la medida de su occidentalización, y América lo mismo. Queda Asia, es decir, «Rusia», el islam, el origen de Israel, como el metafísico enemigo.

Es una idea vieja pero persistente. La deriva mental de Virgil Gheorghiu es un ejemplo. Dejadas atrás —o aparte— sus geniales y profundas *La hora 25*, o *San Juan Boca de oro*, causa perplejidad, por el contraste, la burda mediocridad de *Contrata de héroes*, donde el cristianismo es reducido absolutamente a un

---

[219] Ibi, p.82

[220] Mariano FAZIO, *Historia de las ideas contemporáneas. Una lectura del proceso de secularización* (Ediciones Rialp, Madrid 2006) 219

occidentalismo que identifica a «Asia» con el mal. El escrito, obviamente, apesta a racismo; no biologista, sino civilizatorio pero de un modo especialmente zafio.

El lenguaje florido del fascista Ernesto Giménez Caballero, que incorpora a su mesianismo el bagaje conceptual y estético de la vieja cristiandad, también muestra ese género de confrontación esencial, metafísica, en el que compara la «llanura alemana», «conceptual, geométrica, inteligente», con Polonia como lugar de transición («hay casas en el suelo polaco todavía orgánicas, europeas») y por eso contaminado:

> «Pero ya en aldeas, ciudades, bosques, praderías, se anuncia un vago abandono, una selvatiquez, desolada, un puro campo, cercano a lo ruso, cercano a lo asiático»[221]

Años después de esas reflexiones de Giménez Caballero, escritas originalmente en 1944, un periodista de la ultraderecha española confesionalista, en tiempos de la guerra fría, resume la confrontación invocando todas las dimensiones humanas. La identificación-reducción de Europa occidental con la fe cristiana es aquí total y apasionada:

> «La oposición Rusia-Occidente es histórica, telúrica, geopolítica, racial, anímica, espiritual. No tiene remedio. Es un fenómeno único, único en la historia que más nos interesa, la de ahora: el de un pueblo llamados ruso, medio asiático, medio bárbaro, cuyos dirigentes, soviéticos o no, son fanáticos de un impulso interior que les hace pensar que tienen una misión histórica que cumplir, consistente en borrar las civilizaciones precedentes, sobre todo la europea, e imponer sus esquemas mentales a toda la humanidad. Ante la cultura helénica, la civilización romana, la cristiana, la occidental actual, no cabe imaginar un enemigo más terrible e implacable que los rusos. El marxismo fue sólo un accidente ocasional de la convulsión histórica en 1917. Pudo valerse de cualquier otro sistema subversivo»[222]

Ayer era el comunismo, hoy el Islam. Sirven para afianzar la idea-lema de Belloc. El hombre entonces, el hombre que importa

---

[221] Ernesto GIMÉNEZ CABALLERO, *Junto a la tumba de Larra* (Salvat/Alianza Editorial, Estella-Navarra 1971) 113
[222] Eustaquio GALÁN GUTIÉRREZ, «Errores de enjuiciamiento sobre Rusia»: *El Alcázar* (14-8-1986)

y que merece tal nombre sería el occidental y el explícitamente occidentalizado en el sentido de reconocer esa supuesta superioridad metafísica de Europa occidental. Una expresión telúrica dejaría de ser expresión para convertirse en fundamento. Una «tradición de hombres» que en vez de dar gloria a Dios, sirve para darse «gloria unos a otros», como nos advierte Jesucristo. Una «tradición de hombres» que tiene sus consecuencias. Entre otras, el confesionalismo, que no es confesar la propia fe, sino reducir a ésta a ideología coactiva, a fundamentalismo religioso excluyente. Pues el gran relato de este occidentalismo cristiandista es un alegato de defensa, de la supuesta defensa de occidente. Y esto, en la mente y el corazón del pujante integrismo de matriz católica y de sus alrededores culturales, significa el atacar y desacreditar a las religiones no cristianas en cuanto no occidentales.

Rechazo y autoafirmación... El occidentalismo cristiandista como seña de identidad de este integrismo significa, no una fe, sino una civilización a defender y expandir según los modos del mundo. Pasada ya la tempestad de las fases de resistencia y posterior derrumbamiento de la cristiandad, se configura de nuevo esta referencia como algo reconocible tanto en este integrismo en su versión explícita como en las visiones que conducen a él y actúan de fermento.

3.1.- Un aterrizaje consecuente: nacionalcatolicismo

Este omnipresente fenómeno —con sus gemelos según sea la confesión cristiana o de otras religiones—, es la concreción lógica del previo ideológico cristiandista. Éste es pretendidamente universalista, aunque tal universalismo, dadas las premisas, sólo se podría traducir en la imagen conjunta de una casta de dominadores —pues tal sería la vocación de occidente—, y una casta de dominados-clientes-beneficiados. Sin embargo, para una ideología terrenalista como el integrismo de matriz católica en la medida en que su roca basal es una civilización, tal universalismo se torna algo vago, vaporoso. Precisa de encarnación.

Las referencias terrenales sacralizadas ilegítimamente se recapitulan entonces en un pueblo (casi «pueblo elegido», cada uno de ellos) para cimentar la propia y supuesta acción cristiana en el marco divinizado de la historia de ese pueblo. Historia leída ya bajo ese prisma, el de la *elección*. No hay así conversión, ni purificación del pasado, ni reparación, ni cambios de rumbo... Ni siquiera el encontrar y mostrar las mejores referencias, pues éstas quedan contaminadas por su equiparación con verdaderos crímenes, mezquindades y servidumbres. Como escribí en otro lugar a propósito de la hispanolatría, sus seguidores llevan siglos metiendo en el mismo saco a Santa Teresa de Jesús y a Felipe II... No queda, pues, nada de lo que legitima la historia corrigiéndola en el bien una y otra vez. Sólo queda una idolatría.

El nacionalcatolicismo, en esencia, no es más que un naturalismo mundano particularista que ideologiza la religión hasta el extremo. Juan Valera, uno de esos personajes decimonónicos de la transición a la poscristiandad, hombre a la vez liberal, romántico, amigo de Menéndez Pelayo, creyente, acertó al condensar en una frase todo este espíritu:

«Era una fiebre de orgullo, un delirio de vanidad... nos creímos el nuevo pueblo de Dios, confundimos la religión con el egoísmo patriótico»[223]

La alusión a Menéndez Pelayo nos da ocasión de mostrar hasta qué punto el nacionalcatolicismo no es católico. El famoso brindis del Retiro pronunciado por este pensador, verdadera enciclopedia de conocimientos, nos revela una serie de prioridades en su alma:

«Brindo, en primer lugar, por la fe católica, apostólica, romana, que en siete siglos de lucha nos hizo reconquistar el patrio suelo, y que en los albores del Renacimiento abrió a los castellanos las vírgenes selvas de América y a los portugueses los fabulosos santuarios de la India (...) Brindo por la nación española, amazona de la raza latina, de la cual fue escudo y valladar firmísimo contra la barbarie germánica y el espíritu de segregación y herejía que separó de nosotros a las razas septentrionales»[224]

En fin, un supuesto catolicismo *contra* todos. Realmente el imperialismo, conjunción de dominio forzoso y supremacismo, y ese racismo teologizado del que antes hablábamos (Europa frente a Asia y aquí España frente a «las razas septentrionales»), no tienen que ver con aquella divina encomienda, con aquel «id y enseñadles a guardar todo lo que he mandado».

Continuamos esta reflexión centrados en el caso hispanólatra por ser el más cercano a nosotros y, merced a las

---

[223] Juan Valera, *Del influjo de la Inquisición y del fanatismo religioso en la decadencia de la literatura española* (Disertaciones y juicios literarios, Madrid 1878) 107

[224] Cit en Santiago Galindo Herrero, *Pensadores tradicionalistas*, o.c., p.20

peculiaridades de la historia, una de las expresiones de nacionalcatolicismo más acentuadas.

En la época en que el binomio Altar-trono comienza su resquebrajamiento la reacción es apuntalar dogmáticamente estas relaciones supuestamente intrínsecas, esenciales:

«Toneladas de papel escrito en que, de modo machacón, insistente, obsesivo, se habla de Fe, de la Iglesia, de España, de la Monarquía como de categorías que formaban una especie de monolito gigantesco, de fortaleza irreductible»[225]

En el nacionalcatolicismo, lo quieran o no sus seguidores, la fe en una suerte de adjetivo que sirve para avalar al sustantivo, al dios, que es la patria. No obstante, los matices al respecto son muchos: algunos conciben a la patria haciendo las funciones de la Iglesia; otros miran a la patria como una elegida entre los pueblos para una misión superior. España ha sido puesta por estas visiones en paridad con Roma, por elección divina. Así lo explicitaba el periódico *El Patriota Compostelano* de 21 de julio de 1809:

«(Jesucristo) ha querido que su santa religión se extendiese por todo el orbe. Para eso era preciso elegir una nación que fuese el emporio, el alcázar, el baluarte y como una fuerte torre de la que pendiesen mil escudos para propagarla y reprimir a sus enemigos»[226]

Herrero, en su obra sobre el pensamiento reaccionario y sus orígenes en España, resume de modo brusco la esencia de la concepción nacionalcatólica en esta nación usando de la ironía... «La Iglesia católica, que reside propiamente no en Roma, sino en la católica España»[227].

La idea, sistematizada posteriormente por Maeztu y condensada en el concepto «Hispanidad», arraiga poderosamente en los medios integristas explícitos y en los ambientes que fermentan en tal sentido. Las declaraciones francas al respecto suelen ser cosa de minorías, pero no así el sentimiento. El nacionalcatolicismo es defendido con reflexiones intelectuales sólo a posteriori, pues la base, la partida es una convicción emocional; y

---

[225] Julio CARO BAROJA, *Introducción a una historia contemporánea del anticlericalismo español*, o.c., p.106
[226] Cit en Javier HERRERO, o.c., p.246
[227] Ibid, p.231

esto sí puede seducir masivamente arrastrando a muchos a cosmovisiones que apartan de la gracia y de la caridad.

Las explicitaciones integristas siempre han estado ahí: «Nuestra patria no necesita evangelización, sino alguien que la despierte. España es obra de Dios, un milagro del Señor hecho con cariño (...) Los enemigos de la Iglesia, tal vez por ello, sean enemigos de España»[228]

«El Pilar nos dio la Fe, Covadonga la Patria y Guadalupe el Imperio»[229]

«Surgirá nuevamente el gran Imperio de la Hispanidad, Imperio predestinado en los designios de la Providencia a extender por todo el mundo el reinado social de Jesucristo»[230]

El nacionalcatolicismo es una religión, y tiene su propio dios. No se duda en convertir en comparsas del dios al mismo Dios y a las personas más relevantes de la historia de la salvación. Así, con la Virgen María... No importa que Ella haya dicho: «haced lo que Él os diga»; y que Él ha dicho que «el que a espada mata a espada morirá», y «amad a vuestros enemigos»... No importa el Cura de Ars y Teresa de Lisieux, Vicente de Paul y Luisa de Marillac; no importa Santa Bernardita y Juana Jugan, ni Ozanam, ni nadie... El nacionalcatolicismo sigue cantando, anchos los pulmones y la columna vertebral electrizada de emoción, que «la Virgen del Pilar dice que no quiere ser francesa, que quiere ser capitana de la tropa aragonesa»...

Efectivamente, una religión con sus propios valores y con su aparato apologético, además de un espíritu inquisidor para localizar a los herejes y contradictores de tal religión. Como los independentistas catalanes, quienes suscitaron ciertas homilías episcopales en que se vinculaba una configuración territorial contingente con la fe católica... O como el P. Las Casas, hoy reabierto su proceso de canonización —gracias a Dios—, y cuyo nombre ha sufrido y sufre los ataques más severos y las acusaciones más graves. Uno de los numerosísimos odiadores de Bartolomé de Las Casas, Rodolfo Jimeno[231], se esforzaba años ha por descalificar al

---

[228] Francisco José FERNÁNDEZ DE LA CIGOÑA (Aula de Conferencias de Fuerza Nueva 24-10-1985): *Fuerza Nueva* nº 900 (26-10 a 9-11-1985)

[229] *Boletín Informativo Afirmación Española* nº 1 (Junio 1983) 32

[230] *Cuadernos de Pensamiento Hispánico* nº 1 (Madrid, Marzo 1983) 8

[231] Cf Rodolfo JIMENO, *Las leyendas y el Padre Las Casas* (Edit. Vasallo de Mumbert, Madrid 1983)

fraile no sólo por numerosísimas razones morales sino por razones patológicas, pues defendía como evidente la realidad de una grave dolencia psiquiátrica de tipo paranoide; un modo más rotundo para intentar desacreditar al molesto religioso.

La apologética de este *culto* denominado por sus detractores —incluidos muchos católicos— como «nacionalcatolicismo», es visceral y cerrada. Acuñado el concepto «leyenda negra» para proteger la versión española de este verdadero culto, éste se siente seguro de sí mismo. Sin embargo, esto no puede sofocar la verdad. Como dice Kamen:

> «Las actitudes antiespañolas reciben a menudo el nombre de "Leyenda Negra", pero ese concepto no existió ni en el siglo XVI ni tampoco más tarde. El término fue inventado en 1914 por un escritor nacionalista de derechas, Julián Juderías, a juicio del cual los extranjeros protestantes se habían dedicado a difamar sistemáticamente a su país; para defenderlo inventó una etiqueta con la que definir sus actitudes. El empleo constante de esta etiqueta con fines ideológicos para rechazar cualquier crítica a la historia imperial del España ha hecho que su uso resulte inadecuado e inexacto. En cualquier caso, muchos de los actos de España, como sucede hoy día con las potencias imperiales, fueron muy reales y no tuvieron nada de "leyenda"»[232]

El nacionalcatolicismo es expresión concreta de esa ideología cristiandista que estamos señalando aquí como constitutiva del integrismo de matriz católica. Por tanto, se le pude aplicar la misma crítica esencial que la dirigida al occidentalismo cristiandista, sólo que circunscrita no al occidente absolutizado sino a algunas de las realidades nacionales que lo conforman.

Esto significa que reconocer en la fe el alma predominante en la formación de una nación, debería remitir al contenido de esa alma, a la fe, para que los que quieran y puedan se conformen a ella libremente en la medida en que quien propone tal adhesión la cree verdadera y buena. Pero este reconocimiento —que se puede ofrecer en paz incluso ante un rechazo generalizado— no sacraliza a la nación, no la petrifica como punto de referencia sagrado. Porque esto significaría dejar a un lado, excluir de la convivencia nacional, a los que por uno u otro motivo no se suman a la

---

[232] Henry KAMEN, o.c., p.481

proclamación religiosa que unívocamente fundamentaría a la patria según estas visiones.

Pero más importante aún que este reduccionismo es su consecuencia para la propia religión: ésta queda atrapada por las autoexculpaciones, autodivinizaciones y autoengrandecimientos que enarbola el nacionalcatolicismo respecto a una nación concreta. Así, el confesionalismo se convierte en enemigo de la confesión de la fe. El primero es ideológico, soporte ideológico de un entramado socio-histórico. En la medida en que tal ideología se identifica con la cohesión y la supervivencia de tal entramado, se presenta de modo coactivo, irrespetuoso de las conciencias; y tiene su expresión tangible: el que no pertenece a ese soporte ideológico (la sociológica confesión de un sucedáneo de la) fe es visto como extraño, como un cuerpo intruso en el entramado social aunque lleve viviendo en él numerosas generaciones. Por ejemplo, la lectura confesionalista de lo que se ha dado en llamar «Reconquista». Una lucha entre dos paradigmas civilizatorios vertebrados por sus respectivos reduccionismos religiosos, se convierte en un combate que los «españoles» habrían entablado contra unos «extranjeros»... durante ocho siglos.

Ciertamente, la fe está llamada a elevarlo todo, a consagrarlo. Pero según sus propios dinamismos: libertad interior, caridad notable, disposición a la inmolación. Cuando no es así, la fe queda eclipsada, o contaminada gravemente. En las relaciones entre fe y nación el peligro es tremendo. Se piensa en la «grandeza» de una nación según valoraciones mundanas. En el caso del nacionalcatolicismo español la referencia es clara: el llamado siglo de oro. Se escribe que «cuando España estuvo unida en torno a Cristo fue grande, pero cuando empezó a distanciarse de Dios entró en decadencia»... Entonces, la cuestión previa es qué se entiende por «grande». Según el Evangelio es hacerse último y siervo de todos por amor; es hacerse como un niño, dependiente, admirado. Según la ideología cristiandista concretada en nacionalcatolicismo, «grande» es lo que piensa el mundo sobre lo que es ser grande: tener poder, dominio sobre otros, ser capaz de amenazar con violencia —exhibiendo cañones y regimientos— y de cumplir la amenaza... A nosotros, sin embargo, se nos ha explicitado: «que no sea así entre vosotros». Palabras huecas, románticas, según esta ideología. O dirigidas a otros.

Las referencias hispanólatras, además, se refieren precisamente a la época que, en cuanto peligrosa para el alma, para la santificación, Santa Teresa denominaba como de «tiempos recios»... El que quiera entender, que entienda.

183

Así pues, la idea de *elección* divina por parte de una nación con raíces histórico-culturales cristianas, conduce a estas confusiones de planos en que se confunde lo profano con lo sagrado. Pues lo profano ha de ser consagrado, y por eso purificado para su elevación, pero de ningún modo ha de ser sacralizado. La confusión induce a la idolatría, en que «la patria» ocupa un lugar que sólo le corresponde a Dios. El lenguaje mismo delata cuándo se produce este desplazamiento, oculto como tal en la medida en que se confunde con lo que sería labor legítima y deseo legítimo de que en un pueblo, en una nación, Dios sea reconocido y su voluntad universalmente amorosa sea asimismo reconocida como tal Amor universal.

El desplazamiento es real: en los años en que en España se produjo como una oleada de profanaciones y actos sacrílegos, en la primera década del Tercer Milenio, un obispo calificaba tales actos como de «un delito de lesa España»... Hemos contemplado asimismo cómo en las disputas territoriales identitarias, que se suceden siglo tras siglo aquí, se ha acudido desde instancias nacionalcatólicas a esta misma confusión de conceptos, encadenando ilegítimamente afirmaciones solemnes: raíces religiosas en la conformación de la nación española-supuesta cohesión absoluta debida a las mismas y a la expulsión violenta de cuerpos *extraños*-disputas territoriales de carácter secesionista... luego el secesionismo sería un acto de irreligión, una suerte de apostasía o de herejía.

La idea de elección trae estas confusiones. Y esta confusión *in radice* conduce a la práctica sustitución de Dios por la patria. Hasta el extremo de envolver de lenguaje religioso lo que se refiere a la nación y de abusar instrumentalizando los términos religiosos para fines que no son religiosos. Así, el señor Piñar, para defender su concepción de la patria, usaba de una grave advertencia evangélica aplicándola de modo blasfemo para su propósito:

> «El separatismo, como dijera José Antonio, es un crimen contra el espíritu de la Patria y los pecados contra el espíritu no se perdonan jamás»[233]

El abuso no tiene por qué tener límite: refiriéndose a las corridas de toros, el entusiasta tradicionalista cristiandista, nacionalcatólico, hispanólatra, no tiene empacho en afirmar: «una fiesta que por española es eterna»[234].

---

[233] Blas Piñar, *Hacia un Estado Nacional* (Edit. Fuerza Nueva, Madrid 1980) 13
[234] José Antonio Donaire, «Línea de actualidad»: *El Alcázar* (5-12-1986)

El integrismo de matriz católica alimenta tales actitudes y visiones y, a la vez, bebe de ellas. Y esto, obviamente, trae consecuencias espirituales. Los llamamientos de los Papas en favor de la dignidad de los migrantes son desoídos. Llamamientos que *incluyen* las nociones últimas: el Amor de Dios, la gracia o el pecado, el sufrimiento de los inocentes... Llamadas no sólo desoídas sino desmentidas por proclamaciones de odio, de sospecha, de alejamiento; por reclamaciones de medidas militares, policiales; por campañas racial-teológicas que pretenden sellar la blasfemia usando el nombre de Dios, gritando que «así» se defiende la fe católica...

Qué diferencia la que muestra esta expresión integrista o sembradora de integrismo, con aquel grito profético del Papa santo: «¡Ama a los otros pueblos como al tuyo!»[235]

4.- Masones, judíos... Conspiracionismo

La idea de una gran conspiración, planificada y ejecutada al detalle, para acabar con la cristiandad, es otra de las características del integrismo de matriz católica. No sólo de esta facción, evidentemente, pero aquí se revela muy acusada, y en los propios orígenes de esta interpretación de la historia occidental encontramos precisamente a ideólogos cristiandistas integristas. Como hemos visto, por toda Europa surgen movimientos «legitimistas» que pretenden fundir en un solo concepto la noción de «orden social de constitución divina» con la noción de «monarquía tradicional» o «dinastía legítima». Además de estas iniciativas y en este mismo ámbito ideológico aparecen facciones que creen y predican el haber descubierto al *responsable* de los derrumbamientos de este orden histórico supuestamente dispuesto por Dios. Por ejemplo, las Ligas Antimasónicas (célebre la dirigida en Bélgica por Valentin Brifaut), o las Ligas Antijudías, cuya ideología y pretensiones se encuentran condensadas en el libro paradigmático *La Francia judía*, de Edouard Drumont[236].

El antimasonismo de corte integrista es una reducción: ellos contemplan la inmensa actividad de «las sectas» y su hostilidad frente a la fe cristiana; asimismo, los pronunciamientos

---

[235] SAN JUAN PABLO II, *Mensaje con motivo del 50 Aniversario del final en Europa de la II Guerra Mundial* (1995)

[236] *La Francia judía* fue editado por primera vez en 1886, por Flammarion, en París. Las reediciones se multiplicaron de modo sorprendente durante décadas.

magisteriales de la Iglesia condenatorios del fenómeno masónico. Desde ahí concluyen como única alternativa en una defensa del Antiguo Régimen y, sobre todo, en una interpretación de la historia humana que la reduce a la nítida confrontación de dos modelos antropológicos bien definidos en sus lindes: uno bueno y otro malo. No habría espacio para insertar en el relato histórico la batalla entre bien y mal, entre pecado y gracia, que se da en todo hombre, y cuya expresión social ofrece el espectáculo misterioso de la libertad y de los inmensos grados de acercamiento o alejamiento de la verdad en las múltiples dimensiones que constituyen el devenir humano. El antimasonismo integrista lo reduce todo a una conspiración perfectamente orquestada en sus más mínimos detalles, y en la denuncia de esta conspiración. Una teología de la historia bien escuálida.

Por su parte, las Ligas Antijudías, que crecen a la par que los nuevos antisemitismos decimonónicos de matriz pagana con los que en algunos lugares llegarán a fundirse, reducen aún más la cuestión: sí hay conspiración, todo es conspiración, sí hay sectas... pero detrás de todo ello están «los judíos». Así, tal cual.

La confrontación de la Iglesia con la masonería se manifiesta apenas ha nacido ésta. La confrontación antropológica, que es real, está en la raíz. Es ahí donde aparecen como excluyentes entre sí, aunque haya puntos de contacto que se puedan descubrir en el caminar de los hombres de una u otra concepción vital. La cuestión entonces no es minimizar la confrontación de visiones o negarla, sino, como en los demás casos en que la Iglesia señala como dañina alguna fórmula ideológica en sus basamentos y en muchas de sus concreciones, el que la respuesta cristiana sea nítida como cristiana.

El integrismo de matriz católica no puede ofrecer esa respuesta, porque es ideología mundana. Así, la denuncia de la masonería se reduce a la denuncia de las conspiraciones masónicas, reales o no, y esto a su vez se reduce, se comprime, a ideología conspiracionista que *explicaría* la historia de los últimos siglos de occidente. En otro estudio hemos tenido ocasión de tratar sobre esto. Cierto que las conspiraciones han existido, existen y existirán:

> «Una actitud que se refiere simplemente a una predisposición propia del corazón humano que no vive de la santidad y que para defender ideas e intereses busca alianzas y caminos tortuosos, y se mueve en terrenos oscuros y ambiguos. Evidentemente cualquier grupo asociado al poder, v.gr., cualquier dinastía, cualquier servicio de inteligencia de cualquier país, cualquier

entidad bancaria, cualquier multinacional... o cualquier grupo de presión clerical, responde exacta y escandalosamente a esas actitudes»[237]

Y el reduccionismo conspiracionista también ha existido y existe:

«El dinamismo revelado del *misterio de iniquidad*, que entabla su primera batalla en el corazón de cada uno de nosotros, es sustituido por un chivo expiatorio externo a nuestro corazón: una ideología, una religión, o, en este caso, una organización como la Masonería. Todo mal provendría de aquí. El fruto de tal visión es un descargar la propia responsabilidad: no hay pues necesidad real de conversión, el mal es ajeno (...) la postura denunciante protagonizada y continuada hasta nuestros días por el integrismo encuentra un referente poderoso en el antiguo patriarca de los integristas católicos franceses, Jean Ousset, y su libro *Para que Él reine*, donde toda —literalmente toda— la historia reciente de Occidente es leída en esta clave, afianzada por los muchísimos datos externos que este autor maneja. Obviamente no cuenta con otros muchos datos porque no cuenta con el ser total y complejo del hombre»[238]

La obsesión conspiracionista sustrae al hombre de la verdadera batalla sobrenatural y el específico lenguaje histórico —la caridad, la oblación— con que tal batalla se expresa.

La idea de que la gran conspiración que lo explicaría todo, todas las crisis, todas las guerras y revoluciones, le encontramos en famosos personajes de la reacción frente al resquebrajamiento de la civilización cristiandista. Está el jesuita francés Augusto Barruel, quien en la época de transición del siglo XVIII al XIX fue muy popular en Europa y tuvo un influjo determinante sobre quienes acogieron y desarrollaron la idea de la gran conspiración. La supresión de la Compañía de Jesús en Francia (decreto de 16-8-1762) le condujo a Austria, Bohemia, Moravia. Más tarde, Italia, hasta que pudo regresar a Francia. Nuevamente en el exilio en 1792, escribe y publica en Inglaterra sus famosas *Memorias para servir a la historia del jacobinismo*, que se difundieron por toda Europa de modo

---

[237] Gerardo LÓPEZ LAGUNA, *Masonería. Una reflexión cristiana* (Edit. Bendita María, Madrid 2016) 115-116
[238] Ibid, pp 117-118.121

sorprendente. Allí se defiende la idea de la conjura organizada por masones para acabar con la llamada civilización cristiana; pero no una conjura cualquiera sino una de tal magnitud que, insistimos, por sí misma *explica* la historia.

Barruel inventó anécdotas, redactó juramentos y describió ritos supuestamente protegidos como altísimo secreto bajo pena de muerte atroz. Era un novelista que hizo creer a los ya predispuestos sus fábulas, y sobre todo, sus presupuestos ideológicos y sus consecuencias en orden a la acción para recuperar la civilización perdida.

Este gran esquema fue jaleado por todos, y alimentado hasta nuestros días. De Maistre, una de las columnas de este integrismo, se hizo eco de la visión:

«Desde la aparición de sus *Consideraciones* (de De Maistre), en 1797, la idea paranoica de la conjura radical ha pesado sobre las mentes reaccionarias»[239]

El italiano Abate Bonola y su obra *La liga de la teología moderna con la filosofía* (Madrid 1798), o Fray José Torrubia con su *Centinela contra francmasones*, el jesuita italiano Luigi Mozzi en su *Proyectos de los incrédulos*, el ya archiconocido en estas páginas Zeballos... todos abundan en la idea de conspiración orquestada para dar cuenta de los malestares históricos y las tensiones socio-políticas.

Se llega así a situaciones tragicómicas: la paranoia conspiracionista inventa tramas, como Barruel. Por ejemplo, el complot jacobino al que se habrían adherido en 1814 los liberales de Cádiz, urdido y dirigido por el general francés Louis Adinot... Ni existía tal general, ni existía el *Plan de operaciones* de los conjurados, ni existía una organización de los mismos y menos la caricatura documental publicada en el periódico «servil» *La Atalaya* en sus números del 5 al 12 de abril de aquel año, identificada como constitución secreta de los conspiradores y titulada nada menos que como *Constitución fundamental de los libertadores del género humano*... La farsa era una mera maniobra previa para justificarse: mentir para reprimir.

Hubo críticos del conspiracionismo que situaban el origen de las crisis en otros lugares. Por ejemplo, el fraile mejicano Fray Servando Teresa de Mier, quien en sus *Memorias* achaca el escepticismo religioso extendido en las clases altas españolas a «los

---

[239] Salvador GINER, o.c., p.404

libros de los filósofos», pero también «a los abusos de la Iglesia». Y se confronta con la idea causal de que todo obedece a una conspiración: «los inquisidores lo equivocan, poniendo todo su empeño contra los francmasones»[240]. Este fraile cita a Barruel. Herrero dice que «Mier rechaza las acusaciones de Barruel y sugiere que todo ello no son más que sueños y delirios»[241].

La idea, sin embargo y como antes anotábamos, hizo fortuna en medios integristas y en sus alrededores. Y como en el caso del general Adinot, las sospechas, la credulidad más asombrosa, los fraudes, pulularon por el ambiente.

En 1864 José Mariano Riera y Comas publica en Barcelona dos tomos bajo el rimbombante e interminable título: *Misterios de las sectas secretas, o el francmasón proscrito, novela interesante por su plan y su objeto, adecuada a los sucesos políticos de estos tiempos en España*. El autor, un escritor católico, habla de la gran conspiración masónica... y muere de tuberculosis en 1865, un años después. «En un sector de sus lectores corrió el rumor de que lo habían envenenado las sectas precisamente»[242].

Aquí, en el apartado de los delirios, tenemos que traer a colación el desgraciado asunto de Leo Taxil. Periodista anticlerical furibundo, masón en grado de aprendiz, expulsado de la Orden por plagio... Al amparo de las llamadas hechas a los intelectuales católicos por León XIII a fin de que refutaran a la masonería, finge una conversión al catolicismo y, con ayuda de su amigo Karl Hacks, comienza a escribir una obra por entregas titulada *El Diablo en el siglo XX*, así como *Memorias de una ex-palladista* y otras más de menor repercusión. Eran fabulaciones en las que se presentaba al público católico las supuestas tripas de la masonería. Así, se hablaba de una orden masónica llamada «Palladium» cuyo objeto era dominar el mundo. Su jefe sería un americano, el general confederado Albert Pike y su sede estaría en Charleston, Virginia. Allí la orden adoraba explícitamente a Satanás en un templo. Por cierto que el obispo católico de Charleston, que conocía personalmente a miembros de la masonería del lugar, comunicó a León XIII que lo que Taxil había escrito era sencillamente mentira: ni el templo masónico aludido tenía representación alguna de Lucifer ni los miembros de esa masonería anglosajona eran irreligiosos o satánicos.

---

[240] Cit en Javier Herrero, o.c., p.196
[241] Ibid
[242] Julio Caro Baroja, *Terror y terrorismo*, o.c., p.79

Leo Taxil, cuyo verdadero nombre era Gabriel Jogand-Pages, en su *Memorias de una ex-palladista* inventó un personaje, una dama llamada Diana Vaughan, en camino de conversión por la intercesión de Juana de Arco (aún no había sido canonizada), y que era cruelmente perseguida por sus antiguos correligionarios. Los libros presentaban escenas de lo que ahora llamaríamos obras de ciencia-ficción, o de monstruos, literalmente enormes disparates que descritos en el contexto de la presencia física de legiones de demonios desatados eran creídos por una multitud de lectores. Los católicos que denunciaron la impostura «fueron mirados con frecuencia como sospechosos de "falta de espíritu sobrenatural" y de "dejarse llevar por el espíritu racionalista del siglo"»[243].

En 1866, un Congreso internacional católico contra la francmasonería se celebró en Trento. El ambiente de la época, por el que numerosos asistentes a tal Congreso eran católicos de signo conservador, protointegrista e integrista, exhalaba aromas de conspiración. Rizando el rizo se advirtió contra «ciertos francmasones que se dicen convertidos, los cuales no pretenden sino engañar la credulidad de los católicos contándoles supuestos secretos e infiltrarse entre ellos para informar luego a los que continúan siendo sus jefes»[244]. Alguno ha visto en esto una advertencia sobre el caso Leo Taxil, pero éste continuó con su farsa impertérrito y acogido en círculos católicos. El propio León XIII le recibió en audiencia.

La advertencia del Congreso de Trento redundaba en la idea de la gran conspiración: infiltración en la Iglesia, etc, y eso, paradójicamente, reforzaba a Taxil. Al fin, preguntado una y otra vez por la presencia física de Diana Vaughan, convocó una conferencia el 19 de abril de 1897 donde la dama hablaría al público. Aquel día Leo Taxil confesó que Diana Vaughan era él, que todo era mentira y que había pretendido solamente el mostrar la ridícula credulidad de los católicos. Salió escoltado de allí por la policía porque le querían linchar.

Lejos de escarmentar, algunos de estos católicos conspiracionistas propagaron la idea de que Diana Vaughan seguía escondida por temor a los masones y que éstos habían obligado a Leo Taxil a retractarse bajo amenazas. Y la idea de la gran conspiración que resume e identifica todos los males continuó su

---

[243] F. Mourret, o.c. IX, 1º, p.163
[244] Ibid, p.162

curso... Los libros de Ferrari Belloch[245]; los artículos para el periódico *Arriba* escritos por Franco desde 1946 a 1951 bajo el pseudónimo de J. Boor; libros como *La masonería y su obra* de un tal Fara[246]; las obras del francés Bernard Faÿ, chivato que condujo a la detención de numerosas personas por los ocupantes alemanes en la II Guerra Mundial bajo la acusación de pertenecer a la masonería; la «Biblioteca de las Sectas», dirigida entre 1932 y 1935 por el sacerdote catalán Juan Tusquets Terrats, integrista miembro de la Organización Antimasónica Internacional, bajo cuya invitación visitó el flamante campo de Dachau en 1933... Sólo algunos ejemplos de los cientos, miles de libros, opúsculos, artículos, conferencias...

La idea persiste: en 1975 un sacerdote escribe sobre «el insigne jesuita Agustín Barruel, que escribió sus *Memoires pour servir a l'histoire du jacobisme*, muy atacadas por los masones debido a lo que descubre, y que nunca ha podido ser refutado»[247]. Y así hasta nuestros días, donde internet propaga conspiraciones reales, supuestas conspiraciones, falsas conspiraciones, verdades a medias al respecto, rumores, etc, que son acogidos por el integrismo de matriz católica para sospechar de cualquier enunciado, planteamiento, reto, que se salga de su estrecha, estrechísima, cuadrícula ideológica.

4.1.- El pecado de la concreción antijudía

Ya hemos hecho alusión antes a las Ligas Antijudías, al señor Drumont y compañía. El antijudaísmo es otra de las notas que caracterizan y delatan al integrismo de matriz católica. En este ámbito ideológico, la vinculación con ese género de ilegítimo antimasonismo que hemos someramente mostrado es evidente y explícita.

Uno de los padres de la idea de la gran conspiración, el mentado Barruel, al principio no había incluido a «los judíos» en su denuncia. En 1806 un oficial italiano llamado Simoni escribe a Barruel tras haber leído su obra, para advertirle de la infiltración

---

[245] F. FERRARI BELLOCH, *La Masonería al desnudo. Las logias desenmascaradas* (Ediciones Españolas, Madrid³ 1939)

[246] FARA, *La masonería y su obra* (Editorial Tradicionalista, Madrid 1934)

[247] José Luis DE URRUTIA SJ, *Enfoques católicos. Temas cristianos* 2 (Edic. Studium, Madrid 1975) 338 (como saludable inciso: a pesar de nuestra discrepancia con esta afirmación, reconocemos sin problema y con alegría la vida de santidad del P. Urrutia, Siervo de Dios)

masónica en la jerarquía de la Iglesia. Simoni vincula a «los judíos» con la trama... Era la consecuencia lógica de todo un espíritu preexistente. Dice así Kamen:

> «La derecha política de la España y la Europa decimonónicas adoptaron al judío como prototipo de enemigo, unas veces diferenciándolo del francmasón, y otras identificándolo con él. El judío, que para entonces no era más que un mito, empezó a asociarse en algunas mentalidades con todo lo que pareciera hostil a la tradición representada por el Santo Oficio. Ser judío significaba no ser católico, del mismo modo que no ser católico significaba ser judío. Este razonamiento popular supondría que expresiones como "judíos y francmasones", "judíos y protestantes" o "judíos y extranjeros" se convirtieran en identificaciones que se explicaban por sí solas. En esa batalla constante librada por la derecha para preservar la España católica, todo lo que pareciera hostil o siniestro acabaría personificándose en el judío que estaba en el bando opuesto. Las aberraciones del siglo XIX culminarían en la literatura racista que circuló en España durante la segunda guerra mundial»[248]

Si a Esquilache se le había insultado uniendo los apelativos de «hereje» y «judío», a Olavide, años después, se le califica, además de «hereje y ateo», de «judío y francmasón». Lorenzo Hervás, que ya ha aparecido numerosas veces en estas páginas, apuntala en España el vínculo entre «judío» y «masón», vínculo que se establecerá como verdad resplandeciente a ojos integristas en España y en toda Europa. El libro ya citado La masonería y su obra, cuyo autor firma como «Fara», es, como tantos otros, explícito al respecto. Se habla de masonería y se señala su «origen judío», «las fuentes talmúdicas», el «paralelismo judeo-masónico», «las logias, instrumento de Israel»... Estas expresiones son títulos de epígrafes del libro en los que el autor desarrolla sus ideas e intenta afianzar en los lectores ya predispuestos la *verdad* de la conspiración judeo-masónica.

El latente, obvio, persistente, antijudaísmo cristiandista encontraba un nuevo motivo para justificar el odio. Y la militancia contra las ideas nuevas que descomponían a la civilización cristiandista, una motivación más fuerte al *encontrar* en la base

---

[248] Henry KAMEN, o.c., p.470

última de la conjura al «pueblo deicida». La carga teológica con que se pretende justificar la lucha se ve así reforzada... «Aquel monstruoso engendro de Israel que es la Masonería»[249], escribe un autor...

La histórica propaganda antijudía pretendidamente cristiana se revitaliza en Europa durante todo el siglo XIX y las primeras décadas del XX. Avaros, traidores, autores de crímenes infames, corruptores, conspiradores, ladrones, maledicentes, feos... Todo el lote multisecular vuelve a aparecer masivamente en novelas, ensayos, artículos. No pocas de estas obras firmadas por personas consagradas, miembros del clero católico...

No eran ideas nuevas, no se construía sobre la nada. Era relativamente sencillo sacudir brasas que ya existían y echar leña al fuego. En España, en época tan tardía como 1814 todavía había quien invocaba la «limpieza de sangre»:

«Simi era la primera judía que entraba en el convento. Antes de ella, no digamos judía, pero ni siquiera con una gota de sangre de lo mismo. En el archivo del monasterio se guardan expedientes de pureza de sangre en el que las candidatas probaban de sus ascendientes "haber sido todos cristianos viejos, limpios de toda mala raza de moros, judíos, berberiscos"... Todavía, en una solicitud de ingreso firmada el 4 de septiembre de 1814 —muy poco antes—, la solicitante dice, como razón para ser admitida, ser "sus padres honrados y de sangre limpia"»[250]

Este era un sustrato espiritual generalizado en la cristiandad europea: sospecha, aversión, separación u odio explícito hacia el pueblo judío. Tal disposición espiritual, en medio de la crisis de esa cristiandad, ya no se dirige tanto al pasado, a cantar viejas glorias carnales, a celebrar la expulsión de los judíos de aquí o de allá, o a congratularse de la llamada «limpieza de sangre», cuanto a interpretar el presente, el devenir, introduciendo la señal de alarma de la presencia de «los judíos». El ya citado Fernández Balbuena, en su libro *La herejía liberal*, nos alecciona de este modo:

«Desde que se entronizó el liberalismo entre nosotros, comenzaron las sectas todas a respirar y concebir

---

[249] Eduardo COMÍN COLOMER, *La Masonería en España* (Editora Nacional, Madrid 1944) 407

[250] Martín BUENO LOZANO, *Simi Cohen, gibraltareña, judía y monja* (Chiclana 1989) 49-50

esperanzas halagüeñas para lo futuro, contando como contaban con la protección oficial, cuyo primer paso en este camino fue la abolición del Santo Oficio, gracias al cual se había conservado ilesa la fe católica en España, mientras se iba perdiendo o amortiguando en otras naciones. Drumont, en su *Francia judía*, cita un hecho muy curioso que demuestra con toda claridad, por una parte, el miedo de los sectarios a la Inquisición, y por otra parte, las esperanzas concebidas por ellos al advenimiento del régimen liberal que la suprimió. Trátase de un judío que visitaba nuestra España, el cual se hospedó en cierta capital en casa de otro descendiente de Israel, que ocultamente profesaba el judaísmo, mas al exterior se portaba como cristiano, hasta el punto de tener cubiertas las paredes de su gabinete con cuadros y estampas religiosas, y de que si hija única oyera misa todos los días muy temprano en un templo inmediato. Pasaron algunos años, y el personaje en cuestión volvió de nuevo a España y a casa de su correligionario y consanguíneo; pero ya entonces no ocultaba su profesión de judío; al contrario, su casa era punto de reunión de otros varios israelitas que vivían en la misma ciudad. Comprendió que había llegado su época, la época favorable al judaísmo, que desde aquella fecha hizo en España no pocos progresos especialmente en Madrid y en otras ciudades populosas. Bien conocido es el llamamiento hecho por cierto ministro liberal, hace pocos años, a los judíos de los Balkanes, perseguidos entonces y ahora en aquel país, para que aceptaran el hospedaje que les ofrecía por su conducto la España liberal; verdad es que tuvieron el buen acuerdo de no hacerle caso y quedarse por allí, sin aceptar el ofrecimiento del liberalismo. Pero la negativa de aquellos hebreos en nada disminuye las simpatías de nuestros liberales hacia ellos y su religión»[251]

...La época, con tal atmósfera —cruel, mundana, blasfema—, vivió circunstancias que supusieron grandes inyecciones para alimentar el antijudaísmo cristiandista a través de diversas crisis y eventos. Fundamentalmente el conocido como «asunto Dreyfus» y la aparición y propagación de los llamados *Protocolos de los Sabios de Sion*. En menor medida también algunas

---

[251] Ramiro FERNÁNDEZ VALBUENA, o.c., pp 175-176

de las reacciones ante los ataques sufridos por Pío IX a raíz del «caso Mortara»; reacciones explícitamente antijudías.

El «Asunto Dreyfus», el famoso *affaire Dreyfus*, se convirtió en símbolo de los paradigmas enfrentados. Como siempre, hubo «un resto», una minoría que precisamente por motivos cristianos, es decir, sin adhesión a las causas irreligiosas, se situó entre los *Dreyfusards*. Este resto es para nosotros otro símbolo: la fe que desata a los hombres de las constricciones ideológicas que le asfixian, le deforman.

El drama es que el pecado de antijudaísmo se expresó masivamente entre los católicos. Un pecado que era expresión de esas fusiones previas, de esos reduccionismos: la *gloria* de una civilización, cohesionada ideológicamente de modo impositivo —franco o sutil— bajo una uniformidad religiosa, que ve en el «elemento judío» una perturbación de la visión y una ocasión para descargar sus propias contradicciones señalando un chivo expiatorio.

Ya hemos hecho antes nuestra crítica a Zola y el mundo que representaba. No hace falta a un cristiano alinearse con ese mundo para denunciar el antijudaísmo. Desde esa libertad se pueden señalar sin complejos las verdades que Zola proclamó, acogiéndolas como tales verdades. En su Carta a Felix Faure, presidente de la República francesa, es decir, en su famoso escrito *Yo acuso*, Zola muestra con claridad el ambiente que hizo posible la infamia del Asunto Dreyfus. Habla del «odio a los *puercos judíos* que deshonra a nuestra época», del «sacrificio humano de un infeliz, de un *puerco judío*». Dice que «es un crimen envenenar a los pequeños y a los humildes, exasperando las pasiones de reacción y de intolerancia, y cubriéndose con el antisemitismo». En su declaración ante el jurado, Zola afirma que «son ellos los que deshonran al ejército nacional cuando mezclan el grito de ¡viva el ejército! al de ¡muerte a los judíos!». En esta misma declaración, Zola denuncia la extensión de ideas conspiracionistas con las que el antijudaísmo pretendía dar forma al desgraciado *affaire*:

«Conocéis la leyenda que se ha hecho: Dreyfus ha sido condenado justa y legalmente por siete oficiales infatigables a quienes no se puede suponer víctimas de un error sin ultrajar al ejército entero. Dreyfus expía en una tortura vengadora su abominable traición; y, como es judío, se crea un sindicato de judíos; un sindicato internacional, disponiendo de cientos de millones con objeto de salvar al traidor por medio de las más impudentes manipulaciones. Desde entonces el sindicato amontona crímenes, soborna las conciencias, arrojando a Francia a una agitación mortal, decidido a venderla al enemigo y a producir una guerra europea antes que renunciar a su espantoso propósito»[252]

El escritor resume acertadamente la visión de modo escueto y tajante: «Esto es muy sencillo, infantil e imbécil, como veis»... Zola, exasperado con razón, repite en otros lugares lo de «imbécil» al aludir a la idea de conjura. En su *Carta a la juventud*, habla efectivamente de «ese imbécil antisemitismo, cuya feroz monomanía ve en él (en el intento de revisar el proceso a Dreyfus) un complot de raza y el oro de los judíos esforzándose en reemplazar a uno de los suyos por un cristiano en la infamante cárcel»[253].

En esa misma *Carta*, Zola entrevé un drama que realmente se desarrollaría en Europa sólo unas pocas décadas después:

«¡Por lo visto existen jóvenes antisemitas! ¡Hay cerebros nuevos, almas nuevas que este imbécil veneno tiene desequilibrado! ¡Qué tristeza, qué inquietud para el siglo XX que va a empezar! (...) ¡Vosotros, los obreros esperados, declarados antisemitas! ¡Vosotros, en quienes cifrábamos nuestras mejores esperanzas, comenzáis el siglo exterminando a todos los judíos porque son conciudadanos y enemigos de otra raza y otra fe!»[254]

El ambiente que denuncia Zola era real. El antisemitismo no era privativo del integrismo, de las derechas nacionalistas y confesionalistas. Del mismo modo que diversos adalides de la Ilustración y el liberalismo habían manifestado un profundo odio a los judíos —columnas de las nuevas ideas como Rousseau o Voltaire—, ahora también expresaban desprecio al Pueblo de la Antigua Alianza personajes que representaban los ideales de las revoluciones mesiánicas. Efectivamente, Blanqui, Fourier y sobre todo Proudhon, expresaron abiertamente antisemitismo. Toussenel, discípulo de Fourier, publicaba en 1854 un libro en el que asociaba intrínsecamente al pueblo judío con el capital financiero. Vacher de la Pouge, socialista, combinaba la lucha de clases con la lucha biológica de la raza, insertas en su darwinismo social, en el que «el ario» ocupaba un lugar destacado mientras «el

[252] E. ZOLA, o.c., p.40
[253] Ibid, pp 55-56
[254] Ibid, pp 61-62

judío» era, a la vez, el opresor económico y el intruso racial. Esta corriente izquierdista de abierta hostilidad o de sospecha y alejamiento, fue desapareciendo progresivamente. En sus momentos álgidos destacaba un Saint Simon precisamente por defender a los judíos de ataques y difamaciones...

Existía, pues, un clima generalizado propenso al antisemitismo. El drama mayor, sin embargo, fue y es el antisemitismo, el antijudaísmo, que pretende fundamentarse en la defensa de la religión cristiana.

Para el integrismo de matriz católica el antijudaísmo es consecuencia necesaria, pues hablamos de un cuerpo de idolatrías (civilización cristiandista, patria confesionalista, ejército sacralizado, orden social de origen divino, etc) que se ve alterado por un organismo extraño que no encaja en el panteón. El *asunto Dreyfus*, lo primero que hizo es revelar el vigor con el que se creía en esos dioses y la energía para defenderlos. Mundanamente, pues son hechuras humanas divinizadas. Así, Albert de Mun, personaje ambiguo en cuanto a sus aportaciones, escribe una carta al *The Times* publicada el 11 de enero de 1899 en la que afirmaba:

«La verdad es que el asunto Dreyfus ha sido, entre nosotros, la circunstancia determinante que ha transformado bruscamente el antisemitismo en movimiento popular, precisamente por la campaña odiosa contra los jefes de nuestro Ejército nacional, a que ha dado ocasión o pretexto, con la complicidad de los judíos o, al menos, sin protesta de su parte»[255]

La Liga de la Patria Francesa se funda precisamente «para propagar en ella las ideas favorables a la defensa del Ejército»[256]. Con apoyo masivo de católicos.

Ideología, y no fe. Muchos de los defensores de Dreyfus nunca habían atacado al Ejército ni se habían mostrado como militantes antimilitaristas. Jaurés y el propio Zola al principio creían, como casi todos, en la culpabilidad del capitán. Cuando se convencieron de lo contrario y observaron que muchos veían lo mismo pero mantenían la posición para no «ofender» al ejército, entonces fueron acusados de atacar a la institución. Una institución sacralizada de modo blasfemo.

Estamos en el ambiente que da lugar a *La Francia judía*, de Edouard Drumont, publicado en 1886. En la obra confluyen el

---

[255] Cit en F. MOURRET, o.c. IX 1º, p.169
[256] Ibid, p.171

antijudaísmo cristiandista con un antisemitismo racial que, obviamente, ya estaba presente en aquel antijudaísmo teologizado. Pues durante siglos no se había hablado de individuos judíos, como de ciudadanos disidentes, como si personalmente, cada uno de ellos, hubiera deliberado para optar por un supuesto rechazo al cristianismo, por seguir una religión a la que se acusaba de no reconocer a Cristo. No se hablaba así, como se hablaría de los herejes pertenecientes a la propia nación y sociedad, sino del «Pueblo judío», de «los judíos». El racismo consecuente se hizo evidente en toda la literatura secular antijudía.

Drumont contrapone al «ario», representante de la Francia tradicional, la de «los recuerdos, de las antiguas casas y las iglesias, Nuestra Señora y el Arco del Triunfo, la oración y la gloria», con el «judío». Lo *moral* y lo *biológico* se funden:
«El semita es mercantil, codicioso, intrigante, sutil, astuto; el ario es entusiasta, heroico, caballeresco, desinteresado, franco, confiado hasta la ingenuidad (...) El semita es negociante por instinto, tiene la vocación del tráfico (...) El ario es agricultor, poeta, monje y, sobre todo, soldado»[257]

...Realmente el apelativo de «imbecilidad» se queda bastante corto. Este inquietante lenguaje racista era sencillamente una expresión franca de lo que latía en los corazones cristiandistas que rendían y rinden culto al dios «occidente». Como el racismo es telúrico, rastrero, Drumont, el integrista de matriz católica, confluye desde ahí con otras visiones materialistas de la época en las que el dios (occidente) expresa sus energías imperialistas, colonialistas, no so capa de religión sino de civilización. La raíz es la misma y el resultado es el mismo: dominio. La franqueza de Drumont es exultante, e insultante: «La raza ariana o indo-europea es la única que posee la noción de justicia, el sentimiento de libertad, la concepción de lo bello»[258].

Drumont fundó poco después del éxito de su libro (114 ediciones en un año), la Liga Nacional Antisemita Francesa, y, más tarde, el diario *La libre parole*, que llegó a tener medio millón de lectores, la mayoría miembros del ejército y de la pequeña burguesía. El diario publicaba series de artículos bajo el título «Los judíos en el Ejército», Drumont y su colaborador el marqués de

---

[257] Edouard Drumont, *La Francia judía. Edición Popular traducida de la 9ªedición francesa por D. Rafael Pijoan, pbro.* (Imprenta y Librería de la Inmaculada Concepción, Barcelona 1889) 67
[258] Ibid, p.65

Morés retaban a duelo a oficiales judíos... Otros periódicos se hacen eco de la campaña antisemita y la extienden... Así, hasta negar la inocencia de Dreyfus, o el que no les importara si era inocente o no: para ellos es taba en juego lo que denominaban «Francia católica», «tradicional», y al fin el capitán sólo era un judío...

Fusionar esto con la fe, hasta desfigurarla como una ideología odiosa, fue fácil: el sustrato secular cristiandista y por tanto antijudío, no sólo pervivía sino que era el motor de la reacción: los artículos antisemitas de *La Croix*, el periódico de los asuncionistas del P. Bailly; los publicados en *La Civilta Cattolica*, v.gr., el 5 de febrero de 1898, en pleno fragor del combate por la revisión del proceso...

Poco después, Maurras diría públicamente que tanto él como Barrés o Daudet debían su espíritu a un hombre como Drumont, el que había señalado el camino para restaurar una Francia *católica*, monárquica, clasista, sin judíos.

La burla de la Revelación que tal espíritu supone produjo personajes como el pobre Syveton, de la Liga de la Patria Francesa. Gabriel Syveton fue probablemente víctima de un crimen de Estado, cuando en 1904 fue encarcelado tras abofetear a Louis André, ministro de la Guerra, en medio de una discusión y morir en su celda en circunstancias sospechosas antes de su procesamiento. Syveton se convirtió en un héroe para la derecha nacionalista, confesionalista y antisemita.

Fue protagonista del turbio «Asunto de los ficheros», en el que se habría desvelado una conjuración masónica en el ejército. Un masón, Jean Baptiste Bidegain, habría vendido por 40.000 francos un fichero que demostraría que oficiales franceses masones controlaban el grado de *catolicidad* de sus compañeros para obstaculizar promociones. Sea lo que fuere de su autenticidad, el ejército seguía en manos de conservadores como Petain o Foch, pero Syveton, un campeón antidreyfusard, ganaba gracias a la denuncia notoriedad en las filas de sus correligionarios...

Al fin, embrollo ideológico y no fe, y como tal ideología, corruptora: su viuda denunció que su marido era amante de su hijastra, otros denunciaron que había robado fondos de la Liga de la Patria Francesa. Pecados perdonables —como todos—, que podrían conducir a un hombre al camino de la humildad; pero en un contexto de fe, no de ideología autocomplaciente y cimentada en el odio, como lo es el integrismo de matriz católica.

En medio de tales confusiones y de tales trabas, hubo sin embargo quien, precisamente a causa de su fe católica tomó posturas diferentes. Son excepciones respecto a un clima general, pero ahí radica su notabilidad y el que al fin fuera ese «resto» el que haya sido acogido como luz por el magisterio de la Iglesia.

Ozanam, el Beato Ozanam, en medio de ese siglo XIX, escribe a un judío converso al catolicismo para decirle:

«Amigo mío, es un gran honor haber nacido israelita (...) Yo no sé si mi hermano Carlos le ha dicho que nosotros tenemos la idea de que nuestro origen pertenece a esa raza. Habría así, entre usted y nosotros, un lazo más de unión»[259]

Ese espíritu de reconocimiento iba más allá de abolir prejuicios raciales respecto a los conversos, sino que llevó a diversos católicos a respetar y defender al Pueblo judío como comunidad religiosa y como comunidad étnica perseguida. El *affaire Dreyfus* lo puso de manifiesto:

«Fueron pocos. Entre ellos, Paul Viollet, que dirigió a los católicos partidarios de Dreyfus; el abad Fremont, republicano y antimodernista, adversario perseverante del antisemitismo; monseñor Oury, arzobispo de Argel, a quien se debe el fracaso de las candidaturas antijudías en Argelia, en 1902»[260]

Charles Peguy, Camille Rambaud, el hombre santo que colaboró con Chevrier, eran dreyfusards. Peguy escribió junto a otros en defensa del capitán en la publicación *La Revue Blanche*,[261] y años después, persistente en su catolicismo, se seguía declarando dreyfusista, distinguiendo así definitivamente su nacionalismo del de Barrés, Maurras y los otros. Viollet, destacado públicamente como dreyfusard, funda un «Comité Católico para la Defensa del Derecho»... y desde la luz recibida no se priva en denunciar el odio que se ampara bajo la cruz de Cristo. Sobre la actitud del periódico *La Croix* habla de «escándalo indescriptible». El abad Brugerette incide en el cuadro:

«Bajo la imagen de Jesús crucificado, símbolo divino de la idea de justicia, *La Croix* había cooperado

[259] Cit en PATIVILCA, o.c., p.289
[260] Gerardo LÓPEZ LAGUNA, *El juramento de Dios. El misterio de Israel y el antisemitismo* (BAC, Madrid 2008) 145-146
[261] Cf Michel WINOCK, «Las generaciones intelectuales»: *Vintigiéme Siècle* n.22 (Junio-Abril 1989) 4-5

apasionadamente con el trabajo de engaño y crimen contra la verdad, la rectitud y la justicia»[262]

Y el abad Fremont abunda en el drama advirtiendo que «los católicos están ganando y piensan que derrocarán a la República debido al odio a los judíos. Pero me emo que sólo se derrotarán a sí mismos»[263]. Por su parte monseñor Oury no sólo hizo fracasar las candidaturas antisemitas en Argelia en 1902, sino que el cabeza de las mismas era precisamente Drumont, quien no consiguió revalidar su acta de diputado. El hecho está impregnado de simbolismo para el futuro, porque los apoyos y reputación de Drumont eran enormes. Dios, sin embargo y otra vez, escogió a David frente a Goliat, pues más tarde la Iglesia supo que aquel arzobispo estaba en la verdad y Drumont la contradecía con brutalidad.

Fremont tenía razón, tiene razón. Las dos grandes *facciones* que dividían a los europeos de la época, es decir y en diversos grados y mezcolanzas, tradicionalistas frente a innovadores, pretendieron que la toma de postura respecto a Dreyfus coincidiera exactamente con los principios últimos que ambas facciones invocaban. En la peculiar interpretación de muchos católicos, esto significaba que apoyar a Dreyfus era apoyar a los enemigos de la religión y todo el etcétera:

«Este sería el caso de la mayoría de los católicos. Cierto que algunos de ellos, organizados en un "Comité católico para la defensa del derecho", se negarán a hacer esta evolución. Entre los miembros y los adherentes a este Comité se han de contar laicos muy creyentes y practicantes, algunos sacerdotes, un Vicario General y un respetable religioso. Pero tales católicos constituirán una excepción»[264]

Eran algunos más los clérigos que se expresaron en favor de Dreyfus, pero Mourret no mentía: una excepción... que más tarde se convertiría en declaraciones magisteriales condenatorias de todo antisemitismo y de todo antijudaísmo repetidas hasta hacerse doctrina de la Iglesia.

El propio Zola, enemigo de esta Iglesia, recibió apoyos de algunos católicos, que se identificaban como tales... «Había

---

[262] Joseph BRUGERETTE, *Le Prête français et la société contemporaine* t.II (Polethielleux, Paris[6] 1935) 478

[263] Cit en Agnes SIEGFRID, *L'Abbe Fremont* t.II (F. Alcan, Paris 1932) 163

[264] F. MOURRET, o.c. IX 1º, p.168

personas devotas que le enviaban estampas religiosas, pidiendo que descendiese sobra su cabeza la bendición divina, ya que él había querido salvar a un inocente»[265].

Decíamos que el abate Fremont proclamaba la verdad: se podía defender la fe defendiendo a Dreyfus, a un inocente. Y los muchos que pensaban lo contrario ni siquiera se veían impelidos a tomar partido antidreyfusista a causa de la militancia irreligiosa de muchos de los defensores del capitán, sino que ya partían de prejuicios antijudíos. Para ellos, como se expresaba el diario de Drumont, era normal que fuese traidor porque era judío...

El otro gran asunto que protagonizó pasiones en la misma época es la aparición de los llamados Protocolos de los Sabios de Sion. Aquí también se expresó, más radicalmente aún, el antijudaísmo como nota constitutiva del integrismo de matriz católica.

El libro es una burda falsificación que sólo puede ser creída por quien está sometido previamente a un poderoso prejuicio. En otro lugar ya tuvimos ocasión de hablar de este libro, que recogería «las supuestas actas de una reunión de rabinos» en las que se habla de una conspiración para dominar el mundo:

«Las actas son vagas e imprecisas, llenas de generalidades. Su lectura confunde, pues se mezclan el futuro y el presente; un presente que hace pensar en lo innecesario de tal conspiración, pues parecería consumada ya. Las *profecías* concretas son desmentidas por la historia posterior. La redacción, de modo infantil, parece corresponderse con la mente de un antisemita adscrito al tradicionalismo ruso por las continuas alabanzas al régimen zarista, a la nobleza y al campesinado, presentados como garantes de la civilización cristiana, motivo por el que serían el primer objetivo a combatir por ellos (por los judíos). El autor del escrito, incluso, representa a los judíos autoinsultándose (ambición, crueldad, etc) para resaltar, por contraste, la determinación amoral de los conjurados, la bondad de las víctimas (o sea, el mundo del Antiguo Régimen) y la necedad de los *colaboradores* (los no judíos seguidores de

---

[265] «El affaire Dreyfus» en *Yo acuso*, o.c, p.95

ideas *revolucionarias* y los ingenuos que no creen en la conspiración)»[266]

El libro se extendió rápidamente entre todos los círculos antisemitas de cualquier signo. Fundamentalistas protestantes, nacionalsocialistas, integristas islámicos... A nosotros, sin embargo, nos interesa el vínculo de la patraña con el integrismo de matriz católica; aunque la pasión antijudía es de tal calibre que no faltaron ni faltan cruces, relaciones, entre esos ámbitos citados —tan alejados del catolicismo— y el integrismo que proviene de éste.

Tras la difusión del libro en Rusia, en el contexto de los pogromos de finales del siglo XIX, la Europa occidental del siglo XX va a vivir la expansión del escrito. Los promotores católicos se suceden... Monseñor Ernest Jouin, Roger Lambelin, de Acción Francesa, el ya citado Juan Tusquets, clérigo catalán fanatizado por la denuncia de la conspiración judeo-masónica... Otro de los propagandistas de la época fue uno de los representantes del fascismo español, Onésimo Redondo, que se distinguía precisamente por querer insertar el vigor regeneracionista del fascismo en el mundo del tradicionalismo españolista *católico*.

El antijudaísmo en ambientes sociológicamente católicos perduró y llega hasta hoy. Con grandes altibajos en su expresión, hoy no constituye el leit motiv explícito en el repunte integrista que asoma... El pecado de islamofobia sí se presenta de modo notable e hiriente como nota distintiva de este resurgimiento. Sin embargo, el antijudaísmo persiste en los círculos más intelectualizados de estas facciones. Y actúa como fermento. Y sobre todo, encierra a los adeptos en un mundo sectario y autocomplaciente en el que las llamadas magisteriales de la Iglesia culminan por ser desoídas de modo sistemático. Las llamadas a conversión en las relaciones con el Pueblo de la Primera Alianza, y las de cualquier género, pues el mundo integrista de matriz católica es un mundo que se basta a sí mismo: tienen sus referentes doctrinales, sus libros, sus batallas específicas, sus esperanzas, sus modos, su estilo, sus ropas, su lenguaje, y hasta sus *santos*, canonizados de facto por la veneración y la sacra consideración con que son tratados algunos personajes.

Decíamos que este antijudaísmo específico persistió tras las grandes explosiones expresivas de finales del siglo XIX y comienzos del siglo XX. Inmediatamente antes de la Shoah pero ya en medio del histórico antisemitismo hitleriano en ascenso,

---

[266] Gerardo López Laguna, *El juramento de Dios. El misterio de Israel y el antisemitismo* (BAC, Madrid 2008) 12

diversos pensadores y escritores católicos difundían obsesivamente su antijudaísmo. El padre Charles Coughlin, v.gr., estadounidense, comenzó una intensa campaña antisemita en la década de los treinta a través de la radio y de una publicación llamada *Social Justice*. Otros en aquel país, en consonancia con tales ideas, fundaron en 1938 el «Christian Front», cuyo odio por los judíos llegó al extremo. La sierva de Dios Dorothy Day y su periódico *Catholic Worker*, rompieron tempranamente con el P. Coughlin precisamente por este antijudaísmo; junto a otra sierva de Dios, Catherine de Hueck, Dorothy Day fundó en 1939 un «Comitee of Catholics to Fight Anti-Semitism», con un periódico llamado *The Voice* para contrarrestar el influjo en los católicos de los medios dirigidos por el P. Coughlin.

Por aquellas fechas el catalán P. Tusquets, a quien Cambó consideraba sencillamente «imbécil y granuja», comenzó a escribir sus artículos antisemitas en un diario milanés de signo católico, hasta que intervino el cardenal Schuster prohibiendo la publicación de estos artículos.

En Argentina, el famoso Hugo Wast, pseudónimo del político y escritor Gustavo Martínez Zuviría, escribía diversas novelas antijudías vertebradas por su concepción del catolicismo. *El Kahal* y *Oro*, de signo conspiracionista, se publicaron en 1935. Al igual que hiciera Hitler en *Mi lucha*, cuando explica que llegó al antisemitismo sin prejuicios antijudíos, antes bien, sintiendo aversión por esos prejuicios, para luego *comprender* en toda su verdad y extensión la *realidad* del «peligro judío», Hugo Wast comienza así sus páginas de *El Kahal*, cómo en su día escribió una novelita llamada *El judío* y cómo se «la devolvieron sin publicarla, y me dieron como razón de no aceptarla el que la obrilla defendía a los judíos, presentando como injusto el común recelo de las gentes contra la raza judía»[267]... Hasta que, profundizando, se da cuenta de la existencia real del peligro. Eso sí, distinguiendo su religioso antijudaísmo del antisemitismo racial:

> «Si el odio al judío es anticatólico, porque debemos amarlo como prójimo, el odio a las doctrinas de la Sinagoga, autoridad civil y religiosa del judaísmo, que persigue la destrucción de la Iglesia Romana y pretende establecer en todo el mundo el imperio de su espíritu, abolido por Cristo, y el dominio del oro, instrumento de opresión de los

---

[267] Hugo Wast, *El Kahal* (Ed. Aldecoa, Burgos 1946) 5

pueblos, ese odio, mejor dicho, ese toque de somatén contra la Sinagoga, es auténticamente católico»[268]

Hay prejuicios mundanos, como los que albergaba Hugo Wast, que pueden conducir a la estulticia. Este hombre continuó su producción antijudía una vez empezada la segunda guerra mundial, cuando ya se había producido la Noche de los Cristales Rotos, las expulsiones a tierra de nadie de familias enteras desde los Sudetes, y cuando los guetos de reciente creación y los campos de concentración estaban en boca de todos —con los consiguientes rumores, cada vez más poderosos, de qué es lo que estaba ocurriendo en esos lugares—, además del buen acompañamiento de sangre vertida ya en esos primeros movimientos previos a la enormidad.

Hugo Wast escribió, como primera y segunda parte de una única obra, dos novelas apocalípticas en 1942: *Juana Tabor* y *666*. Sitúa su apocalipsis en el año 2000, pero escribe su visión en 1942; esto hay que retenerlo. En *666* se habla de una gran persecución, una enorme matanza de judíos, que ocurriría en 1995, realizada por masas fanatizadas y agobiadas por la explotación, que se ceban sin misericordia con sus explotadores: «los judíos». A Wast no se le ocurre otra cosa que comparar esa matanza ficticia con lo que sucede en su tiempo, en 1942, y así escribe estas vergonzosas palabras, el mismo que, falsamente, había impreso que «debemos amarlo (al judío) como prójimo»:

«¡Qué leyes ni qué decretos antisemitas a la manera nazi! ¡Cuánto hubieran dado las víctimas de 1995 porque todo se resolviera con romper algunos escaparates, o cobrarles algunos miles de millones, o acorralarlos en algún campo de concentración!»[269]

Como dijera Cambó del P. Tusquets, «un imbécil», una imbecilidad inmisericorde que sólo Dios puede sanar y quiere sanar para D. Gustavo Martínez Zuviría y para todos.

Tras el Holocausto, la Shoah, vino el Concilio Vaticano II y la *Nostra aetate*, «Declaración sobre las relaciones de la Iglesia con las religiones no cristianas», promulgada el 28 de octubre de 1965... Los integristas no habían aprendido nada del Holocausto, no habían querido aprender porque pretendían situar su juicio

---

[268] Ibid, p.13
[269] Hugo WAST, *666* (Ed. Aldecoa, Burgos 1946) 36

antijudío en otro lugar, prácticamente intemporal. Las expresiones antijudías continuaron salvaguardadas por esa selecta minoría que es el integrismo de matriz católica explícito. Para éstos, el Concilio mismo era una catástrofe que intentaron evitar mediante intervenciones culturales (libros, conferencias, asociaciones) o, al menos, preparando un resto que sería fermento del mañana que anhelaban... sin reforma litúrgica, sin declaraciones *heréticas* en favor de la libertad religiosa o, como en el caso de la *Nostra aetate*, en favor de una relación amistosa y teológica con judíos, musulmanes, paganos...

Una de estas intervenciones fue protagonizada por Maurice Pinay, pseudónimo del autor o autores de un libro que se hizo llegar en 1962 a todos los Padres conciliares y a la prensa para advertirles de lo que a su juicio estaba sucediendo en la Iglesia. El libro se titula *Complot contra la Iglesia*. Parece que detrás de su composición se ocultaba un jesuita mexicano, Joaquín Sáenz y Arriaga —del que luego hablaremos a propósito del sedevacantismo—, quien al fin fue excomulgado por la Conferencia del Episcopado Mexicano. El libro consistía en una voluminosa compilación de históricas declaraciones antijudías extraídas de escritos de Padres de la Iglesia, de Concilios de varios ámbitos, de algunos santos... La contextualización, diversidad intencional, matización, exposición de declaraciones de otra índole, idea de desenvolvimiento doctrinal, de nuevas luces, de imperfecciones que van siendo señaladas y sanadas por el Espíritu... brillaban por su ausencia. Para *Maurice Pinay* la idea era sencilla: el autor o autores veían un supuesto consenso, roto por la Iglesia conciliar...

La llama del antijudaísmo fue mantenida por esas minorías en espera de alguna nueva eclosión. Por ejemplo, el sacerdote integrista-fascista (luego hablaremos de la confluencia que implica esta relación terminológica), Julio Meinville, quien en el periódico *Criterio* en Argentina identificaba sin más la usura con «los judíos», afirmando como los demás promotores del conspiracionismo que tanto el capitalismo como el comunismo eran «creaciones judías». Por su parte, Jean Ousset, verdadero patriarca de los integristas de matriz católica, intenta fundamentar su antijudaísmo en la religión. Tal como hiciera Hugo Wast y otros muchos —sobre todo después de la iniciativa exterminadora ejercida por el nazismo— también Ousset pretende una distinción fundamental entre este antijudaísmo y los antisemitismos racistas:

«Rehusamos, en cuanto a nosotros, porque somos católicos, el abordar la cuestión bajo el punto de vista racista. Pío XI nos ha recordado en la Encíclica *Mit*

Brenender Sorge cuán contrario es este punto de vista a la enseñanza constante de la Iglesia. Por lo tanto no retendremos más que el espíritu revolucionario de la potencia judía, fieles a nuestro inventario de "tropas regulares" de la Revolución. ¿Cómo un corazón cristiano no habrá de sentirse angustiado ante los proyectos, fríamente expuestos por algunos autores judíos, de destruir la religión católica?»[270]

Este autor ha tenido un enorme influjo en los círculos integristas de matriz católica, y lo sigue teniendo. Indirectamente su influjo llega a los muchos que hoy sin tentados a buscar refugio en las *seguridades* tradicionalistas. Ousset, con una lógica implacable y sectaria, selecciona testimonios judíos que se arrogan orgullosamente el ser protagonistas, promotores o, cuando menos, el estar siempre presentes en los movimientos que se confrontaron con el Antiguo Régimen: la masonería, las revoluciones... El simplismo es brutal: se funden tales iniciativas con el «Pueblo Judío» como noción total y transtemporal. Se ignora, por otro lado, una sencilla razón por la que diversos intelectuales judíos se sumaron o promovieron tales movimientos... no un odio satánico a la cruz, a Cristo, a la Iglesia, con conciencia imputablemente orgullosa de ello, sino el mostrarse enemigos de un orden de cosas —el Antiguo Régimen— que durante siglos había insultado, vejado, perseguido y asesinado a las gentes de este pueblo... Motivo elocuente al que los integristas opondrán —acentuando el odio— la idea de que era la sociedad *cristiana* la que se defendía, y que si hubo excesos hay que disculparlos ante la maldad de este enemigo.

Ousset, en esta famosa obra citada y santa escritura para integristas, es decir, el libro *Para que Él reine*, inserta un epígrafe titulado «Los judíos y la revolución mundial»[271] en el que muestra este afán. Es un epígrafe específico, pleno de citas adecuadas al propósito, y representativo de la tendencia de todo el libro.

Otro de los mantenedores de la llama antijudía es Jean Boyer, autor de un delirante y brutal libro titulado *Los peores enemigos de nuestros pueblos*. Boyer defendía explícitamente todas y cada una de las persecuciones antijudías ocurridas en la historia... Adriano, la Inquisición, la Okrana, Hitler... todas. Asimismo, defendía explícitamente la tortura, sin eufemismos ni conceptuales

---

[270] Jean OUSSET, *Para que Él reine* (Speiro, Madrid 1972) 185
[271] Cf ibid, pp 184-189

ni terminológicos sino tal cual. Y daba a su libro un tono vertebrador identificable en el integrismo de matriz católica.

Durante décadas y hasta hoy, estos grupos minoritarios no han dejado de llamar la atención sobre la necesidad de sostener un antijudaísmo *católico*, haciendo caso omiso de las enseñanzas actuales de la Iglesia y de la iniciativa de los Papas. Una iniciativa, la de los Pontífices, consciente de su misión, repetida, profundizada, conversa en *Traditio*.

El integrista Francisco Fernández de la Cigoña, en el artículo citado anteriormente, escrito años después de la finalización del Concilio Vaticano II, intenta exculpar a los católicos que atacaron a Dreyfus:

> «Se comprometieron por la justicia y por sus ideales. Porque estaban convencidos de que Dreyfus era un traidor. Y les confirmaba en sus creencias el hecho de que todo lo que veían era contrario a la Francia que amaban apoyaba al capitán judío. Que había sido condenado por un Tribunal militar, degradado y desterrado»[272]

De la Cigoña minimiza el asunto porque es incapaz de ver el espíritu anticristiano que sustentaba aquella convicción: la indebida divinización del ejército y el clima previo de antijudaísmo, por el que se veía lógica la culpabilidad del judío Dreyfus precisamente por ser judío, por comportarse «como un judío», según el juicio de los antijudíos.

Otro notable integrista marcado por el antijudaísmo era Miguel Poradowski. Una vez más construyendo su propia eclesiología, el integrista ignora las enseñanzas de la Iglesia respecto al ecumenismo para reducir el concepto a la pretensión de sustituir el catolicismo por una «religión sincrética, universal»[273]. Tras este esfuerzo estaría el judaísmo, la masonería y el protestantismo según el autor. Y al fin sólo el judaísmo, al que se hace responsable del nacimiento de la masonería y de las crisis teológicas padecidas por la Iglesia en la historia. Tras exponer diversas iniciativas fechadas en el siglo XIX tanto explícitamente sincréticas como otras que eran realmente de búsqueda, relación, acercamiento, a las que este autor engloba en el sincretismo, el integrista afirma con rotundidad que «es este "ecumenismo" judío-

---

[272] Francisco José FERNÁNDEZ DE LA CIGOÑA, a.c., p.874
[273] Miguel PORADOWSKI, «Ecumenismo y judaísmo»: *Verbo* num. 335-336 (1995) 582

masónico-protestante-sincretista el que penetra en la Iglesia Católica»[274].

Este persistente antijudaísmo, como venimos repitiendo, es cierto que ha sido sostenido por minorías intelectualizantes del ámbito integrista, en una atmósfera sectaria. De vez en cuando ha saltado a «los medios» gracias a alguna acción llamativa o a la fama de los protagonistas. Lo acontecido con Lefebvre, notorio y en su día objeto de titulares, tuvo también sus públicas expresiones de antijudaísmo: la reunión interreligiosa de Asís de 1986 y, sobre todo, la histórica visita de San Juan Pablo II a la Sinagoga de Roma en aquel mismo año, provocaron la ira de los partidarios del monseñor. En la Basílica de San Pedro arrojaron octavillas en las que se acusaba al Papa santo de «haber abrazado a Caifás»...

Ya años antes, «cuando Jean Marie Lustiger fue nombrado arzobispo de París, el 14 de febrero de 1981, Marcel Lefebvre se pronunció con unas palabras rebuscadas para expresar su malestar por la presencia de este hermano judío iluminado por Jesucristo: "Podemos sorprendernos al pensar que a la cabeza de la diócesis más grande de Francia se encuentra alguien que no es de origen verdaderamente francés"»[275].

Lustiger también fue señalado por el integrismo a causa de su intervención para frenar el proceso de canonización de Isabel la Católica. La suspensión fue anunciada por Roma el 28 de marzo de 1991. Este complejo problema dio ocasión al integrismo de mostrar otra vez su antijudaísmo. Así, el historiador cristiandista Jean Dumont, quien en artículo publicado por una revista del sector comenzaba sus palabras de esta forma:

> «Una violenta campaña judía y pro-judía ha logrado en Roma la "suspensión" del proceso de beatificación de Isabel la Católica»[276]

El autor señalaba al cardenal Lustiger, «que no ha cesado de referirse él mismo a su nacimiento judío»[277]... ¿Y por qué no había de hacerlo al confrontarse con un hecho histórico como es la expulsión forzada de más de doscientas mil personas de un territorio? Lustiger es judío, su familia murió en los campos nazis,

---

[274] Ibid
[275] Gerardo López Laguna, *El juramento de Dios*, o.c., p.19
[276] Jean Dumont, «Reconquista de la historia: Santa Isabel la Católica»: *Verbo* num. 295-296 (1991) 707
[277] Ibid, p.708

su vocación cristiana le ha hecho profundizar en su ser judío... ¿por qué no ha de mostrar como argumentos esas realidades?...

Aquí no nos vamos a pronunciar sobre el proceso de la reina Isabel, y en todo caso nos sometemos previamente al juicio de la Iglesia. Decíamos que es un caso complejo por la necesidad —si el proceso saliera adelante mostrando rasgos de santidad en esta persona concreta— de explicar y volver a explicar condicionamientos históricos, falta de luz, qué se debe retener en lo concreto para que sirva de modelo a los cristianos contemporáneos de la eventual beatificación, y todo este etcétera que ya hemos tratado páginas atrás respecto a personas que ya han sido beatificadas o canonizadas.

Sin embargo, sólo una advertencia espiritual: qué buscan, qué anhelan, qué quieren mostrar los promotores de tal causa... La respuesta es plural, ya sabemos; pero entre dichos promotores hay quien lisa y llanamente lo quiere para mostrar la *santidad* del antijudaísmo fundamentado en la fe cristiana. Así el sacerdote Ángel García Fuente de la Ojeda, un destacado y obsesivo antijudío, muerto hace unos años a la hora de escribir estas páginas. De él y su relación con la reina se ha escrito: «(Isabel la Católica) de quien es verdadero devoto y cuya canonización defiende con ardor»[278]. El asunto no es para tomárselo a broma: este sacerdote, representante como Meinville y tantos otros de la confluencia-fusión entre integrismo religioso y fascismo, fundó una editorial bajo el amparo jurídico de una asociación a la que puso su nombre, «Asociación cultural editorial Ojeda». Esta editorial se caracteriza por expresar un antisemitismo total. Allí está el propio libro de Ojeda, firmado con el pseudónimo Juan Español, titulado *Padre, me acuso de ser antijudío. El antijudaísmo cristiano*[279], y luego un batiburrillo de libros nazis, revisionistas e integristas antijudíos. Por ejemplo, *Mi lucha* de Hitler, clásicos del revisionismo negador del Holocausto como *El mito de los seis millones* de Joaquín Bochaca, o *Las victorias del revisionismo* del prolífico e incansable Robert Faurisson. Sobre la conspiración judía encontramos, cómo no, *Los Protocolos de los Sabios de Sion* comentados por el filósofo del neofascismo Julius Evola y otros o *El factor sionista. El impacto judío en la historia del siglo XX*, del racista de la antigua Rodhesia Ivor Benson. Hay libros de denuncia como *El no judío en la literatura rabínida*, del profesor Gian-Pio Mattogno, publicado en 2015 por la

---

[278] Gonzalo Álvarez Chillida, *El antisemitismo en España: la imagen del judío (1812-2002)* (Edit. Marcial Pons, Madrid 2010) 483
[279] Edit. Ojeda, Barcelona 1998

editorial, y autores como el neonazi estadounidense William Pierce, o integristas notablemente antijudíos y revisionistas como el llamado monseñor Richard Williamson, ordenado obispo de modo no válido por Lefebvre en 1988 y consecuentemente excomulgado. Su libro se titula *La Resistencia católica contra la decadencia...*

Las llamadas de atención de los lefebvristas y similares, curiosas para el público, sólo eran acogidas seriamente por los previos adeptos. Su expresión vemos que ha quedado circunscrita a sus propias y sectarias publicaciones durante décadas. Pero algo ha empezado a cambiar al aire del resurgimiento integrista y la encendida atmósfera proto-integrista que se percibe entre los católicos. No sólo el que se reediten muchas de estas viejas obras aquí citadas[280], sino antijudaísmo pretendidamente cristiano, católico, difundido por medios que sí llegan a multitudes de fieles.

En abril de 2006 el Vaticano tiene que llamar la atención severa y públicamente a «Radio Maryja», de Polonia, dirigida por el P. Tadeusz Rydzyk. Efectivamente, en el pontificado de Benedicto XVI, el nuncio Josef Kowalczyk envía una carta abierta al episcopado polaco advirtiendo sobre el carácter integrista y antisemita de dicha radio... Precisamente en Polonia, otra vez antijudaísmo empapando las almas de muchos, de muchísimos, dado el apoyo que se mostraba al P. Tadeusz.

Antes hemos hablado de las obras de Hugo Wast. En 2015, Fundación Gladius edita las obras completas en tres volúmenes. No las obras rescatables, como la biografía de San Juan Bosco, sino también *El Kahal, 666, Oro, Juana Tabor...* Y páginas web de esta tendencia, como «infovaticana», se apresuran a defender estas obras usando el viejo distingo entre este antijudaísmo y el antisemitismo racial, algo expresamente condenado por la Iglesia: no sólo ambos movimientos tienen vínculo histórico, psicológico, y filosófico, sino que cualquier opción humana que aleje de la gracia y la caridad es equivalente a otras que hagan lo mismo por mucho que aspectos de su fisonomía sean diversos.

Hay, en fin, un clima. Imperceptible para muchos pero real. En el año 2007 aparecía en España otro libro de Messori, sobre la

---

[280] Los *Protocolos* son reeditados sin aparato crítico alguno para denunciar el antijudaísmo; el libro firmado por Maurice Pinay, además de las muchas ediciones que tuvo poco después de su salida en los años 60 del pasado siglo —con algunas notables por su difusión como la de la Editorial Mundo Libre, México 1968—, aparece ahora en diversos idiomas: por ejemplo, en 2015 por la Editorial Omnia Veritas Ltd, o en 2020, en francés, por Veltaz Edition Limited...

Virgen María[281]. El autor, que sitúa la lucha contra el irenismo y la indiferencia en una apasionada defensa de la civilización cristiandista, introduce en su libro el veneno del antijudaísmo. Efectivamente, Messori *resucita* y divulga masivamente algunos viejos textos de algunos autores talmúdicos y del *Toledóth Jéshu* en los que figuran graves insultos a la Virgen María relacionados con el supuesto origen «ilegítimo» de Jesús.

¿Por qué hace esto Messori?... En primer lugar, miente cuando considera que «los judíos», como tal entidad total, comparten a día de hoy tales textos. Un Jules Isaac quedó fascinado por el Evangelio sin hacer caso de aquellos prejuicios; la comisión de judíos contemporáneos que revisaron el proceso a Jesús y concluyeron en la ilegitimidad del mismo, tampoco han hecho caso... Cuando San Juan Pablo II entró en la Sinagoga de Roma, pudo hablar con libertad de Jesús, «hijo de María Virgen», y Elio Toaff no se sintió agredido ni cuestionado...

Messori, que admiraba al Papa santo, se ve atrapado por su propia lógica ideológica. San Juan Pablo II, siendo niño y cuando no los nazis sino sus compatriotas se dedicaban a apalear judíos el Viernes Santo (la imagen es estremecedora), sostuvo con el ejemplo de su padre la amistad con personas judías. Y siendo Papa fue creando todo un cuerpo doctrinal, enorme, misterioso, provocador, respecto a las relaciones de la Iglesia con el Israel que persiste hasta el fin. Unas luces venidas de la Verdad inaprensible que, en primer lugar, están vertebradas por la caridad, y desde ahí iluminan este tremendo misterio que el antijudaísmo rechaza de un manotazo.

¿Por qué hace esto Messori?, decíamos. Porque la ideología cristiandista, como tal ideología, precisa de entusiasmos de este mundo, de abajo. Messori cree que las relaciones de amistad con el Pueblo Judío como tal, el obviar agravios pasados mutuos, el pedir perdón y perdonar, son muestras de debilidad ante un mundo que lo relativiza todo. Es decir, para él, la afirmación cristiana, la afirmación de la unicidad de Cristo es un acto de fuerza contra los otros. No una consumación, no una presencia que un día se desvelará con claridad sobrenatural. Sino la seña clara y rotunda que identifica una civilización frente a las otras. Una brutal reducción del misterio de Cristo en la historia.

Al fin, el antijudaísmo se sitúa al margen o por encima de las enseñanzas de la Iglesia mostrando el rostro integrista que lo

---

[281] Vittorio Messori, *Hipótesis sobre María. Hechos, indicios, enigmas* (Libroslibres, Madrid 2007)

212

anima: para ellos tales gestos papales, tales doctrinas, son cobardía irenista, modernismo, sincretismo y todo lo demás. Y si en muchos hay alguna querencia afectivo-manipuladora respecto a la figura de alguno de los Papas recientes, este proto-integrismo que constatamos se dedica a *lavar* la imagen de esos Pontífices ocultando como inexistentes ese magisterio, esos signos y esas palabras.

5.- Elitismo

En este cuadro fisonómico, ciertamente genérico, no podía faltar esta nota crucial, emparentada con las otras. Elitismo, jerarquismo mundano, privilegios, pensar que unos han venido a este mundo no a servir sino a ser servidos... Disfrazar esta realidad anti-evangélica diciendo que así es como sirven a los otros...

En el momento de la descomposición en occidente de la civilización cristiandista, la reacción integrista acentúa el discurso de los linajes y la sangre. A día de hoy este discurso aún es sostenido doctrinalmente por diversos grupos integristas de matriz católica. Sin embargo, a pesar que el discurso explícitamente *sanguíneo* es cosa de minorías, el enfoque sigue siendo nota común para el resto porque el foco no está tanto en qué se fundamenta el elitismo sino en su defensa intrínseca, en su vivencia práctica y en las opciones morales que genera.

Efectivamente, el elitismo significa el situarse en la enemistad frente a los pobres y los empobrecidos de la tierra. En la desconfianza, en la afirmación de un orden de cosas —que predican querido positivamente por Dios— en que unos derrochan y otros sufren carencias esenciales... Sigue en vigor aquella falsa solución: que las cosas *deben ser* así para que unos ejerzan la *caridad* y otros la *paciencia*; como sigue en vigor aquella reflexión de monseñor Helder Camara, aquel famoso «si doy pan a los pobres me llaman santo, si pregunto por qué no tienen pan me llaman comunista».

El elitismo, ya sea teorizado como lo hace el integrismo de matriz católica, ya sea practicadoEl elitismo, ya sea teorizado como lo hace el integrismo de matriz católica, ya sea practicado de modo *natural*, obvio, como se vive en los inmensos círculos aburguesados del catolicismo occidental, tiene calado sobrenatural. El elitismo siempre es materialista, por mucho que se lo disfrace y se le inciense. En primer lugar porque muestra cuál es la roca de nuestras esperanzas: los medios humanos acumulados y controlados y calculados, es decir, el llenar el granero pensando que así se domina el futuro, el contar caballos y armas para luego gloriarnos de nuestras victorias; o, por el contrario, el no preocuparse del mañana, el no contar caballos y armas... La Iglesia y el dinero —pues éste es sacramento del elitismo—, ahí se juegan los cristianos su credibilidad espiritual, cuando los otros ven en quién se fían, si en Dios o en el dinero.

El calado sobrenatural del asunto no queda ahí encerrado, sino que desde ahí se expresa necesariamente en el amor. La verdadera elevación espiritual es antítesis del elitismo, pues tal elevación es acogida, es gracia, y lo otro es una convención humana para dominar. Esta elevación conduce al amor incondicional en progreso notable e infinito, y, por tanto, conduce al lugar de los últimos. Partiendo de donde sea: más milagroso que un acomodado resquebraje sus seguridades y comience a servir a sus hermanos, es que un aplastado, un pobre, un marginado, renuncie a luchar por su ascenso para que su combate amoroso sea en favor de sus hermanos pobres, de los inocentes que sufren a su lado.

Este punto de referencia es rechazado por el elitismo tradicionalista. Para esta facción creciente, la *caridad* es individualista, siempre, y deslegitima las rebeldías; también siempre. El siervo de Dios Tonino Bello tuvo que soportar como obispo este reproche continuo, similar al que hemos citado de Helder Camara: el de ser un demagogo alterador del orden social... Bien: que quería alterar ese orden no lo ocultaba. Pero esto es una virtud, no un pecado, si el motor es el Amor de Dios y el Alterador el mismo Espíritu que entra como vendaval para situar las cosas en otro principio, desarticulando los afanes de la soberbia humana y su inmisericordia.

«Estos días he leído en mi ciudad un manifiesto, que anunciaba para el Viernes Santo un solemne *Via crucis* organizado por los "Amigos de la Tradición". He apreciado la iniciativa. Pero me he dicho que hasta cuando en nuestras ciudades el *Via crucis* no sea organizado por los amigos del cambio, por los apasionados de la revuelta, por los pobres que se rebelan, por los condenados a las pequeñas cruces cotidianas, por quienes son aplastados por ellas, por quien es despojado injustamente de todo como Cristo, por quien es rociado por la hiel y el vinagre de una vida insostenible, tendremos siempre pascuas esterilizadas, liturgias inocuas, auroras sin mañana. Y las losas seguirán obstruyendo nuestros sepulcros»[282]

---

[282] Don Tonino Bello, *Acoger y dar vida* (Ed. Paulinas, Madrid 2012) 164-165

El integrismo de matriz católica entonces arrecia ante estas visiones: ¡«revolucionarios» que quieren socavar el orden divino...! Así, como escribía De Lubac, «ciertos defensores del orden social van a la caza, indistintamente, de los salteadores de caminos y de los profetas»[283]. Esto, obviamente, viene de antiguo. Y eso, la antigüedad, es lo que le da valor para estos tradicionalistas: si *siempre* ha sido así, si cada uno debe estar en *su sitio*, los disolventes, los revolucionarios, trastornan ese orden metiendo en el alma del pueblo el virus de la envidia. Y ya está... O no sólo, pues estos pensadores y propagandistas y luchadores por lo que ellos llaman «tradición» no han tenido empacho, muchos de ellos, en insultar al pueblo de modo constitutivo, es decir, para aclarar que está donde está porque no puede estar en otro lugar que en de la brutalidad, la ignorancia y la sumisión.

Cuando el trilema de la Revolución —libertad, igualdad, fraternidad— era combatido por los partidarios del Viejo Régimen se puso de manifiesto la profundidad mundana del concepto de jerarquía ligado intrínsecamente a privilegio-. El P. Alvarado, el autodenominado «Filósofo Rancio», o «el Rancio» sin más, escribía que la igualdad consistía «en que los hijos de las yerbas y los hombres viciosos roben a los que, o por su nacimiento, o su industria, son más ricos que ellos y usurpen las distinciones que son debidas a la virtud»[284]. El Rancio, sin inmutarse, habla de «la sabia distribución de la Providencia», por la que «resulta que la tierra destinada para el uso del hombre unos tengan mucha y otros ninguna porción y, por consiguiente, que unos abunden y a otros todo les haga falta». Según este fraile, «el pobre, mirando como obra de la Providencia la abundancia del rico, respeta su propiedad como inviolable»... Ahora bien, esto, según él, es el ordenamiento de Dios, al cual se oponen los hombres. Entonces, el pobre «mira con ojos avarientos la opulencia del rico. Si las fuerzas o la astucia le bastan, nada deja por hacer para usurparla y robarle hasta el último maravedí. Pero si es cobarde se suele meter a periodista y se vale de la filosofía como pudiera del puñal o de la escopeta»[285]... La imagen que este religioso tiene de un orden social dictado por Dios no puede ser más repugnante. O quizá sí, pues su correligionario Zeballos, al tratar de confrontar la «soberanía del pueblo» con la soberanía de los príncipes, habla de esta última

---

[283] H. DE LUBAC, *Paradojas y nuevas paradojas*, o.c., p.31
[284] Cit en Javier HERRERO, o.c., p.319
[285] Cit en ibid, p.326

como de una autoridad que limita y controla los innatos apetitos innobles de la plebe; que serían constitutivos. Anota al respecto el comentarista de este fraile:

> «Es evidente que la identificación del pueblo con lo "pestilente", "charco", "cieno", etc, nos proporciona una visión muy interesante de la actitud emocional de Zeballos ante los problemas políticos de su época»[286]

Estas concepciones estamentales obran el milagro de que una casta que, generalizando y merced al poder y los bienes, podemos definir de vagos y corruptos, sea defendida como depositaria natural-providencial de todas las virtudes. Efectivamente, el elitismo se *ontologiza*. Cuando el Rancio en la *Constitución Filosófica* divide a los hombres en buenos y malos, entre los primeros, además del rey, la nobleza y el clero, introduce a los «ricos». Este fraile moraliza de modo maniqueo todo lo concerniente a las clases privilegiadas, los buenos, que han de ser protegidas de desmanes:

> «Compara a los modernos liberales con los comuneros de Castilla y, estando en Guevara, exclama horrorizado que tanto aquéllos como éstos serían capaces incluso de exigir que lo nobles y ricos paguen impuestos, como los pobres y plebeyos: "También, señor, os digo que me parecía gran vanidad, y no pequeña liviandad, lo que se platicaba en aquella junta (de Ávila), y lo que pedían los plebeyos de la República; es, a saber, que en Castilla todos contribuyesen, todos fueran iguales, todos pechasen..."»[287]

El elitismo vendría de arriba, del mismo Dios, quien habría ayuntado poder y virtud en estos elegidos... (¿estos religiosos reaccionarios habían leído quizá a Calvino?). Como escribía Lorenzo Hervás respecto a «las personas de alto nacimiento», sus miembros son «los de sublime carácter». Lardizábal no tiene empacho en defender a las clases altas usando la referencia explícita a los «privilegios», es decir, al motivo por el que son acusadas de injusticia... «Se insulta desvergonzadamente a la nobleza, a las clases privilegiadas». José Joaquín Colón, en un libro de inicios del siglo XIX, se quejaba de las «horrendas calumnias,

---

[286] Ibid, nota 28, pp 100-101
[287] Ibid, p.329

sátiras y desacatos a la respetable e inmortal nobleza española»[288]... Inmortal...

Tal como defendiera en Inglaterra Edmund Burke un elitismo «natural» y, por tanto, de origen divino, así en toda Europa se reafirma la vieja idea de la sangre: unos han nacido para mandar, y en consecuencia para poseer. Las nuevas ideas, con mayor o peor fortuna (en general con muy mala fortuna en sus resultados), han socavado como principio tales convicciones; al discutir sobre el origen de la soberanía política y sobre las injusticias sociales han provocado la furia tradicionalista. No es que estas nuevas ideas hayan de traer justicia social y verdadera corresponsabilidad política —pues no las trajeron ni las han traído—, sino que el viejo ligamen entre mando y privilegio, que seguirá en vigor por doquier, tiende a quedar desconectado de consideraciones de linaje miradas de modo constitutivo.

La reacción tradicionalista se convierte en un soniquete persistente que, salvo excepciones, se va separando a lo largo del siglo XX de los principios del linaje para incidir unívocamente en el jerarquismo. Es decir, poco a poco, el esquema que habla de la identificación de sangre y virtud, y como consecuencia poder y dinero, se va sustituyendo, a la inversa, por «poder» de facto que conllevaría, por consiguiente, una misión, una vocación, transmisora de virtud, y todo vertebrado obviamente por la presencia del dinero.

Respecto a la soberanía, el elitismo sigue, por tanto, fundiendo estamento social con virtud, honestidad... El reverso despreciativo es claro: «Se ve que en España puede representar al pueblo cualquier ciudadano, aunque sea un pastor de cerdos, un zapatero de viejo, un oficial de sastre»[289]...

Respecto a la justicia social se sigue sosteniendo la caricatura del orden divino pese a la «presencia de vastas acumulaciones de riqueza hereditaria en el seno de comunidades asoladas por una pobreza crónica»[290].

Los pensadores son unánimes. Hasta hoy, donde el repunte integrista en el seno de la Católica tiene como una de sus señas la guardia sacra de la propiedad, tal como está establecida, y la

---

[288] José Joaquín COLÓN, *España vindicada en sus clases y autoridades de las falsas opiniones que se le atribuyen* (Imp. de Repullés, Madrid 1814) VIII (Introducción)

[289] Ramiro FERNÁNDEZ VALBUENA, o.c., pp 147-148

[290] Jonathan POWIS, *La Aristocracia* (Siglo XXI de España Editores, Madrid 2007)

8

sospecha y denuncia de cualquiera que en nombre de los hambrientos, de los migrantes, de los indígenas, de los descartados, ose señalar como injusto tal ordenamiento.

Soberanía, riqueza... Viene el tercer aspecto, especialmente trágico, que englobamos en esta nota fisonómica de «elitismo»: la relación de la Iglesia con los bienes de este mundo.

Vimos páginas atrás algo del significado de los conflictos surgidos por este motivo con poderes seculares durante la era de transición a la poscristiandad occidental. La vieja idea de ligar las propiedades de la Iglesia a su libertad, de modo intrínseco, y de haber ligado a su vez la noción de propiedad eclesiástica con propiedad de Dios —con todo el inmenso abuso y equívoco que esto conlleva— es denominador común en los pensadores de la reacción de la primera hora... El P. Mozzi, la carta pastoral de los obispos españoles refugiados en Mallorca en 1814, donde prácticamente toda la protesta se refiere a una inmunidad entendida explícitamente como económica; el Abate Bonola, el P. Vélez, quien siendo arzobispo de Santiago pone en práctica su credo y se entrega a la pompa y al lujo («capuchino atildado» se le ha llamado...).

No podía ser de otra manera pues, al fin, la noción de unir responsabilidad jerárquica con privilegio material —noción expresamente negadora de lo proclamado en el Evangelio desoído «no será así entre vosotros»—, tiene su lugar propio en la Iglesia, donde está la máxima responsabilidad jerárquica concebible: la vicariedad respecto a todos, el cargar con todos y con lo de todos... Cuando tal responsabilidad se difumina viene siempre, desde el principio, la otra concreción proveniente del «mundo». Y asoman los fastos, las exquisiteces, el sibaritismo... y el hedonismo, *boccato di cardinale*; disfrazado todo ello de altísima espiritualidad y real bofetada al rostro de los oprimidos.

La justificación de tal estado, del elitismo, viene de parte de algunos de resucitar o sostener las nociones esencialistas del linaje. En cuanto esenciales, ordenamiento divino según ellos: una misteriosa virtud, presente en la sangre, que conduce a cosificar a los otros estableciendo relación de dominio en vez de fraternidad. No obstante, la mayoría de los que defienden hoy este estado de cosas, aun sin teorizar sino como sentimiento poderoso, no acuden al linaje y la sangre, sino a un jerarquismo venido del «esfuerzo» y del «mérito». Obviamente las dos nociones —linaje, esfuerzo— se cruzan y se condicionan: unos, gracias a su linaje (nobiliario o ya meramente económico) disponen desde el principio de medios para que se exprese su esfuerzo, si lo hubiere; medios que otros no tienen. Y a su vez, otros, logrado el triste objetivo de escalar socialmente, provocan el que la situación tienda a volverse hereditaria, es decir, que culmine en linaje.

El mundo explícito del integrismo de matriz católica sí retiene la idea del linaje. En el año 1993, por ejemplo, una editorial española publica un libro firmado por el patriarca de los integristas brasileños, Correa de Oliveira[291]. El libro analiza las alocuciones de Pío XII a la nobleza romana. De esta obra se ha dicho que es un «esfuerzo por establecer las enseñanzas de Pío XII sobre los auténticos valores de las élites que están muy eclipsados en el igualitarismo postrrevolucionario y las modernas democracias inorgánicas»[292].

Hay que notar las fechas de la pretensión... A nuestro juicio —que al fin ha sido el juicio posterior, de facto, de la Iglesia—, aquellas alocuciones eran un intento desesperado de aquel Papa por revivir lo que según su formación era un valor para todos: que las «clases altas» fueran ejemplo para el pueblo. Realmente la idea de que una clase social establecida en el privilegio económico —y con obligación cultural de mostrarlo así— pueda ser modelo desde la perspectiva del Evangelio, es una contradicción. Pío XII idealizaba sobre la misión de estas clases rectoras, su responsabilidad, sus tradiciones de beneficencia respecto a los pobres... el practicar «una sana austeridad de vida»[293], un estilo al tratar las cosas, un «prestigio personal, casi hereditario en las nobles familias»[294]... En fin, un mundo no sólo caducado sino inexistente...

Cuando San Juan XXIII accedió al pontificado se negó a otorgar títulos de nobleza eclesiástica a sus familiares; esto ya lo había hecho un Papa de tendencias muy diferentes, San Pío X, desde cuya formación bien podía valorar a lo que los hombres llaman «nobleza», pero una intuición sobrenatural le indicaba que aquello era nada a los ojos de Dios. San Juan XXIII guardó silencio respecto a la costumbre de aquellas alocuciones del Papa precedente. Al fin, fue San Pablo VI quien, con suma delicadeza y en contestación al

---

[291] Plinio Correa de Oliveira, *Nobleza y élites análogas en las alocuciones de Pío XII al Patriciado y a la Nobleza romana* (Edit. Fernando III el Santo, Madrid 1993)

[292] Carlos Moya Ramírez/Luis Eduardo Dufaur, *La familia frente a la TV* (TFP-Covadonga, Madrid 1996) 107

[293] Pío XII, *Alocución a la Nobleza y al Patriciado romano* (9-1-1958)

[294] Ibid

príncipe Colonna, zanjó para siempre —eso esperamos— aquella cuestión. Fue también una «alocución a la Nobleza y al Patriciado romano» pronunciada por el Papa Pablo el 14 de enero de 1963. El resumen de aquello fueron palabras de agradecimiento y el manifestar que estamos en otro tiempo, con otras nociones, con otro sentir de la Iglesia; que se había acabado la noción de las jerarquías esenciales, intrínsecas a la persona, puestas en el candelero para que los de abajo imitaran sus supuestas virtudes. Y ya no hubo más alocuciones.

Al integrismo explícito, que un día aborreció también explícitamente a este Papa, no le importa tal iniciativa aclaratoria. Ellos tienen su propio universo. Haciendo la alabanza a «la aristocracia paulista», el autor integrista vincula la sanidad de la institución familiar, de la familia, con la propiedad: la familia noble, rica, se entiende, con patrimonio para mostrarse como tal:

> «¡Cuántas familias terminaron siendo relevantes cuando se tornó claro ante sus ojos el papel que están llamadas a representar! Y es que la grandeza de los pueblos tiene su origen en la grandeza de sus familias. Cuando la sociedad moderna fue abandonando las grandes residencias, comenzaron a desintegrarse las familias ¿No es curiosa la coincidencia entre la adopción generalizada de pisos y la sombra amenazadora del divorcio, proyectándose en los hogares? ¿Mera coincidencia? La realidad es que la familia y la propiedad se entrelazan como los anillos matrimoniales de una unión perfecta para la consolidación de las estirpes y la constitución de un vigoroso pueblo»[295]

El artículo citado se titulaba «La función social del esplendor»… y se refería a Brasil. Aquí se muestran como contradictorios y antitéticos los marcos referenciales que provienen del integrismo respecto a los que nacen de un *sentire cum Ecclesia*. En el caso de Brasil, v.gr., el marco integrista de interpretación y de combate social son las logias, el liberalismo, frente a una aristocracia agraria tradicionalista. Es decir, una disputa entre poderosos. Para la Iglesia santa, el marco social son los pobres, los indígenas, los hambrientos, los campesinos explotados, los degradados en las covachas y los barrios miserables de las ciudades, los presos… Y por esto, por esto mismo entran en su marco de combate las almas de los indiferentes, de los

---

[295] Anónimo: «La función social del esplendor»: *Covadonga informa* n.207 (Julio-Agosto 1996) 9

acomodados, de los explotadores, llamados —como los pobres entregados a las degradaciones y la cosificación mutua— a conversión, a oración, al amor y un amor sobrenatural.

Hay, en fin, un tono persistente. Prácticamente nadie cree en aquello de buscar el último lugar, y, en este caso, quienes teorizan el elitismo lo hacen introduciéndose ellos mismos en la élite, o reconociéndose como dignos de ello. Esto es una enfermedad espiritual que produce muchas cegueras...

Allí, un integrista de matriz católica resume la guerra de secesión americana en estos términos: el Norte, que sería jacobinismo puro, aplasta sin misericordia al Gran Sur, y entonces, se hace un imbécil canto tradicionalista a esa sociedad sureña cifrado en esa concepción jerárquica cuya cúspide es la familia y la propiedad, y que obvia el sufrimiento literalmente apocalíptico, sobrenatural, de millones de negros. Obviar de modo obsceno la esclavitud y posteriores servidumbres opresivas y humillaciones de los negros, testimonia al autor como quien no tiene intimidad con Cristo, no tiene «los sentimientos de Cristo Jesús», y no tiene teología de la historia sino ideología...

Otro poco más allá, el integrista nos muestra hasta qué punto coinciden sus visiones sociales con aquel paleocalvinismo que veía en el rico al agraciado de Dios. Así, en *El libro de la confianza*, del P. Thomas de Saint Laurent, quien, ajeno a la realidad de los que mueren de hambre y de miserias, piensa que las desigualdades de facto son obra de Dios:

> «Así hace Dios con los hombres. Colocó a unos en las clases más altas de la sociedad; puso a otros en condiciones menos brillantes; sin embargo, a unos y a otros da lo necesario para mantener dignamente su posición»[296]

Luego se pone a discurrir sobre las permisiones de Dios que, en lugar del ascenso social que Él querría —«Dios no quiere decaídos. ÉL quiere, por el contrario, que nos desenvolvamos, que subamos»[297]—, «permite una decadencia de nivel social» cuyo motivo «lo más frecuente es que provenga tal decadencia de faltas nuestras, personales o hereditarias. Es generalmente consecuencia natural de la pereza, de la prodigalidad, de diversas pasiones»[298]. El integrista, entusiasta del ascenso, afirma al como remate que

---

[296] P. Thomas DE SAINT LAURENT, *El libro de la confianza* (Edit. Fernando III el Santo, Madrid 1989) 34
[297] Ibid, p.35
[298] Ibid, p.34

«aun así el hombre, el decaído, puede levantarse y, con el auxilio de la Providencia, reconquistar, por sus esfuerzos, la situación perdida»[299].

La ceguera es de una enormidad brutal: al fin hay graves pensadores cristianos —que han tenido una cierta aportación saludable—, quienes, víctimas del elitismo, han convertido esa aportación en un divertimento espiritoso, incluso sazonado con el prurito de una supuesta rebeldía, para cebar burgueses que se alejan de los lugares de las miserias humanas como del diablo. Así Eliot en *Notas para la definición de la cultura*[300], quien teoriza sobre élites y privilegios[301], sobre el poder y el prestigio que se transmiten como «impulso natural»[302], sobre la supuesta esencialidad del clasismo establecido[303], sobre la relación entre jerarquía, privilegios y fortuna[304]... Así hasta llegar al capítulo seis de su libro[305], donde todo él respira un aristocratismo insoportable. Obviamente, respecto a los críticos a semejantes realidades y planteamientos, se habla de modo cerrado de «envidia»[306], y no de injusticia denunciada.

Este tamiz, el elitismo, que desvirtúa la visión de las realidades profundas manifiesta que puede conducir a los lugares del no-amor. Eliot y otros del estilo, se esfuerzan por confrontar la frialdad positivista, la tecnocracia, la vida sin alma histórica, con lo que ellos llaman «tradición», que sería la respuesta a la inanidad del eficacismo pragmático moderno. Pero la respuesta no está en los linajes, las élites conscientes de una supuesta misión histórica, la glorificación del pasado, y todo eso que en cuanto fruto del espíritu del mundo les asemeja a sus contradictores. La respuesta está en la Verdad, en el Amor de Dios manifestado a los pequeños.

Entregarse al paradigma elitista del tradicionalismo concluye en la incapacidad para ver. Cuando Evelyn Waugh viajó a Estados Unidos en 1948 visitó a «célebres conversos al catolicismo. Cenó, por ejemplo, con la hermosa acaudalada e influyente Clare Boothe Luce, en compañía de quien degustó caviar y "lenguado

---

[299] Ibid

[300] T. S. ELIOT, *Notas para una definición de la cultura* (Bruguera, Barcelona 1984)

[301] Cf ibid., pp 50-51

[302] Cf ibid, p.62

[303] Cf ibid, pp 68-69

[304] Cf ibid, p.126

[305] Cf ibid, pp 145-165

[306] Cf ibid, p.158

recibido en avión hoy mismo desde Inglaterra"; y, en el otro extremo del espectro espiritual, conoció a Dorothy Day, dirigente del Movimiento Obrero Católico y cofundadora del *Catholic Worker*, a quien describió como "una autócrata santa y asceta que quiere que todos seamos pobres"»[307]. La ironía de Waugh sobre la sierva de Dios, junto al caviar y el lenguado traído en avión, delatan esa no-visión, pues el caso de Dorothy Day no trataba de una fanática aislada en su propio mundo y con severas pretensiones para con todos, sino de una mujer empapada de Amor de Dios que quería, ya aquí en la tierra, que todos sin excepción fueran bienaventurados.

El elitismo sofoca a la mente y la estrecha para intentar interpretar los aconteceres convulsos desde los cuatro anclajes de unos pocos enunciados elevados a la categoría de fundamentos totales. Ya hemos hablado antes de esa ilegítima reducción de las revueltas sociales, conversas en expresión de algunas pasiones individuales como la envidia, fomentadas artificialmente por alguna «sociedad secreta» enemiga de la cristiandad. El esquema es clásico, y repetido: «Si los ricos no hubieran perdido la virtud de la caridad, Dios no hubiera permitido que los pobres hubieran perdido la virtud de la paciencia»[308].

La incomprensión puede llegar a ser muy llamativa. Balmes, sobre el que volveremos y que no se distinguió por apasionamientos integristas aunque el sector lo use como referente, sin embargo sucumbe a estos reduccionismos. En 1840 escribía:

> «Digámoslo de una vez: la revolución en España no tiene en su apoyo ni ideas, ni intereses, carece de motivo, de pretexto; y si se hiciera, ni objeto tendría contra el cual pudiera dirigirse»[309]

Es decir, en aquella España caciquil y estamental no había pauperismo, ni injusticia social, ni despotismos, ni fundado desprestigio en muchos hombres de Iglesia...

Esta actitud espiritual, el elitismo, en cuanto proviene del corazón humano es transtemporal. Siempre está como tentación, y siempre ha estado y estará a modo de ideología. No es privativa del integrismo ni del proto-integrismo o similares, claro está. Hay

---

[307] Joseph Pearce, *Escritores conversos* (Ed. Palabra, Madrid 2006) 333
[308] Donoso Cortés, «Carta a Dª María Cristina, reina madre (26-11-1851)», cit en Santiago Galindo Herrero, o.c., p.28
[309] Jaime Balmes, *Consideraciones políticas sobre la situación de España* (Imprenta de José Tauló, Barcelona 1840) 107

ideologías estamentales no basadas en linajes ni herencias sacras, sino en el dinero puro y duro, en el burocratismo, en lo que sea que justifique las carencias esenciales de otros como normales, o fatales, o culpables. Además, el ateísmo práctico, frívolo, que nos rodea, con todos sus *descubrimientos* antropológicos y sus experimentos de ingeniería cultural que impone al mundo como evidentes, es elitista. Es cosa de materialistas aburguesados criados en el occidente rico.

No es exclusiva del integrismo, obviamente, pero sí es una nota de esta tendencia. Páginas atrás hablábamos de equivocar el «lugar teológico» al confrontarse con retos ideológicos que cuestionan el cristianismo. La crisis de la teología de la liberación fue una muestra de esto. El término y el concepto como tales fueron en su día aceptados por el propio Magisterio de la Iglesia, tras aclarar que poderosas corrientes englobadas en ese concepto y ese término, realmente se apartaban de la fe. Aunque aceptado, el término cayó en desuso, más que por triunfo de los reaccionarios, por decepción y frustración de sus entusiastas seguidores: la revolución sandinista, en su momento idealizada hasta el infinito, generó lo que ha generado; la revolución cubana lo mismo; las grandes promesas del P.T. brasileño reducidas a una gestión de sabor ligeramente socialdemócrata; la revolución bolivariana, otra frustración impregnada de arriba debajo de corrupción, clientelismo, militarismo... Las guerrillas, evaporado apenas fundadas su halo romántico, otra brutal frustración bañada de sangre de unos y otros...

El integrismo y el proto-integrismo ultraconservador se dedicaron en su día a analizar minuciosamente contaminaciones ideológicas de origen marxista en la propuesta. Tan minuciosas — y estériles— como aquel famoso estudio de Ricardo de la Cierva, *Jesuitas, Iglesia y marxismo*, aparecido en 1986. O la persistencia editorial en círculos explícitamente integristas, con trabajos firmados por sus grandes intelectuales: José Antonio García de Cortázar, Vallet de Goytisolo, Poradowski, etc, sobre «Catolicismo marxista», «Neomarxismo y religión», «Teología de la liberación»... Todos, sin excepción, expulsan de sus análisis a los oprimidos, interpretan las revoluciones sin partir del hecho de la opresión, piensan y sienten que las injusticias señaladas por las revoluciones, en la medida en que son denunciadas por ellas *tienen que ser* mentira...

El elitismo ignora la centralidad de los pobres, cuando más son reducidos a objeto para que alguna alma piadosa se santifique. Pero esta centralidad está revelada: es la imagen del juicio final en el Evangelio según San Mateo, y vincula el amor con la humildad. Los que amaron a sus hermanos sufrientes se asombran de haber servido al mismo Dios. Los que no amaron, porque estaban en otras cosas más elevadas o por el motivo que fuere, protestan del juicio: si hubiéramos sabido que eras Tú... pero sólo teníamos a la vista a desarrapados, delincuentes, maleducados envidiosos de nuestra justa posición —no lo olvidemos, conseguida con «nuestro» esfuerzo—... Teníamos delante a paganos, a ateos, a inmorales, enemigos del orden, de la limpieza...

El descubrimiento de esta centralidad suele vacunar contra tentaciones integristas. Y es una liberación. Es la alegría y la admiración por la irrupción de la gracia: cuando el Bienaventurado Antonio Chevrier se encontró por primera vez con Camille Rambaud, un burgués que se había hecho realmente proletario, exclamó: «He visto a Juan en el desierto»...

Y no sólo es una liberación del amor, sino también de la mente, salir de las concepciones mundanas que conducen al antievangelio del elitismo. Cuenta Powis en su estudio sobre la aristocracia que «antes de la revuelta campesina inglesa de 1381, el sacerdote John Ball recordó la primitiva igualdad del Edén y contrapuso este ejemplo bíblico a la arrogancia de la nobleza coetánea». El sacerdote ironizaba preguntando a sus oyentes respecto al Edén: «¿quién era entonces el gentleman?»[310].

El elitismo siempre remata en enemistad para con los pobres. A los hundidos por el peso de las culpas, a los esclavos de las adicciones, a los destrozados afectivamente que desesperadamente caen una y otra vez en lo mismo, a los *supervivientes*, que hacen cosas indignas para sobrevivir... a los heridos... tengan la responsabilidad que tengan: en vez de un acercamiento amoroso para poder, de algún modo, indicarles la senda de la liberación, el lugar de la salud, la restitución obrada por el Amor de Dios... en vez de esto, la indiferencia y la condena global, el señalamiento por haber «roto la ley». E incluso la acusación a aquellos que se acercan a los caídos, de legitimar el pecado.

Es ésta una de las claves de la actual resistencia neointegrista al papa Francisco: ha puesto como centralidad de la vida eclesial a los pobres, a los sufrientes. Y hay una cierta *espiritualidad*, que siempre se gesta en ambientes acomodados, que considera estas insistencias papales muestra de materialismo, de des-sobrenaturalización, etc. Ahí están esas versiones del

---

[310] Jonathan POWIS, o.c., p.122

Anticristo como quien, en nombre del humanismo, predica la paz y combate el hambre... Crítica acertada en la medida de la falsedad del personaje: rechazando explícitamente la gracia, la prédica sería mentira y remataría en explicitación de odio violento. Y en cuanto al hambre, la crítica sería acertada si se señala como falso y nocivo el concebir al ser humano como megaconsumidor o potencial megaconsumidor, realidad que al fin siempre significa el legitimar —y provocar— el hambre y las miserias de otros...

El drama de los integristas *espirituales* y su denuncia del globalismo, y su apocalipticismo que denuncia al humanismo humanitarista, es que brota de otro brutal reduccionismo: en nombre de la vida perdurable desprecian, como si de nada se tratase, el sufrimiento de los pobres, no el suyo propio... Sufrimiento «material» dicen, ignorando tanto la integridad de la persona como el descarado egoísmo propio de quien teniendo sobrecubiertas sus necesidades y sus caprichos, desvalorizan las carencias esenciales de otros y de los amados por estos otros. Desvalorizando así un genuino sufrimiento espiritual que «clama al cielo».

Este esquema, a veces asoma más brutal aún. El integrismo de matriz católica y sus previos culturales toman partido contra los pobres. Es un tic espontáneo, sin reflexión, propio de almas modeladas en la sospecha frente a los pobres. Fruto de este elitismo es confrontar la comodidad de los países macroeconómicamente potentes contra las migraciones de los pobres; o denunciar ocupaciones especialmente dramáticas o llamativas para englobar ahí la inmensa mayoría de estas acciones, protagonizadas por familias que no tienen dónde vivir y cuyo objeto son *propiedades* de bancos, o de instituciones oficiales, o en abandono..., obviando estos dolores, y a los sin techo, a los que viven en infraviviendas en hacinamiento... Obviando el dolor de la inmensa nación de los pobres de la tierra. Fruto de este elitismo es asimismo defender tendencias económicas ultraliberales so capa de defender la libertad... y el patrimonio de «las familias» (!!); o situarse a ultranza y siempre con las llamadas fuerzas del orden frente a las conductas de los protagonistas de la guerra social que se larva y se expresa en barrios pobres. Etc.

Otras veces la centralidad de los pobres no aparece como explícitamente atacada en nombre de la religión, sino ausente. Es un modo sutil de hacer daño espiritual, porque tales esquemas suelen compaginar esta ausencia con la predicación de grandes y profundas verdades reconocibles como tales por un cristiano. Es el gran esquema ofrecido por ciertas visiones teológicas para

226

describir la era de la gran apostasía. El esquema adolece de esta carencia esencial: nunca asoma como lugar central en la historia de la salvación el sufrimiento de los pobres. La crítica se suele circunscribir a la deriva cultural de los países ricos, y se encorseta en torno a las nuevas antropologías sexuales en un clima de secularismo y de ateísmo práctico. Estas teologías son incapaces de hacer lo que hace el Magisterio integral de la Iglesia: vincular orgánicamente tales antropologías contrarias a la verdad —y, por tanto, a la libertad—, con el pecado de la opresión y la indiferencia hacia los pobres. Por eso, pese a algunos de los autores, tales teologías conducen a lugares donde, a la vez que se clama contra las antropologías de ingeniería, se pisotea el Evangelio. Conducen al pobre Salvini exhibiendo su rosario, a la Hungría de «Los Cazadores» buscando familias migrantes en sus fronteras para agredirlas y expulsarlas... Igual que ayer estas teologías condujeron a Vichy o a Franco.

O'Brien, al que admiro, con su «Padre Elías» sobrecoge y asombra. Profundiza de modo magistral —y bello— sobre esa confrontación última entre gracia y naturalismo pseudomesiánico... Pero los pobres, los últimos de la tierra, su sufrimiento, caudal apocalíptico de sufrimiento, están ausentes en su obra. Y eso se paga sobrenaturalmente.

6.- El culto a la guerra

Ya vimos este culto a la violencia sacra cómo se teorizaba y se practicaba durante las guerras y conflictos manifestados en la era de transición, cuando la civilización de cristiandad en occidente hacía aguas y se resquebrajaba. No vamos a insistir en ello. El drama es la teorización previa, la asunción como valor de lo que el Evangelio muestra como disvalor. Por eso la actitud permanece, una actitud que pertenece al mundo viejo. Así lo cantaba con ironía el conde de Monterroso (según D. Carlos), llamado «Verbo de la Tradición»:

> «Hoy todavía, cuando suena la palabra "carlismo", temen la guerra civil; todavía, dicen, los católicos no se han reducido a una misión de paz (el Heraldo divino no la trajo más que a los hombres de buena voluntad); no lo fían todo al Señor Supremo; todavía son de aquellos que siguen el viejo apotegma de a Dios rogando y con el mazo dando»[311]

---

[311] Juan VÁZQUEZ DE MELLA, *Intervención en el Congreso de los diputados* (13-11-1906)

El Venerable José Rivera, quien durante amplia fase vital estuvo dominado por algunos tópicos cristiandistas, tal como la disyuntiva total entre entreguismo cobarde o violencia honorable, vio después con cada vez más claridad la irrupción del mundo nuevo a este respecto. Reflexiona sobre estas actitudes para concluir en la luminosidad provocativa del Evangelio:

«La Iglesia como "novedad": respecto del Antiguo Testamento, respecto del "hombre viejo". Tendencia incesante, reiteradamente satisfecha, al ejercicio de lo viejo, como manera de realización eclesial. Consiguiente parón, mejor aún, consiguiente retroceso. Pensar: las luchas o las prohibiciones de lo peligroso. Censuras, condenaciones civiles... en lugar de "dejarse matar sin combate físico", característico del modo nuevo»[312]

En cuanto actitud espiritual, es decir, creer en ese modo nuevo o no creer en él, esta disyuntiva diferente a las opciones cerradas que el mundo ofrece, sigue vigente a través de las edades. Hasta nuestro hoy.

La elección del mundo viejo, de modo grosero o sutil, está presente como tentación a la hora de considerar la relación de la fe con la hostilidad explícita del mundo. Von Balthasar ya advertía del origen y consecuencias de esta elección al hablar de «la réplica *ortodoxa* al modernismo», es decir «el integrismo de orientación abstracta y eclesial que, sin embargo, no pretendió integrar espiritualmente la pluralidad de dogmas, sino que trató de hacerse fuerte a base del empleo de la fuerza frente a los contrarios, prescindiendo de los medios espirituales»[313].

La pretensión de, como ellos dicen, un «orden social cristiano», obtenido por la fuerza, la violencia, o una vez aclamado como tal, sostenido por las armas, es una nueva negación del Evangelio de Jesucristo. Balthasar reitera:

«(...) no puede, so pretexto de santificar el poder político, reintegrarse al punto de vista veterotestamentario y, a partir de aquel poder, pretender implantar el amor neotestamentario; por esta razón es erróneo el programa de los integristas ("In hoc signo Vinces" debiera traducirse:

---

[312] José Rivera, *Pensamientos I. Testigo de la realidad* (Edibesa, Madrid 2009) num.358, p.109
[313] Hans Urs von Balthasar, *Sólo el amor es digno de fe* (Ed. Sígueme, Salamanca 1995⁴) 53

¿Pretendes alcanzar la victoria humana en este signo de bancarrota humana?)»[314]

Realmente no parece haber casi nadie que crea en la no violencia orante y activa como respuesta para los conflictos socio-políticos de las comunidades humanas. La dimensión política es constitutiva del hombre, ser histórico y trascendente. Y esta no violencia es la dimensión política de la teología de la cruz, es decir, de un anunciar la verdad que salva, el amor, oblativamente, en universalidad amorosa que envuelve y expresa la pretensión de salvar al contendiente en todas sus dimensiones.

Indicios de este amor se contemplan. Son señales de algo incoado, que por gracia de Dios podría llegar a término pero que pocas veces se expresa con esa plenitud. Estos indicios hablan de un dinamismo que apunta a la ruptura con las normalizaciones mundanas. En referencia al drama que nos ocupa y a una de sus expresiones bélicas, vemos por ejemplo al P. Benito Menni durante la tercera guerra carlista atendiendo a heridos de los dos bandos sin discriminación alguna[315].

Esto ya es un contrapunto en una guerra en la que hubo personajes que apuñalaban con un crucifijo o en la que se remataba a los heridos en el nombre de Dios. Construir la ciudad de los hombres mediante el derramamiento de sangre: esto es el espíritu del mundo. Conviene a toda ideología y toda ideología hace un canto de la violencia; contextualizada según sus valores... Hace unos años, con ocasión del II centenario de la Revolución Francesa, se publicó un libro titulado *La Guillotina o la figuración del Terror*[316]. Lejos de ser una crítica, el libro afirma que «la guillotina se dedica a cimentar una verdadera democracia en la que el pueblo sea efectivamente soberano»[317], que este artefacto fue capaz de «metamorfosear el término pueblo en Pueblo»[318], que «el pueblo, transformado en masa, se ve libre de sus parásitos y la guillotina participa de lleno en el proceso revolucionario de la regeneración nacional, en el que juega un papel decisivo: concretar el discurso

---

[314] Ibid, p.120

[315] Cf Mario SOROLDONI, *Santidad a prueba de fuego* (Hermanas Hospitalarias del Sagrado Corazón de Jesús, Madrid 1983) 121

[316] Daniel ARASSE, *La Guillotina o la figuración del Terror* (Ed. Labor, Barcelona 1989)

[317] Ibid, p.78

[318] Ibid, p.59

haciéndolo operativo»[319]... Esta lírica de una determinada violencia es explicitada de modo brutal por el prologuista de la edición española, Carlos Martínez Shaw, quien define a la máquina como «instrumento racional en su diseño, humanitario en su propósito, pedagógico en su contundencia, democrático en su indiferencia hacia la condición de las víctimas, progresista en su utilización primera contra los defensores del pasado»...

Tales franquezas, de un modo u otro se encuentran en todas las ideologías. Y esta nota revela al integrismo de matriz católica y sus prolegómenos culturales como simple ideología mundana. Aquí el contraste es brutal, pues se trata de cantos guerreros que suenan atronadores sin perjuicio de que se siga proclamando litúrgicamente el Sermón de la Montaña...

Como toda ideología este integrismo tiene sabor *totalitario*, en el sentido de engullir los actos concretos —que tienen entidad moral propia— en un gran relato previo idealizado. Como para las demás ideologías aquí no existe el «cada uno», el «cada vez que lo hicisteis con uno de ellos, conmigo lo hicisteis»... Entonces viene la glorificación de la guerra, de las represiones, porque se han hecho «en nombre de» Dios y de altísimos valores, donde los rostros concretos de los caídos concretos, los gritos de los heridos, de sus madres concretas, el horror padecido por niños de rostro concreto, desaparecen en medio de las grandes proclamas.

Este culto a la fuerza no es algo del pasado: como otras tentaciones y pasiones pertenece a los combates perennes que el hombre sufre en su paso por la tierra, y expresa permanentemente esquemas que lo ideologizan. Los sectores que en la Iglesia nunca han digerido la petición de perdón realizada en el año 2000 bajo la égida de San Juan Pablo II, los que han obviado el dinamismo espiritual de «purificación de la memoria» proclamado por aquel Papa en *Incarnationis mysterium* y en *Tertio milenio adveniente*, los que consideraron de hecho una aberración que habría que olvidar aquel documento de la Comisión Teológica Internacional aprobado por el cardenal Ratzinger y titulado *Memoria y reconciliación. La Iglesia y las culpas del pasado*... ahora muestran su rostro con virulencia. Siempre han estado ahí, hablando de cruzadas y de guerras santas, de modo descontextualizado, intentando *eternizar* estos eventos y estas actitudes en totalidad.

---

[319] Ibid, p.77

Su referencia es cualquier acontecimiento en que aparezcan fusionadas o relacionadas íntimamente la fe católica y el ruido de las armas. Sin ver más, sin querer ver más. Y viene la reducción y la manipulación, que estanca a los fieles y les impide ver más alto y más profundo. Reducción a control humano, por ejemplo, en el caso del misterio de Santa Juana de Arco, pues el meollo no parece estar en lo más visible, la guerra, sino en la advertencia sobre la soberbia: se encomienda la liberación de un pueblo a una adolescente, —una mujer—, plebeya y campesina que dice «sí» a la misión apoyada sólo en su confianza en Dios. Y esto se desarrolla en los entresijos históricos de la época. Los contrapuntos respecto a los dinamismos envolventes de la misma, sin embargo aparecen: Santa Juana no mata a nadie, vela heridos enemigos, llora sobre sus cadáveres, junto con fray Pasquerel los atiende... y al fin —he ahí el dinamismo histórico que se quiere glorificar— ella es traicionada, el rey que quiere entronizar como signo de libertad de su nación se comporta como la mayoría de sus colegas coronados de todo tiempo y lugar, como un maquiavélico bellaco... y uno de sus más famosos generales, Gilles de Rais, se revela poco después como un psicópata, uno de los mayores pederastas asesinos de la historia... El integrismo, erre que erre, sigue glorificando la guerra, aquella guerra en cuanto guerra.

No sólo reducción, sino manipulación. El caso de la Cristiada, las «guerras cristeras» en México, es un ejemplo.

La rebelión de los cristeros presenta algunas notas que escapan al encasillamiento integrista. Fue, ante todo, una reacción violenta, muy violenta, a la acción violenta, muy violenta, de los organizadores de una persecución religiosa.

Hubo un sector, entre urbanos intelectualizados, que pretendieron modelar este movimiento según parámetros integristas clásicos. Era una minoría, evidente minoría, que abogaba en México y ante los gobiernos liberales y masones por la causa carlista, por una reintegración de México a la monarquía española. Defendían, como cualquier integrista, un modelo socio-político basado en una coactiva y legal «unidad católica».

La mayoría de los cristeros, sin embargo, no luchaban por tales modelos sociales sino por la libertad religiosa. Tal como sucedió con muchos campesinos de La Vendée, que habían participado en los sucesos de 1789 y que se movilizaron no en favor del Viejo Régimen sino a causa del abuso del reclutamiento obligatorio y, sobre todo, a causa de los ataques antirreligiosos de la Convención... así sucedió con muchos cristeros: habían luchado junto a Villa y Zapata (éste respetaba positivamente la religión), y tomaron las armas como respuesta a la persecución religiosa.

El movimiento tenía más notas que lo alejaban de los integrismos clásicos: sus combatientes, mayoritariamente, eran de zonas rurales pauperizadas; eran peones y aparceros. Apenas unos pocos hacendados se sumaron, contrariamente a otros lugares en que la reacción antiliberal, con rasgos claramente integristas, estaba dirigida por nobles y terratenientes, apoyados por capas pobres de población no sujeta a una confrontación «de clase». Como en el carlismo, cuyo elemento rural era en su mayoría proveniente del pequeño campesinado propietario, y no de jornaleros de los latifundios.

Los cristeros elegían a sus propios jefes militares, a los que podían destituir, en un ejercicio de autogestión ajeno asimismo al férreo jerarquismo integrista. Además, el papel de las mujeres tuvo una relevancia inédita en la época.

Por qué, entonces, el integrismo los ha tomado como modelo: por la sencilla idea de reivindicar como un todo, con vinculación intrínseca, la fe y la guerra.

El drama cristero fue precisamente ése: las armas, no la rebelión. En aquellas fechas Gandhi movilizaba a miles de personas, en oración según sus creencias, convenciéndoles de la verdad amorosa del Sermón de la Montaña predicado por Jesús. Pero entre los cristianos apenas había, apenas hay, quien crea que esta verdad amorosa puede y debe movilizar socialmente para luchar por la justicia. En consecuencia, aquellos hombres y mujeres tomaron las armas al grito de viva Cristo Rey... 250.000 muertos y otros tantos refugiados en Estados Unidos; innumerables heridos...

La Cristiada tuvo dos fases. La primera (1926-1929) fue una guerra propiamente dicha. Hubo incontables abusos por parte de ambos bandos, como la gran matanza realizada por los cristeros en el asalto al tren Guadalupe-México el 19 de abril de 1927... Ambos fusilaban prisioneros, se recurrió al atentado personal: el presidente Obregón, a su vez autor de muchos crímenes, fue asesinado en un café por el cristero José de León Toral, quien luego sería ejecutado.

«La Segunda» (con este simple apelativo se conoció la segunda insurrección cristera) también se caracteriza por las crueldades. De parte del poder una durísima represión acompañada de ejecuciones y matanzas. Por parte de los cristeros, como signo específico, los asesinatos de maestros rurales. El 21 de julio de 1934 el presidente Calles, con más crímenes encima que Obregón, lanzó lo que se conoció como el «Grito de Guadalajara»,

232

en que proclamaba la obligatoriedad de una «educación socialista»... *Socialista*, según este amigo de hacendados y hombre querido en Wall Street, significaba laicista y antirreligiosa, calumniosa y agresivamente antirreligiosa. Como respuesta, la segunda insurrección cristera tomó como objetivo a los maestros. Alrededor de trescientos fueron ejecutados, torturados antes, algunos quemados vivos... A la maestra María Rodríguez Murillo la violaron antes de asesinarla; a otros les cortaban las orejas...

El integrismo de matriz católica, que en su corazón ha fusionado de verdad la cruz y la espada, invalidando la cruz, sólo vio en esta historia una gloriosa cruzada, englobando a todos los que quisieron negociar la paz en el grupo infamante de los irenistas, los cobardes, los entreguistas. A todos, sin distinguir motivaciones y esperanzas.

Aquella tragedia estuvo acompañada por la presencia de verdaderos mártires, hermanos asesinados por su fe que murieron perdonando; ofreció asimismo el drama de los dilemas morales profundos cuando se desata la violencia... licitud o ilicitud de la guerra, ilicitudes en las cosas de la guerra... Dilemas en los que participaron Pío XI, obispos, hermanos en camino de santificación... Unos avalaron, otros soportaron lo que se les mostraba como ineludible, otros dudaron en uno u otro momento.

El integrismo de matriz católica desdeña como indignos o como síntomas de confusión ante la verdad tales movimientos del alma. La exaltación sacra de la guerra continuó y ha continuado: la guerra civil española, algunas guerras coloniales como las protagonizadas por Francia en Argelia o por el salazarismo, las llamadas «guerras contra la subversión»... Algunos de los intelectuales explícitamente integristas parece incluso que hayan consagrado su vida a la búsqueda y difusión de arquetipos guerreros como modelo de actitudes a seguir por «la cristiandad». Es el caso del jesuita P. Alfredo Sáenz, argentino.

Este jesuita propone como altos modelos cristianos, de un modo reiterado en algunos de sus libros, a, por ejemplo, unos pobres criminales de guerra como Simon de Montfort, Ricardo Corazón de León y Godofredo de Bouillon... De este último dice: «casi un Santo»[320]. Obsesionado con lo que él, y tantos, consideran

---

[320] Alfredo SÁENZ SJ, *La Cristiandad. Una realidad histórica* (Gratis date, Pamplona 2005) 128. Bajo el título *La Cristiandad y su cosmovisión*, este libro fue publicado por primera vez en 1992 por Ediciones Glaudius, de Buenos Aires. Una editorial referencial para los que apoyaron o encubrieron los crímenes de origen militar o ultraderechista.

«glorioso», descontextualiza acontecimientos bélicos del pasado para proponer la alternativa de la guerra. Tema muy complejo (cómo defender a inocentes atacados, es el último meollo de la cuestión), que los adalides de la «guerra justa» solucionan con facilidad. Una vez admitido el principio, sus condiciones — defensiva, proporcional, sin medios de suyo ilegítimos... ¡y en espíritu de amor al enemigo!—, no sólo se suavizan y se mezclan sino que se diluyen hasta desaparecer. Siempre ha sido así, y lo que debería ser causa de dolor interno, de búsqueda espiritual, de búsqueda de alternativas conformes al Amor, al Espíritu que nos ha sido dado, se convierte en una lírica glorificante y mentirosa. El P. Sáenz comienza justificando la guerra y afirmando categóricamente que «la Iglesia nunca condenó la guerra y por tanto jamás se opuso a la vida guerrera como tal»[321], para culminar retorciendo la historia y faltando a la verdad para que se ajuste a su perspectiva:

> «Una de las grandes glorias de la Edad Media es haber emprendido la educación del soldado, transformando al guerrero, inicialmente feroz, en un noble caballero. El que antes se lanzaba a la batalla atraído por la borrachera de los encontronazos, la violencia y el pillaje, se convirtió en defensor del débil»[322]

Esta mentira sangrante, este absurdo y falso antes y después histórico, que parece desconocer los entresijos básicos que maneja la teología espiritual confrontada con el drama del hombre caído y solicitado por la gracia, expresa llanamente la entrega a una previa idolatría.

El integrismo de matriz católica esencializa la violencia como signo de vida cristiana. No la violencia padecida por no haber transigido en la defensa de la verdad, del amor, de la justicia, sino la violencia organizada, atizada y ejercida contra otros precisamente en nombre de la verdad.

El P. Sáenz escoge de modo deliberado y ejemplarizante a santos que hayan tenido alguna relación, directa o indirecta, con combates militares para intentar mostrar lo ineludible y lo glorioso de tales combates. Su libro *Arquetipos cristianos*[323] es una selección de textos del jesuita a partir de su obra *Héroes y santos*, publicada por Gladius, en Argentina, en cuatro volúmenes. Junto a varios

---

[321] Ibid, p.115
[322] Ibid., pp 116-117
[323] Alfredo Sáenz SJ, *Arquetipos cristianos* (Fundación Gratis Date, Pamplona 2005)

santos universales, el P. Sáenz introduce en su catálogo al presidente Moreno de Ecuador, y a Oliveira Salazar...

En este libro abunda en la cuestión: San Fernando y sus conquistas, Santa Catalina de Siena pidiendo una nueva cruzada, San Ignacio hablando de una flota para combatir a los piratas berberiscos en el Mediterráneo... El jesuita propone tales concreciones como signos de una actitud perenne: lo militar. Sin embargo hay doctrinas y propuestas que si bien nacen de verdaderas actitudes perennes en el fondo del alma de tal o cual persona, son en sí contingentes, caducas, sometidas al tiempo, ambiguas y ambivalentes. La Iglesia, desde hace ya tiempo, en su Magisterio y ante circunstancias externas propicias para poder secundar aquel tipo de concreciones, no las secunda sino que dirige en otros sentidos:

> «Si en otros tiempos los mismos Papas emplearon la fuerza y la Iglesia hizo uso de las armas y del poder temporal, por causas que se consideraban buenas y con óptimas intenciones, nosotros no queremos ahora erigirnos en jueces»[324]

Ocurre no obstante, que palabras como estas, en vez de ser contempladas como el fruto de profundizaciones operadas por el Espíritu, de una extensión de luz y una intensidad de la misma, son vistas por los sectores integristas y proto-integristas como signo de descomposición de la propia Iglesia.

El moralismo intrínseco a estos movimientos los conduce a la glorificación de la violencia. Incluso se traslada la mentalidad bélica a los modos de confrontarse con graves problemas sociales. Un ejemplo en el que no nos vamos a extender es la pena de muerte. Precisamente en lugares de histórica persecución religiosa, donde, por eso mismo, se ofrece desde lo Alto a los hijos de la fe testimoniar la locura del Amor de Dios, la semilla integrista —que es mundana— interfiere y da una nota de crueldad sustituta de ese Amor. En el México de que hemos hablado, escenario significativo, vemos esta reacción, por ejemplo y ante el caso notorio del asesino de mujeres Gregorio Cárdenas:

> «La pena capital fue reclamada por los dirigentes de la Junta Diocesana de Acción Católica Mexicana, cuya

---

[324] San Pablo VI, *Alocución en Audiencia general* (21-8-1968)

secretaria, Consuelo López Díaz, se manifestó totalmente partidaria del máximo castigo»[325]

Este organismo católico se burlaba de los dictámenes psiquiátricos que pedían el ingreso del asesino en una institución sanitaria.

El belicismo integrista siempre ha batallado en pro de la pena de muerte, considerando doctrinas definitivas algunas reflexiones de Santo Tomás o la connaturalidad con que durante siglos se ha convivido con tal pena, rastreando testimonios y justificaciones aquí o allá[326].

El culto espiritual a la guerra se ha traducido históricamente en culto espiritual al ejército. Ya vimos con el asunto Dreyfus lo que daba de sí esta defensa incondicionada —desligada de la verdad— de la institución militar. La idea de esencialidad religiosa aplicada a la milicia es explícita. Vázquez de Mella, por ejemplo, discutiendo la relación que debería tener el ejército con el parlamento, afirmaba categóricamente: «En suma, señor ministro de la guerra, el Ejército, que es permanente, no puede estar sometido a lo que es intermitente y mudable»[327].

El integrismo ha expurgado de la historia de la espiritualidad cristiana los testimonios que pudieran cuestionar la institución, para sobrevalorar situándolas como doctrina esencial e inmutable las otras opciones espirituales que sí han avalado a la institución, con condiciones o sin ellas. Tampoco nos vamos a extender aquí sobre esto, sólo constatar que algo tan luminoso como el canon 16 de la *Traditio* de San Hipólito, o el claro testimonio de San Maximiliano y de una buena runfla de hermanos de la primera época cristiana; o el más reciente, el del beato Franz Jägerstätter, o de la sierva de Dios Dorothy Day o el siervo de Dios Tonino Bello... son despachados sin más con la idea de que aquellos soldados mártires de los primeros siglos, lo eran por negar adoración al César, y ya está. Nada se dice de los que vinculaban tal adoración con un derramar sangre y condenaban ambas acciones

---

[325] Raquel Álvarez Peláez/Rafael Huertas García-Alejo, *¿Criminales o locos?* (CSIC, Madrid 1987) 301

[326] Cf por ejemplo Mons. Dr. Emilio Silva de Castro, *Pena de muerte, ya* (Revista Continente Editorial Lda, Río de Janeiro 1986), libro, como otros por el estilo, jaleado por el integrismo en sus publicaciones.

[327] Juan Vázquez de Mella, «¿Ejército parlamentario?»: *El Pensamiento Español* (29-11-1919)

como signos del viejo mundo; ni se dice nada de ese pequeño vector histórico de objetores, profético y manifiesto a lo largo de los siglos en que figuran no pocos canonizados.

En fin, no hay que entrar demasiado en este apasionado debate, pues el integrismo de matriz católica se muestra tan entusiasta y tan firme al respecto que tranquilamente podemos focalizar nuestra visión en los cantos a la brutalidad y en la manifiesta idolatría de sus manifestaciones.

Esto es característico de cualquier integrismo, no privativo del que se nutre del catolicismo. La idea es «el soldado como un representante de la fuerza de Dios»[328]... «Durante los oficios el pastor invocaba, lo primero, la bendición del cielo para el ejército y su jefe, el rey. Las tropas se ponían en marcha a los acordes de una música que parecía una oración. Además, el Dios que se invocaba era un Dios conquistador y guerrero, que no tenía parecido alguno con el Jesús del Evangelio»[329]

En los prolegómenos culturales del integrismo explícito, masivos en nuestra Iglesia, observamos edulcorado en la expresión este culto a la guerra. Se vive una auténtica adoración a las fuerzas armadas y a las fuerzas de seguridad. No es que se rece por sus miembros sino que se glorifica de modo sacro a tales instituciones, hechuras humanas.

Indica, indirectamente, que los sacerdotes que tal hacen suelen estar lejos de las miserias y las periferias, donde conocerían, además del bien que puedan hacer miembros de tales instituciones, una infinidad de males, vejaciones, indiferencia ante tal o cual medida dictada por el poder. Y no por vía de corrupción, sino de parte de las instituciones en sí, que no en vano, como hechura humana, están sujetas a principios, atmósferas, ordenamientos y órdenes infectadas de ambigüedad, de mezcla de bien y mal, y de explícita maldad, injusticia y desamor.

Desde esta base emocional, incuestionada como un artículo de fe, se produce esa vinculación entre religión y milicia, para culminar en la milicia como tal presentada con lenguaje religioso. A veces la fusión se muestra satánica. En los años veinte del siglo XX apareció un libro escrito por Lluys Santa Marina —que posteriormente se uniría al fascismo español— titulado *Tras el Águila del César. Elegía del Tercio*[330]. El libro es una exaltación de la

---

[328] F. Mourret, IX 1º, o.c., p.227
[329] Ibid, nota 2
[330] Barcelona 1924

Legión en la guerra de África desarrollada en aquellas fechas. El escrito es de una crueldad y sadismo inconcebible... Explícito.

Capítulos enteros[331] describen literalmente y en un clima de gozo, de burla, de ironía, mutilaciones de orejas, de narices, de dedos y manos; descuartizamientos y hogueras con los restos; decapitaciones en masa y *monumentos* decorativos hechos con las cabezas, o entradas marciales con cabezas cortadas clavadas en las bayonetas; bromas y burlas con las cabezas cortadas, en tabernas, en las calles; asesinatos de adolescentes, de chicas, cometidos en masa por la tropa; linchamientos a muerte con despedazamiento de las víctimas; violaciones... Todo absolutamente explícito.

Este drama demoniaco, no percibido como tal por los defensores de la obra, quejicosos de algún contratiempo para sus posteriores ediciones, alberga otra tragedia mayor que tiene vínculo esencial con nuestro asunto: esta orgía de sangre poetizada está vertebrada en el libro por continuas llamadas al Señor, oraciones, y esa lírica patriótico-religiosa discernible por todos... Santa Marina ayuntaba sin problemas su religiosidad patriótica —escribiendo sobre Cisneros, Juana de Arco o Isabel la Católica—, con sus épicas matanzas y con su posterior admiración hacia el nazismo.

Este espíritu supone una concepción que produce en el integrismo de matriz católica y en sus previos espirituales y culturales, un acercamiento reverente al ejército para susurrarle cuáles son sus sagrados deberes. Cuando los Congresos de «La Ciudad Católica» se empezaron a extender en Francia pronto se constató la existencia del vínculo:

> «Desde hace dos años los militares de las tres armas se muestran tan activos que ha sido necesario crear una "oficina" permanente para animar su trabajo»[332]

Y este espíritu tuvo sus consecuencias; no sólo en la Francia que batallaba en Argelia. Como en otros lugares del mundo en que se manifestó una relación estrecha y explícita entre el integrismo y la milicia, las consecuencias fueron palpables y sangrientas. Luego volveremos sobre esto.

---

[331] «El choque», «Regreso», «Lo que costó una cabeza de moro», «¡Sandías! ¡Sandías!», «La última copa de un mojamed», «Apreciaciones», «La morilla burlada», «Los dos moros del Kert», «Noche de Aguiluchos»...

[332] Anónimo, *¿Qué es la Ciudad Católica?* (Speiro, Madrid 1962) 19-20

IV.- DISENSO: EL CONCILIO COMO ESCÁNDALO

1.- Digresión sobre el Magisterio

1.1.- Ruptura

Parece necesario, antes de abordar la relación del Concilio Vaticano con la reacción integrista y con los actuales repuntes en este sentido, hacer una breve reflexión sobre el Magisterio de la Iglesia. Precisamente porque es este Magisterio el que es recusado, desde las facciones integristas, en nombre de algún Magisterio eclesiástico anterior. Viene al caso acudir otra vez a Balthasar

239

cuando hablando del complejo antirromano afirma que «florece casi siempre entre tradicionalistas, amigos de pensar que antaño fueron muy diferentes y mejores las cosas y que es preciso sajar en un punto preciso, donde ellos dicen»[333]. Von Balthasar relaciona esta actitud tradicionalista con la generalidad de los cismas sufridos en la Iglesia:

> «Lo que (en cierto modo) valía para los prenicenos debía valer también después: por eso los arrianos abandonaron la Iglesia. Lo que valía en el Concilio de Nicea debía valer también en Éfeso: por eso los nestorianos abandonaron la Iglesia. Lo que valía en Éfeso debía valer también en Calcedonia: por eso se aislaron los monofisitas de todos los colores. El cisma de Oriente se debió a que se reconoció hasta el II Concilio de Nicea, pero no se quiso dar ningún paso más. Para la Reforma era válido lo que estaba (literalmente) en la Escritura, *sine glossa*. Para los viejos católicos lo que hasta aquel entonces no había sido definido como dogma, no debía tampoco serlo entonces»[334]

Este ha sido el dinamismo reciente. Salvo algunos puristas del integrismo que señalan también a León XIII y a Pío XI como responsables de lo que ellos denominan ruptura con la Tradición, los generalmente denunciados en este sentido son los Papas del Concilio Vaticano II. Y ahora Francisco.

> «Entre los que decían que el papa Juan había ido demasiado lejos y que, por tanto, era conveniente "echar el freno" estaba el español Arcadio Larraona, especialista en derecho canónico, al cargo entonces de la comisión de liturgia del Concilio. No era el único. Otros cardenales andaban también metidos en esta opinión: por ejemplo el cardenal Antonio Bacci, esmerado traductor de documentos al latín, el cardenal Giuseppe Siri, de Génova, quien pensaba que la Iglesia necesitaría cuatro siglos para recuperarse de los efectos del pontificado de Juan XXIII, y el guardián de la fe, al frente del Santo Oficio, Alfredo Ottaviani; pero había también otros menos conocidos y haciendo más ruido»[335]

---

[333] Hans URS VON BALTHASAR, *El complejo antirromano. Integración del papado en la Iglesia universal* (BAC, Madrid 1981)

[334] Hans URS VON BALTHASAR, «Integralismus heute»: *Diakonia* 19 (1988) 226

[335] Eduardo DE LA HERA BUEDO, o.c., pp 217-218

San Juan XXIII murió pronto... y entonces los tradicionalistas se cebaron en San Pablo VI, acusando al Pontífice de «rupturista e irresponsable como pregonaron los integristas de ayer —y siguen haciendo los de hoy»[336].

El sentimiento básico en estas tendencias, que unos formulan doctrinalmente y otros secundan sentimentalmente —valga la redundancia—, es que las enseñanzas conciliares y todo el Magisterio posterior derivado de ellas contradice lo que ellos denominan como enseñanza perenne de la Iglesia.

Las fórmulas para tragar el desajuste que ellos perciben con claridad son diversas, en grado y en principio, pero todas concluyen en un rechazo de facto del actual Magisterio de la Iglesia, en una vivencia de su fe ajena al *sentire cum Ecclesia*.

Las fórmulas doctrinales, en el caso de los lefebvrianos y los muchos adeptos a la corriente en derredor que no le siguieron en su acción cismática, consisten básicamente en *rebajar* el rango de las enseñanzas conciliares y sus frutos aduciendo el carácter pastoral del Concilio, no definidor o proclamador de dogmas... «Carácter pastoral al que algunos se agarraron para decir: "Como este Concilio no ha definido nada nuevo, no ha habido ningún *anathema sit*, regresamos a lo de siempre, al preconcilio, de donde no deberíamos haber salido"»[337].

Este carácter pastoral —que también conviene a las encíclicas decimonónicas que son la base de su contestación—, les induce a ningunear el Concilio Vaticano II, como obra de hombres dominado por el modernismo y en donde Dios no estaba presente.

La otra fórmula doctrinal para integrar la supuesta contradicción es más tajante: el sedevacantismo... Es decir, que las enseñanzas del Concilio niegan la enseñanza perenne de la Iglesia porque han sido promulgadas ilegítimamente y desarrolladas por antipapas.

Como hemos visto, hay un sustrato psicológico maniqueo en el pensamiento integrista. Según sus propias protestas, ante el mundo de hoy sólo cabría adoptar dos posturas antitéticas: el sometimiento al «mundo moderno», es decir, al liberalismo triunfante (y, según la época, a su supuesto consecuente, el marxismo), o la defensa de «la cristiandad», con todo su bagaje de realizaciones históricas y de tradiciones humanas elevadas y sacralizadas por los seguidores de esta opción.

---

[336] Ibid, p.17
[337] Eduardo DE LA HERA BUEDO, o.c., p.303

No contemplan otras opciones; no contemplan sea posible una postura crítica, o incluso de rechazo, respecto a «la cristiandad», y a la vez y por los mismos motivos, la no sumisión, la no adscripción a los valores reinantes.

El integrismo de matriz católica cree justificada su postura mediante la particular lectura que ha hecho y que hace del magisterio papal del siglo XIX y comienzos del siglo XX. Hasta que llegó el Concilio Vaticano II y el *perfecto y racional* esquema conceptual que sostenía el integrismo se sintió atacado por una serie de documentos magisteriales venidos de la propia Iglesia.

La facción vive como algo escandaloso lo que ha acontecido en Roma, en un Concilio Universal. Concretamente la Declaración *Dignitatis humanae* sobre libertad religiosa, el Decreto sobre ecumenismo, la reforma litúrgica, la Declaración *Nostra aetate* (especialmente en lo que se refiere a los judíos), la *Gaudium et spes*, la institución de los Sínodos episcopales, y como notas menores pero que según los integristas indicarían un estado de relajación, confusión y degradación, ciertas normas disciplinares, canónicas, referentes al papel de los laicos y al papel de la mujer en la vida de la Iglesia.

El mayor de los escándalos lo supone, obviamente, la *Dignitatis humanae*. Porque declarar la libertad religiosa parecía romper con la concepción de Estado confesional por la que se había batallado desde la irrupción histórica de la Revolución Francesa. Pronto surgen estudios, libros, artículos, que cuestionan la validez doctrinal de la Declaración y, por ende, la autoridad doctrinal del propio Concilio y de los Papas refrendantes. Libros como *En torno a una declaración conciliar*, del sacerdote argentino David Núñez, en el que se juega con los conceptos de falible-infalible para negar importancia al documento y declarar su carácter enemigo de «la tradición»[338]. Libros como el de Michel Martin, *El Vaticano II y los errores liberales: la unidad de la Iglesia*[339], retomado después en la revista de la lefebvriana Fraternidad Sacerdotal San Pío X *Tradición Católica* de octubre de 1985, que sostiene que hay verdadera ruptura doctrinal entre el magisterio de Pío IX y la *Dignitatis humanae*. La misma postura sostenía el carmelita P. Joseph de Saint-Marie en la revista *Itineraires* de julio-agosto de 1988. Esta misma era la posición formal de Lefebvre y sus seguidores y de muchas otras facciones integristas.

---

[338] Cf David Núñez, *En torno a una declaración conciliar* (Presencia en el Mundo, Buenos Aires 1966) 18
[339] Edit. Nuevo Orden, Buenos Aires 1977

Esto tenía su lógica: ellos habían leído las condenaciones magisteriales del siglo XIX como una confirmación explícita de sus posturas; no como un acicate para buscar alternativas. Cuando a un Maritain se le ocurre escribir en su *Du Regime* la necesidad de «reconciliar la visión de un José de Maistre y la de un Lamennais en la unidad superior de la gran sabiduría de la que es heraldo Tomás de Aquino»[340], los integristas montan en cólera: esto sería el catolicismo liberal combatido por Pío IX sin más. Maritain así se convierte en uno de los blancos preferidos por el integrismo. Julio Meinville, sacerdote argentino (1905-1973), capitanea la cruzada contra el filósofo católico francés. Editor del periódico integrista *Criterio,* de Buenos Aires, arremetió contra el pensador, «el abogado de los rojos de España», y escribió una obra traducida a diversos idiomas y difundida por todo el espectro integrista: *De Lamennais a Maritain*[341]. Para Meinville, Maritain, en línea continua con Lamennais y Marc Sagnier, representaría la más odiosa inversión de lo que es la fe católica.

Al fin y para colmo del integrismo, Maritain, junto a Guitton y otros, fue nombrado auditor del Concilio, y San Pablo VI expresó su adhesión al filósofo en varias ocasiones con ocasión de su muerte el 28 de abril de 1973. Así, ese mismo día envió un telegrama al prior de la comunidad fundada por René Vouillame, discípulo de Carlos de Foucauld, donde murió Maritain: «Filósofo de alto valor, cristiano ejemplar (...) amigo particularmente querido»[342]. Al día siguiente, domingo, el Papa decía antes del *Regina Coeli*: «verdaderamente era un gran pensador de nuestros días, maestro en el arte de pensar, de vivir y de rezar». Y todavía, dos días después dirigiéndose a miembros de Acción Católica, volvía a referirse a él:

«La lección del grande, llorado filósofo Jacques Maritain, que ha pasado estos días a la eternidad, no ha sido vana»[343]

Años después, San Juan Pablo II lo propondría, junto a otros (vimos a Rosmini páginas atrás), como modelo de buscador, de filósofo cristiano[344].

---

[340] Jacques MARITAIN, *Du Regime temporel et de la liberté* (Descleé de Brouwer, París 1933) 147

[341] Julio MEINVILLE, *De Lamennais a Maritain* (Ediciones Fides, Buenos Aires 1936)

[342] SAN PABLO VI, *Al Prior de los Hermanos de Jesús* (28-4-1973)

[343] SAN PABLO VI, *Alocución a los laureados de Acción Católica* (1-5-1973)

[344] Cf *Fides et ratio* n.74

Este inciso nos sirve para situarnos en la atmósfera psicológica desde la que, en este ámbito doctrinal, se reciben las enseñanzas del Concilio. Tales posturas son fácilmente identificables en la medida en que los adeptos lo manifiestan así con claridad. El peligro mayor no es éste, sin embargo, sino el ambiente espiritual-eclesial que ulteriormente cristaliza en esas concreciones, y que, se explicite o no, ya está haciendo daño espiritual. Me refiero a la fórmula habitual para solventar la perplejidad y no integración que muchos viven a raíz de las enseñanzas del Concilio sobre las religiones, la libertad religiosa, el ecumenismo, etc... La fórmula es sencilla y masiva: ignorar tales enseñanzas —y los gestos y palabras de los Papas al respecto— como si no existieran, y contaminar a buena parte del Pueblo de Dios con esa ignorancia.

Todos los que viven estas enseñanzas eclesiales como pura negación de la Tradición viven en contradicción con sus propios fundamentos de fe. Después de haber indebidamente dogmatizado una parte del Magisterio han sajado «en un punto preciso» para afirmar y vivir que a partir de ahí el Magisterio ha perdido sus prerrogativas. Ya no habría asistencia del Espíritu, todo serían enseñanzas basadas en opiniones privadas que no son enseñanzas de la Iglesia, la propia Iglesia estaría en su jerarquía conscientemente en manos del demonio para perder a las gentes...

Explicitado o no, las reacciones contra Francisco provienen de ese humus. Siempre presente, operando con otros Papas mediante el silenciamiento sistemático de enseñanzas y gestos incómodos para la visión previa, esta actitud empapa el corazón de muchos, que no pueden así responder a llamamientos urgentes y profundos de la Iglesia. Esta digresión sobre el Magisterio que queremos brevemente exponer a continuación tiene como motivo el hecho descrito: se ningunean o se niegan enseñanzas de la Iglesia en nombre de enseñanzas de la Iglesia. Y esto invita a reflexionar, primero sobre el carácter mismo del Magisterio, y después sobre los contenidos mismos de tales enseñanzas que unos ven como esencialmente contrapuestas y la Iglesia contempla, a la vez, como continuidad desarrollada de la gran Tradición y como recepción de nuevas luces venidas del interior de ese depósito inagotable que ha recibido.

Esta invitación a la reflexión ha sido formalizada magisterialmente. Efectivamente, en el Motu Proprio que san Juan Pablo II escribió con motivo de las ordenaciones episcopales —cismáticas— realizadas por monseñor Lefebvre, el Papa reconocía la necesidad de desarrollar nociones a fin de superar la acusación de ruptura con la Tradición venida de los sectores integristas que afirmaban que la doctrina del Concilio se oponía a las enseñanzas papales inmediatamente anteriores.

El Papa, tras reconocer que la postura de Lefebvre tenía cierto éxito, es decir, se propagaba, hacía esta reclamación:

«Quisiera llamar la atención de los teólogos y otros expertos en ciencias eclesiásticas, para que también se sientan interpelados por las circunstancias presentes. En efecto, las amplias y profundas enseñanzas del Concilio Vaticano II requieren un nuevo empeño de profundización en el que se clarifique plenamente la continuidad con la Tradición, sobre todo en los puntos doctrinales que, quizá por su novedad, aún no han sido bien comprendidos por algunos sectores de la Iglesia»[345]

1.2.- El Magisterio como misterio

El Magisterio, su realidad, su recepción, está inserto en el propio misterio de la Iglesia, divina, humana, peregrina desde el Absoluto que se le ha dado. Magisterio, pues, indiscernible desde una actitud de control o de obediencia formalista.

Hay un misterio en su propia recepción: se percibe su ser mirándolo desde la Plenitud final, contenida ya en la Plenitud afirmada. Se percibe de modo diacrónico, histórico, evolutivo...y a la vez desde esa *sincronía* final, como intuición sobrenatural de una plenitud de verdad y de luz inimaginables e inaprensibles que, sin embargo, es percibida en cada instante histórico. Pues cada momento no es sólo expresión de horizontalidad, de historicidad, sino que está *verticalizado* por la presencia de Dios.

Entonces, no sólo las luces perennes e inagotables expresadas en el Magisterio, sino las insuficiencias, las correcciones, los desequilibrios, son vistos, recibidos, desde su fecundidad y desde una actitud obediencial.

Insuficiencias, correcciones... decimos. Y entonces la reacción integrista comienza a vociferar: relativismo, situacionismo, disolución. Esta reacción obedece a una «imperfecta y contradictoria noción de Tradición (que) no tiene suficientemente en cuenta el carácter *vivo* de la Tradición»[346].

Evidentemente la relación entre Magisterio y Tradición no sólo ha sido desvirtuada por los sectores integristas y las

---

[345] SAN JUAN PABLO II, Motu Proprio *Ecclesia Dei* n.5-b (2-7-1988)
[346] Ibid, n.4

atmósferas previas a esta explicitación. Otros sectores eclesiásticos, apoyados en el prestigio de afamados teólogos y posteriormente fabricantes de fama de otros teólogos y de no pocos *ególogos* —cuya autoridad doctrinal provenía sólo de sus ombligos, de sus propias exigencias—, también ocasionaron serias fracturas: bien al enfrentar efectivamente las doctrinas del Concilio con el Magisterio precedente en clave de mutua exclusión, bien al desarrollar tales doctrinas en oposición abierta al propio Magisterio posconciliar de la Iglesia. Ésta fue también fuente de sufrimientos para San Pablo VI, quien no cesó de afirmar, dirigiéndose a ambas facciones, que «todo cuanto ha enseñado el Concilio Vaticano II está unido con plena armonía al magisterio eclesiástico precedente, del que no es más que una continuación, explicación e incremento»[347]. Sufrimientos para este Papa y poderosa fuente de agrias acusaciones a San Juan Pablo II.

En estas batallas también se ha mostrado el Magisterio como algo no monolítico y acabado, sino en progresividad y en desenvolvimiento y purificación. Esto no significa ausencia de afirmaciones definitivas o el que estas enseñanzas, como advertía el cardenal Felice frente a ciertos interpretadores en la época del posconcilio, sean «un conjunto amorfo de consejos, exhortaciones y vagas directrices»[348]. Sin embargo, los estatutos del Magisterio son múltiples... En él conviven y se relacionan —contribuyendo a un progreso de iluminación—, declaraciones firmes e indicaciones claras junto a apuntes leves, insinuaciones, incitaciones a buscar; en él se expresan principios de los que podrían derivarse concreciones unívocas o, por el contrario, plurales; principios que necesitan clarificación al entrar en contacto con nuevas luces, con retos provenientes de la marcha de la historia, de las preguntas de los hombres; en este Magisterio hay afirmaciones que parecen excluirse entre sí y que, por eso, precisan de armonizaciones tanto en principios superiores a las mismas como en el lenguaje de las concreciones; en él también figuran prohibiciones claras y definitivas, así como prohibiciones condicionales... Todo un mundo viviente.

La propia Escritura nos muestra estas progresiones y estos vericuetos, y sitúa a la Iglesia en camino de comprensión bajo la acción del Espíritu... «Él os conducirá a la verdad plena (...) Él os recordará lo recibido».

---

[347] San Pablo VI, *Carta al Congreso Internacional de «Teología del Concilio»* (21-9-1966)
[348] Cardenal Pericles Felice en *Ecclesia* I (1968) 31

El Concilio Vaticano II constata este estar en camino. En la Constitución Dogmática sobre la divina revelación, *Dei Verbum*, se ilustra esta tensión entre plenitud y carencia:

> «Esta Tradición apostólica va creciendo en la Iglesia con la ayuda del Espíritu Santo (...) La Iglesia camina a través de los siglos hacia la plenitud de la verdad, hasta que se cumplan en ella plenamente las palabras de Dios»[349]

El dinamismo del Espíritu Santo desbarata las falsas seguridades inmovilistas. Como decía uno de los teólogos malditos por el integrismo, Congar, «lo que es verdadero es definitivamente verdadero. Lo que se relativiza es nuestra situación con respecto a la verdad. Esta verdad no nos es dada de golpe, sino que se adquiere. Y para ello hace falta tiempo, una sucesión de intentos, de intercambios, la aportación de otros». Y añade:

> «La ignorancia de la historicidad hace que el dogma se convierta en "dogmatismo" y en ideología, que son sus formas enfermizas. Y si ha de haber intentos, intercambios, tampoco faltarán las tensiones. Habrá de pasar tiempo para que se liquiden de manera beneficiosa»[350]

Una primera constatación de estas progresividades está en el lenguaje, que expresa ciertamente, pero también vela o puede confundir; que es perfectible y elástico. Es una advertencia de Santo Tomás: «actus autem credentis non terminatur ad enuntiabile, sed ad rem»[351]. Advertencia que se encuentra asimismo en el Decreto conciliar *Unitatis redintegratio*, sobre el ecumenismo, en el que se dice sobre «el modo de exponer la doctrina», que «debe distinguirse con sumo cuidado del depósito mismo de la fe»[352].

Los modos tienen referentes y categorías filosóficas —con su correspondiente terminología, a menudo rígida y concebida como irrenunciable— y asertos teológicos establecidos que pueden ser corregidos, ampliados, integrados e incluso desplazados mediante otros referentes, otras categorías con las que se intentan expresar las verdades de la fe en medio del dinamismo de la historia. Congar, en su voluminoso *El Espíritu Santo* hace notar las tensiones producidas por estos cambios. Constata la presencia de una sobrevaloración de «la función de la autoridad y como

---

[349] DV, 8

[350] Yves M.J. Congar, «Un intento de síntesis»: *Concilium* 168 (1981) 262

[351] S Th I-II, q.1. a.2, ad 2

[352] UR, n.6

consecuencia de una tendencia jurídica a relacionar el orden con la norma impuesta y la unidad con la uniformidad». Habla de control para «el mantenimiento de una línea y un cuadro de ortodoxia, pero al precio de una marginación y, a menudo, de una reducción al silencio y a la inacción de personas que tenían algo que decir». Relaciona esto con un género de afán por la ortodoxia que, como principio, parece desconfiar de la acción personal, y contempla cómo un nuevo dinamismo ha provocado una «devaluación de las categorías y estructuras teológico-filosóficas en las que el cristianismo se ha propuesto y expresado desde la edad media, incluyendo los documentos desde Pío IX hasta Pío XII»[353].

El P. Congar, al constatar esto, también advierte de los peligros de tal dinamismo:

> «Es claro que, en el espíritu del mundo, el demonio, aquel que se opone al reino de Dios, trata de *sacar tajada* y, en ocasiones, está a punto de lograrlo»[354]

Dejando de lado la indebida universalización que hace Congar cuando al referirse a las tendencias dominantes de lenguaje y conceptos identifica la Iglesia europea latina con «el cristianismo» en totalidad, tiene razón al señalar un inicio y un final temporales de un paradigma terminológico y conceptual, relativizándolo legítimamente y quitándole el aura de dogma que se había dado a un instrumento de comunicación.

Los propios modos *jurídicos* de comunicación del Magisterio están sujetos a evolución. La primera «encíclica» data de 1740... El bulario doctrinal de siglos precedentes se centraba en su mayoría en advertencias, prohibiciones, anatemas, y algunas indicaciones sin desarrollo, para ayudar a teólogos y maestros a continuar su labor de modo coherente con la fe. Eran éstos, teólogos, maestros, místicos, santos, quienes *creaban* la atmósfera magisterial de la Iglesia. Luego, en la era de las encíclicas, el Magisterio ha tendido a referirse a sí mismo, hasta que los Papas comenzaron a recurrir a modos de comunicación complementarios: integrar en el propio Magisterio referentes verdaderos de otras religiones, de autores profanos, al estilo de Pablo en el Areópago; o publicar libros, entrevistas, que a la vez que son actos del Papa en referencia a las enseñanzas de la Iglesia, no pueden ser clasificados fácilmente según los diversos estatutos del Magisterio

---

[353] Yves M.J. CONGAR, *El Espíritu Santo* (Herder, Barcelona 1991) 220
[354] Ibid

que se han ido perfilando. Pero están ahí, operando en las conciencias e influyendo en actos magisteriales posteriores.

Estas relaciones de formas y fondo conducen a unas reflexiones sobre el Magisterio eclesial que repugnan al inmovilismo integrista. Vamos ahora a exponer algunas de ellas.

1.2.1.- Decantación

En el contexto de los otros grandes disensos públicos en la Iglesia —esta vez protagonizados por teólogos del ala llamada «progresista»—, la Congregación para la Doctrina de la Fe, presidida entonces por el cardenal Ratzinger, publicó en 1990 un profundo documento sobre la relación entre teólogos y Magisterio. La *Donum veritatis* era una «Instrucción sobre la vocación eclesial del teólogo». Además de muchas indicaciones sobre esta relación, su fecundidad, el ser vocacional del teólogo (iniciativa de Dios), sus dificultades... el propio carácter del documento abordaba ineludiblemente aspectos de la naturaleza del Magisterio.

Hay un momento en que se expone abiertamente nuestro tema:

«La voluntad de asentimiento leal a esta enseñanza del Magisterio en materia de por sí no irreformable debe constituir la norma. Sin embargo, puede suceder que el teólogo se haga preguntas referentes, según los casos, a la oportunidad, a la forma o incluso al contenido de una intervención. Esto lo impulsará sobre todo a verificar cuidadosamente cuál es la autoridad de estas intervenciones, tal como resulta de la naturaleza de los documentos, de la insistencia al proponer una doctrina y del modo mismo de expresarse.

En este ámbito de las intervenciones de orden prudencial, ha podido suceder que algunos documentos magisteriales no estuvieran exentos de carencias. Los Pastores no siempre han percibido de inmediato todos los aspectos o toda la complejidad de un problema. Pero sería algo contrario a la verdad si, a partir de algunos determinados casos, se concluyera que el Magisterio de la Iglesia se puede engañar habitualmente en sus juicios prudenciales, o no goza de la asistencia divina en el ejercicio integral de su misión. En realidad, el teólogo, que no puede ejercer bien su tarea sin una cierta competencia histórica, es consciente de la decantación que se realiza con el tiempo. Esto no debe entenderse en el sentido de una relativización de los enunciados de la fe. Él sabe que algunos juicios del Magisterio podían ser justificados en el momento en que fueron pronunciados, porque las afirmaciones hechas contenían aserciones verdaderas profundamente enlazadas con otras que no era seguras. Solamente el tiempo ha permitido hacer un discernimiento y, después de serios estudios, lograr un verdadero progreso doctrinal»[355]

Esta decantación de que hablaba Ratzinger es algo patente. Y no sólo respecto a la disputa atizada por el integrismo para querer confrontar esencialmente el Magisterio papal decimonónico con el Magisterio conciliar y posconciliar. La «decantación» abarca la historia toda de la Iglesia peregrina. Se puede observar cómo cuando se hace una mirada retrospectiva a esta Iglesia que camina en la historia —desde la real asunción y penetración de su misterio sacramental y su jerarquía sacramental, el Papa y los obispos unidos a él, como columnas— emerge, sin embargo, como Magisterio de la Iglesia el testimonio vital-doctrinal de los santos... Cuando se piensa en el siglo XIII europeo, por ejemplo, más que las acciones y palabras de un Inocencio III, brota como enseñanza de la Iglesia los acontecimientos de gracia y de verdad acaecidos a un San Francisco, un Santo Domingo, una Santa Clara... Si vamos a otros siglos, nos topamos en el mismo sentido, más que los dimes y diretes de la política religiosa, o los artefactos jurídicos, la energía docente universal venida de la vida de Benito, de Hildegarda, de Bernardo...

Por otro lado, esta decantación es patente en el propio Magisterio. La verdad expresada, como dice el documento de Ratzinger, aparece entrelazada, casi fundida, con elementos contingentes, relativizables, insuficientes y, por tanto, removibles. La realidad de estos elementos se manifiesta con claridad en los comentaristas de los documentos, especialmente en los del pasado. Efectivamente, en comentaristas auténticamente católicos, en otros documentos eclesiales, y, sobre todo, en la criba, matizaciones, silencios o acentuamientos, desarrollos, aplicaciones, que el Magisterio mismo hace respecto al Magisterio anterior.

Antes, a propósito de la evolución doctrinal de León XIII, hemos hecho referencia a la *Quod apostolici muneris*, corregida radicalmente de facto por la *Rerum novarum* y que, tras el uso

---

[355] CONGREGACIÓN PARA LA DOCTRINA DE LA FE, *Donum veritatis* n.24 (24-5-1990)

pasajero de algunas citas por parte del sucesor San Pío X, queda de hecho olvidada. Con intencionalidad.

La decantación también opera en sentido positivo: una frase suelta, que incluso puede parecer sacada de su contexto original, o una expresión papal *fuera de programa*, no escrita en el discurso, pueden convertirse en la roca, en el manantial que luego producirá todo un cuerpo doctrinal en la Iglesia... Por ejemplo, el famoso «espiritualmente somos semitas» de Pío XI, dolido por las leyes raciales del fascismo.

1.2.2.- Gestalt

Es importante retener este anuncio de Jesucristo sobre la acción progresiva del Espíritu Santo. Una progresividad en el conocimiento, desvelamiento, desarrollo en la percepción de la Verdad que, en el misterio de Dios con los hombres, se conjuga con la donación de la Verdad absoluta. Así, la Iglesia se percibe en su desarrollo desde la Iglesia final, celeste. El *Ecclesia suplet*, que introduce en un misterio de plenitud a cada uno de nosotros en sus carencias, se aplica a la Iglesia peregrina desde la Iglesia triunfante. Esto significa tensionar a la Iglesia militante, desde la Verdad, para que camine en pos de ella.

Hay entonces una recepción *orgánica* del Magisterio en que las enseñanzas se relacionan entre sí, se conjugan, se relativizan o se perciben como referentes definitivos, se corrigen mutuamente, se iluminan, se sintetizan o se estructuran jerárquicamente. Como un cuerpo vivo, en desarrollo, en crecimiento... y con enfermedades y curaciones.

El Magisterio aparece como constelación en formación, hasta la Verdad plena. Hay una perspectiva para ver, una gestáltica «percepción de la forma»; la misma con que Balthasar percibe el Antiguo Testamento, a las religiones y filosofías, que concluyen en la Forma, en Jesucristo. Tras Él acontece lo mismo a su Cuerpo, a la Iglesia: camina, a la vez, firme y a tientas, hasta llegar a «la edad de Cristo».

Es aquí donde hay que integrar la advertencia del documento de Ratzinger sobre insuficiencias, materias reformables, aparición de nuevas perspectivas, y falibilidad, es decir, posibilidad de error concreto por no haber integrado en una concreción aspectos que la harían incluso cambiar. La percepción de tales situaciones, de estas posibilidades y estos hechos constatadas por las correcciones operadas por el propio Magisterio no implican un espíritu de disidencia orgullosa o un negar la autoridad docente de la Iglesia, sino, al revés, un espíritu de obediencia, de receptividad y humildad que, al purificar la voluntad dominando el orgullo produce precisamente un ahondamiento en la responsabilidad sobrenatural que todo cristiano tiene en la edificación de la Iglesia: la percepción de equívocos, de insuficiencias o incluso de errores, induce a una obediencia creativa, a proponer, a corregir fraternalmente, desde una atmósfera en que se respira el inaprensible misterio de la Iglesia peregrina.

Los avances no están exentos de crisis, como indicaba Congar. Porque lo absoluto en germen, imbricado en consideraciones contingentes, son ya una tensión que impide inmovilizar la mirada en un punto fijo. Y cuando el *punto* ha sido definido de modo absoluto con la autoridad dada a la Iglesia, es tal su energía, su inaprensabilidad, que lejos de convertirse en roca inmóvil impulsa a desarrollos y matices sin fin.

1.2.3.- Enfoques y perspectivas que transforman las concreciones

Este carácter del Magisterio como constelación en formación implica la asunción de nuevos enfoques, de miradas desde otras perspectivas. La Iglesia se ve acuciada por la necesidad de responder a objeciones, por la aparición de retos y consecuencias no entrevistas antes, así como por la propia renovación, purificación y conversión.

Cuando se habla de renovaciones, sobre el carácter no infalible de diversas concreciones magisteriales, o de la atención a nuevos enfoques, esto no significa desvinculación de la Iglesia respecto a la verdad, ni el que se diera con ella de forma aleatoria. Esto está claro en el corazón de cualquier hijo de la Iglesia: sabe que es *Mater et magistra*. Y lo experimenta.

Hablar de estas renovaciones y cambios en materias no irreformables sí supone, por el contrario y en obsequio a la verdad, que no se van a establecer enunciados y concreciones absolutamente cerrados, haciendo del posible error algo definitivo.

La referencia a prestar atención a nuevos enfoques también alerta sobre las omnipresentes servidumbres de época. No es lo mismo el atender a los signos de los tiempos para cristianizar el mundo y escuchar a sus lenguajes, al orden de las preocupaciones y angustias, a las *semina Verbi* que brotan en cada cambio de época y sus paradigmas, que esta servidumbre que tiende a confinar el pensamiento y las actitudes según los parámetros caducos de una época. Esta servidumbre estará presente, no obstante, hasta el final... Aquí hay que atender a esas reflexiones de Balthasar sobre la mayor o menor libertad de los santos respecto a sus entornos temporales; o a la visión sobre los santos del sabio y Venerable José Rivera, que distinguía a unos como verdaderamente universalistas que trascienden su tiempo y su espacio, de otros santos cuya ejemplaridad concreta está vinculada y muy mediada por unos tiempos y unos contextos.

Para el integrismo la noción misma de atender a nuevos enfoques que transformen el planteamiento de un problema y sus soluciones en relación a la evangelización del mundo, es una simple blasfemia situacionista. Ignora, por tanto, los propios aconteceres históricos de la Iglesia, desde el principio.

Que en la Iglesia contemporánea se ha expresado este dinamismo está claro. El integrismo lo interpreta como ruptura con la Tradición y como contradicción magisterial; nosotros afirmamos que los cambios sí son cambios reales, pero que no constituyen ruptura ni ontológica contradicción.

La fusión de principios perennes con elementos contingentes, susceptibles de ser matizados, removidos o rechazados sin más, ilumina estos cambios. Más adelante vamos a abordar de qué cambios hablamos, es decir, de la relación de la Iglesia con las religiones, de la libertad religiosa, el ecumenismo, la relación de la Iglesia con la sociedad civil y la reforma litúrgica. Ahora sólo constatar cómo los cambios se perspectiva forman parte del propio ser de la Iglesia peregrina.

Cuando nos fijamos en los polos de la confrontación integrista —Papas preconciliares frente a sus sucesores o, según algunos, supuestos sucesores—, nos vemos impelidos a preguntarnos sobre los marcos referenciales, conceptuales e históricos de aquellos Papas, sobre todo de Gregorio XVI y del Beato Pío IX. Qué querían decir, a qué se referían, a qué contestaban, qué condicionantes acompañaban el mensaje. Qué se ha retenido de todo esto y por qué, cómo se pueden recibir aquellos mensajes, con su terminología y sus referentes próximos y remotos, desde marcos referenciales conceptuales distintos pero legítimos...

Los que inmovilizan la cuestión ni siquiera quieren percibir que ya en medio de aquella crisis histórica y vital que resquebraja y acaba con la civilización cristiandista europea, se produce el inicio de una temprana evolución, de un desarrollo doctrinal que comienza con algunas matizaciones del propio Pío IX. Luego León XIII las incrementará y desarrollará. Tras el paréntesis de tendencia esencialista de San Pío X, donde también se percibe algún signo germinal de desarrollo, Benedicto XV y Pío XI ahondan el proceso. E inmediatamente antes de las novedades explícitas, ya con Pío XII, cuyo talante ciertamente estaba inmerso en los razonamientos escolásticos y en continuidades identificadas con la Tradición, se dan también una serie de aperturas en relación al papel de la Iglesia en el mundo que apuntan a la necesidad de aclarar y explicitar determinados cambios. Lo cual acontecerá en el Concilio convocado por San Juan XXIII.

Los nuevos retos, atendidos como tales por teólogos y por santos, han producido una vez más en la historia de la Iglesia la imagen de una salvaguarda de lo permanente que se ha traducido en concreciones diversas a las establecidas y aun contrapuestas. Diversidad en las propuestas al fin refrendadas o promovidas por el propio Magisterio.

El papa Francisco ha ilustrado estos cambios de concreción a causa de profundizaciones y de atención a nuevos enfoques y nuevas luces, con algunos ejemplos: la pena de muerte, de la cual afirma que es un pecado, y la posesión de armas atómicas, pecado también. Francisco ha atendido en relación a la pena de muerte a todo un desarrollo doctrinal que ha encontrado una tradición abolicionista presente en la Iglesia desde el principio y que ha sido promovido por santos, por teólogos, y expresado en el Magisterio: la negación general presente en el Catecismo de 1992 pero que contenía posibles excepciones, es seguida por la negación simple en la *Evangelium vitae*, por numerosas intervenciones abolicionistas sin ambigüedad protagonizadas por los diversos Papas, y por fin, con la reforma y supresión, por Francisco, del propio párrafo conflictivo en el Catecismo universal. La posesión —posesión y no sólo uso— de armamento nuclear es un hecho iluminado por un principio previo absoluto: no se puede matar ni dañar a sabiendas a personas inocentes. Dado que tales armas provocan esas muertes y lesiones de modo inherente a su uso, Francisco declara su ilegitimidad y su carácter de pecado, de ofensa a Dios; declaración que si fuera en verdad atendida por los fieles, pondría a éstos en el compromiso de actuar sociopolíticamente de formas absolutamen-te nuevas, ya que la mayoría de las democracias burguesas desarrolladas económicamente en nuestro mundo están vinculadas a las armas nucleares, sea por posesión directa, sea por estar integradas en alianzas militares atómicas como la OTAN u otras bilaterales.

Hay muchas más situaciones que las señaladas como ejemplo por Francisco en que la atención a nuevos enfoques y nuevas luces han ocasionado el cambio en concreciones, algunas de ellas sólidamente establecidas temporalmente, como era el caso de la pena de muerte. Por ejemplo, la relación hombre-mujer en el contexto del matrimonio. Las imágenes paulinas tenían muchos sentidos, tanto jerárquicos como igualitarios; imágenes que remitían a altísimas profundidades pero que usaban de referentes propios de la tradición teológico-cultural del mundo de la Escritura. El peso del factor cultural era evidente, pero, como en otras situaciones vitales, el otro polo del binomio, el teológico, tenía vigor para *juzgar* al elemento cultural, estatuirlo como símbolo de la realidad, no como la realidad misma, y, por eso, eventualmente transformarlo. La *Casti connubi* de Pío XI sostenía la idea de la comunión jerárquica... pero San Juan Pablo II, en una expresión lacónica que, sin embargo, era la confluencia de una multitud de profundizaciones magisteriales, afirma con rotundidad no disimulada en *Mulieris dignitatem* que la noción de jerarquía, de pacífica sumisión, sí conviene a la relación de la Iglesia con Cristo, pero que, respecto a la relación hombre-mujer, la novedad fundante que trae el Evangelio consiste, sin matiz ninguno, en la «sumisión recíproca» en el amor de que también hablaba San Pablo, y no en la otra.

Obviamente hay muchos más casos (el trato a los suicidas, a los niños nacidos fuera de matrimonio, etc), pero sólo queríamos ilustrar que los desenvolvimientos de la verdad recibida —que siempre nos supera— merced a nuevas luces, a perspectivas novedosas, a retos no percibidos antes, sí trae en ocasiones una transformación de las valoraciones morales. No es relativismo, no se han desechado los principios perennes anteriores, sino que se han discriminado de contingencias, insuficiencias y posibles errores en su aplicación.

Situaciones de cambio, de transición, ocasionan asimismo un Magisterio de transición y descubrimiento. Cambios docentes que siguen cimentándose en la Tradición y que son juzgados por la Revelación, por ese Sermón del Monte que expresa el modo de ser de Jesucristo y que se comunica en la Iglesia para que «vayamos y hagamos lo mismo».

La tensión expresa grandeza y carencia. Y la carencia es saludable, porque aboca al misterio de gracia: acrecienta la humildad para seguir recibiendo siempre, acucia a la oración de petición, de luz, de Espíritu, hace caminar en fe por cañadas oscuras dejándose guiar sólo por el amor... Ahí la imagen *balthasariana* de la Iglesia joánica, que llega antes, que ve antes, y la Iglesia petrina, que confirma y actúa.

El drama integrista es que considera este dinamismo como signo de disolución de la verdad. Necesitan seguridad, pero no la seguridad que desprecia el mundo y que se cifra en saberse amado por el Amor, sino la seguridad mundana que proviene del control. Una de las causas de la confrontación integrista es que no supieron qué hacer con los distingos magisteriales entre lo infalible, lo no infalible y todos los diversos grados de asentimiento que la Iglesia propone. Para ellos esto era un subterfugio para una desobediencia sistemática, la misma que ellos sí practican una vez que no saben encajar en sus seguridades doctrinales el Magisterio conciliar y posconciliar. Se han visto entonces obligados a «sajar», o a silenciar, o a retorcer doctrinas. Y sobre todo, después de haber vivido en un infabilismo incorrecto —incluso atado a las formas y a tiempos y lugares muy concretos—, luego han recibido como un golpe manifestaciones magisteriales a las que de pronto han privado del infabilismo con que trataban a las anteriores.

Dice Ardusso:

> «La definición de 1870 relativa a la infalibilidad no tuvo el efecto que unos esperaban y otros temían. De hecho, después del Vaticano I, sólo una vez, en 1950, con la proclamación del dogma de la asunción corporal de María al cielo, se recurrió a la definición infalible del Papa. No se hicieron realidad los temores que había manifestado J. Döllinger de que el Papa en lo sucesivo respondería a todas las cuestiones que se le plantearan mediante la proclamación de artículos de fe y verdades dogmáticas. Ni se cumplieron los anhelos del ultramontano irlandés George Ward, quien manifestó su deseo de poder recibir todas las mañanas, con el desayuno y el *Times*, una encíclica infalible»[356]

Sin embargo, y a pesar de que «ningún Papa pretendió que su magisterio ordinario fuera infalible»[357], tras el Concilio Vaticano I y en gran parte gracias al influjo teológico del cardenal Franzelín, ese Magisterio fue ornado progresivamente con «una aureola de infalibilidad», dice el jesuita Klaus Schatz.

Una atmósfera así provoca el que los fieles —pastores, teólogos y todo aquel que pida luz al Espíritu— se guarden de hacerse preguntas, de proponer en obediencia, de desarrollar. La

---

[356] Franco ARDUSSO, *Magisterio eclesial. El servicio de la Palabra* (San Pablo, Madrid 1998) 237
[357] Ibid, nota 3, p.239

doctrina se convierte en algo pétreo y lo contingente o germinal o insuficiente, no se perciben así, ni antes ni después. Y viene el desconcierto cuando la Iglesia misma indica otros caminos, sacando del arcón lo antiguo y lo nuevo, como en la parábola evangélica.

2.- Libertad religiosa. Religiones. Religión y sociedad

Es ésta una de las claves fundamentales del actual repunte integrista. Y lo abordaremos otra vez cuando nos fijemos en la organización de la resistencia a Francisco. Ahora vamos a intentar un bosquejo histórico que nos muestre de algún modo la continuidad de la enseñanza de la Iglesia, así como las discontinuidades novedosas, que acentuaron la reacción integrista hasta situarla descaradamente frente a un Concilio ecuménico.

El tema es extenso y complejo. Hemos compuesto el título de este epígrafe con los enunciados de los tres factores principales causantes del disenso, explícito o implícito, en las facciones integristas o cultural y teológicamente pre y proto-integristas. Cada uno de estos enunciados implica a los otros, y nuestro desarrollo saltará de uno a otro en la medida en que se manifieste la relación.

Efectivamente, la sociedad humana es religiosamente plural. La afirmación ya es en sí polivalente. El hecho es que esta situación sólo se resolverá escatológicamente, en el mundo futuro, cuando la sociedad humana de los que hayan querido acoger la misericordia de Dios —ofertada a todos— se identifica absolutamente con la sociedad de los convocados por Él, con la *Ecclesia*.

A la Iglesia, consciente de quién es Jesucristo, se le ha presentado históricamente este reto multiforme: el encaje de la Revelación en las conciencias, que presupone la no coacción; el consecuente encaje social de las diversas religiones y de los diversos grados de asentimiento a la religión católica entre los bautizados católicos; y como reto especialmente profundo, el encaje soteriológico de las religiones.

El reto ha tenido múltiples respuestas. No sólo según las circunstancias, o según el papel de la Iglesia en las sociedades concretas, sino en el alma de los teólogos, en las intuiciones sobrenaturales de los santos. Respuestas complementarias o contradictorias y excluyentes. Claras o difusas; con brechas en su argumentación, para poder autocorregirse o desarrollarse, o con afirmaciones cerradas.

Para el integrismo que condena la *Dignitatis humanae*, la *Nostra aetate* y la *Gaudium et spes*, o para el integrismo y sus aledaños que las ignoran o manipulan, la cosa está clara: esas múltiples respuestas no han existido, las religiones son falsas y perniciosas en sí, la autoridad pública ha de velar por la acción de la Iglesia reprimiendo tales males... Y para refrendar su rechazo a sus cuatro jinetes apocalípticos —a saber, el diálogo interreligioso, la libertad civil de las religiones, el ecumenismo y la no determinante confesionalidad de los Estados— enarbolan una y otra vez como bandera la *Mirari vos* de Gregorio XVI y la *Quanta cura* y el *Syllabus* del Beato Pío IX.

Antes ya hemos hecho referencia al concepto de ruptura con que el integrismo acusa al Magisterio conciliar y posconciliar respecto a lo que ellos denominan *tradición* de la Iglesia. Hemos citado un libro de Michel Martin, quien fuera además fundador y director de la revista *Itineraires*. Y al carmelita P. Joseph de Saint-Marie, quien publicó una «nota teológica» sobre la declaración conciliar de libertad religiosa en esa revista. Ambiguo no era: afirma que en la Iglesia se ha extendido históricamente la noción de *tolerancia* (las cursivas son suyas), «pero sin llegar jamás, al menos hasta la *Pacem in terris* y hasta el Concilio, a poner en duda los mismos principios»[358].

El previo para tal estupefacción es una ideológica catalogación de todas las religiones como obra del Maligno, para incitar a los hombres a la idolatría y para sustraerlos de la verdad salvífica. En ocasiones la aversión mostrada es feroz. El omnipresente del integrismo, Jean Ousset, escribe al respecto:

> «Las falsas religiones que practican les impiden apartar o neutralizar de su patrimonio nacional cuanto significa descomposición, desorden, hambre y servidumbre (...) requisitoria contra las religiones de la India, por ser responsables del hambre y de la miseria del país, con su estúpido y ruinoso culto de las vacas sagradas y de la vida de los parásitos: monos, serpientes, ratas... Quizá es más elocuente el ejemplo del islam, pues es evidente que las naciones que lo abrazaron o que tuvieron que sufrir su triunfo no tardaron en ver su patrimonio, es decir, su patria, la tierra de sus padres, arruinada por esta falsa religión (que) sólo ha deparado al mundo suciedad, inmundicia, ignorancia y miseria»[359].

---

[358] *Itineraires* (Julio-Agosto 1987) 105
[359] Jean OUSSET, *Patria, Nación, Estado* (Speiro, Madrid 1960) 40-41

Bien... el análisis no puede ser más estulto, y prueba de una brutal ignorancia por previo desprecio.

Estas visiones monolíticas que atraen a muchos espíritus perplejos de hoy, por su claridad esquemática ante la disolución cultural de la verdad, no se corresponden con la vida de la Iglesia, ni con su vida docente. Vamos a intentar mostrar que las renovaciones ofrecidas por el Concilio a este respecto no vienen de la nada, sino que son fruto de luces del Espíritu que han mostrado antecedentes en el tiempo y en el alma de muchos, y que han enseñado asimismo que esas brechas que han permitido avanzar en pos de la verdad también se encuentran presentes en los Papas invocados por el integrismo para fundamentar su contestación. Queremos ver entonces algo sobre el contexto e intenciones de dichos Papas y el cómo se desarrollaron desde algunos de sus incisos, nuevas visiones y enfoques que, a su vez, ya estaban presentes en la historia de la Iglesia.

Obviamente, el integrismo y la actual contestación que usa de los mismos argumentos que el integrismo militante pero sin referirse doctrinalmente a aquellos Papas y tratando el Concilio Vaticano II como si no hubiera existido..., no quiere saber nada de esto. Sorprendido a la hora de investigar para este estudio por el número masivo y creciente de páginas de internet de identidad integrista, constaté también la obsesión en las mismas por combatir el contenido de la *Dignitatis humanae* y la *Nostra aetate*. Se echa mano de la historia, obviamente, y se lanza al público con júbilo, como verdad encontrada y estimulante, como enunciado pétreo con que quebrar la *mala fe* de los partidarios del contenido y consecuencias de aquellas declaraciones conciliares, las bulas *Unam Sanctam*, de inicios del siglo XIV, en 1302, y la *Cantate Domino*, de mediados del siglo XV, sobre todo esta última. Básicamente trata el integrismo de mostrar a su manera la unicidad de Jesucristo y la necesidad de la Iglesia para la salvación. Algo que la Iglesia del Concilio, la del diálogo interreligioso, del ecumenismo, sigue proclamando: al modo de la Iglesia, no de la facción integrista.

La bula *Unam Sanctam* afirma que «someterse al Romano Pontífice es de toda necesidad para la salvación». La *Cantate Domino* —la más invocada—, es de Eugenio IV, en 1442, en el contexto del Concilio de Florencia. Insiste esta bula en la necesidad de pertenecer a la Iglesia para recibir la salvación...

Estas bulas contienen elementos perennes y otros —que afectan profundamente al ánimo de sus autores en la época— contingentes y sujetos a interpretaciones diversas a su literalismo:

y así lo atestigua el propio Magisterio de la Iglesia, frente a ese literalismo interesado de los integristas y sus aledaños; todos ellos despreciadores de «las religiones» de modo esencial.

El principal elemento contingente en ambas bulas es la lectura que sus autores hacen de la situación religiosa universal: para ellos ya se ha operado el llegar «hasta los confines de la tierra» en la predicación del Evangelio. Es decir, viven en la creencia de que todo el orbe ya ha tomado partido en favor o en contra de la fe. Por tanto, en el caso de la no sujeción al Papa como Papa, o en el caso de la no adhesión visible a la Iglesia católica romana, ellos presuponen un acto voluntario, una rebelión consciente movida por la soberbia, que produce el rechazo de los medios de salvación. Esta es la advertencia y este es el fundamental elemento contingente motivador del esquema teológico de esas bulas: insuficiente y caduco por falta de luz, y en este caso erróneo sin más por la presunción de culpabilidad.

Hay, no obstante, más elementos contingentes, de orden no teológico pero con enorme poder emocional. En el caso de la *Unam Sanctam* está el contexto de la lucha de Bonifacio VIII —sobre cuya fama no vamos a extendernos porque las acusaciones son gravísimas— frente a Felipe IV de Francia. El sucesor de San Celestino V, a quien persiguió, miembro de los Gaetani, sostuvo un conflicto con dicho rey en el que ambos tomaron medidas fiscales y políticas para dañarse mutuamente. Al fin, en un Sínodo del año 1302, se dicta excomunión a los que impidiesen la comunicación con el Papa, y éste publica la bula.

De la bula *Cantate Domino* se ha dicho que es la formulación más estricta del principio *Extra Ecclesia nulla salus*. El contexto teológico reduccionista es el mismo: un mundo, o católico, o voluntaria y orgullosamente opuesto. Y el contexto histórico emocional confirma al autor de la bula en el presupuesto: intento de resolución del cisma de Oriente que al fin resulta fallido respecto a la Iglesia griega a causa de la oposición de la mayoría del clero bizantino enfrentado a algunos de sus obispos partidarios de superar el cisma; y, para colmo, el cisma de Occidente, con toda su barahúnda de excomuniones mutuas, Papas y Antipapas, Sínodos confrontados...

El literalismo respecto a la *Cantate Domino*, esa convicción de necesidad absoluta e incondicional de pertenecer visiblemente a la Iglesia visible para obtener la salvación, ha ocupado el corazón de muchos a lo largo de los siglos. Con respuestas antitéticas interiores respecto a los muchos que entonces estarían destinados a la condenación: desde una misericordia sin límites, para dar la vida por ellos en la misión, hasta el desprecio por autoafirmación o consideración propia de ser elegidos por Dios frente a los otros. La convicción renace ahora, con su peor facha y de modo agresivo.

El aroma de ese principio se deja ver en muchas situaciones. Se percibe en el carácter resolutivo y reactivo frente a los ataques que caracteriza a la *Mirari vos*... Al fin, el 8 de agosto de 1949 el Santo Oficio envía una carta al arzobispo de Boston que contenía el decreto *Suprema hace sacra*. Era una respuesta al jesuita Leonard Feeney, quien, junto a otros a los que guiaba y servía de inspiración, propagaban una concepción literalista y controlada del principio *Extra Ecclesia nulla salus*, negando la salvación de modo determinante a quien no recibiera el bautismo sacramental. La Iglesia desautorizó radicalmente tal interpretación, pero el jesuita se negó a renunciar a su herética soteriología y después fue excomulgado en 1953. Eran tiempos de Pío XII, lo cual tiene su significado.

El sacerdote murió en 1978, pero San Pablo VI, en otro de sus universales gestos de acogida y misericordia, le levantó la excomunión en 1974. Sin embargo, los seguidores de este jesuita —que obviamente celebran la llamada misa tridentina— siguen sosteniendo tal soteriología.

Decíamos más atrás que la *Dignitatis humanae* y la *Nostra aetate* no venían de la nada, ni eran una negación de la Tradición, tal como la entiende la Iglesia y tal como entiende el cómo custodiarla. Las *brechas* doctrinales que asoman en la historia de la Iglesia respecto al encaje social de las religiones y respecto al encaje soteriológico, existen. Son luces dispersas y semillas que al fin emergen en el Concilio Vaticano II con la autoridad de la Iglesia y sus declaraciones y posteriores y persistentes enseñanzas. Intervenciones que no *resuelven* el misterio sino que nos hacen avanzar internamente en su entendimiento.

2.1.- Luces y semillas, desde el principio

Las múltiples fórmulas en que históricamente se ha manifestado una sociedad religiosa —los cristianos— en relación con «la sociedad», expresa, en principio, la irresolución plena, estable, acabada, de tal relación. Porque se ponen en juego principios que, en la medida en que se respetan, hablan de un proceso, de una tensión permanente que, ineludiblemente, muestra una fachada de pluralidades en el seno de la sociedad. Pluralidades que se pueden y deben fomentar; pluralidades que se deben tolerar solamente; y pluralidades que se deben combatir, sin entrar aquí en la licitud de los medios para hacerlo.

Estos principios —que provocan esta irresolución— son la no coacción a las conciencias para el asentimiento religioso, y la cuestión de las potestades —religiosas y civiles— ejercidas respecto a los mismos individuos y con el previo de que tales potestades se deben a la verdad, y que hay elementos comunes a ambas, o en relación armónica mutua... Obviamente los conflictos están servidos, y cuando alguno ha pretendido zanjarlos, violentando las conciencias en nombre de la cohesión y la obediencia para que la sociedad funcione, con tendencias teocráticas o, al revés, absolutizando y divinizando la potestad civil... la irresolución, que es constitutiva de la historia presente, ha irrumpido mediante los conflictos de conciencia y las rebeliones sociales.

El tema da de por sí todo lo que queramos, pero aquí no vamos a profundizar sobre esto, sino a mostrar con algunas pinceladas históricas que en la Iglesia también hay quien ha contado con esos principios y, por tanto, ha intentado dar alguna respuesta al fenómeno de la pluralidad religiosa, tanto en el sentido del ordenar de algún modo la convivencia social entre personas de diversas confesiones, como en dar cuenta de la relación de las religiones con la verdad del hombre y su destino.

Desde el principio... La conjugación de diversos enunciados fundamentales proclamados por Jesucristo, recogidos en los Evangelios, han sido un impulso en este sentido... «No se lo impidáis, pues el que no está contra vosotros, está a favor vuestro», y «quien a vosotros recibe, a Mí me recibe»; por tanto, estos que «no son de los nuestros», también recogen con Él, para no desparramar; y si hacen algo, lo hacen en Él, pues «sin Mí no podéis nada»... Por otro lado, aquel «vosotros, ¿también queréis marcharos?» expresa libertad de las conciencias.

San Pablo, ya en sociedades con diversos cultos, habla en su Carta a los Romanos de cómo Dios se ha manifestado universalmente, se ha dado a conocer, y ha sido rechazado por muchos (cf Rm 1,19-21); pero no por todos, pues otros paganos han contemplado la verdad desde sus conciencias, han hecho el bien y han recibido la justificación (cf Rm 2,12-16). En las misiones de Pablo narradas en los Hechos de los Apóstoles asoma una teología evangelizadora que ahora ha resurgido con nueva luz con ocasión del Concilio Vaticano II: es, ante los no cristianos, el anuncio de una plenitud en Jesucristo, no de una negación de su alma religiosa. La negación y la advertencia lo es respecto al pecado y el orgullo, que, a su vez, se formulan en ocasiones de modo religioso, con aparato cultual. Pero en otras ocasiones esos modos y esos aparatos ya están apuntando a la Verdad y contienen verdad. San Pablo reconoce entre los paganos a almas orientadas a Dios; por eso puede dirigirse a sus oyentes —que aún no han recibido el Evangelio— así: «Escuchadme, israelitas y cuantos teméis a Dios» (Hch 13,16), o «Hermanos, hijos de la raza de Abraham y cuantos de entre vosotros temen a Dios» (13,26). Y en el Areópago esta teología de la plenitud se pone de manifiesto... «Lo que adoráis sin conocer, eso os vengo yo a anunciar» (17,23). Y después, habla de búsquedas religiosas a tientas, «dirigidas» por Dios, pues Él no está lejos, en Él vivimos todos, y «como han dicho algunos de vosotros: "Somos de su linaje"» (17,27).

Las dos líneas de que hablamos, es decir, la no coacción y, por tanto, algún modo de convivencia social, y el vínculo de la actitud religiosa humana con la Verdad, se han expresado en esta larga historia, ciertamente con altibajos y con contradicciones internas y externas.

A este respecto podemos observar «un sentir propio del cristianismo primitivo en el aprecio y respeto hacia otras religiones y culturas, tal como manifestaron algunos Santos Padres, al ver en la conducta recta de figuras históricas anteriores a Cristo las señales de la acción de Dios en todos los tiempos»[360]. Efectivamente, San Justino en su *Apología*, Clemente de Alejandría en *Stromata*, San Ireneo en *Adverdus haereses*, San Agustín en *La Ciudad de Dios*... contemplan, a la vez, el estrago moral y espiritual del ambiente pagano, y, sin embargo «semillas del Verbo», acción de la gracia, hasta equiparar ciertas intuiciones y conductas y reflexiones, con la Ley y los Profetas en el sentido de *preparatio evangelica*.

Estos autores, que rastrean el papel sobrenatural del fenómeno religioso y cosmovisivo como anuncio del Verbo encarnado, no plantean el problema de la libertad religiosa salvo para pedir respeto a los cristianos: ellos saben en qué sociedad viven, y que la fe necesita asentimiento libre. Incluso San Agustín, tras la oficialización del cristianismo combate el paganismo con la palabra pero no contempla como resolución su represión por parte del poder.

Otro autor, Tertuliano, que parece no comprender esa teología de las *semina Verbi* y combate al paganismo in globo,

---

[360] José Manuel CASTRO CAVERO, *Salvar la historia* (Centro Teológico de las Palmas. IST de las Islas Canarias, Zamora 2004) 303 (nota 121)

identificándolo en absoluto con el politeísmo y las costumbres que le rodean en la sociedad romana, además de autor de la persecución, se hace, sin embargo, defensor de la libertad religiosa en la sociedad civil. Es incluso el primero que usa de ese término, «libertad religiosa». La ocasión son las injustas persecuciones que sufren los cristianos, pero la reflexión al respecto le conduce a la universalidad de la no coacción, a la libertad de las conciencias para que la actitud y la práctica religiosas no sean una farsa:

> «Adore el uno a Dios, el otro a Júpiter; tienda otro al cielo sus manos suplicantes, otro al ara de la fe; otros, si os parece, cuenten orando las nubes, otros los charcos; ofrezca éste a su dios el alma, el otro la de un macho cabrío[361] (...) Es fácil de ver que sería injusto forzar a los hombres libres a ofrecer sacrificios contra su voluntad cuando, por otra parte, se prescribe que todo acto de culto ha de hacerse con voluntad sincera»[362]

El mismo Tertuliano, cuando escribe a Escápula, perseguidor de cristianos, insiste en su visión:

> «Es propio del derecho humano y de la potestad natural que cada uno adore lo que hubiere pensado; y no perjudica ni beneficia a uno la religión de otro. Pero no es propio de la religión obligar a la religión, que ha ce aceptarse voluntariamente, no por la fuerza»[363]

El principio de no coacción conduijo a algunos de los que para nosotros son hoy columnas de la fe, a condenar la represión física a los herejes. Así, cuando fue ejecutado Prisciliano junto a seis de sus seguidores por el gobernador de Bitinia en el año 385, acusado de brujería y gnosticismo —hecho inaugurador de un camino que tanto mal espiritual había de traer—, San Martín de Tours, San Juan Crisóstomo, el papa Siricio, San Jerónimo, San Ambrosio, el panegirista Pacato Depranio... protestaron tanto por el crimen, pues explícitamente afirmaban la ilicitud de la medida, como por la injerencia mundana del poder mundano en asuntos de religión.

La no coacción impulsa (por ejemplo a Alcuino) a condenar absolutamente, en la labor expansiva de la Iglesia, los bautismos forzados. Y conduce a difíciles equilibrios históricos en algunas

---

[361] Tertuliano, *Apologeticum* 24,5-6
[362] Ibid, 28,1
[363] Tertuliano, *Ad Scapulam* II,2

zonas, rotos por desgracia infinidad de veces, para un ordenamiento social en que hay comunidades religiosas no cristianas en el seno de la cristiandad: judíos y musulmanes.

En esta historia de luces dispersas y semillas teológicas ocupa un lugar muy importante —aunque incomprensiblemente olvidado— un documento del papa San Gregorio VII. Se ha escrito, por parte de un misionólogo canadiense en 1949, «no haber encontrado en los documentos misioneros pontificios un reconocimiento explícito del auténtico valor de las religiones no cristianas»[364]. Y Ladaria, años más tarde, constataba que «en el magisterio anterior al Concilio Vaticano II no se encuentra ninguna afirmación positiva sobre las religiones»[365]. Efectivamente, las intervenciones papales, v.gr para proteger a los judíos de persecuciones, o más tarde y tímidamente respecto al reto de la tolerancia, no valoraban positivamente a las religiones sino que se centraban en el principio de la no coacción y en la necesidad de algún ordenamiento social ante el fenómeno de la disparidad de confesiones en el seno de una sociedad. Por eso, por esta ausencia, cobra valor especial una carta de San Gregorio VII en la que aparecen de modo sintético conjugados los dos retos que se presentan a la Iglesia: convivencia entre cristianos y no cristianos en una sociedad, y lectura soteriológica positiva de una religión no cristiana.

En el año 1076, el Papa escribe al soberano de Bugia, en la Cabilia, en Argelia. Este mandatario musulmán. Al Nasir, jefe de los Hammadíes, había enviado a Roma a un presbítero llamado Servando para que el Papa lo consagrara obispo para la ya escasa comunidad cristiana que todavía persistía por aquellas tierras. El Papa cumplió su deseo y Servando fue consagrado obispo de Bugia. Pero San Gregorio acompañó esta acción de una carta en la que el Papa alababa a Al Nasir por su bondad, por haber liberado a los cautivos cristianos, por su gesto en favor de ellos enviando a Servando. En la misiva se escriben cosas que hoy podemos valorar como un verdadero soplo del Espíritu Santo:

«Dios todopoderoso quiere que todos los hombres se salven y que ninguno perezca, nada desea más en nosotros que el amor a nuestros semejantes, después del amor que

---

[364] Fernand F. Jetté, cit en P. Damborenea, *La salvación en las religiones no cristianas* (BAC, Madrid 1973) 413

[365] Luis Francisco Ladaria, «"El cristianismo y las religiones". Un reciente documento de la Comisión Teológica Internacional»: *Seminarium* XXXVIII (1998) 864

a Él debemos, y el cumplimiento del precepto: no hagas a los demás lo que no quisieran que te hicieran a ti. Nosotros y vosotros nos debemos mutuamente esta caridad en mayor medida que la debemos a otros pueblos, porque nosotros y vosotros reconocemos y confesamos —ciertamente de modo diferente— al mismo Dios único, pues todos los días alabamos y veneramos en Él al Creador de los siglos y Señor del mundo».

La carta culmina con un deseo de salvación para Al Nasir que sitúa su realización en la voluntad de Dios. Aquí la mediación de la Iglesia está expresada, de modo misterioso, en la propia intercesión del Papa:

«Nos le pedimos a Él mismo te reciba, tras una larga vida aquí en el mundo, en el seno de la bienaventuranza del Santísimo Patriarca Abraham».

Esta visión ha tenido recepción teológica muchos siglos después, pero la presencia de luces y semillas continuó manifestándose en el tiempo. Y es precisamente Santo Tomás en el siglo XIII, severo en extremo con los herejes, el que defiende usando la autoridad de San Agustín la *inserción* positiva de los no cristianos en la soteriología revelada. En la respuesta a la pregunta de «si un hombre puede ser salvado sin el bautismo», cita a San Agustín dos veces, y él mismo escribe el concepto «bautismo de deseo»:

«"Algunos han recibido la santificación invisible sin los sacramentos visibles, y para su beneficio. Pero la santificación visible, que consiste en un sacramento visible, sin la santificación invisible no será para ningún provecho" (S. Agustín, *Super Levit.* LXXXIV) (...) Bautismo de deseo "que, con Dios, cuenta para la obra" (S. Agustín, *Enarr. En Sal.* 57)»[366]

En estos apuntes teológicos sobre las religiones, como vemos, unas veces la reflexión se dirige a los modos en que se expresa la voluntad salvífica de Dios, y otras veces respecto al hecho religioso diverso y el contexto social del mismo, su tolerancia o no. La conquista de América suscitó numerosas reflexiones espirituales y teológico-morales sobre lo que acontecía allí, bien sea para bendecir lo hecho o para cuestionarlo en sus fines, en sus modos o en ambos. Muchos teólogos y misioneros hablaron contra

---

[366] *S. Th* III,68,2

la conquista violenta y el sometimiento a la esclavitud —abierta o encubierta—, contra la evidente falsedad de los «requerimientos» y la hipocresía de las «encomiendas», y todo lo demás, meros subterfugios morales y legales para esclavizar y robar. Al afirmar la libertad de los indios, defendieron con Pablo III[367] el derecho natural a seguir en sus tierras, no ser desposeídos de sus bienes y ser regidos por sus leyes y costumbres, es decir, por sus religiones, vertebradoras de sus universos. Esto, obviamente, no lo aclaraba todo, ni respecto al valor de tales religiones, las cuales a pesar de sus abismales diferencias entre sí fueron en general valoradas negativamente de modo absoluto en cuanto a su valor salvífico, ni respecto al qué hacer respecto a algunas de las costumbres de algunos indígenas (canibalismo, sacrificios humanos), que asimismo estaban insertadas, justificadas, religiosamente.

Sin embargo, primaba en la mente de los denunciadores de atrocidades y atropellos contra los indios el principio de no coacción, cuya expresión social remata en la libertad de cultos, y en una polémica religiosa no basada en la amenaza física.

En Europa, en aquellas fechas, el problema era la fractura de la cristiandad en la interpretación del cristianismo, además de las siempre presentes persecuciones a los judíos y el enfrentamiento *territorial* con la civilización islámica. La dinámica general fue la mutua persecución entre cristianos, y las falsas soluciones para evitar guerras entre naciones consistente en obligar a pueblos enteros a confesar tal o cual facción del cristianismo dependiendo de la que siguiera su soberano, según el principio *cuius regio eius religió*.

Sin embargo, también se expresaron esas luces y esas semillas en la Iglesia: en quienes desaprobaron los procedimientos inquisitoriales y las guerras de religión, como un Santo Tomás Moro, por ejemplo, e incluso en algunos responsables políticos que, por motivos religiosos, no siguieron la dinámica de la persecución. San Juan Pablo II así lo reivindicaba hace años:

«He recordado poco antes las experiencias vividas en el país donde nací, y he subrayado cómo los acontecimientos de su historia formaron una sociedad pluriconfesional y plurinacional, caracterizada por una gran tolerancia. En los tiempos en que en Occidente tenían lugar procesos y se encendían hogueras para los herejes, el último rey polaco

---

[367] Bula *Sublimis Deus*, de junio de 1537, en la que se proclama que «aunque viven fuera de la fe cristiana, pueden usar, poseer y gozar libre y lícitamente de su libertad»

267

de la estirpe de los Jaghelloni dio pruebas de ello con estas palabras: "No soy rey de vuestras conciencias"»[368]

Hay concreciones históricas que muestran la realidad de este respeto a la libertad de cultos, precondición para la libertad religiosa que, en una atmósfera de no injerencia indebida y de no persecución puede asomar de un modo u otro, sea en matrimonios mixtos o en opciones individuales en conciencia públicamente conocidas, expresadas y respetadas. Una de estas concreciones en esa Polonia evocada por el Papa santo es ésta:

«De origen holandés, los mennonitas vinieron a establecerse en el Grosses Werder entre 1650 y 1700. Fueron obligados a expatriarse por las persecuciones a que se veían sometidos en su país natal. En aquella época, la totalidad del actual territorio de Dantzig estaba bajo la autoridad polaca. Les fue concedida la más completa libertad en la práctica de su fe (...) Cuando el primer reparto de Polonia, en 1772, puso al país bajo la dominación prusiana, las colonias mennonitas establecidas sobre las orillas del Weichsel-Nogar, se convirtieron en el punto de partida de una nueva emigración hacia Rusia y América del Norte. Los que quedaron fueron objeto de nuevas persecuciones»[369]

En la cristiandad se dieron más ejemplos. El caso de Jacobo II es ilustrativo: converso al catolicismo no impuso éste por la fuerza, sino que transformó la legislación acorde a una sociedad de hecho multiconfesional. Fue tras la muerte de Cronwell en 1658:

«Seguidamente se restablecerá la monarquía y dos años después Carlos II, hijo de Carlos I, fue proclamado rey. Tras la muerte de Carlos II resurgen los problemas religiosos pues su hermano, Jacobo II, se convirtió al catolicismo generándose fuertes controversias entre el rey católico y la nación anglicana. El rey procuraría garantizar la seguridad de los católicos afirmando el poder real en la Constitución, lo cual quedaría plasmado en la abolición de la legislación anticatólica de las *Test acts* que impedían el desempeño de cargos militares o civiles al servicio de la Corona, así como

---

[368] SAN JUAN PABLO II, *Cruzando el umbral de la esperanza* (Plaza y Janés, Barcelona 1994) 160
[369] Anna RAUSCHNING, *No hay retirada* (Los Libros de Nuestro Tiempo, Barcelona 1945) 31-32

la ocupación de escaños en ambas cámaras. El 14 de abril de 1687 promulgó la *Declaración de indulgencia* que otorgó la completa libertad de culto»[370]

Lamentablemente, esta vez anglicanos y puritanos echaron abajo el proyecto, «lo cual desembocó en una conjura que invitaría al yerno holandés de Jacobo II, Guillermo de Orange, a asentarse en Londres para, más tarde, ocupar el trono»[371].

Otro ejemplo de responsable político cristiano que defiende la libertad religiosa lo encontramos en la América británica del siglo XVIII. Se trata de Lord Baltimore y la «tierra de María», Maryland:

«Siete años después de fundado el Establecimiento de Massachussets se intentaba crear en Virginia una nueva colonia, pero, repudiados por *papistas* por los nuevos americanos, los católicos debían replegarse, trasladándose a la región del Potomac, donde levantaron su sede: Maryland. Su historia, como tal colonia romana, sería muy corta.

La libertad que allí implantaron, en contraste con Massachussets, hizo que gentes de toda raza, condición y credo, viniesen a asentarse en aquellas tierras. Maryland dictaría pronto la *Toleration Act*, primera regla de tolerancia religiosa que registran los anales de la nación, lo que dio lugar al milagro de ver convivir sobre un mismo suelo a la Iglesia Católica y a la Protestante Episcopal.

Tal armonía no duraría muchos años (...) Aunque los virginianos no comulgaban con sus ideas (con las de Cronwell), juzgaron que la fanática mentalidad del dictador aprobaría todo acto perpetrado contra los *herejes* y así fue cómo las milicias, mandadas por un tal Clayborne, y millares de colonos, invadieron las regiones de Lord Baltimore (...) Despojados de sus tierras, perseguidos luego, muchos de ellos debieron emigrar a América del Sur»[372]

Entre la segunda mitad del siglo XVII y el siglo XVIII, vemos también apuntes teológicos que manifiestan que la cuestión

---

[370] Javier ÁLVAREZ PEREA, *El colorante laicista* (Rialp, Madrid 2012) 37-38
[371] Ibid, p.38
[372] Carlos María YDIGORAS, *Los libertadores USAS* (Edit. Arrayan, Madrid[5] 1966) 70-71

permanece abierta. La controversia jansenista da ocasión para unos pronunciamientos grávidos de consecuencias no entrevistas siquiera por sus promulgadores. Como aquel Decreto del Santo Oficio de 7 de diciembre de 1690, en referencia a errores condenados por Alejandro VIII. Uno de estos errores denunciados como falsos afirmaba que «los paganos, los judíos, los herejes y otros hombres de este tenor no reciben influjo alguno de Jesucristo». Quesnel ya había publicado en 1671 su *Abrégé de la morale de l'Evangile*, cuya segunda edición acentuaba el jansenismo. Al fin, la Unigenitus de Clemente XI, el 8 de septiembre de 1713, condenaba 101 proposiciones de Quesnel, como la de que «Cristo murió sólo por los elegidos», o que «La Iglesia comprende sólo a los justos y a los elegidos»... La no identificación plena, por parte de la Iglesia, de la gracia santificante con la gracia sacramental, era otra poderosa semilla dispuesta a germinar en el futuro respecto a la relación de la Iglesia con las religiones.

Diversos teólogos moralistas ahondaron en la época. Ellos también se adentraron en el hecho de la existencia de la variedad de confesiones religiosas entre los hombres, sea para tratar su estatuto salvífico, sea para hablar de la organización social de comunidades con diversos credos, es decir, de la libertad de culto y la libertad religiosa. Algunos, como el jesuita Hermann Busembaum (1600-1668) resucitaron con vigor la vieja cuestión de la conciencia y la verdad, presente en Santo Tomás... y en contradicción con sus propias prescripciones coactivas contras los herejes. Santo Tomás había tratado el tema de la tolerancia del mal por parte de Dios en relación a la libertad del hombre:

«(Dios) no quiere que se haga el mal, pero tampoco quiere que el mal no se haga: quiere permitir que se haga el mal, y eso es ciertamente bueno»[373]

Es el riesgo de la libertad. Como el riesgo de la conciencia: «La obligatoriedad de la conciencia, comparada con la que corresponde a una disposición de un superior, no significa otra cosa que la obligatoriedad de un decreto divino, comparado con la de un decreto del superior»[374]

Busembaum, en el clima histórico europeo de las guerras de religión, afirma la obligación de seguir el dictamen de la conciencia invenciblemente errónea. Un siglo después, Nonotte, el

---

[373] *S. Th* I, q.19, n.9, ad 3
[374] *Quaestiones disputatae. De veritate*, 17,5

encarnizado enemigo de Voltaire e inspirador del español Zeballos, negará el aserto; pero otros desarrollarán esta visión, ya en época de ataque explícitos a la religión cristiana. Así, el teólogo Eusebio Amort (1692-1775) afirmará, respecto al encaje soteriológico de las religiones que «se da por cierto que cada uno se salva en su Religión, a la que cree verdadera, si vive sin pecado con propósito de recibir todos los medios de salvación»[375]. Y para que la cosa no se lea como una vaguedad, habla al respecto de los «turcos, o acatólicos de la India, Abisinia, Egipto, Grecia, Armenia, Rusia, Suecia, Inglaterra y de otras partes»[376].

Respecto al ordenamiento social, el propio San Alfonso afirmaba que «los príncipes cristianos pueden permitir a los judíos, paganos o herejes la libertad de conciencia (...) sólo por el bien de la religión o por la esperanza de su conversión, no por un beneficio temporal»[377]. El inciso motivacional de San Alfonso es importante: no sólo por una mera tolerancia para evitar disgustos temporales, sino por motivos religiosos. Si él no podía ver aspectos sobrenaturalmente verdaderos y beneficiosos en las religiones, sí veía el honor de la fe, comprometida y manchada a causa de la coacción, y el valor del testimonio en la convivencia para que los hombres alcancen la verdad. Testimonio que para ser auténticamente cristiano no puede ser sino de amor, notable. Principios perennes para quienes de entre nosotros, católicos del siglo XXI, sí vemos no obstante la presencia de la gracia y sus frutos en las gentes de las diversas religiones.

En el siglo XIX, con el debate al rojo vivo y las intervenciones magisteriales, se muestran con más vigor tales luces y semillas. Un hombre santo, místico y teólogo como Vladimir Soloviev, quien culminó su peregrinaje en la Iglesia católica y a día de hoy es referencia legítima tanto para ortodoxos como para católicos, reiteraba su convicción sobre el respeto a la libertad religiosa. Olivier Clément, en la «Presentación» de una obra de Soloviev resalta esta convicción incluyendo una elocuente cita de este místico:

«La cristiandad, dice, caracterizada por una estrecha enseña clerical, sofocó la libertad de conciencia y terminó por vejar las capacidades creadoras del hombre. "La falsedad fundamental de esta vía —escribe— se apoya en la increencia latente que es su origen (...) Suponer que,

---

[375] Eusebio AMORT, *Demonstratio*, objectio 10, p.266, n.16
[376] Ibid
[377] SAN ALFONSO MARÍA LIGORIO, *Theologia moralis*, cap.IV, n.18

para ser realizada, la verdad de Cristo —es decir, la del amor eterno y la de la bondad absoluta— necesita de medios de coacción (...) extraños e incluso contrarios a esta verdad, significa reconocer que es impotente, que el mal es más fuerte que el bien, significa no creer en el bien, no creer en Dios..." («Lecciones sobre la divino-humanidad»: *Obras* III, 161)»[378]

En el fondo, pues, está una lectura corta o equivocada de qué es el Amor de Dios y qué supone entre los hombres: así «unos dicen que el amor evangélico es ante todo amor a Dios, y en nombre de este amor se consideran con el derecho, e incluso en el deber, de torturar a sus hermanos que no profesan la fe en Dios con ellos»[379]. Para Soloviev, la Verdad es Amor, y esto no se puede negociar dejándolo al arbitrio de los hombres:

«Tampoco se puede situar la justicia en la solidaridad social, que consiste en el hecho de que la voluntad de todos es igualmente obligatoria para cada uno. Porque "todos" aquí significa "muchos", pero muchos pueden ser solidarios también en una acción injusta, por ejemplo, cuando la mayoría de un pueblo persigue a la minoría a causa de diferencias de religión, y emana contra ella leyes crueles, que en este caso son una violencia auténtica»[380]

Es impresionante la teología de las religiones de Soloviev. Cómo *juega* con las carencias y los intentos no sólo como contraste sino como auténtico fundamento providente de la Encarnación. El respeto sagrado se trasluce en el alma de este santo sabio. No usa de opuestos matematizados verdad-error, verdad-mentira; sabe lo que es erróneo mas no usa de tales silogismos sino que sitúa el drama entero —vigente hasta el fin de los tiempos— en un Plan saludable de la Providencia. Y eso conlleva el respeto a las conciencias. Respeto sagrado.

Hay otros en esta época, como el Bienaventurado Ozanam, que simplemente han ejercido la santidad, el amor, en el concierto de las pluralidades religiosas:

«En el ejercicio de la caridad no rehusó nunca el concurso de los disidentes, los cuales, conocedores de su

---

[378] Olivier Clément, «Presentación» en Vladimir Soloviev, *Los fundamentos espirituales de la vida* (BAC, Madrid 2017) XVII
[379] Vladimir Soloviev, o.c., pp 155-156
[380] Ibid, p.57

generosidad, solían ponerse a su disposición. Ozanam aceptaba su ayuda y les prestaba la suya, teniendo con ellos una delicadeza tal vez aun mayor (...) Cuenta el P. H. Perreyve que habiendo recogido un joven pastor protestante una suma de dinero entre sus correligionarios, decidió confiar esta suma a alguna asociación católica de caridad, para que fuese distribuida entre los pobres. Ozanam aceptó la suma con agradecimiento y emocionado y feliz la presentó a la Conferencia, participando a los socios de qué manos la había recibido. Uno de los miembros hizo en pocas palabras el elogio de la tolerancia en materia de religión. Luego, como hombre práctico, propuso dedicar ese subsidio extraordinario en primer lugar en socorro de los pobres católicos, después de lo cual se podría dar lo que sobrase a los pobres disidentes, olvidándose de agregar a su discurso la frase natural: *si acaso sobra* (...) Se pintaba sobre el rostro de Ozanam la emoción y el asombro (...) La impaciencia estalló: "Señores —dijo—, si esta proposición prevalece, si no queda definido que nosotros socorremos a los pobres sin distinción de culto, entonces iré inmediatamente a devolver a los protestantes el dinero que me confiaron y les diré: ¡Tomadlo! No merecíamos vuestra confianza". No fue preciso someter el asunto a votación, agrega el P. Perreyvee»[381]

En Ozanam es la caridad —el Amor de Dios— el que desbroza caminos a la verdad. Pues su postura presupone tanto su firme identidad católica, como la existencia de personas que no lo son, y el que estas personas reciben gracia para hacer el bien y ser humildes, que se puede y se debe no sólo respetarlas sino colaborar con ellas en el ejercicio del bien... Muchas cosas, muchas, que contradicen *in radice* las coacciones, los desprecios, las segregaciones, las condenas y el catalogar en el mal o en la inanidad la vida religiosa no católica per se.

En la época de los pronunciamientos pontificios (ahora hablaremos sobre ello) continúan manifestándose estas semillas que por fin germinan en la *Dignitatis humanae* y la *Nostra aetate*. No como final de camino sino como faros poderosos para continuar la marcha en pos de la «Verdad plena».

---

[381] PATIVILCA, o.c., pp 219-220

Ya han aparecido en estas páginas diversos protagonistas del debate en aquel siglo XIX con motivo de aquella transición de paradigma en occidente. Muchos de estos protagonistas también se pronunciaron respecto a este asunto, el de la libertad religiosa. Ninguna de las propuestas, de cualquier signo, podía ser objetivamente satisfactoria, pero indicaban un estado de los espíritus con intención de abordar el problema que rompía el esquema defensivo-coactivo propugnado por los integristas. El valor de las iniciativas está, por tanto, en su carácter de búsqueda de alternativas más que en la propia oferta de las alternativas.

Los ejemplos de esta emergencia son variados. En 1849 se presenta un Proyecto de Ley de Educación en Francia. No excluía a la Iglesia, pero la equiparaba a los demás agentes educativos. Hubo protestas venidas de la izquierda, precisamente por no excluir a la Iglesia, y protestas venidas de la derecha, por la equiparación, porque en el proyecto, al hablar de los promotores educativos de la «enseñanza libre» se citaba a los obispos, pero también a los pastores o a los rabinos. Frente a esta contestación de la derecha *católica*, monseñor Dupanloup, o los propios Dom Guèranger y el P. de Ravignan, aun con reservas, defendieron el proyecto: amparaba a la Iglesia para enseñar y, al fin, no veían ofensa en que otros enseñasen a sus seguidores según les dictaba la conciencia.

Otra ocasión para que estas semillas se expresaran fueron los Congresos Católicos de Malinas. El primero, en 1863, tuvo como principal orador a Montalambert. Se habló de los católicos belgas y su adhesión a una constitución que amparaba la libertad religiosa. Montalambert afirmó allí que «si en todas partes, excepto en Bélgica, los católicos se hallaban en la vida pública en minoría con respecto a sus adversarios (era porque) muchos de ellos pertenecían aún, de espíritu y corazón, al antiguo régimen, o sea, al régimen que no admitía ni la igualdad civil, ni la libertad política, ni la libertad de conciencia»[382].

Montalambert quería sacudir las conciencias. Por eso, el folleto que recogió los discursos adoptó el nombre de la famosa divisa de Lavour, «Iglesia libre en un Estado libre». No significaba esto el avalar los ataques a los territorios pontificios sino el señalar alguna vía de resolución. El discurso fue una provocación según los integristas, que no podían aceptar conceptos como los que siguen y que fueron defendidos en aquel Congreso:

---

[382] MONTALAMBERT, *L'Eglise libre dans l'Etat libre* (Discurso pronunciado en el Congreso Católico de Malinas) (Ch Douniol/Didier et Cª, Paris 1863) 10-11

«La Iglesia no puede ser libre sino en el seno de la libertad general»[383], o «El inquisidor español, que ponía al hereje en el trance de escoger entre *la verdad* o *la muerte*, me es tan odioso como el terrorista francés, que proponía a mi abuelo *la libertad, la fraternidad* o *la muerte*»[384]

Además, Montalambert no predicaba esto como una mera táctica para qur la Iglesia encontrara acomodo en las nuevas sociedades, sino como algo derivado de un principio previo. Por eso denunciaba así a los integristas:

«No imitemos nunca a los que en Francia pedían, en tiempos de Luis Felipe y de la República, la libertad como en Bélgica, y después que se han creído los más fuertes, o lo que es lo mismo, los amigos del más fuerte, no han vacilado en decir "la libertad no es buena sino para nosotros, porque nosotros solos estamos en posesión de la verdad"»[385]

En el pie de página que contenía esta acusación, Montalambert hacía referencia a varios artículos de L'Univers que defendían esta actitud. Actitud que, por otra parte era vieja y se había manifestado en otros lugares, como en la «Instrucción» de los obispos españoles refugiados en Mallorca con motivo de la Guerra de la Independencia, donde a la vez que se ataca con dureza la sola idea de algo parecido a la libertad religiosa y la tolerancia, se alaba la tolerancia de los anglicanos que habían acogido a refugiados católicos de Francia...[386]

En el segundo Congreso de Malinas Montalambert no intervino. El centro de atención del Congreso fueron Monseñor Dupanloup y el jesuita P. Felix. Dupanloup defendió el estatuto social de libertad religiosa y puso ejemplos en los que en tal contexto el catolicismo crecía. Así Gran Bretaña, «donde cada grado ascendente de la libertad pública es medida del progreso creciente de la vida católica», o Estados Unidos, «donde cincuenta nuevas diócesis, fundadas en menos de cincuenta años, enseñan, a los que saben ver y comprender»[387] que esa libertad no sofoca a la fe católica.

---

383 Ibid, p.23
384 Ibid, p.135
385 Ibid, p.137
386 Cf Javier HERRERO, o.c., pp 371-372
387 Mons. DUPANLOUP, *Le Correspondant* t.LXIII (25-9-1864) 245

En el año 1864 Montalambert fue denunciado al Índice por el folleto en que se recogen los discursos del Congreso anterior. Pío IX no censuró al orador... pero en tal año publicaba la *Quanta cura* y el *Syllabus*.

Ya en tiempo de León XIII, esta apertura a otro género de interpretación del estatuto de las sociedades pluriconfesionales se agudiza. El cardenal Manning es un buen ejemplo. Afirmaba que «si los católicos ingleses alcanzasen el día de mañana el poder, no cerrarían ni un templo, ni una escuela protestante». Esta frase fue publicada por *Le Correspondant* el 25 de octubre de 1877, tras la cual añadía el periódico:

> «La Iglesia, que ha defendido en todos los siglos la independencia de la conciencia cristiana, sin temer la persecución y ni aun el martirio, puede decir con el poeta:
> Libertá vo cercando! ch'é si cara
> Come sa chi per lei vita rifiuta.
> (¡Voy buscando la libertad! tan querida
> Como lo saben los que por ella desprecian la vida.)
> DANTE, Purg.»

El P. Didon, a quien Montalambert consideraba heredero de Lacordaire, también se expresaba en tal sentido preguntándose: «La Constitución belga, ¿es una herejía? Entonces, ¿por qué la juran los católicos? Y si no es herética, si León XIII ordena a los católicos que la respeten, ¿quién se atreverá a condenar a los que aceptan ese régimen de libertad?»[388]

En el proceso por la unificación alemana también apareció este importante debate, agudizado más tarde por el clima del *Kulturkampf* organizado por Bismarck. La actitud de los católicos alemanes evolucionó:

> «La mayoría de ellos aceptaba de buen grado y aun preconizaba con entusiasmo la idea de una unificación de Alemania. Pero también rechazaban la idea de una Alemania unificada, que tuviese a Berlín por capital y que excluyera o absorbiese al Austria católica. Hízose elocuente defensor de esta concepción el diputado rhenano Augusto Reichensperger, quien oponía a la "Pequeña Alemania", protestante, una "Gran Alemania", católica por sus elementos y por sus miras. Andando el

---

[388] P. Didon, *Indisolubilité et divorce* (E. Dentu éditeur, Paris 1880) (Prólogo) XXI

tiempo, una nueva idea había de abrirse paso entre los católicos, como más conforme al estado de los espíritus y como más fácilmente realizable: la de la unidad alemana fundada sobre la libertad de las Iglesias»[389]

La idea parecía asentada, y tenía consecuencias:
«Según procedían por aquel mismo tiempo lo católicos de Francia en su campaña por la libertad de enseñanza, los católicos de Alemania, reprobando el liberalismo doctrinal (...) no reclamaban para sí ningún derecho que no lo reclamaran a la vez para los otros. Augusto Reichensperger intervino más de una vez en la Cámara para defender los derechos lesionados de los protestantes»[390]

Las tensiones de la época daban la oportunidad de abrirse a nuevas perspectivas. En este sentido, las propias persecuciones a los católicos, no las perpetradas en nombre del laicismo, sino las justificadas en nombre de la religión, fueron un factor poderoso para ver con más luz la raíz del conflicto conceptual y vital originado por las invocaciones a la libertad religiosa.

En efecto, la época ofreció muchas de estas persecuciones. No nos referimos a las acontecidas en países extraeuropeos de tradiciones no cristianas, sino las protagonizadas entre cristianos del continente. Así, en Alemania, con las llamadas Leyes de Mayo (1873, 1874 y 1875), bajo el gobierno de Bismarck, por las que se cerraban seminarios y conventos. Siete años de persecución continua en la que muchos obispos y sacerdotes eran detenidos, encarcelados, desterrados. En Suecia, los tribunales «continuaban ensañándose contra las personas convictas de haber abrazado el catolicismo, imponiéndoles las penas de destierro y de pérdida de derechos civiles»[391]. En Rusia, en 1854, el zar Nicolás persigue a todos los no ortodoxos en una campaña de supuesta «rusificación». Musulmanes, judíos, luteranos y católicos son forzados y vejados. Y en 1859, ya con Alejandro II como zar y tras un ambiguo respiro en 1857 en que se permitió reparar y construir iglesias católicas a la vez que se ponían trabas burocráticas e incluso se requisaban los materiales, se dictó el 12 de noviembre un rescripto prohibiendo a los sacerdotes católicos evangelizar, declarando ilegales las conversiones al catolicismo bajo pena de destierro. En la Polonia

---

[389] F. MOURRET VIII; 2º, o.c., pp 488-489
[390] Ibid, p.491
[391] Ibid, p.562

ocupada hubo detenciones de obispos y entrada de tropas en iglesias para aterrorizar.

Todo esto, las persecuciones sufridas por los católicos por regímenes *cristianos* que no admitían la libertad de cultos ni la libertad religiosa, provocó entre los pensadores católicos, entre quienes tuvieran influjo, en clérigos y laicos, una doble reacción: unos se cerraron más en su pretensión de volver a las viejas concepciones de la moribunda civilización cristiandista; otros abrieron el corazón y la mente para sacudirse las contradicciones de aquellas concepciones, y poder seguir buscando.

2.2.- Advertencias y condenas papales: discernir contextos e intenciones

La idea generalizada es que el siglo XIX había vivido la promulgación de varios documentos papales en los que se condenaban ciertas doctrinas que, al parecer, ahora serían bendecidas por la Iglesia. Una lectura cerrada y unívoca de este cuadro puede conducir a conclusiones falsas.

Observando la *Mirari vos* de Gregorio XVI[392], pasando por la *Quanta cura* y el *Syllabus* de Pío IX[393], y por las encíclicas de León XIII (*Diuturnum*[394], *Inmortale Dei*[395], *Libertas*[396], *Sapientae Christianae*[397] y *Au milieu*[398]) y llegando a la *Ubi arcano Dei*[399] y la *Quas primas*[400] de Pío XI, se percibe la presencia de unos elementos inamovibles — que a su vez no impiden un desenvolvimiento doctrinal— junto a otros elementos y valoraciones contingentes, reformables, además de concreciones sujetas a una atmósfera temporal definida y a constricciones previas de orden teológico que dificultaban, impedían, la incorporación de otras perspectivas con que enjuiciar.

---

[392] «Sobre los errores modernos» (15-8-1832)
[393] «Sobre los principales errores de la época» y «Listado recopilatorio de los principales errores modernos» (ambos documentos el 8-12-1864)
[394] «Sobre el origen del poder» (29-6-1881)
[395] «Sobre la constitución cristiana de los Estados» (1-11-1885)
[396] «Sobre la libertad humana» (20-6-1888)
[397] «Sobre los deberes de los ciudadanos cristianos» (10-1-1890)
[398] «A los obispos y católicos de Francia sobre las relaciones de la Iglesia y el Estado» (16-2-1892)
[399] «Sobre la Paz de Cristo en el Reino de Cristo» (23-12-1922)
[400] «Sobre la fiesta de Cristo Rey» (11-12-1925)

Ciertamente sí ha habido novedades doctrinales en la Iglesia. Los elementos perennes enunciados como principios permanecen en ella, pero hay concreciones, aplicaciones de tales principios, que se han abandonado, se han cambiado, obedeciendo a la recepción de nuevas luces del Espíritu para enjuiciar no sólo el reto de cada presente sino los aciertos y errores en las posturas del pasado.

Primero hay que constatar que, pese a las simplificaciones habituales, hay un gran bagaje doctrinal ofrecido por aquellos Papas que sigue y seguirá vigente. Del propio *Syllabus*, con sus ochenta proposiciones señaladas como errores, la mayoría de estos señalamientos son aceptados como tales errores por la Iglesia bendecida por el Concilio Vaticano II. Efectivamente, allí se habla de panteísmos, naturalismos y racionalismos; de comunismo, sociedades secretas e interpretaciones bíblicas no autorizadas; de injerencias de la potestad civil en cuanto a nombramientos, deposiciones, prohibiciones, atropellos, promoción de *galicanismos*, directrices coactivas en la enseñanza, exclusiones de la Iglesia al respecto, prevalencia de la potestad civil incluso para las normativas eclesiásticas internas, separación absoluta de ambas potestades...; también se habla de materialismo y de culto a las riquezas, de la autoridad, de rebeliones ilegítimas, de ruptura maquiavélica de juramentos, del divorcio, de la potestad de la Iglesia respecto al matrimonio, del carácter de este sacramento, de la no sujeción del Papa a potestades civiles...

Obviamente, muchos de estos señalamientos de errores están sujetos a interpretación y desarrollo: por ejemplo, qué significa para unos y otros separación de Iglesia y Estado: ¿hostilidad intrínseca, absorción o control de una potestad por otra, supuesta normalidad cooperativa que elude los inevitables conflictos?... O qué significa «autoridad» no sujeta a decisiones de mayorías —o minorías—: ¿despotismo y dictadura, reverencia a la verdad y la justicia aunque tal mayoría optara por la injusticia? Las indicaciones del capítulo IX del *Syllabus*, «Errores acerca del poder temporal del Romano Pontífice», incluso estos puntos, contienen unas convicciones que se mantienen en la Iglesia: no que tal «poder» tenga que identificarse con los Estados Pontificios (esta era la concreción de Pío IX), sino con alguna fórmula jurídica que impida que el Papa se convierta en súbdito de una potestad civil. A día de hoy el Papa sigue teniendo «principado civil», pequeño, casi simbólico, pero que, si bien no garantiza absolutamente, sí favorece su independencia espiritual. Este estatus puede cambiar en sus concreciones físicas, pero el otro escenario, la desaparición de la independencia civil, aunque ciertamente no acabaría con el misterio y el ministerio de Pedro, se traduciría o en persecución o en sumisión indigna a un poder civil que *orientaría* el ministerio petrino. La supuesta normalidad, tarde o temprano, se quebraría en alguna de las dos direcciones.

Gran parte del *Syllabus*, como vemos, tiene vigencia. Incluso el polémico número 80, con el que se cierra el documento, donde se condena la siguiente proposición: «El Romano Pontífice puede y debe reconciliarse y transigir con el progreso, con el liberalismo y la civilización moderna». El mito del «progreso», indefinido, visto como un valor en sí, sin discernir por dónde vamos y a dónde vamos; el «liberalismo» como autorreferencialidad que no se debe a la verdad, a su búsqueda, en ningún ámbito —ni moral, ni político, ni económico—; la «civilización moderna», grosero eurocentrismo de la época, cronocentrismo que de modo ridículo se repite en el tiempo, que se pretenden justificar desde sí en lugar de confrontar sus valores y sus modos con la verdad, con el amor, con la justicia... Es decir, incluso el escandaloso número 80 se suscribe hoy sin dificultad por la enseñanza de la Iglesia, si bien con otro lenguaje.

Quedan entonces siete números de los ochenta que sí han sido corregidos en las concreciones que señalaban. Son los números 15, 16, 17, 55, 77, 78 y 79.

Los tres primeros números corresponden al capítulo III, cuyo título es «Indiferentismo, latitudinarismo». Se refieren a la libertad de escoger religión, y al carácter salvífico de las religiones. En sentido negativo.

El número 55 condena llanamente la separación de la Iglesia y el Estado. Pero, como señalábamos más arriba, la ausencia de matices conduce de modo casi unívoco a interpretarlo como defensa del Estado confesional visto como único modelo válido y acabado.

Los últimos tres números señalados —77, 78 y 79—, vuelven a mostrar en clave condenatoria el que el Estado no sea de modo exclusivo confesionalmente católico, la propia libertad de culto y la libertad de expresión y de pensamiento.

Esta doctrina, tal cual está expuesta, ha sido corregida radicalmente a causa de un enfoque diferente de la cuestión. Pero esto no agota el análisis, pues aunque las concreciones en algunos casos son inversas tras las correcciones posteriores, hay que ver a qué se referían realmente aquellos Papas, qué señalaban como errores, y por qué, posteriormente, asumiendo como verdaderos errores esos señalamientos de los Papas, la Iglesia ha llegado a conclusiones prácticamente opuestas.

Vamos a intentar situarnos entonces en el contexto histórico de aquellos Papas para discernir su enjuiciamiento de los retos que la época les mostraba. Como dice el papa Francisco en su bellísima y espiritual Exhortación Apostólica dedicada a Santa Teresita, nos situamos en el «siglo XIX, que fue la "edad de oro" del ateísmo moderno como sistema filosófico e ideológico»[401].

Desde la Revolución Francesa, desde inicios de ese siglo XIX, se había cuestionado la confesionalidad católica de los Estados de naciones sociológicamente católicas, realidad institucionalizada desde hacía muchos siglos. El problema es que la exigencia de libertad de cultos no estaba encabezada y protagonizada por las minorías religiosas no católicas que vivían en tales naciones cultural e históricamente *católicas*, sino que provenía de las nuevas ideas que atacaban o desvalorizaban a la Iglesia en sí.

La clave de la predicación de esta libertad religiosa no era una formulación religiosa previa, de tipo soteriológico, ni se identificaba nítidamente con una exigencia de respeto a las conciencias, sino, en general, una postura existencial que partiendo, bien del deísmo, del agnosticismo o del ateísmo —las tres opciones en sentido militante—, pretendían en concreto desalojar a la Iglesia católica de su papel social; y de modo más general y profundo, desaojar a la religión en sí de ese papel. Por desgracia, los abusos brutales y enraizados en que se había ido cimentando gran parte de ese «papel social», les ponían en bandeja los argumentos a los impugnadores.

Estos impugnadores, a su vez, no eran inocentes. Tanto los representantes de la temprana reacción integrista, como Nonnotte y todos los demás, como los no integristas, perciben que la postura de un Voltaire, por ejemplo, o de los protagonistas de las derivas de la Revolución Francesa, no son movidos, por un espíritu de respeto a las conciencias, sino por su aversión a la religión, al cristianismo y específicamente, al catolicismo. En este contexto, los integristas reivindican el uso de la represión y no perciben que su análisis es falso por totalizar en aquellas posturas toda la cuestión, por «identificar al filósofo que pide tolerancia con el ateo, y no sólo el ateo, sino el destructor de toda religión»[402].

La percepción, sin embargo, es poderosa. Cuando se promulga en Francia la Carta de 1814, en la que se habla de libertad

---

[401] FRANCISCO, *C'est la confiance* n.25 (15-10-2023)
[402] Javier HERRERO, o.c., p.43

de cultos, libertad de prensa, etc, Pío VII, en una misiva a monseñor de Boulogne, obispo de Troyes, protesta aduciendo que tales libertades ponen en el mismo nivel la verdad y el error, y habla de la unicidad de la Iglesia como vía de salvación; pero también advierte de «graves peligros» y «ruina segura», pues «si alguien llegar a dudar de esto, la experiencia de los tiempos pasados bastaría para convencerle». Aquí, el condicionamiento histórico es casi determinante para este juicio, pues ese pasado —bien reciente— se refiere a interminables guerras civiles, interminables guerras internacionales, derramamientos masivos de sangre, hasta el genocidio, terror y persecución policiales delirantes... y la miserable muerte de su predecesor, el propio apresamiento de Pío VII... Demasiadas *evidencias* para él sobre las consecuencias de tales libertades.

Hay, pues, un clima defensivo. Ya hemos visto capítulos atrás algo de esta atmósfera. Durante el siglo, en España, Italia, Francia, Suiza, Alemania, Austria, Portugal..., con algún sello propio según cada lugar, hay conflictos con la Iglesia católica que se traducen en persecuciones, acosos, confiscaciones, difamaciones. Los autores de los ataques, muchos de ellos, no ven esto como persecución sino como medidas para atajar abusos seculares, reales, supuestos, o sujetos a interpretación para ser calificados así.

En tal atmósfera se condenan magisterialmente las «libertades modernas». La reacción de Gregorio XVI con *Mirari vos* fue la condena del indiferentismo afirmando, con cierto aroma jansenista, la unicidad de la Iglesia en clave de exclusión de las religiones, con la consecuencia social de condenar asimismo su libre ejercicio y las llamadas «libertades modernas»: conciencia, pensamiento, expresión.

La *Mirari vos*, en la época, es percibida como muy poco universal. Parece dirigida expresamente a Lamennais y los que con él, en Francia, intentaban según el Papa contemporanizar con ideas supuestamente incompatibles con la Iglesia.

Hay que rastrear el alma de Gregorio XVI, sus percepciones. Como las de sus inmediatos antecesores están condicionadas por hechos innegables. Los horrores del Terror estaban muy cerca: las profanaciones, las ejecuciones, la dictadura de los que se rebelaron contra las dictaduras. El Papa sitúa cualquier pretensión calificada de contemporanizadora como cómplice con todo esto y favorecedora de su repetición en la historia. Pero eso le impide ver que en la serie de retos que la época presenta se pueden percibir elementos legítimos que quieren responder al desasosiego ontológico que las falsas respuestas tradicionales expresaban.

Evidentemente no se puede enjuiciar su actitud, de modo absoluto, desde nuestra posición histórico-providencial, cuando la Iglesia ha recibido iluminación para profundizar sobre el hecho religioso, sobre la religiosidad humana y la acción del Espíritu con la Iglesia como cuerpo sacerdotal, mediador... Visión de frutos sobrenaturales en contextos no confesionalmente cristianos... La Iglesia ha sido impelida a profundizar: la salvación de los miembros no visibles de la Iglesia, no por indiferencia respecto a las vías de salvación, sino por el vigor extensivo de gracia venido de la propia Iglesia, es decir, precisamente por la fortaleza de sus afirmaciones, las mismas que a otros (Jansenio, por ejemplo) habían servido para negar la salvación a quienes no participaran visible y tangiblemente de las mismas.

Todo este desenvolvimiento apenas se percibe a comienzos del siglo XIX. En todo caso, de modo descabalado, no sujeto a una visión orgánica aunque abierta; muchas veces, por vía de negación, como con las condenas al jansenismo y a las interpretaciones de Quesnel... condenas que hablan de presencia de gracia.

Hay que situarse, como hemos hecho notar: la mayoría de los opositores a la Iglesia son agnósticos, ateos, a los que importa poco la religión, o racionalistas que quieren sustituir las confesiones por una «religión natural». El Papa considera todavía evidentes ciertos consensos sociales religiosos (más bien cohesionados por la fuerza que por convicción) que se pretenden romper. No se confronta con una teología universalista de la salvación (acertada o no, deficiente o no, ambigua o no) sino, en una atmósfera de *cristiandad*, cuyo referente religioso próximo y casi único es el cristianismo, se enfrenta con quienes dicen a la Iglesia que ella no es quien dice ser. Tiene detrás noticias deficientes y sectarias sobre las guerras de religión (los «herejes» habrían cometido realmente todas las tropelías), y sobre las costumbres de los «paganos» (canibalismo, incestos, etc). No ve que, desde unos principios claros (v.gr., la unicidad de Jesucristo), se llega a concreciones diversas a las que él llega. No sabe ver el *revés* de sus condenaciones: v.gr., cierto es que «libertad de conciencia» sin referencia intrínseca a «la verdad» es un principio falso... pero sin el ejercicio de la libertad de conciencia la verdad no penetra en las gentes, sino que se impone mundanamente, lo cual la atestigua no sólo como no-verdad, sino que se la hace acompañar y tragar con una runfla de concreciones que so capa de verdad no lo son. Es decir, los guardadores de la rectitud de la conciencia, se hacen guardadores de la rectitud de la imprenta y se convierten en censores que no sólo dicen evitar mentiras dañinas y corrupción, sino que impiden debates legítimos, convierten en absoluto lo opinable y protegen —desde una posición de poder— las mentiras dañinas y las corrupciones asociadas a un poder que se glorifica a sí mismo por sagrado...

La *Mirari vos* se *universalizaría* gracias a la *Quanta cura* y el *Syllabus* del Beato Pío IX. Este Papa recogió lo expuesto en la encíclica de Gregorio XVI, y el contexto histórico se encargó de su repercusión.

Las intervenciones de Gregorio XVI, de Pío IX y de León XIII —éste inicia un desenvolvimiento pero se quiere mantener en la línea de sus predecesores—, nos sitúa en varias perspectivas de análisis: rastrear valores permanentes en diversos enunciados de aquellas intervenciones magisteriales y que hoy están integrados en las posteriores enseñanzas de la Iglesia; escudriñar, respecto a enunciados hoy descartados, qué querían decir realmente aquellos Papas y el que esto a su vez nos conduce a varias consideraciones: un problema de comunicación, pues algunos enunciados son absolutamente ambiguos y no fueron aclarados al respecto, y en segundo lugar, que esta no aclaración conducía intencionalmente a unas concreciones de tales principios que, hoy, como tales concreciones, son rechazadas por la Iglesia.

En este rastreo de elementos perennes podemos centrarnos en la *Quanta cura* de Pío IX. Ya hemos hablado de algunos de estos elementos presentes en su «anexo», el *Syllabus*, publicado junto a la encíclica.

En este Papa, al parecer, sí se produjo un proceso psicológico de alarma creciente por la deriva de los acontecimientos históricos que se tradujo en la convicción de que debía, frente a quien fuera, reafirmar unos valores que creía indispensables para una regeneración cristiana. Hay un curioso testimonio que indica que en este hombre sí se produjo cierta evolución hacia la rigidez —incluso terminológica— a causa del desencanto. Este testimonio es de Gregorio XVI; es una expresión oída por el padre del embajador de Francia en la Santa Sede, Rossi, y que éste comunicó por escrito a Guizot, el ministro de Negocios Extranjeros, en carta fechada el 17 de junio de 1846[403]. La expresión se refiere a la familia del que sería su sucesor: «In casa

---

[403] La carta figura en las *Mémoires*, de Guizot, t.VIII, pp 341-342

dei Mastai tutti sono liberali, fino al gatto» (En casa de los Mastai todos son liberales, hasta el gato).

Ese espíritu respirado en la familia —con hermanos involucrados en insurrecciones, etc— es el que asoma al inicio de su pontificado y es percibido como tal por todos. En 1864, año de la publicación de la *Quanta cura*, su alma está convencida de que lo que Gregorio XVI había escrito en *Mirari vos* se había traducido en la guerra contra los Estados Pontificios y toda la serie de conflictos que entre la Iglesia y los Estados se manifestaban por toda Europa y por Latinoamérica. Esto condiciona sus visiones sobre el misterioso hecho de la relación entre Iglesia y sociedad civil, sobre el hecho de la humana pluralidad religiosa de facto, sobre el vínculo entre la Verdad y el Derecho... y este condicionamiento propicia algunas de las posibles vías de planteamiento y *resolución* de este reto.

En su enseñanza, además de esta opción por la que se condenarían las legislaciones relativas a enunciados tales como la libertad de cultos, libertad religiosa y libertad de imprenta (que englobarían a la libertad de conciencia y de pensamiento), hay muchas otras referencias.

En su primera encíclica, la *Qui pluribus*, de 9 de noviembre de 1846, el Papa llama a una revitalización del celo pastoral, y se confronta con tendencias ideológicas que se van manifestando como dominantes en la época: racionalismo, sociedades secretas anticristianas o anticatólicas, comunismo, idea de progreso absoluto, negación de la autoridad sobrenatural de la Iglesia, indiferentismo. Este último, su no aclaración conceptual y el vincularlo con la posición condenatoria indicada como única vía de concreción, será el campo de batalla que usará el integrismo, de ayer y de hoy, para combatir la noción conciliar de libertad religiosa.

La *Quanta cura*, además de esta opción magisterial respecto a la denuncia del indiferentismo, contiene una buena y profunda runfla de proposiciones perennes. Un repaso a la encíclica nos lo muestra. Vamos a citar algunas de estas cuestiones.

Si Gregorio XVI había condenado la filosofía fideísta, Pío IX incide en el racionalismo excluyente. Se denuncia el naturalismo, que niega el orden de la gracia; el liberalismo filosófico, que diluye la noción de verdad; el Papa condena la identificación de la libertad con la negación de Dios o con un autonomismo absoluto respecto de Él; condena esa concepción de libertad que pone su confianza sólo en la «ciencia humana»; vincula cierta noción de libertad con corrupciones que dañan a las almas; en el orden social, vincula

285

principios y acción con la verdad y, por tanto, condena a los «economistas» que dan culto a la riqueza, y también al socialismo de Estado y a las ideologías socialistas que atacan a la institución familiar; defiende una Iglesia libre de injerencias indebidas, condena el galicanismo, que establece que los actos de la Iglesia necesitan de sanción del poder civil; afirma la libertad de enseñanza de la Iglesia y arremete contra el monopolio estatal excluyente; señala a los jefes de Estado que atacan la libertad de la Iglesia, denuncia la abolición de Órdenes Religiosas, pide que los gobernantes sigan a los «sacerdotes de Cristo» en lo que se refiere a «los asuntos de Dios»...

2.2.1.- Las «libertades modernas»

Todas estas doctrinas, con matices, desarrollos, sin obviar dificultades en el cómo se defienden según los contextos, etc, han sido en general pacíficamente integradas en el acervo vital de la Iglesia peregrina. Ni así ciertas conclusiones, concreciones, referentes a la crítica del indiferentismo y de las «libertades modernas». Pero aun aquí, como venimos diciendo, hay que discernir, pues en tales críticas papales a ciertos principios también se expresan verdades que no sólo custodia la Iglesia sino que aparecen inscritas de tal modo en el corazón humano que se revelan incluso en la era del relativismo y el subjetivismo como estructurantes últimas de la vida social humana.

Primero hay que hacer constar un problema de comunicación: los Papas, por su formación, usaban en ocasiones de unos términos referidos a unos conceptos, a los cuales expresarían. Estos mismos términos eran recibidos por muchos en relación a otros conceptos. Esto hizo notar, por ejemplo, la Comisión Teológica Internacional hablando del termino «libertad» usado por León XIII:

> «El Papa toma todavía el término libertad en el sentido agustiniano de la palabra, es decir, como la posibilidad de hacer el bien. Confunde todavía las libertades políticas con las falsas libertades que implicarían la reivindicación de hacer el mal en nombre de la autonomía absoluta de los individuos»[404]

---

[404] COMISIÓN TEOLÓGICA INTERNACIONAL, *Los cristianos de hoy ante la dignidad y los derechos de la persona humana* n.1.3-4 (Documento de 1983)

Ya el propio Gregorio XVI intentó aclarar —inútilmente— a qué quería referirse cuando condenaba, v.gr., la libertad de conciencia. Asumiendo paradójicamente la propia legitimidad del término que sin embargo aparecía como tal en sus condenaciones, escribió al zar Alejandro que «no es lo mismo libertad de conciencia que libertad de no tener conciencia»[405].

Estas aclaraciones saludables no transformaron el rostro de las declaraciones magisteriales durante la época: se seguían usando los mismos términos condenatorios y, sobre todo, al fin conducían a la reivindicación de unas concreciones socio-políticas —represiones coactivas y dirigistas— que desdecían a las aclaraciones. Así con el *Syllabus*, que alguno calificará como de «esclavitud absoluta de la conciencia»[406].

Los términos era una muestra de psicología clericalista: quizá se pensaba que cualquiera podría interpretar y situar en contexto a qué principios se refería el Papa cuando se condenaba, por ejemplo, la libertad de conciencia. Según los interpretadores tal condena se refería a un concepto profundo teológico-moral según el cual el ser humano como tal no estaría ligado interiormente a ninguna relación con Dios, absoluta y no relativa, y su estructuración ontológica no tendría relación alguna con una *normativa* objetiva que afirmaría y asentaría su subjetividad y su libertad espiritual... Todo demasiado denso... Esta afirmación magisterial era sencillamente interpretada como una condena de la libertad, aun interior; una práctica que, por desgracia, había existido, existía y existe, tenía consistencia histórica: emplear la fuerza, la violencia y la amenaza para aplastar convicciones interiores.

Los elementos inamovibles, el principio de que en el hombre hay verdad, que «es verdad», que debe regirse por la verdad, tales elementos magisteriales lo siguen siendo ahora, en la Iglesia del Vaticano II; y respecto a la alarma suscitada por las «libertades modernas», hay que decir que en el terreno de esos principios el objeto combatido por la Iglesia del siglo XIX, no es el objeto defendido por la Iglesia conciliar. Se trata de dos objetos diferentes.

El problema es la aplicación, la lectura de tales principios: Gregorio XVI y Pío IX contemplan de un modo reduccionista la irrupción legal y cultural de estas «libertades» como ariete

---

[405] Cit en Juan María LABOA, «La violencia en la historia de la Iglesia»: *Communio* II (1980) 142

[406] Edmundo DE PRESSENSÉ, cit en MOURRET VIII 2ª, o.c., p.616

explícitamente anticristiano. Es decir, ellos leen el fenómeno de una manera concreta, desde una perspectiva: no es que la «libertad de conciencia» signifique la ausencia de almas coaccionadas, o que la «libertad de expresión o de prensa» signifiquen una investigación de la verdad en condiciones de libertad o una libertad de creatividad, sino que, según denunciaban, estas reivindicaciones significarían que la conciencia debía liberarse de cualquier referente moral y que la libertad de expresión tampoco tendría referente en este sentido. Por tanto, sería lícito corromper, blasfemar o actuar públicamente contra el bien.

Los Papas se esfuerzan en querer vincular toda la actividad humana, en todas sus dimensiones e incluida la construcción del orden socio-político, a la verdad; y Verdad revelada. Pero su propuesta al respecto —que sigue en pie tal y como muestra todo el magisterio posterior— se funde con todo un cuerpo de concreciones contingentes, atadas a ambigüedades, insuficiencias y a las prácticas habidas hasta entonces en la llamada «cristiandad». Por ejemplo, defender la *libertad para la verdad* en materia de expresión, es identificado por ellos con la imposición o mantenimiento de una férrea censura previa y amenazante. O con una aplicación abusiva de esta noción por la que se tomarían las críticas a los abusos de poder como gestos de «desobediencia», se impediría el debate legítimo y se juzgaría como explícitamente entregados a la mentira a muchos de los que —como todos nosotros— sólo estarían inmersos en ciertas insuficiencias y errores.

Los términos «libertad de pensamiento», «libertad de expresión», como vemos, están sujetos al mismo dinamismo que el de «libertad de conciencia»: los Papas quieren asociarlos a un concepto, pero la ambigüedad esencial de los términos conjugada con las concreciones expresadas por esos mismos Papas provocan que la recepción sea en relación a otros conceptos... represivos, enemigos de la libertad; los que ciertamente convenían mejor a las concreciones sociales, jurídicas, defendidas por los propios Papas.

Por supuesto, estos debates que la cultura contemporánea occidentalista cree haber cerrado definitivamente siguen abiertos. No puede cerrarse el debate, como antes hemos indicado, merced a la propia condición humana, a su naturaleza, venida de la verdad, estructurada en la verdad, orientada a la verdad, y merced a la presencia del mal en forma de mentira, engaño, manipulación. Es decir, atentados a la verdad que socavan la libertad.

Al fin, la protesta de aquellos Papas, aquella queja sobre la libertad de expresión de «opiniones cualesquiera que ellas sean», sin limitación, nos remite a un drama vigente. Pues las limitaciones, como principio, lo mismo sirven para tutelar e infantilizar, para el dirigismo cultural (inevitablemente pleno de contaminación pues su propio espíritu original ya está contaminado), para censuras ridículas, para abolir los debates libres, para proteger mezquindades amparadas por el poder... que para evitar que otros sean difamados, vejados, corrompidos en su debilidad. Hay licitud en prohibir la libre expresión de propaganda racista, pedófila, terrorista, apologética de la tortura. Y aun pornográfica —¡el hallazgo de las democracias burguesas como signo de libertad y que hoy se comienza a cuestionar desde ahí!—, porque provoca adicción atentando contra la libertad, corrompe y descompone psicológicamente a niños, jóvenes y adultos, veja a la mujer conversa en objeto...

Todo este segundo escenario nos conduce a algo análogo a lo que se referían aquellos Papas: regular, fomentar, tolerar o prohibir, desde ciertos principios considerados objetivos armonizados con la libertad subjetiva. Por supuesto, esto es problemático: cuáles son esos principios objetivos y dónde está el límite o la señal para una intervención externa. En este sentido, la cultura contemporánea dominante en el mundo rico vive una situación caótica... Se extiende hasta el infinito la sistematización de las llamadas *fakenews*, no sólo por motivaciones ideológicas sino masivamente comerciales, para que la gente movida de curiosidad siempre insatisfecha *pinche* en tal o cual lugar de la web; se ha difundido la pornografía hasta llegar a los niños que con siete u ocho años tienen sus primeros dispositivos móviles personales; las expresiones macabras e indignas de la cultura gore, lo mismo. Las blasfemias obscenas e intencionalmente hirientes, también... La violencia, el racismo, el machismo, tienen sus universales foros...

Entonces aparecen reclamadores de control desde parámetros que responden, les guste o no, a códigos morales, y viene el desacuerdo a la hora de concretar. Las legislaciones chocan con los «usos y costumbres». O su liberal ambigüedad permite que toda aberración se cuele porque, al fin, la ley vive inmersa en cuadros de referencia superiores y malignos: totalitarismo mercantil, todo lo que se demanda debe ser servido en el mercado. Y por el otro lado, las leyes que hablan de «delitos de odio» ya se sitúan en una linde peligrosa: la del interior de las conciencias y la de la interpretación, es decir, el discernimiento de qué se ha querido decir —y propagar— con tal o cual expresión. La aplicación misma precisaría de una claridad previa que no existe. Y se crea un clima inquisitorial. Así, lo mismo se pretende usar estas leyes para proteger legítimamente el honor de personas pertenecientes a una etnia, que para dar por cerrados de modo absoluto debates que están y estarán abiertos. Por ejemplo, según los referentes ideológicos, respecto al aborto procurado, los conceptos masculino y femenino según cultura y según naturaleza, las antropologías de la sexualidad, y, evidentemente y para muchos, sobre la distribución de los bienes de la tierra, el mayor tabú, conceptual para unos, real para casi todos...

Volviendo a aquellos Papas y su denuncia de las llamadas «libertades modernas», vemos que el conflicto de comunicación, es decir, el ni siquiera haber sabido transmitir a qué principios se referían al condenar tales libertades, produjo conmoción y movimientos legítimos en el interior de la Iglesia.

La recepción del *Syllabus* es un ejemplo. La propia presentación del documento aclaraba que se trataba no de una encíclica específica, pero sí de magisterio papal extraído de «alocuciones consistoriales, encíclicas y otras letras apostólicas», y señalando sus orígenes concretos. Aunque posteriormente —y hasta hoy— se trata el documento como un todo monolítico cuestionable como tal, ya henos visto que no es así, sino que el documento contiene tales elementos cuestionables junto a una mayoría de puntos asumidos sin controversias profundas. Ocurre que las notas cuestionables eran poderosas, llamativas y enormemente condicionantes para la marcha de la Iglesia y las sociedades, y así, pasaron a identificarse sencillamente con el *Syllabus* en totalidad.

Entre católicos que no veían en conciencia que tal documento (y tal encíclica, la *Quanta cura*) hubiera iluminado de modo determinante las cuestiones dirimidas, y otros católicos que recibieron ambo documentos como confirmación total de sus anhelos, surgió una primera disputa sobre el carácter doctrinal del *Syllabus*. Hay quien lo situó en el ámbito de las declaraciones definitivas de la Iglesia. Otros negaron este valor. Por ejemplo, Newman, poco antes de ser creado cardenal, había escrito en una carta fechada el 12 de mayo de 1879 dirigida al duque de Norfolk, que «el *Syllabus* no tiene fuerza dogmática». Obispos como Fessler, secretario general del Concilio, en su libro *La verdadera y la falsa infalibilidad*[407], el canonista De Angelis y otros pensaban lo mismo. Años más tarde San Pío X, en audiencia a Charles A. Briggs, se pronunció del mismo modo: «El mismo Santo Padre me aseguró

---

[407] Cf Joseph FESSLER, *La Vraie et la Fausse infaillibilité des Papas* (Plon, Paris 1873) 132-135

que esto (el *Syllabus* de Pío IX) no está incluido en la categoría de la infalibilidad»[408].

Al debate sobre el alcance autoritativo del documento le había precedido al momento de la publicación un debate sobre la interpretación de los contenidos. En efecto, monseñor Dupanloup publicó el 26 de enero de 1865 un comentario a la *Quanta cura* titulado *La Convention du 15 septembre et l'Encyclique du 8 décembre 1864*. Dupanloup procuró aclarar el filosófico lenguaje papal en el sentido que venimos tratando aquí, sin entrar en valorar las cuestionables conclusiones del Papa: la jurídica prohibición *in globo* de la libre expresión respecto a la fe de cada cual y respecto a sus ideas. Dupanloup se refirió a lo rescatable como principio: la ilicitud, so capa de libertad, de mentir, de difamar, de blasfemar, de corromper; la ilicitud de pensar que la conciencia no se debe a la verdad, a su búsqueda y libre aceptación interior.

El obispo procuró contextualizar así las proposiciones del *Syllabus* que habían causado perplejidad. En referencia a la *Quanta cura*, «apoyándose en la distinción, admitida en adelante por los teólogos, de la *tesis* y de la *hipótesis*, mostró que la Encíclica daba el ideal de una sociedad completamente cristiana, pero que dejaba a los fieles en libertad de proceder conforme a las condiciones de la sociedad política actualmente existente»[409]. Al punto toda la prensa integrista le acusó de haber «transfigurado» la encíclica[410]. El abate Freppel, más tarde obispo de Angers, escribió contra la acusación de los integristas. Seiscientos treinta obispos escribieron a Dupanloup, obispo de Orleans, adhiriéndose a sus explicaciones[411], y el propio Pío IX le escribió poco después de la publicación del obispo una carta fechada el 4 de febrero de 1865 en la que le decía: «Habéis reprobado estos errores en el sentido en que Nos mismo los hemos reprobado»[412].

Obviamente, el discernimiento sobre los contextos condicionantes en que aquellos Papas decimonónicos tomaban postura, y el escudriñar el problema de la comunicación de los mismos a la hora de denunciar determinados errores, no resuelven

---

[408] Charles Augustus BRIGGS, *The Papal Commision and the Pentateuch* (Longmans-Green, London 1906) 9

[409] MOURRET VIII 2ª, o.c., p.585

[410] Cf M. l'abbe François LAGRANGE, *Vie de Mgr. Dupanloup (Évêque d'Orleans, Membre de l'Académie Française)* t.II (Librairie Poussielgue Fréres, Paris 1883) 465

[411] Cf ibid., p.473

[412] Cit en ibid., p.474

por sí mismos la cuestión. Quedan unas concreciones, unas directrices a las sociedades que luego la Iglesia ha *aparcado* proponiendo otras que, debidas a una conjugación de aquellos principios con la puesta en juego de otros principios, provoca concreciones diferentes.

Sin embargo, esta no-resolución constitutiva del drama de la relación Iglesia-sociedad civil es, paradójicamente, motor poderoso para seguir caminando en la Verdad y al anhelo de la plenitud de la misma.

2.2.2.- El «indiferentismo»

En este breve discernimiento de los contextos e intenciones de aquellos Papas, llegamos al punto crucial de la controversia respecto a la libertad religiosa, en la que el integrismo de matriz católica ve una traición a aquel Magisterio y una ruptura herética con la Tradición.

El elemento fundamental hacia el que confluían las condenas papales de las «libertades modernas» era la denuncia del indiferentismo:

> «Se hacía en la Mirari vos una crítica severa de la exaltación de la soberanía popular, de la separación de la Iglesia y el Estado y de la libertad de cultos y prensa, en cuanto que todo ello —tomado en su conjunto— conducía de forma inevitable al indiferentismo. A estos criterios había que oponer la doctrina católica sobre el origen del Poder, la colaboración que el Poder civil debía prestar a la Iglesia y la necesidad social de la verdad»[413]

Ya hemos hecho referencia respecto al objeto de las condenas que los Papas situaban en el terreno de unos principios —que pertenecen al patrimonio de la verdad que sigue custodiando la Iglesia—, y de lo que sacaban unas conclusiones, éstas sí, sujetas a reforma por concurrencia de otros principios que las invalidaban. Efectivamente, hay una legítima «condena pontificia del liberalismo en cuanto visión del hombre que se autofundamenta (...) el Beato Pío IX condenaba no la libertad, sino el pretendido fundamento último de la libertad moderna, que era el naturalismo o el principio tantas veces mencionado en estas páginas de la

---

[413] Gonzalo REDONDO, *Historia de la Iglesia III. La Iglesia en la Edad Contemporánea* (Palabra, Madrid² 1989) 68

autonomía absoluta del hombre (...) naturalismo antropológico incompatible con la fe revelada»[414].

Como hemos visto páginas atrás, había quien intentaba situar estas condenas y explicar a qué se referían en cuanto a los principios. Es decir, aclarar, dar luz, para afirmar el carácter saludable de los principios de los que partían las condenas y lo dañino de negar el valor de tales principios. Un Newman, por ejemplo, podía decir que «la libertad de pensamiento de suyo es un bien», pero podía «conducir a la falsa libertad», pues, afirmaba, «entiendo por liberalismo la falsa libertad de pensamiento»[415]. Newman cree en el vínculo de tes dinamismo con la verdad, cree en «la libertad de pensamiento que es evidentemente en sí misma uno de nuestros más grandes dones naturales, pero que necesita salvarse del suicidio a que la conducen sus propios excesos»[416].

Obviamente tales disquisiciones y otras similares podían pacificar a ciertos espíritus católicos asustados por la rotundidad de las condenas, pero no alteraban el panorama de las concreciones, que se debatía entre un fomentar-regular-tolerar-prohibir, o el alcance y modo de regular o prohibir.

Los Papas habían optado por una línea discursiva que vinculaba intrínsecamente el reconocimiento de aquellas libertades con el indiferentismo. Y éste era y es rechazable como principio.

Hay que decir antes que nada que la libertad religiosa que hoy defiende la Iglesia como un derecho humano, es decir, como expresión de lo que está inscrito por Dios en la naturaleza humana, así como los *descubrimientos* soteriológicos a que nos va llevando el Espíritu Santo, no consagran el indiferentismo, como pretenden los integristas. Nos es legítimo y ha sido obligado para la Iglesia rescatar y reconocer como verdad ciertas referencias de aquellos Papas sobre el mal del indiferentismo.

Ellos vivieron la reivindicación de la libertad de cultos en el plano reducido de la supuesta equiparación del error con la verdad, y por tanto y para su visión previa, en un decir a la Iglesia católica que su mensaje no era verdad. Pero la identificación absoluta entre el indiferentismo y la libertad religiosa es un error. En primer lugar, el indiferentismo, la relativización como principio

---

[414] Mariano Fazio, *Historia de las ideas contemporáneas* (Rialp, Madrid 2006) 363-364

[415] Cardenal Newman, *Pensamientos sobre la Iglesia* (Antología de textos del Dr. O. Karrer) (edit. Estela, Barcelona 1964) 36

[416] Ibid, p.40

de todas las religiones no es posible desde la vivencia religiosa de cada cual. Sólo es factible si se ha realizado previamente una reformulación de «la religión en sí». Tal reformulación puede consistir en una desvalorización absoluta, una negación previa del objeto, es decir, de la religión, y, por tanto, de las religiones. Éstas serían toleradas como un elemento folklórico, o de carácter estrictamente privado, sin capacidad de ningún tipo normativo-social.

Otra reformulación sería la proclamación de una «religión universal» —la famosa «Tradición Primordial, v.gr., de diversos círculos esotéricos—, de la que las otras serían expresiones sujetas a los contextos; pero esto exige otra reformulación más, la de afirmar entonces que las afirmaciones —valga la redundancia— de cada una de esas religiones, en la medida en que presenten opuestos excluyentes entre una u otra confesión, son falsas en sí o meros modos de hablar que no se corresponderían con ninguna verdad objetiva, alegorías en todo caso que no dicen lo que están diciendo...

Parecida a esta *solución* de un previo sincrético, son tanto las reducciones del fenómeno a «religión natural» (racionalismo, deísmo) que antes hemos indicado, como un sincretismo a posteriori, como intento solucionador del pluralismo de facto.

Como vemos, ninguna de estas respuestas puede ser admisible para los adeptos de las diversas religiones. Evidentemente, tales respuestas lo único que hacen es o bien fundamentar ideológicamente nuevas represiones, o bien situarse en el concierto de la pluralidad confesional con la facha de una alternativa más. Es decir, el indiferentismo, como denunciaban aquellos Papas, es en cuanto principio un género de relativismo religioso que sólo tiene consistencia y solventa las proposiciones excluyentes de los credos afirmándose él mismo como cosmovisión. Lo cual conduce ineludiblemente en el alma de muchos a un vago deísmo, a una acomodación agnóstica para dejar de preguntarse, o al ateísmo. Socialmente, conduce al aborrecimiento de toda religión. En todo caso, tal indiferentismo como principio dirige al fin a multitudes a indiferencia hacia la religión, mal extendido hoy hasta la saciedad en el occidente liberal-burgués.

Esto es así: el indiferentismo impulsa absolutos sincréticos o negación de la religión porque el ser humano, estructurado en la verdad, no puede renunciar a este dinamismo *absolutista*: el relativismo más franco sólo relativiza lo que ha desvalorizado previamente tomando como referencia lo que cree que es verdad, y, además, su relativización es siempre selectiva: hay elementos, valores, modos, objetivos, que cree *buenos y verdaderos*, por más que se resista incluso a usar estos términos. Algo que tampoco puede lograr en totalidad.

Efectivamente, el indiferentismo no casa con la psicología humana: cada cual, para valorar, parte de unas «referencias de verdad» desde las que analizar. Si la persona no está encerrada en un sectarismo previo, es capaz de contemplar el fenómeno de que asimismo otros parten de «referencias de verdad» diversas. Entonces las propias referencias del que ve esto le sirven para valorar, matizar, desvalorizar, lo que contempla, y para interpretar lo que externamente asoma como contradictorio a sus propias referencias mediante procesos de inclusión cosmovisiva que no son sincréticos. Así, legítimamente, Gandhi podía en su alma *hinduizar* las religiones; un católico puede *cristianizarlas*, es decir, poner en relación la religiosidad de las gentes con lo que confesamos como plenitud de la Revelación y descubrir su huella, la del Verbo, la del Espíritu, en tales religiones; un musulmán puede operar del mismo modo, contemplando que Dios es el único que ve los corazones y si se comportan, desde la situación religiosa que Él mismo ha establecido, según su voluntad misericordiosa... Hasta un agnóstico no cerrado en su situación, es decir, uno que sigue preguntándose, y hasta un ateo con nociones intuitivas firmes sobre la dignidad de las personas, pueden realizar una operación parecida, de tono benevolente, *psicologizando* las religiones del entorno.

Ninguno queda atrapado de modo absoluto por el relativismo, por el indiferentismo.

En cuanto a la denuncia del indiferentismo, aquellos Papas indicaban una verdad. El problema era que la afirmación católica, para ellos, supusiera a causa de las respectivas proposiciones excluyentes, una desvalorización incluso moral de las otras religiones, y el que se pretendiera combatir ese indiferentismo mediante la fórmula de la coactiva confesionalidad del Estado. Una alternativa de aquellos Papas en la que pesaba, y no poco, el que, como ya hemos hecho notar antes, los reivindicadores de la libertad de cultos no fueran específicamente actores religiosos representantes de confesiones, sino muchos irreligiosos militantes, o indiferentes o instrumentalizadores de la religión con fines de mera cohesión social, etc. Obviamente, entre los reivindicadores de la libertad de cultos también había, católicos y de otras confesiones, creyentes o respetuosos de las creencias, quienes defendían la sacralidad de las conciencias.

295

2.3.- Saludables grietas doctrinales en los Papas preconciliares

Antes hemos hecho referencia a aquella petición de San Juan Pablo II en su motu proprio *Ecclesia Dei* de 1988 para que se investigara y profundizara en la relación de continuidad en la Tradición, del Magisterio papal preconciliar con la doctrina del Concilio Vaticano II y sus posteriores desarrollos en el Magisterio de los Papas. Al respecto Benedicto XVI recamaba una «hermenéutica de la continuidad». Hemos comentado páginas atrás que la renovación operada en el Concilio Vaticano II, sus propias novedades, no partían de la nada, sino que se podían rastrear en germen, en potencia, en el pasado de la vida de la Iglesia, y aun en determinados actos; también en los Papas que protagonizaron la controversia durante el siglo XIX y parte del XX.

En este estudio seguimos considerando una piedra angular en el camino que condujo a la *Dignitatis humanae*, la respuesta de la Iglesia a la crisis jansenista, afirmando la universalidad de la gracia. En su momento tal iluminación queda soterrada, sin desarrollo claro. La propia cuestión del jansenismo deriva pronto, bajo el mismo término, a otras batallas que se manifestaban bajo el pretexto de aquella crisis teológica y que, teológicamente, tenían poco que ver con dicha crisis: la autoridad del Papa respecto a las Iglesias locales, las intromisiones del poder secular... galicanismo, josefismo, regalismo, etc. La semilla teológica plantada por las declaraciones magisteriales que corregían a Bayo, Jansenio y Quesnel quedaron como en suspenso, esperando su germinación.

Ahora bien, la falta de clarificaciones doctrinales respecto a la situación religiosa de los hombres no impidió que, en la práctica, se manifestaran modos que apuntaban no sólo a medidas de conveniencia social sino a intuiciones profundas que conducían al respeto de las conciencias. Hemos hecho referencia a algunos de estos eventos históricos que en su día recibieron el *placet* de la Iglesia, su colaboración concreta o su no intromisión. Es el caso de la monarquía católica polaca a la que se refería San Juan Pablo II en *Cruzando el umbral de la esperanza*; o el caso del «Acta de Tolerancia» del rey católico Jacobo II, en Inglaterra, quien amparó la libertad de cultos en lugar de seguir la política común, la que había seguido su antecesora María I con su restauración del catolicismo a base de ejecuciones, encarcelamientos y exilios, lo que condujo a los protestantes —que luego con Isabel I hicieron lo mismo multiplicado— a denominarla Bloody Mary, María la Sanguinaria... Es también el caso de la iniciativa de Lord Baltimore cuando se fundó el Establecimiento de Maryland, después uno de los Estados de la Unión, y junto al clero católico que acompañó la iniciativa, se instauró la libertad religiosa; mas tarde la Iglesia tendría relación formal con la nueva nación, cuyo estatuto religioso se basaba en la libertad. Ya en el siglo XIX, el gran siglo del debate y al que vuelve de modo *constitutivo* los integristas, está el caso de la actitud de la Iglesia ante la Constitución belga, la organización cantonal suiza, la Constitución holandesa, las campañas católicas en Alemania, en Noruega...

Todas estas situaciones escapaban al esquema que orientaba los corazones de los protagonistas de las disputas, por parte católica, y que se referían a países sociológicamente católicos como Francia, España, Italia, Austria, Portugal... que servían —sobre todo Francia a partir de la Ilustración y la Revolución— de paradigma.

Esta variedad de situaciones, y la propia evolución de los acontecimientos en esos países de *cultura católica*, motivó la presencia de algunas grietas saludables en el Magisterio de aquellos Papas. Antes ya hemos tratado sobre el «lento desasirse del Antiguo Régimen» por parte de estos Pontífices, desde Pío VII y su desvalorización de la Inquisición, o Pío VIII que permite el juramento de fidelidad a la Carta de 1830, en adelante.

Doctrinalmente asoman unos levísimos destellos en Gregorio XVI, con esas explicaciones al zar Alejandro sobre la libertad de conciencia o con su admisión de l Constitución belga, que consagraba la libertad de cultos. Esta situación, la relación de la Iglesia católica con el estatus político-religioso de Bélgica, se iba a mostrar como un motor de desenvolvimiento doctrinal por más que los integristas se empeñen en ver sólo una cuestión menor, una táctica, «una alianza circunstancial, destinada a asegurar la independencia belga del yugo holandés»[417], por la que católicos y no católicos se habían visto obligados a respetarse y ampararse jurídicamente. En el corazón de Gregorio XVI, quien veía en la reivindicación de esas legislaciones un principio de demolición de las *sociedades católicas*, pudo pesar ese carácter supuestamente circunstancial, pero también la valoración de que en sociedades que de facto contenían numerosos ciudadanos no católicos, y en virtud del admitido principio teórico de la no coacción, no se podía ni se debía impedir algún género de estatuto legal que regulara la convivencia de varios cultos.

---

[417] Andrés GAMBRA GUTIÉRREZ, «Los católicos y la democracia» en AAVV, *Los Católicos y la Acción Política* (Speiro, Madrid 1982) 257

El peso de la tolerancia por motivos circunstanciales, no por principio, seguía no obstante en vigor. Como dice Gonzalo Redondo, «Gregorio XVI en su encíclica no trataba de excluir todas las libertades prácticas modernas. Por las mismas fechas en que se difundía el documento pontificio, el Papa daba su aprobación a la Constitución belga. Pero Roma deseaba que el régimen belga fuera una excepción, un mal menor. No se quería renunciar a las supuestas ventajas apostólicas del régimen de religión de Estado»[418].

Si nos fijamos ahora en las grietas ofrecidas por el sucesor de este Papa, por el Beato Pío IX, vemos cómo poco a poco se van agrandando, dejando entrever un camino que León XIII procurará desarrollar siguiendo, no obstante, en los mismos presupuestos que sus antecesores.

El aplauso de Pío IX a Dupanloup por su explicación de la *Quanta cura* no fue sólo de conveniencia. El Papa ya había hecho pequeños gestos que contradecían de algún modo una lectura cerrada y monolítica de la cuestión. Son de hecho gestos ambiguos en cuanto a su significado, pero vistos en conjunto, en un arco de tiempo, vemos que al fin han servido, aun de modo inconsciente, como impulsores de un desarrollo, de un desenvolvimiento doctrinal.

Pío IX restableció las jerarquías católicas en Inglaterra, en 1850, y en Holanda en 1853. Esto había supuesto negociaciones con «protestantes» y el admitir los estatutos de libertad religiosa que hicieron posible tales contactos y por fin la *legalización* de la Iglesia católica. En Holanda fue merced a la nueva Constitución de 1848. Hubo resistencias en ambos lugares por parte de confesionalistas protestantes. La actitud del Papa respecto a la disparidad de cultos fue de llamamientos a la conciencia dirigidos a los «cismáticos», pero no la condena ni la inadmisión de aquellos estatutos legales no confesionalmente católicos.

En la propia Francia, escenario real y simbólico de las batallas, con motivo de esa Ley de Educación de 1850 a que antes hemos aludido, y ante los ataques de los integristas, Pío IX pide que se respete esa medida legislativa porque dejaba libertad a la Iglesia. El integrista De Olivier había condenado el establecimiento de los «Consejos» escolares porque en ellos, según los centros, podían figurar obispos, pastores, rabinos y laicos. De Olivier sacaba la bandera de la denuncia del indiferentismo, pero Pío IX desautorizó

---

[418] Gonzalo REDONDO, o.c., pp 68-69

tal lectura. En el Papa parece que se conjugaban dos factores: por un lado, el que esta ley concreta no obedecía a una ideología laicista que negara a la Iglesia el derecho —el deber— de enseñar, antes bien amparaba ese derecho; y por otro lado, el principio de no coacción: percibir que sería un acto de violencia contra la conciencia el no permitir que los padres de estudiantes protestante o judíos pudieran ejercer su derecho natural a elegir el tipo de formación religiosa de sus hijos.

Algo se movía al respecto en el corazón de la Iglesia. El futuro cardenal Dechamps había hecho a propósito de esta cuestión, es decir, libertad, tolerancia, prohibición, «ya en 1836 la distinción, célebre después, entre la *tesis* y la *hipótesis*: "En *tesis*, estas libertades han de rechazarse; en la *hipótesis* de un mal mayor, que sobrevendría de su supresión, será cosa de tolerarlas"»[419]. En 1863, la *Civilta Cattolica* defiende esta postura; en 1864 hace lo mismo Dupanloup para explicar alcances y aplicaciones de la *Quanta cura* y el *Syllabus*... Pío IX admite la explicación y el principio subyacente. Y esto, que ya estaba en su alma como motivador de esas disposiciones respecto a sociedades con disparidad de cultos, sigue operando:

«A su vez Pío IX declara en 1876, en unas Instrucciones destinadas al Canadá, "que la Iglesia al condenar el liberalismo no intenta sentenciar a todos y cada uno de los partidos que puedan llamarse liberales; sus decisiones se refieren a ciertos errores opuestos a la doctrina católica, y no a un partido político determinado". Admite también el Pontífice la distinción de la tesis y de la hipótesis, y mantiene a un tiempo los derechos de la verdad y los de la prudencia»[420]

Hay otro aspecto crucial en la trayectoria de este Papa que tiene que ver no ya con el encaje social de las religiones sino con la soteriología. En 1863 Pío IX recoge y proclama magisterialmente la doctrina de la «ignorancia invencible» y las condiciones para la salvación. Doctrina que potencialmente contiene enormidades misteriosas que en la época no se podían prácticamente ni vislumbrar. Así, en la encíclica *Quanto conficiamur moeiore* escribe:

[419] Dr. J. DIDIOT, «Libertades modernas», en J.B. JAUGEY ET ALIA, *Diccionario Apologético de la Fe Católica* vol.II (Sociedad Editorial de San Francisco de Sales, Madrid 1890) col.2000
[420] Ibid

«Aquellos que sufren ignorancia invencible de nuestra santísima religión, que cuidadosamente guardan la ley natural y sus preceptos, esculpidos por Dios en los corazones de todos y están dispuestos a obedecer a Dios y llevan una vida recta, pueden conseguir la vida eterna, por la operación de la virtud de la luz divina y de la gracia»

Ya antes, en 1854, había hablado en una alocución de este grave asunto, y lo había hecho con una precisión que a su vez era semilla para nuevos desarrollos teológicos. Dice el Beato Pío IX tras afirmar el famoso *extra Ecclesia nulla salus*:

«Por otro lado, es necesario mantener con certeza que la ignorancia de la verdadera religión, si esa ignorancia es invencible, no es una falla a los ojos de Dios. Pero, ¿quién presumirá arrogarse el derecho de marcar los límites de tal ignorancia, teniendo en cuenta las diversas condiciones de los pueblos, los países, las mentes y la infinita multiplicidad de cosas humanas? (...) Los brazos del Señor no se acortan, y los dones de la gracia celestial nunca faltan a aquellos que sinceramente los desean, y que piden la ayuda de esa luz»[421]

Esas palabras puestas bajo interrogantes indicaban por un lado la afirmación de la Revelación en orden a la salvación de los hombres, pero por otro lado, aun con reservas y temor a traspasar alguna línea, la convicción de que al fin y saludablemente todo está en manos de Dios.

Así pues, asomaba tímidamente una doctrina que contemplaba la presencia de las religiones a causa de ignorancia invencible respecto a las afirmaciones de la Iglesia, no ya como mera tolerancia de un *mal* para evitar un mal mayor en cuanto a la marcha de la sociedad terrena de los hombres, sino como una disposición de Dios que no conocemos ni podemos controlar.

Con el sucesor del Bienaventurado Pío, León XIII, el dinamismo cobra nuevos impulsos. En Noruega, por ejemplo, el Papa nombra Prefecto Apostólico a monseñor Falliza, y éste, en contacto con la Santa Sede y apoyado por León XIII, inicia en 1887 una campaña, sobre todo a través del diario católico *El Santo Olaf*, en favor de la libertad religiosa. La campaña da al fin fruto con la reforma legislativa promulgada allí el 27 de junio de 1891.

---

[421]BEATO PÍO IX, *Singulari quadam perfusi* (9-12-1854)

En Suiza también León XIII intervino en este sentido. La situación allí era de opresión religiosa: obispos desterrados, intromisión y negativa del gobierno, del Consejo Federal, a reconocer autonomía religiosa al cantón católico del Tessino. Al fin se consiguió el respeto a esa autonomía religiosa en un clima que suponía la aceptación mutua de una nación plurirreligiosa con libertad de cultos.

Respecto a Estados Unidos, León XIII confirma las relaciones establecidas por sus antecesores. Como ellos, sigue teniendo reservas doctrinales en cuanto a que tal situación sea la ideal como principio. Hay un sentido último rescatable en tal reserva, y es el deseo legítimo de que toda persona humana abrazara voluntariamente la fe católica, pero el Papa mezclaba esta pretensión espiritual con el deseo de un Estado confesional católico. La brecha doctrinal en León XIII respecto a esta cuestión es que él, mirando la situación de la Iglesia en los Estados Unidos, no propone esa fórmula —el Estado confesional— como respuesta única, sino que considera mejor el patrocinio público que la no injerencia. Así, en la Carta ala jerarquía católica de aquel país, de 6 de enero de 1895, la *Longingua oceani*, alaba la situación religiosa de allí, expone sus reservas en cuanto a los principios, admite que la Iglesia crece por su propio vigor... pero piensa que crecería más «si además de la libertad, gozara del favor de las leyes y el patrocinio del poder público»...

Aquí hay nuevas ambivalencias: históricamente tal patrocinio no ha solido ser el fruto de un reconocimiento del mensaje sobrenatural y temporal del Evangelio, sino un equilibrio o control mutuo, o manipulación entre dos instituciones que caminan en la historia. Con elementos saludables y repugnantes, con verdad y con hipocresía... El fruto general no ha solido ser un crecimiento sobrenatural, en santidad, en los miembros de la Iglesia; antes bien, no pocos se han santificado en pugna contra el ambiente creado por esa supuesta normalización.

Por otro lado, está el deseo legítimo de que los poderes públicos respeten la religión y, desde la fe católica, el que las personas responsables de tales poderes actuaran en el marco del amor, de la verdad, de la justicia.

Estos ejemplos que hemos citado (Noruega, Suiza, Estados Unidos), más otros en que León XIII apoyó las reivindicaciones de libertad de los católicos, como en Alemania, dan la sensación de que esa libertad se ha pedido cuando la Iglesia católica ha vivido persecuciones estando en situación de desventaja social y política, o siendo una franca minoría en tal o cual lugar, mientras que se ha negado su legitimidad en países de mayoría sociológica católica.

Esto es verdad en muchos. Incluso hasta la caricatura, como les sucedió en fecha temprana de esta crisis, en los inicios del siglo XIX, a los obispos que en España publicaron su famosa *Instrucción pastoral* de 12 de diciembre de 1812. Sus denuncias contra las Cortes y el liberalismo, su denuncia de los ataques a las propiedades feudales y eclesiásticas, su hablar de conjuras internacionales masónicas, su defensa del Viejo Régimen a ultranza, y de la Inquisición, obvia y explícitamente, contenían un feroz ataque a la libertad de cultos. Con burlas que no respondían a la cuestión. Así, se preguntaban «si convendría en España colocar una mezquita al frente de una catedral y una sinagoga o una pagoda al lado de cada parroquia, para que cada cual venga a donde quiera a los oficios de la religión»[422].

Tras atacar de todos los modos la libertad de cultos, porque traería ateísmo y persecución como en Francia, los obispos hacen notar que muchos creyentes, religiosos y laicos católicos, tuvieron que huir de Francia a Inglaterra, donde fueron acogidos... Entonces «¡nuestros obispos alaban con entusiasmo la tolerancia protestante!»[423]:

> «Aprended aquí, filósofos franceses, sofistas españoles que perseguís tan cruelmente a los eclesiásticos naturales, aprended de la filosofía inglesa humanidad y beneficencia hasta con los eclesiásticos extranjeros. Aprended del rey de Gran Bretaña a distinguir con singular aprecio a los ministros de la Iglesia católica entre las demás clases de refugiados»[424]

Este espíritu —sectario— existió, y fue motor de una parte de quienes apoyaron esas reivindicaciones de libertad en tiempos de Pío IX y León XIII, para negársela a otros en otras circunstancias políticamente favorables a la Iglesia institucionalmente hablando. Sin embargo, hubo otros que veían en las reivindicaciones una cuestión de principios que tocaban el respeto a las conciencias y la no coacción.

---

[422] *Instrucción pastoral de los ilustrísimos obispos de Lérida, Tortosa, Barcelona, Urgel, Teruel y Pamplona al clero y pueblo de sus diócesis* (Imprenta de Brusi, Mallorca 1813) n.79
[423] Javier HERRERO, o.c., p.371
[424] *Instrucción pastoral* n-210

En germen, aquellos movimientos contenían algo saludable: si la postura única e irrenunciable hubiera sido o Estado confesional católico o nada, los católicos que estuvieran en condiciones de minoría social hubieran tenido que optar por la no-ciudadanía, la configuración en secta, y el que ésta no fuese un mundo paralelo sino que estuviera animada por ideas conspirativas agresivas para imponerse, un día, y establecer las prohibición de los cultos no católicos.

La lucha por la libertad establecía a esos fieles, sin embargo, en otro escenario en el que se respetaría como modo intrínseco de organización de la sociedad el respeto a la disparidad religiosa. Era una semilla, sí, pero estaba creciendo.

En León XIII es la cuestión belga la que parece actuar de inconsciente catalizador de desenvolvimientos doctrinales que luego continuarán. A nadie escapa que en medio del fragor ocasionado por el resquebrajamiento del régimen de cristiandad, el caso de Bélgica asomaba como una especie de excepción. Guizot, aquel hombre representativo de la transición de época, así lo hacía constar. Guizot había sido jefe de los «doctrinarios», que concebían como solución la conciliación de la monarquía con la Revolución mediante una monarquía constitucional controlada por un parlamento burgués venido del sufragio censitario; un hombre cuyo padre había sido guillotinado por el Terror en 1794, hugonote no fanático que respetaba a la Iglesia católica, describía en 1857 así a Bélgica:

> «La primera nación católica que hubiera aceptado francamente las instituciones y las libertades políticas de la civilización moderna, conservando y practicando con fervor su antigua fe»[425]

Repetimos otra vez aquí que no creemos que este estatus, el que describe Guizot y que ahora es seguido en general por los cristianos del occidente rico, sea la respuesta que la dimensión sociopolítica del amor evangélico reclama; el valor que tenía la situación belga —aparte de lo intrínsecamente aceptable en esas «libertades»— era el mensaje de ruptura con el Antiguo Régimen. Ya lo hemos comentado antes a propósito del *raillement* propiciado por León XIII. La Iglesia no podía estar sujeta esencialmente a aquella fórmula civilizatoria.

---

[425] François GUIZOT, «La Belgique et le roi Léopold»: *Revue des Deux Mondes* (1-8-1857)

León XIII apoyó explícitamente a los católicos belgas que defendían la Constitución:

> «La situación del catolicismo en Bélgica, después de la experiencia de medio siglo, demuestra que, en el presente estado de la sociedad moderna, el sistema de libertad establecido en este país es el más favorable a la Iglesia; los católicos belgas no sólo deben abstenerse de atacar a la Constitución, sino que deben también defenderla»[426]

Algunos han querido ver en esto sólo táctica para favorecer la misión de la Iglesia. Sea lo que fuere en el corazón de unos y otros a la hora de tomar tal postura, lo cierto es que el propio conflicto propició la recepción de nuevas perspectivas. El belga cardenal Sterckx ya había felicitado a Montalambert con motivo de aquel discurso del Congreso de Malinas en que el francés defendía la libertad religiosa. En 1865, Barthelemy Du Mortier, católico belga, político y científico, escribe al cardenal Giacomo Antonelli, Secretario de Estado Vaticano, cuestionando la *solución* que diferenciaba entre tesis e hipótesis porque su aceptación supondría el negar como principio la libertad religiosa, aunque se la tolerase. Escribía al cardenal: «quiera fijarse su Eminencia en que el planteamiento de la tesis y de la hipótesis es, precisamente, la posición que los más crueles enemigos de la Iglesia quieren que adoptemos para acusarnos de mala fe y justificar la persecución (...) Hemos preferido la libertad a la protección porque entre nosotros la protección acaba siempre en persecución».

Lo cierto es que León XIII defendió la solución belga, que contenía libertad religiosa, y que en la Carta que escribió a los obispos belgas expresó el principio de tolerancia para evitar males mayores y —algo sumamente importante— reflexionó sobre la contingencia de algunos aspectos del Magisterio:

> «Si la Iglesia mantiene y defiende en toda su integridad las doctrinas sagradas y los principios del derecho, tanto en las costumbres del derecho público como en los actos de la vida privada, guarda, sin embargo, en esto la medida justa de los tiempos y de los lugares; y, como sucede de ordinario en las cosas humanas, se ve obligada a veces a tolerar males que sería casi imposible impedir sin exponerse a calamidades y a perturbaciones más funestas todavía»[427]

---

[426] LEÓN XIII, *Alocución al Encargado de Negocios de Bélgica* (marzo 1879)
[427] LEÓN XIII, *Licet multa* (3-8-1881)

León XIII redundará sobre esta cuestión. El Papa «en su encíclica *Inmortale Dei* (...) evocaba un conocido texto de San Agustín para repetir que nadie puede ser obligado a abrazar la fe católica»[428]. Efectivamente, León XIII, en esa encíclica de 1885, después de cuestionar la equiparación pública de la religión católica con otras, admite de facto la legitimidad de la pluralidad de cultos, no sólo por evitar males, sino «por conseguir algún bien importante»:

> «La Iglesia (...) no condena a los encargados del Gobierno de los Estados, que ya para conseguir algún bien importante, ya para evitar algún grave mal, toleran en la práctica la existencia de dichos cultos en el Estado»[429]

Seguidamente expone ese punto positivo aludido más arriba, que no sería ya el mero tolerar, sino que hace referencia a la sacralidad de las conciencias:

> «Otra cosa también precave con grande empeño la Iglesia, y es que nadie sea obligado contra su voluntad a abrazar la fe, como quiera que, según enseña sabiamente San Agustín, "el hombre no puede creer sino queriendo"»[430]

Tres años más tarde, el 2 de junio de 1888, el Papa publica la encíclica *Libertas*, «acerca de la libertad humana». En esta encíclica, León XIII mantiene continuidad respecto a los presupuestos y conclusiones de anteriores documentos magisteriales, tanto de él como de sus predecesores. El esquema fundamental, la gran perspectiva, sigue siendo la misma. Pero, no obstante, las reservas, matizaciones, aplicaciones, continúan su curso. En esta encíclica son más notables.

En primer lugar, parece que se rompe la tendencia al monolitismo terminológico que conduce de modo unívoco a un solo concepto:

> «Nos hemos hablado de las llamadas libertades modernas separando lo que en ellas hay de honesto de lo que no lo es, y demostrando al mismo tiempo que cuanto hay de bueno en estas libertades es tan antiguo como la verdad misma»[431]

---

[428] José Ramón FLECHA, «Cristianismo y tolerancia» en FUNDACIÓN PABLO VI, *Cultura de la tolerancia* (BAC, Madrid 1996) 110
[429] LEÓN XIII, *Inmortale Dei* n.46 (2-11-1885)
[430] Ibid, n.47
[431] LEÓN XIII, *Libertas* n.2 (2-6-1888)

En este sentido León XIII distingue los diversos sentidos de «libertad de conciencia»: no sería los mismo tomarla en el sentido de licitud de desvincularse de la verdad, o indiferencia ante la misma, o sea, «en el sentido de ser lícito a cada uno, según le agrade, dar o no dar culto a Dios»[432], que una libertad para seguir libremente la voluntad de Dios: «según su conciencia, seguir en la sociedad la voluntad de Dios»[433]. Obviamente, esto es una enseñanza espiritual que habla de los fines últimos de cada hombre y que, en principio, no tiene por qué alterar las posiciones contrapuestas que unos y otros mantengan sobre la libertad religiosa admitida socialmente. Pero al romper la univocidad terminológica, al vincular el término con otro objeto, se abre una vía para conjugar tales enseñanzas con el principio de no coacción.

León XIII, en sus puntos 26 y 27 de su encíclica habla de la libertad de cultos en el Estado. Y lo hace en sentido negativo. Pero aquí también aparecen grietas doctrinales, saludables, que pueden conducir a conclusiones diversas. El Papa presenta la cuestión reduciéndola al acontecer de los «pueblos católicos»[434]. La forma de reflexionar del Papa no parece que tenga relación real con la situación de sociedades con disparidad de cultos, ni se centra en la situación en conciencia de cada individuo, es decir, de su acercamiento o alejamiento, de su acogida o rechazo de la religión, sino que muestra el esquema de la batalla religioso-cultural, política, que acontece en países de Europa y América Latina sociológicamente católicos. Esto significa que la disyuntiva, para León XIII, es un Estado confesional católico con preminencia oficial de la religión católica, o un Estado que combate la religión católica, no en nombre de otra religión, sino de la irreligión. Un Estado que «no tribute a Dios culto alguno público». Por eso el Papa dice que tal iniciativa —la libertad de cultos— se hace «sin respeto ninguno al pueblo, dado caso que éste haga profesión de católico»[435].

El condicional es importante, ese «dado caso de que haga profesión de católico», porque significa que ante sociedades de hecho multiconfesionales —y todas las sociedades numerosas y de organización compleja lo son—, la pretensión de la confesionalidad católica del Estado como *solución* al vínculo y relación entre las dos potestades no es correcta.

---

[432] Ibid, n.37
[433] Ibid
[434] Ibid, n.27
[435] Ibid, n.26

Esta situación se va vislumbrando en el alma de León XIII. Al igual que sus antecesores la conoce por la relación con Estados Unidos y por las pugnas que en los países de mayoría sociológica no católica han establecido para conseguir un régimen de libertad de cultos que amparara, también, a los católicos. Pero esta atmósfera de disparidad, de disconformidad respecto a las afirmaciones últimas de la Iglesia católica y respecto a sus afirmaciones sobre su papel social, también crece en Europa y en Latinoamérica. Concurren factores diversos, no sólo el combate laicista contra «la religión», y el Papa lo entreve, de tal modo que acentúa la vieja doctrina sobre la tolerancia. En el n.41 de la encíclica se vuelve a poner de relieve que tal tolerancia no sólo lo es respecto al mal, sino al bien, dejando en el aire y para ulterior desarrollo cuál sería ese bien. Así, se habla de la tolerancia «con motivo de evitar un mal mayor o conservar mayor bien», o «en parte para que no se impidan mayores bienes, en parte para que no se sigan mayores males». En este número 41 y en el 42, el Papa se apoya en la autoridad de San Agustín y de Santo Tomás.

En estas vetas, más que grietas, que muestra el Magisterio papal de aquellos años, encontramos un vínculo entre León XIII y Pío XI, ya viviendo éste en una situación muy diversa de la de aquél. El 25 de mayo de 1899 León XIII publicaba la *Anum Sacrum*, sobre la «consagración del género humano al Sagrado Corazón de Jesús». El 11 de noviembre de 1925, Pío XI daba a la luz la encíclica *Quas primas*, «sobre el reinado social de Jesucristo y la fiesta de Cristo Rey». Pío XI escribía a la vista de los resultados de las tendencias espirituales que en el siglo anterior habían combatido con ferocidad a la religión católica, o a toda religión... México, Rusia, los incipientes nuevos totalitarismos... Escribe esta encíclica ofreciendo como respuesta la paz que vendría del reinado de Cristo. Y en ella introduce citas de la *Anum Sacrum* de León XIII; unas citas que de modo implícito tienen que ver con este desenvolvimiento doctrinal que ha conducido a la Iglesia a defender la libertad religiosa y una renovada concepción sobre el hecho de las religiones.

En el n.15 de *Quas primas* se introducen palabras del n.3 de *Anum sacrum*. Hablan del «imperio de Cristo (...) que abraza también a todos los que están privados de la fe cristiana; de modo que todo el género humano está bajo la potestad de Jesucristo». Y en el n.19 de la encíclica de Pío XI se vuelven a insertar palabras de la *Anum Sacrum*, de su n.11, en las que el deseo de que Él reine lo sea por libre aceptación... «caerían de las manos las espadas y las armas, si todos aceptaran voluntariamente el imperio de Cristo».

He aquí dos principios fundamentales para un encaje social de las religiones y para su encaje soteriológico en el marco total de la Revelación: adhesión libre, aceptación voluntaria, por tanto, sin coacción directa o indirecta; y Jesucristo vinculado a todo hombre como quien es Él: Salvador...

Por lo demás, Pío XI sigue relacionado como principio la libertad de cultos con el indiferentismo, éste con el deísmo y el ateísmo, y por fin, con la persecución que operaba ante sus ojos[436]. Aun así, en Pío XI, como en sus antecesores, no escapa de algún modo que el respeto a las conciencias tiene que tener alguna relación con los estatutos sociales. Lo ve obligado por las circunstancias que viven muchos católicos en el mundo, pero la visión puede, bien reducirse a la particularidad excepcional de las situaciones, bien conducir a una nueva formulación del problema en la que concurran otras perspectivas. Como de hecho sucedió después de Pío XI.

Por lo pronto, él se ve impelido por las circunstancias dramáticas. El 2 de febrero de 1930, en carta al Vicario de Roma, el Papa le indica que ofrezca una propuesta «a los gobiernos representados en la Conferencia de Ginebra, para que "proclamasen conjuntamente, como condición previa a cualquier reconocimiento del gobierno soviético, el respeto de las conciencias, la libertad de cultos y de los bienes de la Iglesia". En el supuesto, pues, de una sociedad de Estado pluriconfesional, es indicado, según Pío XI, atenerse a un respeto general de las conciencias»[437].

Este autor citado hacía notar en su artículo una veta más en el pensamiento de Pío XI, que luego tendría consecuencias enormes en el desenvolvimiento doctrinal de la Iglesia. Es una concepción en la que Pío XII, su sucesor, redundaría. Se refiere a «la libertad religiosa, que en Pío XI aparece fundamentada por vez primera en los derechos de la persona humana»[438].

2.4.- Más signos preconciliares

Signos de los tiempos... «hacen referencia a esa red claroscura de bien y mal que constituye el drama amoroso de las edades. Los signos indican la operación de Dios y asimismo

---

[436] Cf *Quas primas* nn 23 y 24
[437] A. Díaz Fernández, SJ, «Tradición y progreso de la doctrina católica sobre la libertad religiosa»: *Proyección. Teología y Mundo Actual* n.49 (1966) 104
[438] Ibid

desvelan la oposición al plan de Dios. Estos signos de los tiempos emergen visiblemente en forma de ideas, tendencias, intuiciones, movimientos, preguntas, desde ese algo profundo que borbotea en el *hondón del alma* de los hombres al que se puede denominar "malestar ontológico"»[439].

Todo este desenvolvimiento doctrinal de que hablamos va a recibir poderosos impulsos merced a los mensajes que la Iglesia recibe de lo Alto a través de los acontecimientos. Uno de estos mensajes son las nuevas persecuciones religiosas organizadas por los diversos mesianismos totalitarios del siglo XX. Ya no se conforma la confrontación como en el panorama al que reaccionaron Pío IX o León XIII, es decir, con la facha de una ideología —el liberalismo— que enraíza en sociedades sociológicamente católicas y que se enfrenta a la pretensión exclusivista de la Iglesia desde conceptos que anuncian una nueva relación o, según las tendencias, desde una actitud persecutoria. Ahora, después de que el siglo XIX culminara culturalmente con la I Guerra Mundial ya comenzado temporalmente el siglo XX, la persecución no hace distingos religiosos. Se persigue la actitud religiosa por parte de unos mesianismos, y la pretensión religiosa por parte de otros. Esto acerca entre sí, aun inconscientemente, a los creyentes de diversas religiones.

En 1933 se celebró en Estados Unidos un congreso nacional de judíos y cristianos para tratar sobre la discriminación antisemita en ese país. El entonces obispo de Denver participó en la reunión con unas palabras que fueron transcritas en el *Catholic Worker*, el periódico de la Sierva de Dios Dorthy Day y su maestro espiritual Peter Maurin:

> «La idea de perseguir a cualquier grupo, de poner obstáculos o privarlo de sus derechos dados por Dios, sea por causa de sangre o de convicciones, es repugnante (...) La persecución religiosa, sin importar de dónde provenga o qué grupo la practique, debe ser condenada por cualquier hombre con capacidad de pensar»[440]

El otro «signo de los tiempos» que favorece la recepción de nuevas luces es precisamente un movimiento histórico injusto: el colonialismo. Esta situación motivada por un espíritu de dominio

---

[439] Gerardo LÓPEZ LAGUNA, «*Pero Yo os digo»... Fe cristiana y pena capital* (Ed. Trébedes, Toledo 2013) 18
[440] S.F., «Denver Bishop Scores Un-American, Immoral Persecution of Jews»: *Catholic Worker* (nov. 1933) 6

había suscitado sin embargo el encuentro de cristianos, de católicos, con antiguas y profundas tradiciones religiosas, y con verdadera santidad y rectitud en ellas. Había pasado antes, siglos antes, en América, en China, pero de un modo *leve*, percibido por muy pocos y con falta de vigor para *mover doctrinalmente* a la Iglesia.

Ahora eran muchos los que vivían en su corazón algo que quizá les parecía contradictorio. Lo cierto es que la *universalidad* de facto, más bien una caricatura de universalidad, es decir, el imperialismo, condujo a muchos a profundizar en el universalismo.

En la reflexión teológica ha operado siempre la mediación de las carencias históricas, pues somos Pueblo que camina hacia la plenitud. Como indicábamos en otro capítulo, esto significa que andamos en claroscuros, «vemos como en un espejo» paulino, es decir, de modo deforme. En la vieja desvalorización de «las religiones» en bruto había operado la mediación del fenómeno etnocéntrico como vivencia psicológica universal: el propio cuadro de valores, aun los más contingentes, se suelen absolutizar frente a lo extraño, lo desconocido. Se contrastan hiperbólicamente la costumbres diferentes moralizándolo todo; se mitigan o abolen las nociones cristianas de «proximidad»... Esto lo vivió, en cuanto fenómeno civilizatorio, la cristiandad. Como todas las civilizaciones. Y desde ahí, se condicionó la marcha de la Iglesia.

Los contactos nuevos sirvieron a muchos para acentuar este particularismo, pero a otros muchos impulsó a romperlo.

> «El contacto con culturas no penetradas de la predicación evangélica causa maravilla a muchos, a la vez que espanto, al descubrir entre los no cristianos no sólo una notable corrección moral, sino también, en ciertos casos, ejemplos de virtud heroica, sincera religiosidad y auténtico amor de Dios (...) La virtud que se practica fuera de la Iglesia, parece atestiguar que es posible una moralidad perfecta sin el auxilio de la gracia (pero) es falso suponer que quienes viven fuera de la Iglesia no poseen la gracia»[441]

En las décadas anteriores al Concilio Vaticano II, las dos vías del debate, es decir, el estatuto soteriológico de las religiones, y su situación en el orden sociopolítico, se van abriendo a nuevas luces. Vimos antes la intervención de Roma en 1928 frente a la pretensión de interpretar el *extra Ecclesia* según un literalismo

---

[441] Maurizio FLICK-Zoltan ALSZEGHY, *El evangelio de la gracia* (Ed. Sígueme, Salamanca[2] 1967) 183-184

fundamentalista. Vemos a católicos protestando contra persecuciones a no católicos, a no cristianos. A gentes como Massignon, fascinadas por la presencia de la gracia de Jesucristo en tales religiones... Hay santos que se dejan llevar al corazón de la Iglesia, a su misterio... «La distinción fundamental que hace Edith Stein es entre "Iglesia visible" y la "Iglesia invisible". La pertenencia a una o a la otra escapa a la capacidad de la razón humana»[442]:

> «Es posible hablar de una "Iglesia invisible", porque las almas escondidas no viven aisladas, sino en un contexto viviente y dentro del gran orden del plan divino. Su efectividad y su íntima unión puede que permanezca oculta para ellos mismos y para los otros a lo largo de toda su vida terrenal»[443]

Son semillas con interpretaciones ambivalentes, incluso contradictorias, que sin embargo se multiplican y comienzan a germinar.

Peter Maurin aboga por una acción común en el ámbito social de todos aquellos que confiesan la dignidad de la persona humana y sean movidos por el amor:

> «En esta creencia común en la personalidad humana, humanistas, teístas, protestantes y católicos podrían construir un Estado pluralista»[444]

Y el vigor de su afirmación le viene precisamente de su fidelidad a su identidad católica, pues «los católicos son humanistas, teístas, cristianos y católicos»[445].

Dorothy Day, por su parte, desarrolla el concepto de Cuerpo Místico de Cristo: no sólo unión de católicos de toda nación o raza, sino unión de todas las personas, pues Cristo tiene vínculo con cada una de ellas. La Sierva de Dios llegará a afirmar que «la idea de que el Cuerpo Místico incluye sólo a los católicos romanos es una herejía»[446]. Según Thomas Frary, en la concepción de Dorothy Day la Iglesia es el Cuerpo Místico explícitamente pero no

---

[442] Andrés BEJAS-Sabine SPITZLEI, «Las obras contenidas en este volumen», en Edith STEIN (STA. TERESA BENEDICTA DE LA CRUZ), *Los caminos del silencio interior* (Editorial de Espiritualidad, Madrid³ 2010) 38

[443] Edith STEIN, «Epifanía», en o.c. p.132)

[444] Peter MAURIN, «Pluralist State»: *Catholic Worker* (nov. 1936) 6

[445] Ibid

[446] Cit en William D. MILLER, *All is Grace: The Spiritualty of Dorothy Day* (Double day & Company, Garden City NY 1987) 146

exclusivamente[447]... Asoman poderosamente nociones que aparecerán en el Concilio Vaticano II.

El propio Pío XII, en ciertos aspectos de su Magisterio, representa este desenvolvimiento. Vuelve a usar el argumento de la tolerancia:

«La afirmación: el error religioso y moral deber ser siempre que sea posible impedido, porque su tolerancia es en sí misma inmoral, tal afirmación no puede tener un valor absoluto e incondicionado. Por otra parte Dios no ha dado a la autoridad humana un tal precepto absoluto y universal, ni en el dominio de la fe, ni en el de la moral»[448]

Como afirmaba un comentarista de este Papa, «la intransigencia aboca con frecuencia a unos efectos totalmente opuestos a los que se buscaban. Además, con frecuencia, expresa más agresividad que caridad. El mismo Dios, recuerda Pío XII (en una alocución a los juristas), es el primer tolerante, pues no quiere arrancar la cizaña a causa del trigo»[449].

Todavía no aparecen con claridad los aspectos positivos, buenos, reales, de la expresión social de la religiosidad de las gentes, discernibles por los frutos, que a su vez señalan a Dios como única fuente. Pero esta «tolerancia» a causa de un bien mayor, o para evitar la comisión de algún grave mal, allanan poderosamente el camino porque lo están indicando.

En cuanto a esta religiosidad universal y su vínculo con la Iglesia, aparecen también destellos de luz en la *Mystici Corporis*, texto que, en principio, parecería identificar de un modo total y excluyente a la Iglesia visible, perceptible *jurídicamente*, con el Cuerpo Místico de Cristo. Realmente la noción quedaba abierta... Pío XII no podía negar, por ejemplo, el reconocimiento sacramental que León XIII había hecho de la Iglesia bizantina, con toda la provocación que para discernimiento y desarrollo teológico implicaba esto.

En la encíclica de Pío XII se escudriña con profundidad y con verdad la noción de la Iglesia como Cuerpo de Cristo. Afirmaciones basadas en la Revelación que. sin embargo y en sí, no contradicen una *extensión* teológica de las mismas para intuir cómo

---

[447] Cf Thomas FRARY, *The Ecclesiology of Dorothy Day* (Marquette University, Milwaukee WI 1972) 91
[448] Pío XII, *A los juristas católicos italianos* (6-12-1953)
[449] Jacques JULLIEN, *El cristiano y la política* (Desclée de Brouwer, Bilbao 1966) 103

se relaciona la humanidad toda con este misterio en la medida en que una persona, en la circunstancia que esté, puede abrirse a las mociones del Espíritu y por tanto tiene vínculo ontológico con la Iglesia.

En Pío XII hay algún indicio. Por supuesto, este Magisterio tiene como presupuestos la libertad de las conciencias y el amor universal. Efectivamente, en el n.47 de la encíclica se desautoriza cualquier coacción, y el número 44, aludiendo al racismo y al nacionalismo excluyente así como a las hostilidades entre los hombres (el documento se hace público en 1943...), se afirma el amor universal: Él «nos enseñó a amar no sólo a los que provienen de la misma nación ni de la misma raza sino aun a los mismos enemigos». Libertad y amor, pues.

Los destellos de luz a que aludíamos los encontramos en diversos lugares de esta encíclica. En el n.12 es algo casi imperceptible; se habla del don de Dios para que las «gracias espirituales del Nuevo y Eterno Testamento, pudiesen brotar de las fuentes del Salvador para la salud de los hombres, y principalmente de los fieles». Este «principalmente» después de citar a la humanidad entera parece conjurar un exclusivismo condenatorio, el que se derivaría de haber escrito, por ejemplo, «para la salud de los fieles», lo que se podría interpretar como «únicamente» o «solamente».

En el n.44 se habla de un amor universal que tiene por objeto una salvación común, universal:

«En los demás hombres, que todavía no está unidos con nosotros en el Cuerpo de la Iglesia, reconozcamos hermanos de Cristo según la carne, llamados juntamente con nosotros a la misma salvación eterna»

Una lectura jansenista interpreta este resultado salvífico bajo el condicional absoluto del ingreso formal en la Iglesia. Sabemos, sin embargo, que la mayoría de los hombres que han caminado en la historia y han acogido la gracia forman parte *visible* de la Iglesia en su dimensión triunfante, tras atravesar las fronteras de la muerte...

Pío XII también hace un par de afirmaciones en las que se intuye ese vínculo de la Iglesia con todos los hombres ya operando como tal vínculo de salvación en la historia. Se trata de dos aproximaciones que parten cada una de ellas desde diversos puntos de partida. Respecto a los que «no pertenecen al organismo visible de la Iglesia», el Papa reconoce que «por cierto inconsciente deseo y aspiración están ordenados al Cuerpo místico del Salvador»[450].

Hay, en el otro sentido, partiendo de la vida de la propia Iglesia visible, una afirmación de Pío XII que también será objeto de diversas interpretaciones; unos *encerrarán* tal afirmación en los contornos de la Iglesia visible, es decir, que los beneficiarios de la afirmación serían miembros de la Iglesia visible en situación de pecado; otros universalizarán esta enseñanza misteriosa, vinculando la vida sobrenatural de la Iglesia con frutos de gracia y santidad expresados fuera de sus confines visibles. Éstos últimos han sido confirmados por las luces que el Espíritu ha ido donando a la Iglesia. Las palabras en cuestión son éstas:

«Misterio verdaderamente tremendo y que jamás se meditará bastante es que la salvación de muchos depende de las oraciones y voluntarias mortificaciones de los miembros del Cuerpo místico de Jesucristo»[451]

2.5.- Nuevas perspectivas. Continuidad y discontinuidad en el Concilio

No es éste el lugar para una reflexión profunda sobre la *Dignitatis humanae*, la *Nostra aetate*, la *Unitatis redintegratio*, sino para constatar que su aparición en el Magisterio de la Iglesia actuó tanto de catalizador del integrismo, como para afirmar, con la Iglesia, que la acusación integrista de ruptura con la Tradición y herejía no son ciertas. Ahora bien, esta última afirmación hay que fundamentarla profundizando cada vez más: es lo que pedía, como ya hemos plasmado aquí, tanto San Juan Pablo II en la *Ecclesia Dei* con motivo de la crisis lefebvrista, como Benedicto XVI en su discurso a la curia romana el 22 de diciembre de 2005, donde reivindicaba una «hermenéutica de la continuidad», el que las siempre necesarias y deseadas reformas y renovaciones doctrinales, se presentaran en continuidad con la Tradición.

El Concilio Vaticano II fue una muestra de este dinamismo. Sin embargo, como signo de una Iglesia peregrina, sus afirmaciones precisan, como todas, de desarrollos, explicitaciones, correcciones en cuanto a las perspectivas, etc. Y en esta necesidad figura de modo eminente el dar más luz sobre su carácter de continuidad con una Tradición que no es «tradiciones de hombres» y que, por su vigor, está en el origen mismo de las nuevas perspectivas y

---

[450] Pío XII, *Mystici corporis Christi* n.46 (29-6-1943)
[451] Ibid, n.19

enfoques, de las renovaciones y de las novedades que regala el Espíritu.

Como ilustra José-Román Flecha en el lugar antes citado, uno de los personajes cruciales en la adopción por el Concilio de este nuevo enfoque fue el jesuita norteamericano John Courtney Murray, «uno de los artífices de la declaración conciliar *Dignitatis humanae* sobre la libertad religiosa, que proclamó la inmunidad del creyente individual y de las comunidades religiosas respecto a cualquier tipo de coacción por parte del Estado»[452]. La idea básica del «Estado confesional católico» tal como se entendía comúnmente, «implicaría tres consecuencias: la declaración de la completa libertad de la Iglesia católica, la admisión de la obligación del gobierno de reprimir las falsas opiniones diseminadas en la sociedad que pudieran conducir al error a las personas, y el deber del Estado de rendir culto público a Dios por medio de los ritos de la Iglesia católica. En esta perspectiva, la libertad religiosa era tan sólo una acomodación inevitable y necesaria en algunos países. Murray cuestionó abiertamente esta tesis. Evocando tanto los escritos del papa Gelasio II, como los de Juan de París o Roberto Belarmino, Murray argumentaba que la tradición católica afirmaba la existencia de dos poderes distintos: el espiritual y el temporal. Aunque se afirmara que el poder espiritual tenía una cierta primacía en dignidad, no podía ejercer un control directo sobre el poder temporal. Sólo a través de la conciencia de los creyentes, en cuanto ciudadanos, podía una Iglesia acercarse legítimamente a las acciones de un gobierno. Sin embargo, esta tradición habría sido olvidada en las reacciones de la Iglesia ante el liberalismo decimonónico. Junto a esta razón histórica, Murray invocaba el moderno reconocimiento de la dignidad de la conciencia humana para afirmar que el Estado no debía apoyar las pretensiones de una determinada religión ni intervenir para reprimir los errores religiosos»[453].

Obviamente, esta visión no cierra la cuestión pues contiene nociones que a su vez originan una necesidad incesante de nuevas respuestas, pero presenta bases para el cambio de perspectiva que al fin se operó en la enseñanza de la Iglesia. Durante el Concilio Vaticano II hubo un debate intenso al respecto. La Sesión del 17 de septiembre de1965 mostró los grandes contrastes y las posturas excluyentes entre sí. El cardenal Ottaviani se opone a la pretensión de este cambio, monseñor Lefebvre invoca a Pío IX y León XIII para

---

[452] José-Ramón FLECHA ANDRÉS, l.c., p.112
[453] Ibid, p.113

fundamentar su negativa... el cardenal Spellman apoya la noción de libertad religiosa basándose en la existencia de facto de sociedades plurales en cuanto a la religión, y el sinsentido consiguiente que supondría la pretensión de imponer, coactivamente, un Estado confesional a tal sociedad multiconfesional.

El cardenal Heenaan, de Londres-Westminster, insiste en su intervención en la sacralidad de las conciencias. «Se trataba para él de modelar el orden jurídico sobre los derechos de la conciencia»[454]. Efectivamente, para el cardenal Heenan todo el asunto reposaba en el asegurar la no coacción a toda persona:

> «Muchos no católicos se imaginan que sobre la cuestión de la libertad religiosa nuestro juicio se inspira en dos principios distintos: cuando la Iglesia es débil y carece de poder político —o sea, cuando los católicos están en minoría— nosotros estamos a favor de la libertad. Pero, dicen, cuando los católicos están en mayoría, no hablamos más que de los "derechos de la verdad"... Ahora bien, es perfectamente absurdo hablar de error careciendo de derechos o de verdad teniendo derechos; los derechos conciernen a las personas y no a las cosas. El hombre tiene el derecho inviolable de obedecer a su conciencia, con tal que no atente ni a la paz, ni a los derechos de los otros»[455]

El giro en la perspectiva a la hora de tratar este asunto no significa sin embargo ruptura: se sigue proclamando el Credo como revelado de lo Alto, se sigue teniendo vivísima conciencia de la unicidad de Cristo. Precisamente esta conciencia del señorío absoluto de Cristo servirá como soporte, como uno de los fundamentos teológicos que hacen valorar como algo positivo en sí la propia dimensión religiosa del hombre que históricamente se expresa en las religiones.

Consecuencias de ese cambio no es sólo el «tolerar» las religiones condenando las coacciones. Esta noción sí está presente en la *Dignitatis humanae* y a ello se aferran algunos integristas que no quieren romper con el Concilio en sí. Sin embargo, la Declaración vincula esta condena de las coacciones no solo con un *tolerar* lleno de sospechas o de amargura sino con una libertad esencial que brotaría de la propia constitución de la persona. Una libertad que

---

[454] Joseph JOBLIN SJ, «La tolerancia como problema político-religioso» en FUNDACIÓN PABLO VI, o.c., p.45
[455] Cardenal John HEENAN, Intervención en Sesión Conciliar 17-9-1965: *Documentation Catholique* (1965) 1775

hace posible tanto la expresión del Espíritu en la dimensión religiosa constitutiva del hombre como el deseo de su consumación y purificación en Cristo. El Magisterio acentuará entonces este doble polo misterioso, es decir, la valoración sobrenaturalmente positiva de «la religión» y la unicidad de Jesucristo[456]. Esto es lo que hizo legítima la reunión de Asís en 1986, que en ningún modo fue un acto sincretista.

El misterio que supone el que la propia Revelación sea garantía de la libertad religiosa habla de algo a custodiar y desarrollar pero que no es controlable. La tendencia a racionalizar se ha mostrado doble: en determinados ámbitos autodenominados progresistas, una supuesta religión universal a la que la unicidad de Cristo molesta; en integristas, la racionalización del misterio de gracia, su control, identificando sin resquicio «gracia santificante» con «gracia sacramental» al modo de Quesnel, por ejemplo. Así el integrista Julio Meinville, que en nombre del combate al indiferentismo religioso envía literalmente a la condenación eterna a los no bautizados sacramentalmente. Además, la interpretación del *extra Ecclesia*, con la negación en bruto de «las religiones» como puras y explícitas idolatrías.

Los vínculos orgánicos del cambio de perspectiva con la Tradición, y con principios y concreciones del Magisterio papal decimonónico, son ciertos. Se ha asentado el viejo principio de la «no coacción». En efecto, «la libertad religiosa reconocida por el Concilio Vaticano II no es, por tanto, el indiferentismo de la Modernidad ideológica, sino que, dejando firme la obligación de todo hombre de buscar la verdad y afirmando también la existencia de una Verdad absoluta, la declaración establece la necesidad de un orden jurídico adecuado para salvaguardar el derecho de la conciencia de realizar dicha búsqueda libremente, sin coacciones»[457].

Esta interpretación, real, es sin embargo restrictiva respecto al alcance de la *Dignitatis humanae*, Declaración que tiene relación con las propuestas soteriológicas contenidas en la *Nostra aetate* y en la *Unitatis redintegratio*. Fue precisamente Karol Wojtyla uno de los Padres conciliares más preocupados en evitar una enseñanza basada sólo en la tolerancia. En su intervención al respecto (dos verbales y tres por escrito), insistía en el aspecto positivo de la libertad religiosa, y lo fundamentaba tanto en la

---

[456] Cf v.gr., JUAN PABLO II, *Redemptoris missio* nn10,28,29,39,45,55... (7-12-1990)
[457] Mariano FAZIO, o.c., p.389

Revelación como en la razón. Su posterior Magisterio papal así lo plasmaría, desde el principio.

En el cambio de perspectiva que al fin origina concreciones diferentes —y que irrita profundamente al integrismo de aquella hora conciliar y al actual integrismo emergente— vemos, como ya hemos dicho, factores providenciales: si en aquel siglo XIX las condenas pontificias tuvieron que ver, y mucho, con el clima de confrontación esencial frente a ideologías mesiánicas anticristianas, en el cambio expresado en el siglo XX interviene el haber conocido y experimentado la obra del Espíritu Santo, de Dios, allende las fronteras visibles de la Iglesia.

Por supuesto está el riesgo de la libertad, pues uno puede obrar de modo socialmente maligno por imperativos de su conciencia. No es una cuestión cerrada; ni se cerrará nunca. Pero la Iglesia va viendo con claridad qué significa, por la propia aceptación real de Cristo, la salvaguarda de esas conciencias. No es indiferentismo, hay que subrayar; no es la libertad que de hecho se vive en muchas de las sociedades en que tal libertad religiosa está amparada jurídicamente precisamente *porque* la religión importaría poco o nada mientras no se entrometa en lo sociopolítico...

El aspecto de la sacralidad de la conciencia es un pilar, pero no es el único en que se basa el desenvolvimiento doctrinal operado en el Concilio y después. Esta preocupación por la conciencia se expresaba en el previo Magisterio de dos maneras: por un lado, la afirmación de que la conciencia no podía ser coaccionada; por otro lado, la condena de la propuesta de que la conciencia no tenía relación vinculante con referente alguno objetivo y trascendente. Parece que aquel Magisterio desarrolló de un modo unilateral este segundo aspecto, del mismo modo que otros, después e imitando la unilateralidad, pretendieron que la no coacción significaba el negar o desconfiar por sistema de cualquier «autoridad» que pudiera indicar la verdad a la conciencia.

Cuando la Iglesia percibe que las concreciones a que se llegaba desde el desarrollo unilateral del combate al indiferentismo conducían a la coacción y al formalismo, se ve impelida a buscar, desde la percepción de esta deficiencia, otros principios contenidos en la Tradición conjugables con los que se proclamaban contra el indiferentismo y el ateísmo. Y así se llega a formulaciones nuevas.

Pero este dinamismo albergaba más elementos. Precisamente los que provocan más indignación en el integrismo de matriz católica. El desenvolvimiento de la verdad ilumina a la Iglesia en el sentido que antes hemos indicado: no es un mero tolerar para que la aceptación explícita de Cristo sea libre, sino una renovada visión de la religiosidad humana. El integrismo clama: eso es aceptar la idolatría, es promover el sincretismo, es negar el valor de la misión ad gentes. Y la Iglesia vuelve a decir que no, que tal visión renovada es fiel a la Revelación y no contradice la energía misionera; que el llamado «diálogo interreligioso» y el descubrimiento del poder de la gracia allá donde se manifiesta no niega la misión.

La profundización operada por acción del Espíritu para afrontar el reto de un modo cada vez más acorde a la Verdad condujo a la Iglesia a una formulación diversa, que, en la práctica, ha conducido a unas conclusiones que parecen contrapuestas a las que proponía la *Mirari vos* y sus secuelas: en primer lugar, la afirmación de la libertad religiosa como un previo desde el que lanzar la propuesta de aceptación de la unicidad de Jesucristo, no de modo impositivo. El indiferentismo es así combatido por la sencilla razón de que la Iglesia no sólo sigue afirmando esta unicidad sino que proclama el Señorío de Cristo cuando afirma que «las gentes» que se santifican en el seno de las religiones lo hacen merced a la acción del Espíritu, quien les regala acoger la gracia de Cristo. Del Cristo total, es decir, en la mediación sacerdotal misteriosa de la propia Iglesia... Como decían Gregorio y el Bienaventurado Pío, con fórmulas hoy decididamente infelices, las gentes no se salvan merced a cualquier religión, sino por Cristo. Pero cierto es que se les ofrece tal gracia en el seno de la religiosidad humana, que, indefectiblemente, tiene fórmulas e instituciones, en muchas de las cuales también se hallan las huellas de la acción de Dios. Tales fórmulas e instituciones son las religiones, e incluso lo expresado en los movimientos éticos y existenciales que brotan de lo íntimo de las conciencias.

Es decir, se trata de anunciar y creer en un Evangelio de la plenitud en Jesucristo. Aquella afirmación de León XIII en *Anum Sacrum* sobre el Señorío de Cristo —y su amor, su Corazón— sobre todos los hombres, cristianos o no, descubierta con más intensidad y luminosidad. La revolución iniciada por Massignon en la percepción del Islam, los tremendos impulsos de San Juan Pablo II para profundizar en la teología de la relación entre la Iglesia e Israel... son movimientos que tienen su origen en el reconocimiento de la unicidad de Jesucristo. Si se creen las afirmaciones de la fe, si se cree que Dios es Uno y Trino, que el Hijo de Dios se ha encarnado realmente, y que Dios convoca a los hombres, contemplados en su Hijo encarnado... Si esto se cree como verdad, entonces TODO —las religiones, las búsquedas, la existencia, los actos y gestos de bondad y de amor, la belleza que resplandece por doquier... todo— tiene relación con la Iglesia. No por un exclusivismo desesperado en quererse mostrar como *más* importante, y menos por desvalorizar a las religiones, sino por fidelidad a esas verdades creídas, por las que este TODO, incluidas las religiones, tienen vínculo con el ser de Dios, con la Encarnación y con su convocación (ecclesia) salvífica.

Esto nos conduce a lugares misteriosos, bellísimos, incontrolables, en que reverbera la presencia de Cristo en personas que no le conocen o no lo pueden reconocer como quien es Él realmente. La misión, que conlleva siempre el testimonio de la propia identidad cristiana, se revela fuera del control de los hombres. La salvación depende de Dios y de la aceptación libre de su gracia salvífica. Y esto está trabado indefectiblemente con la Iglesia de un modo misterioso. Cuando Pío IX hace una reserva al *matematismo* de la doctrina arguyendo que si bien es cierto que Dios concede gracia de salvación a quienes sufren de ignorancia invencible, tal evento es arcano para nosotros, y por tanto la Iglesia debe seguir predicando la vía de salvación como única vía, está plantando una semilla que florecerá después.

El problema radica en un cierto pesimismo respecto a la acción de la gracia: presupone que el desconocimiento externo de la Iglesia como casa de salvación ha de traer el desastre de un modo prácticamente sistemático, y que Dios, casi in extremis, salvaría a algunos de entre las multitudes que están en tal situación de desconocimiento (intelectual y vital, o vital por imposibilidad de reconocer el rostro real de la Iglesia). Tal planteamiento pesimista no se corresponde con la verdad más plena: la gracia es difusiva, está vinculada a la gracia visible que es la Iglesia, y se manifiesta en los buenos frutos, que indican su origen en el árbol de la vida. La bondad y el sufrimiento amoroso en las gentes no puede equipararse, al modo jansenista, a falsedad, o a una expresión determinada por la naturaleza —como sería el comer o el defecar— desprovista de sobrenaturalidad. Una *bondad* entonces, que vendría de lo caduco para caer en la nada.

Esta concepción luminosa de la religiosidad humana es insoportable para el integrismo. Vemos, sin embargo, que tiene continuidad con la Tradición, con la custodia y entrega de los talentos de la Verdad fructificados, y que esta continuidad no está exenta —como no lo ha estado nunca— de sorpresas, novedades saludables y efectivas discontinuidades a causa de las correcciones necesarias para seguir caminando.

Hay que insistir en que se llega a lo incontrolable, otro factor más de confrontación con la ideología integrista. En este sentido, el del desconcierto y estupor ante un misterio que nos envuelve, se expresaba el Venerable José Rivera introduciendo una fórmula universalista vinculada con el ser de la Iglesia que provocaría su inmediata condena por parte del integrismo:

«Todo pensamiento acerca de la Iglesia, toda aspiración seria, intensa, violenta, contribuye a su perfeccionamiento, a su hermoseamiento; todo sufrimiento por ella, por la desgracia de los hombres —bautizados o no bautizados— que constituyen el Cuerpo Místico del Señor, me purifica y me acrecienta a mí mismo»[458]

2.6.- Consecuencias: Iglesia y sociedad civil

La vieja civilización cristiandista había creído encontrar la fórmula definitiva en cuanto a la relación de ambas potestades, la «espiritual» y la «temporal». Sin embargo, son tantas las variables que intervienen, que la fórmula se replegó sobre sí misma y en evolución interna implacable llegó a esa caricatura absoluta que representó la monarquía absoluta.

Cuando la gran atmósfera civilizatoria comienza su resquebrajamiento los partidarios de la *tradición* defienden con ardor tal concepción de la autoridad. Hemos visto páginas atrás cómo la tendencia abarca todos los contornos territoriales de aquella civilización. La batalla se torna desesperada, pues los partidarios creen defender elementos esencialmente inamovibles, la propia misión de la Iglesia. Y así releen toda la historia europea, que para ellos es la historia sin más. Ejemplos de estas relecturas desde el ambiente de combate en que viven, son, por ejemplo, la obra de 1875 escrita por Antonio Xavier Pérez y López titulada *Principios del orden esencial de la Naturaleza*. En este estudio reivindicador del absolutismo el autor desautoriza a los teólogos españoles del Siglo de Oro y los sitúa explícitamente en el terreno de «los filósofos» de la Ilustración a causa de sus aportaciones doctrinales respecto a la soberanía, sus orígenes, sus funciones, o sobre el tiranicidio, el pueblo, etc.

Otro caso lo encontramos en el famoso *Manifiesto de Lardizábal*, escrito en 1811, en el que este hombre, miembro de la regencia, ataca con dureza a las Cortes de Cádiz. Allí, viceversa que el otro autor, este retuerce las nociones de soberanía de aquellos jurisconsultos españoles del siglo XVI, para decir con ellos que sí,

---

[458] Venerable José RIVERA, *Diario* 17-4-1989 (Inédito) 2430

que la soberanía reside en la nación y de ella la reciben los reyes, pero que este dinamismo es a modo de un contrato, con orígenes antiquísimos, que otorga por tanto soberanía ilimitada, hereditaria, a los monarcas, cuyos «derechos» serían independientes del pueblo. Además, de carácter divino pues Dios, de hecho, habría elegido a tal dinastía para este fin, y por tanto, con sanción defensiva e irrevocable de la Iglesia.

Obviamente, tal entramado, en medio de sucesivos baños de sangre, empezó a desmoronarse. Nuevas ideas al respecto, nuevos retos, apuntamientos, pululan por doquier, y los hijos de la Iglesia se implican en el dinamismo; unos para condenarlo, otros para reformarlo manteniendo lo que creen esencial, otros más para alumbrar una situación nueva, un marco de relación diferente. En este sentido, el de acoger como reto saludable los cambios operados en referencia al vínculo y relación entre la fe y la política, encontramos las famosas siete Conferencias de Notre Dame, en París, impartidas en 1847 y hasta 1848 por el canónigo Bautain en presencia del arzobispo de Paría monseñor Affre. La séptima de estas conferencias fue presentada por escrito tiempo después, pues no pudo ser pronunciada a causa de la Revolución de 1848. Estas conferencias se presentaron bajo el título *La Religión y la libertad consideradas en sus mutuas relaciones*, fueron publicadas poco después en diversos países[459], y en ellas se usaban los términos que enarbolaban los reivindicadores de las «libertades modernas» dándoles un sentido concreto, cristiano, pero sin deformar las pretensiones legítimas. Incluso esa última conferencia, titulada «¿De que manera permite la Iglesia Católica que se defienda la libertad?»[460], esboza con algunas sorprendentes explicitaciones un tratado para una legítima desobediencia civil y resistencia no violenta, además de una severa condena de todo despotismo.

Algo cambiaba, pese a la reacción integrista y pese a las acusaciones de infidelidad venidas de este sector. Antes ya hicimos alusión al esquema tesis-hipótesis con que algunos intentaban ajustar de algún modo las condenas pontificias con lo que de admisible o rescatable hubiera respecto a las «libertades modernas», y cómo el mismo Pío IX aprobó la iniciativa de Dupanloup basada en tal esquema. Citamos al respecto una aportación de *Civiltá Cattolica* que en su día tuvo repercusión y que sirvió como soporte a otros en tiempos posteriores. Efectivamente,

---

[459] En España «traducida por D. Luciano Pérez de Acevedo» (Librería Religiosa, Barcelona 1855)
[460] Cf ibid., pp 333-366

la publicación dio a luz un artículo referido a palabras recientes de Montalambert titulado «El Congreso de Malinas y la libertad moderna»[461], en el que se decía que «estas libertades modernas, a título de *tesis*, es decir, como principios universales concernientes a la naturaleza humana en sí misma y el orden divino en el mundo» eran condenables y así lo habían hecho los Papas, «pero a título de hipótesis, o sea, como condiciones apropiadas a las condiciones especiales de tal o cual país, pueden ser legítimas y los católicos pueden acogerlas y defenderlas».

Algo cambiaba. Estas doctrinas eran muy abstractas, se referían a principios últimos en los que, en sí, en Dios, no podía haber contradicción, había luz y tinieblas como negación, verdades y errores, bien y mal... Pero en la marcha de la historia, en esas «condiciones», no se podía identificar sin más las instituciones humanas con esa naturaleza esencial y ese orden divino. Y aunque en tal o cual aspecto sí se ajustara tal o cual hechura humana a estos previos metafísicos, estaba el principio evidente de la libertad para que la adhesión fuese verdadera. En la historia caída estaba asimismo el factor de lo vinculante externamente coactivo: prohibir asesinar o estafar, por ejemplo... pero dónde estaba su límite, quién lo podía establecer con autenticidad, con qué principios operaría, si con respeto a la dignidad o violentando la dignidad... Demasiadas cosas como para no tener en cuenta el origen de las reclamaciones de las «libertades modernas» y como para fomentar el rechazo que pretendía el tradicionalismo.

Hay un autor al respecto, en medio de la vorágine de la época, que sorprende, pues habitualmente se le encasilla en el grupo de los reaccionarios. Se trata de Jaima Balmes, «quien sobresale por el carácter humano» de su pensamiento. «Al tratar temas políticos muy debatidos al final de la primera guerra carlista, escribe: "Yo respeto demasiado a los hombres para que me atreva a insultarlos"» En 1842 «fue a Francia, donde se relacionó con el obispo Dupanluop, el padre Lacordaire, Ozanam, Chateaubriand. En 1845 estuvo en el primer Congreso de Malinas (Bélgica); allí conoció al futuro papa León XIII. Balmes no se adhirió al catolicismo liberal, pero tampoco se pasó al ultramontanismo»[462].

Balmes, sin embargo, pondera los signos de los tiempos con gran libertad. Y aludiendo a ella, a la libertad, escribe:

---

[461] *Civiltá Cattolica*, serie V, vol. VIII, fasc. 326 (2-10-1863) 129-149
[462] José Luis ABELLÁN, *Historia del pensamiento español* (Espasa, Madrid 1966) 407-408

«Por ese espíritu de libertad que invade el mundo civilizado, y se dilata por todas partes como un río que se desborda, ¿hemos de temer que perezca la religión? No, la alianza del altar y el trono absoluto podía ser necesaria al trono, pero no lo era al altar. En los Estados Unidos la religión progresa bajo formas republicanas; en la Gran Bretaña ha hecho increíbles adelantos a proporción que se ha desenvuelto la libertad»[463]

Esta desvinculación esencial, que significa libertad para los cristianos, tiene expresiones plurales. Un creyente podría «defender a un rey contra las huestes de Napoleón, o la libertad republicana en las banderas del *Sonderbund*»[464].

La relación de la Iglesia con la sociedad civil va a ser sacudida en sus supuestas certezas. A éstas han seguido otras *certezas*, las que están vigentes a día de hoy en las democracias burguesas, que tampoco lo son. Tal como manifestara este conflicto constitutivo de la historia con ocasión, por ejemplo, de uno de los debates sobre leyes de educación en la Francia de 1881, así se expresa hoy: aquella ley proponía la supresión de la enseñanza religiosa en las escuelas invocando la neutralidad del Estado. No que cada cual recibiera enseñanza religiosa según su confesión, o ninguna si hacía profesión de agnosticismo o ateísmo, sino la supresión de tal enseñanza. Alguno había contemplado con cierta claridad que esas medidas no eran neutrales, sino que obedecían a una pugna, al parecer excluyente en la regulación de la vida pública, entre dos concepciones del ser humano. Jaurés había declarado al respecto:

«La República debe sustituir resuelta y tiránicamente, si fuere menester, la enseñanza cristiana por una enseñanza racionalista y materialista»[465]

La supuesta neutralidad, en sentido absoluto, no es posible al ser humano. Uno de los republicanos que protestó ante el carácter coactivo de aquella ley, esgrimía argumentos que en el fondo coincidían con la posición cristiana: *silenciar* a Dios es ya una postura «confesional» impuesta. En efecto, Jules Simon declaró en

---

[463] Cit en ibid, p.411
[464] Cit en ibid, p.412
[465] Cit en Georges Goyau, *L'école d'aujourd 'hui* t.II (Perrin et C'e Libraires-Éditeurs, Paris 1899) 13

el Senado estas palabras recogidas en el *Journal Official* de julio de 1881:

> «No hay escuela neutra, porque no hay maestro que no tenga una opinión religiosa o filosófica. Si no la tiene, está excluido de la Humanidad, porque es un idiota o un monstruo. Si tiene alguna y la oculta para salvar sus asignaciones, es el último de los cobardes»

Es decir, el derrumbe del esquema civilizatorio cristiandista no resuelve el drama. Rompe, sí, con una falsa solución, abre a nuevos ensayos, nuevas posibilidades, pero no zanja una cuestión que, como repetimos habitualmente y según Von Balthasar, es irresoluble en plenitud mientras dure la historia.

El integrismo de hoy mira con complacencia y expone como modelo a uno de los coletazos decimonónicos que, creo que de buena fe, intentó solventar la relación mediante la implantación de un régimen con tintes teocráticos. Es el ya citado presidente Moreno, de Ecuador, quien fue al fin asesinado.

Esta alternativa no podía ser la respuesta: se llegó a la aberración, durante su segundo periodo en el gobierno (1869-1875) de establecer la profesión de catolicismo como requisito legal para reconocer la ciudadanía nacional a los ecuatorianos...

Una visión etnocéntrica de la existencia y su visión teocrática de la política le condujeron a no comprender jamás a las numerosas poblaciones indígenas del territorio de la República. El centralismo educativo y la escolarización obligatoria, con premisas civilizatorias, dañaron a los pueblos indios. Un desprecio institucional por esas culturas, una ignorancia sobre el significado de las tierras comunales de esos pueblos, y un sistema fiscal de inspiración religiosa, se convirtieron en opresivos para los indios. Los «diezmeros», corruptos recaudadores de impuestos, se presentaban como saqueadores, con guardia armada... Los indígenas de Riobamba eran explotados en la construcción de obras públicas (carreteras, etc); en Cacha, ciudad de esa zona, unos indígenas mataron a un diezmero, luego a tres comisarios encargados de reclutar a indígenas para construcción de vías, luego a dos diezmeros... Una tensión que aumentaba hasta que al fin estalló la rebelión abierta.

Dirigidos por Fernando Daquilema, indio puruhá, y por la india Manuela León, los indios, que veían a Moreno como un blanco enemigo de su pueblo y explotador, atacaron en número de diez mil, mal armados, la localidad de Cajabamba. Fueron masacrados y muchos de ellos apresados. En medio del conflicto Manuela León mató al jefe de milicias oficiales de Punín, un hombre que la había violado con anterioridad. Tras las derrotas, Manuela León y otros, fueron sometidos a juicio sumarísimo y fusilados obligando a numerosos indios a presenciar las ejecuciones.

La represión fue feroz: matanzas y apresamientos seguidos de fusilamientos. Un signo anticristiano de aquel régimen fue precisamente el espectáculo final que se organizó con el indio rebelde: Daquilema, prisionero, fue fusilado el 8 de abril de 1872... y su cuerpo fue expuesto públicamente durante un tiempo para escarmiento de los indios... Por aquellas fechas otra ecuatoriana, la Beata Mercedes de Jesús Molina (1828-1883) se distinguía como defensora de los indios, de sus vidas, sus tierras, y se entregaba a la evangelización de los shuar, los famosos «jíbaros», término que ella rechazaba porque los indios lo consideraban despectivo.

Por lo demás, el tiempo de transición a la poscristiandad y las nuevas soluciones al problema de la relación entre Iglesia y sociedad civil, se presenta con facha de caótico en muchos casos. Los grandes conceptos chocan con las realidades, que los contradicen, matizan o conducen a otros conceptos a tener en cuanta. El esquema maniqueo del integrismo no se sostiene... Por ejemplo, el «Imperio» en Brasil, bajo la dominación del famoso «Don Pedro», persiguió a la Iglesia, suprimió comunidades religiosas, desterró obispos... Fue precisamente el gobierno republicano que el 15 de noviembre de 1889 sustituyó al Imperio, el que restituyó las libertades a la Iglesia y revocó las medidas confiscatorias. Una República que negó financiación pública al clero pero que respetó su actividad y provocó, indirectamente, una fuerte revitalización de la Iglesia en aquel país.

Ejemplos de esta barahúnda conceptual encontramos, esta vez en sentido negativo, en quien usó de las reivindicaciones de la libertad de cultos para acrecentar y solidificar su poder temporal. Fue el caso de José II de Austria. Su edicto de 13 de octubre de 1781 contenía términos que hoy acepta la Iglesia: no violentar las conciencias, respetar la disparidad de cultos en aquellos territorios, no discriminar para empleos públicos a causa de la confesión religiosa... Pero todo esto fue organizado por el emperador para abolir el preponderante papel sociopolítico de la Iglesia católica, desligarse de referencias al Papa, para ejercer casi como sumo sacerdote respecto a bienes, seminarios, educación, reglamentando incluso el culto y considerando a los sacerdotes como funcionarios civiles encargados de predicar una especie de moral, de *evangelio*, controlado por la policía. El edicto le sirve para destronar a la

Iglesia católica a fin de ponerse él en tal trono, para impedir que alguna instancia superior (el Papa) indique a las conciencias si se ha de obedecer o no... Así, frente a abusos reales de la institución eclesiástica, la supuesta libertad, al *privatizar* la religión, deja al príncipe dominio absoluto.

Por supuesto, la barahúnda de conceptos y realidades interactuando no acababa ahí... pues la preponderancia sociopolítica de la Iglesia, expresada por hombre débiles y pecadores, era asimismo ocasión de posturas antievangélicas. Y la noción de una instancia superior que libera a las conciencias de la opresión de los príncipes, era a su vez a través de mediaciones humanas, susceptibles de contaminación mundana... La Edad Media dio muestras de cómo esta instancia y el *arma* de la excomunión y el desligamiento de la obligación de fidelidad a tal o cual príncipe, se usaron repetidamente por motivos no espirituales, no evangélicos, sino de orden temporal, y con motivaciones bien bastardas.

Otro ejemplo, más de un siglo después, es la encíclica *Vehementer nos*, de San Pío X, con ocasión de la ley francesa de 9 de diciembre de 1905, en que la separación de la Iglesia y el Estado se formula en términos laicistas agresivos. La denuncia de aquel Papa santo era justa, pues los principios mismos del laicismo —que frente a otros géneros de laicidad hace de la irreligión una ideología fundamentalista y confesional— son falsos. Pero cuando el Papa invoca los «derechos de la Iglesia», identificados con el bien y la verdad y la justicia, entramos nuevamente en la vorágine de lo irresoluble; pues los «derechos» reales de la Iglesia no se pueden identificar sin más con los estatutos jurídicos que de facto se han ido construyendo en las relaciones con el poder secular. Éste ha tratado habitualmente a la Iglesia —en plenos siglos de *cristiandad*— bajo reducción institucional y no con mirada sobrenatural. Y los hijos de la Iglesia representantes de tal institucionalización se han dejado tratar así por lo que suponía, bien de privilegios, bien se supervivencia terrena, de ambas cosas, o por sostener una visión muy *limitada* de la misión de la Iglesia... culto, colegios, reconocimiento público...

Aparte de esto, de esta responsabilidad de los cristianos, el laicismo francés de 1905 era ya en sí una tremenda aberración antropológica. La íntima convicción de San Pío X le condujo a no ceder, siendo todos los bienes de la Iglesia incautados en 1908. En ese contexto, una muestra de fidelidad a Dios.

Este laicismo fue objeto de las denuncias posteriores de Pío XI, el Papa que también tuvo que confrontar no sólo con los mesianismos ateos sino con los mesianismos *sacros*. Efectivamente, sus encíclicas *Ubi arcano* y *Quas primas* inciden en la falsedad dañina del laicismo. Especial atención tuvo que mostrar al respecto con ocasión del proceso histórico ocurrido en México. Dos encíclicas específicas, la *Iniquis afflictisque*, de 1926, y la *Acerba animis*, de 1932, fueron publicadas por el Papa, quien veía en aquellos sucesos injustos, sangrientos, blasfemos, una consecuencia de la «separación» de la Iglesia y el Estado. La denuncia erra cierta, pero la fórmula unitiva mantenida en la *cristiandad* ofrecía asimismo contradicciones profundas.

Frente a la pretensión resolutoria del integrismo se nos presenta este drama como siempre abierto. No podemos, por eso, eludir el carácter defectuoso —pues no impulsaban con medios cristianos opciones cristianas— de las alternativas de quienes legítimamente enfrentados al restauracionismo integrista propugnaban como solución el mero respeto a los nuevos órdenes constitucionales para batallar desde dentro. Tal era la postura de León XIII o del Beato cardenal Sancha, o ahora, de casi todos en el occidente rico. Es como desplazar, hasta la inexistencia, todo el vigor sobrenatural que contiene la Iglesia para la transformación del mundo. Aunque ineludiblemente la pretensión no se haga en totalidad ni de lejos, aunque sea algo parcial y caduco, signo del mundo venidero, es real en cada acto de amor, proclamación de la verdad, oblación que comulga con los oprimidos, reconciliación...

La llamada «normalidad institucional», o incluso la «cooperación», que pretenden responder dentro de la Iglesia a la agresividad mundana del integrismo, o a las pretensiones no menos agresivas de pastores ultraconservadores que quieren propiciar gobiernos derechistas con espíritu constantiniano que asegure el respeto y el dinero, no son tampoco solución: tales *normalidades* exigen apagar la llama constructiva y discordante de la profecía, y renunciar a prácticamente todas las propuestas sociales del Magisterio en su realidad candente, caliente, disonante frente a leyes y costumbres.

Claro está, sin embargo, que el molde cristiandista no servía. El giro de enfoque, basad en la intangibilidad de la conciencia personal, culmina en esa afirmación del n.4 de Dignitatis humanae (7-12-1965) por la que n se puede prohibir a las comunidades religiosas «manifestar libremente el valor peculiar de su doctrina para la ordenación de la sociedad y para la vitalización de toda la actividad humana».

Esto, obviamente, significa que la relación entre la confesión religiosa y el ordenamiento temporal no es reducible al sencillo esquema propugnado por el integrismo. Es algo más complejo, siempre fragmentario, nunca realizable satisfactoriamente y lleno de problemas a esquivar.

Evidentemente, las propuestas conciliares sobre la libertad religiosa y los ordenamientos civiles, y la afirmación de la «autonomía de las realidades temporales», en relación con su «naturaleza», es decir, en relación con Dios, es una inyección poderosa —y conflictiva— para seguir caminando en una senda siempre imperfecta. También aquí encontramos vínculo con las enseñanzas de aquellos Papas que, sin embargo, establecían como objetivo o como bien a defender el Estado confesional católico.

El problema terminológico que puedan suscitar aquellas doctrinas sobre el origen de la autoridad no evita la continuidad de la verdad. Efectivamente, aquellos Papas hablaban del origen de la autoridad como confrontado a la «soberanía popular» en el sentido de que nadie, ni mayoría ni minoría, podía *fabricar* la verdad sino reconocerla. Como ahora, aquel Magisterio afirmaba que el origen está en la verdad, en el bien, en la naturaleza humana y por tanto en su Creador. La actividad política tiene entonces referentes que deben regir sus intenciones y acciones. Pero los Papas decimonónicos Gregorio XVI y Pío IX tienden a identificar el presupuesto filosófico del liberalismo respecto al origen de la autoridad con, por ejemplo, el ejercicio del sufragio, el reconocimiento de ciertas libertades civiles o la constitución de asambleas, etc. Indirectamente —y así lo percibieron los protagonistas de la época— se defiende entonces la pervivencia de las antiguas monarquías o similares como únicas autoridades legítimas. Instituciones a las que por cierto les hubiera sido letal la aplicación verdadera y profunda de esos mismos principios defendidos por la Iglesia.

Como ya hemos hecho notar más atrás, el que inicia un proceso de desenvolvimiento –con elementos correctores- va a ser León XIII. Sus encíclicas, básicamente ordenadas según el esquema mental de sus predecesores, comienzan sin embargo a introducir matices que pronto se convertirán en algo más que matices. Él empieza a distinguir objetos diversos respecto a los mismos términos en litigio… «si por libertad se entiende esto… si por libertad se entiende aquello». León XIII, asimismo, hace hincapié en que la forma de acceder al poder, incluyendo el sufragio de la mayoría, no se identifica con el problema del origen de la autoridad. Así, en la encíclica *Diuturnum* de 1881 escribe:

329

«Importa atender en este lugar que aquellos que han de gobernar las repúblicas pueden en algunos casos ser elegidos por la voluntad y juicio de la multitud, sin que se oponga ni repugne la doctrina católica. Con cuya elección se designa ciertamente al príncipe, mas no se confieren los derechos del principado, ni se da el mando, sino que se establece quién lo ha de ejercer»[466]

Los postulados del Concilio Vaticano II sobre la relación de la Iglesia con la sociedad, con la comunidad política, no son una solución cerrada. No es éste el lugar para seguir reflexionando sobre esto: sería una reflexión sin fin. Lo cierto es que estos postulados que, a la vez que indican múltiples caminos abren de modo incesante saludables interrogantes, sí han *cerrado* algunas cuestiones. Se percibe una confrontación con las dictaduras, los autoritarismos confesionalistas, los regímenes fundamentalistas, además de con los totalitarismos expresos. El año 1991, que traería el fin del régimen soviético como postrera fruta de la caída del Muro de Berlín, fue simbólico al respecto. San Juan Pablo II escribe un mensaje para la Jornada Mundial de la Paz, en el primer día del año, con el título *Si quieres la paz, respeta la conciencia de cada hombre*. En su mensaje el Papa advierte:

«Son bastante delicadas las situaciones en las que una norma específicamente religiosa viene a ser, o trata de serlo, ley del Estado, si que se tenga en debida cuenta la distinción entre las competencias de la religión y de la sociedad política. Identificar la ley religiosa con la civil puede, de hecho, sofocar la libertad religiosa e incluso limitar o negar otros derechos humanos inalienables (...) El fundamentalismo puede llevar también a la exclusión del otro en la vida civil; y en el campo religioso, a medidas coercitivas de *conversión*»[467]

En la encíclica *Centesimus annus*, unos meses después, el Papa, tras hacer una desoída crítica a las democracias de facto que no asumen como referencia valores personalistas inamovibles, es decir, a todas, se dirige a estas otras opciones:

«La Iglesia tampoco cierra los ojos ante el peligro del fanatismo o fundamentalismo de quienes, en nombre de

---

[466] León XIII, *Diuturnum* n.6 (28-6-1881)
[467] San Juan Pablo II, *Si quieres la paz, respeta la conciencia de cada hombre* n.IV (1-1-1991)

una ideología con pretensiones de científica o religiosa, creen que pueden imponer a los demás hombres su concepción de la verdad y del bien. No es de esta índole la verdad cristiana. Al no ser ideológica, la fe cristiana no pretende encuadrar en un rígido esquema la cambiante realidad sociopolítica y reconoce que la vida del hombre se desarrolla en la historia en condiciones diversas y no perfectas. La Iglesia, por tanto, al ratificar constantemente la trascendente dignidad de la persona, utiliza como método propio el respeto de la libertad»[468]

Aquí el Papa usa como referencia precisamente a la declaración *Dignitatis humanae*. En el siguiente número de esta encíclica, el Papa equipara en un enunciado a los diversos regímenes dictatoriales, en cuanto tiránicos, sean de derecha o de izquierda. Efectivamente, habla de «la caída del totalitarismo comunista y de otros muchos regímenes totalitarios y de "seguridad nacional"»[469]. Después se centra en advertir la deriva de las democracias que no garantizan ni promueven auténticamente los derechos humanos, por desvinculación con la verdad, desde la afirmación de la «legítima autonomía» de los dinamismos del orden temporal.

Como vemos, el drama seguirá abierto; pues el reconocimiento de qué sea verdad, qué aspectos de la misma son vinculante en lo sociopolítico, cuántos van a reconocer esta verdad... y tantas otras caras de estos principios, aseguran una tensión histórica que, paradójicamente, es constructiva pues en ella se puede manifestar la creatividad humana, el amor, precisamente entre los cristianos respecto a todos sus hermanos, que son todos los demás. Y no sólo eso, sino constructiva porque tal tensión y tal irresolución impulsa a mirar a lo definitivo, a lo que no pasará, cuyos signos son esas obras de amor en la historia.

2.7.- Contestación integrista

Hay diversos géneros de contestación a este Magisterio de la Iglesia. Precisamente el «diálogo interreligioso» y las palabras y gestos de los Papas al respecto producen en la facción tal estupor, que unos descalifican frontalmente, otros sutilmente, otros —la mayoría— silencian por incomodidad, y otros, proponen sus

---

[468] San Juan Pablo II, *Centesimus annus* n.46 (1-5-1991)
[469] Ibid, n.47

propias tesis y análisis doctrinales-históricos, sin enfrentarse directamente al Magisterio pero negándolo de facto al exponer ideas que lo contradicen en raíz: como una semilla que esperan fructifique... y ¡vaya si lo está haciendo!, pues estas visiones de la relación de la Iglesia con la religiosidad humana son uno de los catalizadores de la reacción contra el papa Francisco.

Uno de los modos de las facciones integristas que no querían, al menos hasta hace poco, romper con el Concilio Vaticano II, era intentar *rebajar* la doctrina contenida en la *Dignitatis humanae*. Venidos la mayoría de estos integristas de naciones cultural y sociológicamente *católicas* según su historia, a otros documentos como *Unitatis redintegratio*, sobre el ecumenismo, y a *Nostra atetate*, prefirieron en general ignorarlos; como si no existieran, sobre todo esta última declaración conciliar. Se centraron en la declaración sobre la libertad religiosa.

Los modos de *rebajar* son diversos. Uno de ellos es hablar de modo despectivo sobre el proceso de gestación de la declaración, es decir, poner de relieve de modo tendencioso algo que forma parte del bagaje histórico de la Iglesia: las disputas entre grupos en Sínodos o Concilios, los equívocos, las presiones... En fin, todas estas miserias humanas, presentes en los mismos Concilios en que se formularon las grandes verdades trinitarias o cristológicas, y que paradójicamente atestiguan que la Iglesia, en manos de los hombres, está sujeta a la mano de la Providencia. Así, en el epígrafe «La *Dignitatis hunanae*: su gestación histórica», en un artículo del integrista Antonio Segura Ferns, donde, para intentar situarnos y poner las cosas en su sitio, se narran en forma de cotilleo clerical todos los dimes y diretes que acompañaron a la elaboración del documento[470]. En este mismo artículo se deja caer, en ese espíritu relativizador o rebajador del tono de la declaración, esto mismo, que «sólo alcanza el rango de Declaración»[471].

El modo fundamental, sin embargo, de intentar no romper con el Concilio en sí, ha sido de modo habitual el concebir la declaración, desmenuzando sus párrafos, como una afirmación del principio de no coacción. Y no más.

Esta ha sido la pretensión repetida de uno de los eruditos integristas escritores en *Verbo*, el jesuita Baltasar Pérez Argos. Este jesuita publicó en la culta revista una serie de artículos al respecto para remachar esta reducción. Por ejemplo «Libertad religiosa,

---

[470] Cf Antonio Segura Ferns, «La *Dignitatis humanae* y la Unidad Nacional Católica»: *Verbo* num. 279-280 (nov-dic 1989); este epígrafe en pp 1320-1322
[471] Ibid, p.1321

¿ruptura o continuidad?»[472], «La Declaración *Dignitatis humanae* sobre la libertad religiosa desde la óptica del Vaticano II»[473], «Para una lectura no equivocada de la Declaración *Dignitatis humanae* del Vaticano II sobre la libertad religiosa»[474]... En estos artículos el P. Pérez Argos intenta circunscribir la doctrina en el marco de la tolerancia, en el no perseguir, en el *aguantar* a los que no comparten la fe católica por pertenecer a otra confesión o religión. Con sutiles distinciones sobre el alcance de las palabras, inmovilizando ontológicamente el planteamiento —pues para él otra cosa sería relativismo, rechazo de la unicidad de Jesucristo, etc—, niega a «las demás religiones» el que puedan aportar algo al desenvolvimiento de la verdad en la historia, y el que puedan contribuir, desde sus específicas tradiciones espirituales, a la construcción social. Al fin, situándose en el terreno de los principios, este pensador integrista dice que «la Declaración sobre libertad religiosa no habla de un derecho específicamente religioso que tenga por objeto "el contenido de la religión"», pues la doctrina sólo trataría de «un derecho negativo, no específicamente religioso, cuyo objeto es la inmunidad de coacción»[475]...

Posteriormente, este jesuita publica un nuevo artículo en la misma revista cuyo título es menos aséptico: «La Declaración *Dignitatis humanae*, Caballo de Troya del liberalismo conciliar». Una vez más intenta no situarse en el campo de la ruptura explícita que él mismo percibe en círculos tradicionalistas, rebajando la potencialidad del documento para así hacerlo compatible, de modo reduccionista a nuestro juicio, con el Magisterio anterior. Sigue pensando que «la libertad religiosa afirmada y declarada por el Vaticano II es un derecho negativo a la no coacción», en el marco de una obligada tolerancia circunstancial. No concede ningún valor real a la religiosidad expresada por los hombres: «una religión falsa sólo puede ser tolerada», «la libertad religiosa, declarada en el Vaticano II, no es un derecho específicamente religioso; no es un derecho positivo al ejercicio de una actividad religiosa»[476]; y así, con estas premisas, se dedica a atacar ciertas lecturas de la doctrina que usando de las palabras de la declaración conducirían al

---

[472] Num. 229-230 (1984) 1143-1167
[473] Num. 249-250 (1986) 1153-1178
[474] Num. 259-260 (1987) 1057-1074
[475] Baltasar PÉREZ ARGOS, «La Declaración *Dignitatis humanae* sobre la libertad religiosa desde la óptica del Vaticano II»: *Verbo* num. 249-250 (1986) 1173
[476] Baltasar PÉREZ ARGOS, «La Declaración *Dignitatis humanae*, Caballo de Troya del liberalismo conciliar»: *Verbo* num. 261-262 (1988) 162

liberalismo religioso. Lo hace de modo unívoco: si no se aceptan las premisas y conclusiones con que él ha interpretado la declaración, se cae en ruptura con lo que llama «Magisterio infalible» (!) anterior, y en posturas relativistas respecto a la persona de Jesucristo y la Iglesia.

Esto no es verdad: la incontrolabilidad del misterio de la relación de Dios con los hombres desconcierta a la ideología integrista. Como tal ideología no puede soportar esto, necesita clasificar de modo racionalista, y así se producen esas soluciones que, o bien *rebajan* para controlar, o bien se confrontan con el actual Magisterio de la Iglesia hablando de sincretismos, idolatrías, etc.

En las interpretaciones teológicas de los integristas se pretende controlar incluso las inaprensibles mociones de las *Semina Verbi*, de la acción del Espíritu, del misterio de la gracia difusiva como comunión de amor, del *Ecclesia suplet*, de la voluntad salvífica que no puede ser condicionada por nada ni por nadie salvo negación libre, del vértigo de la victoria de Jesucristo que expande vida más allá de las constricciones de tiempo y lugar... hasta llegar a la tremenda verdad de la Inmaculada Concepción de María... Tantas cosas, por las que se manifiesta santidad en personas que no conocen la Iglesia o no pueden reconocerla y que, sin embargo, están intrínsecamente vinculados a Ella...

En los círculos eruditos del integrismo de matriz católica, atrapados en el siglo XIX europeo, otra *técnica* de rebajamiento indirecto de la doctrina conciliar sobre libertad religiosa consiste en sumergirse con detalle en los debates decimonónicos para rastrear errores objetivos, ambigüedades, afirmaciones no cerradas, etc, en los autores católicos que se confrontaron con los integristas, o que buscaron interpretar aquel Magisterio no infalible sin separarse de él pero encontrando y desarrollando nuevos vectores de interpretación, situaciones a las que no convenían determinados moldes, etc... Según los integristas, tremendas traiciones, semillas de mentira y orgullo, o francas herejías...

Estos estudios de signo integrista son trabajos dirigidos a minorías selectas que luego, por la condición clerical de muchos miembros de la facción y su consiguiente ministerio de predicación, pueden afectar a otros muchos. De todos modos, en el actual repunte integrista, en la generalidad de sus protagonistas — muchísimos jóvenes sacerdotes— no aparecen estas sutilezas: sencillamente suelen ignorar todo este Magisterio, y el resto del

Magisterio conciliar y posconciliar, para situarse en otro lugar, en otra eclesiología.

Respecto al otro aspecto crucial en que se expresan, a la vez, cambios profundos y continuidades esenciales, y que hemos tratado en el anterior epígrafe, es decir, la relación de la Iglesia y la sociedad civil, la contestación integrista también se manifiesta con virulencia en defensa de la fórmula del Estado confesional como única fórmula digna para con la fe.

En 1962 se publica en España un libro titulado *Libertad religiosa en España*, de doble firma. El libro, en previsión de lo que pudiera discutirse en el Concilio que comenzaría en octubre de ese mismo año, es un extenso estudio, basado en las doctrinas decimonónicas sobre la tolerancia pero vertebrado por la reivindicación de la «unidad católica de España», identificada con la unidad nacional de modo esencialista. Todo el libro es un obsesivo ataque a las «pretensiones protestantes», además de una presunción respecto a lo que en Roma se decidiría: los autores, pensando que estaban tratando de dogmas no podían creer en los rumores que hablaban de cambios de enfoque; para ellos el Estado confesional en una nación sociológicamente católica era una obviedad. El drama, verdadero rebajamiento de la fe, es que se argumenta de modo absoluto desde la «sociología». En un momento se ataca al P. Congar porque éste había discutido la veracidad indiscutible de la unidad nacional católica de España, en el mero plano sociológico, por lo menos en entredicho desde el siglo XIX. Congar no hablaba con agresividad, pero pretendía romper ciertas certezas mundanas. Los autores acuden al sustrato sociológico de la nación como respuesta al dominico y para negar legitimidad a la libertad religiosa:

> «La unidad católica de España no se pierde porque, en ciertos periodos, más bien breves, de la historia política del siglo XIX, se manifiesten tendencias liberales revolucionarias, que imponen por breves periodos un régimen de cierta libertad religiosa. Aun en los periodos más álgidos de liberalismo, los españoles no pueden menos de reconocer públicamente la unidad católica (...) En todo el siglo XIX no se niega nunca el hecho sociológico del catolicismo español por los liberales más furibundos, sino que, en ciertos momentos, las luchas desenfrenadas logran imponer por la fuerza una situación de excepción, en

contra del catolicismo español, que no responde a su realidad sociológico religiosa»[477]

Bien triste es esta concepción de la vivencia de la fe por parte de las gentes. Es la que se encontró Jesucristo en las «ovejas perdidas de Israel»: religiosidad omnipresente, pero sociología y no vida. El libro entero es una confesión franca de puro nacionalcatolicismo, con sus alabanzas a ciertos procesos históricos y el considerar a «España» como «martillo de herejes», y etc.

Los autores temían lo que pasó, y se apresuran a conjurarlo. Por un lado, indican qué debe hacer el Concilio inminente:

«En cuanto a la aplicación de los principios (se refiere a lo contenido en el Denzinger, tomado del Magisterio anterior, sobre las relaciones de la Iglesia con el Estado), el Concilio tiene ya las luminosas enseñanzas de Pío XII»[478]

Por otro lado, y en el supuesto temido de que habría «novedades», los autores se aseguran de delimitar cuál es el alcance vinculante del Concilio:

«La aplicación, con todo, a las naciones católicas, en su inmensa mayoría, no puede ser una cuestión conciliar, y que supone situaciones concretas e históricas que el Concilio no puede considerar»[479]

Obviamente, los autores defendían el régimen franquista en que vivían, con entusiasmo. Un Estado confesional, coactivo, con una Iglesia subvencionada y en gran parte tutelada, con muchos miembros de la jerarquía vendidos a las ventajas mundanas de la situación... es decir, unos hijos de la Iglesia sembradores de incredulidad en millones de hermanos.

Los autores, además de alusiones constantes, dedican páginas específicas para glorificar este modo de relación entre la Iglesia y a sociedad civil. Así, el epígrafe «El Movimiento Nacional»[480]. Apoyos en Roma no faltaban para sostener estas interpretaciones. Por ejemplo, el discurso pronunciado años antes,

---

[477] Eustaquio GUERRERO SJ-Joaquín Mª ALONSO CMF, *Libertad religiosa en España. Principios, Hechos, Problemas* (Fe Católica, Madrid 1962) 88
[478] Ibid, p.196
[479] Ibid
[480] Ibid, II parte: «Hechos», cap.I, 7, pp 101-104

el 2 de marzo de 1953, por el cardenal Ottaviani[481], «en el que se defiende vigorosamente la situación religioso-política española»[482].

Después del Concilio, la facción integrista siguió predicando lo mismo. El problema no era, en algunos, el que defendieran ese modelo de relación de la Iglesia con la sociedad civil, sino en que descalificaban esencialmente las otras alternativas y la búsqueda misma de alternativas. Un ejemplo: en 1973, diez años después de la *Dignitatis humanae*, el entonces obispo de Cuenca, el célebre monseñor José Guerra Campos, defendía en una conferencia el modelo intentando ajustarlo a las doctrinas del Concilio[483]... Lo que se saliera de su esquema era «liberalismo», negación de la verdad como verdad.

Este reto —la relación de la Iglesia con la sociedad civil—, está enmarcado en el gran reto humano que constituye la relación entre Verdad y Derecho. No es este el lugar para adentrarnos en este territorio infinito de posibilidades, matices, callejones sin salida, soluciones circunstanciales, realidades que al fin se degradan, semillas para lo venidero... Sólo constatar que la concepción integrista, vinculada a modelos autoritarios coactivos que, según ellos, sirven a la verdad, persiste como espíritu a lo largo del tiempo. Este afán, en el que introducen en el *saco* de la verdad perenne elementos contingentes, ídolos, injusticias establecidas, tuvo su momento alrededor de las dinastías tradicionales europeas; para defensa de las mismas o para su restauración. Luego, pasada la época, abolidas las dinastías o integradas al parlamentarismo liberal, el espíritu integrista concretó su afán en las dictaduras anticomunistas, los viejos autoritarismos confesionalistas —Dollfus, Salazar, Franco, Pétain...—, y los gobiernos militares latinoamericanos décadas después... Más tarde abordaremos estas historias.

Por ahora esto también se acabó, creo que circunstancialmente. Pero ese espíritu asoma a día de hoy también en las democracias burguesas consolidadas, mediante la querencia y el apoyo a gobiernos «firmes», «fuertes», de mano dura, que amparados por ejército y fuerza policiales —estamentos glorificados merced a «los valores» que encarnarían— pongan dique a lo que el integrismo y sus previos y aledaños ideológicos

481 Cf en *Revista Española de Derecho Canónico* 8 (1953) 5-22
482 Eustaquio GUERRERO SJ-Joaquín Mª ALONSO CMF, o.c., p.124
483 Cf D. José GUERRA CAMPOS, *Confesionalidad religiosa del Estado* (Hermandad Nacional Universitaria, Madrid 1973)

consideran golpe brutal a la «cristiandad» o a «occidente», en esencia lo mismo para ellos: la migración de los pobres no europeos, en su mayoría de origen sociológico musulmán.

Aquí asoma la vieja concepción confesionalista: de un modo ajeno y negador de la Caridad de Cristo, usan su nombre para pedir a los Estados intervenciones coactivas que aseguren lo que denominan civilización de origen cristiano, tradición religiosa nacional, etc. Y no dudan en hablar de conspiraciones, otra vez, incluyendo en un vasto plan unificado, tanto la migración de un pobre que confiesa a Dios desde su fe islámica y viene con este bagaje personal, como la implantación de leyes basadas en ingenierías antropológicas referentes a la sexualidad humana.

3.- El Ecumenismo como herejía

Es este otro de los escándalos modernistas a juicio del integrismo de matriz católica. No vamos a extendernos mucho en esto porque tanto en la propuesta ecuménica que brota de la Iglesia católica como en la impugnación integrista, intervienen muchos elementos comunes al cuadro que supone el reto de la libertad religiosa y que acabamos de intentar mostrar. Aunque de modo más sucinto vamos sin embargo a tratar esta cuestión que irrita especialmente a «nuestros integristas». Y lo hacemos, entre otras cosas, porque el ecumenismo tiene también notas fundamentales diversas a las que presenta el diálogo entre religiones.

Obviamente, el espíritu que subyace a la facción es universal, y se puede manifestar en todas las religiones, en las culturas, en las ideologías. Muchos, por tanto, desde sus vivencias religiosas, abominan del ecumenismo.

Vimos ya páginas atrás al integrista Poradowski, confesionalmente católico y persona consagrada, reduciendo el movimiento ecuménico a una maniobra disolvente y conspirativa propiciada por protestantes, masones y judíos... En el mundo del «evangelismo» protestante, además de numerosas muestras de salud espiritual y de caridad, existen fuertes tendencias fundamentalistas. Éstos zanjan la cuestión *bíblicamente*: Roma, la Iglesia católica, es Babilonia, la Gran Ramera... En el mundo de la Ortodoxia hay asimismo poderosas corrientes integristas. En el año 1994 William Dalrymple visita el Monasterio de Mar Saba, en la Cisjordania ocupada, y mantiene una esclarecedora conversación con el Padre Teófanes, encargado de huéspedes del Monasterio:

«-¡Mírelo! (...) Ahí tiene el Valle del Juicio Temible
(...)

-Es muy bello —dije yo.

-¿Bello? —preguntó el Padre Teófanes, horrorizado—. ¿Bello? ¿Ve usted allá al fondo? ¿Ve el río? Hoy no es más que la cloaca de Jerusalén. Pero el Día del Juicio será ahí donde corra el Río de Sangre. Irá lleno de masones, prostitutas y herejes: protestantes, cismáticos, judíos, católicos...

(...)

-A la cabeza de los cardenales irá una tropa compuesta por todos los papas de Roma, seguidos por sus ayudantes, los vicepresidentes de los masones.

-¿Quiere usted decir que el papa es masón?

-¿Qué si es masón? Es el presidente de los masones. Eso lo sabe todo el mundo. Adora todas las mañanas al Diablo en forma de mujer desnuda con cabeza de cabra.

-La verdad es que yo soy católico.

-Pues si no se convierte usted a la ortodoxia seguirá también a su papa valle abajo entre el fuego abrasador.

(...)

-(...) Los santos —los que se van a salvar, es decir, la Iglesia Ortodoxa— volarán por el aire al encuentro de Cristo. Pero los pecadores y todos los que no sean ortodoxos serán separados de los elegidos»[484]

Este integrismo *de calle*, cuya expresión parece una caricatura, no difiere mucho sin embargo de las acusaciones de modernismo venidas desde el integrismo de matriz católica y dirigidas a Papas, obispos y a un sinfín de pronunciamientos magisteriales de la Iglesia. Además, la asociación de ideas en el mundo integrista propicia esas relaciones que de modo brutal expresa este Padre Teófanes: vínculos con la masonería, con el protestantismo, con el judaísmo... conspiración contra la verdad y consecuente condenación.

Como dijimos con ocasión de la *Dignitatis humanae*, el movimiento ecuménico católico tampoco viene de la nada. Efectivamente, el Decreto sobre ecumenismo del Concilio y el magisterio posterior al respecto no implican una ruptura respecto al magisterio anterior, sino otra de las manifestaciones del cambio en el enfoque. Se sigue percibiendo el valor absoluto de lo que era absoluto en las enseñanzas de aquellos Papas: quién es Jesucristo y

[484] William DALRYMPLE, *Desde el Monte Santo. Viaje a la sombra de Bizancio* (RBA, Barcelona 2008) 270-271

la conciencia que tiene la Iglesia de Ella misma. Pero, en lugar de seguir una línea teológica marcada profundamente por el trauma de la Reforma del siglo XVI y que incide en los elementos doctrinales erróneos y en la que se puede llegar al abuso de proclamar la negación de gracia santificante a las personas que viven en esas atmósferas religiosas, las de la Reforma y el cisma de Oriente, en lugar de esto, se retoma una antiquísima línea teológica que entronca, por ejemplo, en la resolución del Papa San Esteban, contra San Cipriano, sobre la validez del bautismo impartido por herejes...

La iluminación que recibió San Esteban, y que mostraba a la Iglesia no como un organismo ideológico de este mundo sino como un misterio en manos de Dios que nos sobrepasa, es la iluminación recibida en la Iglesia cuando percibe que los bienes espirituales confiados a Ella, sin dejar de estar confiados a Ella, se muestran por doquier, y de un modo específico y notable entre los bautizados sacramentalmente.

En capítulos anteriores vimos algo de la incipiente apertura de los Papas en este terreno durante el siglo XIX y en la época siguiente anterior al Concilio Vaticano II. Hay semillas más lejanas: los viejos intentos de unión con las Iglesias orientales, fracasados, suponían para los católicos la existencia de interlocutores legitimados para hablar de la común fe cristiana.

Siglos más tarde, las declaraciones antijansenistas de la Iglesia contienen semillas poderosas al respecto. Hay ciertamente interpretaciones restrictivas y cerradas por las que la afirmación de que cismáticos, herejes y paganos reciben influjo de la gracia de Cristo, tal dinamismo es equiparado de modo absoluto a la gracia ofrecida a los pecadores; es decir, para que salgan de su condición que, en sí, los destinaría a la condenación. La Iglesia, en muchos de sus miembros y luego para su ministerio magisterial, acoge sin embargo otras luces al respecto: que los tales —cismáticos, herejes y paganos— reciben influjo de la gracia de Cristo, en primer lugar para su santificación en su actual estado, y, si Dios lo quiere en su Providencia, para el reconocimiento ya aquí en la tierra de misterios confiados a la Iglesia y que ahora les están vedados.

La historia nos muestra este dinamismo: cuando la *conversión* ha sido sociológica, psicológica, racional —en el caso de sinceridad personal en la misma y no por interés franco o por engaño—, el converso se vuelve furibundo fustigador de sus antiguos correligionarios. Para demostrar inconscientemente la veracidad de su paso. Cuando la conversión al catolicismo, de origen sobrenatural aun en concurrencia instrumental de otros factores, es vivida así, provoca un dinamismo que opera desde dentro de la propia situación vital, dentro de la confesión religiosa que se va *abandonar*, que va a ser desbordada: por descubrimiento de verdades, no por negación in bruto de la condición religiosa cristiana que se está viviendo.

En todo esto, obviamente, hay grados, matices, y casos de actitudes que se *cruzan* y participan de ambas posturas de alguna manera.

Tras las declaraciones antijansenistas, las vivencias místicas de la Iglesia por parte de no pocos santos del siglo XIX, la iluminación de Möhler, que desborda las extendidas concepciones juridicistas en la Iglesia, fomentadas tiempo atrás en un afán de clarificar su identidad visible tras la crisis de la Reforma del siglo XVI...

El tono de Pío IX choca, como tal tono, con las severas advertencias que sobre «herejes» y «cismáticos» había escrito su predecesor en la *Mirari vos*. Con ocasión de la convocatoria del Concilio Vaticano I, el Papa se dirigió a los cristianos de todo el mundo, considerando que la Iglesia «no ha olvidado nunca que los que adoran a Jesucristo no han roto todo lazo con ella»[485]. Pío IX usa el término «hermanos separados» para dirigirse a ellos. Obviamente, el Papa soñaba en un retorno de las Iglesias orientales separadas de la comunión con Roma, interpretado de modo jerárquico y jurídico claros. A los protestantes también invitó, no a participar en el Concilio como a los otros, sino a volver a la Iglesia católica.

El fondo no había cambiado mucho; en teoría. Porque el cambio de tono también contenía reconocimientos religiosos implícitos. O explícitos, como cuando en enero de 1872 declaraba al príncipe de Gales:

«Respeto al pueblo inglés, porque, en realidad, es más religioso en el corazón y en la conducta que muchos que se dicen católicos»[486]

Las invitaciones de Pío IX al Concilio estaban condicionadas por la constatación de la sucesión apostólica. Se invitó, pues, a las Iglesias orientales, incluso a quienes habían nacido de disensos, más o menos profundos según los casos, con Éfeso y Calcedonia: coptos, jacobitas, nestorianos... No así a los anglicanos, pues todavía estaba en cuestión el tema de la validez

---

[485] F. MOURRET VIII 2º, o.c., p.613
[486] Cit en ibid., p.724

episcopal de su jerarquía, algo que aclaró, negativamente, León XIII más tarde.

La no asistencia de los invitados, y la obvia no conversión grupal al catolicismo de los que recibieron cartas instándoles respectivamente al retorno, no significa que la actitud del Papa no hiciera ninguna mella.

Efectivamente, hubo obispos jacobitas que quisieron acudir al Concilio, pero su Patriarca no lo consintió. En Alemania, el protestante Reinaldo Baumstark escribió en favor del Concilio, del que esperaba impulso para la unión de todos los cristianos. En Francia, Guizot, de la Iglesia reformada (un «hugonote») pronunció estas palabras al respecto:

> «Pío IX ha dado prueba de una admirable sabiduría al convocar esta gran Asamblea, de la que saldrá tal vez la salvación del mundo, porque nuestra sociedad está muy enferma»[487]

En Inglaterra, gentes del Movimiento de Oxford, como Gerard Cobb, profesor en Cambridge, acogieron la iniciativa del Papa de modo positivo: Cobb publicó dos libros al respecto, *El beso de paz* y *Algunas palabras sobre la reunión y el futuro Concilio de Roma*. Anglicanos ritualistas como Forbes, obispo escocés de Brechin, también acogieron con detenimiento espiritual esperanzador la iniciativa del Papa y su modo de dirigirse a ellos.

Obviamente, las resistencias y negativas fueron inmensamente mayores. Lo que queremos destacar aquí es que algo se movía en lo íntimo de la Iglesia católica cuando se incidía en el acercamiento más que en la condena doctrinal.

León XIII sigue por esta senda y la profundiza. La definitiva sentencia del Papa sobre la validez de las ordenaciones realizadas en las Iglesias orientales separadas contiene una enorme carga de significados: implícitamente se está haciendo referencia al *subsistit* que escandaliza a los integristas. Y, además, indirectamente, se desautoriza a cualquier teólogo, doctor, santo, que en la historia hubiera negado esta validez y hubiera situado en la inanidad espiritual absoluta a aquellas Iglesias. Algo que se seguía expresando tal cual pocos años antes del Concilio Vaticano II.

Karl Adam publicaba en 1949 que la Iglesia católica «debía condenar como creaciones extracristianas, no cristianas, y anticristianas todas las Iglesias que han surgido y pueden surgir en

---

[487] *Revue du monde catholique* t.I (1869) 299

el curso de los siglos al lado de ella o contra ella, en la medida en que son Iglesias, es decir, formaciones sociológicas y no solamente asambleas de fieles»[488].

Por su parte, Jugie, en 1926, en su Teología dogmática, había sentenciado sobre las Iglesias disidentes que son «como obstáculos para la salvación y como instrumentos de muerte, en tanto en cuanto retienen a los hombres lejos de la verdadera arca de la salvación»[489]...

Convicciones negativas sólidamente establecidas —y de este calibre sentenciador— no impidieron ese cambio de tono en los Papas. León XIII también participa de este dinamismo acercador:

«León XIII mostró una sensibilidad especial ante estas cuestiones de vocabulario. Generalmente, evitó hablar de "cismáticos" y utilizó más frecuentemente el término de "disidentes"»[490]

La idea de que hay bienes reales, sobrenaturales, en las Iglesias separadas y en las que posteriormente se denominarán por parte de la Iglesia católica «Comunidades eclesiales», se va abriendo paso. Y esta convicción proviene de los contactos personales, en los que los católicos perciben el bien y, por tanto, al ver el fruto se preguntan por el árbol de que proviene. Y concluyen que viene de Dios, de su único proyecto de salvación.

El Concilio introduce un concepto que atragantó a los integristas: el *subsistit*. Con él, la Iglesia no hablaba de una Iglesia situada en el *limbo* y de la que todos participarían en mayor o menor grado. No. A la vez que se da una identificación entre la Iglesia fundada por Cristo y la Iglesia católica en cuanto en ésta permanecerían los elementos de santificación donados por Aquél, se afirma la presencia de muchos de estos elementos, reales y operantes, en las Iglesias y comunidades eclesiales que se separaron de la Católica tiempo atrás.

El integrismo contempla este enfoque como un fomentar y amparar la herejía. Fiel a su desprecio por ese primado de la conciencia personal, conciencia en la que se hace presente la «voz de Dios» en la persona según hablan Tomás y la Iglesia, el integrismo se niega a distinguir entre un movimiento herético o

---

[488] Karl Adam, *Vers l'unité chrétiene, le point de vue catholique* (Ed. Aubier, Paris 1949) 126-127

[489] Martinus Jugie, *Theologia dogmatica christianorum* t.I (Ed. Letouzey et Acné, Paris 1926) 39

[490] Gustave Thils, *La Iglesia y las Iglesias* (Palabra, Madrid 1968) 82

cismático, en sus orígenes y en sus responsables directos de las personas que providencialmente han nacido y crecido en el contexto de esa creencia y equívoco o insuficiencia religiosos. Asimismo, se niegan a ver —ellos sí heréticamente— acción alguna del Espíritu Santo y de Cristo el Señor en esas comunidades y en sus miembros. Pese a la evidencia de santidad de no pocos de ellos.

En las actitudes personales hay un mensaje religioso. No es esto un mero sumergirse en el subjetivismo: no es lo mismo, respecto a los cristianos que disienten dogmáticamente de la Iglesia católica, el que, nacido en un contexto separado se acerca por el amor, que el que, viviendo en el seno del catolicismo predica con su propia autoridad claros errores contra la fe. Y la Iglesia no los considera igual aunque en aspectos fundamentales coincidan punto por punto en sus creencias: uno se *acerca* a la Iglesia católica, consciente o inconscientemente, es decir, a la plenitud de dones para la salvación participando de ellos por su fe, su esperanza y su amor; y otro se aleja a causa de su orgullo.

La presencia de la humildad y del amor han sido los motivos primeros del movimiento ecuménico. Los trabajos espirituales de católicos en pos de la unión han estado atravesados en sus pioneros por la oración, el sacrificio, el respeto a las conciencias, a los ritmos; por el acercamiento personal, el dialogo amistoso que incide en los aspectos comunes para entenderse, deshacer equívocos mutuos… o para constatar en paz las graves diferencias. Es un allanar el camino al Señor, pues el objetivo de unión cristiana que persigue el ecumenismo está vedado a los esfuerzos meramente humanos. Todo remite a Dios.

Este aspecto es incomprensible para el integrismo, cuyo espíritu racionalista y silogista lo quiere controlar todo. El integrismo *reduce* la unión a una opción humana —que sería movida por la gracia, sí— por la que todos los cristianos no católicos reconocen que están en un error que conduce a la perdición, piden perdón e ingresan sin ningún estatuto específico en la Iglesia católica de modo formal y jurídico. Y para esto, tales cristianos no tendrían más que emprender una senda de reconocimiento racional basada en el examen de las «notas» de la Iglesia.

El afán ecuménico desborda la razón. Un vistazo a algunos de sus protagonistas nos muestra la presencia de la fe, y el amor a las personas y entre las personas.

Todo se fragua en el ámbito de la relación interpersonal. El P. Couturier establece vínculos de amistad cristiana con hermanos separados. El inglés Spencer Jones y el norteamericano Lewis

344

Thomas Wattson, cristianos no católicos, habían puesto en marcha en 1908 un Octavario por la Unidad de los Cristianos. Wattson, más tarde profesaría el catolicismo sin perder sus esperanzas ecuménicas. Couturier, sumado a la inciativa, percibe que la palabra «octavario» no es conocida por orientales y protestantes, y por delicadeza cambia el término por el de «semana». El P. Couturier establece relación con el benedictino Lamberto Beaudin, de Bélgica, que había fundado un monasterio con doble comunidad, latina y bizantina, y doble rito. Como un signo.

El fundador de Taizé, Roger Schutz, recibo por el papa Pío XII, lo cual es otro signo y no mera diplomacia innecesaria para el Papa, contactó con Couturier para restaurar la vida comunitaria en el ámbito religioso de la Reforma.

La correspondencia entre Giovanni Calabria y C. S. Lewis, vigente desde 1947 hasta 1954, fecha del fallecimiento del primero, da idea del tono real, espiritual, de movimientos dentro del afán ecuménico. Calabria era un sacerdote católico, empeñado en esta misión, y escribe a Lewis, anglicano. Como curiosidad genial, Don Giovanni no sabía inglés, así que se decidió a escribir a Lewis en latín, lengua en la que se estuvieron comunicando hasta la muerte del sacerdote. El P. Luigi Pedrollo continuó después esta relación espiritual y ecuménica con Lewis. La primera carta de Don Giovanni Calabria es del 1 de septiembre de 1947:

«Creo que también usted podría aportar una importante contribución, dada su gran influencia tanto en su noble nación como en otras tierras»[491]

Lewis contesta cinco días después. Le asegura que la separación también es para él «motivo de dolor y objeto de mis oraciones», y le dice que siendo un laico no muy versado en teología, intenta hacer al respecto lo que cree capaz de hacer:

«Exponer en mis libros ante todo lo que, a Dios gracias, aún compartimos, a pesar de nuestros errores y pecados. Una tarea nada inútil, por otra parte, porque creo que la gente ignora los numerosos puntos en los que estamos de acuerdo»[492]

El integrismo de matriz católica no ve bondad alguna en tal iniciativa, que, a juicio de los Papas, proviene del Espíritu Santo. Se

---

[491] C. S. LEWIS and Don Giovanni CALABRIA, *Letters* (Ed, by Martin Moynihan, London 1989) 29

[492] Ibid, p.31

apoyan los impugnadores en los numerosos abusos que se han manifestado al respecto. Algo evidente e inevitable cuando los hombres pretenden asir y controlar algo que es inaprensible.

La Iglesia no ha callado ante los abusos, ni ha dejado de proclamar la conciencia que de Ella misma tiene: el odiado San Pablo VI se presentó ante el Consejo Mundial de las Iglesias diciendo «soy Pedro»... Teólogos como Balthasar, en el libro titulado sucintamente *Católico* y en diversos artículos, advierte de los peligros existentes en el seno mismo del movimiento ecuménico, cuando algunos, en vez de clarificar desde la propia identidad católica, la diluyen para intentar conseguir algún *consenso* que, por principio, niega la noción de verdad. San Pablo VI advirtió asimismo de los peligros en la encíclica *Ecclesiam suam* y en numerosas intervenciones[493].

Es decir, los abusos existen. Como en todo ámbito doctrinal de la Iglesia. Pero el integrismo de matriz católica considera el «ecumenismo» un abuso en sí, un ataque a la fe católica. No quieren saber nada, por tanto, de determinados frutos constatables que ha originado tal movimiento; pues, en algunos casos, se han removido obstáculos que parecían inamovibles mediante aclaraciones mutuas de orden teológico de calado muy profundo.

Efectivamente, se ha llegado a declaraciones conjuntas de orden cristológico, o respecto a la teología de la gracia, absolutamente impensables poco antes. Y la fe católica no ha sido dañada sino que ha mostrado su vigor real.

Esto, en el orden de deshacer equívocos teológicos arraigados. Los frutos que hablan del reconocimiento de actitudes personales, éstos son despreciados a priori por el integrismo. Porque la Iglesia católica ha reconocido un «ecumenismo de los mártires» allí donde el integrismo sólo puede ver a herejes que mueren obstinados en su error. Y en este ecumenismo de los mártires, la Iglesia asimismo ha percibido cuántos hermanos separados han dado su vida, no a causa de una persecución religiosa explícita, sino por testimoniar el amor. Del mismo modo reconoce a cuantos quieren vivir en el amor impulsados por su fe. El integrismo, como tal, jamás podrá entender alguno de los mensajes de la parábola del buen samaritano. Jesús, que no es samaritano, que es fiel a la religión de Israel, pone como ejemplo vital a un *hereje*; porque ha amado a su prójimo. Es decir, en las actitudes personales se alberga acogida o rechazo de la vida divina.

---

[493] 20-1-1965, 19-1-1966, 19-1-1967, 28-4-1967...

Antes hemos hecho alusión al famoso *subsistit* del Concilio, y el horror que produce la noción entre los integristas teologizados. Para gran parte del ambiente que rodea a este integrismo, ya sea de modo explícito o por acercamiento, el asunto no les concierne, en cuanto noción doctrinal, pues viven en un apriorismo psicológico que no necesita refutar ni argumentar: catolicismo cristiandista, nación católica, moralismo... a los que cualquier elemento *extraño*, sea de otra religión o sea cristiano no católico, se les figura como enemigo. Y no precisamente como enemigo a amar.

El *subsistit* aparece en el n.8 de *Lumen Gentium*, en el n.1 de *Dignitatis humanae*, en el n.4 de *Unitatis redintegratio*... Mientras que en unos lugares el término y el concepto se refieren a «la Iglesia de Cristo», en *Unitatis redintegratio*, el «Decreto sobre el ecumenismo» (21-11-1964), se refiere ese número 4 a la propia nota de unidad que caracteriza a la Iglesia fundada por Cristo:

«Unidad de una y única Iglesia que Cristo concedió desde el principio a su Iglesia, y que creemos que subsiste indefectible en la Iglesia católica»

No vamos a extendernos aquí sobre toda esta cuestión porque no es el objeto de nuestro estudio. Sólo queríamos constatar uno de los aspectos del disenso integrista, explícito o implícito, al Concilio Vaticano II.

La historia del *subsistit* en el Concilio fue una historia larga y compleja hasta su aceptación:

«El esquema *De Ecclesia* fue introducido por el cardenal Ottaviani, y la *Relatio* fue leída por Mons. Frannic. Obispo de Split, el 1 de diciembre de 1962. El Cardenal Liénart fue el primero en hacer uso de la palabra, y, precisamente, sobre el tema que nos ocupa. "Quiso insistir sobre todo en el aspecto místico de la Iglesia, misterio oculto, cuyo estudio debe estar inspirado en la fe y en el amor. En consecuencia, es necesario evitar que las fórmulas no evacuen el misterio. El Cardenal lamenta que el texto del esquema plantee en una ecuación demasiado estricta la Iglesia romana y el Cuerpo místico de Cristo, y desea que el conjunto sea replanteado de nuevo, en una perspectiva más mística que jurídica" (Resumido según la *Docum. Cathol.* 6 enero 1963, c.39)»[494]

---

[494] Gustave THILS, o.c., p.48

En el repunte integrista que se percibe a día de hoy en el seno de la Iglesia católica asoma de modo público, en sus medios digitales, el desprecio a esta doctrina. Las nociones expresadas por este cardenal Liénart, o por el cardenal Lercaro en otra sesión conciliar, son para ellos palabrería complaciente con la herejía. El integrismo de matriz católica recalca la identificación juridicista entre Iglesia católica e Iglesia de Jesucristo como modo de afianzar seguridad doctrinal frente a un mundo que lo diluye todo, lo relativiza absolutamente, y se burla de las convicciones sagradas. Sólo que este juridicismo, que excluye de la vida sobrenatural (y de la vida sacramentaria con frutos en las Iglesias separadas), no es católico. Desvirtúa la fe que custodia la Iglesia, la propia Iglesia católica que quieren defender... como baluarte frente a todos.

4.- La instrumentalización de la Liturgia

A modo de preámbulo, afirmar que la liturgia, como fuente y culmen de la vida de la Iglesia, como oración de Cristo al Padre, y aquí como reflejo de la liturgia celeste, tiene elementos reformables y perfectibles. Para que la expresión —que es expresión sacramental— se ajuste mejor o no se desvíe, o se reajuste, a lo que está aconteciendo sobrenaturalmente. La Iglesia tiene y ha tenido siempre autoridad para estas reformas. Antes del Concilio ya Pío XII había iniciado una reforma litúrgica, había misas en que se introducían las lenguas vernáculas *ad experimentum*, la reflexión teológico-litúrgica estaba en vigor y bebía de fuentes antiquísimas. Todo esto cristalizó en la reforma litúrgica nacida del Concilio Vaticano II. Tal acción sagrada de la Iglesia está sujeta, en sus elementos esenciales, a infalibilidad, pero los integristas, fieles a esa «discrepancia más profunda» de la que hablaba Benedicto XVI no tuvieron ni tienen empacho en hablar de «misas heréticas», «misas modernistas». Ellos sí cometen herejía al hablar así, porque han establecido otra autoridad, la suya.

El desprecio o la sospecha sistemática respecto a las reformas litúrgicas que origina el Concilio Vaticano II se van a convertir en signo de identidad del integrismo de matriz católica. En aquellas fechas y hasta ahora.

Vamos a intentar mostrar, a grandes rasgos, algo de los acontecimientos de aquella hora, de su continuidad en el tiempo, y de su actual resurrección provocativa; intentando asimismo discernir significados.

A propósito de esta grave cuestión vamos a adelantarnos a lo que, en principio, debería situarse en el capítulo final en que tratemos la vigente resistencia al papa Francisco, pues junto a una buena runfla de aspectos, que tienen que ver con las religiones, la antropología sexual cristiana, la relación con la «hermana madre tierra», la centralidad del sufrimiento de los pobres y unas cuantas cosas más... la liturgia es también *casus belli* contra Francisco. Sin embargo, vamos a tratar este aspecto aquí para intentar mostrar de algún modo la continuidad visible de esta alternativa eclesiológica que representa el integrismo, y cómo lo que parecía una pequeña llama que parecía destinada a la extinción o al encapsulamiento, se está propagando con facha de incendio en determinados casos... Fenómeno que, para los integristas, es prueba de asistencia divina, claro.

En fin, vamos a situarnos primero en el contexto del Concilio Vaticano II, y las resistencias que ya se manifestaron allí.

La Reforma Litúrgica, al igual que hemos hecho notar respecto a otras reformas doctrinales, no venía de la nada. Detrás estaba un pujante «movimiento litúrgico», asentado en el tiempo y que, precisamente, escudriñaba en la Tradición de la Iglesia para aclarar, enriquecer, recuperar viejos ritos plenos de significado para los hombres y mujeres de toda época. Es decir, no se trataba, como dicta la acusación, de *novedades* venidas de alguna ocurrencia, o por contemporanizar, o por protestantizar *ecuménicamente*. O, peor, un cambiar el culto a Dios por un culto al hombre en un proceso intencionado de desacralización... Cualquier cristiano que se acerque con pies descalzos a esta liturgia sujeta a la reforma realizada por el Concilio, se encuentra con el Misterio, el estupor de lo sagrado lo envuelve. Y se santifica.

El problema radicaba en otro lugar. No era y no es cierto que el nuevo Misal aboliera el sentido sacrificial de la eucaristía, por muchos abusos de interpretación que hubiera; no era y no es cierto que el uso de las lenguas vernáculas sea un signo de protestantización, y tienda a mitigar la majestad del Misterio, pues lo que se dice en la Misa, en una lengua que el pueblo entiende, lo que se proclama, remite inmediatamente a la gloria, a la operación de Dios con los hombres, a lo incontrolable por la soberbia humana, al agradecimiento estremecido... ¡Cuántos se han santificado en la participación consciente de los misterios según los ofrece la Iglesia en sus autorizadas disposiciones! Son ya muchos los canonizados o beatificados que han vivido al amparo de esta reforma litúrgica.

El disenso respecto a la misma, como luego explicitarán San Juan Pablo II, Benedicto XVI y Francisco, es un signo de pertenencia integrista. Un signo que, por tanto y como una bandera, no necesita muchas explicaciones, pues remite a otros lugares.

Cuando se acusa falsamente de iconoclastia, irreverencia, frialdad, a la reforma litúrgica, se ven en la necesidad de acentuar el signo de pertenencia. Y así, el integrismo se sumerge, sin querer, en una idea mundana de la majestad divina expresada en el culto. Idea mundana que asocia el culto, de modo intrínseco, con las riquezas de este mundo y su aparato, que desvincula esta majestad divina de las Bienaventuranzas y la escena del juicio final en San Mateo, que se desvincula, por tanto, del sufrimiento de los pequeños... El motor de la teatralidad minuciosa en relación con el sacramento eucarístico, mediante la acentuación de lo exuberante en la liturgia latina preconciliar, o mediante añadidos en este sentido (cánticos, plegarias en latín, viejos ropajes, antiguos gestos rituales) en la liturgia ordinaria vigente, está en proporción a esa desvinculación doctrinal con los lugares del sufrimiento humano.

Es una tendencia. Obviamente, hay quien sí se acerca desde estos presupuestos espirituales al mundo de los pobres; sinceramente y con frutos. Una minoría, que tiende a su vez a circunscribir el dinamismo al trato personal, ineludible para que sea veraz el acercamiento, pero que no debería silenciar, como lo hace, la locura de las pretensiones de combate de las enseñanzas sociales de la Iglesia. El Venerable José Rivera ya hacía estas observaciones a finales de los años ochenta del pasado siglo. Con palabras proféticas, recias, bellas... Escribía en su Diario:

«Pensar que se cree en la transubstanciación, si no se cree igualmente en las bienaventuranzas, en la presencia de Cristo en la degradación humana, es error soberano (...) El contraste entre la atención al Cuerpo físico y la desatención al Cuerpo Místico, me va saturando de estupor (...) No hay culto real a la eucaristía, mientras se obstaculizan sus efectos (...) La expresión de la caridad ardiente debe ser abrasadora, mientras que el estilo general, entre las gentes de Iglesia, es gris, pesado... Compensan con razonamientos prolijos o con ceremonias prolongadas y recargadas de costosos ingredientes —ricas en suma— la penuria de nervio personal de quienes celebramos»[495]

Hay que hacer notar que as vivencias de este sacerdote se referían al mundo que conservador que le rodeaba, no el explícitamente integrista, cuya identidad *liturgista* llega al extremo.

---

[495] VENERABLE JOSÉ RIVERA, cit en «"Los amó hasta el extremo": amor sacerdotal a los pobres», en *Cincuenta aniversario de la ordenación sacerdotal del Siervo de Dios José Rivera Ramírez* (Fundación José Rivera, Toledo 2003) 35.37

Al fin, este sobrecargamiento y esta desvinculación, presentan al liturgismo integrista como un inconsciente intento de *controlar* la divinidad. No es que no haya de haber reverencia, respeto, de modo notable y significativo, ante lo sagrado; y evitar los abusos con firmeza o no participar de ellos. Pero la teatralización sigue siendo un intento de control humano, o una muestra veterotestamentaria de relación con Dios.

Una clave de la reforma litúrgica era el que el Pueblo de Dios se acercara a Él de modo más profundo, consciente, fructuoso. Era el espíritu del cardenal Montini, futuro papa San Pablo VI:

> «En la intervención sobre la liturgia de la Iglesia, el Cardenal de Milán dirá que debe tenerse en cuenta que "la liturgia ha sido instituida para los hombres y no los hombres para la liturgia"»[496]

San Pablo VI dijo estas palabras en su intervención que sobre el esquema *De sacra liturgia* se produjo el 22 de octubre de 1963. Pronto surgieron los conflictos. Mucho antes de la puesta en vigor de la reforma litúrgica y, por tanto, antes de la cascada de abusos que se sucedieron, la reforma del Misal Romano produjo en su día un tremendo malestar entre algunos miembros de la jerarquía de la Iglesia. Personas especialmente críticas con San Juan XXIII y con San Pablo VI. Así los Cardenales Alfredo Ottaviani y Antonio Bacci, quienes formaban parte de una agrupación de Padres Conciliares de signo tradicionalista, llamada *Coetus Internationalis Patrum*, y en la que figuraban asimismo otros personajes destacados como Siri o Castro Mayer. Ottaviani y Bacci, en 1969, escribieron un *Breve examen crítico del Novus Ordo Missae*, en forma de carta dirigida a Pablo VI. El documento, fechado en la «Fiesta de Corpus Christi», iba firmado por ambos cardenales, especificando bajo el nombre de Ottaviani su puesto en la Iglesia: «Prefecto de la Sagrada Congregación para la Doctrina de la Fe». Allí se llegaba a afirmar que este Misal «se aleja de manera impresionante, en conjunto y en detalle, de la teología católica de la Santa Misa, cual fue formulada en la XXII sesión del Concilio de Trento». Sobre esto hay poco que decir: ese alejamiento «impresionante» de la teología católica de la Misa denunciado no es cierto.

---

[496] Eduardo DE LA HERA BUEDO, o.c., p.210

La protesta, no sabemos si en Ottaviani pero sí en los integristas, venía de otro lugar: era un *romper la baraja*, un negar a la Iglesia autoridad para hacer lo que estaba haciendo. Como escribía Benedicto XVI en la carta a los obispos que acompañaba su Motu Proprio *Summorum Pontificum* y comentando la *Ecclesia Dei* de San Juan Pablo II[497], «la ruptura (...) aunque se ha presentado externamente como vuelta al rito anterior, tiene sus raíces en una discrepancia más profunda».

En honor a la verdad hay que decir que el cardenal Ottaviani firmó esa carta dirigida al Papa el 5 de octubre de 1969, y que, tras las intervenciones públicas de San Pablo VI aclarando y afirmando el sentido sacrificial de la Misa presente en la reforma, y la versión final del nuevo rito, fechada el 30 de noviembre de ese mismo año y que contenía algunas correcciones, Ottaviani se sintió aliviado. Así lo expresó el 17 de febrero de 1970 en una carta dirigida al benedictino Dom Marie-Gérard Lafond, en la que se alegraba de la intervención del Papa y lamentaba el uso de la misiva que, con Bacci, había enviado a San Pablo VI, de la cual dice al monje que no debería haber sido publicada.

Obviamente, tal buena disposición no solventaba la discrepancia sin más. En primer lugar, porque, aun antes de las correcciones en el nuevo rito, las acusaciones de fondo eran de altísimo calado: prácticamente era una acusación de grave herejía... Y luego está el contexto, el ambiente del que proviene la crítica y que Ottaviani no sabe o no quiere discernir respecto a la semilla de integrismo que crecía en tal atmósfera. Efectivamente, el autor principal del «Breve examen crítico» firmado por Ottaviani y Bacci para hacerlo llegar al Papa, era el P. Guèrard des Lauriers. Pues bien, este hombre siguió desarrollando sus presupuestos hasta culminar en el sedevacantismo y en la ficción de hacerse consagrar obispo. De modo ilícito.

La Iglesia seguía con la reforma litúrgica. Era y es verdadero culto a Dios. Pero las reservas no desaparecían, aun en muchos que al fin aceptaron la reforma. Ahí, por ejemplo, el asentimiento del cardenal Antonelli, pero plagado de reservas, de indicaciones sobre «imperfecciones» o supuestas imperfecciones.

Ya antes de la crisis originada por el nuevo Misal Romano, el cardenal Bacci había protagonizado otro disenso respecto a la reforma litúrgica expresada en el Concilio. Efectivamente, Bacci había prologado un libro escrito por Tito Casini, titulado *La túnica*

---

[497] SAN JUAN PABLO II, Carta Apostólica *Ecclesia Dei* (2-7-1988)

rasgada y publicado en 1967[498], en el que se afirmaba que el cardenal Lercaro era, después de Lutero, la peor amenaza para la unidad de la Iglesia. Lercaro, al frente del *Consilium*, el Consejo que estaba detrás de la reforma litúrgica conciliar, escribió al Papa el 23 de mayo de 1968 dolido por la publicación, en la que, además de Bacci, constaba el apoyo de más eclesiásticos con relevancia en la Curia vaticana.

San Pablo VI le tuvo que defender públicamente, afirmando con ello el valor de la reforma litúrgica. El Papa habló del «injusto e irreverente ataque, proveniente de una reciente publicación, contra la venerada persona del ilustre y eminente presidente del *Consilium* mismo, el señor cardenal Giacomo Lercaro. Tal publicación, como es obvio, no puede tener nuestro consenso (...), deseamos dedicar al cardenal Lercaro la expresión de nuestro dolor y adhesión»[499].

Evidentemente toda esta cuestión no se expresó solamente como enfrentamiento entre integristas o protointegristas y a autoridad de la Iglesia, con fronteras más o menos nítidas. Fue algo más complejo, pues hubo fieles que, por sus circunstancias vitales, experimentaron las reformas con perplejidad, con cierta dificultad interior para entender. Y también —y esto traería cola— la presencia de muchos abusos: en diversos lugares, tenaces pero al fin pasajeros; en otros, con continuidad desde el principio.

Respecto a fieles perplejos merece una especial mención el caso de varios de los conversos ingleses al catolicismo. Su situación *eclesial* ciertamente era singular.

Ellos no habían vivido las tensiones y desarrollos al interior de la Iglesia católica. No tenían vínculo con el llamado «movimiento litúrgico», que, desde hacía ya tiempo era un reclamo de reforma. Venidos, bien de la incredulidad y seducidos por Cristo en algún providente contexto católico, ben de la Reforma y sus contradicciones íntimas, se dirigen a la Iglesia católica tal como la encuentran, con el *ropaje* histórico del momento. La reforma litúrgica, que a algunos evoca lugares que dejaron atrás, cuando vivían en la Reforma, les desconcierta. Poco a poco, sin embargo, la mayoría fue integrando el cambio.

Las motivaciones y circunstancias de estos hermanos eran diversas; ofrecen por eso la imagen de que en los que sintieron disgusto por esta reforma de la liturgia no era todo igual. Están, evidentemente, los que con su protesta expresaban esa

---

[498] Tito CASINI, *La tunica stracciata* (Sates, Roma 1967)
[499] SAN PABLO VI, *Discurso a la VIII sesión plenaria del Consilium* (19-4-1967)

discrepancia más profunda de que hablarán los Papas posteriores. Evelyn Waugh, por ejemplo, que no cesó nunca de denunciar la nueva liturgia. En la temprana fecha de noviembre de 1962, un mes después de la apertura del Concilio Vaticano II, antes de cualquier resolución al respecto pero oteando las pretensiones, las declaraciones, ya hablaba despectivamente de los reformadores litúrgicos a los que describía como «una extraña mezcla de los arqueólogos absorto en sus especulaciones en torno a los ritos del siglo II, con los modernistas que quieren hacer de la Iglesia una imagen del carácter de nuestros deplorables tiempos»[500]. Waugh se burlaba del P. Charles Davis, partidario de la reforma litúrgica, a quien consideraba un «borrico», y en 1963, con tono irónico, preguntaba en otro artículo:

> «¿Apoyarían ustedes que se solicitara de la Santa Sede la fundación de una Iglesia Uniata Latina que adopte el ritual vigente durante el papado de Pío IX?»[501]

Las cartas, los artículos, las intervenciones críticas continuaron hasta su muerte. Del mismo modo que otro converso, Hugh Ross Williamson, quien escribió más tarde, en 1969, el folleto *La Misa moderna: un retorno a la reforma de Cranmer*, y en 1970 *La gran traición*, Waugh no contemplaba sólo esta cuestión respecto a lo acertado o no de la reforma, o, como otros, por reivindicar el latín como lengua supuestamente universal y supuestamente unitiva de los católicos, sino que su discrepancia era de otro orden:

> «El Concilio Vaticano II inaugurado por el papa Juan XXIII el 11 de octubre de 1962, representó para Waugh una traición a los principios de Pío IX»[502]

Junto a esta postura encontramos otras entre los que de algún modo, o abiertamente, disentían de esta reforma. Eran disensos de orden más bien psicológico.

Ejemplos son el pintor y poeta Davis Jones. Este hombre sufrió lo inenarrable durante la I Guerra Mundial, en el Somme. Quedó para siempre dañado psicológicamente por aquel horror, que nunca se fue de su mente y que se tradujo en complejos y en una afectividad muy frágil, con desencantos amorosos continuos, depresiones, tendencias suicidas. En aquel contexto existencial, en las infernales trincheras del Somme, se topó con una misa de

---

[500] Evelyn WAUGH, en *Spectator* (23-11-1962)
[501] Evelyn WAUGH, en *Tablet* (12-3-1963)
[502] Joseph PEARCE, o.c., p.421

campaña, católica, en la que participaban seis hombres. Quedó impresionado... y converso, realmente. Ingresó en la Iglesia católica en 1921. Cuando vino la reforma litúrgica, este hombre quebrado, cuya referencia vital fundacional fue aquella misa, quedó confundido y más dañado.

Otro ejemplo de fragilidad sensible fue el de Antonia White, conversa, enemiga de esta reforma. También destrozada afectivamente y padeciendo dolencias psiquiátricas severas, se agarraba a lo que para ella era un misterio envolvente y consolador que, ahora, algunos estarían rompiendo.

El caso de otros fue diferente. Georges Mackay Brown, escocés, converso al catolicismo en 1961 a través de la percepción de la belleza en los hábitos tradicionales, la pesca y la agricultura, de su localidad en Escocia. Se adentra en la profundidad misteriosa de estos vínculos con la tierra, y descubre en ciertas viejas devociones que un día, antaño, todo aquel lugar era católico, y que esos vínculos con la tierra y el mar, el pan, los peces, le hablan del misterio eucarístico... Su referencia espiritual quedó anclada —en principio de modo saludable— en aquella vieja imagen de hacía siglos: para él, la Misa tradicional era una explicitación, una continuidad, una referencia de su descubrimiento... Otros habían visto en la reforma litúrgica, precisamente, una iluminación de ese misterio, un ahondar más en él; pero este hombre sensible no lo supo ver.

Hubo, en fin, algunos más que sufrieron el influjo de otros factores. Un Christopher Dawson, católico en 1914, venía de una familia ritualista, anglocatólica. Su malestar era muestra de esto que hemos comentando atrás: la sensación de volver a *lugares* que había abandonado precisamente por su conversión al catolicismo. Algún otro expresó su desacuerdo condicionado por su posición social, desde la que percibía, de modo ilegítimo, la reforma litúrgica, el que se usara la lengua del pueblo, como signo de plebeyez...

Las sensibilidades eran muchas, y esto puede hacernos entender la postura de algunos Papas posteriores ante determinadas reclamaciones. El mismo San Pablo VI atendió algunas de estas peticiones. Efectivamente, en 1971, un grupo numeroso de personalidades de la cultura, católicos y no católicos, envió al Papa una «Declaración en defensa de la Misa» que fue publicada en la prensa. Entre los firmantes católicos había algún claro enemigo de la reforma litúrgica, pero también figuraban católicos que, junto a otras personas, querían leer, interpretar esta cuestión desde otra óptica: pensaban que la abolición total de la Misa anterior a la reforma del Misal Romano, éste ya vinculante desde 1969, era algo así como el destruir un monumento, una tradición rica en elementos sacro-culturales. En aquella Declaración, tras poner como ejemplo lo que supondría la destrucción total o parcial de basílicas o catedrales, equiparaban este dinamismo a la extinción de la Misa preconciliar. Así lo explicitaban nada más empezar: «Nos referimos a la misa católico-romana»[503]. Entre los firmantes figuraban personas como el músico judío Yehudi Menuhim, o la famosa Agatha Christie. Algunos dicen que esta firma en concreto impresionó a San Pablo VI. El caso es que el Papa dio permiso para que, con algunas restricciones de tiempos y lugares, se pudieran celebrar en Inglaterra misas según el rito preconciliar. Es lo que se conoció como el «indulto inglés», único hasta una resolución de San Juan Pablo II, similar pero más universal, en 1984.

Al parecer este permiso facilitó la integración en la Iglesia de algunas personas y grupos que tenían dificultad en entender la reforma litúrgica y su alcance. No sabemos, de todos modos, si esta «integración» comportó el recibir en totalidad las misiones todas que el Espíritu indicó a la Iglesia a través del Concilio Vaticano II. Esto, la integración, hay que retenerlo, porque el facilitar la unidad ha sido el *leit motiv* de las decisiones papales al respecto en los últimos años: de San Pablo VI, de San Juan Pablo II, de Benedicto XVI, y, pese a las brutales acusaciones integristas, asimismo del papa Francisco.

4.1.- Abusos litúrgicos como pretexto del integrismo

Además de ser un pretexto para los integristas de matriz católica, una evidencia según ellos de traiciones en la Iglesia y de socavamiento interior, es cierto que la reforma litúrgica fue recibida por muchos otros desde un espíritu de apropiación, de manipulación, que se expresó en numerosos abusos.

Fue el propio impulsor autorizado de la reforma, San Pablo VI, el que tuvo que clamar en muchas ocasiones contra estos abusos, indicando que los tales no eran una mera cuestión de modos, sino que albergaban «errores doctrinales». El Papa hablaba de «iconoclastia», de «desviaciones», de «frenar a los árbitros no autorizados»... En la intervención ante el *Consilium* para la liturgia que antes hemos citado a propósito de la defensa que San Pablo VI hizo del cardenal Lercaro (19-4-1967), el Papa hablaba en un tono

---

[503] «Declaración en Defensa de la Misa»: *The Times* (6-7-1971)

que no generaba dudas ante lo que estaba ocurriendo en muchos lugares:

> «Otro motivo de dolor y preocupación son los episodios de indisciplina, que se difunden en diversas regiones en las manifestaciones del culto comunitario, y que con frecuencia se revisten a sabiendas de formas arbitrarias, a veces totalmente dispares de las normas vigentes de la Iglesia, con grave perturbación para los buenos fieles y con inadmisibles motivaciones peligrosas para la paz y el orden de la Iglesia misma, y por los desconcertantes ejemplos que difunden. Nos urge más expresar nuestra confianza en que el Episcopado sabrá vigilar estos episodios y tutelar la armonía propia del culto católico en el campo litúrgico y religioso; y luego Nos dirigimos al clero y a todos los fieles, para que no se dejen embaucar por la veleidad de caprichosas experiencias, sino que sobre todo, traten de dar perfección y plenitud a los ritos prescritos por la Iglesia»

«Veleidad de caprichosas experiencias»... Realmente sí hubo en algunos lugares y contextos sociopolíticos y culturales concretos una oleada de abusos. Jean Guitton, enviado oficioso de San Pablo VI a Ecône, mostraba una cierta comprensión por la reacción de algunos ante los cambios litúrgicos. El filósofo también tenía experiencia y conocimiento de los abusos, señalados por el integrismo para alimentar sus pretensiones de autenticidad. Guitton exclamaba al referirse a estas manipulaciones de la liturgia: «¡cuántas ceremonias anormales!»[504].

Los Papas posteriores también sufrieron esta deformación de la reforma litúrgica. El Beato Juan Pablo I, siendo aún obispo, «no tiene problemas en aceptar la reforma litúrgica de Pablo VI»... «aunque tendrá siempre palabras de fuego contra los abusos y la presuntuosa creatividad litúrgica de algunos sacerdotes»[505]. Estamos en 1978, en medio de la crisis posconciliar, y Luciani, recién elegido papa Juan Pablo I, advierte de esta situación en una homilía:

> «Quisiera también que Roma diese el buen ejemplo de una liturgia celebrada piadosamente y sin *creatividad* desentonada (...) Al hacer un llamamiento, con afecto y con

---

[504] Jean GUITTON, *Silencio sobre lo esencial* (Edicep, Valencia 1988) 39
[505] Cristina SICCARDI, *Juan Pablo I. Una vida para la fe* (San Pablo, Madrid 2016) 137

esperanza, al sentido de responsabilidad de cada uno frente a Dios y a la Iglesia, quisiera poder asegurar que cualquier irregularidad litúrgica será diligentemente evitada»[506]

San Juan Pablo II, asimismo consciente de lo que ocurría en algunos lugares, de modo extenso, intenso y persistente según los casos, pidió perdón al Pueblo de Dios por los abusos sufridos en este sentido, en la carta apostólica *Dominicae cenae* de 24 de febrero de 1980. Y en la *Ecclesia de Eucharistia*, publicada muchos años después, casi al final de su pontificado, el 17 de abril de 2003, denunció el abuso teológico de quienes oscurecían el sentido sacrificial de la eucaristía...

Es decir, el problema existió. Pero el también problema es que el integrismo de matriz católica señalaba tales abusos como inherentes a la reforma litúrgica, como su fruto natural. Y además, extendían la creencia de que en todas partes, en todas las misas «reformadas», ocurría lo mismo: invenciones paralitúrgicas, ambiente desacralizado, negación del misterio sacrificial, de la presencia real, etc. Sin embargo, todas las correcciones y advertencias de los Papas, las condenas a los abusos litúrgicos, brotan de la fidelidad al sentido real de la liturgia, expresada hoy en el rito romano según la reforma litúrgica conciliar. Lo que piden los Papas es precisamente esa fidelidad, atender y acoger ese sentido y profundidad enraizándolo en la propia vida y en la vida de las comunidades cristianas. Es decir, los abusos han servido a la Iglesia para prestar mayor atención a las riquezas espirituales de la reforma litúrgica. Que son insondables, como siempre es en cualquiera de las liturgias cristianas no latinas, y en la expresión del rito latino a lo largo de las edades. Reformable, perfectible, sí; pero siempre insondable.

Las campañas integristas denunciando la deformación de la liturgia en clave herética y sacrílega, perduraron alentadas por minorías en estas últimas décadas. Famosa era su campaña contra la comunión en la mano. No es que no sea legítimo hacer observaciones al respecto, tener preferencias; incluso advertir de posibles tendencias desacralizadoras. Esto forma parte de la libertad espiritual de un Pueblo que tiene condición de peregrino. Pero la acusación integrista iba contra la norma de la Iglesia. En su acusación también estaban presentes abusos interpretativos por

---

[506] BEATO JUAN PABLO I, *Homilía en la toma de posesión de la Cathedra romana* (23-9-1978)

los que la prohibición litúrgica de que los fieles tomaran directamente del cáliz la Sagrada Forma, la extendían al rito autorizado de recibir la comunión en la mano.

Por supuesto, hay muchos fieles que comulgan recibiendo la Sagrada Forma en la mano y tienen un profundo sentido de la majestad de lo sagrado. A la vez que del inaudito abajamiento, de la *kenosis* de Dios. Para el integrismo, sin embargo, la cosa está clara: es un sacrilegio permitido por la jerarquía de la Iglesia.

La propaganda integrista al respecto está llena de *irregularidades*... Una supuesta homilía de San Juan Pablo II —no recogida en ningún documento oficial de la Iglesia... se entiende que por conspiración— en la que el Papa habría hecho una demostración de bilocación, pues en ese momento estaba hablando sobre la Resurrección en una Audiencia general (1-3-1989)... Unas supuestas declaraciones de Santa Teresa de Calcuta en las que habría dicho que «el peor mal que existe en el mundo de hoy es la comunión en la mano»... La fuente es irrastreable; lo más cercano a esto, con un sentido esencialmente diverso, es el testimonio de una hermana recogido en el libro *Ven, sé mi luz*, en que se habla de su actitud de adoración eucarística y de «su preferencia por recibir la Sagrada Comunión en la lengua»... Por otro lado, dijera lo que dijera en su día, en el contexto que fuese y refiriéndose a lo que sea... no parece que esta muer santa haya gastado sus energías —que eran muchas— en combatir ese «peor mal del mundo», ni que haya dado signos, pequeños o grandes, de ello... Cualquiera que haya acudido a Misa a las casas de la Madre Teresa, a la Casa Madre en Calcuta, ha podido, según la libertad pronunciada por la Iglesia, comulgar en la mano de acuerdo a las prescripciones rituales de la propia Iglesia: que incitan en ese gesto a la adoración y al respeto, como en los otros modos de comulgar, en pie, de rodillas, con reclinatorio o sin él.

La campaña siempre ha sido persistente. Ahora, con el repunte de actitudes de purismo litúrgico frente a la atmósfera doctrinal venida de Roma, muchos sienten y piensan como una obviedad que la Iglesia ha legislado un verdadero sacrilegio.

Al inicio de este estudio citábamos al papa Francisco a propósito de unas declaraciones en las que hablaba del surgimiento de resistencias anticonciliares. Esta cita concreta iba precedida de unas palabras que ahora transcribimos porque tienen relación directa con este aspecto del disenso integrista y protointegrista que es la concepción de la liturgia. Decía Francisco hablando del Concilio Vaticano II:

«Hay dos signos interesantes: las primeras efervescencias imprudentes del Concilio ya desaparecieron, pienso en las efervescencias litúrgicas, que casi no las hay. Y surgen, surgen resistencias anticonciliares que antes no se veían»[507]

«Casi no las hay»... Esto no significa triunfalismo litúrgico; ahora volveremos sobre ello. Lo que aquí interesa destacar es que, conversa la liturgia en seña de identidad y signo de combate de parte de la «verdadera Iglesia» —o de la «verdadera fidelidad a la Iglesia»—, el integrismo y sus aledaños necesitan mantener la tensión. A pesar de la evidencia de que aquellas extravagancias que llegaban al ridículo y a la blasfemia, propias de los años setenta del pasado siglo se fueron apagando, en algunos lugares muy lentamente, la facción integrista y sus afines, esto es, los que no han roto aún pública y ostentosamente con la reforma litúrgica en sí, siguen denunciando esos abusos litúrgicos de que hablaba Francisco como de un mal generalizado. Necesitan mantener la alarma para justificar su discurso. Así, alguna intervención en el Congreso Nacional de Laicos celebrado en España en febrero de 2020, donde se hablaba de buscar referencias en cuanto al culto en el pasado. «Desactivar procesos» se decía, pues «cuando te desorientas, la huida hacia adelante no es una buena opción», hay que «volver sobre tus pasos hasta el último punto seguro». Cuál era la motivación de esta advertencia se aclara inmediatamente: «¿No habría que desactivar y desandar hoy procesos por los cuales se ha convertido la misa en un espectáculo o, en el mejor de los casos, en una reunión de oración en común?», «iniciemos un proceso para conseguir que las misas parezcan misas. Que lo más importante sea la acción de Dios, de la Santísima Trinidad, y no las ocurrencias del celebrante o de los fieles», «y, si es posible, no hagamos tan feos los nuevos templos. La belleza nos acerca a Dios». También había quejas por «la falta de reclinatorios en tantos templos para recibir la comunión».

El influjo de Sarah y de otros es evidente. El denunciante parece describir la construcción de iglesias en barrios de ladrillo del desarrollo español de aquellos años. Hace mucho que en muchos lugares esto ya no ocurre. También describe, como comentábamos, las celebraciones de aquellas décadas, que ahora no se ven apenas o no se ven, como si esto fuera el tono de cualquier

---

[507] FRANCISCO, «Entrevista (por Javier Fariñas)», l.c., p.23

parroquia actual. El problema de la liturgia eucarística, a día de hoy y en el occidente de poscristiandad, no parece radicar ahí, sino, como en toda la historia de los hijos de la Iglesia, el que la Eucaristía no vertebre, transforme y transfigure la vida según la vida de Dios que esta Eucaristía comunica. Este es el problema y no el otro: que comulguemos y no nos dejemos configurar en Cristo, en sangre derramada, cuerpo ofrecido para vivificar a los hermanos. Esta es la verdadera tensión, y ninguna magnificencia litúrgica, ningún silencio sacro y majestuoso, ningún reclinatorio, ningún cambio de vestiduras, puede resolverla según la voluntad revelada de Dios. Sólo tiene sentido ahondar el respeto en las manifestaciones de culto si es culto a Dios, si, como decía el Venerable José Rivera, no se obstaculizan sus efectos.

Los efectos, el Amor de Dios notable y provocador, impregna el alma de más de uno de estos denunciantes. Claro, pues Dios es fiel en medio de nuestros desvaríos; pero la atmósfera liturgista, en que la liturgia se instrumentaliza ideológicamente, tiene como consecuencia natural el sectarismo, el sentimiento de *elección*, el olvido de quienes perturban tales dinamismos: los pobres y empobrecidos.

4.2.- *Ecclesia Dei, Summorum Pntificum, Traditionis custodes*

Hay una secuencia en estos acontecimientos, en los documentos que los acompañaron, explicaron, motivaron y modificaron. La ya citada *Ecclesia Dei*, de San Juan Pablo II, pretendía encender dos dinamismos: por un lado, dar luz a los fieles sobre el auténtico sentido de Tradición, sobre la veracidad espiritual de los impulsos donados a la Iglesia toda en el Concilio Vaticano II... Por otro lado, el Papa, en cuyo ministerio vive el anhelo por la unidad de la Iglesia, ofrecía a los fieles que, por uno u otro motivo, seguían adheridos o se habían adherido a la liturgia preconciliar y seguían a Lefebvre, un espacio en la Iglesia católica. Sobre todo estaba dirigido este llamamiento a sacerdotes y fieles consagrados, quienes, ante el cisma provocado por Marcel Lefebvre, no querían seguir ese camino.

Parecía que las tensiones podían encontrar una salida. Pero no fue así, porque, con un espíritu que luego y en general revelaría su verdadera fisonomía, seguían llegando a Roma declaraciones en favor de aquella liturgia. Así pues, el asunto Lefebvre volvió a ser noticia muchos años después a causa de algunas polémicas decisiones tomadas por el Papa Benedicto XVI. El Papa era consciente de que en muchos se expresaba así una profunda discrepancia. No era una disputa sobre conveniencias respecto a los ritos litúrgicos, sino que incluso la disputa litúrgica estaba enmarcada en esa ruptura teológica de fondo. Efectivamente, muchos de estos integristas, acusaban de herejía a la reforma litúrgica. Sin embargo, el Papa —entre otras cosas por su procedencia local germánica—sabía que no todos los que anhelaban celebraciones según el antiguo rito eran explícitamente desobedientes o reivindicadores de una supuesta «verdadera Iglesia» enfrentada a sus propias jerarquías sacramentales.

Como hemos hecho notar antes, ya en 1984 la Sagrada Congregación para el Culto Divino y la Disciplina de los Sacramentos había decretado indulto restringido para el uso del misal de 1962, anterior a la reforma litúrgica. El uso de este misal de San Pío V según la edición de Juan XXIII sólo lo sería de «forma extraordinaria»[508]. En 1988, el cardenal Mayer, al calor de los acontecimientos provocados por el cisma, había hecho notar que «no podemos no atender a muchos fieles que, sin adherirse al movimiento de Lefebvre ni sentir ninguna aversión por el Concilio Vaticano II, quieren permanecer fieles al magisterio de la Iglesia, pero han sido traumatizados por no pocas arbitrariedades cometidas por algunos sacerdotes en la celebración».

Efectivamente hubo lugares, la mayoría, en que la reivindicación de este misal era la bandera de una discrepancia de signo integrista y ultraderechista, pero hubo otros lugares en que zonas enteras, parroquias enteras, vivieron sin solución de continuidad que a la misa en que habían participado desde niños le seguía un género de celebración llena de incursiones humanas, muchas de ellas aberrantes, otras trágicas y no pocas de ellas tragicómicas. Esta gente se aferró a lo que vivían como sagrado para enfrentarse a una verdadera y blasfema desacralización.

Atendiendo a estas sensibilidades por un lado, e intentado abrir, otra vez, nuevas vías de comunicación para que los cismáticos volvieran a Roma sin pedirles cuentas, Benedicto XVI protagonizó dos gestos controvertidos: primero levantó la excomunión a los cuatro obispos consagrados por Lefebvre; el sentido profundo no parecía ser de ningún modo justificar el cisma pues seguían sujetos a sanciones canónicas, sino favorecer su arrepentimiento y su regreso. Por otro lado, Benedicto XVI emitió el 7 de julio de 2007 el motu proprio *Summorum Pontificum* para que *ad experimentum* se diesen aún más facilidades a los fieles y

---

[508] Sagrada Congregación para el Culto Divino, Decreto *Quattuor abhinc annos* (3-10-1984)

comunidades que deseasen celebrar la liturgia conforme a los ritos anteriores a la reforma conciliar.

Benedicto XVI, en *Summorum Pontificum*, alaba con claridad la reforma litúrgica del Concilio y lo aprobado por San Pablo VI, «los libros litúrgicos reformados, y en parte renovados», así como el uso de las lenguas vernáculas. Alude, sin embargo, a los «no pocos fieles» que «en algunas regiones» seguían adheridos a las anteriores formas litúrgicas. Sabiendo que el problema no era nuevo, cita en su documento aquel «indulto especial» de 1984 y las disposiciones de *Ecclesia Dei*. Y establece en el artículo 1 del motu proprio dos ritos romanos, el ordinario, según la reforma litúrgica en vigor, y una forma extraordinaria según el Misal preconciliar reformado por última vez en 1962.

El artículo 5.1, circunscribía esta posibilidad a los lugares «donde haya un grupo estable de fieles adherentes a la precedente tradición litúrgica».

En la misma fecha de publicación de este documento se ofrecía asimismo a todos los fieles el texto de la carta de Benedicto XVI dirigida a todos los obispos y que acompañaba el motu proprio. En esta carta el Papa se enfrentaba a quien viera en este documento menoscabo a la autoridad del Concilio Vaticano II. Al respecto insistía en la distinción crucial de «forma ordinaria» y «forma extraordinaria» de la celebración.

En el ánimo del Papa parecía se trataba de encauzar una situación de hecho y no de fomentar la división. Benedicto XVI, en la carta a los obispos, vuelve a advertir sobre lo ya tantas veces dicho:

«Todos sabemos que, en el movimiento guiado por el arzobispo Lefebvre, la fidelidad al Misal antiguo llegó a ser un signo distintivo externo; pero las razones de la ruptura que de aquí nacía se encontraban más en profundidad»

Era aquello de *Ecclesia Dei*: «aunque la ruptura (...) se ha presentado externamente como vuelta al rito anterior, tiene sus raíces en una discrepancia más profunda».

Después, Benedicto XVI quiere aclarar a los obispos esto que ya hemos señalado, el vínculo entre esas preferencias litúrgicas y los abusos litúrgicos sufridos. Habla al respecto de las «muchas personas que aceptaban claramente el carácter vinculante del Concilio Vaticano II», y el que tal preferencia tuvo aquellas motivaciones. Según él, «esto sucedió sobre todo porque en muchos lugares no se celebraba de una manera fiel a las prescripciones de nuevo Misal», hasta llegar a habituales «deformaciones de la liturgia al límite de lo soportable».

En esta carta a los obispos hay que señalar como fundamental el que Benedicto XVI interpreta la iniciativa mínimamente liberalizadora de San Juan Pablo II, parcial y restrictiva, como un modo de ayudar a los de «la Fraternidad San Pío X a reencontrar la plena unidad con el sucesor de Pedro».

El tono general es optimista. Él piensa en una riqueza espiritual para la Iglesia y en un modo de evitar divisiones. Obviamente demasiado optimista cuando hablaba de la aceptación clara del «carácter vinculante» del Concilio por parte de quienes querían y quieten vivir su vida litúrgica al margen de, o enfrentada a, la liturgia reformada.

El 16 de julio del año 2021 el papa Francisco publicaba otro motu proprio referente al mismo asunto, *Traditionis custodes*. El integrismo y sus previos y aledaños, montaron en cólera. Para ellos esto era y es una muestra más de las agresiones de Francisco a lo que ellos denominan «tradición».

Francisco, en su documento, admite sin problema la intencionalidad de San Juan Pablo II y de Benedicto XVI, es decir, que obraron así «para promover la concordia y la unidad en la Iglesia». Inmediatamente, Francisco, sabiendo que las disposiciones de *Summorum Pontificum* lo eran *ad experimentum*, es decir, que había que verificar si efectivamente habían servido a esa concordia y esa unidad, revela que él había realizado lo que el propio papa Benedicto había pretendido hacer tres años después de su motu proprio: una evaluación. Así pues, en el año 2020 la Congregación para la Doctrina de la Fe efectuó una encuesta universal a los obispos para evaluar la aplicación de aquellas normas.

Fruto de esta verificación son las nuevas disposiciones que Francisco estableció en *Traditionis custodes*. En el artículo 1 se afirma que los libros litúrgicos promulgados por San Pablo VI y San Juan Pablo II «son la única expresión de la *lex orandi* del Rito Romano». Según el artículo 2, el Papa no prohíbe absolutamente la celebración del rito en su forma extraordinaria porque establece que tales celebraciones pueden ser autorizadas por los obispos. Pero el artículo 3.1. aclara que al obispo le compete «comprobar que estos grupos no excluyen la validez y legitimidad de la reforma litúrgica, de los dictados del Concilio Vaticano II y del Magisterio de los Sumos Pontífices».

Asimismo, las notas restrictivas se explicitan: que tal rito preconciliar no se haga, en el caso de ser autorizado, en iglesias parroquiales; que las lecturas se hagan siempre en lengua vernácula, corrigiendo a *Summorum Pontificum* que establecía esto de modo optativo; que se clarifique por parte del obispo y previamente en qué fiestas litúrgicas concretas se permitirá tal rito, celebrado en el lugar designado para este tipo de liturgia; que el obispo nombre para tal misión a algún sacerdote especializado del que se compruebe que posee un «sentido de comunión eclesial»; que cada celebración lo sea previa autorización del obispo.

Esta revocación de las disposiciones de *Summorum Pontificum* iba acompañada de sus motivaciones y pretensiones en la carta que Francisco dirigió a los obispos en la misma fecha y junto al motu proprio. Allí vuelve a insistir en el contexto en el que actuaron sus predecesores: el cisma lefebvriano y sus duraderos efectos. A este respecto, la realidad es que la mayoría de los que han exigido aquella liturgia no eran aquellos a que se refería Benedicto, es decir, fieles centroeuropeos que se aferraron al rito ante los abusos, sino antiguos seguidores de Lefebvre y sus alrededores, que no le siguieron en el cisma pero que pensaban y piensan que el arzobispo tenía razón.

Francisco, en la carta, al recordar aquellas motivaciones papales las define como ayudas para «recomponer la unidad de la Iglesia». Admite como motivo legítimo de aquellos Papas la realidad de los que posteriormente al cisma se hubieran relacionado con la fe en los ambientes de esta forma litúrgica, y para los cuales podría ser una ayuda el que pudieran continuar con tal rito.

Francisco constata la confianza de los Papas en que muchos de los peticionarios no negaban el valor del Concilio...

Cuando 13 años después Francisco encarga la evaluación mediante el envío de un cuestionario a todos los obispos de rito latino en referencia a la aplicación de *Summorum Pontificum*, se constata que las normas ofertadas por los Papas precedentes «han sido aprovechadas» de modo ilegítimo. Francisco, entonces, deplora los abusos litúrgicos cometidos en los dos sentidos, el denunciado por Benedicto XVI y el protagonizado por los integristas:

«También me entristece el uso instrumental del *Missale Romanum* de 1962, que se caracteriza cada vez más por un rechazo creciente no sólo de la reforma litúrgica, sino del Concilio Vaticano II, con la afirmación infundada e insostenible de que ha traicionado la Tradición y la "verdadera Iglesia"»

El Papa constata que la relación de ambas actitudes es generalizada:

> «Es cada vez más evidente en las palabras y actitudes de muchos que existe una estrecha relación entre la elección de las celebraciones según los libros litúrgicos anteriores al Concilio Vaticano II y el rechazo de la Iglesia y sus instituciones en nombre de lo que consideran la "verdadera Iglesia"»

Así pues, Francisco aclara que si ha tomado esta resolución lo es, al igual que sus antecesores en el papado, en aras de evitar la división... «Es para defender la unidad del Cuerpo de Cristo que me veo obligado a revocar la facultad concedida por mis predecesores».

El Papa se veía por fin obligado asimismo a explicitar —dado el ambiente y el previsible malestar de miembros relevantes de la jerarquía— que el Papa era él, y que tenía autoridad para hacer esto del mismo modo que en su día San Pío V hizo algo parecido respecto a ritos precedentes en nombre de la unidad litúrgica de los fieles de las Iglesias de rito latino.

Obviamente, tanto las disposiciones de San Pío V como las del propio Francisco son asimismo revocables. Los que aducen contra Francisco, o de modo más extenso e intenso, contra la reforma litúrgica conciliar, el que no se han respetado decisiones «a perpetuidad» de Papas precedentes parecen querer ignorar cuál es la autoridad de Pedro. El 11 de junio de 1999, la Congregación para el Culto Divino respondía a las objeciones que se habían formulado respecto al alcance decisorio de los Papas sobre los ritos litúrgicos. «Cuando un Papa escribe *perpetuo concedimus*, siempre hay que entender "hasta que se disponga otra cosa"» fue la respuesta. Es decir, una decisión de Pedro, que se pronuncia al amparo de su autoridad sagrada y se refiere a su ministerio, sólo puede ser corregida, ampliada, superada, abrogada, confirmada... por Pedro. Así, aquellas disposiciones «a perpetuidad» establecidas por San Pío V en la bula *Quo primum tempore*, fueron modificadas por San Pío X, las de éste por Pío XII, las de Pío XII por San Juan XXIII...

En *Traditionis custodes*, Francisco no sólo revoca, sino que intenta resituar la cuestión. Y tiene autoridad para hacerlo. Benedicto XVI, en Summorum Pontificum insistía en aclarar la diferencia entre «forma ordinaria» y «forma extraordinaria»; decía a los obispos que la forma extraordinaria sería eso, «extraordinaria», no sólo en atención al carácter minoritario de los peticionarios, sino por el hecho mismo de que hay pocos sacerdotes duchos en la lengua latina y con conocimiento de las rúbricas, los textos... Sin embargo y a pesar de esta insistente aclaración por la que se reafirmaba la validez y vigencia de la reforma litúrgica, parece que el ánimo del papa Benedicto asomaba la idea de que sería una riqueza espiritual para la Iglesia el que coexistieran de un modo supuestamente normalizado los dos ritos romanos. Según el que fuera secretario de Benedicto XVI en su calidad de Papa emérito, y así lo manifestó en su libro *Nada más que la verdad*, el Papa sufrió un disgusto ante la decisión de Francisco. El que este disgusto fuera real o no, intenso o no, si fue pasajero o persistente, expresado con claridad o intuido por otros... carece de importancia: Benedicto XVI tenía legitimidad para decidir, y Francisco también.

Benedicto creía que esto sería un bien para la Iglesia y Francisco, en primer lugar, constata la instrumentalización de las disposiciones, y en segundo lugar piensa, también de modo legítimo, que esta duplicidad de ritos podría conducir a confusión y división. Confusión en cuanto a la salud espiritual del Rito Romano según el Misal reformado. La idea de la coexistencia ritual ya la hemos visto en aquella amarga propuesta de Evelyn Waugh. En los tiempos de la rebelión de Lefebvre contra San Pablo VI, un periodista integrista del que luego hablaremos también usaba del concepto de la coexistencia ritual, no como *solución*, sino con profunda ironía hiriente respecto a las iniciativas ecuménicas de la Iglesia:

> «Si Pablo VI no prefiere dimitir, pero tiene un espíritu tan ecumenista como para recibir en audiencia a cismáticos, herejes y ateos y levantar la excomunión a la Iglesia cismática bizantina, no parece que sea mucho pedir y mucho conceder el consentir que monseñor Lefebvre y sus fieles continúen afectos a los ritos y doctrinas tridentinos, lo mismo que hay ritos mozárabes, ambrosianos, bizantinos o maronitas»[509]

Francisco sustituye con autoridad el legítimo esquema de la posible coexistencia de ritos romanos por la legítima concepción de que nos hallamos ante un único rito que está sometido a una historia evolutiva. Es decir, que se nos ofrece el Rito Romano —el mismo— y que éste sufre cambios a lo largo del tiempo establecidos por la autoridad litúrgica de la Iglesia: lo fue así en el

---

[509] Eulogio RAMÍREZ, «Lefebvre abre interrogantes»: *Fuerza Nueva* n.505 (11-9-1976) 24

pasado, desde el principio, y lo es ahora con la reforma litúrgica y con posteriores pequeñas modificaciones.

Francisco invita a beber de esta fuente espiritual, en la que se encuentran todas las riquezas del rito preconciliar y a la que se han incorporado antiguas prácticas, oraciones, ritos. El Misal Romano nuevo está en la corriente de la gran Tradición y su contenido es verdadero, bello, bondadoso, cauce de gracia, y con profundidades que conducen al estupor sagrado.

4.3.- *Y Francisco tenía razón*

Efectivamente, la *Traditionis custodes* es fruto de una constatación: hay un clima en el que surgen actitudes integristas que se viven como las propias de un verdadero catolicismo. Tales actitudes tienen señas visibles de identidad: una especie de llamada al combate en torno a los ornamentos y vestiduras litúrgicas... Se buscan en los roperos de las sacristías antiguas casullas y se incorporan a la misa antiguos pequeños ritos, como queriendo mostrar una suerte de autenticidad sacerdotal... que luego se reduce a refunfuñar contra Roma y a establecer una *pastoral* basada en devociones, en sentido de pietismo individualista no en el de las referencias devocionales que conducen, de suyo, a las totalidades del misterio; un sacramentalismo apenas viviente...

Hay al respecto un proceso creciente de *sotanización*. Es lo mismo que con las antiguas vestiduras litúrgicas: mostrar, consciente o inconscientemente, como es un «verdadero sacerdote»... En sí, nada que objetar a un ropaje sacerdotal —si es pobre—, pero en este dinamismo, pocas o ninguna de tales sotanas se van a ver en las favelas, en las chabolas, embarradas...

Los visitadores enviados por Francisco a los seminarios españoles durante el año 2023 constataron esto: querencias estéticas preconciliares, que indican obviamente otro lugar.

En este clima se produce la virulenta reacción contra el motu proprio *Traditionis custodes*. Y el propio hecho de esta reacción, el que los que alzan la voz intenten justificar su protesta aduciendo razones «más altas», testifica la veracidad de la constatación de Francisco: al amparo de la liturgia preconciliar y de las permisiones autorizadas por Roma, se ha alimentado la idea de «verdadera Iglesia». Esto es una pretensión que se confronta con la Iglesia posconciliar, en algunos acompañada de matices que mitigan de algún modo la confrontación total que propugnan otros. Pero respecto a la que con sorna y desprecio denominan «Iglesia bergogliana», la contestación a la *Traditionis custodes* es un signo más de una impugnación total y de fondo.

Antes de la publicación de este motu proprio, años antes, hubo quien, desde la adhesión a la liturgia preconciliar, batalló por evitar sectarismos, desautorizaciones del Concilio Vaticano II, de los Papas. En el año 2005, monseñor Fernando Arêas Rifan, obispo de la Administración Apostólica Personal San Jun María Vianney, en Campos, Río de Janeiro, escribió una «Orientación Pastoral». Esta Administración Apostólica fue creada por la Congregación para los Obispos en enero de 2002 como una de las concreciones debidas a lo expresado por San Juan Pablo II en *Ecclesia unitas* (25-12-2001), donde el Papa quería se estableciesen cauces para que los adherentes a la liturgia anterior permanecieran en comunión con la Iglesia. La Orientación Pastoral de monseñor Arêas Rifan, a la par que defendía el valor espiritual de la conservación de la llamada Misa Tradicional, intentaba situar a los receptores del documento en la fidelidad al Magisterio, al Papa. Son continuas las advertencias contra el espíritu cismático y sectario: así, pese al alma simpatizante del tradicionalismo, evidente en este obispo, se percibe por contraste el aire de gravedad de sus advertencias, la magnitud del problema de fondo. Escribía en la Orientación de 2005:

> «Quien considerase la Nueva Misa, en sí misma, como inválida, sacrílega, heterodoxa o no católica, pecaminosa y, por tanto, ilegítima, lógicamente debería sacar las consecuencias teológicas de esta posición y aplicar estos calificativos al Papa y a todo el episcopado del mundo, es decir, a toda la Iglesia docente»[510]

Este obispo parece consciente del ánimo de muchos de sus encomendados espiritualmente. Él mismo, en su primer mensaje pastoral (5-1-2003) como Administrador Apostólico, dirigido a esta porción de sacerdotes y fieles tradicionalistas, comenzaba su ministerio con la misma advertencia: «Conservemos la Tradición y la liturgia tradicional en unión con la jerarquía y el Magisterio vivo de la Iglesia, no en oposición a ellos»...

Evidentemente, este hombre no parecía saber ver el vínculo entre la mera pretensión, la mera querencia de tales liturgias, y una determinada visión de la Iglesia que tiene vigor para separarse del *sentire cum Ecclesia*. No supo ver que lo que temía y

---

[510] Monseñor Fernando ARÊA RIFAN, *Tradición y Magisterio vivo de la Iglesia* (Fundación Gratis Date, Pamplona 2012) 27

advertía para conjurar el peligro —esas «consecuencias lógicas de esta posición»— han llegado de modo explícito: los seguidores de tales tendencias, tanto los que han roto con la Iglesia como los que no, descalifican de modo grosero, burlesco e insultante al Magisterio y tachan al Papa de hereje y sacrílego.

Cuando Benedicto XVI publicó la *Summorum Pontificum*, con sus normativas, apareció, entre otros, un libro laudatorio titulado *Summorum Pontificum, ¿un problema o una riqueza?*, escrito por el P. Manuel María de Jesús. Lo editaba una entidad religiosa denominada «Fraternidad de Cristo Sacerdote y Santa María Reina», un grupo adherente a la «liturgia tradicional». En el libro se habla con respeto de la liturgia reformada, y se intentan conciliar posturas, tal como pretendía Benedicto XVI. Sin embargo, al leerlo, uno no puede escapar a la evidencia de que sutilmente se insinúa que la liturgia preconciliar se presenta como más *verdadera*, más auténtica. El autor tiene que hacer maniobras para, a la vez, mantener la insinuación y el equilibrio doctrinal. Y cualquiera al fin se puede preguntar de dónde sale la preferencia —y los esfuerzos consiguientes para hacerla realidad— en personas que, frente a algunos centroeuropeos, no han vivido los abusos litúrgicos de corte *progresista* de modo continuo y persistente desde la reforma litúrgica. Cierto es que, como constataban San Juan Pablo II y Benedicto XVI —y admitía Francisco—, hay quien se ha vinculado a la Iglesia en un medio ya establecido así... pero, ¿y los promotores?, ¿qué les mueve, cómo es que no encuentran lo que supuestamente buscan en el Misal nuevo?. Francisco, hemos hecho notar antes, afirma que sí se puede encontrar en tal Misal nuevo si lo que se busca es el culto verdadero al Dios verdadero en el seno de la Iglesia.

El problema nos conduce a la constatación de Francisco: no parece que quieran encontrar más vida litúrgica, sino que así, con este disenso, expresan un modo de ver las cosas, otra eclesiología, otra teología, otra pastoral... que denuncian la actual liturgia como deficiente, errónea o herética.

De hecho, los miembros del clero adscritos a esta Fraternidad o relacionados con ella, la del autor del libro citado, expresan en sus modos y su mentalidad esta visión alternativa de tipo tradicionalista. Alternativa, hay que subrayar.

Hay un tono, una música de fondo conocida que conduce a este grupo, por ejemplo, a vincularse espiritualmente con una «Milicia del Temple», fundada por un conde, el conde Cristofani delle Magione... El 5 de agosto del año 2019, un sacerdote relacionado con tal Fraternidad y con permiso para celebrar la llamada «Misa tridentina», pronuncia una homilía en el convento de Santa Isabel de Toledo, de monjas clarisas. Este sacerdote, que celebra asimismo misa según el Rito Romano reformado por el Concilio, como hizo aquel día, viendo la iglesia del convento llena de fieles, sacó toda la artillería: Lutero presente por doquier[511], «Misa» versus «Eucaristía», el velo de las mujeres tristemente desaparecido, las lenguas vernáculas como vehículo de penetración de herejía y desacralización, y, sobre todo, el horror de la comunión en la mano, aduciendo entre otras cosas y otra vez la supuestas y más que evidentemente apócrifas palabras de la santa de Calcuta, cuya canonización, decíamos antes, no tiene que ver con este debate, crucial según este sacerdote.

Francisco tenía razón: los adalides de tal liturgia, casi en su totalidad y salvo excepciones, quieren expresar así una oposición al Magisterio de la Iglesia que brota del Concilio Vaticano II, y, de modo expreso y virulento, al Magisterio del propio Francisco.

No es casualidad que el obispo norteamericano Joseph Strickland, de la diócesis de Tyler en Texas, destituido por el Papa en noviembre de 2023, a quien acusó de hereje directamente, de «socavar el depósito de la fe», fuera un abanderado de la misa preconciliar.

No es casualidad que el exnuncio en los Estados Unidos, el obispo Viganó —excomulgado al fin el 5 de julio de 20024—, uno de los baluartes de la resistencia a Francisco, que habla sin tapujos de «la acción de demolición de Bergoglio», se convirtiera en agosto de 2023 en defensor público de unas monjas tradicionalistas en los Estados Unidos que desobedecen y desafían a Roma abiertamente.

La *Taditionis custodes* es vivida por la facción como una agresión intolerable que exige una contestación pública, tanto individual como organizada. Diversos sacerdotes usan las llamadas «redes sociales» para manifestar su desagrado, su desprecio al motu proprio, y una actitud de oposición frontal. Así, el tono burlesco de alguno de estos sacerdotes, quien afirmando con seguridad y con su propia autoridad que tales disposiciones firmadas por Francisco están bajo la calificación de «ley inicua», anima —dice— no a desobedecer, sino a ignorar las mismas (!!).

La facción vive la resolución de Francisco como una confirmación de sus visiones, que unos afirman con descaro y otros, más temerosos o a la expectativa, no expresan con crudeza pero sienten y piensan. Unas visiones que se traducen en esto: un Papa

---

[511] Gran parte de los asistentes no sabrían quién es ese Lutero del que el predicador suponía en sus oyentes conocimiento exacto, histórico y teológico.

que no tiene asistencia del Espíritu Santo pues su misión es la destrucción de la Iglesia. De ahí a la figura del «Anticristo» hay poco trecho, si es que hay alguno.

La estupefacción de los integristas ante *Traditionis custodes*, la estupefacción misma y su inmediata reacción, paradójicamente confirma lo escrito por Francisco en el motu proprio... Un cardenal Sarah, por ejemplo, ha vivido este asunto con tal intensidad que en su día llegó a pronunciar que «Benedicto XVI será recordado como el Papa de *Summorum Pontificum*, de la paz litúrgica». Podemos imaginar qué supuso para él la revocación de la mayoría de lo dispuesto por el papa Benedicto... Aunque no hace falta imaginarlo: poco después del motu proprio de Francisco, una editorial norteamericana publicaba *De la paz de Benedicto XVI a la guerra de Francisco*[512]. Una obra colectiva con artículos de 47 personas, que en su presentación en la web de la editorial calificaba así a *Traditionis custodes*:

> «Profundamente imprudente y poco pastoral, que adolece de fundamentos doctrinales coherentes, graves defectos morales y jurídicos e imposibles implicaciones eclesiológicas»...

Las 47 firmas representaban a cinco cardenales y cinco obispos, ocho sacerdotes, dos religiosos (uno, o una, con seudónimo), y 27 laicos, entre los que estaba el escritor español Juan Manuel de Prada. Muchos de los opositores sistemáticos a Francisco estaban ahí: por supuesto, Viganó, y también el obispo Aguer o Schneider. Y como soporte último, cinco cardenales enfrentados al Papa habitualmente: Sarah, Müller, Zen, Brandmüller y el agresivo e insultante Burke.

La llama sigue extendiéndose: en agosto de 2023 aparecen enormes carteles en vallas publicitarias que rodean el Vaticano, con protestas a la *Traditionis custodes*. Esto supone organización y medios planificados por parte de grupos desobedientes al Papa.

El 29 de junio de 2022, Francisco publicaba la Carta Apostólica *Desiderio desideravi*, «sobre la formación litúrgica del pueblo de Dios». Es un documento atravesado por la belleza, en fondo y forma. Un documento de desvelamientos, de animación, de propuesta, glorificador de Dios. Es decir, un mensaje transido de alegría, en que se resalta la belleza —en sentido total— de la liturgia. El documento tiene, sin embargo y dentro de este tono

---

[512] Peter A. Kwasniewski (ed) (Angelico Press 2021)

docente positivo, algunos breves incisos que son advertencias. Para defender la liturgia.

Y entre ellas, el Papa se ve obligado a referirse a esta «instrumentalización (de la liturgia) al servicio de alguna visión ideológica, sea cual sea» (n.16). En el n.17 se advierte de la penetración de actitudes gnósticas y neopelagianas como alimento de «mundanidad espiritual». La primera de las actitudes se refiere a subjetivismos racionales o sentimentales; la segunda actitud es de control voluntarista, y nos conduce al lugar de que aquí tratamos. El Papa, en ese n.17, cita el n.94 de su *Evangelii gaudium* para hablar de «un elitismo narcisista y autoritario, donde en lugar de evangelizar lo que se hace es analizar y clasificar a los demás, y en lugar de facilitar el acceso a la gracia se gastan las energías en controlar».

En el n.25 de *Desiderio desideravi*, Francisco sale al paso de algunas acusaciones venidas desde la facción. Así, refiriéndose a «la vaga expresión "sentido del misterio"», advierte que entre las acusaciones «contra la reforma litúrgica está la de haberlo —se dice— eliminado de la celebración». Ante esta acusación Francisco reivindica el asombro ante el misterio pascual, no por oscuro o enigmático, sino por la claridad de la revelación del plan salvífico. Dice el Papa en este mismo número que «la belleza, como la verdad, siempre genera asombro y, cuando se refiere al misterio de Dios, conduce a la adoración».

En el n.31, Francisco aborda directamente la contestación integrista:

> «Si la liturgia es "la cumbre a la cual tiende la acción de la Iglesia y, al mismo tiempo, la fuente de donde mana toda su fuerza" (*Sacrosanctum Concilium* n.10), comprendemos bien lo que está en juego en la cuestión litúrgica. Sería banal leer las tensiones, desgraciadamente presentes en torno a la celebración, como una simple divergencia entre diferentes sensibilidades sobre una forma ritual. La problemática es, ante todo, eclesiológica. No veo cómo se puede decir que se reconoce la validez del Concilio —aunque me sorprende un poco que un católico pueda presumir de no hacerlo— y no aceptar la reforma litúrgica nacida de la *Sacrosanctum concilium*, que expresa la realidad de la Liturgia en íntima conexión con la visión de la Iglesia descrita admirablemente por la *Lumen gentium*. Por ello —como expliqué en la carta enviada a todos los Obispos— me sentí en el deber de afirmar que considero "los libros litúrgicos promulgados por los santos pontífices

Pablo VI y Juan Pablo II, en conformidad con los decretos del Concilio Vaticano II, como única expresión de la *lex orandi* del Rito Romano" (Motu Prorpio *Traditionis custodes* art. 1)»

Y, por fin, en el n.61, casi concluida la Carta Apostólica, el Papa anima a «beber de la que siempre ha sido fuente de la espiritualidad cristiana», y afirma que «estamos continuamente llamados a redescubrir la riqueza de los principios expuestos en los primeros números de la *Sacrosanctum concilium*, comprendiendo el íntimo vínculo entre la primera Constitución conciliar y todas las demás. Por eso, no podemos volver a esa forma ritual que los Padres conciliares, *cum Petro* y *sub Petro*, sintieron la necesidad de reformar, aprobando, bajo la guía del Espíritu y según su conciencia de pastores, los principios de los que nació la reforma. Los santos pontífices Pablo VI y Juan Pablo II, al aprobar los libros litúrgicos reformados *ex decreto Sacrosanti Oecumenici Concilii Vaticani II*, garantizaron la fidelidad de la reforma al Concilio. Por eso, escribí *Tradicionis custodes*, para que la Iglesia pueda elevar, en la variedad de lenguas, una única e idéntica oración capaz de expresar su unidad. Esta unidad que, como ya he escrito, pretendo ver establecida en toda la Iglesia de Rito Romano».

Obviamente, los integristas, por coherencia, viven en la convicción de que aquellos Papas conciliares no tuvieron por qué sentir esa necesidad de que habla Francisco... Viven, por tanto, alimentados —y alimentando— de aquella discrepancia más honda a que se referían los Papas. Y del control.

El Venerable José Rivera —quien vivía fascinado en la liturgia de la Iglesia tal cual se la ofrecía la Iglesia—, hablaba del carácter profundo de las desobediencias litúrgicas: era un dar al pueblo no lo que Dios quiere, sino lo que el sacerdote celebrante estima mejor, o más bonito, o más fiel, o más inteligible, o lo que sea. Es decir, dar lo que pueden dar los hombres, no Dios. Deseos y no realidades. Así, el integrismo. Que, visto *in globo*, aleja brutalmente de la gracia y la caridad.

V.- EL CASO LEFEBVRE COMO PARADIGMA

El nombre de Marcel Lefebvre ha asomado en estas páginas en diversas ocasiones. Es un símbolo: representa de modo concentrado al mundo integrista de matriz católica. Y es un referente para este mundo, tanto para los que siguieron su aventura cismática como para los que intentan obviar esta incomodidad —cada vez menos incómoda— y pretenden quedarse con lo que valoran como sustancial de su testimonio. Hay, evidentemente, —luego lo trataremos— quienes partiendo de los mismos presupuestos van más lejos: los sedevacantistas. En realidad no van más lejos, sino a ninguna parte.

El carácter simbólico del caso Lefebvre merece un capítulo en este estudio porque la propia historia del proceso de confrontación que conduce, primero a la suspensión *a divinis* y luego a la excomunión, está plagada de declaraciones, tanto de parte de los integristas como de la Iglesia, que dan luz sobre el fondo de la cuestión.

También es un signo los esfuerzos de los Papas para que el obispo y sus seguidores permanecieran en comunión con la Iglesia. Tuvieron una paciencia inaudita, pero a cada declaración papal respondía el integrismo argumentando que las propias declaraciones de los Papas mostraban la degradación de la «Roma modernista» y les daba la razón a ellos...

El cisma era la consecuencia lógica. Lefebvre y sus seguidores jamás utilizaron el término «cisma», sino para referirse a la deriva de Roma. Ellos se consideraban y se consideran como un *resto* al que un día se les agradecerá —desde la Propia Roma— su postura y sus sacrificios. Este es el punto de conexión última que tienen con el resto del espectro integrista que no rompió formalmente con Roma. Porque hay un espíritu *cismático*, ese sentimiento de «verdadera Iglesia», que atraviesa al integrismo de matriz católica de cabo a rabo. Hay que insistir en este aspecto, esa «discrepancia más profunda» señalada por los Papas.

En el caso de Lefebvre vemos una continuidad doctrinal que en un momento histórico pretende hacerse un hueco en la Iglesia, y cuando la Iglesia propone su renovación en el Concilio Vaticano II, aquéllos siguen el mismo sendero emprendido antes, y chocan con el Magisterio y con la jerarquía que no comulgan con el camino señalado por el integrismo como único por «tradicional».

Así, antes del Concilio, Lefebvre ya está significado como miembro de la facción. Tiene vínculo con el movimiento acaudillado por Jean Ousset... «En 1957 tiene lugar una sesión de *La Ciudad Católica* en Dakar, bajo la presidencia de Su Excelencia Monseñor Lefebvre, Delegado Apostólico»[513].

Hay que decir que, entonces, este sector ideológico no era visto plenamente como tal por diversos pastores de la Iglesia. Ottaviani, como prosecretario del Santo Oficio, enviaba una carta «llena de benevolencia»[514] a los congresistas de La Ciudad Católica reunidos en Reims en 1955. En 1953 lo había hecho el propio Pío XII, quien, aparte de posibles simpatías personales hacia estos acérrimos *escolásticos*, procuraba acercarse a los acontecimientos eclesiales como tales, signados evidentemente por muchas tendencias diversas.

Aquellos antecedentes ideológicos fueron los que siguieron alimentando y motivando su postura posterior, que fue como un ir sembrando hasta llegar a la cosecha del cisma. Efectivamente, sus intervenciones ponían de manifiesto un desacuerdo esencial que por su propia naturaleza conduce ineludiblemente al sectarismo aislado y silencioso, o al sectarismo opositor y ruidoso en el interior de la Iglesia; o al cisma, o a la ruptura sedevacantista; o incluso a la organización de una *Iglesia católica* alternativa...

Las declaraciones de Lefebvre eran un verdadero preparar el cisma... En 1974, antes de ser suspendido *a divinis*, habla así del Concilio Vaticano II:

> «Con todo el corazón y con toda el alma seguimos pendientes de la Roma Católica, que tal como vela por la fe católica lo hace también por las tradiciones necesarias para que ésta se conserve: Roma eterna, maestra en

---

513 *¿Qué es la Ciudad Católica?*, o.c., p.20
514 Ibiid, p.19

sabiduría y verdad. Sin embargo, rechazamos, y hemos rechazado siempre, adherirnos a la Roma de tendencias neomodernistas y neoprotestantes que se manifestó de forma muy clara en el Concilio Vaticano II y después en las reformas que de éste surgieron»[515]

En 1987, después de una larga historia de confrontación y un año antes de la excomunión, el obispo seguía acusando al Concilio de atacar verdades fundamentales y de ruptura con la Tradición. Hablando de la *Dignitatis humanae*, Lefebvre afirma:

«En este campo el Concilio obra una ruptura radical con el Magisterio de los once papas precedentes... Sabemos que la Santa Sede ha pedido a todos los episcopados que envíen a Roma un estudio sobre el tema de la libertad religiosa: quizá el ex-Santo Oficio quiera ver todo el material antes de darnos una respuesta. El episcopado francés ha enviado ya su contribución. El padre jesuita que lo ha redactado escribe: "Es trágico que todos los papas del siglo XIX no hayan comprendido la verdad cristiana que se encuentra en los principios de la Revolución francesa". Ved la ruptura, ¡y cómo existe!»[516]

Obviamente hay ruptura, no la que señala Lefebvre. Y es el propio desarrollo de la ruptura que, por el contrario, él protagoniza, con sus actores, con sus palabras, sus gestos, la que nos da luz para discernir.

1.- Historia del proceso

Marcel Lefebvre, nacido en 1905, fue ordenado sacerdote el 28 de septiembre de 1929. Ingresa en el noviciado de los Padres del Espíritu Santo y en 1931, tras pronunciar sus votos, parte para Libreville, Gabón. Trece años después vuelve a Francia para dirigir el Seminario Misionero de Martain. En 1947 es nombrado obispo y vicario apostólico de Dakar; en 1948, delegado apostólico para toda el África francesa y Magadascar; en 1955, arzobispo de Dakar, Senegal. Pronto comienzan los conflictos: enfrentado a Leopold Shengor, católico y primer presidente del Senegal poscolonial, Roma le retira del cargo de delegado apostólico. Llamado por San Juan XXIII a participar en la Comisión Preparatoria del Concilio

[515] Marcel LEFEBVRE en *Orientierung* (1974) 119
[516] Marcel LEFEBVRE en *30 Giorni* (ed. esp.) (1987) 56

Vaticano II, le nombra obispo de Tulle. Él se reserva el título de arzobispo, pero los cardenales y arzobispos no le tratan como tal.

En 1962 es elegido por doce años Superior general de los Padres del Espíritu Santo, pero no podrá completar el plazo pues en 1969 un Capítulo de la Congregación le retira su confianza.

Comenzado el Concilio, se muestra como uno de los miembros más activos de la facción conservadora, pero mientras otros obispos van acatando las decisiones conciliares, él sigue oponiéndose. Especialmente en lo que se refiere a las decisiones en materia de libertad religiosa, ecumenismo y reforma litúrgica.

A raíz de la citada retirada de confianza por parte del Capítulo de su congregación, se aleja de ella y funda la Fraternidad Sacerdotal San Pío X, instituida canónicamente en noviembre de 1970 por Monseñor François Chariere, obispo de Ginebra, Lausana y Friburgo. Lefebvre crea su propio seminario en Ecône, Suiza.

Las tensiones entre Lefebvre y los obispos franceses no dejan de crecer. El seminario es calificado de «seminario salvaje» en el sentido de desobediente y aislado. En junio de 1971 Lefebvre anuncia que rechaza el nuevo *Ordo Missae*. El 21 de noviembre de 1974 declara en la revista integrista *Itineraires* su rechazo al Concilio de un modo inequívoco: «nos negamos a seguir a la Roma neo-modernista y la tendencia neo-protestante que se manifiesta claramente en el Concilio Vaticano II». El 9 de mayo de 1975, tras una serie de consultas cardenalicias, Roma retira la aprobación de la Fraternidad y del seminario.

1.1.- San Pablo VI y Lefebvre

En fecha temprana San Pablo VI habla ya de «brotes cismáticos», tanto de parte de unos «defensores del inmovilismo formal» que veían el Concilio como una «ruptura reformista con la Tradición», como de sus antípodas, quienes predican «una desvalorización y distanciamiento» de la Tradición[517]. También fue temprana de parte de una de las facciones impulsoras de estos «brotes cismáticos» la acusación de herejía dirigida contra Roma. En *Il Tempo* de 7 de abril de 1973 aparece noticia de una delegación tradicionalista guiada por el *abbé* De Nantes para hacer llegar al Papa una publicación firmada por sesenta católicos franceses en la que se denuncia la herejía del propio Papa...

---

[517] San Pablo VI, *Audiencia general* (7-1-1970)

En diciembre de 1975, tras haber recibido varias cartas de Pablo VI, Lefebvre reafirma su decisión de no acatar el Concilio. En efecto, San Pablo VI había enviado ya en 1975 dos cartas personales al obispo. En la primera, del 29 de junio, el Papa se dirige a él «comprendiendo el drama interior de un hombre (...) que creía haber emprendido una buena causa», y le pide que recapacite sobre su oposición al Concilio y que protagonice un acto público de obediencia y comunión con el sucesor de Pedro. Lefebvre no responde hasta el 3 de septiembre de ese año 1975, pero no al Papa, sino mediante un documento público titulado *Carta a los amigos y benefactores*, en el que reafirma su oposición.

El día 8 de septiembre declara que, pese al mandato de Roma, no cerrará el seminario de Ecône, y ese mismo día está fechada la segunda carta que San Pablo VI le envió ese año. En esta carta, el Papa le aclara que el subterfugio del entorno de Lefebvre por el que se justifican argumentando que el Pontífice sufre presiones o «está mal informado» carece de fundamento: «¿Estimáis, tal vez, que vuestras intenciones son mal comprendidas? ¿Creéis acaso que el Papa está mal informado o ha sido objeto de presiones?»...

El 24 de septiembre, Lefebvre contesta a esta segunda carta mediante una misiva privada: acata a Roma y el Papa... pero no dice nada de corregir su postura o de hacer un acto público de comunión.

En febrero de 1976, el obispo declara a *France Catholique* que va a ordenar sacerdotes[518]. Entonces San Pablo VI encarga al sustituto de la Secretaría de Estado, monseñor Giovanni Benelli, que le haga saber que «por mandato especial del Sumo Pontífice» debe abstenerse de conferir órdenes sagradas. El 21 de febrero de 1976, San Pablo VI escribe al cardenal Villot una carta en la que, además de negar la veracidad de la afirmación de Lefebvre de que a los dos les separa una barrera organizada por «altos prelados», escribe:

> «Retenemos que, antes de ser recibido en audiencia, Monseñor Lefebvre debe dar marcha atrás de su inadmisible posición respecto al Concilio ecuménico Vaticano II y a las medidas promulgadas y aprobadas por Nos en materia litúrgica y disciplinar (y, por consiguiente, también doctrinal)»[519]

[518] Cf *France Catholique* 1322 (13-2-1976)
[519] Cit en Eduardo DE LA HERA BUEDO, o.c., p.410

En la alocución pública del Consistorio de 24 de mayo de 1976, en la que también advierte sobre los «innovadores radicales», San Pablo VI habla en términos enérgicos:

> «Se desacredita la autoridad de la Iglesia en nombre de una tradición sólo respetada verbal y materialmente; se aleja a los fieles de los vínculos de obediencia con la Santa sede y con sus legítimos obispos; se rechaza la autoridad de hoy en nombre de la de ayer (...) se atreven a afirmar que el Concilio Vaticano II no es vinculante, que la fe está en peligro a causa de las reformas y de las orientaciones posconciliares, que existe el deber de desobedecer para conservar algunas tradiciones»

Lefebvre no hace caso. Benelli vuelve a escribirle conminándole a la obediencia al Papa, el obispo responde anunciando ordenaciones de sacerdotes en breve... Pocos días después, el 12 de junio de 1976, Lefebvre ordena a trece de sus seguidores y admite al subdiaconado a otros. El 1 de julio la Santa Sede comunica la suspensión *a divinis* del monseñor y de los sacerdotes ordenados advirtiéndoles que el ejercicio les haría caer en irregularidad *ex delicto*, pero Lefebvre contesta a San Pablo VI con una carta en la que afirma que «hemos sido suspendidos *a divinis* por la Iglesia posconciliar, de la que no queremos formar parte. Es una Iglesia cismática porque rompe con la Iglesia católica de siempre».

San Pablo VI no cesó en sus intentos. Tras la suspensión *a divinis* vuelve a escribir al obispo el 15 de agosto de 1976:

> «Tened la humildad, hermano, y el coraje de romper la cadena ilógica que os vuelve extraño y hostil a la Iglesia, a esta Iglesia a la que durante tanto tiempo habéis servido y deseáis amar y edificar ahora»

La respuesta de Lefebvre vuelve a ser la misma: una nueva *Carta abierta* a sus amigos, llamada *Quelques réflexions à propos de la suspense a divinis...* y la celebración de una ostentosa «misa tradicionalista» en Lille...

El Papa alude a esto en la audiencia general del 1 de septiembre, y no obstante, San Pablo VI le recibe poco después en audiencia, el 11 de septiembre de 1976. Lefebvre, en rueda de prensa, afirma que proseguiría su camino. San Pablo VI lo intenta otra vez mediante una carta escrita un mes después, el 11 de octubre. Lefebvre sigue igual y el diálogo queda roto.

Increíblemente, el santo Papa Montini vuelve a intentarlo cuando al año siguiente Lefebvre anuncia en el mes de junio que procederá a nuevas ordenaciones sacerdotales. Dos cartas disuasorias le son enviadas, una de ellas otra vez del propio Papa, en la que le rogaba que no «convirtiera en irreparable su ruptura con la unidad y la caridad de la comunión católica».

...San Pablo VI moría en 1978, y monseñor Lefebvre continuaba con su misión mesiánica.

1.2.- San Juan Pablo II y Lefebvre

Cuando dos años después accede al pontificado San Juan Pablo II, en octubre de 1978, sólo un mes después el nuevo Papa recibe a Lefebvre. Éste constata la fidelidad de San Juan Pablo II al Concilio y protagoniza un nuevo gesto de ruptura: tan solo unos días más tarde procede a la ordenación ilegítima de nuevos sacerdotes.

Para Lefebvre y sus seguidores los principios estaban fijados: el Concilio era una herejía, el Papa protagoniza escándalos «sin medida y sin precedente» en el ámbito doctrinal y pastoral, el pinochetismo y compañía representan «el orden cristiano», la misa posconciliar no es válida... En el prefacio de un libro publicado en 1988 y escrito por un discípulo suyo, el Abad François Pivert, Lefebvre decía sin ambages que «nosotros no debemos adormecernos de ilusiones. El Vaticano es más que nunca un instrumento de destrucción de la fe. ¿Cómo podríamos nosotros coexistir con los discípulos del Padre de la mentira? Haría falta un milagro»[520].

Efectivamente las posiciones estaban fijadas, pero Roma siguió tendiendo su mano. El 12 de marzo de 1987 Ratzinger recibe a Lefebvre. Éste sigue con sus pretensiones y anuncia próximas consagraciones episcopales. El 14 de julio de ese año hay un segundo encuentro: Ratzinger le notifica una serie de propuestas con las que Roma le ofrece vías de comunión. Las propuestas se confirman en un tercer encuentro, el 18 de octubre de 1987. A partir de entonces todo el proceso se acelera.

Los pasos de esta negociación fueron hechos públicos por la Santa Sede el 16 de junio de 1988, dos semanas antes de la consumación del cisma. Roma comunicaba que a finales de 1987 el cardenal Edouard Cagnon protagonizó una visita apostólica a la

---

[520] El libro, titulado *Su Excelencia Monseñor Lefebvre: nuestras relaciones con Roma*, fue reeditado por Le Combat de la Foi Editions en 2013

Fraternidad San Pío X de la que informó al Papa el 5 de enero de 1988. El comunicado de Roma en el que se daba cuenta de este proceso tuvo la delicadeza de omitir las amenazas de Lefebvre del día 4 de febrero en que anunciaba las consagraciones episcopales para el 30 de junio si antes del 17 de abril el Papa no aceptaba sus condiciones.

La Santa Sede, en su comunicado de junio, seguía diciendo que el 8 de abril el Papa escribió a Ratzinger para pedirle hiciera todo lo posible para hallar una solución y regularizar la situación de esa Fraternidad. Se organizan entonces encuentros entre teólogos y canonistas de la Congregación de la Doctrina de la Fe y de la Fraternidad. Esto permite una nueva reunión entre Ratzinger y Lefebvre el 4 de mayo. Al día siguiente, 5 de mayo, firman ambos un protocolo que sería la base para la deseada reconciliación (de parte de Roma). El documento era importante pues en él, Lefebvre se comprometía a obediencia, a discutir y profundizar los aspectos doctrinales en litigio de modo privado con la Santa Sede y evitando polémicas públicas, y a reconocer la validez de la misa y los sacramentos según los ritos promulgados por San Pablo VI y por San Juan Pablo II. Por su parte Roma reconocería a la Fraternidad, autorizaría el uso de la liturgia preconciliar, crearía una comisión romana para contactar la Fraternidad con la Santa Sede de modo permanente, y el Papa elegiría a un miembro de la Fraternidad para ser consagrado obispo.

La nota de Roma proseguía narrando el proceso: el 6 de mayo, sólo un día después, Lefebvre escribe a Ratzinger insistiendo en que las ordenaciones serían el 30 de junio aunque la respuesta de Roma fuera negativa. Ratzinger le recuerda el protocolo firmado el día antes y en un encuentro con Lefebvre el 24 de mayo le comunica que el Papa decidiría consagrar a un obispo el 15 de agosto de 1988, en la clausura del Año Mariano, a condición de que Lefebvre le expresase una petición de reconciliación y una declaración de obediencia en lo referente a las ordenaciones.

Lefevre responde con dos cartas al Papa y a Ratzinger: sigue con la pretensión del 30 de junio de 1988 y pide mayoría de miembros de la Fraternidad en la futura comisión romana. Ratzinger, el 30 de mayo, le escribe pidiéndole que acate lo firmado el 5 de mayo y que obedezca al Papa. El día 2 de junio el obispo vuelve a escribir al Papa: anuncia las ordenaciones diciendo que no serían contrarias a la voluntad de la Santa Sede. La nota de Roma explicita que sí lo eran y que Lefebvre había interrumpido «de forma expresa el proceso de reconciliación». El 9 de junio el Papa vuelve a escribir a Lefebvre: le recuerda los pasos dados por Roma, lo que el mismo obispo firmó y los desmentidos posteriores. Le pide que no haga un «acto cismático» y se lo pide «por las llagas de Cristo».

El comunicado de la Santa Sede de ese 16 de junio de 1988 acababa hablando del *monitum* enviado a los interesados según la legislación canónica.

El 30 de junio Lefebvre ordena a cuatro obispos sin mandato apostólico. Al día siguiente, 1 de julio, el Cardenal Bernardin Gantín, Prefecto de la Congregación para los Obispos, declaraba oficialmente que Lefebvre, los cuatro presbíteros ordenados y el obispo emérito brasileño Antonio de Castro Mayer (éste por su participación directa en la celebración), habrían incurrido «ipso facto» en excomunión *latae sententiae*. Se advierte asimismo a sacerdotes y fieles para que no se adhieran al cisma. Bajo la misma pena.

El 2 de julio Juan Pablo II publicaba una Carta Apostólica en forma de motu proprio, la ya citada *Ecclesia Dei*. Esta Carta daba cuenta de lo sucedido, hablaba de la idea de Tradición sostenida por Lefebvre, calificándola de «imperfecta y contradictoria»[521], pedía a los fieles que se mantuvieran en el seno de la Iglesia y disponía de la creación de medios para facilitar la comunión a los que desearan permanecer vinculados a Roma, permitiendo incluso para ellos el uso de la liturgia anterior a la reforma promovida por el Concilio.

Sólo un día después, el 3 de julio, el denostado cardenal Lustiger hacía un llamamiento a los denominados «católicos tradicionalistas» para que se quedaran en «la casa católica» y anunciaba que tres iglesias de París celebrarían misa según el antiguo rito para así favorecer la comunión con la Iglesia de los discípulos de Lefebvre que no habían querido seguirle en el cisma o para los que quisieran volver. Lustiger hizo este llamamiento y esta oferta en una misa según el rito tridentino, celebrada por él mismo en Notre Dame. Exhortó a los cismáticos diciéndoles que «no se puede pretender pertenecer a la Iglesia católica separándose del Colegio de los Apóstoles». Y los invitó a una actitud sobrenatural: «seguid la Palabra de Dios que está en vosotros y no en aquél que se aleja de la casa única de Dios. Vosotros debéis continuar en la casa católica».

De entre estos seguidores de Lefebvre, se habrían manifestado dudas incluso en el mismo momento de la acción cismática, acontecida en Ecône, Suiza: cuando una voz femenina

---

[521] SAN JUAN PABLO II, Carta Apostólica *Ecclesia Dei* n.4 (2-7-1988)

gritó «¡no podemos separarnos del Papa!», el propio Lefebvre tuvo que aclarar el asunto poniendo de relieve su carácter mesiánico. La respuesta del obispo fue:

> «Es para manifestar nuestra adhesión a Roma por la que hacemos esta ceremonia (...) asistimos, pues, a una operación de supervivencia que algún día el Vaticano nos agradecerá (...) cuando la Tradición vuelva a ocupar su puesto en el Vaticano»[522]

Efectivamente, el obispo acababa de hacer pública el 29 de junio de 1988 una carta dirigida a las cuatro personas que ordenaría obispos al día siguiente. En tal carta se afirmaba que «la silla de Pedro y los puestos de autoridad de Roma están ocupados por anticristos». Aludiendo también al encuentro interreligioso de Asís, Lefebvre les decía:

> «Nuestra actitud nos ha valido la persecución de la Roma del Anticristo. Esa Roma modernista y liberal que persigue su obra destructora del reino de Nuestro Señor Jesucristo, como lo prueba así (el encuentro de Asís) y la confirmación de las tesis liberales del Vaticano II sobre la libertad religiosa»

Tras esta acusación total estaba esa motivación impregnada de delirios mesiánicos: sus seguidores pensaban que si en ese momento su obispo es considerado un rebelde, un traidor por desobediencia, en cien años podría ser canonizado. Y hablaban al respecto de los conflictos de San Atanasio con el papa Liberio...

Sin embargo, las dudas persistieron y comenzaron las desafecciones. El 10 de julio de 1988 se fundó en Hauterive (Suiza) la Fraternidad de San Pedro, que acogía a sacerdotes y seminaristas exlefebvristas. El cardenal Paul Augustin Mayer, presidente de la comisión romana encargada de negociar con el obispo integrista, anunciaba que esta Fraternidad de San Pedro sería erigida como Sociedad de Vida Apostólica y se le autorizaría el uso de la antigua liturgia. El cardenal, ese mismo mes de julio de 1988 anunciaba que cuatro grupos vinculados a Lefebvre (dos Fraternidades sacerdotales, un monasterio de benedictinas y un grupo llamado Cenáculo de la Inmaculada Concepción), se apartaban del cisma y manifestaban el deseo de permanecer en comunión con Roma.

---

[522] Cit. en José Macca (enviado especial), «Lefebvre consumó ayer el cisma católico»: *Diario 16* (1-7-1988) 44

Mientras los nuevos obispos cismáticos protagonizaban ordenaciones sacerdotales (en las que los ordenandos quedaban automáticamente excomulgados) y mientras seguían los movimientos y declaraciones tanto de adhesión como de desvinculación en torno a Lefebvre, la tensión parecía suavizarse.

El 25 de marzo de 1991 moría monseñor Marcel Lefebvre y su obra continuaba por mano de los cuatro obispos ordenados por él, a través del seminario de Ecône, el de Flavigny, el monasterio masculino de Barrous, los cinco conventos carmelitas fundados por la Madre María Cristina, hermana de Lefebvre y las aproximadamente medio centenar de escuelas dependientes de la Fraternidad.

Todo el proceso, hasta el cisma y la excomunión, afectó mucho a San Juan Pablo II, como lo había hecho con San Pablo VI. El que fuera secretario personal suyo durante ocho años, el obispo vietnamita Vincent Thu, reveló en su día la tristeza que produjo al Papa la actitud de Lefebvre. Ante la pregunta «¿permaneció el Papa sereno incluso después de la ruptura del obispo Marcel Lefebvre?», monseñor Thu contestó:

«No; el Papa estaba muy triste por no haber sido capaz de mantener a monseñor Lefebvre en la Iglesia. Una vez, un obispo vino a cenar e intentó consolar al Papa diciendo: "Santidad, no se preocupe. Es parte de la historia de la Iglesia, también esto pasará...". Y el Santo Padre le respondió: "Intenté todo lo que me fue humanamente posible; ahora tenemos que dejar el trabajo al Señor y a la Santísima Virgen"»[523]

2.- El lefebvrismo y la extrema derecha

Para un discernimiento y una profundización debemos considerar el grado de confluencia de este fenómeno en cuanto político, con el fenómeno en cuanto tendencia teológica y opción eclesial.

La confluencia es evidente porque desde ambos polos del espectro se ha gritado a los cuatro vientos. El integrismo de matriz católica se ha presentado públicamente bien como adjetivo, bien como sustantivo. Como adjetivo en diversos grupos políticos nacionalistas de extrema derecha que insertaban en su programa el discurso de la defensa de la tradición religiosa. Como sustantivo

---

[523] Cit en Miguel Ángel VELASCO, o.c., p.113

en los movimientos explícitamente religiosos conformados de arriba abajo por una visión integrista de la fe, de la Iglesia.

En el primer caso encontramos la postura de las diversas iniciativas regidas, v.gr., por un Blas Piñar, presidente del partido político «Fuerza Nueva»[524], quien acogió en España a monseñor Lefebvre para conferenciar, o el llamado «Movimiento Católico Español», partido político que defendía públicamente a este monseñor[525]. El propio Jean Marie Le Pen, cuando su Frente Nacional aún era un partido minoritario con modos externos explícitamente fascistizados, testimoniaba el vínculo entre el lefebvrismo y la extrema derecha. Efectivamente, ya en los comicios de 1978 se pronunciaba en dicha campaña electoral por lo que él llamaba «libertad de culto de los católicos integristas»[526].

Los libros del obispo o en su defensa fueron publicados en España por la editorial ultraderechista «Vasallo de Mumbert»[527], y su postura coreada por una buena runfla de publicaciones, tanto de la ultraderecha política (la revista *Fuerza Nueva*, por ejemplo, órgano del partido homónimo), como de parte de revistas religiosas que confluían con esta ultraderecha: *Iglesia-Mundo, Roca viva, El cruzado español, Reconquista, ¿Qué pasa?...* Los seguidores del Doctor Correa de Oliveira, los de Ousset, todos convenían en defender la postura del monseñor. Así los artículos de Gustavo

---

[524] El extinto partido político «Fuerza Nueva» capitalizó a la extrema derecha española durante los años de la llamada «transición». Era un partido confesionalista *católico*, cuya ideología aglutinaba, en un intento de síntesis orgánica, franquismo, falangismo, militarismo, nacionalismo, tradicionalismo e integrismo religioso.

[525] En la década de los ochenta del pasado siglo, este partido político exponía sus ideas en periódicos-murales pegados por las calles. En estos murales, además de lindezas espirituales referidas a los enfermos de sida («castigados en esta vida y en la otra»), argumentaban en favor de Lefebvre con especulaciones de este tenor: que los obispos franceses condenaban a Le Pen por su postura agresiva frente a la inmigración; que tal postura era −según ellos- opinable; que a la vez se condenaba a Lefebvre por defender −según ellos- la verdadera esencia de la Iglesia; y, por fin, que gracias a esta supuesta confusión episcopal, el llamado «pueblo sano católico» se iba en pos de Lefebvre...

[526] Cf la revista nazi de Barcelona *Alcantarilla* 13 (Mayo-Junio-Julio 1988)

[527] V.gr. Monseñor Marcel LEFEBVRE, *Yo acuso al Concilio* (Vasallo de Mumbert, Madrid 1978), o José Miguel GAMBRA, *Vida y pensamiento de un obispo católico* (Vasallo de Mumbert, Madrid 1980)

Corçao en Brasil, sobre «As almas verticais»[528] o «A Igreja viva»[529], la que estaría representada por monseñor Lefebvre.

No es un género de confluencia coyuntural sino esencial: Lefebvre mismo y sus seguidores han proclamado también públicamente su defensa y adhesión a los líderes de estas facciones y a las grandes figuras históricas que han encarnado estos ideales... Franco, Salazar, Pavelic, Pinochet, Videla, etc.

La confluencia es evidente. Un ejemplo sería la postura representada por el pensador Rafael Gambra. En él confluyen las diversas épocas y tendencias que han conformado este universo particular que es el integrismo de matriz católica. Efectivamente hablamos de un político carlista, colaborador de *Verbo* y miembro de los «Amigos de la Ciudad Católica», seguidor de Lefebvre incluso después de la aventura del cisma...

Tal y como ya hemos comentado antes, Lefebvre es acogido en esos círculos hasta su muerte. Efectivamente, por muchos aun consumado el cisma en 1988.

Conferencias, libros como el citado *Yo acuso al Concilio...* Este libro, publicado por la editorial *Vasallo de Mumbert*, era anunciado en el catálogo con este comentario:

«Monseñor Lefebvre afirma, y prueba, que el Concilio Vaticano II ha sido desastroso para la Iglesia católica y para toda la civilización cristiana, "pues no fue guiado y conducido por el Espíritu santo". Por primera vez en lengua española la más importante obra de Monseñor Lefebvre»[530]

El obispo sería invitado a una multitud de foros ultraderechistas, en España, Francia, Latinoamérica... Confirmaría a muchachos en Barcelona en la sede de un pequeño partido llamado «Adelante España». Sería recibido por la «Asociación de Sacerdotes y Religiosos de San Antonio Mª Claret». Hablaría públicamente a favor de las dictaduras militares latinoamericanas, se quejaría de la condición judía del Cardenal Lustiger, defendería a Pinochet... «Desde que un hombre se levanta para salvar a su pueblo del comunismo y restablecer el orden cristiano, se hace todo

---

[528] Gustavo GORÇAO, «As almas verticais»: *O Globo* (8-7-1976)
[529] Gustavo GORÇAO, «A Igreja viva»: *O Globo* (10-7-1976)
[530] Catálogo de *Vasallo de Mumbert*, editor (Madrid, enero 1984)

para desacreditarle. No hay un país un país en el que se pueda circular tan libremente como en Chile»[531].

En los últimos años del pontificado de San Pablo VI, el apoyo ultraderechista a Lefebvre fue un soporte, un motivo más, para que desde estos sectores se organizaran verdaderas campañas contra el Papa. España fue uno de estos lugares: la revista *Fuerza Nueva* protesta habitualmente contra él y publica un sonoro «¡Montini dimisión!»[532]. El diario ultraderechista *El Alcázar* acogerá durante estos años, hasta la muerte de San Pablo VI en 1978, los artículos de Eulogio Ramírez, en los que haciendo gala de una ausencia total de valoraciones sobrenaturales a la hora de contemplar a la Iglesia y al mundo, se empecinará en pedir una y otra vez la dimisión del Papa.

A día de hoy, en pleno repunte en diversos lugares del mundo tanto de neofascismos como del integrismo de matriz católica, se siguen mostrando confluencias mutuas en torno a monseñor Lefebvre. Porque en las corrientes emergentes neofascistas, además de muchas facciones paganizadas y más o menos próximas al nazismo —más bien, más—, aparecen reivindicadores tradicionalistas, sacronacionalistas, que se encuentran con la religión, la interpretan a su modo, y se topan con integristas religiosos cuyas concreciones sociopolíticas les convierten en camaradas de las mismas trincheras.

En España, la editorial «Actas», especializada en temas históricos de exaltación militarista, patriótica, etc, y en cuyo catálogo figuraba, v.gr., Blas Piñar, publicaba en el año 2012 un libro escrito por Tissier, uno d ellos cuatro obispos consagrados por Lefebvre en aquel año de 1988. Era una especie de biografía *hagiográfica* del monseñor[533].

---

[531] Declaración sobre el general Pinochet el 13 de abril de 1987, cit. en *El Norte de Castilla* (17-6-1988) 45

[532] Efectivamente, la exclamación figuraba en la portada de la revista, en el n.459, de 25 de octubre de 1975. Al interior, en pp 20-22 y bajo el mismo título, aparecía un artículo firmado por Eulogio Ramírez, a quien ya hemos citado, periodista ultraderechista e integrista, que consagraría varios años a su tarea de atacar a San Pablo VI.

[533] Bernard Tissier de Mallerais, *Marcel Lefebvre. La biografía* (Actas, San Sebastián de los Reyes 2012)

3.- Francisco y los lefebvrianos

Una de las primeras manifestaciones del papa Francisco respecto al movimiento fundado por Lefebvre fue de suma benevolencia. Efectivamente, el Papa, al tercer año del comienzo de su pontificado publicaba con fecha de 11 de abril de 2015 una «Bula de convocación del Jubileo Extraordinario de la Misericordia», la *Misericordiae vultus*. Este Año Santo se abriría el 8 de diciembre de 2015 y concluiría el 20 de noviembre de 2016, «solemnidad litúrgica de Jesucristo Rey del Universo».

El documento es una expresión singular de la tremenda belleza de la fe, la esperanza y la caridad. Y, además, el Año Santo vino acompañado de un poderoso signo que pocos han sabido —o querido— valorar: el Papa adelantó su inicio... en vez de comenzar en la «Puerta Santa», en Roma, en medio de lo que el mundo llama «esplendor», se inició en la Catedral de Bangui, capital de la República Centroafricana, donde el avión del Papa había aterrizado desoyendo los consejos de quienes le hablaban del alto riesgo de ataques armados.

Allí, acompañado del cardenal arzobispo Nzapalainga y de su amigo y hermano Layama, Imam de la Mezquita Central, a quienes apodaron en su día como «los mellizos de Dios», el Papa se dirigió a la zona musulmana para invitar a todos a esa gran fiesta de la Misericordia de Dios, y, por tanto, fiesta de Reconciliación...

Respecto a lo que nos ocupa: el 1 de septiembre de 2015 Francisco enviaba una Carta a monseñor Rino Fisichella, presidente del Consejo Pontificio para la Promoción de la Nueva Evangelización. Era una carta aclaratoria de la extensión misericordiosa que el Papa quería concretar a raíz de este Jubileo de la Misericordia, pues «el Padre no excluye a nadie de su misericordia». En la carta de hablaba de enfermos, de personas mayores y solas, de presos, de mujeres angustiadas por haber abortado, del amor a los difuntos... y de los lefebvrianos. Efectivamente, Francisco cita de un modo específico esta situación, y, sin polémicas por su parte, tiende las manos con un gesto conciliador:

«Una última consideración se dirige a los fieles que por motivos diversos frecuentan las iglesias donde celebran sacerdotes de la Fraternidad de San Pío X. Este año jubilar de la Misericordia no excluye a nadie. Desde diversos lugares, algunos hermanos obispos me han hablado de su buena fe y práctica sacramental, unida, sin embargo, a la dificultad de vivir una condición pastoral difícil. Confío en que en un futuro próximo se puedan encontrar soluciones para recuperar la plena comunión con los sacerdotes y superiores de la Fraternidad. Al mismo tiempo, movido por la exigencia de corresponder al bien de estos fieles, por mi disposición establezco que quienes durante el Año Santo de la Misericordia se acerquen a los sacerdotes de la Fraternidad de San Pío X para celebrar el sacramento de la reconciliación, recibirán válida y lícitamente la absolución de los pecados»

Trea años más tarde, los integristas de la Fraternidad fundada por Lefebvre elegían, en agosto de 2018, a un nuevo superior general, el italiano Davide Pagliarani. Inmediatamente se volvió a confirmar, una vez más, la oposición radical al Concilio Vaticano II y a todo lo vinculado a él, es decir, al Magisterio posterior. El 19 de enero de 2019, Francisco, mediante una Carta Apostólica en forma motu proprio, suprime la Pontificia Comisión *Ecclesia Dei*, instituida el 2 de julio de 1988 para facilitar la comunión con Roma de los tradicionalistas que así lo quisieran, y para encauzar un diálogo con la Fraternidad de Lefebvre. Francisco no suprimía este dinamismo, sino que lo transfería integralmente a una «Sección especial» de la Congregación para la doctrina de la Fe. En el motu proprio del 19 de enero, el Papa afirmaba que la Comisión, «durante más de treinta años», ha cumplido su misión de colaborar con los obispos y los Dicasterios de la Curia Romana «en diálogo con el mundo tradicionalista, primero sólo con los lefebvristas, luego, después del motu proprio *Summorum Pontificum* de Benedicto XVI, también con instituto religiosos y comunidades que se habían adherido a la forma extraordinaria del rito romano».

Esta transferencia de funciones había comenzado ya con Benedicto XVI, quien en un motu proprio de 2009, *Ecclesia unitatem*, vinculaba la Comisión Pontificia co la Congregación para la Doctrina de la Fe al constatar que la naturaleza del diálogo, una vez formalizadas jurídicamente las relaciones con las instituciones tradicionalistas, era «de naturaleza puramente doctrinal».

Francisco, en 2019, decide la transferencia total a la Congregación para la Doctrina de la Fe, suprimiendo la Comisión, porque reconoce que, efectivamente, «los objetivos y asuntos tratados por la Comisión Pontificia *Ecclesia Dei*, son de naturaleza predominantemente doctrinal», y desea «que estos objetivos sean cada vez más evidentes para la conciencia de las comunidades eclesiales».

Esta última motivación, este deseo del Papa de que todos sepan que el dialogo lo es sobre la doctrina, es lo crucial: que no se trata de cuestiones de formas, de preferencias estético litúrgicas, del sentirse bien de algunos en la continuidad de los modos que han vivido... sino de fondo, de eclesiología, de teología moral, de teología fundamental, de espiritualidad...

Cuando San Juan Pablo II creó la Comisión *Ecclesia Dei*, uno de los tempranos frutos de la misma fue la creación de la «Fraternidad de San Pedro» como hemos señalado páginas atrás. El primer responsable de tal Fraternidad fue el sacerdote suizo-alemán Joseph Bisig, quien tras mantener un encuentro con el Papa declaró:

«Nuestra intención no es entablar una lucha con la Fraternidad San Pío X ya que nosotros reconocemos la lucha de monseñor Lefebvre contra el modernismo y el progresismo y ése es también nuestro objetivo. Sin embargo, nosotros queremos realizarlo dentro de la Iglesia»[534]

Tal declaración contenía un mensaje ambivalente. Por un lado, el «modernismo» y el «progresismo»[535] sí pueden ser combatidos en el seno de la Iglesia: según los referentes doctrinales de la propia Iglesia. Pero, por otro lado, el reconocimiento de que se trata del mismo combate que impulsaba a Lefebvre conduce a querer realizarlo no según los presupuestos de la Iglesia, sino según los presupuestos de Lefebvre, cuya roca para su combate es la impugnación del Concilio Vaticano II. Esto significaría crear un grupo de presión para batallar en el interior de la Iglesia... contra el Concilio. Un Concilio calificado por los tradicionalistas, de forma alternativa y dependiendo del interlocutor, bien de irrelevante, intrascendente, a causa de su carácter «pastoral» y no dogmático y por tanto fácilmente eludible según estos argumentadores... o bien explícitamente herético y enemigo de la Tradición.

Al fin ha prevalecido el sentido de combatir el modernismo combatiendo al Concilio y/o al Magisterio posterior. Aquel intento de Roma, en general ha sido desvirtuado en su significado: era una oportunidad para una fidelidad creciente; pero también contenía el riesgo de impulsar indirectamente la discrepancia hacia el Concilio.

---

[534] Cit en Antonio PELAYO, «La Fraternidad San Pedro acogerá a los que no secunden el cisma»: *Ecclesia* n.2383 (6-8-1988) 15

[535] Entendido como un culto al cambio esencial dependiendo de las circunstancias en un proceso regido misteriosamente por un vector interno inexorablemente perfeccionador.

Ahora Francisco constata que es el espíritu de disenso ilegítimo el que ha primado y el que se va extendiendo. De hecho, las innúmeras páginas de internet de sesgo integrista, que se multiplican como hongos, no presentan diferencia alguna ni en la doctrina, ni en la estética, ni en los modos de hablar, ni en las ironías e insultos respecto a las diversas páginas vinculadas explícitamente a la Fraternidad Sacerdotal San Pío X.

VI.- SEDEVACANTISMO Y SECTARISMOS

1.- Breve panorama sedevacantista

El 13 de mayo de 1982, justo un año después de que Alí Agca intentara acabar con la vida de San Juan Pablo II en la Plaza de San Pedro, este Papa sufría otro atentado. Durante su visita al Santuario de Fátima como agradecimiento público por lo que él definió como intervención de la «mano amorosa de la Madre de Dios» en el transcurso de aquel suceso, un hombre armado con una bayoneta quiso asesinarle. Se trataba de un sacerdote español, Juan Fernández Krohn, antiguo seguidor de Lefebvre del que se había separado para ingresar en una sociedad sedevacantista. Efectivamente, este «sacerdote integrista español» se lanzó contra el Papa «gritando "Muera el Concilio Vaticano II"»[536]

El proceso personal de este hombre tenía su lógica: los modernos integristas de matriz católica parten de las mismas premisas ideológicas. Con ellas en el corazón, sin embargo algunos las pueden vivir matizadas a causa de su determinación interior de «fidelidad a la Iglesia». Éstos intentan a toda costa una relectura del Magisterio y una selección del mismo a fin de no romper con la Católica. No obstante, esto tiene gradaciones: comienzan por hacer distingos cada vez más nítidos y cortantes entre lo falible y lo infalible, y muchos culminan, como Lefebvre y sus seguidores, negando absolutamente la validez de cuerpos enteros magisteriales. Este proceso, de origen mundano, no tiene por qué frenar: si se acusa a un Concilio universal de herejía, a la inmensa mayoría del colegio episcopal también... si esta acusación al

---

[536] Miguel Ángel VELASCO, o.c., p.103

episcopado se mantiene en el tiempo, durante décadas, señalando del mismo modo a los obispos sucesores de aquellos, si el dedo acusatorio señala también al Papa... no a uno sino a éste y a su sucesor y al otro y al otro, así, de modo ininterrumpido a seis Papas a día de hoy... Si esto es así, es muy difícil no dar el salto: en un momento u otro aparece el fantasma sedevacantista. Simplemente hay gente que ha sacado sus propias conclusiones. Como Viganó.

Es el caso de la evolución del propio Fernández Krohn, quien durante su época de seminarista bajo la égida de Lefebvre fue uno de los que viajó a España lleno de entusiasmo para contactar con grupos integristas, tradicionalistas, y difundir la obra del obispo. Luego vino la desilusión porque sus correligionarios lefebvristas no se atrevían a proclamar doctrinalmente lo que, en muchos de ellos, bullía en su corazón: que el Papa no lo era, que la Sede romana estaba vacía. Fue este el caso también del presbítero Hector Lázaro Romero, director de la revista digital *Integrismo*, un antiguo miembro de la Fraternidad Sacerdotal de San Pío X que, como tantos, culmina en el sedevacantismo.

La historia sí ha tratado teológicamente el asunto hipotético de la relación entre el papado y la herejía. Se ha discutido, antes de la definición de 1870, sobre la posibilidad de deposición en caso de herejía. Así Juan de Santo Tomás, Suárez, Belarmino... También se ha discutido sobre el verdadero alcance de la autoridad doctrinal del Papa. Por ejemplo, Franzelin[537] y Billot[538] (1909), ambos cardenales, sostenían que el magisterio no infalible, aun admitiendo la falibilidad, la posibilidad de equívoco, error o insuficiencia, también gozaba de la asistencia del Espíritu Santo.

El sedevacantismo moderno, en el ámbito del integrismo de matriz católica, no va por esos derroteros: no se discute tal o cual decisión o doctrina peculiar de un Papa, sino, como hemos dicho, a la Iglesia entera y a los sucesivos Papas. Parten todos, en comunión con muchos integristas no sedevacantistas, de que la doctrina del Concilio Vaticano II y el Magisterio posterior están infectados de arriba abajo por el «indiferentismo» condenado en el *Syllabus,* por el «laicismo» y por el «modernismo» que combatió San Pío X. Discuten dónde se debe sajar históricamente a la hora de hablar de «sede vacante». La mayoría piensa que después de San Juan XXIII, a quien consideran herético. San Pablo VI y sus sucesores ya no serían verdaderos Papas. Otros muchos piensan, sin embargo, que

---

[537] Cf Johann Baptist Franzelin, *Tractatus de divina traditione et Scriptura* (Taurini, Roma 1870) 116-120
[538] Louis Billot, *Tractatus de Ecclesia Christi* t.I (Giachetti, Prati 1909) 434-439

San Pablo VI todavía era Papa, «un mártir» incluso... porque los cardenales le tenían prisionero y le suministraban drogas alucinógenas para manejarle y hacerle decir lo que quisieran...

Aparte de estas extravagancias u otras similares —que sí se han sostenido por algunos—, la mayoría de los sedevacantistas arraigados niegan la condición papal a San Pablo VI. Un destacado difusor de esta doctrina fue el presbítero mexicano Joaquín Sáenz y Arriaga, a quien ya hemos citado. En 1971 publicó *La nueva Iglesia montiniana*, y en 1973 ya defendía públicamente que San Pablo VI no era Papa legítimo, que la Sede estaba vacante. En aquella década fundó junto a Moisés Carmona y el P. Adolfo Zamora una asociación llamada «Unión Católica Trento». Al fin, antes de morir en 1976, fue excomulgado por el episcopado mexicano.

Una línea doctrinal sedevacantista que ha hecho fortuna en ese mundo es la iniciada por monseñor Guérard des Lauriers, el ya citado autor del escrito que Ottaviani y Bacci enviaron al Papa criticando la reforma del Misal romano. Exprofesor de la Gregoriana y exprofesor del Seminario Internacional de Ecône de la Fraternidad de San Pío X, este hombre desarrolla la llamada «tesis de Cassiciacum» o «materialiter-formaliter». Según él, los pontífices posconciliares, comenzando por San Pablo VI, serían «Papas materiales» pero no «formales», a causa de su herejía. A día de hoy esta postura teológica la mantiene un sector sedevacantista representado por el «Instituto *Mater Boni Consilii*», fundado por los editores de la revista *Soladitium*, discípulos de Guérard des Lauriers.

El sedevacantismo ha resurgido con fuerza con el inicio del pontificado de Francisco. Para los adeptos a esta doctrina la figura de Jorge Bergoglio es como una confirmación de sus tesis. Vemos un ejemplo en la página de inernet denominada «vaticanocatolico». Las premisas ideológicas son, como hacíamos notar más atrás, las mismas en todos, pero aquí se acentúa el tono apocalipticista: una Iglesia sin Papa como castigo divino. Están absolutamente seguros de sus afirmaciones; que son habitualmente como la que sigue: «el 13 de marzo de 2013, el argentino Jorge Bergoglio fue electo Antipapa Francisco de la secta del Vaticano II».

El *detonante* Francisco también está presente en el caso del autodenominado «Patriarcado Católico Bizantino», formado por siete obispos grecocatólicos ucranianos quienes en el año 2011 protagonizaron un cisma. Eran aún tiempos d Benedicto XVI, pero la «discrepancia de fondo» pudo más. Años después, este «Patriarcado» se pronuncia como grupo sedevacantista: en julio de 2022 acusaban al cardenal Müller, crítico de Francisco, de cobarde e incoherente por seguir sosteniendo la legitimidad papal de Francisco. Este «Patriarcado» dice abiertamente que Francisco es «Antipapa». Y le acusan de herejía, de sacrilegio... y de promover positivamente la sodomía.

Como vemos, las acusaciones de este grupo sedevacantista no difieren de las que provienen del repunte integrista que brota en la Iglesia y que es sostenido por quienes no han roto aún, o no quieren romper, con la misma.

En tal atmósfera, también se ha manifestado una suerte de sedevacantismo sutil, no abierto, que camina entre dos aguas, las de la protesta interior contra Francisco y las de quienes lo consideran Antipapa. Es el significado de lo que aconteció en agosto de 2023 durante el Mitin de Rímini, esa concentración anual que se realiza en esta localidad italiana organizada por «Comunión y Liberación», y a la que el papa Francisco envió un mensaje alentador. Pues bien, en medio del evento apareció una avioneta que cruzaba la zona por encima de las playas y que llevaba en su cola una pancarta con el lema: «Benedicto XVI era in sede impedita»... Y es que en algunos rincones del repunte integrista asoma la idea de que unos supuestos errores en el texto latino de la renuncia de Benedicto XVI en 2013 revelarían una falsa abdicación y una consecuente ilegítima elección de Francisco como Papa...

2.- Salidas sectarias al sedevacantismo: nuevos *Papas*

Evidentemente la opción sedevacantista puede tener más eslabones aún: si la Iglesia está contaminada de herejía, si los Papas son «herejes modernistas»... si, dada la premisa anterior, no hay Papas legítimos desde la década de los sesenta del pasado siglo o desde la muerte de San Pablo VI en 1978... Este condicional con puntos suspensivos significa que, adentrándonos ya en el terreno específicamente sectario, hay quien sencillamente se ha declarado como nueva Iglesia y Papa legítimo.

Hay que insistir en el humus del que brotan tales iniciativas sectarias y formalizadas ya como supuesta «Iglesia». Porque en tal humus se encuentran, no sólo las coincidencias ideológicas con el resto del espectro integrista, sino ese caminar entre dos aguas que por insostenible culmina en cisma, en mesianismos individuales, en sectas estricto sensu... e incluso en pretendidos Papas.

Cuando la Fraternidad de San Pío X se enfrentó al arzobispado de París para ocupar la iglesia de Saint Nicolas du Chardonnet, tuvo que acogerse legalmente a la ley laicista de 9 de noviembre de 1905... Aquella ley reconocía la libertad de culto bajo la condición de que las propiedades de la Iglesia habían pasado a ser de titularidad estatal: los edificios de culto, propiedad del Estado o de los Ayuntamientos, se pondrían a disposición de asociaciones de culto... que debían ser laicas, civiles, no eclesiásticas. Los lefebvrianos, cuando reclamaron a la autoridad civil esta iglesia frente a las pretensiones del arzobispo de París, además de la incongruencia de utilizar para sus fines una medida legal de la que abominan en sus escritos, se estaban presentando implícitamente como entidad religiosa diversa a la Iglesia. Como *otra* Iglesia, como verdadera Iglesia...

Cuando el sacerdote Alessandro Minutella, de Sicilia, comenzó a autodenominarse «el león de María», su mesianismo le condujo al fin al lugar de que hablamos... En 2015 se advierte a los fieles sobre el peligro de sus sermones integristas y sus falsas profecías. Obviamente él no hace ningún caso imbuido en su divina misión. Suspendido *a divinis* en 2017, excomulgado en 2018, reducido al estado laical en 2022, Alberto Minutella había desembocado ya en el sedevacantismo respecto a Francisco tras predicar esa tesis sobre la falsa abdicación de Benedicto XVI...

Son ejemplos —una institución como la FSSPX, o una deriva mesiánica de alguien— que conducen a la idea de «verdadera Iglesia»; idea que a uno impulsa a conspirar dentro de la Iglesia, y a otros a *refundar* la Iglesia.

A veces el fenómeno es poco conocido. Por ejemplo, en el año 2008 se publicaba en español un libro titulado *¿Qué pasa con Kansas?*, de Thomas Frank[539]. Kansas es la cuna del movimiento populista ultraconservador conocido cono «Tea Party». En el libro se muestra una entrevista-conversación con un individuo proclamado —allí mismo, en Kansas— «Papa legítimo» con el nombre de Michael I. El capítulo lo tituló Thomas Frank así: «El Antipapa toma té». Este hombre, ataviado con vestiduras pontificales, es cabeza de un grupo de sedevacantistas que creen que él ha recibido de lo Alto esta misión, la de salvar a la Iglesia. Porque, como dice Michael I, «alguien está tratando de hacerse con el mando del mundo, ¡y vaya si lo están haciendo bien! Y trabajan con Satán (...) son básicamente los comunistas y los masones los que están dirigiendo la Iglesia del Vaticano».

Otro caso anterior es el del sacerdote francés Michel Collin (1905-1974):

---

[539] Thomas FRANK, *¿Qué pasa con Kansas?* (Machado, Madrid 2008). Reeditado después en España por Editorial Acuarela.

«Reducido al estado laical en 1951. Anunció que la SSma Trinidad le había con concedido el sumo Pontificado con el nombre de Clemente XV. En torno suyo se aglutinó una comunidad cristiana, llamada *Iglesia Católica Renovada* con sede central en Clémeny (Lorraine, Francia). Es considerado "el Papa del Fin de los tiempos" y "la Encarnación de Jesús", "un nuevo Ungido (es decir Cristo) del Señor"»[540]

Este hombre ordenó obispo a un canadiense, Joseph Philipe Gaston, que luego se enfrentó a él, rompió su relación en 1967 y al año siguiente se proclamó Papa con el nombre de Jean-Grégoire XVII[541]. De ideología integrista, fundó la «Iglesia Católica de los Apóstoles de los últimos tiempos», en Quebec, y se presentan como *Apôtres de l'Amour Infini*. En Canadá compiten por atraer adeptos integristas con los «Peregrinos de San Miguel», conocidos como *Bérets Blancs* (Boinas Blancas), un grupo que no ha roto formalmente con la Iglesia, distinguido por su lejanía y sospecha respecto al Concilio Vaticano II y por su antisemitismo.

El ejemplo más notable de este fenómeno, con repercusión internacional, lo constituyó en su día el caso de El Palmar de Troya. En 1975, a raíz de unas supuestas apariciones de la Virgen, Clemente Domínguez dice haber recibido un encargo de la Madre de Dios para «librar a la Iglesia católica de la herejía y el comunismo». Junto a otras personas que creen en las apariciones funda una *orden religiosa*, la «Orden de los Carmelitas de la Santa Faz», desde la que se proclama fidelidad a Pablo VI, «secuestrado en el Vaticano» por cardenales que le estarían suministrando drogas alucinógenas para manejarlo...

Un millonario suizo, Maurice Revaz, convencido de la veracidad del asunto, persuadió de lo mismo al obispo vietnamita Ngo Dinh Thuc Pierre Martin, y este prelado *ordenó* a cinco personas –incluido Clemente- como *obispos*. Tanto el obispo vietnamita como estas personas fueron excomulgadas.

A la muerte de San Pablo VI, la supuesta orden religiosa no reconoce a su sucesor como Papa ni, por supuesto, al Concilio Vaticano II. La Iglesia católica ya no sería romana porque Roma es ahora «Babilonia, la Gran Ramera». Clemente dice entonces haber sido «coronado místicamente» por Jesucristo, se proclama papa

---

[540] Manuel GUERRA GÓMEZ, *Los Nuevos Movimientos Religiosos (Las Sectas). Rasgos comunes y diferenciales* (EUNSA, Pamplona 1993) 133
[541] Cf ibid., p.131

Gregorio XVII de la Iglesia Católica, Apostólica Palmariana, y *excomulga* a San Juan Pablo II... El pretendido Papa dice que únicamente él y San Pedro han sido elegidos directamente por Dios, los demás «fueron elegidos sólo por la Iglesia».

Tras declarar varios *dogmas* tales como la Asunción de San José, la presencia real de la Virgen María en la eucaristía, tras canonizar a Franco, José Antonio, Carrero Blanco y «trescientos mil mártires» (sic) de la «Cruzada», la secta anuncia *proféticamente* la muerte de Clemente, crucificado en Palestina. Además, resucitaría al tercer día volviendo como Pedro II.

Clemente murió en 2005 mientras *oficiaba*. La *profecía* se interpretó entonces *místicamente* y Clemente fue *canonizado* como «San Gregorio el Muy Grande». Inmediatamente otro individuo se autoproclamó Pedro II. Era Manuel Alonso, que moriría en 2011. Este hombre fue el cerebro del asunto. En la cúspide la «Iglesia Palmariana» estaba él, el exbailarín Carmelo Pacheco —amante de Clemente—, un antiguo párroco llamado Camilo Estévez y un visionario norteamericano llamado Francis Sandler.

Le sucedió un exmilitar, «Secretario de Estado» de Pedro II, el cual se nombró Gregorio XVIII. Y entonces se multiplicaron los cismas y los cismas de los cismas... Divisiones que ya habían comenzado en el temprano año de 1977, cuando el sacerdote Félix Arana, protegido por otro rico norteamericano llamado Frank Walsh, protagonizó el primer cisma: ellos los «marianos», frente a los otros, los «clementinos»... Una locura para unos, un negocio para otros, un drama para otros tantos.

Gracias a Dios hubo quien se echó atrás. Entre 1978 y 1983 hubo muchos abandonos, y San Juan Pablo II que, a pesar de la fachada tragicómica del asunto se tomaba en serio a cada persona, perdonó al arrepentido obispo vietnamita, reconcilió con la Iglesia en 1983 al promotor económico Maurice Revaz, también arrepentido, e incluso, en 2001, reconoció como clérigo válido para la Iglesia católica, como presbítero, a uno de los *obispos* ordenados en 1978 y que, también arrepentido, había salido de allí en 1981.

3.- ¿Fenómenos preternaturales?

La reacción integrista frente a la autoridad y la esencia misma de la Iglesia católica tiene un matiz poco conocido pero histórica y teológicamente relevante. El que haya recibido impulso venido de fuerzas que no son de este mundo, en cuanto desobediencia en sentido profundo, es decir, por orgullo y negación de la caridad, es tan evidente como que cada uno de nosotros vive acechado por esas fuerzas malignas. Sin embargo, no se trata sólo de esto sino de la constatación histórica —en la medida de lo posible— de que algo ha ocurrido al respecto en cuanto manifestaciones de tipo sensible.

Estos movimientos crecen entre personas que creen haber recibido una misión de parte de Dios. Así el mesianismo de Lefebvre, convencido de que en medio de una oscuridad general, su gesto era como una semilla que un día sería reconocida por la Iglesia universal como la tabla de salvación que evitó el hundimiento definitivo. Tabla de salvación evidentemente atribuida al mismo Dios. Por eso se echó atrás en el quicio mismo de la «reconciliación con Roma», por percibir que el Papa acogía su obra como si se tratase de una variante litúrgica más, legitimada por motivos de caridad y paciencia y en aras de la unidad, pero en el contexto magisterial de la Iglesia tal y como es la Iglesia. Los discípulos de este hombre le hicieron ver esto: que de este modo la pretensión legitimista, mesiánica, de su obra no sería tal... que sería traicionar a Dios.

Hemos visto cómo en el origen del asunto de El Palmar hay unas supuestas apariciones. Concretamente a cuatro niñas de doce y trece años. A este fenómeno se une Clemente diciendo –no sabemos si sinceramente o no- que él también era beneficiario de estas revelaciones. El caso es que, según muchos testigos, sí se produjeron fenómenos extraños al compás de esta historia. Fenómenos que convencieron a varios de los protagonistas, aquellos que posteriormente fueron reconciliados con la Iglesia.

Hay muchos más casos: supuestas apariciones de la Virgen, sobre todo en los tormentosos años posconciliares, en que se comunicaba el desagrado divino por la reforma litúrgica. Tema recurrente y obsesivo. En la supuestamente acontecida en Bayside, Nueva York, en el *mensaje* de 10 de febrero de 1978, se habla de la comunión en la mano como «diabólica práctica», «sacrilegio que hoy se practica por imposición de sus líderes espirituales»... Los mismos calificativos y advertencias figuran en los *mensajes* registrados en agosto de 1983 o en octubre de 1989 en Utrera, Sevilla, en el contexto del fenómeno *palmariano*, en las llamadas «Apariciones de la Cruz Blanca»...

Hay que decir, sin embargo, que en muchos de estos casos los videntes y oyentes veían y oían...

Caso llamativo fue el de la religiosa María Concepción Zúñiga López (1915-1979), autotitulada «portavoz de Jesús en México» y superiora de una «Orden de las Mínimas Franciscanas del Perpetuo Socorro de María». Esta mujer, que al parecer experimentaba verdaderas locuciones, amparada por unos cuantos sacerdotes, llegó a viajar a Roma para entregar a San Pablo VI los mensajes. Ella creía que se lo había ordenado el mismo Jesucristo. Escuchaba mensajes de tipo espiritual, amoroso respecto a ella, envueltos en un halo de intervenciones supuestamente divinas directas en que todas las oposiciones e incomprensiones servirían para que los «planes» del Señor se cumplieran indefectiblemente. En medio de estas generalizaciones espirituales, o de estos mensajes espiritualmente sanos, aptos para cualquier contexto, se le decía el propósito de la intervención: «Yo seleccionaré Mis sacerdotes. Y Yo, en mis manos taladradas, consagraré las Hostias de harina ázima. Y diré ante las muchedumbres la Misa definida en el Concilio de Trento (...) Que se rece el Rosario Penitencial; no importa si los obispos no lo aprueban; Yo lo he dictado»[542]. «No son las manos de los ladrones las que cometen los sacrilegios, sino las manos sacrílegas de los sacerdotes que se obstinan en decir las Misas modernas»[543]...

Por supuesto, hay amenazas contra «los profanadores»: «si no se creen Mis mensajes... perecerán muchos»[544]. Y también verdaderas tonterías recibidas en ese contexto integrista como auténticas palabras de Dios: «el día de la Eternidad de los humanos, todos hablarán una sola lengua: ésta es la que oficialmente debe usar Mi Iglesia militante: EL LATÍN (en mayúsculas en el original) ¿Por qué queréis borrarlo de Mi Iglesia? El latín es y debe ser la lengua de Mi Iglesia pues es la lengua de los ángeles»[545].

Hay además alguna otra aberración teológica: «estos demonios viven en la tierra encarnados en hombres humanos y los hijos que nacen de las uniones de posesos son endemoniados»[546].

Más adelante esta mujer escribe haber recibido las palabras que siguen; a nosotros nos pueden dar alguna luz sobre el origen de las locuciones y el carácter de la religiosa: «¿te acuerdas, esposa Mía, de aquellas permisiones Mías que le di al demonio en tus primeros años para que te combatiera visiblemente?»[547]...

[542]Maria Concepción ZÚÑIGA LÓPEZ, *Mensajes del cielo a la portavoz de Jesús en México* (Epígrafe: «23 de Mayo de 1971») (Apostolado de los escritos, Valencia 2005) 7

[543] Ibid, («5 de Agosto de 1971») p.16

[544] Ibid, («23 de Mayo de 1971») p.8

[545] Ibid, («27 de Mayo de 1971») p.9

[546] Ibid, («8 de Junio de 1971») p.10

[547] Ibid, p.11

Más interesante es lo acontecido al respecto en torno a una posesa que fue tratada por ocho sacerdotes directamente y cuyas palabras, las pronunciadas en el transcurso de muchas sesiones de exorcismo, fueron consignadas en un libro editado repetidas veces en la década de los setenta y cuyo título era *Advertencia del más allá*[548]. Los protagonistas, algunos de ellos veteranos en estas lides, atestiguan de modo unánime la veracidad de la posesión. Al parecer había signos suficientes y elocuentes. Sin embargo, en lugar de asumir que «el Padre de la mentira» es capaz de usar la mentira de modo retorcido, dan fe a las palabras de la posesa: Dios y la Virgen estarían obligando a decir a los demonios —y aun a almas humanas de condenados— mensajes divinos que no querían decir.

El libro, en que además de Belcebú y otros demonios llamados Akabor y Allida, hablan «Judas Iscariote» y un sacerdote en el infierno llamado «Verdi Garandieu»[549], presenta toda la gama de protestas y advertencias integristas contra la reforma litúrgica, el Concilio Vaticano II, etc. Se habla explícitamente de que la verdad está en Ecône y que Ecône triunfará. Se habla de la santidad de Lefebvre, de la apostasía de casi la totalidad de los obispos, de la ausencia de Cristo en los Tabernáculos. Todo es obra del infierno: la nueva misa, el que las mujeres no lleven velo, los trajes eclesiásticos... todo el catálogo.

Se llega a decir que la misa cara al pueblo oficiada por un sacerdote joven causa turbación en él y en las muchachas. Uno de los culmenes de estas revelaciones tenidas no sólo como auténticas sino como venidas de Dios por varios eclesiásticos que sin reparo apoyaban la obra en las propias páginas del libro, tenía que ver con la situación de San Pablo VI: el protagonista de las decisiones papales no sería San Pablo VI sino un sosia que se presentaba públicamente como él. Además, los documentos que elaboraba San Pablo VI —el *auténtico*...—, eran cambiados por los cardenales. Es

---

[548] *Advertencia del más allá* (Buonaventur Meyer editor, Trimbach 1977)

[549] Buonaventur, o Bonaventura, o Bonaventur según las diferentes editoriales, publicó posteriormente un libro sobre este supuesto sacerdote condenado. Ha sido editado en varios lugares. Por ejemplo: Bonaventur MEYER, *A Depraved Priest Warns of Hell* (Ed. Marianisches Schiftenwerk, Switzerland 1986) o Bonaventura MEYER, *Verdi Garandieu, un prete dannato mette in guarda contro l'inferno* (Ed. Segno, Udine 1995), reeditado por la misma editorial en 2009.

decir, según estas *revelaciones* el Papa estaba en situación de prisionero.

Mucho más cercano a nuestros días, en el contexto de la intervención de la Santa Sede a la sociedad de derecho pontificio «Heraldos del Evangelio», se difundió en 2017 un inquietante video en el que aparecía un encuentro mantenido por el fundador, Joao Clá, con un grupo de sacerdotes de su sociedad. En el video se habla del papa Francisco de modo irreverente y burlesco; en un momento se lee la transcripción de una conversación entre un sacerdote y una persona poseída o supuestamente poseída a la que el sacerdote obligaría a hablar, es decir, dirigiéndose al demonio para obligarle a decir la verdad. En las palabras proferidas por esta persona, o por el demonio que la posee, aparece Plinio Correa de Oliveira, el ya difunto integrista brasileño fundador de las Sociedades para la defensa de la Tradición, la Familia y la Propiedad, y padre espiritual de Joao Clá y su obra. El demonio, o quien fuere, habla de él como de un espíritu sobrenaturalmente poderoso, con capacidad para mostrar ese poder, acelerando el cambio climático, por ejemplo, o provocando una caída general de internet. En el minuto 46:44 de este video, el demonio o esta persona, afirma que Francisco morirá por voluntad del espíritu de Plinio... Si el suceso es real —sea natural o sobrenatural— podemos calibrar el origen moral del mismo observando sus frutos: ante estas palabras Joao Clá sonríe con complacencia y los sacerdotes presentes vitorean y aclaman el anuncio: «¡Fenomenal!» exclama alguno.

Espiritualmente la cosa es bastante sencilla: si una persona o personas creen de verdad que otra está perdida —en este caso el papa Francisco— y, desde esa convicción, errada o no, en lugar de desear que se convierta y viva, esperan que alguien la dañe y se congratulan de ello... tal persona o personas no están movidos por el Espíritu de Dios sino por otros espíritus. Es decir, probablemente esta escena sí corresponda a una presencia maligna. No en el sentido proclamado por los integristas.

Quienes creemos en la actividad sobrenatural de Satanás, con eventuales manifestaciones sensibles difíciles de interpretar a causa de su *inoportunidad*, carácter absurdo, y todo lo que puede acompañar a expresiones —humanas o angélicas— sumidas en la confusión, la mentira, la desesperación odiadora, el desprecio sin resquicios... sí podemos percibir respecto a algunos eventos de este signo esta presencia. Los afectos al integrismo explícito ven en estos sucesos intervenciones divinas; los frutos espirituales hablan de intervenciones satánicas propias del padre de toda confusión.

Frutos que son el fomento del orgullo en las selectas minorías que creen haber sido elegidas; el alejamiento de sus espíritus respecto a la caridad —el Amor de Dios— a los hermanos; el desprecio explícito a casi toda la humanidad por su condición no-católica... Y respecto a los muchos neopaganos que precisan urgentemente de testimonios de amor sobrenatural que rompan sus falsas seguridades y les induzcan a la búsqueda y al dejarse encontrar, el fruto espiritual del integrismo es la presentación de la fe, de la Iglesia, como algo odioso, mundanamente agresivo, altanero, y, en su seguridad, fundamentalmente ridículo.

VI.- INFLUJOS DRAMÁTICOS EN LA HISTORIA DE LA POSCRISTIANDAD

1.- La confluencia con el fascismo

1.1.- Los que salvaron el honor de la Iglesia

Como preludio saludable a lo que trataremos en este epígrafe vamos a fijarnos ahora en algunos hermanos y hermanas que, fieles a la gracia, supieron discernir qué estaba ocurriendo, qué significaba, a dónde conducía aquel mesianismo que brotó con vigor inusitado en la Europa de las primeras décadas del siglo XX, produjo mimetismos en Latinoamérica, en Asia, en Oriente Medio, en el norte de África... y, a día de hoy, tras su persistencia en grupúsculos durante muchos años, asoma de nuevo con aquel espíritu seductor de antaño.

No es éste un libro sobre el fascismo. Este resurgimiento lo traté a modo de apuntamientos y de búsqueda de relaciones, de sustratos, de causas, en un libro publicado en 2015, antes, por ejemplo, de la eclosión de Vox en España[550]. En ese estudio ya hice ver que en tal fenómeno concurrían, confluían, otros que tienen identidad propia, tales como el ultraconservadurismo o el integrismo de matriz católica. Estos dos, a su vez, asoman como relacionados profundamente entre sí: el mundo conservador, que es otro horizontalismo mundano, tiene versiones no estrictamente economicistas, sino basadas en «los valores». El horizontalismo puede conducir a muchos al ultraconservadurismo, y una vez allí,

---

[550] Gerardo LÓPEZ LAGUNA, *La Ciudad de Dios o la ciudad fascista* (Última Línea, Madrid 2015)

encuentran que en la montaña que han escalado se encuentran acampado desde hace mucho el integrismo religioso.

Mas, como decíamos más arriba, antes de abordar estas confluencias vamos a mirar el corazón de algunos de los que se negaron a ayuntar el Evangelio de Jesucristo con aquel mesianismo. Y de aquellos que, víctimas espirituales y cómplices primeros de esas confluencias, luego, al ver con más claridad el rostro del espíritu al que estaban alimentando desde su confesión de cristianos, supieron desandar el camino y tomar una postura de confrontación.

Muchos de estos testigos, de los que vieron desde el principio, están hoy en los altares o van camino de ello. No hay, sin embargo, motivo para triunfalismos mundanos: fueron una minoría. Como hoy, como siempre, la mayoría o se adhirió con más o menos entusiasmo al nuevo orden de cosas, o procuró adaptarse para no tener problemas... o ni siquiera tenía mínima noción de que ante los retos de la historia un cristiano siempre tiene «algo que decir» como tal cristiano.

En el caso de la cuna del fascismo, en Italia, varios de los nombres que asoman son conocidos; algunos de ellos son universales. Hablamos de Alberto Marvelli, de Igino Righetti, del exiliado Sturzo, de Frassatti, del santo médico Moscati, del sorprendente Giorgio La Pira, del famoso Carlo Carretto, el hijo del desierto que quiso seguir las huellas de Carlos de Foucauld y que durante el fascismo conoció la cárcel y el destierro... Hablamos de Albino Luciani, el futuro Beato Juan Pablo I... Según su hermana Antonia, cuando era párroco en Canale tuco encontronazos: no sólo criticaba a Mussolini por sus ataques a Acción Católica, sino que expulsó del atrio de la Iglesia a un «secretario general del Fascio» que estaba dando allí un discurso, o se opuso al protagonismo que los dirigentes de las «Pequeñas Italianas», grupo juvenil fascista, querían tener en una procesión religiosa[551]... Cosas muy menudas comparadas con otras confrontaciones, cierto, pero que revelan algo de la visión de Albino Luciani. Peor lo pasaron otros tomando esta misma actitud:

> «Incluso los escasos sacerdotes que, a pesar del clima dominante, no se avienen a confundir los estandartes de las procesiones con los gallardetes fascistas, son arrollados por la insostenible presión de la dictadura. El párroco de Petosino, en la provincia de Bérgamo, al notar la presencia

[551] Cf Cristina SICCARDI, o.c., pp 66-67

en la Iglesia, durante una ceremonia conmemorativa del 4 de noviembre (1926), de un grupo de fascistas de uniforme, interrumpe la ceremonia y, despojándose de sus ornamentos sagrados, les plantea el siguiente dilema: "O se van ellos, o me voy yo"; pero poco después es arrestado»[552]

Uno de estos testigos, también universal, fue Montini, el futuro San Pablo VI. Su caso fue de una confrontación sistemática. Efectivamente, «fue perseguido y desprestigiado por los "camisas negras"»[553].

Juan Bautista Montini tuvo relación con muchos perseguidos: con el P. Giulio Bevilacqua, uno de sus formadores espirituales más importantes, y al que perseguido por los fascistas «tuvo que alojar en Roma entre los años veinte y treinta»[554].

Montini colaboró con cincuenta artículos en el periódico *La Fionda*, fundado por su amigo Andrea Trebeschi... El periódico fue clausurado por el fascismo en 1926 y la redacción quemada; Trebeschi moriría en un campo de concentración nazi.

La confrontación de Montini con el fascismo continuó. En 1925 es nombrado Asistente nacional de la Federación Universitaria Católica Italiana, la FUCI. «En 1931 la sede de la FUCI fue arrasada por los fascistas, y él mismo se vio forzado a dejar el puesto de consiliario por una maniobra oscura de algunos monseñores simpatizantes con el fascismo»[555]. Ya en 1926, cuando se agudiza explícitamente el proceso de totalitarización del Estado fascista, los escuadristas habían atacado a los jóvenes católicos asistentes al Congreso Nacional de la FUCI celebrado en Macerata. Montini, denunciado al Vaticano como instigador de la violencia, sabe que la acusación es recogida con satisfacción por diversos personajes de la Curia... «Los bienpensantes siempre saben encontrar la profunda razón que descalifica al que ha sido vapuleado», escribe en una carta.

El ambiente se había ido tensando con el paso de los años, y diversas instituciones católicas son atacadas. La sede del periódico Il Cittadino, en Brescia, es devastada y su maquinaria incendiada...

«El 8 de abril de 1931, Mussolini pidió a la Santa Sede que se impusiera moderación a la prensa católica, que Acción

---

[552] Dino BIONDI, *El tinglado del Duce* (Planeta, Barcelona 1975) 193
[553] Eduardo DE LA HERA BUEDO, o.c., p.18
[554] Ibid, p.87
[555] Ibid, pp 109-110

Católica terminara con las provocaciones sindicales y que los cabecillas populares fueran relevados. El 21 de abril, el diputado Mario Giurati reivindicó en un discurso en Milán el absolutismo del Estado. Pío XI (1857-1939) replicó de inmediato con una carta del arzobispo de Milán, el beato cardenal Ildefonso Schuster (1880-1954), en la que se afirmaba que la Iglesia tenía derecho a entrar en la moralidad social y que el fascismo se equivocaba al educar a la juventud en la violencia y en la agresividad. El debate se hizo áspero y llegó a las manos. Los fascistas acusaron a Acción Católica de formar hombres "domésticos y enfermizos", de utilizar los restos del mundo de Luigi Sturzo y de invadir el campo de las corporaciones. En mayo de 1931 se llevó a cabo la represión fascista en perjuicio de Acción Católica. Además, se sucedieron violentas manifestaciones anticlericales, mientas que los periódicos intransigentes del régimen lanzaban todo tipo de injurias (...) El decreto de disolución de Acción Católica está fechado el 29 de mayo de 1931»[556]

Un mes más tarde, el 29 de junio, Pío XI hacía pública una encíclica crítica con el fascismo, con sus fundamentos y con algunas de sus concreciones, *Non abbiamo bisogno*, en la que incluyó ciertas expresiones que no tenían equívoco. Para quien quisiera, claro.

El futuro San Pablo VI se mantuvo en la oposición al fascismo siempre. Incluso fue crítico con los Pactos de Letrán, no por el carácter de la solución a la «cuestión romana», sino por el falso prestigio moral que pudiera dar a un régimen cuya ideología consideraba opuesta al cristianismo. Tan opuesta que cuando el régimen llegaba al extremo de sí mismo e Italia se debatía de modo cruento en torno a la República de Saló, en 1943, Dios suscitaba su Amor de modo sorpresivo, por ejemplo, en una Chiara Lubich, cuya visión de la existencia estaba en las antípodas del fascismo.

La convicción antifascista de Montini *perduró* en el tiempo, y tuvo diversas consecuencias: las tormentosas relaciones con el régimen franquista, con la dictadura militar brasileña, con el mundo integrista y ultraderechista. Cuando fue elegido arzobispo de Milán, el primer aniversario de su llegada fue saludado con una bomba colocada por un grupo de extrema derecha que explotó la

---

[556] Cristina SICCARDI, o.c., pp 64-65

noche del 5 al 6 de enero de 1956: un regalo no venido ciertamente de parte de los Magos de Oriente...

Estas minorías que se confrontan con el fascismo durante su auge, en Italia y en los otros lugares en que floreció, lo hicieron por fidelidad a la fe. Fueron muy pocos en comparación con la multitud de los bautizados que, por colaboración, fusión, o, sobre todo, pasividad, no lo hicieron. Luego intentaremos abordar lo que aquí nos ocupa: las causas de tal actitud, el género de vivencia de la fe que confluye con el fascismo.

Los testigos asoman, sin embargo, dispersos y en todas partes. En Estados Unidos el *Catholic Worker*, el periódico de la Sierva de Dios Dorothy Day, publica artículos antifascistas. En 1934 Walter O'Hagan escribe en este periódico:

> «Los católicos, así como los protestantes y los judíos de Alemania, están empezando a darse cuenta de que (el fascismo) es una amenaza mil veces peor que el comunismo. El encarcelamiento de más de 150 sacerdotes católicos y el inminente arresto del cardenal Faulhaber de Múnich es sólo un ejemplo. El fascismo no sólo contiene todos los males del bolchevismo, a los que añade su propia crueldad sádica, sino que pervierte el cristianismo, lo cual es peor que negarlo. El fascismo es la religión estatal del nacionalismo, el prejuicio y el odio; erige los falsos dioses del militarismo, del dictador y de su Estado totalitario o corporativo. Obliga a inculcar las doctrinas paganas del fascismo en la gente y en los alumnos de los colegios, lo cual resulta en un declive de la educación y del arte de pensar. Organiza estrictamente a la gente hasta que se convierten en meros robots del Estado»[557]

La Francia *católica* de Vichy encuentra opositores católicos. Muy conocidos... Maritain, Mounier, François Mauriac... El joven Beato Marcel Callo es detenido, y después muere en un campo de concentración alemán. Francisco lo ha propuesto como modelo a los jóvenes católicos[558].

De Austria son varios los decapitados por el régimen nazi acusados de traición. Están en los altares... El impresionante e inagotable en su luz Franz Jägerstäter, el P. Franz Reinisch, el insobornable buscador de la verdad Jakob Gapp...

---

[557] Walter O'HAGAN, «Whiter the NRA?»: *Catholic Worker* (febrero 1934) 7
[558] Cf *Christus vivit* n.61

En Alemania, desde el temprano asesinato del dirigente de Acción Católica Erich Klausener, cuando Heydrich y Goering aprovecharon la «noche de los cuchillos largos» para borrar del mapa a este molesto personaje, fueron varios los perseguidos, torturados, asesinados, a causa de su fidelidad religiosa. Fidelidad que condujo a estos hermanos a hablar y obrar por encima o en contra de aquellas leyes y de aquel clima... Hermanos como Lichtenberg, clamando en la catedral de Berlín en favor de los judíos durante la «noche de los cristales rotos»; Alfred Heiss, ejecutado como Jägerstäter o Reinisch por negarse a servir en el ejército; los hermanos Scholl, su amigo Christopher y los otros de «La Rosa Blanca»; Karl Leisner, el P. Kentenich, el jesuita P. Rupert Mayer, verdadero profeta... Entre los hermanos separados, el pastor Martin Niemöller, alma de la «Iglesia confesante» y autor de aquel famoso poema que de modo absurdo se atribuyó —y se atribuye por muchos todavía— al pobre impresentable de Brecht: «Cuando los nazis se llevaron a los comunistas no dije nada, porque no era comunista... etc»

En las naciones ocupadas, testigos de este Amor de Dios como el P. Kolbe o el obispo Kozal, Edith Stein, Tito Brandsma, el P. Jean Bernard, de Luxemburgo... 2800 sacerdotes y religiosos fueron internados en el campo de Dachau entre 1940 y 1945; sobrevivieron 816.

El cardenal Von Galen, obispo de Münster en 1933, beatificado por Benedicto XVI, fue otro de los opositores públicos[559]. Casi único entre los obispos: públicamente denuncia el programa de eutanasia para discapacitados y las esterilizaciones, las deportaciones racistas, las tácticas represivas de la Gestapo, los ataques a la enseñanza religiosa. Con el P. Leon Brendt organiza una red para ayudar a judíos a huir a Suiza. En virtual arresto domiciliario desde 1941, se organizó su asesinato pero Bormann y Goebels decidieron dejarlo hasta que terminara la guerra, cuando aún pensaban que ganarían, para no crear perturbación y desmoralización en la población sociológicamente católica de Münster.

Hay muchos más, aunque respecto al conjunto de los bautizados sean una *insignificante* minoría. A día de hoy muchos no parecen haber querido entender qué significa esto, el que sólo unos pocos resistieran, por amor, a una corriente dominante, seductora, eficaz...

---

[559] El primer panfleto clandestino de «La Rosa Blanca» era un sermón de Von Galen...

De entre estos testigos los hay que, sumisos o seducidos al principio, luego hubieron de desandar el camino hasta llegar a la oposición. En algunos, como Sophie y Hans Scholl, que habían ingresado muy jóvenes y en contra de la voluntad de sus padres en las organizaciones juveniles nazis, la oposición fue total. Otros sostuvieron oposición selectiva, confusos porque el fascismo en el que estaban viviendo no tenía la facha pagana que iba mostrando el régimen alemán, sino que aún predicaba los famosos «valores»... Vichy, la propia Italia hasta 1938... Así tenemos al impresionante Teresio Olivelli, muerto en un campo de una paliza mientras cubría con su cuerpo a otra víctima. Como tantos italianos que luego, en el catolicismo o en la izquierda, resistieron al fascismo, al principio fue seducido.

El italiano «Cónsul Perlasca», que se jugó la vida salvando judíos en Hungría, había sido antes militante fascista. El Beato Stepinac, en Croacia, quien protagonizó un históricamente insostenible equilibrio: denunciar desde el púlpito el genocidio de serbios, judíos y gitanos organizado por el régimen, y no romper con él de modo absoluto; escribir a Pavelic exigiendo el cese de brutales asesinatos, sobre todo en el campo de Jasenovac... y no excomulgar a este caudillo *cristiano*-fascista...

Están también entre los que desandaron caminos pero mantuvieron cierta ambigüedad, el Beato cardenal de Milán Ildefonso Schuster. Sus combates contra el fascismo se centran en dos periodos: uno es la confrontación violenta con Acción Católica, en que se hace portavoz de la encíclica de Pío XI *Non abbiamo bisogno*, en la que el Papa descalifica la estatolatría, algo que ya había hecho en 1925, tres años después de la «Marcha sobre Roma», cuando desautorizó aquel lema acuñado por el propio Mussolini, «Todo en el Estado, todo para el Estado, todo desde el Estado, nada fuera del Estado, nada sin el Estado». Asimismo, en la encíclica el Papa descalificaba el culto a la personalidad, el juramento fascista... e incluso echa en cara al régimen que usara los Pactos de Letrán para un lavado de cara internacional. En la encíclica social *Quadragessimo anno*, a la vez que valoraba la solución corporativista a las contradicciones del capitalismo, afirmaba la licitud de las asociaciones libres frente al encuadramiento obligatorio en organismos gubernamentales legislado por el corporativismo fascista; esto también contradecía al fascismo. Sin embargo, estas indicaciones espirituales, doctrinales, aparecían como dispersas en medio de una situación de relación institucional con el régimen. Para suscitar en muchos una oposición consciente hubiera sido preciso el acabar con la ambigüedad. Por eso, sólo unos pocos (a algunos de estos santos nos hemos referido antes) alcanzaron esa conciencia.

En el Beato Ildefonso Schuster, y en muchísimos italianos, el factor fundamental que les condujo a romper con la ambigüedad fue el proceso de *nazificación* del régimen fascista italiano: las leyes raciales de 1938 y las consecuentes campañas antisemitas. El paroxismo de este proceso coincide con la irremisible decadencia del fascismo italiano cuando en 1943 se instaura la República de Saló y sus militantes, en el contexto de la guerra, extreman su crueldad.

Gracias a Dios, muchos percibieron en 1938 a dónde conducía realmente el espíritu fascista. Pero la ambigüedad hizo mucho daño. En el caso de Schuster, pocos años antes, vemos al arzobispo de Milán bendiciendo la aventura imperial italiana en Etiopía y Libia. Las conquistas coloniales no eran, obviamente, patrimonio del fascismo: las grandes y modélicas democracias burguesas, las cunas de las tres revoluciones que originaron este sistema, Francia, Inglaterra, Estados Unidos... eran obscenamente imperialistas. Como hoy con otros mecanismos de conquista, control y explotación.

Esta atmósfera occidentalista mitiga de algún modo la ceguera de aquellos italianos que se dejaron llevar por esta falsedad consentida por casi todos... pues aun las víctimas del colonialismo participaban, cuando podían, de esa aberración que se llama derecho de conquista. En el caso de Ildefonso Schuster y de otros católicos, tal espíritu se vio reforzado por la situación social y religiosa de Etiopía: una excusa *moral* para la intervención fue que allí había esclavitud institucionalizada y que la conquista italiana la abolió; por lo menos legalmente. La otra excusa era la presencia de misioneros católicos que antes tenían vetada su estancia allí... Un modo *católico* de autoengañarse: la conquista fue brutal, se usó masivamente armamento químico, se atacó a la población civil... y los misioneros, capellanes de invasores, no obtuvieron ningún fruto.

Por aquellos años, otro católico, el franco-estadounidense Peter Maurin, maestro espiritual de la Sierva de Dios Dorothy Day, publicaba un artículo en el *Catholic Worker* sobre la conquista de Etiopía y sobre las otras situaciones coloniales. Peter Maurin alude irónicamente a la lección de «civilización» dada por los europeos en la Gran Guerra; según él, los europeos harían mejor encontrando el modo «de volverse civilizados antes de pensar en la mejor manera de civilizar a los africanos»[560]. En el artículo Maurin expresa lo evidente: el pretexto civilizatorio era sólo eso, pretexto para justificar un imperialismo que sólo buscaba riqueza y poder. Y prestigio mundano.

En ese mismo periódico ya había publicado Mounier, otro católico, un artículo de oposición a esa guerra[561].

Como Olivelli, Perlasca, Schuster... otros muchos ya habían desandado el camino. Algunos desde el fascismo explícito, otros previendo a dónde conducían los previos del fascismo histórico. Es el caso de Acción Francesa, Barrés, etc, y la seducción que muchos sufrieron al principio, como reacción a la virulencia del laicismo francés. De estos muchos una mayoría de ellos quedaron atrapados para siempre... hasta Vichy y el colaboracionismo; pero otros muchos, que habían coqueteado —Delbrel, recién conversa, Maritain, Bernanos...—, supieron discernir la fe de la idolatría, y no sólo se guardaron de esa entrega al fascismo venida de esta ideologización integrista del catolicismo, sino que sus posturas se concretaron en las antípodas de ese espíritu. Un espíritu que hoy vuelve con fuerza en diversos lugares del mundo.

1.2.- «Allanad el camino»... al fascismo

Como vemos, fueron pocos los opositores. *A toro pasado*, son muchos los *católico*-derechistas que décadas después intentan distanciarse de aquellos acontecimientos acentuando la imagen pagana del fascismo, exaltando a los «mártires de Hitler», etc, sin una crítica constructiva y reveladora que nos dice que una infinita multitud de bautizados, sin renegar de la confesión religiosa, estaban detrás de los dinamismos que hicieron posible el nacimiento y ascenso del fascismo y del nazismo. La ausencia de crítica al respecto y la mitificación fraudulenta de lo que hicieron «los católicos» —y no «algunos católicos»—, produce ceguera: ahora se está caminando en el mundo occidental por parte de muchísimos católicos, por la misma senda que condujo a aquello. Mismos valores, mismos entusiasmos, misma mundanidad espiritual que acoge el odio contra «los enemigos», mismas reclamaciones de fuerza, de *vuelta* a «los valores», misma alarma ante la evidente degradación cultural y espiritual vigente, con la misma respuesta, que no es la locura del Evangelio...

---

[560] Peter Maurin, «Civilizing Ethiopia»: *Catholic Worker* (abril 1936) 5
[561] Emmanuel Mounier, «The case of Italy»: *Catholic Worker* (octubre 1935) 4

En este allanar el camino, no al Señor sino al fascismo, concurrieron diversas actitudes: la pasividad del pánfilo conservadurismo de unos, como ahora; las confluencias *espirituales*, es decir, enunciados tales como tradición, moralidad, autoridad, milicia, anticomunismo... ayer, antijudaísmo, hoy islamofobia; y la colaboración explícita, en la cual, además de los que la basaban en esa confluencia espiritual, hay que incluir a los muchísimos que lo hicieron por pragmatismo maquiavélico, por cobardía o por sumisión mundana indigna. Respecto a estos «muchísimos» que señalamos hay que notar, sin embargo, que tales actitudes morales no estaban en contradicción o en paralelismo a sus convicciones, pues éstas ya contenían ideológicas disposiciones favorables a la convivencia o recepción del fascismo. De hecho, no tuvieron que retorcer sus discursos previos para colaborar, e incluso los que desde posturas integristas cuestionaban filosófica y teológicamente al fascismo, introduciéndolo en las corrientes naturalistas que venían de antaño, no fueron perseguidos por tal motivo por los fascismos; ni señalados como enemigos: su discurso no molestaba porque al fin conducía al nacionalismo exacerbado, al antijudaísmo, a idolatrar al ejército, a vivir de modo connatural el supremacismo europeísta. En misa o fuera de misa, la confluencia era y es evidente.

1.2.1.- Consigna: colaborar sumisos, pasivos y aduladores

En el previo de esta colaboración no sólo encontramos el impulso de unas visiones moralistas que coinciden en gran parte con lo proclamado por los fascismos, sino un equívoco secular respecto al concepto de autoridad y el consecuente género de relación de los fieles cristianos con los poderes políticos. El obispo Ketteler, en el siglo XIX, hacía notar que tanto los conceptos de «autoridad» como de «propiedad» vividos habitualmente por los cristianos, eran conceptos paganos...

Bien, no vamos a profundizar mucho aquí sobre este inagotable asunto, sino sólo un apunte que señala lo que creemos un equívoco —para unos, egoístamente interesado, para otros, víctimas de él— que aclara algo sobre las causas que condujeron a unas colaboraciones que algunos resistieron, otros, después, rompieron, otros mantuvieron... y otros muchos *desmintieron* cuando las circunstancias les indicaron que había otros poderes a los que respetar a distancia impersonal y pasiva o adular.

Sólo unos apuntes, pues. El concepto bíblico neotestamentario de «sujeción a la autoridad» siempre ha sufrido la tentación de una interpretación mundana que conduce bien a la colaboración pasiva asumiendo de modo servil cualquier disposición, aberrante o no, sino por ser disposición; bien a una obediencia activa en la que se cumple lo ordenado, igualmente aberrante o no, pero *legitimada* por ser una orden...

Hay que decir antes, como advertencia iluminadora, que los *formuladores* del concepto, San Pedro y San Pablo, fueron asesinados por esas autoridades. En una acción que, obviamente, no exigía el asentimiento religioso y moral de los cristianos y menos su colaboración material. Lo cual nos conduce necesariamente a otros lugares. No sólo eso, sino que la historia de la Iglesia nos muestra como santos y santas a innumerables hermanos que sufrieron la misma suerte, sea de autoridades paganas, de autoridades que se acusaban mutuamente de heréticas, o directamente de parte de los principados de la civilización cristiandista... Destierros, desatenciones letales, encarcelamientos de todo grado de degradación y duración, torturas, desapariciones, prohibiciones, censuras y todas las gamas habidas y por haber de sufrir la muerte provocada...

Sucesos que en la mayoría de los casos no se corresponde con la imagen que se suele vender a los fieles sobre estas historias; fieles a los que como complemento se les inculca la idea de obediencia activa acrítica y un asentimiento incluso clamoroso. La imagen ofrecida es la de la pasividad total, y, después, el sufrir persecución y martirio cuando se les ha requerido para participar en algún culto pagano o sin este acto de rebeldía, por la filiación religiosa cristiana. Es decir, por la sola iniciativa del perseguidor.

Pero una multitud de casos nos muestran a hermanos que si sufrieron persecución no fue debido a una identidad pasiva, sino a su hablar y a su obrar. Esto quiere decir que mientras otros no sufrían molestia, o eran tolerados o incluso agasajados, fueron perseguidos porque dijeron lo que no podían decir por ley, mostraron verdad allí donde se ocultaba bajo amenaza, e hicieron lo que estaba prohibido. O peor, fomentaron un género de vida que en sus concreciones chocaba con las exigencias *connaturales* y legales que la sociedad en torno reclamaba y regulaba tanto por las costumbres como por las disposiciones de la autoridad.

En nuestro caso, en la Alemania nazi, por ejemplo, la cosa es sencilla: la mayoría de los obispos pedía colaboración activa a los fieles invocando ilegítimamente aquel principio neotestamentario... pero el Beato Rupert Mayer, también por ejemplo, recriminó esta actitud de los pastores y echó en cara a aquel episcopado «la tara» de no haber caminado hacia el martirio... Sí, la cosa es sencilla: aquel jesuita y otros como él están en los altares, y los obispos que usaban la Escritura para adoctrinar a sus fieles al respecto, no lo están... ¿Qué es lo que falla?

Parece que el principio bíblico, como ha señalado acertadamente Cantalamesa, se refiere a la Providencia de Dios, a la noción de que todo está en sus manos. La aceptación libre de esta Providencia, cuyas permisiones, operaciones positivas, providencialización de todo acontecer, valga la redundancia, escapa a nuestro juicio y por la que gobierna quien gobierna —se llame Nerón, Stalin, Mussolini, Bokasa o algún showman moderno—, conduce a su vez a la ilegitimidad de entablar una competencia mundana, una rivalidad con las autoridades de hecho, por la que, intrínsecamente, el que obra así se pone a sí mismo como referencia y usa de los medios de este mundo para alcanzar su objetivo, porque lo que propugna es una mera sustitución. Hay que insistir en esto: una rivalidad entre caudillajes políticos —uno en el poder de facto, y el otro aspirante a él— que usa de medios de este mundo: fuerza, sobre todo, y luego intriga, propaganda, soborno, promesas de glorias marchitas, etc.

Cuando los propugnadores de la *obediencia* activa, formalista, identificada ilegítimamente con la bíblica «sujeción a la autoridad», han usado de las palabras de Cristo a Pilatos, se ha abusado de las mismas mediante una interpretación que confirmaría de modo absoluto —divino— la potestad de facto del poder de facto. Sin embargo, sabemos que nadie tiene autoridad para condenar al Inocente. Ese poder que Pilato tiene sobre Cristo y su destino terrenal, dado de lo Alto, queda iluminado por la noción de sujeción a la Providencia del Padre, que conlleva, no el hacer lo que el poder le diga a uno que debe hacer, sino en seguir proclamando la Verdad ante las barbas de este poder asumiendo una condena injusta sin usar la resistencia violenta. Este es uno de los quid de la cuestión: la resistencia violenta es mundana, es rivalidad por ese poder. Jesucristo alude a esto cuando habla de una guardia armada que le rescataría «si mi Reino fuera de este mundo»...

No hay que hacer aquí paralelismos platonizantes de oposición entre lo sagrado y lo profano, como si las leyes «autónomas» de lo terrenal pudieran contradecir lo sagrado y no acoger una vertebración vertical de parte de lo Alto: es decir, que este Reino que no es de este mundo, se predica en este mundo, germina en este mundo, ha llegado a este mundo. Luego no es lícita tal guardia armada para defender al Inocente de los manejos del poder de facto. Poder permitido por Dios para que el Inocente y los ungidos en Él puedan manifestar que la verdad y la libertad son lo mismo, el seguir proclamando la verdad que el poder no acepta; y que la verdad y el amor gratuito son también lo mismo al no resistir con violencia que dañaría a los injustos.

Así pues, no rivalizar con las armas de este mundo —esto es la «sujeción» a la disposición de Dios respecto a los poderes de hecho—, y desde ahí, hacer el bien y no el mal, lo ordene quien lo ordene, y decir la verdad sin admitir componendas indignas que conducen a ocultar la verdad y a hacer el mal porque ha sido ordenado. Como vemos, actitudes que traen indefectiblemente la bienaventuranza del ser perseguidos por defender la justicia... Como alguno ha dicho, «tampoco los cristianos se percataron desde el principio del antagonismo radical que llevaban dentro de sí respecto al Imperio»[562]...

Está claro que esto está en las antípodas del habitual uso de aquellas palabras de la Escritura, un uso motivado en unos casos por la colaboración activa y consciente con el poder, y en otros —la mayoría ayer y hoy—, a fin de no tener problemas con el poder.

La actitud de muchos obispos de la época en toda Europa mostró este género de equívocos. Se disfrazaban tales equívocos incluso de «libertad espiritual», o del peligroso recurso a lo jurídico, ese buscar un «espacio» para los católicos... Después, el juicio de la historia y el de muchas víctimas simplificará el asunto hablando de silencios cómplices y de adulación... Y si este juicio, en muchos casos, puede estar motivado a su vez por actitudes hipócritas, tenemos como luz el juicio de Dios: ya lo hemos dicho antes, los rebeldes perseguidos serán canonizados y los otros no.

Gustave Thibon expresaba bien este dinamismo, que visto así, en conjunto, da una imagen repugnante. Hablaba de la autoridad religiosa...

«Lo que me choca es verla pegada al poder temporal con un servilismo desconcertante. Si fuera mordaz (...) haría una antología de los mandamientos de obispos, desde la Revolución francesa hasta nuestros días. Vería usted, de un régimen a otro, hasta qué punto cada uno ha podido ser desmesuradamente exaltado»[563]

---

[562] Jesús Álvarez Gómez, «La Iglesia de los primeros siglos ante la violencia», en AA VV, *Paz y disuasión nuclear* (Fund. Universitaria San Pablo-CEU, Madrid 1987) 42
[563] Gustave Thibon, *Entre el amor y la muerte* (Rialp, Madrid 1977) 90

Thibon, después de poner algunos ejemplos de ditirámbica adulación a Napoleón, a la Restauración, a la Revolución del 48, a Luis Napoleón, dice:

«Y esto continua: "Francia es Pétain" y "Pétain es Francia" ¡Algunos años después, De Gaulle es comparado con el Espíritu Santo! En no sé qué iglesia donde él hacía su visita el día de la fiesta del Buen Pastor, alguien se atrevió a decirle que "conocía sus rebaños y que sus rebaños le conocían" ¡Lo que nadie se había atrevido a decirle a Luis XIV!»[564]

Para Gustave Thibon esto no es circunstancial, sino una actitud... «Halaga hoy a la democracia como halagaba antes a la monarquía»[565]...

Una actitud que tiene frutos espirituales, malignos, profundos. Edith Stein, Santa Teresa Benedicta de la Cruz, escribía bajo el título «Ave Crux-Spes única» una reflexión espiritual en la que aludía a ese género de sumisión indigna que conduce a una colaboración indigna con asentimiento interior contra la cruz. Refiriéndose al régimen nacionalsocialista del que había tenido que huir, escribe:

«Los discípulos del Anticristo le hacen ignominias (a la cruz) mucho peores que las que le hicieron antiguamente los mismos persas que la saquearon. Ellos profanan la imagen de la cruz y hacen los esfuerzos posibles para arrancarla del corazón de los cristianos. Lamentablemente, con bastante frecuencia han tenido éxito, incluso en aquellos que, como nosotras, habían prometido ya cargar con la cruz de Cristo»[566]

Es verdad que el equívoco del que hablamos no ha copado el corazón de algunos de modo total: hay quien ha pensado, desde el papado, o desde instancias episcopales, que podía y debía compaginar la «diplomacia» con el no ceder en principios fundamentales, e incluso con el alentar a ciertos resistentes de un modo, diríamos, no excesivamente notable. Pío XI, con sus Concordatos, no quería legitimar sin más las cosas. De hecho, laboró por un Concordato con la Unión Soviética. Pretendía dotar a

---

[564] Ibid, p.91

[565] Ibid, p.90

[566] Edith Stein, *Los caminos del silencio interior* (Editorial de Espiritualidad, Madrid³ 2010) 106

los católicos, precisamente a los que iban a tener problemas a causa de su fe o de las conductas derivadas de su fe, de algún instrumento jurídico para defenderse. Así usó Von Galen el Concordato para defender las escuelas católicas de su diócesis.

Pero el mensaje seguía y sigue siendo de tal ambigüedad que da lugar a que, por ejemplo, los césares del mundo usen a la Iglesia para su prestigio o propaganda... Hay que ver las fotos de las multitudes nazis saludando brazo en alto frente a la catedral de Berlín tras la firma del Concordato... Por otro lado, es fácil caer en una suerte de espiritualidad diplomacista que no es mera diplomacia, y que tiende a supeditar casi todo, incluso lo esencial, incluso la vida y la dignidad de otros, a la ausencia de conflictos para poder seguir teniendo ese «espacio» de que hablábamos antes... Una actitud espiritual que puede deformar de tal modo ese espacio, que realmente puede dejar de tener razón para existir como tal; pues en su expresión ya no sería un espacio católico, es decir, sólo representaría a una facción sociológica, a unas instituciones, pero no sería reconocible como el *lugar* de los que creen en la locura del Evangelio.

Este es el peligro del diplomatismo, de la «neutralidad»: ésta tiene su razón en el considerar hijos a todas las personas sumidas en los dramas de la confrontación, y en, por tanto, no romper a priori cauces para intentar mediar, mitigar, e incluso pacificar. Esto puede significar —sólo puede— que las tomas de postura partidistas tienen en sí gérmenes de contradicción: es el mundo —el mundo de cada banderío— el que establece con nitidez quién está de parte de la justicia y la verdad frente a su adversario. Los hechos muestran que incluso en los casos de flagrante injusticia sufrida, los atacados, los oprimidos, pueden bien reproducir lo padecido sobre otras personas concretas.

Los hechos, la historia, también muestran que, salvo algunas excepciones, ese género de intervenciones de mediación eclesiástica son dirigidas a los responsables del poder y que casi nunca han dado fruto. Luego, tiempo después, la lectura total de la intervención de la Iglesia suele ser simple: se guardó silencio, o un excesivo silencio.

El testimonio de los mártires nos sitúa en otro lugar. Un lugar que la propia Iglesia, en su rostro jurídicamente visible, «institucional» y en su labor de mediación también podría recorrer: amar, decir la verdad... y olvidarse de otros cálculos, aun cuando esta actitud comportara persecución a inocentes, a hermanos, que, en ese contexto espiritual encontrarían sentido sobrenatural a su sufrimiento y encontrarían también ayudas palpables de parte de otros enardecidos por el amor y que en las atmósferas diplomacistas ven sofocados sus ímpetus espirituales. Además y en ese clima, el dirigir la labor de mediación, no primeramente al poder, a la gente del poder, sino a las personas concretas que en la base tienen potestad para ejecutar o no los designios del poder. Como cuando San Oscar Romero se dirigía más que al gobierno militar a los soldados para decirles: «no matéis, aunque os lo ordenen no matéis»... Si el fruto constatable puede ser tan escaso como en la otra opción, que es la habitual en los esfuerzos de mediación, el fruto espiritual es seguro. Es un testimonio sobrenatural. E incluso tiene poder para modelar las opciones futuras de muchos a causa de la luz recibida.

Lo cierto es que en el caso de los fascismos y en el de tantos otros escenarios, la mezcolanza de diplomatismo, de lectura equívoca sobre la relación con las autoridades de hecho, y la propia falta de fe en el vigor del Evangelio, produjeron la imagen de la adulación y la colaboración. La imagen grotesca de la que hablaba Thibon...

Así en Italia con Mussolini ya en el poder. Las alabanzas y bendiciones del cardenal Gasperri, del cardenal Vannutelli, el público abrazo del cardenal Mistrangelo, el que otro cardenal le llamara «apóstol» «en la inauguración de un acueducto»[567]...un clima de adulación que contamina a gran parte del pueblo sociológicamente católico que así es conducido a la colaboración y, como veremos después, a la fusión. Un clima que siempre comienza por ese género de relación que tiene por objeto «agradar a los hombres»... Desde ahí se entiende, por ejemplo, el telegrama de salutación que 1500 personas envían al Duce desde Lourdes[568]; sin motivo concreto, como una efusión.

Así ocurrió con Francia y el mariscal Pétain:

«La reserva de Pétain y su silencio le ayudaron a crear su estereotipo de católico devoto y abuelo de una nación católica. Era elogiado por los líderes de la Iglesia, se rezaba por él; su retrato solía verse en las iglesias»[569]

En Austria otro tanto de lo mismo. Mario Dal Bello, en un interesante libro basado enteramente en documentos del Archivo Vaticano, narra la entrevista del cardenal arzobispo Innitzer con Pacelli, futuro Pío XII. El cardenal había sido llamado a Roma por

---

[567] Dino Biondi, o.c., p.130
[568] Cf Il Resto del Carlino (23-8-1925)
[569] Herbert R. Lottman, Pétain (Espasa, Madrid 1998) 278

Pío XI, airado por el apoyo de los obispos austriacos al Anschluss, la anexión de Austria al Tercer Reich. Innitzer, quien junto a casi todos los obispos se mostraba contario a los nazis austriacos antes de la anexión, se justifica ante Pacelli: tanto Orsenigo, nuncio en Berlín, como el arzobispo de Breslavia «tienen una opinión favorable respecto al Führer»[570]. Pacelli, en alemán, le responde desconcertado que parece que el cardenal no haya leído una sola línea del Mein Kampf, que el Anschluss es sólo una etapa de una guerra de conquista. Al día siguiente Pío XI recibe en audiencia a Innitzer: le recrimina su silencio ante la violencia sufrida por los opositores de Hitler, le anuncia que le va a privar del cardenalato, le pregunta si sigue el mensaje de Cristo o el de un führer... Tras la entrevista con el Papa, Pacelli le comunica:

«"En nombre de los obispos austriacos deberá firmar una solemne nota retractándose de su actuación. Y ha de hacerse pública. Dios lo ayude, Eminencia, a soportar las represalias que seguramente los nazis le harán". Lo cual tendrá lugar el 7 de octubre (1938), cuando el arzobispado de Viena y las escuelas católicas son saqueadas y devastadas, y el propio cardenal por poco no es arrojado por una ventana. Hitler no se anda con chiquitas»[571]

Luego está Alemania. Aparte de los obispos conscientemente colaboradores o directamente entusiastas del nazismo, está esta pánfila sumisión adulatoria expresada por muchos de estos obispos. Con un daño espiritual incalculable. Sólo se limitaban a reproducir lo que se hacía en tantos lugares: procurar no dar la nota, no ocasionar problemas, y dar el tono cívico de súbditos leales que aplauden al poder.

Actitudes de este género encontramos en Buchberger, obispo de Regensburg, en Ehrenfried, obispo de Wirzburgo, en Kaller, obispo de Ermland, en Machens, obispo de Hildescheim, en Kumpfmüller, obispo de Augsburgo... y en Schulte, de Colonia, en Kolb, de Bamberg, en Preysing, de Berlín... Además de la adulación, este previo mediocre y equívoco sobre la relación con el poder, originó figuras extremadamente ambiguas, como el cardenal Faulhaber, quien a día de hoy aún es objeto de disputa sobre su personalidad y sus acciones. La ambigüedad también puede ser muy dañina... Antes de la llegada de los nazis al poder, Faulhaber

---

[570] Mario DAL BELLO, *El secreto de Pío XII. La conspiración de Hitler* (Ciudad Nueva, Madrid 2015) 43
[571] Ibid, p.44

condenaba el antisemitismo. Apoyó públicamente la «Obra Sacerdotal *Amici Israel*»... pero con los nazis gobernando guardó silencio al respecto e incluso desautorizó que un Congreso Judío hablara de él como de amigo del pueblo judío. Parece que colaboró de modo determinante en la redacción de la encíclica *Mit brenender sorge*, pero sus notas públicas eran adulatorias sin más, y, según el escritor católico estadounidense Ronald Rychlak —quien defiende y documenta que Pío XII sí ayudó a las víctimas— fue Faulhaber quien recomendó a Pacelli, cuando éste era Secretario de Estado, el guardar silencio bajo el supuesto de que hablar empeoraría las cosas.

1.2.2.- La confluencia *espiritual*: el moralismo

Este es el factor determinante de confluencia: el moralismo ultraconservador. Ayer lo fue y lo va siendo hoy.

Entendemos por moralismo un objetivismo legalista opuesto a la noción cristiana de moralidad, que es un descubrir, reconocer, desear, seguir, la verdad del hombre, en sí y en sus relaciones, y en una atmósfera de gracia que penetra la vivencia y el proceso. El moralismo objetivista es enemigo de la gracia, es voluntarista y, por tanto, impositor, coactivo, juzgador. Hay, obviamente, muchas clases de moralismos según el objeto referencial; aquí hablamos del que tiene como referencias *legales* los valores propios de los conservadurismos: autoridad, milicia, orden, jerarquía, propiedad, etc. Nociones que tienen su papel, su verdad en el ser humano, pero que desvinculadas del amor y de la gracia, adquieren fisonomía propia, abolen otras nociones fundamentales, se deforman y se endurecen.

Así pues, al diplomatismo y a esas concepciones erradas de la relación de los cristianos con el poder civil, se suma, como factor determinante, este moralismo. Porque hablamos, en aquel ayer y en este hoy, de un clima de «disolución de valores» en el que irrumpe como respuesta el fascismo con su aura de entusiasmos vitalistas y regeneracionistas. Así, las tradicionalistas exaltaciones de la religiosidad, de la milicia como sentido vital, del autoritarismo frente al desorden, de las jerarquías familiares y los linajes... se van a topar con los fascismos, con su firmeza de los *valores inmutables* frente a la decadencia, con su culto a la violencia y sus militarizados uniformes y correajes, con su culto a los jefes providenciales, con su racismo que preserva linajes marcados por un destino superior. El reduccionismo es brutal:

«Algunos hombres de la Iglesia esperaban asimismo que un fortalecimiento del Estado y la introducción del *Fuhrerprinzip* (principio del caudillaje) llevaría también a un fortalecimiento de la autoridad de la Iglesia»[572]

La confluencia del integrismo de matriz católica y de sus prolegómenos ultraconservadores con el fascismo fue real. Y no algo marginal sino masivamente seductor. Cuando Hans Scholl discutía con su padre y su madre porque éstos no querían que ingresase en las Juventudes Hitlerianas aducía precisamente estas similitudes. Hans, que luego sería guillotinado por el nazismo y que desde el catolicismo se convirtió en clandestino opositor miembro de La Rosa Blanca, siendo un muchacho no entendía a sus padres:

«Las Juventudes proclamaban el amor a Dios (hasta el ascenso de Hitler al poder) y a la patria; el respeto a los mayores y a las autoridades; la obediencia a padres y profesores; la ayuda al prójimo, la alegría, la cortesía, la austeridad y la limpieza de cuerpo y espíritu. También suprimían las diferencias entre clases sociales, y exigían horas de trabajo en beneficio del bien común ¿Acaso no era eso lo que Robert y Magdalene habían practicado y enseñado siempre a sus hijos?»[573]

Fue después cuando Hans pudo vincular todo esto con el culto a la guerra, las eutanasias y esterilizaciones de discapacitados que tanto horrorizaban a su madre, la idea de expansión territorial, de conquista pasando por encima de otros, las vejaciones a los judíos, la obediencia ciega... y la hipocresía: en Nuremberg, en un congreso anual del partido, «encontró un ambiente sofocante de vulgaridad y descontrol sexual, donde él mismo sufrió acoso por parte de algunos superiores»[574].

Otro factor fundamental en esta confluencia fue tanto el temor al comunismo como el odio a los comunistas, y a todo lo que el conservadurismo calificara como tal. El fascismo se presenta como fuerza de choque, capaz de aglutinar a muchos frente al «enemigo», pero no de un modo pragmático sino con capacidad de adhesión *patriótica*. En su estudio sobre el nacionalsocialismo, Karl Dietrich hace notar este impacto del fascismo sobre el conservadurismo burgués:

---

[572] Guenter Lewy, *The Catholic Church and Nazi Germany* (Mc Graw-Hill, New York-Toronto 1964)
[573] José R. Ayllón, *Sophie Scholl contra Hitler* (Palabra, Madrid 2016) 27
[574] Ibid, p.30

«Unos estaban impresionados por la fuerza anticomunista y antisindical del "movimiento". Otros, provenientes del campo de la "revolución conservadora", se fijaron seguramente en la componente antiliberal y revolucionario-nacional»[575]

Es sencillo ver la confluencia espiritual e histórica, pese a las negaciones del integrismo de matriz católica de hoy, que, como decíamos, resalta los aspectos explícitamente paganos de aquellos fascismos para diferenciarse de ellos. Entonces no fue así, y en el proceso actual volvemos a toparnos con las *confluencias*.

En la época en que afloró el fascismo observamos cómo la riada ideológica que brota tanto del rechazo al marxismo como de la constatación de la decadencia liberal, va a culminar en el elemento común del saludo a la romana. Maeztu, quien vive un proceso personal parecido al de Mussolini, pues ambos vienen de la izquierda y *descubren* supuestos «valores imperecederos» en una «tradición gloriosa», «imperial», que habría que resucitar, será calificado después por Madariaga como «precursor del falangismo y quizá, incluso, de todos los fascismos»[576], y en la temprana fecha de 1927, Giménez Caballero saludaba su pensamiento calificando a Maeztu como «la más audaz camisa negra de las que hasta ahora han alzado el brazo cesáreamente en la vida pública de las letras españolas»[577].

No parece que se haya aprendido esta lección. Hoy se puede incidir en la denuncia de Pío XI de la «estatolatría pagana» formulada en *Non abbiamo bisogno* contra el fascismo; o en la denuncia de «una pretendida concepción precristiana del antiguo germanismo», tal como señalaba este Papa en *Mit brenender sorge* frente al nacionalsocialismo. Se pueden encapsular estas pretensiones ideológicas para negar una confluencia que sí existió. Como señala Beneyto en su *Historia Geopolítica Universal*, en esta corriente encontramos a un Carl Schmitt, que recoge y difunde la obra de Donoso[578], y a Salazar, Maurras, Primo de Rivera padre, Dollfus, Pétain, Franco...

---

[575] Karl Dietrich, *La dictadura alemana I. Génesis, estructura y consecuencias del nacionalsocialismo* (Alianza Editorial, Madrid 1973) 332

[576] Salvador de Madariaga, *Spain, a Modern History* (Frederick A. Praeger, New York 1958) 537

[577] Cit en Douglas W. Foard, *Ernesto Giménez Caballero* (Instituto de Estudios Políticos, Madrid 1975) 117

[578] Cf Juan Beneyto, o.c., p.463

«El integralismo portugués tiene resonancias con la monarquía "integral" propuesta por el creador de Acción Francesa (...) Sobre Salazar influyó también Mussolini. Una foto del Duce trataba de hacer *pendant* en su despacho —según la descripción de Eugenio d'Ors— con un cromo del Sagrado Corazón»[579]

Respecto a Primo de Rivera, «tal sistema está en el cuadro de la Europa de su tiempo bajo influjo fascista (...) algo de ello aletea en el libro de José María Pemán *El hecho y la idea de la Unión Patriótica*, publicado en Madrid en 1929 con prólogo del general»[580].

De Dollfus dice Beneyto:

«El ensayo dollfusista significará también un acuerdo entre la contrarrevolución y el nacionalismo, buscando por este lado el apoyo de la juventud y de ciertas organizaciones tradicionales»[581]

Las confluencias vienen de antiguo. Se manifestaban por doquier. La dictadura de Augustinus Voldemaras, en los años veinte de Lutuania, es otorgada por los conservadores; y esta dictadura inmediatamente se presenta con facha fascista: la organización «Los Lobos de Acero», el nacionalismo extremo, el antisemitismo...

En Francia el coronel La Rocque, fundador del movimiento «Cruces de Fuego» y posteriormente del «Partido Social Francés», colabora con Pétain y confluye en Vichy con los integristas de Maurras.

En Austria, y previo a Dollfus —éste vinculado a Mussolini—, encontramos al sacerdote Ignaz Seipel, presidente del «Partido Social Cristiano», quien, desilusionado con la democracia parlamentaria, defiende ya en 1927 un autoritarismo confesionalista. El nacionalismo y el antisemitismo le conducen a colaborar con formaciones fascistas como la «Heimwehr», nacida de las bandas armadas de la posguerra en 1918 para «defender las fronteras y la propiedad» de la presencia de extranjeros...

En Hungría, antes de los «Cruces Flechadas», un autoritarismo nacionalista pretendidamente cristiano. En Ucrania, Kornilov, antes del fascismo de Bandera...

[579] Ibid, p.484
[580] Ibid
[581] Ibid, p.485

Y luego está Alemania. Aquí se procura ocultar de mil maneras este allanamiento al ascenso nazi que supuso la colaboración integrista y ultraconservadora. Hitler mismo ya había fomentado las confluencias porque los antecedentes eran innegables. En el citado libro *El ultra*, que ilustra el ambiente de las últimas décadas del siglo XIX en Alemania pero está escrito en 1914, ya encontramos todos los ingredientes:

.-Antisemitismo:

> «Después de su visita, los neoteutones concordaron en que el liberalismo judío era la semilla de la socialdemocracia; todos los cristianos alemanes debían apretar sus filas alrededor del padre predicador Stöcker (...) A los compatriotas judíos los excluía naturalmente Herr von Barnim de su orden social, pues eran a ciencia cierta el factor primordial de desorden y disolución, de desbarajuste, de desacato: el principio del mal mismo. Su cara beata se retorció de odio, y Diederich lo sintió también.
>
> —Después de todo —opinó—, tenemos la fuerza en nuestras manos y podemos echarlos»[582]

.-Imperialismo:

> «Los ojos y los oídos seguían cerrados al peligro, la gente seguía agarrada a las ideas antañonas de una democracia y un humanismo mezquinos, que no hacían otra cosa que allanar el camino a los enemigos sin patria del orden mundial divino. Todavía no se alcanzaba a comprender la idea de un nacionalismo pujante, de una amplia y generosa voluntad de Imperio»[583]

.-Machismo:

> «Las mujeres, Diederich debía una vez más reconocerlo, producían efectos más bien subversivos, si no se las tenía bien sujetas»[584]

.-Caudillismo:

> «La historia del Grial significa en el fondo que el más alto dignatario, de Dios abajo, sólo es responsable ante su propia conciencia. Y nosotros ante él»[585]

---

[582] Heinrich MANN, o.c., p.48.49

[583] Ibid, p.197

[584] Ibid, p.303

[585] Ibid, p.304

.-Providencialismo supremacista:

«El Creador tenía siempre la mirada fija en el pueblo por Él escogido (Alemania), forjando además su instrumento más idóneo»[586]

.-Racismo eugenésico:

«Él no deseaba una paz eterna, pues no era más que un sueño que, además, rayaba en la pesadilla. Lo que sí deseaba era una reproducción de la raza a la manera espartana. A los retrasados mentales y degenerados sexuales debería impedírseles la procreación mediante una intervención quirúrgica»[587]

... Y la guinda, la relación con la Iglesia, «el aliado tradicional»[588], pues «la rutilante imagen del verdadero alemán se levanta sobre los cimientos del cristianismo»[589]...

Hitler recogió todas estas energías tradicionales y las fusionó con la corriente neopagana que había emergido con pujanza desde el siglo XIX presentándose como el espíritu que levantaría hasta las cumbres a Alemania. Strauss, autor del poema sinfónico *Así hablaba Zaratustra*, escribe a Mahler el 18 de mayo de 1911 para comunicarle que bautizará su sinfonía Alpina con el nombre de *Anti-Cristo*. Para él, lo mismo que para su loco ídolo Nietzsche, Alemania necesitaba «descristianizarse» para «virilizarse»... ¿Cómo se conjuga este espíritu, notable después en muchas facciones poderosas dentro del nacionalsocialismo, con el apoyo de tantos cristianos al régimen, la bendición de la mayoría de los obispos...? Anota al respecto Jean-Michel Angebert:

«La masa germánica encontraba en este nacionalismo de resonancia pagana una filosofía suficiente y, en el primer momento, liberal, ya que permite la subsistencia de las viejas religiones. En esto se dio rienda suelta a todo el disimulo hitleriano, pues resultaba fácil agitar el espectro del ateísmo marxista para tranquilizar a los cristianos sobre su suerte. Entretanto, así como el Imperio romano acogió en él a todos los dioses con igualdad de rango, así el

---

[586] Ibid, p.403
[587] Ibid, pp 332-333
[588] Ibid, p.401
[589] Ibid, p.404

nazismo actuando de este modo, quería demostrar que no creía en ninguno»[590]

Pero no sólo se trataba de tranquilizar al conservadurismo haciéndole saber que existía una fuerza de choque frente a los bolcheviques, sino que Hitler explotó la confluencia moralista, y supo dar, para cierto público no minoritario, una síntesis orgánica entre ese germanismo neopagano, el tradicionalismo conservador nacionalista, y un peculiar sentido del cristianismo. Dice Dietrich Bracher que «la combinación de las ideologías expansionistas y políticas del autoritarismo prusiano y del populismo austriaco encontró en el hitlerismo su expresión más radical»[591].

En Mein Kampf, Hitler ya había expuesto, las intenciones, los límites y los contextos de estas confluencias que sedujeron a tantos cristianos. Efectivamente, cuando Hitler intenta explicar sus evoluciones políticas hace referencia a su encuentro con las ideas del Partido Social Cristiano, de Austria, el movimiento prefascista del sacerdote Seipel y que dirigía el Dr. Karl Lueger en el momento en que el futuro Führer se refiere a esto[592]. Hitler, en este libro programático, habla de una conciliación entre el movimiento pangermanista de Georg von Schoenerer y el del doctor Lueger. De ambos dice:

«En medio de la universal orgía de corrupción política, supieron conservarse puros e inmaculados. Y aunque al principio mis simpatías se inclinaban sólo hacia el pangermanista Schoenerer, poco a poco fueron siendo atraídas también por el caudillo socialista cristiano»[593]

Es un ejemplo de la *síntesis* con que se presentaban los fascismos de la época: revitalización de «los valores» y redención social. Después del desastre, de la magnitud de los crímenes, puede ser fácil ver la inconsistencia de todo aquello, pero en su momento no presentaba facha de ideología caótica, basada en alianzas contra natura, sino de armazón orgánico... El nacionalismo romántico, el pangermanismo supremacista y racista, el concepto militar prusiano de *drill*, violencia cuartelera exaltada como valor... y el elemento ético tanto del *socialismo* como de los valores

---

[590] Jean-Michel ANGEBERT, *Hitler y la tradición cátara* (Plaza y Janés, Barcelona 1976) 241

[591] Karl DIETRICH BRACHER, o.c., p.331

[592] Cf Adolfo HITLER, *Mi lucha* (Edit. Antalbe, Barcelona 1984) 26

[593] Ibid, p.51

tradicionales sustentados por la religión, se mostraban como un todo.

Hitler proponía firmeza en los valores, y ponía como ejemplo «la grandeza del cristianismo», por no ceder en su doctrina, pues «el porvenir de un movimiento depende del fanatismo y aun de la intolerancia con que lo exaltan sus partidarios, exhibiéndolo como el único rumbo acertado»[594]. Y a la propia «Iglesia Católica Romana», que «pese a que el conjunto de su doctrina choca en muchos puntos con la ciencia y los conocimientos modernos, esta Iglesia no está dispuesta a sacrificar una sola sílaba de su credo»[595].

Estos halagos y estas lecturas, que contienen lo que contienen, es decir, muchas cosas excepto el Amor de Dios y la Verdad, dieron fruto gracias al espíritu previo moralista conservador que entonces, como ahora, dominaba el corazón de una multitud de católicos.

Por supuesto, la síntesis orgánica operada entre el fascismo y las tendencias integristas y ultraconservadoras de la fe cristiana, exigía al fin una sumisión absoluta a los *nuevos* valores. En Mein Kamf, Hitler advierte sobre los insumisos a causa de la religión:

> «Los partidos políticos nada deberían tener que ver con los problemas religiosos en tanto que éstos no socavasen la moral de la raza; de la misma manera, la religión no debería mezclarse en las intrigas políticas. Si los dignatarios eclesiásticos hiciesen uso de las instituciones religiosas, y aun de sus doctrinas, con el objeto de perjudicar a su propia nacionalidad, sería menester privarlos de adeptos»[596]

En todos los fascismos de la época encontramos esta confluencia moralista con el *cristianismo* integrista o protointegrista. El reduccionismo, incluso en el plano objetivista de los enunciados de valores, era brutal... los nuevos caudillos vistos como guardianes del orden, de la propiedad, de la familia... Y en ese ayer, al igual que hoy y haciendo flaco favor a la verdad integral del concepto «defensa de la vida», tales caudillos, muchos de ellos, la mayoría, acogidos como defensores de la vida por su oposición al aborto: Pétain, Franco, Salazar, Pavelic, Mussolini... Flaco favor

---

[594] Ibid, p.161
[595] Ibid, p.219
[596] Ibid, pp 58-59

para quienes, como católicos que quieren seguir las enseñanzas de la Iglesia en todas sus dimensiones se saben tan enemigos del aborto como anticapitalistas, antifascistas...

La confluencia moralista dio lugar tanto a verdaderas fusiones entre fascismo y supuesto cristianismo —luego veremos algo de este panorama— como a una relación pragmática por parte de los fascistas que por esta condición podría ser revocada o reconducida si el servilismo de los otros se apaciguaba un tanto, o si pretendían de modo notable el persistir en la diferenciación.

Efectivamente, «ciertas corrientes del fascismo lo entendían como una religión secular y aspiraban incluso a la sustitución del catolicismo. Mussolini era prácticamente un dios. Sin embargo, el sentido de conveniencia terminó por hacer prevalecer la asociación entre gobierno fascista y religión católica»[597]. La conveniencia de unos y la sumisión servil de otros, culminó mal en diversos escenarios. Así con el partido alemán «Zentrum», escorado a la derecha conservadora durante la República de Weimar y que, con su dirigente, el sacerdote Ludwig Kass, votó a favor de la investidura de Hitler a cambio del mantenimiento de las escuelas católicas. Fueron disueltos poco después... La maniobra de Hitler sencillamente mostraba la cortedad de miras y la deformación espiritual de ese pragmatismo conservador enemigo de las locuras evangélicas.

Los chirridos y las advertencias también se hicieron notar especialmente en los lugares en que coexistían, ambos con poder, los fascistas explícitos con aquellos que habían confluido con ellos desde el integrismo y el tradicionalismo. El paradigma de este clima es Vichy. Así, el fascista Marcel Déat, colaborador entusiasta de los alemanes en el París ocupado, atacaba al gobierno de Vichy —salvando a Pétain— porque sus componentes estaban «entregados en cuerpo y alma a todos los intereses reaccionarios», «estaban empapados de clericalismo». Calificaba a esos ministros de «chupacirios», y suplicaba a Pétain: «Mariscal, líbrese usted de ellos»[598]. Por su parte, Otto Abetz, embajador alemán, informaba sobre el caos de Vichy, en que proalemanes estaban enfrentados a nacionalistas cristiandistas —cita a la Iglesia y a Acción Francesa—, que abominaban de los alemanes. El embajador, expresando una sustanciosa opinión que ilustra lo que vamos comentando,

[597] Xavier VALLS TORNER, «El culto al Duce»: *Historia y Vida* n.528 (03/2012) 78
[598] Cit en Herbert R. LOTTMAN, o.c., p.266

aconsejaba dejar hacer a Acción Francesa en su labor contra judíos y masones, para luego eliminarla[599]...

Hitler participaba de esos juicios respecto a las fuerzas que confluían con el fascismo. En un encuentro con Mussolini en Baviera analizaba la situación de Vichy. Su resumen era que «Pétain era viejo, Vichy estaba en manos de la *Action Française*, el clero y los reaccionarios, la misma combinación que rodeaba a Franco»[600].

La confluencia, por parte de los fascistas explícitos y salvo en los diversos casos de verdadera fusión, era limitada... Dollfus fue eliminado en el «Golpe de Julio», el 25 de ese mes de 1934, por los conjurados del Partido Nacionalsocialista Austriaco... Y Hermann Rauschning, el hombre de Alemania en Dantzig, que era ultraconservador, nacionalista y moralista, al final sufrió con toda su familia persecución[601]. Luego, luego, se lamentarían de las matanzas de judíos —no de su propio antijudaísmo teologizado—, y de la eugenesia y los criaderos de arios, por ser algo inmoral y promiscuo, y del paganismo explícito... Pero todos habían leído el Mein Kampf, donde el odio a los judíos vertebra la obra y hay capítulos de verdadera y clara apología de la esclavitud. El problema, pues, era previo: qué concepción de la fe cristiana se tiene en el ámbito integrista y protointegrista.

1.2.3.- El peculiar caso de la guerra española

Sólo una breve reseña, pues el tema da de sí lo que se quiera. Sin empacho incluimos este drama en la corriente ideológica que propicia el que las lecturas de la fe católica de signo tradicionalista, integrista o de sus prolegómenos y aledaños ultraconservadores, confluyeran con el mesianismo fascista de la época. Aquí hubo confluencias y también fusión.

Los presupuestos ideológicos son similares a los de los demás procesos ocurridos en la Europa de aquellos tiempos: ideología cristiandista concretada en España en un acentuadísimo y estricto nacional-catolicismo marcado por las difuntas glorias mundanas del pasado que son leídas como especial y único en su género favor de Dios.

Este sacronacionalismo y el moralismo que le precede y le sigue son patentes en la Carta Colectiva de los obispos españoles

---

[599] Cf ibid., p.274

[600] Ibid, p.288

[601] Todo el proceso está narrado en el libro de su esposa Anna Rauschning, *No hay retirada* (Los Libros de Nuestro Tiempo, Barcelona 1945)

publicada en 1937 y escrita por el cardenal Gomá, quien luego, poco antes de su muerte, vería alguno de los frutos espirituales: una tímidas recomendaciones aludiendo a un vaporoso perdón ante la oleada de ejecuciones de posguerra (de la anterior oleada, miles y miles, no había dicho nada), junto a una leve indicación sobre el lenguaje falangista que parecía querer suplir el lenguaje religioso, le valieron el que su pastoral de posguerra «Lecciones de la guerra y deberes de la paz» fuera censurada de modo humillante, y a la manera de una advertencia: devolvieron el escrito con cada galerada tachada totalmente, una detrás de otra...

Lo peculiar de este acontecimiento histórico y que le distingue de los procesos similares europeos, fue la persecución religiosa desatada, los miles de mártires cristianos. Sólo esto en medio de las complejidades del conflicto, de las irrupciones ideológicas, de los actos de nobleza o de vileza de parte de personas de ambos bandos, de la excepcionalidad personal positiva de algunos[602], asimismo de ambos bandos, de las manipulaciones de unos y otros, del arrollamiento que sufrieron tantos, embarcados por la historia sin apenas resquicio para una respuesta libre... impulsa a un estudio orante y específico que no podemos abordar aquí. Si Dios quiere, en otro momento...

Ahora, como decíamos antes, sólo un breve apunte: estos mártires cristianos, que sirvieron de soporte al integrismo de ayer y a las confluencias filofascistas, que sirven de justificación *evidentísima* para el repunte integrista de hoy, y no sólo en tierras españolas, son en sí una negación esencial del integrismo.

Sin embargo, contemplamos que la tragedia operada en España, con estos miles de verdaderos martirios cristianos, a muchos sin embargo, no sirvió ni sirve para un examen de conciencia que debería haber aparecido como obvio: ¿cómo es que tantos bautizados pertenecientes a las clases oprimidas odiaban así a la Iglesia?, ¿qué gracia se nos quiere comunicar a nosotros a la hora de construir la historia con el soporte del perdón de los mártires cristianos otorgado a quienes les quitaban la vida? Por el contrario, el discurso nacional-católico —con su aura de idolatría— se extiende en la época, el silencio ante las aberraciones de un orden que tampoco es evangélico es clamoroso y, además, envuelto en cálidos reconocimientos por la actitud institucional del nuevo

---

[602] El anecdotario humanitario, compasivo, de gestos de bondad, es sorprendentemente amplio, y, por supuesto, es más que un anecdotario, pues conduce a *otros lugares* del ser humano. Los reales, los que se asientan en su verdad.

Régimen respecto a «la Iglesia». Sobre todo, chirría el que los mártires hayan servido de justificación retroactiva para los fusilamientos masivos habidos en diversos lugares de la península, para las incontables *desapariciones*, para torturar, y para las decenas de miles de ejecuciones de la posguerra. Una manipulación ideológico-mundana que por sus excesos provocó más tarde la intervención de San Pablo VI para que aquellos verdaderos martirios cristianos no sirvieran de soporte a sus antítesis espirituales.

Ya hemos visto antes el tono con que el integrismo de matriz católica se ha relacionado con San Pablo VI. Este factor, el uso ideológico de mártires cristianos y la respuesta del Papa propició que cierta propaganda del régimen franquista difundiera la idea de que era «enemigo de España»[603].

San Pablo VI no era enemigo de España, sencillamente vivía unas convicciones espirituales evangélicas enraizadas en él antaño que le impulsaron a tomar postura. Una postura consecuente expresada desde el principio del drama español. Efectivamente, «ni en esta época, ni en su etapa de Milán, ni siquiera cuando fue Papa pudo entender un régimen que se decía católico y que firmaba sentencias de muerte»[604]. No era un disentimiento circunstancial ni selectivo o sectario respecto al régimen y «al gobierno que había salido de la desdichada guerra civil»... Era, en este sentido y en tantos otros, «discípulo del filósofo Jacques Maritain, que había tomado una clara postura en la Guerra Civil española»[605].

La confluencia del integrismo de matriz católica con el fascismo produjo un incremento de este sinsentido, siempre presente en la historia de los hijos de la Iglesia a través de las edades: crueldad y muerte en nombre de Cristo; opresión, vanidad e injusticia, en nombre de Cristo; idolatría... en nombre de Cristo.

2.- La fusión con el fascismo

La fusión de esta interpretación ideológica de la fe cristiana con los mesianismos fascistas también fue un hecho. No sólo colaboración o confluencia, sino fusión. El concepto, no obstante, es polivalente: parte de ambas direcciones, es decir, del fascismo a la

---

603 Cf Eduardo DE LA HERA BUEDO, o.c., p.421
604 Ibid, p.159
605 Ibid, p.158

religión, y de la religión al fascismo; y, además, hubo diversos géneros de fusión.

Respecto a las dos direcciones no nos referimos aquí al hecho de que el fascismo usó, en muchas ocasiones, de un lenguaje *religioso*. Giménez Caballero, en su *Genio de España* publicado en 1932 no tenía empacho en hablar de ese modo:

> «Si yo hablo de bandera fascista en España, es bajo una sola condición: que *el fascismo para España no es fascismo, sino ca-to-li-ci-dad*. Otra vez: catolicismo (...) Para España, la bandera del fascismo no es el *fascio, sino Roma*»[606]

Para este autor hay una *catolicidad*, universalismo, fascista. El tono religioso es persistente:

> «Si mantiene sus ensueños heroicos y religiosos en el mundo, es a costa de lo que saben todos los que conocen la verdad de Italia: de ilusión, de abnegación, de sacrificio»[607]

Este tono de religiosidad era ciertamente habitual en algunos de los fascismos. Se usaba un lenguaje de resonancias cristianas, «como una reacción contra el materialismo histórico», proclamando que «la vida es "deber, elevación, conquista; ella debe ser alta y llena, vivida para sí, pero sobre todo para los otros, vecinos y lejanos, presentes y futuros"»[608].

Así se presentaba el fascismo en su origen italiano. Y la consigna tenía asimismo resonancias religiosas: «Creer, obedecer, combatir»... Incluso con referencias objetivas: «El impulso nacional se potencia es mandamiento santo de Dios»[609]. En el fascismo español este dinamismo fue muy notable. José Antonio Primo de Rivera usaba este lenguaje con profusión... «volver a levantar sobre una base material humana la existencia de nuestro pueblo, pero también hay que unirle por arriba, hay que darle una fe colectiva, hay que volver a la primacía de lo espiritual»[610].

«Lo espiritual» se expresa entonces en un lenguaje que podríamos denominar como de paracristiano. Las resonancias confesionales, en España, son claras, pero el lenguaje responde a

[606] Ernesto GIMÉNEZ CABALLERO, *Genio de España* (Planeta, Barcelona 1983) 189
[607] Ibid, p.188
[608] Guillermo VIVIANI, *Doctrinas Sociales I. Antropocentrismo social* (Ed. Paulinas, Buenos Aires² 1961) 207-208
[609] Cit en ibid., p.216
[610] José Antonio PRIMO DE RIVERA, *Obras completas* (Discurso 17-11-1935) (Instituto de Estudios Políticos, Madrid 1976) 567

unos conceptos propios, una espiritualidad fascista... Ya no es estar bajo la mirada del Padre, sino bajo las estrellas; ya no es la visión enamorada de Dios, «el cielo», sino una guardia en los luceros...

Por otro lado, aquel ambiente, incluso en sus sectores explícitamente anticristianos, estaba impregnado de *espiritualidad* frente al «materialismo». Es el caso de lo que hoy se conoce como «esoterismo nacionalsocialista». O la barahúnda de símbolos presentes en el poeta filofascista Ezra Pound...

Sin embargo, cuando hablamos aquí de fusión no nos referimos a estos usos líricos de la fe cristiana y sus categorías, o del establecimiento de nuevas *espiritualidades*. Hablamos de verdadera fusión con corrientes integristas del ámbito cristiano.

La frontera es ciertamente difusa en algunos casos. Debemos situarnos en aquel contexto, debemos atender a la violenta irrupción en el siglo pasado de los diversos mesianismos totales que se han disputado el futuro del mundo.

El integrismo de matriz católica contempla esta emergencia como una confirmación de sus previsiones. Efectivamente el marxismo y sus variantes habían querido ofrecer al mundo la alternativa definitiva del hombre intramundano, sin trascendencia real. Pero, ¿qué ocurre con el otro gran paradigma alternativo nacido en la época, es decir, con «los fascismos»? Los integristas, siempre prontos a la matematización doctrinal, contemplan críticamente el fenómeno. Incluso algunos lo señalan como directamente pagano y lo sitúan en la gran corriente naturalista de ruptura con el «orden divino» iniciada tiempo atrás. Pero la realidad es más compleja: «los fascismos» reivindican con una fuerza inusitada valores que son gratos a los oídos integristas: pasados gloriosos, esencias nacionales, autoridad, fuerza, desprecio hacia el materialismo, belicismo virilista, rearme moral... un *clima espiritual* que asociado a la evidencia de que los grandes enemigos del fascismo y del integrismo son los mismos, provocará la confluencia en uno u otro punto, en uno u otro lugar, de ambos fenómenos.

Ya hemos hablado antes de estas confluencias. Decimos que la frontera con la fusión está como diluida. Efectivamente, habrá quienes quieran impulsar la colaboración llevándola a sus extremos. Aquí vemos como diferentes escalones. Confluencias poderosas habíamos contemplado venidas de movimientos prefascistas de tinte integrista. Como Acción Francesa, carlistas y diversas iniciativas similares que germinaban en Austria, en Portugal, etc. Pueden protestar lo que quieran tales grupos señalados usando de distingos filosóficos y teológicos, pero lo cierto es que al fin, en uno u otro lugar, de uno u otro modo, anduvieron con el fascismo en las mismas trincheras. Literales.

Este espíritu dio lugar a unos primeros modos de fusión consistentes en mimetizarse con los fascismos. El caso de Vichy es notable. En aquella Francia de la guerra, estaban los entregados explícitamente al fascismo: Doriot, Laval, Déat, Brinon... Algunos de éstos, desde la zona ocupada y como absolutos colaboracionistas, crean una unidad estrictamente fascista llamada «Legión de Voluntarios Franceses», con uniforme alemán y bandera francesa[611]. En Vichy, el mimetismo se tradujo en la creación de la «Milicia», con su porte fascista y sus signos, o las «Jeunesses Patriotes»[612], o el seudopartido «Legión Francesa de Veteranos, concebida como la única entidad organizada para propagar la ideología del nuevo régimen», dirigida no sólo a los veteranos de guerra sino a «todos los franceses "que desearan asociarse a los veteranos para defender los principios de la Revolución Nacional"»[613].

En España el proceso de mimetismo también fue notable: aquellos «legionarios» del doctor Albiñana, o las propias Juventudes de Acción Popular, haciendo actos públicos de estética fascista por los que los fascistas españoles les afeaban por intrusismo... Las JAP y Acción Católica de la época estaban vinculadas estrechamente: luego, al estallar la guerra, esos jóvenes lectores de *El Debate*, de familias de orden y de misa, de la CEDA, pasaron en bloque a engrosar las milicias falangistas, brazo en alto explícito ya... y a protagonizar masivamente gran parte de las vilezas ocurridas en retaguardia durante la contienda, y de los abusos sangrientos y ajustes sangrientos, consentidos por la autoridad, en los años de la posguerra...

Otro género de fusión fue el de los cristianos que encontraron en los fascismos un nuevo baricentro, una renovación, y vivieron la relación dando sustantividad al fascismo sin dejar por ello de mantener su identidad previa, su identidad institucional eclesiástica. La mayoría de estos *fusionadores* eran clérigos de diversas responsabilidades en la jerarquía de la Iglesia que, desde ahí, arrastraron a muchos fieles. En estos casos el núcleo ideológico era el fascismo, los partidos fascistas, y la fusión consistió en la aparición de curas falangistas, de curas fascistas, de obispos fascistas, nacionalsocialistas. De un modo explícito, representando

---

[611] Cf Herbert R. Lottman, o.c., p.308
[612] Cf ibid., p.226
[613] Ibid, p.232

el deseo de fusión en la medida en que veían en el fascismo una realización histórica de su ideología religiosa:

«Al iniciarse 1923, que se preanuncia como "el año de Mussolini", el párroco de la iglesia de San Bartolomé de Bolonia incita a los fieles al culto de la "Virgen de los fascistas" (...) Con ocasión de una visita a Castigliore, para colocar la primera piedra de un pueblo que llevará su nombre, el Duce recibe un poema de manos de un sacerdote de Monreale, Giuseppe di Gesú (...) El grupo de católicos nacionales vota una demostración de "devoción y fe" al Duce: Una y otra no son sentimientos de hoy. Cuando, al surgir el fascismo, el Partido Popular (Sturzo) inició una serie de errores que debían conducirlo fatalmente a un miserable final, todos nosotros, antes que nadie, nos separamos de él... Nuestra adhesión al régimen, más que fruto del entusiasmo, es debida a la meditación y al conocimiento (...) También los aristócratas sienten la exigencia de una "absoluta dedicación a la Idea" que ha hecho una nueva Italia "fascista, católica e imperial"»[614]

Este es el tono de los *fusionadores* que viven una suerte de «doble militancia» al servicio del polo dominante, el fascismo. El P. Tacchi-Venturi, consejero del Duce, representa a la perfección esta lealtad. En España encontramos, por ejemplo, al sacerdote falangista Fermín Yzurdiaga Lorca, conocido en Pamplona como «el Cura Azul»... Este hombre, desde su peculiar conciencia del cristianismo y del sacerdocio y según él afirmándolos, ve en el fascismo español una realización histórica de los postulados del catolicismo hispano. Y lo resalta públicamente: durante la guerra civil se le nombró Delegado Nacional de Prensa y Propaganda de FET de las JONS... El sustantivo, como hemos dicho, era el fascismo, con toda su potencia y sus entusiasmos. No era incoherente que este hombre diera apoyo explícito a Hitler...

En el mundo del nacionalsocialismo encontramos lo mismo: la confluencia traducida en esa suerte de doble militancia, Iglesia y Partido, con primacía existencial de este último, de sus ideales, a los que se ofrecía no sólo apoyo de parte de muchos creyentes, sino una fusión de ideas.

Tenemos al respecto al famoso obispo austriaco monseñor Hudal, «el obispo pardo»..., quien en 1937 publica *Los fundamentos*

---

614 Dino BIONDI, o.c., p.121.144-145.201.226

del nacional socialismo, donde predica un estrecho compromiso entre el catolicismo y la visión «cristiana» y «conservadora» del nazismo. Este hombre aspiraba a la organización de una «cruzada» contra el bolchevismo mediante la invasión de Rusia por parte de un ejercito *cristiano* y nacionalsocialista. El entusiasmo de Hudal no tenía límites:

> «El Dr. Hudal afirma que el enfrentamiento entre nacionalsocialismo e Iglesia católica beneficia única y exclusivamente al comunismo por lo cual afirma como el deber de los hombres y las mujeres cristianos "descubrir el camino hacia la construcción de la obra cristiano-nacionalsocialista"»[615]

Hudal continuó hasta el final sosteniendo su delirio. Delirio que, sin embargo, había cautivado a millones de corazones. Otro libro suyo, *Nacionalsocialismo e Iglesia*, fue dedicado a Hitler, «Sigfrido de la esperanza y la grandeza alemanas».

Este obispo no estuvo solo: el obispo de Osnabruck, monseñor Berning, escribió *Iglesia católica y etnia nacional alemana*, libro que envió al Führer «como signo de mi veneración»…

Son muchos los testimonios que hablan de este género de fusión con el fascismo. En 1931, el Dr. Johannes Stark publica en varios volúmenes *Nazionalsozialismus und Katholische Kirche*[616], donde predica «Paz entre el nacionalsocialismo y la Iglesia católica (porque) quien desea la lucha entre ambos es un enemigo del pueblo alemán». En 1932 aparece *Christentum im Nazionalsozialismus*, de J. Kuptsch. En el prólogo el autor escribe:

> «El nacionalsocialismo, sobre las confesiones, se adhiere con toda fuerza al Cristianismo y vuelve al fundamento

---

[615] J. Aguilar y J.M. Asensi, *Hitler y la Iglesia. La mentira del ateísmo de Hitler* (NOS, Madrid 1973) 57
(Este libro, de NOS, editorial ultraderechista, antijudía, filonazi, intenta reforzar la idea de que no había contradicción alguna entre cristianismo y nazismo, por lo cual, además de reformular qué es el cristianismo, minimiza el impacto ideológico de Rosenberg y las corrientes explícitamente paganas para ofrecernos un elenco de iniciativas, intervenciones, discursos, etc, en los que se plasmaba el acuerdo de muchos cristianos con el nacionalsocialismo y la aquiescencia de los nacionalsocialistas con estos cristianos, camaradas del Partido)
[616] Publicado por Eher Verlag, en Munich, entidad que era la principal casa editorial del NSDAP.

divino, al origen también de todas las confesiones cristianas: a Cristo, el Hijo de Dios, y a su palabra»[617]

La editorial Aschendorf, en Münster, publicaba asimismo un libro titulado *Reich und Kirche* que contenía dos estudios firmados por los católicos Michael Schmaus y Joseph Lortz... «El obispo Dr. Alois Hudal refiriéndose a estas dos obras escribió: "...Muestran la idea común del nacionalsocialismo y el catolicismo"»[618]. Lortz[619] escribió otro libro aclaratorio al respecto, *Nazionalsozialismus und Kirche* (como vemos, parece que era un título recurrente), en el que afirmaba que «el nacionalsocialismo pasó por anticatólico durante mucho tiempo. Esta opinión no era, sin embargo, sino un fatal error»[620].

Hubo mucho más... obras de Walter Grundman para refutar a Rosenberg y afirmar la comunión de ideales, artículos del sacerdote de Breslau Dr. Nieborowski...

En el campo de la Reforma aconteció lo mismo: Müller y sus «Cristianos Alemanes», con la cruz gamada en la intersección de la cruz cristiana... y una minoría de testigos, perseguidos y calumniados, en la «Iglesia Confesante».

Hay, no obstante, más profundización aún en este proceso de fusión. Es el grado último y total. Ya no es confluencia y colaboración, ni el contemplar en los fascismos una realización histórica de valores integristas *cristianos*, sino quienes a priori fundamentan sus propuestas fascistas en la religión como vertebradora fundamental de tales propuestas.

En el movimiento regeneracionista (tradicionalista) y vitalista que supuso la irrupción en casi toda Europa —no sólo Italia y Alemania[621]— de este nuevo mesianismo, cada cual buscó

---

[617] Von Julius KUPTSCH, *Christentum im Nazionalsozialismus* (Eher Verlag, Munich 1932)

[618] J. AGUILAR y J.M. ASENSI, o.c., p.24

[619] Joseph Lortz era sacerdote. Al final abandonó el Partido Nazi en 1938 y se hizo crítico del régimen. Cegado por determinados prejuicios, parece que no preveía hasta dónde llegarían las cosas.

[620] Cit en J. AGUILAR y J.M. ASENSI, o.c., p.24

[621] Efectivamente, tras Italia, que seduce con su nuevo estilo y su saludo imperial a la romana, asoman movimientos identificables como fascistas en Alemania, Austria, Portugal, España, Francia, Bélgica, Holanda, Dinamarca, Noruega, Finlandia, Suecia, Rumanía, Eslovaquia, Croacia, Hungría, Rusia, Inglaterra, Grecia, Ucrania, Letonia, Lituania, Estonia... Muchos de ellos tuvieron apoyos populares, conquistaron el poder o lo recibieron de manos

alguna *roca sagrada* en la que apoyar la iniciativa: la raza y la sangre unos; otros, el viejo imperio romano, conquistador y unificador; otros, los imperios perdidos tintados de excusas religiosas, como en España... Y otros, en diversos lugares y de modo explícito, una versión integrista, fundamentalista, guerrera, totalitaria, moralista, de la religión cristiana: era puro fascismo fusionado con integrismo, distinto de éste en cuanto a sus modos, su lenguaje, su simbología, de los cuales el integrismo de matriz católica ya iba teniendo una específica facha histórica.

Al respecto de esta fusión total, hay casos extremos, como aconteció en Croacia, y hay casos débiles, que no llegaron a cuajar, como la tentativa de Onésimo Redondo en España, quien pretendía cimentar su propuesta fascista en la religión. Sus compañeros en la aventura —que terminó, antes de sus muertes, con enemistad entre ellos—, Ledesma y Primo de Rivera, no compartían la visión.

El mundo de la Ortodoxia también conoció un caso extremo de fusión, en Rumanía, con la «Legión de San Miguel Arcángel», de Codreanu, y su tristemente famosa «Guardia de Hierro». En los previos históricos a esta organización, y con algunos de sus mismos protagonistas, ya encontramos lo que sería la gran formulación del mesianismo fascista, es decir, valores perennes y redención social. Era la «Guardia de la Conciencia Nacional», que preconizaba un «Socialismo Nacional Cristiano». La roca sagrada explícita era la religión, vivida al modo integrista...

> «El profesor Mihai A. Antonescu, vicepresidente del Consejo de Ministros de Rumanía, escribía un artículo titulado *La Guerra Santa*: "La familia, la propiedad y la Iglesia habían de ser consumidos en el fuego de la quimera religiosa del comunismo. De ahora en adelante ya nunca existirá. Yo creo que desde las sublimes campañas de los cruzados no ha habido ninguna lucha tan santa, tan grandiosa y tan trascendental como la emprendida por Adolfo Hitler"»[622]

Codreanu, el fundador de la Legión de San Miguel Arcángel, hizo una fusión perfecta de idealismo fascista y de ideología cristiandista mitificada. Antes de ser asesinado por la policía en

---

nazis durante la II Guerra Mundial; otros fueron sólo muy parcialmente seguidos, incluso cuando gobernaron —bajo tutela—, y otros más fueron sólo tentativas secundadas por pequeñas minorías, como sucedió con los «camisas negras» ingleses de Sir Oswald Mosley.

[622] J. Aguilar y J.M. Asensi, o.c., pp 63-64

1938, un ideólogo del esoterismo fascista, Julius Evola, tuvo un encuentro con él. El dirigente rumano hablaba de mística, de ayuno... incluso del celibato, el voto de castidad de los miembros de su «cuerpo de asalto»:

> «Según mi opinión, en el movimiento fascista predomina el elemento Estado, que corresponde al de la forma organizada. Aquí habla la potencia de la Roma antigua, maestra del Derecho y de la organización política, de la cual Italia es la heredera más pura. En el nacionalsocialismo está, por el contrario, puesto de relieve aquello que se refiere a las fuerzas vitales: la raza, el instinto de la raza, el elemento étnico-nacional. En el movimiento legionario rumano, el acento está puesto ante todo sobre aquello que, en un organismo, corresponde al elemento alma, sobre el aspecto espiritual y religioso»[623]

En el mundo de la Ortodoxia hubo algunos intentos más, que no llegaron a cuajar realmente. Como aquel «Partido Fascista Ruso» creado por exiliados zaristas como Rodzaievsky o el mitómano Anastase Vonsiatsky.

El integrismo de matriz católica, o las meras tendencias integristas del mundo ultraconservador, originó varios de estos procesos de fusión total con el fascismo. Está el caso de la «Organización de los Nacionalistas Ucranianos», del sacerdote greco-católico Stepán Bandera: primero encarcelado por los nazis alemanes, quienes al principio no contemplaban la independencia de Ucrania en sus vastos proyectos tras la invasión de la Unión Soviética; después, liberado como colaborador de la iniciativa militar alemana.

También el caso de Eslovaquia, bajo el impulso del sacerdote Jozef Tiso, quien provenía de una formación prefascista típica de la época, el «Partido del Pueblo Eslovaco». Su profundo antijudaísmo, y las presiones de parte alemana le condujeron a un lugar que, en principio, parece que le desagradaba: el fascismo explícito. Presidente de la Eslovaquia independiente —por obra y gracia del Reich—, su primer ministro impulsó el proceso. Tiso, a partir de 1942, es proclamado «Vodca», caudillo, y un grupo paramilitar, la «Guardia de Hlinka», pone el toque definitivo a este

---

[623] Cornelio Zelea CODREANU, cit en Julius EVOLA, «Legionarismo ascético»: *Cuadernos de Formación Tradicional* n.1 (Círculo Cultural *Imperium*, Madrid [sin fecha]) 79

proceso: un fascismo auténtico cuyo corazón, su roca basal, sería una ideológica vivencia de la religión católica. El ministro del interior de esa Eslovaquia fascista, Mach, declaraba respecto a la guerra en Europa:

> «Dios y la nación nos llaman al cumplimiento del deber que el honor nacional nos impone. El honor eslovaco nos ordena esta guerra y nosotros obedecemos este sublime mandato»[624]

En Bélgica acontece lo mismo con el movimiento «Rexista» de Leon Degrelle. El nombre de este movimiento nacionalsocialista belga proviene de «Christus Rex»... Poco más hay que decir. Para Degrelle, obsesionado hasta su muerte por vejez y en su exilio español con la idea de una Europa unida por la «raza blanca» y por el *cristianismo*, la fusión era obvia... «para nosotros Europa es un concepto sacrosanto. Cada iglesia, cada casa de Europa es también nuestra casa»[625].

En Eslovenia también asoma este género de fascismo con la «Guardia Blanca Eslovena»...

Toda la confusión espiritual, todos los crímenes acaecidos bajo la égida de esta ideología en que integrismo religioso y fascismo se presentan como una sola cosa, alcanza un satánico culmen con lo ocurrido en Croacia durante el régimen ustacha de Ante Pavelic, el hombre que consideraba a Hitler como una suerte de Salvador «que la divina Providencia concedió a Europa»[626]...

El movimiento ustacha, efectivamente, llegó a las cumbres del crimen. Y todo, no sólo con su interpretación absolutamente aberrante del catolicismo, sino con la colaboración activa de muchas personas consagradas. El arzobispo de Sarajevo Ivan Saric llegó a ser apodado «el verdugo de los serbios» en clave laudatoria.

Los *ustachis* perpetraron un genocidio matando masivamente a serbios, judíos y gitanos. Sus modos fueron tan sangrientos que llegaron a espantar a observadores de las SS alemanas, pues lejos de las *científicas* matanzas masivas de éstos —gas, fusilamientos en masa ante fosas, etc—, los ustachas usaban hachas y cuchillos... mutilaban, destripaban, decapitaban... Se divertían haciendo apuestas sobre el número de ejecutados en el menor tiempo posible con tales métodos, o inventando torturas: a Platov, obispo ortodoxo de Banja Luka, un anciano de más de 80

---

[624] Cit en J. Aguilar y J.M. Asensi, o.c., p.64
[625] Cit en ibid., p.63
[626] Cit en ibid., p.64

años, le herraron los pies, le sacaron los ojos, le cortaron nariz y orejas.

Los ustachas se exhibían en fotografías con cabezas de serbios. Arrojaban cuerpos mutilados y miembros a los ríos Neretva y Danubio. El campo de Jasenovac fue escenario de la muerte de miles y miles de personas con esos procedimientos. Y no sólo Jasenovac, lugar infernal como Auschwitz en lo masivo y superior al campo alemán en la crueldad de los asesinatos. También los campos de Jadovno, Pag, Ogulin —donde el Padre Karlo Petranovic aparecía en fotos ante las fosas comunes, como verdugo, no como víctima—, Jastrebarsco, Koprivnica, Krapje, Zenica, Star Gradishka, Djakovo, Lobograd, Tenje, Sanica... Es decir, un verdadero afán por fundir la religión católica con la idea y la acción del exterminio masivo: en los primeros ocho meses los ustachas habían matado ya a 350.000 serbios y judíos...

Se trataba de eso, de religión, pues el régimen fascista de Pavelic era un régimen «católico» —así se autodenominaba—, donde los juramentos de lealtad se hacían ante un altar consagrado y con la presencia de los símbolos de la fusión: un crucifijo y una vela... junto a una daga y una granada.

La tragedia, tragedia apocalíptica, es que esto no fue el invento de un psicópata, sino el fruto concreto de unos presupuestos espirituales bien enraizados: precisamente los que estamos tratando en este libro. Así, tal régimen no sólo contó con la bendición explícita de numerosísimos consagrados sino con su participación activa.

Los más entusiastas fueron franciscanos... ¡hijos de San Francisco!. Así lo denunciaba con estupor en 1942 el cardenal Tisserant... Pero participaron muchos más.

Efectivamente, sacerdotes diocesanos como Pilogvric de Banja Luka, Tomas y Hovko de Prebilovci y Surmancilos, o el párroco de Rogolje, Branimir Zupancic... participaron directamente, físicamente, en las masacres. El último fue copartícipe de la matanza de cuatrocientas personas... Un sacerdote como Ivo Guberina formaba parte de la guardia personal, armada, de Ante Pavelic; otro, llamado Brado, organizó la división aérea «Legión Negra»...

El jesuita P. Kamber era jefe de policía de Doboj: Sus hermanos de la Compañía de Jesús, padres Lipovac y Cvitan, también participaron de las masacres. Y los franciscanos... el P. Simic era gobernador de Knin, organizador de batidas y detenciones; el P. Soldo, responsable de la masacre de Capljna; los frailes Dragicevic, Cvitkovic y Ledicic, del convento de Shiroki

Brijec, que organizaban batidas criminales en su zona; el P. Cievola, de Split; el P. Castimir Hermann, del convento de Cuntic, quien dirigió la matanza comenzada en la iglesia ortodoxa de Glina...

Luego está el citado campo de Jasenovac, con sus 200.000 víctimas. El comandante del campo era el fraile Miroslav Filipovic. Tenía a sus órdenes a otros frailes franciscanos, Brkljanic, Maktovic, Matijevic, Brekalo, Celina y Lipovac. Con ellos organizó matanzas masivas en el campo, exterminando a 40.000 personas en cuatro meses. Otro fraile, aún seminarista, llamado Brzica, se distinguió por su crueldad personal y por el ritmo de sus asesinatos a cuchillo y decapitaciones.

Ante Pavelic hablaba del «Reino de Dios»... Después pasaría a la historia el famoso P. Krunoslav Draganovic como organizador de las fugas a Latinoamérica y a España de los ustachas perseguidos tras la derrota. Como inciso importante: hubo ciertamente en aquella posguerra quien actuó con los vencidos con caridad ante lo que s eles venía encima, pues pese a la propaganda oficial *democrática* vigente aún a día de hoy, la represión y las matanzas, las vejaciones y torturas, fueron feroces en muchos lugares, llevándose por delante familias enteras con sus niños, o poblaciones que desaparecieron. Pero aquí, con este franciscano, no se dio el caso de esta caridad: es verdad que los perseguidos salvados hubieran sido ejecutados, asesinados; esto es cierto. Pero la organización de Draganovic se movió, explícita y orgullosamente, por camaradería ideológica.

3.- La constatación más horrorosa: colaborar con la Shoah

¿Cómo se llegó a esto? Mienten los actuales integristas que, como dijimos páginas atrás, circunscriben la tragedia y su responsabilidad a un movimiento pagano que perseguía asimismo a la Iglesia. El fenómeno fue mucho más extenso: no sólo porque en el seno de aquel mesianismo había sectores cristiandistas sin velo que convivían con sectores paganizantes unidos por un ideal superior que los cohesionaba, sino porque en su tarea exterminadora del Pueblo Judío confluyeron y contaron con la colaboración de numerosos movimientos europeos de ideología cristiandista que portabamm su específico antijudaísmo, enraizado en las miserias de la cristiandad entendida como civilización, y que sólo después fueron incorporando a su cuadro elementos biologistas que confirmaran su previa y aberrante teología.

Ya hemos tratado en otro capítulo el carácter antijudío de la reacción integrista frente a la Ilustración y el liberalismo, y luego frente a los otros nuevos mesianismos materialistas. Unas campañas contra los judíos que solían ser de tipo intelectual, para crear y fomentar opinión, y que originó muchas violencias de signo individual en la mayoría de los casos.

Sin embargo, el siglo XIX y los primeros momentos del siglo XX también conocieron episodios de violencia antisemita masiva y exterminadora. Por ejemplo y en fechas tempranas de la reacción al derrumbamiento de la civilización cristiandista, los sanfedisti del cardenal Ruffo —ya hemos hablado de algunas de sus matanzas—, al atacar e invadir la localidad de Senigallia: la comunidad judía de allí fue atacada asesinando e hiriendo a muchos, sin distinción de edad o condición, saqueada y devastada... O los progromos rusos protagonizados por paramilitares como «Los Cien Oscuros», con sus matanzas y deportaciones vejatorias, y robos y violaciones... algo que se repitió durante la guerra civil que siguió a la Revolución bolchevique, y bajo el llamado «Terror Blanco», asumido por Kornilov «delante de Dios»...

Hechos que ahora se nos presentan como una suerte de bisagra, de vínculo entre el tradicionalismo integrista que calca las matanzas medievales, y el fascismo que habría de venir y que llevaría a cabo la monstruosidad del Holocausto.

Antes de seguir es preciso decir aquí que también a este respecto hubo un *resto* de cristianos que salvaron el honor de la Iglesia: los que libraron de la muerte a hermanos judíos, organizaron redes clandestinas... los que murieron por ello. Son muchísimos, gracias a Dios... pero una ínfima minoría respecto a los millones de bautizados que colaboraron. Unos, con esa bobaliconería desesperante que se repite generación tras generación; otros, con conciencia e incluso con entusiasmo... Aquí estamos, por ejemplo, Vichy, donde un sinfín de franceses autotitulados *católicos* colaboraron con la deportación y muerte de decenas de miles de judíos mientras otros hermanos suyos en la Iglesia eran fusilados por organizar redes clandestinas de salvamento de judíos[627].

El Espíritu Santo ha iluminado a la Iglesia para que reconozca en estos hermanos a mártires de la caridad. Las canonizaciones no han cesado desde entonces; algunas, recientes, de un valor espiritual excepcional: el 10 de septiembre de 2023 el papa Francisco beatificaba a Josef y Wictoria Ulma y a sus siete hijos —uno nonato, los otros de edades entre un año a ocho años—, ejecutados por los nazis en Polonia por esconder a familias judías...

---

[627] Como por ejemplo el P. Yves de Montcheuil o el doctor Le Forestier du Chambon...

Además de los hermanos que defendieron explícitamente a los judíos[628], están los que habiendo coqueteado con los fascismos se echaron atrás precisamente por no colaborar con esta persecución. Antes hemos aludido a los italianos como Perlasca y muchos otros, que se separaron definitivamente del fascismo cuando el régimen italiano promulgó las leyes raciales en 1938.

Un caso significativo —y acorde a las muchas ambigüedades que presenta su vida— fue el de Paul Claudel. En relación amistosa con todo el mundo prefascista francés, con Barrés, Guiraud, Daudet, gentes de ligas antisemitas, de Acción Francesa, era sin embargo amigo del judío Darius Milhaud... «francés de la Provenza, religiosamente israelita, Milhaud es a sus ojos como una presencia viva de la Biblia»[629], y también amigo de notorios servidores de los pobres que se alejaban vitalmente del mundo burgués de los tradicionalistas. Gentes como Rui Barbosa, como Massignon, Vladimir Ghika, o el P. Fontaine, que fue su confesor.

La ambigüedad de Claudel le salvó; porque presentaba muchas grietas saludables. Efectivamente, «la opción política de Claudel fue en el momento del armisticio favorable al mariscal Pétain»[630], pero la fe del poeta, que era veraz, chocó con la realidad del odio antijudío:

> «En 1942 se aliará al gaullismo y mantendrá en adelante con el general De Gaulle relaciones de confianza. Sus protestas contra las persecuciones antisemitas tuvieron gran eco. Su libro *Une Voix en Israel* testimoniará más tarde, cómo lo había hecho antes su obra dramática *Le Pain dur*, la importancia que daba al hecho judío»[631]

Todo el movimiento prefascista de la época, es decir, ese sacronacionalismo y ese moralismo cimentados en una concepción deforme de la religión, estaba atravesado de antijudaísmo. Las enseñanzas de la Iglesia al respecto, acentuadas por impulso de San Juan Pablo II, ha vinculado expresamente el antijudaísmo cristiano

---

[628] No puedo dejar de nombrar aquí a uno especialmente: Bernard Lichtenberg, quien clamó públicamente en la catedral de Berlín tras la «Noche de los Cristales Rotos» en 1938... Detenido después, tras pronunciarse una y otra vez contra el proceder del régimen, acabó sus días cuando lo trasladaban a Dachau. La Iglesia lo ha elevado a los altares.

[629] Louis CHAIGNE, o.c., p.154

[630] Ibid, p.218

[631] Ibid, p.219

con el antisemitismo pagano. Este antijudaísmo notable como signo de identidad político-religiosa ya lo hemos señalado antes al hablar del prefascismo: el sacerdote austriaco Ignaz Seipel y su socialcristianismo eran antijudíos; el lituano Voldemaras también; en Hungría, antes de los «Cruces Flechadas», bajo el régimen de Horthy, había ambiente antijudío: «guardias blancos» y población, en nombre de una Hungría *cristiana*, tradicional y contrarrevolucionaria, perpetraron violencias contra la comunidad judía en 1919. Tras el Tratado del Trianon, de 1920, que amputaba grandes territorios a la vencida Hungría, estos sectores prefascistas buscaron chivos expiatorios:

> «El acontecimiento provocó una nueva subida de la fiebre antisemita entre los ultra-patrióticos que estimaban que los judíos no pertenecían a la nación. Tiendas y apartamentos sufrieron incendios a manos de extremistas radicales de derecha y la tensión aumentó sin parar, a tal punto que, para hacer bajar la fiebre, el gobierno decidió limitar el acceso de los judíos a la universidad»[632]

De Francia y su Acción Francesa y las ligas ya hemos hablado... En Estados Unidos, no sólo entre fanáticos protestantes militantes del Ku-Klux-Klan o similares, sino entre católicos también asomaba un virulento antijudaísmo. Ya hemos comentado el conflicto habido por esta causa entre el sacerdote Charles Coughlin o la asociación antisemita «Christian Front» con el movimiento de la Sierva de Dios Dorothy day. Obviamente se separaron entre sí. Coughlin vivía los presupuestos integristas al respecto... Los males de los Estados Unidos se deberían a una «conspiración internacional de banqueros judíos»[633]. El Christian Front organizó campañas antijudías: insultos públicos en la calle, señalamiento de tiendas judías, boicot a los comercios, saqueos de algunas tiendas, intimidación a patronos para que revelaran el porcentaje de judíos entre sus empleados, etc. Muy significativas son las fechas, pues el Christian Front nación en 1938, alimentado por las ideas del sacerdote Coughlin, cuando ya había persecución abierta en Alemania, cuando se promulgaban leyes antisemitas en Italia.

Un artículo sin firma en el *Catholic Worker* se dirigía expresamente a este sacerdote y en estos términos:

---

[632] Duncan SHIELS, *Los hermanos Rajk. Un drama familiar europeo* (Acantilado, Barcelona 2009) 55
[633] Cit en Jim FOREST, o.c., p.156

«Si una ola real de antisemitismo barre los Estados Unidos, si en el futuro los judíos son perseguidos igual que lo son en Europa, usted, padre Coughlin, tiene que estar dispuesto a asumir una buena parte de la responsabilidad ¿Está preparado para eso?»[634]

Es decir, había un sustrato poderoso entre los defensores de la ideología cristiandista que luego cuajaría en la expresa colaboración con el exterminio.

En Alemania también existía ese sustrato tradicional. Hemos visto la imagen que de un ultra de fines del siglo XIX plasmaba Heinrich Mann en una novela publicada en 1914: la identificación entre tradicionalismo cristiandista —aquí en versión luterana— y antijudaísmo. Era la época de florecimiento en Alemania del «movimiento antisemita dirigido por el pastor Stoecker. Creado para combatir el ascendiente económico y social del judaísmo, era análogo, en su objeto directo, a la campaña llevada en Francia por Eduardo Drumont»[635]. Este espíritu persistía y así, ya inmersos en el régimen hitleriano, «la política relacionada con los judíos fue ampliamente aceptada por ese antisemitismo latente que, incluso en la Iglesia, la justificaba en principio (aun cuando quizá no en casos concretos)»[636].

Estos antecedentes fueron recogidos por Hitler para sintetizarlos con los presupuestos antisemitas del renacimiento pangermánico pagano. En Mein Kampf usa un lenguaje religioso en varios pasajes para justificar su antisemitismo:

«Si el judío conquistara, con la ayuda del credo marxista, las naciones de este mundo, su corona sería la guirnalda fúnebre de la raza humana y el planeta volvería a girar en el espacio, despoblado como lo hacía millones de años atrás. La naturaleza eterna sabe vengar en forma inexorable cualquier usurpación de sus dominios. De aquí que yo me crea en el deber de obrar en el sentido del Todopoderoso Creador: al combatir a los judíos, cumplo la tarea del Señor»[637]

---

[634] Sin firma, «The Gadfy: Open Letter To Father Coughlin on the Jews»: *Catholic Worker* (mayo 1939) 5
[635] F. MOURRET IX 1º, o.c., p.256
[636] Karl DIETRICH BRACHER, o.c., p.339
[637] Edición citada, pp 32-33

Así halagaba los oídos cristiandistas, mientas en su análisis del fracaso del Partido Social Cristiano de Austria, se dirigía por el contrario pero sin contradicción, a los seguidores del racismo naturalista, señalando que «en lugar de fundarlo en una base racial, fundó su antisemitismo en el concepto religioso»[638].

La amalgama parece que venía de antaño. Y precisamente de parte de un monje cisterciense. Algunos autores hablan, respecto a Hitler de «la iniciación que había recibido cuando joven en la abadía de Lambach, en 1898, al contacto con el monje cisterciense Joseph Lanz (futuro fundador de la revista hiperbórea y antisemita *Ostara*), inciación recuperada posteriormente en el seno del grupo "Thule", cuya filosofía no era más que el desarrollo de las tesis contenidas en *Ostara*»[639].

El lenguaje usado en la Alemania nazi para referirse a la «cuestión judía» expresaba este intento previo de armonización entre lo *biológico*, lo cultural, lo tradicional, y lo *teológico*. Todo dependía de a qué público se dirigieran para poner el acento en uno u otro de esos fundamentos ideológicos. Así pues, no hubo mayor problema en contactar con otros movimientos fascistas europeos y con autoritarismos confesionalistas que cifraban su antisemitismo en el antijudaísmo, en la motivación religioso-cultural, para llevar a cabo la matanza.

Hubo al respecto algún género de colaboración *indirecta* por parte de algunos. Podríamos citar —y debemos hacerlo— una suerte de *colaboración* muy indirecta pero efectiva de parte de instancias políticas antifascistas: me refiero a ese pragmatismo inmoral propio de las democracias burguesas que en aquel entonces se tradujo en las reiteradas negativas de muy diversos gobiernos a acoger a refugiados judíos. Muchos de ellos posteriormente perdieron la vida... Pero no nos referimos aquí a estas innobles maniobras interesadas y de un egoísmo absoluto, sino a la indirecta colaboración que algunos regímenes prestaron a la Shoah sobre todo a través de la omisión. Para no enfadar al Eje, es decir, al gobierno alemán.

El Portugal salazarista y la España franquista protagonizaron un equilibrio, a su vez inmoral por sus fines y sus medios, en que de un lado se prestaba alguna ayuda, o se hacía la vista gorda ante acciones clandestinas de rescate, a la vez que, por otro lado, se dictaban disposiciones positivas de no-ayuda y, sobre

---

[638] Ibid, p.60
[639] Jean-Michel ANGEBERT, *Hitler y la tradición cátara* (Plaza y Janés, Barcelona 1972) 272

todo en el caso de España, se pronunciaban discursos y se publicaban artículos de carácter antijudío... persistentes hasta que Hitler empezó a perder la guerra.

Efectivamente, podemos hablar del «cónsul de Portugal en Burdeos, Arístides de Sousa Mendes. Había expedido el cónsul en total más de treinta mil visados para refugiados judíos. Todo ello a pesar de la famosa "Circular 14" emitida por el gobierno portugués de Salazar a todos sus diplomáticos, negando asilo y expedición de documentos a judíos, rusos y apátridas (...) [Arístides fue] retirado del cargo en junio de 1940»[640]. Sin embargo, el gobierno portugués solía mirar para otro lado cuando refugiados judíos, merced a redes clandestinas en el norte de España como la organizada por las hermanas Touza, cruzaban su frontera para alcanzar Oporto o Lisboa y embarcar rumbo a América.

En España, el gobierno se encontró con hechos consumados: funcionarios diplomáticos como Ángel Sanz en Budapest, junto con Muguiro y Perlasca, o Federico Oliván en Berlín, concedieron pasaportes a judíos sefardíes perseguidos. Con enormes dificultades burocráticas —pues en el régimen había quien se oponía explícitamente— lograron organizar un traslado en tren sellado diplomáticamente de unas seis mil personas, sefarditas, que así salvaron sus vidas. Pero esto ocurría en 1944, cuando el franquismo ya procuraba acercarse a los aliados y seguía una lenta política interior de desfascistización apartando de cargos públicos a germanófilos notorios. Antes, diplomáticos españoles en Sofía, en Atenas o en París, habían obrado por su cuenta, en medio de la ambigüedad al respecto que caracterizó el periodo. Varios miles consiguieron visados de tránsito para llegar a Portugal, a otros les fue negado y cayeron en las redadas antisemitas cuando Francia fue ocupada en 1940.

Durante la guerra civil española hubo quien recogió las obsesiones antisemitas de Onésimo Redondo y del tradicional antijudaísmo de matriz cristiana. Se hablaba de «perseguir al judaísmo», se prohibió la difusión de la encíclica *Mit brenender sorge*, en 1937, y Franco, tanto en el «Discurso de la Victoria» como en el mensaje de fin de año de 1939, se refería a las medias antijudías que se extendían en Europa en estos términos:

«Ahora comprenderéis los motivos que han llevado a las distintas naciones a combatir y alejar de sus actividades aquellas razas en que la codicia es el estigma que las

---

[640] Emilio Ruiz Barrachina, *Estación Libertad* (La Esfera de los Libros, Madrid 2016) 37

caracteriza, pues su predominio en la sociedad es causa de perturbación y peligro... Nosotros, que por la Gracia de Dios y la clara visión de los Reyes Católicos, hace siglos que nos liberamos de tan pesada carga, no podemos permanecer indiferentes ante la nueva floración de espíritus codiciosos y egoístas»[641]

La referencia religiosa es la que va a caracterizar la colaboración con la Shoah de parte de los movimientos filofascistas y de parte de los integrismos fusionados con el fascismo. En España lo deja claro César González Ruano, corresponsal del diario *Arriba* en París, quien en temprana fecha escribía «en su crónica del 13 de septiembre de 1939 que, si no se expulsaba de Europa a los judíos, "todo un sentido de la civilización y de la fe religiosa terminará por extinguirse"»[642].

La ambigüedad del confesionalismo español respecto a los judíos es notoria: unos, pocos, protegen, otros ignoran y omiten con resultados letales, otros fomentan el odio y justifican la persecución o colaboran con ella... Esta ambigüedad del régimen está bien ilustrada en la historia de Mauricio Carlavilla del Barrio. Era un policía que, destinado en 1925 a Marruecos, fue trasladado a la península un año después y expulsado del cuerpo acusado de extorsionar a través de multas arbitrarias, y de proxenetismo. Cuando empezó la guerra fue acogido fue acogido por el bando sublevado. Profundamente antisemita, crearía más tarde la editorial NOS, una muestra de este género de fusión entre integrismo de matriz católica y fascismo de que aquí hablamos. Pero en la época de la guerra mundial, su condición de policía versado ya en sangrientas tareas represivas y su profundo odio a los judíos no pasaron desapercibidos: fue puesto al frente de una Brigada Especial de la DGS para controlar a los judíos residentes en España creada a petición de Himmler[643]...

Más allá de la ambigüedad, con una colaboración directa con el crimen a la vez que algunos reparos, encontramos a la Eslovaquia dirigida por el sacerdote Tiso, quien era abiertamente

---

[641] Francisco FRANCO, cit en Alfonso LAZO, «Un antisemitismo sin judíos»: *La aventura de la Historia* n.5 (1999) 17
[642] Ibid, p.18
[643] Cf José Luis RODRÍGUEZ JIMÉNEZ, «El antisemitismo en el Franquismo y en la Transición» en Gonzalo ÁLVAREZ CHILLIDA y Ricardo IZQUIERDO BENITO (eds), *El antisemitismo en España* (UCLM, 2007) 253-254

antijudío. Cuando los crímenes ya eran notorios, este sacerdote pronunció un discurso en agosto de 1942 en el que decía:

«La gente pregunta si lo que se está haciendo con los judíos es cristiano ¿Es humano? ¿no es un robo?... Yo pregunto, ¿no es cristiano que la nación quiera librarse de su enemigo eterno, el judío?... El amor a uno mismo es un mandato de Dios, y este amor a mí mismo me ordena eliminar... todo lo que daña o amenaza mi vida. No creo que deba convencer a nadie de que el elemento judío amenazó la vida de los eslovacos... Hubiera sido aun peor si no nos hubiéramos recuperado a tiempo, si no nos los hubiéramos purgado. Y lo hicimos de acuerdo con el mandato divino: ¡eslovaco, elimina tu parásito!»[644]

En Eslovaquia, con un fascismo apoyado en la religión católica interpretada de esta aberrante manera, el proceso presentará altibajos que supusieron la muerte de miles y el que otros, por el contrario, salvaran la vida. Al principio parece que la intención de estas autoridades era la expulsión; al respecto está su interés por el llamado «Plan Madagascar». En 1940 se establecen guetos. En 1941 una delegación eslovaca visita campos de concentración en Silesia, tras lo cual algunos miembros de este grupo se escandalizan por las condiciones y la crueldad. En noviembre de ese año, el primer ministro eslovaco se entrevista con Hitler, y en ese contexto Himmler le promete ayuda para la construcción de campos...

Después Alemania comunica a los gobiernos de Eslovaquia, Croacia y Rumanía la deportación de judíos de estas nacionalidades detenidos en territorio alemán o en zonas ocupadas. Los gobiernos dan el placet a la medida, que supondrá la muerte de todas estas personas. Inmediatamente en Eslovaquia comienzan las deportaciones. La protesta de obispos como Pavol Jantausch, que habla de severos malos tratos y vejaciones, hace dudar a Tiso. El Vaticano interviene y el arzobispo Burzio le comunica a Tiso que los deportados son asesinados. El Vodca de Eslovaquia decide por el momento frenar las deportaciones... pero en 1943 se reanudan. Roncalli, Nuncio en Estambul, y Burzio hacen intervenir a la Santa Sede y los obispos emiten una carta pastoral denunciando el totalitarismo y el antisemitismo... Al compás de los vaivenes de Tiso, el 75% de la población judía de esa nación ya

---

[644] Jozef Tiso, *Discurso en la Fiesta de la Cosecha* (Holic, agosto 1942)

había sido deportada, sobre todo a Auschwitz. Pero la ambigüedad persistía, había rendijas, actitudes personales en el propio aparato del poder, que permitieron que entre 1942 y 1944, judíos venidos de otros países encontraran refugio temporal en Eslovaquia... posibilidad que culminó en 1944, cuando el ejército alemán invadió Eslovaquia y suprimió su ficticia independencia.

Estas ambigüedades no existieron en otros lugares de Europa en los que los movimientos prefascistas, tradicionalistas, y los que fusionaron fascismo y religión, colaboraron con la Shoah directamente y sin tapujos ni matices, bien con la entrega de judíos a las fuerzas alemanas, bien con ejecuciones propias, o con ambos procedimientos. Así fue, masivamente, en Rumanía con la Guardia de Hierro y sus sacerdotes *ortodoxos* bendiciendo las matanzas. Así en Ucrania, donde el P. Ivan Bucko bendecía, a pie de fosa, las matanzas de judíos y de partisanos perpetradas por la División Galitzia, compuesta por SS ucranianos. Así en Bélgica, con los *católicos* rexistas de Degrelle matando judíos o colaborando en las deportaciones, lo cual era lo mismo. Así en Croacia, en aquel horror extremo del que ya hemos hablado. En Eslovenia, impulsada la persecución por el obispo Gregory Rozman. En Hungría, con *católicos* partidarios de Horthy reconvertidos en Cruces Flechadas y actuando en nombre de la religión... Y en la misma Polonia, sometida a un brutal calvario, a través de la delación de judíos por parte de ciudadanos que odiaban desde siempre al Pueblo de la Primera Alianza a causa de históricas deformaciones teológicas...

En la propia Italia, a pesar de que las leyes raciales de 1938 habían provocado la desafección de muchos católicos, durante la guerra, en el periodo de la República de Saló, hubo quien se distinguió por colaborar en la matanza por motivos religiosos. En coordinación con las SS, el joven fascista Pietro Koch dirige una escuadra que busca judíos refugiados en instituciones religiosas... y le ayuda un fraile conocido como Padre Troya para desenmascarar a los que habían sido acogidos y se tenían que hacer pasar por seminaristas o religiosos. Con crueldad y cinismo piadoso, «Troya va identificando a los monjes falsos pidiéndoles que reciten el Avemaría en latín»[645].

«Epaminonda Troya (1915-1984), también conocido como "padre Ildefonso", era considerado el capellán de la "banda de Koch". Monje de Vallombrosa, al parecer tocaba el piano

[645] Mario DAL BELLO, o.c., p.138

durante las torturas (...) Al acabar la guerra huyó a Latinoamérica»[646]

El lugar más emblemático fue, sin embargo, el régimen de Vichy, pues los otros, en Bélgica, Rumanía, Croacia, etc, eran entusiásticamente fascistas, sin tapujos, mientras que Vichy, signado por militares ultraconservadores y por Acción Francesa, pretendía distinguirse de algún modo acentuando su tradicionalismo cristiandista. Era Vichy como el último eslabón antes de la fusión *cristianismo*-fascismo operado por los otros.

Su antijudaísmo condujo al régimen a colaborar con la Shoah. Por supuesto, y ya lo hemos hecho notar, hubo quienes precisamente a causa de la fe cristiana que invocaban aquéllos para justificar la persecución, se convirtieron en salvadores de judíos o denunciadores de la situación. Entre estos últimos hubo posturas firmes y provocativas, y otras tímidas que aun así s dirigieron a Pétain para protestar por las deportaciones. Como el cardenal Suhard. Otros se jugaron la vida, o la perdieron. Antes hemos citado a alguno, fusilado por esta causa.

Entre los que se la jugaron encontramos, por ejemplo, a un Gustave Thibon, quien, a instancias de un sacerdote, el P. Perrin, protegió y acogió en su casa a Simone Weil[647]. Y lo hizo porque era católico. Otros justificaron su odio en la religión del amor; y persistieron... Cuando el comisario encargado de los asuntos judíos del gobierno de Vichy hacia 1942 y uno de los máximos responsables de la deportación de 70.000 judíos, Louis Darquier de Pellepoix, fue entrevistado en 1978 por el *L'Express*, se mostró como un revisionista o negacionista del Holocausto, indicando que todo eso era una patraña judía. «He vivido mucho tiempo en España sin ser molestado»[648], declaraba con orgullo. Como inciso y al igual que comentamos a propósito del P. Draganovic, no creemos en la licitud de lo que se hizo con los colaboracionistas en Francia, porque no creemos, no queremos creer en el odio ni, obviamente, en la pena capital... pero Darquier no fue acogido en España por eso. Y nadie *molestó* su tranquilidad, ningún obispo, por ejemplo, para decirle que se arrepintiera de verdad porque lo que habían hecho él y su gobierno era un crimen blasfemo.

---

[646] Ibid, p.194
[647] Cf, Gustave Thibon, o.c., pp 115 y ss
[648] Cit en Primo Levi, *Los hundidos y los salvados* (Muchnik Editores, Barcelona 2001) 25

Vichy estaba alimentado de todos los prejuicios antijudíos de la civilización cristiandista. Por ejemplo, la idea de conspiración... que abarcaba al Pueblo Judío como tal. «La opinión de Alfred Conquet (asistente de Pétain) era que el Frente Popular estaba rebosante de judíos»[649]. La obsesión por la conspiración condujo a denuncias mutuas en el entorno de poder de Pétain:

«Cierto número de funcionarios de Vichy, vinculados a políticos y periodistas de ideas extremistas sostenían que estas prominentes figuras de los negocios y la banca (se referían a altos funcionarios del régimen) pertenecían al sistema bancario judío o trataban de proteger los intereses judíos»[650]

Pétain, en un discurso del 13 de agosto de 1940, anunciaba refiriéndose a judíos inmigrantes que se habían nacionalizado franceses acogiéndose a una ley de 1927, que tomaría medidas respecto a ellos para «limpiar nuestra administración»[651].

Este antijudaísmo pronto daría frutos sangrientos. Y partía de las propias convicciones del régimen de Vichy:

«Se ha convertido en costumbre echar la culpa a los alemanes de la política antisemita de Vichy. Lo paradójico es que el círculo íntimo de Pétain se negaba a culpar a los alemanes: los decretos antisemitas, insistían, fueron ideados y puestos en práctica por Pétain y su gobierno. El secretario privado de Pétain, Du Moulin de Labarthète, afirma en sus Memorias: "Esta legislación fue, por así decir, espontánea, puramente autónoma"»[652]

En un proceso in crescendo, como había sucedido en Alemania y otros lugares, se comenzaron a firmar leyes... La conocida como «Ley Alibert», de 3 de octubre de 1940: quién era y quién no era racial y sociológicamente judío, con interpretación más restrictiva que la de las leyes alemanas, y qué funciones sociales les estaban vetadas: cuotas en profesiones liberales; expulsión de puestos públicos, de la enseñanza y de puestos de mando militar; despido en empresas con fondos públicos; prohibición de dirigir periódicos o escribir en ellos, salvo revistas

---

[649] Herbert R. LOTTMAN, o.c., p.160
[650] Ibid, p.224
[651] Ibid, p.237
[652] Ibid, p.255

científicas; prohibición de cargos de responsabilidad en radio, teatro o industria cinematográfica... El clima general era éste.

El señor Bernard Fay, administrador de la Biblioteca Nacional del régimen, quien sostenía ideas conspiratorias antijudías, es autorizado por el gobierno para organizar una vasta campaña de propaganda en la que se vinculaba a masones, gaullistas y comunistas con los judíos. Su obsesión antimasónica y antijudía le condujo a la elaboración de listas de personas que más tarde serían detenidas e internadas en los campos. No volvió casi ninguno, claro está.

La máquina legislativa antijudía intentaba rastrear todos los rincones: privar de la nacionalidad francesa a judíos y otras personas que se hubieran trasladado a Marruecos al momento del descalabro francés en la guerra (leyes de mayo y junio de 1940); restricciones en la práctica de la medicina (leyes de agosto y septiembre de 1940)...

El 29 de marzo de 1941 se crea un Comisariado General para los Asuntos Judíos, con Xabier Vallet como comisario. «Pétain le había dado instrucciones para ampliar el decreto antijudío de octubre de 1940»[653]. Vinieron después los decretos de 2 de junio de 1941 y de 22 de julio a fin de legalizar nuevas restricciones sociales, hacer un censo de judíos y traspasar los negocios judíos incautados para que quedaran a cargo del comisariado.

Luego llegó lo previsible. El odio expresado por personas como Ménétrel, Vallet, Darquier, Alibert... y los estúpidos bandazos del propio Pétain[654], se tradujeron en famosas redadas de miles de personas judías, de toda condición, en la zona ocupada:

«Lejos de oponerse a eso, Vichy se preocupó sólo de que, al hacer prisioneros y deportar judíos no franceses en las zonas ocupadas, los nazis no se olvidaran de deportar a los judíos no franceses que residían en la zona de Vichy, pues el gobierno deseaba librarse de ellos»[655]

Todos se aceleró... Campos de la zona de Vichy y de la Francia ocupada (a la que llegaban internos detenidos por toda Francia), como el de Gurs, de Milles, o Drancy, condujeron a la muerte a decenas de miles de judíos de toda edad... en nombre de

---

[653] Ibid, p.294

[654] Se ha hablado de demencia senil en este hombre que tenía la formación prefascista que tenía, que no era especialmente antisemita, pero que tampoco sentía lejanía alguna respecto a los furibundos antisemitas de que se rodeó.

[655] Ibid, p.334

un régimen tradicionalista, cristiandista, vertebrado ideológicamente tanto por fascistas como por integristas de matriz católica.

En 1958, años después de estos acontecimientos, este integrismo seguía, obviamente, en su prisión ideológica. En aquel año se publicaba un libro titulado «Philippe Pétain, comandante de guerra, jefe de Estado, mártir y santo de Francia»[656]...

4.- En guerras coloniales y en la «Guerra Fría»

4.1.-Argelia: bendecir la tortura

El integrismo de matriz católica, como tentación espiritual, caída efectiva en él y consecuentes influjos históricos en la medida de su poder e influencia en tales o cuales lugares, siguió asomando tras el aplastamiento de los fascismos en la II Guerra Mundial. Sin antiguas dinastías a las que defender, con un desarrollo doctrinal más universalizado en cuanto apoyado en supuestos valores intemporales, el integrismo de matriz católica defenderá al franquismo, al salazarismo, a todas las dictaduras militares de carácter anticomunista y a las iniciativas políticas de lo que ellos llaman «guerra contra la subversión». Asimismo, se producirán confluencias de orden político en las relaciones mutuas establecidas por los aparatos de cultura integristas y toda una amplia gama de partidos y asociaciones de extrema derecha.

Esto, en el orden de la gracia, de la verdad, de la caridad, producirá numerosas aberraciones, crueldades, odios interiores, soberbias y crímenes explícitos. Es ésta una de las características más dramáticas del integrismo de matriz católica propiamente eclesial, tanto del que se presenta en la Iglesia, en su interior, como un corrector, como un referente total que indica cómo deberían ir las cosas, como del que se presenta directamente como verdadera alternativa, como «verdadera Iglesia católica». Esta característica es la desmisterización de la historia, la entrega a grandes monstruos ideológico-interpretativos que engullen al hombre concreto, y que serían, según su modo de ver, la escenificación de una tremenda batalla entre la luz de la «Tradición» y las tinieblas «revolucionarias». No se tiene empacho entonces en abolir de facto la teología espiritual, es decir, la llamada a la santidad, a la hora de hacer estas interpretaciones y estas llamadas a la acción temporal.

---

[656] André BILLIARD, *Philippe Pétain, chef de Guerre, chef d'Etat, Martyr et Saint de France* (Écrits de Paris, Paris 1958)

Los influjos sangrientos de este integrismo, evidentes en la época tormentosa de la Segunda Guerra Mundial o de la Guerra Civil española, se extienden por el tiempo allí donde sus ideas son predicadas. Ejemplo vemos en los efectos producidos por la pluma del antiguo patriarca de los integristas franceses Jean Ousset. Este hombre, nacido en 1914 y muerto en 1994, discípulo de Maurras y autor de ese libro referencial para los integristas de matriz católica, *Para que El reine*[657], en el que toda la historia moderna y contemporánea se presenta como un combate entre la *verdad*, representada de modo absoluto por su idea de «Tradición», y la maldad, es decir las conspiraciones trabadas entre sí de parte de todos los que combaten o matizan esa *tradición*. Como ya dijimos en otro lugar, Ousset fundó la asociación «Amigos de la Ciudad Católica», traída a España por Eugenio Vegas Latapie.

Este Jean Ousset, bajo el seudónimo «Cornelius», publicó en *Verbe*[658] una serie de artículos en los que justificaba, explícitamente, el uso de la tortura por parte de los militares franceses que luchaban en Argelia. Los artículos fueron reproducidos en forma de folleto[659] y sólo un mes después de la publicación del primer artículo, una revista del ejército francés llamada *Contacts*[660] los recogía y publicaba según iban apareciendo en *Verbe*. Esta publicación, *Contacts*, era el periódico de la décima región militar, precisamente la que operaba en Argelia. Estos artículos originaron un debate a favor y en contra de la tortura en el que participó Ousset ya sin seudónimo. Ignorando la contundencia condenatoria de un documento publicado por la capellanía militar francesa[661], en que se calificaba a la tortura de crimen[662], y manipulando incluso palabras de Pio XII, a quien

---

[657] Este libro fue publicado por primera vez en Francia, en 1959, con prólogo de Monseñor Lefebvre. En España fue editado por Speiro (Madrid) en 1972

[658] Cf *Verbe*:91 (febrero 1958), 92 (marzo 1958), 93 (abril 1958). En estos artículos, Cornelius confrontaba según su particular visión, lo que él llamaba «moral» y «derecho», a la «guerra revolucionaria».

[659] Suplemento nº 12 de *Verbe*.

[660] Cf *Contacts* (marzo, abril y mayo de 1958)

[661] Capellanía militar francesa, «Etude d'un comportament moral en face d'une guerre subversive»: *Etudes* (junio 1959) 376-385

[662] Ibid: «La regla de la guerra no es la eficacia a cualquier precio y, por otra parte, la complejidad de situación no significa la aceptación de una moral de situación, porque hay ciertos actos que son siempre crímenes (...) (la tortura es) violencia física que busca despojar a la víctima de su posesión de sí mismo

citaban mutilando la frase en que el Pontífice condenaba esta práctica aún dirigida a culpables,

Ousset lo situaba todo en medio de su gran escenario total: la Revolución y la Contrarrevolución. Una totalidad tan sin resquicio que a través de fríos silogismos enemigos de la caridad, podía justificar las brutalidades sin nombre que se cometieron allí, y las que acompañaron y siguieron el proceso de descolonización a través de organismos como la OAS, cuyos referentes ideológicos estaban situados en esa órbita, la de la cruzada, la defensa de la civilización cristiana, la identificación de Europa con el cristianismo, la exaltación sagrada del combate, y todo el etcétera.

4.2.- Latinoamérica: dictaduras y grupos contrarrevolucionarios

Los ecos sangrientos de las justificaciones integristas se manifestaron con mucha amplitud en Latinoamérica durante los conflictos desarrollado allí en la segunda mitad del siglo XX.

La «Doctrina de la Seguridad Nacional», elaborada en las academias militares estadounidenses, y readaptada en la Escuela Superior de Guerra brasileña, ofrecía un cuadro *técnico* de acción desde unos presupuestos ideológicos que hablaban de «guerra total», «guerra psicológica», «guerra subversiva», etc. Los integristas se unen a este movimiento ideológico aportando justificaciones últimas: aquellas doctrinas por las que la *seguridad* de la nación conducía a tomar una serie de resoluciones preventivas, intoxicadoras, represivas, propagandísticas, legislativas, de inteligencia, etc, recibían una proyección místico-religiosa de cruzada. Se luchaba contra «el mal», y Dios bendecía este combate. Era un lavado de conciencia verdaderamente demoníaco.

Esto representaría de parte del integrismo el placet último a todo lo que se estaba haciendo y lo que se iba a hacer, pero, además, los intelectuales integristas animaron a las aberraciones represivas de la Doctrina de la Seguridad Nacional señalando que todo lo que era objeto de atención bélica por su supuesto carácter de atentado contra la nación, formaba parte de un plan subversivo de más profundo alcance: no sólo la nación sino «la civilización cristiana» como tal se defendía cuando eran detenidos y perseguidos... pues, por ejemplo, los miembros de un grupo vecinal que exigía alcantarillado...

---

y de aquella libertad interior que hacen parte de la esencia misma y de la integridad de la persona»

Esa atmósfera en que la religión católica —o en su caso versiones fundamentalistas del protestantismo— impregna e impulsa el mundo de la política ultraconservadora tras reducir a ideología mundana la vivencia del cristianismo, aparece masivamente en Latinoamérica cuando en Europa anda de capa caída y sólo tiene representación oficial en Portugal, España y eventualmente en la Grecia ortodoxa. En América los grupos que combaten con las armas a las guerrillas izquierdistas y a diversos gobiernos, están inmersos en ese ambiente de cruzada.

Los cubanos de «Alfa 66», los «paramilitares» colombianos, la «contra» nicaragüense... En Colombia, Laureano Gómez (muerto en 1965), del Partido Conservador, se declaraba abiertamente admirador del franquismo; en Costa Rica, el «caudillo» Rafael Ángel Calderón Guardia, en los tempranos años cuarenta, ya fundía los conceptos «catolicismo» e «identidad nacional» teniendo como esencia los *valores* de la «raza blanca»... esto allá, en la Centroamérica cuyos vecinos eran en su mayoría mestizos e indios...

Toda esta atmósfera, esa connaturalidad absurda en que «derecha» se identifica con «religión católica», como ahora, como desde hace mucho en determinadas culturas, era sin embargo *superada* por los pronunciamientos e influjos históricos del explícito integrismo de matriz católica.

Jean Ousset publicó en 1960 un libro titulado *El marxismo-leninismo*[663]. Traducido al español en Argentina por el coronel Juan Francisco Guevara, jefe de Inteligencia del ejército, fue prologado en 1961 por el cardenal Antonio Caggiani, vicario general castrense... Fue uno de los sustratos ideológicos que sirvió en los años setenta del pasado siglo no sólo para justificar la tortura sistemática y las ejecuciones, ambas concebidas como legítimas acciones de guerra, sino para extender el ámbito de la represión hasta límites insospechados: manifestaciones artísticas, musicales; reflexiones de orden político, cultural, ecológico, etnográfico; reivindicaciones mínimas en el tejido social que tenían que ver con las escuelas, las viviendas, el urbanismo; denuncias concretas a abusos concretos respecto a violencias o corruptelas...todo, todo, era concebido como formando parte de un gran aparato subversivo que se enfrentaba nada más y nada menos que a Dios.

---

[663] Jean OUSSET, *Le Marxisme-Léninisme* (La Cité Catholique, París 1960. Publicado en España por Speiro (Madrid) en 1967

Las mismas ideas encontramos en el libro *Trasvase ideológico inadvertido y diálogo*[664], del brasileño Plinio Correa de Oliveira, fundador de la «Sociedad en defensa de la Tradición, la Familia y la Propiedad» (TFP).

Al fin, toda la charlatanería eruditísima de los pensadores integristas se cae ante su aquiescencia, indiferencia, silencio u otras actitudes refrendadoras sobre ciertos hechos concretos que niegan, de un modo brutal, la voluntad de Dios, la Revelación, la Realidad última de los hombres. Así, esos sesudos señores de la Editorial Glaudius, en Argentina, quienes, de modo activo o pasivo, colaboraron con el hecho concreto de que a un hombre o a una mujer, o un niño, alguien, en nombre de altísimos ideales, le aplicara la picana en los genitales. O que le pegara un tiro. O todo lo demás. Y pongo el caso en singular, aunque el fenómeno se repitió miles y miles de veces, porque una sola colaboración consciente con un solo caso así, invalida intrínsecamente el discurso integrista como discurso cristiano.

Efectivamente, hubo muchos sacerdotes vinculados al mundo integrista que colaboraron con la «guerra» que llevaba a cabo la Junta Militar argentina. Era un mundo interconectado, en que todos tenían ciertas referencias *sagradas*. Una de las principales era el sacerdote Julio Meinville, a quien ya hemos citado. No pudo ver algunos de los frutos de sus ideas pues murió en 1973, tres años antes del golpe encabezado por Videla. Meinville, fascista, integrista, antijudío, editor de la revista *Criterio*, faro ideológico de la organización «Tacuara», fundada en 1957 por el sacerdote Alberto Ezcurra Uriburu inspirado en Falange Española, sigue siendo referencia para el integrismo. Aparece de modo persistente en las publicaciones del sector como campeón de la lucha contra el «catolicismo liberal». Así se le reconoce, por ejemplo, en una de las publicaciones de un pensador integrista argentino, Alberto Caturelli.

> «En la Argentina resulta siempre insoslayable, en relación con Maritain, el libro del P. Julio Meinville, *De Lammenais a Maritain*»[665]

Esta constelación de sacerdotes y de intelectuales colaboró activamente con las actividades criminales de la Junta Militar. El

---

[664] Plinio CORREA DE OLIVEIRA, *Trasvase ideológico inadvertido y diálogo* (Speiro, Madrid 1960)

[665] Alberto CATURELLI, *Liberalismo y apostasía* (Fundación Gratis Date, Pamplona 2008) 23

fundador del «Instituto del Verbo Encarnado», Carlos Miguel Buela, quien vio antes de morir en 2023 su organización intervenida por Roma[666], participó como ayudante de capellán en el Liceo Militar, en San Martín. Este hombre, que llamaba a Meinville «mi padre en Cristo», colaboró justificando espiritualmente los crímenes concretos cometidos en aquella institución.

Otro de los colaboradores fue el jesuita Alfredo Sáenz, a quien ya hemos citado muchas veces como apologeta de la civilización cristiandista y por su obsesión militarista. Fue uno de los referentes intelectuales que en aquel momento fueron usados por el Vicariato Castrense para encauzar y potenciar la conciencia de los militares en el sentido indicado: voluntad de Dios, cruzada, salvación de la patria, de la civilización cristiana, guerra justa...

En aquella iniciativa criminal no faltó siquiera el elemento antijudío. La herencia de Hugo Wast estaba bien viva:

> «Aunque resulta difícil de creer, en periodos históricos tan recientes como la dictadura militar que castigó Argentina durante los años setenta, se llevaron a cabo persecuciones a miembros de la comunidad judía por sospecharse su presunta vinculación con los sabios de Sion. Ejemplo de ello es el caso del periodista Jacobo Timerman, apresado, torturado y profusamente interrogado por esta razón. También existe un conocido anexo suramericano de los Protocolos escrito por el profesor Walter Beveraggi denominado "Plan Andinia" que pretende desvelar el siniestro plan de los judíos para conquistar la Patagonia chileno-argentina»[667]

La TFP, de origen brasileño, o el grupo de Ousset «La Cité Catholique» no sólo fueron teorías. Éstos y las diversas facciones lideradas por Jean Madiran, Louis Salleron, etc, se introdujeron en los cuadros militares argentinos, especialmente durante el gobierno de Juan Carlos Ongania (1966-1970) y aquello dio fruto: Muchos miembros del clero argentino, y no pocos de los obispos, colaboraron con los asesinatos de la Junta a causa de su previa visión deformada de lo que es la vida cristiana. Conversa en ideología tradicionalista que asegura unos valores defendidos legítimamente por la fuerza, habiendo antecedido una criba de

---

[666] El Vaticano ya le había apartado de la obra por él fundada durante el pontificado de Benedicto XVI, en el año 2010.

[667] Santiago CAMACHO, *20 grandes conspiraciones de la historia* (La Esfera de los Libros, Madrid 2005) 116

tales valores para quedarse con unos pocos, deslavazados, desvinculados de la gracia y la caridad, cuyos impulsos son universalistas, estos defensores del «orden», la «jerarquía», la «familia», la «propiedad»... desoyeron el Evangelio del Señor Jesucristo. Lo obviaron.

Esto provoca un estado de cosas, el que monseñor Victorio Bonamín pidiera seis meses antes del golpe la intervención del ejército; que monseñor Tortolo, tras la toma del poder, ofreciera colaboración y apoyo a Videla y a Massera; monseñor Grasselli asoma como cómplice directo de las muertes mediante listas y señalamientos, como Tortolo; monseñor Ildefonso Sansserra, que alaba públicamente a los militares por su «actividad defensiva y ofensiva contra la guerrilla subversiva»; monseñor Plaza, delator; monseñor Octavio N. Densi, quien en 1979 decía que en Argentina se respetaban escrupulosamente los derechos humanos o monseñor Medina, que afirmaba la necesidad circunstancial de la represión y su obligatoriedad moral, y, por tanto, su licitud; monseñor Quarradno, intentando minimizar el asunto de los desaparecidos... como después se ha hecho: bueno, sí, miles... pero no tantos miles...

«Cosas» que, a más de sembrar incredulidad en derredor, dejan huella maligna en el alma de los protagonistas, todos ellos amados, todos ellos convocados a santidad en el amor. Así, muchos años después, un monseñor Storni declaraba el 2 de mayo de 1995 que «la Iglesia no necesita hacer ningún examen de conciencia y mucho menos pedir perdón a la sociedad argentina». En ese mismo año de 1995, el obispo de Morón, monseñor Justo Laguna, reconocía el silencio cobarde de la mayoría de los obispos o la complicidad. Este hombre, que salvó algunas vidas y se interesaba por la suerte de los desaparecidos en entrevistas diplomáticas con los militares, vio después las consecuencias espirituales de ese diplomatismo. Al parecer se percató pronto de que los militares mentían, pero «seguíamos hablando» con ellos... «Tuvimos que haber interrumpido esas conversaciones. Yo debí haber armado un escándalo»[668].

En Chile Juan Antonio Widow había fundado la revista *Tizona* bajo el auspicio del P. Osvaldo Lira. Este sacerdote era un fascista explícito (se definía como «nacional-sindicalista»), y, por supuesto, integrista. En la tardía fecha de 1993, tres años antes de su muerte, aún se expresaba al respecto con esta franqueza: «El

---

[668] Declaraciones de monseñor Justo LAGUNA, en «El diablo pasó por Argentina»: *El País Semanal* (28-5-1995)

Concilio Vaticano II hay que borrarlo todo de un plumazo»[669]... Desde este espíritu *Tizona* acogía las aportaciones de estos pensadores europeos y se convertía en vehículo de expresión de los asesores ideológicos del gobierno de Pinochet; ya antes habían atizado desde la revista la necesidad de una intervención militar.

El P. Osvaldo Lira, SSCC, vivió en España hasta 1952, alimentándose de los ideales de «cruzada» que se respiraban por aquí. Descubrió a Vázquez de Mella y quedó prendado. Escribe un libro sobre él[670], y en la Introducción plasma estas palabras:

> «Debe afirmarse que la doctrina de Mella no es UNA política, es LA política a que debe adherirse quienquiera desee ver realizados en la vida colectiva de la sociedad civil los principios fundamentales de la moral cristiana y de la filosofía escolástica»

Nostálgico además del Chile «decente» de 1937, en 1967 y ante determinados abusos o confusiones de una parte del clero posconciliar, inmerso en alabanzas sobre el clima reinante en la España de la época, suspira por un levantamiento militar...

Ni el militarismo anticomunista de la época ni los integristas ocultan estas alianzas y esta justificación mutua. Al contrario, sitúan todo este movimiento histórico en la batalla que San Miguel sostiene contra el Demonio. Sin pudor encontramos entonces este titular de portada en la revista *María Mensajera*: «La Virgen del Carmen salvó en su día a Pinochet de un atentado»[671]. El director de esta revista, Sánchez Ventura, amigo del almirante Santiago José Toribio Merino Castro, colaborador directo de Pinochet, creía en esta imagen del general como «salvador» y «enviado providencial» que «se ha enfrentado solo a la ofensiva del imperialismo soviético». Este integrista pensaba en una intervención explícitamente milagrosa de la Virgen en el transcurso de un atentado contra el general porque «la Patrona de Chile quiere que en este país siga ondeando la bandera sagrada de la Patria libre y católica salvada por Pinochet en septiembre de 1973».

---

[669] Osvaldo Lira en entrevista de Vicente Parrini Roces, *Matar al Minotauro* (Planeta Chilena, Santiago de Chile 1993)

[670] Osvaldo Lira, *Nostalgia de Vázquez de Mella* (Ed. Difusión Chilena, Santiago de Chile 1942). Reeditado varias veces: p.e. en Ed. Andrés Bello (1979), Ediciones Nueva Hispanidad (Buenos Aires 2007) o en las Obras Completas de Osvaldo Lira (Ed. Tanto Monta, Santiago de Chile 2018)

[671] Cf *María Mensajera* año XXIX n. 217 (febrero 1999)

La patria «libre y católica» chilena, como sucediera con el franquismo por ejemplo, se convierte en punto de reunión de integristas y de fascistas. Aquel régimen, bendecido por el integrismo de matriz católica, acoge la iniciativa del nazi Paul Schaeffer y su «Colonia Dignidad» o «Villa Baviera». Una especie de secta familiarista y filonazi que funda una colonia a los pies de Los Andes, unos 500 kms al sur de Santiago. Pero no sólo reciben apoyo del régimen militar, sino que éste usa la colonia para sus propósitos represivos. Para ambas instancias el enemigo era el mismo y la «moral de combate» la misma. Así, la DINA, bajo el coronel Contreras utilizó las instalaciones de la Colonia Dignidad como centro de operaciones, detención y tortura.

Como sucediera con aquella confluencia con el fascismo que antes hemos tratado, al integrismo o al espíritu integrista parecía importarle poco el paganismo de Schaeffer. Para ellos Pinochet era el hombre providencial enviado por Dios. Y católico romano... La *conexión* integrista era pública y celebrada: con motivo de una recepción en la embajada chilena en Madrid, motivada por la Fiesta Nacional y el Día del Ejército en 1998, vemos entre los invitados no sólo a diversos aristócratas y militares, o a conocidos personajes de las diversas extremas derechas como Piñar, Gibello, Medina, López Medel, etc, pertenecientes a las facciones confesionalistas, sino a varios pensadores españoles del explícito integrismo de matriz católica: Fernández de la Cigoña, Gambra (padre e hijo), Gil de Sagredo, José Miguel Serrano...

Cuando el general fue reclamado judicialmente por un juez español mientras estaba en Londres, Pinochet recibe el 16 de agosto de 1999 la visita de Jorge Aramburu, jefe de la armada chilena. Y le entrega un crucifijo[672]...

Todos estos gestos, estas adhesiones, significan que unos y otros están convencidos de que estos esperpentos sangrientos hechura de manos humanas representan imágenes del Reino de Dios en la tierra. Y no aguantan oposición a este modo de ver las cosas; cualquier opositor es un agente demoníaco. Así veía el integrismo al cardenal Silva Henriquez, arzobispo de Santiago, y a su «Vicaría de la Solidaridad», organización dependiente del obispado que salvó a gente sin tener en cuenta nada más que su condición de perseguidos, y denunció crímenes sin valorar más que la condición de los afectados como víctimas. Esto les costó la vida a diversos miembros de la Vicaría. Tan inaguantable fue el que

---

[672] Cf reseña y foto en la revista carlista *Siempre p'alante* n.393 (1-9-1999) 15

algunos obispos —pocos— se opusieran y algunos sacerdotes también (el español Joan Alsina, v.gr., que fue asesinado), que en 1986 ya eran quince mil los militares chilenos que habían abandonado la Iglesia católica para adherirse a Iglesias protestante de signo fundamentalista agrupadas en torno a la «Misión Evangélica Reformada», cuya sede central se encontraba en Estados Unidos.

La presencia en Chile de sociedades integristas venía de atrás. Décadas antes del golpe de Pinochet el intelectual e historiador Jaime Eyzaguirre, que representaba los intereses e ideales de la oligarquía terrateniente, ya exponía las ideas comunes del integrismo de matriz católica. Su influjo perduró en los pequeños grupos de militancia integrista expresa: en los años sesenta del pasado siglo la «Sociedad chilena para la defensa de la Tradición, la Familia y la Propiedad», la omnipresente TFP, fundaba al calor de estas ideas la revista *Fiducia*. Pronto se destacaron por sus dos cualidades más conocidas: la denuncia de la «subversión», en el sentido *ontológico* que le dan al termino, y con sus aplicaciones habituales; y el fanatismo propietarista. Respecto a esta última obsesión, que indica cuáles son sus dioses, del mismo modo que se habían opuesto en Argentina, durante la dictadura de Ongania a un impuesto sobre la tierra, en aquella misma década se enfrentan en Chile al democristiano Eduardo Frei por la tímida reforma agraria que éste quería llevar a cabo. Estos católicos de esteticismo medievalista y adoradores de la propiedad tal cual se presenta en el mundo, no basaban su denuncia, como hace el ultraliberalismo, en que cualquier intervención sea un atentado contra el libre mercado, sino que la basaban en un presupuesto supuestamente sagrado: la intervención sería un atentado contra el orden divino, un atentado contra Dios. Con lo cual testimonian que en su religión elitista y jerárquica, Dios y Mammón son lo mismo.

La TFP chilena colaboró con la dictadura militar pinochetista. En 1976 publican en España un voluminoso libro de 470 páginas sin firma personal titulado *La Iglesia del silencio en Chile*. Como subtítulo figuraba «Un tema de meditación para los católicos españoles», o en la siguiente página «La TFP proclama la verdad entera»[673]. El libro, como más tarde hiciera De la Cierva con su investigación sobre jesuitas y marxismo, intenta hacer ver la complicidad de gran parte del clero con el comunismo. No hay análisis ni profundo ni liviano sobre el porqué de muchas de estas

---

[673] Sociedad Cultural Covadonga, *La Iglesia del silencio en Chile* (Ed. Fernando III el Santo, Madrid 1976)

confluencias de la época, sino sólo acusaciones simplistas de infiltración organizada, negación de la existencia de causas invocadas por los autores de tales confluencias, y extensión de este señalamiento a todo el mundo católico no integrista. A unos por cobardía u omisión, a otros, como al persistentemente denunciado cardenal Silva, por ser criptocomunistas, y otros porque el hecho de no ser integristas convertía sus ideas o posiciones en una colaboración intrínseca con la «subversión marxista». Estos últimos, además, suelen ser calificados desde el sector sencillamente como idiotas.

Por supuesto, desde tales premisas no hay un solo rastro que indique una posible confrontación de las ideas de los militares y sus procedimientos y objetivos con el Amor que expresa el Evangelio del Señor Jesucristo. No sólo eso, sino que el libro contiene, en 1976, apenas tres años después del golpe y con el fervor guerrero aún caliente, listados nominados de sacerdotes y religiosos acusados de esconder a tales o cuales personas. Es decir, no sólo es un libro idólatra, inmisericorde, ajeno al Evangelio, sino con evidente actitud delatora... Obviamente estos chivatos integristas consideraban un deber moral y espiritual apoyar al general Pinochet de modo positivo. Ellos hacían lo que estaba a su alcance: justificar ideológicamente y señalar con nombres al enemigo. Para que los héroes actúen en consecuencia.

En Brasil los integristas se convierten en «cazadores» y señaladores de «curas comunistas». Monseñor Helder Camara hablaba de esto en una larga conversación con Ulrich Stockman publicada después en forma de libro bajo el título *La revolución de los no-violentos*. Allí este obispo vinculaba las campañas de la TFP con calumnias, amenazas y con crímenes como el que acabó con la vida del sacerdote Antonio Henrique Pereira Neto[674].

Esta facción integrista nacida en Brasil bajo la inspiración de Plinio Correa de Oliveira —ya nos hemos referido a ellos páginas atrás en diversas ocasiones— parecería a primera vista un grupo sectario con poca incidencia en la vida de los católicos. Efectivamente, sus modos, su estética, sus proclamas, se han mostrado durante décadas ajenas no sólo al «sentir de la Iglesia» en sentido teológico, espiritual, doctrinal, sino a la propia psicología expresiva de las gentes que les rodeaban en las

---

[674] Cf Helder CÁMARA-Ulrich STOCKMAN, *La revolución de los no-violentos* (Dinor, Pamplona 1972) 37-39

sociedades en que se han ido asentando. Esto, el desajuste entre los modos de una propuesta y la recepción del entorno, en principio no es bueno ni malo, sólo un hecho. No así el elaborar su propia *eclesiología*, que parte de su propia *autoridad* o la que hayan dado desde sí a su fundador.

Durante mucho tiempo, en España por ejemplo, la TFP, aquí denominada «Sociedad española para la defensa de la Tradición, la Familia y la Propiedad Covadonga», asomaba públicamente de tanto en cuando con muchachos en zonas universitarias coreando al unísono sus consignas y ofreciendo sus revistas, sus libros, sus folletos y sus símbolos. Publicaciones como *El Reaccionario* con foto de estatua del Cid y lema «Nobleza y Élites ¿un tema del pasado?» no parecía pudieran tener mucho eco. Sin embargo, el grupo se había ido extendiendo desde su Brasil natal por numerosos países de Latinoamérica. Ya hemos visto su presencia en Chile o Argentina. Y su afán por estar en contacto, como referencia espiritual, con el estamento militar...

> «Aeropuerto de La Paz (Bolivia). No se esperaba la visita de ninguna personalidad oficial importante, pero las tropas militares del ejército boliviano permanecen más firmes que nunca. Frente a ellos, una docena de estandartes desfilan tremolando la efigie de un león embravecido por una suave ráfaga de viento. Luciendo uniforme de gala y gafas oscuras, el comando supremo de las Fuerzas Militares Aéreas se inclina para saludar a una singular comitiva. Como representante de la máxima autoridad militar del país, el Comandante General se congratula de recibir a los dirigentes de una siniestra organización: la Sociedad TFP»[675]

El autor de este libro ofrece fotografías de este sorprendente evento —del que no da más información— en la página 146 de su obra.

La extensión de este grupo ha sido, finalmente, meteórica. En las últimas décadas del siglo xx intentó calar entre las gentes de los países en los que se habían asentado mediante una técnica típicamente sectaria: los miembros de la «Sociedad» fundaban asociaciones de diversa índole con las que intentaban captar socios y bienes de personas de talante conservador y religiosidad *tradicional*. Estas asociaciones no afirmaban con claridad su

---

[675] Antonio Luis Moyano, Sectas, la amenaza en la sombra (Nowtilus, Madrid 2003) 137

dependencia respecto a la TFP ni el que sus dirigentes eran todos miembros de la misma. Los fines públicos de tales asociaciones consistían en la difusión de la devoción a María bajo la advocación de Fátima, la llamada «defensa de la familia», la denuncia de las inmoralidades televisivas, etc. Era un modo de captar que usaba a modo de técnica preparatoria la inserción de citas de Correa de Oliveira en los folletos de difusión de estas asociaciones.

Tras la muerte del fundador se produjo un cisma en la TFP: mientras unos querían conservar este esquema (TFP y asociaciones satélites), otros fundaron una entidad específicamente eclesial, una gran sociedad religiosa reconocida al fin por la Iglesia. Nos referimos a los Heraldos del Evangelio. Primero fue una «Asociación Privada Internacional de Fieles». Después, con el apoyo de poderosos padrinos, es decir, de diversos obispos, de algunos cardenales, entre ellos varios situados en altos puestos de la Curia, este grupo fue elevado el 22 de febrero de 2001 a asociación de «Derecho Pontificio». La *transición* de la TFP, que como tal perdura, a los Heraldos vino de la mano de Joan Clá. Las organizaciones satélite[676] quedaron engullidas, en general, en esta organización eclesial. Por ejemplo, la «Casa Estudio Cardenal Segura y Sáenz», situada de la localidad toledana de Camarenilla, propiedad de la TFP Covadonga, pasó sin aparente problema a ser propiedad de los Heraldos del Evangelio.

Observando el tenor de sus publicaciones españolas parece que este ambiguo proceso de *eclesialización* hubiera podido ser saludable para ellos, pues, realmente, los artículos y los frentes de atención difieren notablemente de lo que difundía la TFP Covadonga. La *eclesialización* tiene vigor para purificar y corregir... y sobre todo, para abrir nuevos horizontes y abandonar actitudes... La ambigüedad, que parece calculada, no obstante, no desaparece: se sigue considerando a Correa como EL referente, el padre fundador, no hay acercamiento al Misterio de Israel, no hay gestos sagrados en referencia a las religiones, no se vislumbra la opción preferencial por los pobres, se respira aristocratismo, un militarismo sacro... Este aspecto tiene calado pues tal militarismo es una concepción vital traducido en su estética —que intenta imitar la imagen de los cruzados— en sus modos, trasladando a la propia liturgia una rigidez hierática, castrense, que implica ensayos y más ensayos a la manera de instrucción militar para que los

---

[676] «Asociación cultural Salvadme Reina de Fátima», el coro y banda sinfónica «Caballeros del Nuevo Milenio», «SOS-Familia», las iniciativas belenistas...

movimientos sean idénticos, sincrónicos, uniformes al entrar en una capilla o una iglesia.

Aquí, las investigaciones promovidas por Roma han constatado modos verdaderamente sectarios, de uniformización absoluta, de obediencias formalistas de signo militar y no eclesial, de desvinculaciones afectivas a otros entornos, calificados a priori como de no saludables en la medida en que no formen parte de la organización.

Después de la renuncia de Benedicto XVI, la presencia de los Heraldos en torno al Papa emérito era persistente. Y así lo hacían resaltar en sus publicaciones, algo que viene de antaño en sus maneras de presentarse e indica más modos sectarios: presencia oportuna o *inoportuna* (como unos más o en calidad práctica de autoinvitados), en medio de acontecimientos eclesiales, y luego publicación de fotos en aluvión abordando a tales o cuales *personalidades* eclesiales dando la sensación de haber sido el centro de atención del acontecimiento.

Hemos hablado de Argentina, Chile, Brasil, y hemos hecho referencia a otros lugares de Latinoamérica en que el integrismo de matriz católica, en el contexto de la guerra fría, de las guerrillas y las dictaduras, ejerció su influjo mundano disfrazado de espiritualidad y manchado de sangre. No podíamos obviar, respecto a este integrismo, el caso de México, el particular caso de México, cuya Iglesia, marcada por su historia inmediata, sufre el acoso de esta tentación.

Efectivamente, hablamos de una nación que sufrió vaivenes continuos, bélicos, sociales, y en la que la supuesta respuesta definitiva, la que proclamaba el liberalismo y sostenía la masonería, se reveló como fracaso brutal, represivo, corrompido hasta la náusea, despótico... La tentación del repliegue integrista entre los católicos ha sido y es evidente allí. En los organismos eclesiales y en el mundo de lo político-religioso. Aquel Partido Católico Nacional, aquella Unión Nacional Sinarquista, y las inspiraciones del fascismo europeo...

Ese clima ha perdurado en México, cuya Iglesia ha sido cuna de muchas congregaciones religiosas de signo integrista o que pululan en los aledaños de ese mundo, tal como los Legionarios de Cristo, fundados por el pobre Maciel, persona posiblemente perturbada.

Los acontecimientos y convulsiones sociales en esta gran nación han puesto de relieve, de tanto en cuando, la presencia operante de este espíritu. Es una tentación real, algo venido del Enemigo, con connotaciones brutales en el alma de los seducidos por el integrismo. Así, por ejemplo, las reacciones en los años noventa del pasado siglo en Chiapas, frente al obispo Samuel Ruiz en el contexto de aquella revuelta autodenominada «zapatista» y dirigida por el enigmático subcomandante Marcos. Los integristas calificaban al obispo como de «falso farsante» y le saludaban así: «Samuel Ruiz, aborto del infierno». Para él pedían, «por decreto de los chiapanecos», «la silla eléctrica»; respecto a unas mujeres del movimiento de la sociedad civil por la paz, colaboradoras del obispado en su labor de mediación, los sentimientos expresados eran de este calibre: «la Ofelia Medina y la Marisa Kramsky, violación masiva». Esta atmósfera ideológica pseudosacra y el odio total consecuente conducían a este género de afirmaciones: «ojalá estas nuestras intervenciones sean plegarias para que las oiga Dios, nuestro Señor»[677]...

5.- A día de hoy

5.1.- Como sustrato y vínculo con las pujantes ultraderechas europeas

Tras la II Guerra Mundial y durante mucho tiempo la extrema derecha europea se mantuvo como un fenómeno marginal en muchos lugares, y en otros, con más relevancia por su impacto social y sus apoyos, sin embargo mayoritariamente desacreditada. Así fue con algunos altibajos dependiendo de las circunstancias de cada nación y su historia reciente. En España, por ejemplo, el proceso fue diferente: Franco murió en 1975.

El concepto, «extrema derecha», es ciertamente amplio, e, interiormente considerado, antitético. El llamado neofascismo, el neonazismo, las tribus urbanas de skins, no parece en principio que tengan que ver mucho con ese ultraconservadurismo atravesado de religiosidad y tradicionalismo con el que el integrismo explícito se vincula sin mayor problema.

Efectivamente, al rastro de esta lenta emergencia ultraderechista, con sus referencias al pasado fascista, con su inmersión en el fenómeno de las tribus, o con intentos renovados abiertamente paganizantes al modo de la *Nouvelle Detroit*, ha dado paso al triunfo entre gran parte de las masas europeas de la vieja extrema derecha tradicional. Ahí interviene el integrismo. El vínculo del integrismo —religión rebajada a ideología— con ese espacio político —política mundana sellada con la ideología

---

[677] Cf Guiomar ROVIRA, «Los "auténticos coletos" se manifiestan y piden la muerte del obispo Ruiz»: *El Mundo* (27-2-1995)

religiosa—, siempre ha estado presente. Lo vimos al hablar del asunto Lefebvre.

En España, por ejemplo, con lógica connaturalidad, la revista nacional-católica integrista *Iglesia-Mundo* instaba a los fieles españoles a votar al «Frente Nacional» de Piñar[678], el partido que sustituyó a «Fuerza Nueva» tras su disolución en 1982 y cuyo nuevo nombre se debía, obviamente, al ascenso popular de Le Pen en Francia. Era una semilla instalada en ciertos corazones. Así se entiende un inciso que figura en la carta pastoral «Situación de la Iglesia, algunas orientaciones prácticas» escrita por el que fuera arzobispo de Pamplona y obispo de Tudela, y fechada el 17 de marzo de 2007. La carta era un refrendo a la derecha conservadora española representada por el Partido Popular, como alternativa, según este obispo, a las iniciativas de la izquierda burguesa, entonces en el gobierno, signadas por leyes que expresaban una suerte de relectura antropológica, etc. El obispo, alarmado por esto de modo reduccionista y desvinculado de la gran causa del hombre sufriente, como el resto de la derecha *católica*, recurría a la conciencia de los fieles... para que el partido constantiniano volviera al poder. E invocaba al respecto la no dispersión de fuerzas, es decir y dado que para él la identificación entre catolicismo y derecha era connatural, pedía de modo indirecto el que no se votase a fuerzas que «no tienen muchas probabilidades de influir de manera efectiva en la vida política». El inciso a que nos referimos y que señala una mentalidad es que cuando este obispo habla de los partidos que podrían con su presencia restar eficacia a la reacción que propone a los católicos, los define así:

> «Hoy en España hay algunos partidos políticos que quieren ser fieles a la doctrina social de la Iglesia en su totalidad, como p.e. Comunión Tradicionalista Católica, Alternativa Española, Tercio Católico de Acción Política, Falange Española de las JONS»[679]

Esta es la mentalidad que se ha abierto paso: reducida esa doctrina social, «en su totalidad» (¡!) a ese lugar común, el Dios, Patria, Familia, es decir, confesionalismo, respeto institucional y

---

[678] Cf «Editorial»: *Iglesia-Mundo* 342 (mayo 1987) 3

[679] Monseñor Fernando SEBASTIÁN AGUILAR, *Carta Pastoral "Situación actual de la Iglesia, algunas orientaciones prácticas* n.8 (17-3-2007). Parece que el obispo habla fiado de su memoria: esa Comunión Tradicionalista no se denomina «Católica» sino «Carlista».

protección económica y jurídica a la Iglesia jerárquica; sacronacionalismo; medidas legales frente al aborto y protección fiscal de las clases media alta y alta... Vender por un plato de lentejas toda, toda, esa doctrina social que se invoca, cribada hasta lo inverosímil, traicionar a los pobres, ayuntar a la fe mezquindades y corruptelas de política caída... sembrar una brutal incredulidad y cegar para millones de católicos las fuentes de la gracia y de la caridad. Legitimar explícitamente, como hace este obispo, a agrupaciones integristas y fascistas.

Esta pretensión, la de dar vida supuestamente sobrenatural a ese espacio político, ha perdurado en el tiempo. Y ahora da fruto en casi toda Europa. Lo sucedido sociológicamente en Polonia y Hungría, en Italia, en Austria, y en tantos lugares no se entiende sin el impulso interior de unas religiosidades moralistas y tradicionalistas extendidas en la base social. Desde ahí, y sin aparente contradicción, tal como sucediera con los fascismos clásicos, estas emergencias político-sociales impregnadas de religiosidad no tienen reparo en confluir con sus hermanos más *paganizantes*: las ultraderechas pujantes en Alemania, Holanda, Francia, etc.

Hay que ver el significado profundo de que en España una editorial católica, «Homo legens», publique en el año 2020 las «Memorias» de Jean Marie Le Pen. Esta editorial integra orgánicamente en su visión la exaltación mítica de los eventos cantados por el nacionalcatolicismo (el Imperio, la cruzada de 1936, etc), con autores como Chesterton... Un hombre que por su aguda crítica espiritual a la modernidad —y sus injusticias— ha servido de referencia tanto a seguidores del distributismo o distribucionismo, católicos antifascistas como la Sierva de Dios Dorothy Day, enraizada en una visión sobrenatural de los combates históricos... como a prefascistas, protointegristas o integristas que lo usan para atacar a las degradaciones antropológicas contemporáneas... Hay quien ha elegido qué lectura quiere de este autor y de otros, espiritualmente valiosísimos, que son conversos en camaradas del Frente Nacional o precursores de Orbán...

Todo esto ha implicado siembra y proceso. En España, por ejemplo, poco antes de la eclosión de VOX y cuando este partido era algo absolutamente marginal, hubo algún intento de confluencia a fin de subirse al carro europeo. Señalaba en un estudio, el ya citado libro *La Ciudad de Dios o la ciudad fascista* publicado en 2015, es decir, antes de la aparición de VOX como partido de masas, el intento protagonizado por tres partidos que concurrieron juntos a unos comicios, sin resultado. Eran los partidos confesionalistas

«Familia y Vida» y «Alternativa Española» —éste fundado por antiguos miembros de «Fuerza Nueva»—, junto al partido integrista «Comunión Tradicionalista Carlista». En aquel momento, además de éstos, apenas habría un par de partidos minúsculos que pudieran encajar en el esquema: el propio VOX, el llamado «Movimiento Católico Español»... Eran irrelevantes...

Tiempo después, poco tiempo después, esa coalición de tres partidos señalada pedía a su gente el voto a VOX en las elecciones generales de 2016. Y el discurso que avanzaba en Europa se instaló también aquí de modo bien visible.

Hubo un obispo que abordó esta eclosión de VOX advirtiendo a los católicos que esto era un profundo error. Publicó una carta pastoral en el año 2019 en la que se lamentaba de esta nueva ideologización de la fe. La carta tenía pocas concreciones sobre el qué hacer, es decir, dado que en el mundo de la política no hay alternativas que se basen en el hombre integralmente considerado ni se cree en medios sobrenaturales para luchar —que se expresan en la no violenta oblación de los cuerpos—, y dado que pese a que ya están expresadas en las enseñanzas sociales de la Iglesia, nadie se atreve a enumerar siquiera esas alternativas, pues nos conducirían muy lejos, y bancos, patronales, sindicatos, policías, ejércitos, judicaturas, políticos de todo el espectro, corrientes culturales, medios de comunicación, organismos internacionales... pedirían nuestras cabezas para hincarlas en una pica y ponerlas en alto... dado todo esto, una advertencia genérica, de principios y con alguna confusión[680], no tiene vigor para mover a un verdadero examen de conciencia y para movilizar la reflexión operante. Por otro lado, este obispo, ya emérito, señaló en su carta precisamente lo que estamos tratando aquí. Su mensaje a los fieles culmina de este modo:

«Por cierto, a comienzos del siglo pasado, en Francia, sucedió una historia parecida. No era el contexto de hoy, lo sé. El partido se llamaba entonces L'Action Française. Quería restaurar la cultura cristiana, pero sin la fe cristiana, sin Cristo. El supuesto restaurador, Charles Maurras, no era creyente. Muchos católicos lo apoyaron, de todos los niveles culturales y de todas las clases sociales. En el año 1926, la Santa Sede condenó a Maurras y prohibió a los católicos votarle. No todos

---

[680] V.gr., una alusión prejuiciosa al islam, que a más de expresar una mentalidad reduccionista al respecto, no tiene en cuenta el Magisterio que el obispo invoca para otros aspectos vitales.

siguieron la indicación de la Santa Sede. Pero la mayoría de quienes no lo hicieron terminaron echándose en los brazos de Hitler y de Mussolini»[681]

El integrismo de matriz católica ha tenido su papel en estos procesos. A veces con intervenciones que revelan de qué espíritu estamos hablando. Es el caso del affaire «El Yunque» y su influjo en todo el caldo de cultivo cultural que está en la base del crecimiento en España de esa ultraderecha confesionalista y moralista.

El Yunque es una asociación secreta de signo integrista fundada en México en 1953 para *defender* a la religión católica del comunismo de los judíos y de la masonería. Sus antecedentes nos remiten a un grupo poscristero llamado «Los Tecos», de Guadalajara, Jalisco. Con la ayuda del obispo Octaviano Márquez, se fundó El Yunque como una rama de Los Tecos dirigida al mundo universitario, en Puebla de Zaragoza. Al parecer ambos grupos se separaron tras el Concilio Vaticano II porque, aunque compartían concepciones integristas de la fe, Los Tecos se pronunciaaron contra el reconocimiento del Papa como Papa.

El Yunque es un grupo conspiracionista que a su vez ve conspiraciones por doquier, y cuya misión es la infiltración en asociaciones e iniciativas surgidas en el mundo conservador sociológicamente católico, a fin de tomar sus riendas e impulsar sus

---

[681] Monseñor Javier MARTÍNEZ, *Carta Pastoral "Trágica confusión en el pueblo cristiano"* (15-3-2019). Por supuesto, los medios integristas, infovaticana es un ejemplo, arremetieron contra el obispo: que si la condena de Acción Francesa fue obra de intrigantes y luego fue revocada, que si Maurras al fin se convirtió —no ciertamente a la caridad, con los judíos v.gr—, etc. Nada que vaya al fondo de la cuestión: Maurras construyó su obra y sedujo desde su increencia, sus seguidores sí se entregaron al fascismo y sus obras, sus crímenes, su idolatría… Y por supuesto que esto se repite, pues encuentra albergue en el corazón humano: Oriana Fallaci, atea, reivindicaba lo que ella entendía como cultura y civilización cristianas para oponerlas a la inmigración islámica, a la que odiaba tanto como Maurras a los judíos; o Sánchez Dragó, escritor que ha plasmado en sus obras una buena sarta de explícitas blasfemias burlescas contra la Iglesia y que es autor de un libro verdaderamente idiota al respecto —*Carta de Jesús al Papa*—, se convirtió en activo padrino de los cristiandistas nacionalcatólicos de VOX…

acciones en un sentido determinado, el de la supuesta defensa de la civilización cristiana, etc.[682].

En el mundo integrista, como en cualquier facción que tenga una visión total del mundo y no viva en esa atmósfera sobrenatural que no oculta la luz a nadie y que es lenguaje universal del Amor de Dios, la tentación secretista siempre ha estado presente. No nos referimos, obviamente, a la clandestinidad impuesta por persecuciones.

El secretismo ha sido una opción, en algunos casos, por motivos también obvios, porque la acción era explícitamente terrorista, como sucedía con «La Cagoule», organización francesa fundada por integristas, antiguos miembros de los «Camelot du Roi», y que realizó atentados con bombas y asesinatos en la década de los treinta del pasado siglo. En otros casos la labor era de zapa cultural. A este respecto señala Beneyto que «el tradicionalismo francés trata de imitar los mecanismos masónicos con sociedades secretas como las de los "Chevaliers de la Foi"»[683].

En el caso de El Yunque en España, en el año 2015 los obispados de Getafe y Toledo emitieron una Declaración en la que advertían de la vinculación de la asociación HazteOir con esa organización secreta. El 10 de marzo de 2015, el obispado de Getafe, tas un encuentro del obispo con el presidente de esa asociación, daba a luz una Declaración en la que, en referencia a HazteOir y las iniciativas promovidas por este grupo, se decía que «no compartimos con estas instituciones ni el sentido de pertenencia eclesial ni los medios que emplean». El 25 de marzo el arzobispado de Toledo hacía suya esta Declaración y la publicaba también oficialmente. En ambos documentos se pedía a HazteOir «que se abstengan de recurrir a las instituciones de nuestra Diócesis para dar a conocer o promover sus iniciativas».

En realidad, esta situación sólo aclaraba de algún modo que la labor de fermento cultural soterrada existe. Por medios que tales obispados —y la Iglesia— consideran ilícitos por su secretismo. A nosotros nos interesa más vincular tal secretismo —en la medida en que supone cálculo mundano, voluntarista, armas de este mundo...—, con el contenido del fermento cultural, que

---

[682] Según el profesor católico Fernando LÓPEZ LUENGOS, autor de un informe realizado en 2010 a instancias de la Conferencia Episcopal Española, algunos de los grupos conservadores infiltrados, dirigidos o directamente creados por sus dirigentes para este fin –el ser instrumentos de «El Yunque»- son: HazteOir, Profesionales por la Ética, Instituto de Política Familiar...

[683] Juan BENEYTO, o.c., p.443

aquí, en este estudio, señalamos asimismo como mundano, como opositor a la gracia y la caridad en medio de todo el incienso de que quiera acompañarse.

Efectivamente, el repunte integrista de matriz católica está también en la base del crecimiento social de ese género de ultraderecha nacionalcatólica, militarista, etc. Actúa el integrismo como sustrato y vínculo con ese mundo político: induce al voto y al activismo ultraderechista rosario en mano, como Salvini. Y los «influjos dramáticos» de que aquí hablamos y tal como hemos titulado este capítulo, no pueden serlo más. Hay un mínimo triple frente que esta alimentado, entre otros pero muy poderosamente, por este integrismo: islamofobia, *guerra* a los pobres y el llamado «rearme moral».

Respecto al odio a los musulmanes[684], las exigencias de expulsión, el desprecio... es algo evidente. Y cuando se hace en nombre de Cristo y de su Iglesia, a todos los pecados que supone esto, todas las ofensas a Dios, se une el pecado de blasfemia. Atentar así a su Amor en la dignidad y las vidas dañadas de los hermanos que le confiesan desde su fe islámica o sencillamente que viven inmersos —providencialmente— en tal cultura religiosa, es especialmente repugnante.

La guerra a los pobres tiene muchos frentes: los crímenes en las fronteras europeas y en las de Estados Unidos, que el integrismo estima leves, irrelevantes o inexistentes y por eso reclama tales crímenes con vigor militar. Está asimismo el contemplar en cualquier política mínimamente intervencionista de signo socialdemócrata —en el seno del sistema tal cual está— una intolerable presencia de «comunismo» y «extrema izquierda»... La mayor desgracia de este género de influjo cultural teñido de religiosidad es cuando fructifica entre los pobres. Que la mentalidad burguesa y la realidad burguesa se alarme, forma parte de su esencia, en tanto la sociedad está jerarquizada, no por liderazgos naturales armonizados con la extensión de participaciones personales responsables bajo una directriz espiritual comunitarista, sino por el poder económico. Cuando cala el mensaje entre pobres, entre trabajadores, o bien viven algún tipo de caduca *bonanza* económica que les hace comenzar a vivir como burgueses individualistas que protegen lo «suyo», o bien —y este es el caso en el repunte ultraderechista europeo y

---

684 De todo esto hemos tratado en otro lugar de modo extenso y —espero— también intenso: Gerardo LÓPEZ LAGUNA, *Una aproximación cristiana al fenómeno de la islamofobia* (Ed. Anawim, Madrid 2023)

norteamericano— se les inflama de deforme ardor patriótico y *religioso* para señalar a los extranjeros, a los musulmanes, a las gentes de otras razas, como causantes de las injusticias y carencias que sufren ellos. En España, desde VOX y similares, Hungría, Polonia, Italia, el mensaje al respecto es explícito: vienen a robar «nuestros» bienes y el fruto de «nuestros» esfuerzos y a suplantar la «cultura cristiana» (¡!) por el islam. Y además, de modo coactivo...

Hasta dónde puede llegar este dinamismo anticristiano venido del integrismo de matriz católica no sabemos. Con la Shoah el proceso fue parecido: militancias de la religión en clave mundana, señalamientos, odio culturalmente extendido, algunas violencias en general aisladas... y al fin colaboración en la delación, captura y envío de judíos a campos de exterminio. Ahora estamos en un previo procesal ya inundado de sangre con lo que sucede en las fronteras donde hay muertes, muchas; con el modo en que «occidente» acabó con el Estado Islámico territorial, es decir, *bombing zone*, a la usanza de la II Guerra Mundial, arrasar con todo y con todos (las familias, los vecinos, los heridos...) mientras aquí se ha mirado a otro lado, aliviados, y se guarda al respecto un prudente silencio tácitamente establecido. Con este clima en que Europa se llena de alambradas interiores y patrullas militares en las montañas, en que los mares se coinvierten en inmensas fosas comunes, y en que se paga generosamente a entidades sicarias —gobiernos— fuera de las fronteras para hacer el trabajo más sucio... el integrismo de matriz católica vocifera diciendo que no es suficiente, que los gobiernos masónicos promueven la inmigración islámica... Un día se disparará abierta y sistemáticamente contra estos hermanos, y algunos hablarán de cruzada...

El tercer punto es el llamado «rearme moral». Aquí vemos también un influjo dramático alimentado por este integrismo. A lo largo de estas páginas ya hemos aludido a esto en diversas ocasiones: una suerte de familiarismo que oculta a las familias cristianas el vínculo intrínseco que tienen con el Amor de Dios a los últimos expresado en la Escritura, en la desoída liturgia, en las desconocidas enseñanzas sociales —y familiares— de la Iglesia. Es decir, una vivencia de estos retos (bioética, antropología sexual, etc) en clave moralista, farisaica, que los contamina y los hace estériles: unas facciones que vocean contra el crimen del aborto... y vocean más alto contra niños, contra bebes en las fronteras, en las pateras, y contra mujeres embarazadas presentes en tales situaciones. Otra blasfemia[685].

5.2.- En la ola ultraconservadora en Estados Unidos

En principio parecería que el papel del integrismo de matriz católica en este fenómeno ideológico norteamericano sería algo marginal. Efectivamente, las grandes referencias históricas, organizativas, personales, del ultraconservadurismo estadounidense, pertenecen al mundo de la Reforma protestante. Tienen en común con *nuestro* integrismo el compartir el mismo espíritu.

La religión —la gracia, el amor donado de lo Alto— fecunda todas las dimensiones del ser humano sin suplantarlas, sin negarles entidad; pero las transfigura. Así, la dimensión sociopolítica queda elevada en su impulso vital, en su acción, en sus modos, en sus objetivos. Lo hemos visto en hermanos y hermanas de diversos ámbitos religiosos. En todos ellos se ven los frutos del Espíritu y todos ellos han vivido lo sociopolítico desde ese Espíritu. Cercanos a nuestro tiempo vemos, por ejemplo y con el espíritu que quiere vertebrar nuestro estudio, al Siervo de Dios Giorgio La Pira, a la Sierva de Dios Dorothy Day, a San Oscar Romero, a la Sierva de Dios Madeleine Delbrêl, al Siervo de Dios Guillermo Rovirosa, al Siervo de Dios Don Tonino Bello... a hermanos como César Chávez, Martin Luther King, el Mahatma Gandhi, Khan Abdul Gafar Khan... Todos ellos y tantos otros han vivido la primacía de la caridad en una atmósfera sagrada: en medio de sus luchas sociales y políticas.

El fundamentalismo político protestante, como el integrismo de matriz católica o cualquier otro, invierten la relación: una política caída, de ídolos y disvalores disfrazados de valores permanentes, es sellada, justificada, con el nombre de Dios. La religión se convierte en ideología. Y la ideología —hechura humana con pretensión de absoluto— es enemiga del amor gratuito y oblativo, del Amor de Dios. Como decía Howard Zinn, «fundamentalistas políticos y religiosos que invocan el nombre de Dios para ponerlo al servicio del asesinato masivo y de la conquista imperial, que ignoran el mandato bíblico de amar al prójimo, de

---

[685] También hemos tratado con detenimiento de este contrasentido expresado por estos «defensores de la vida» en *De Francisco, el aborto y la derecha* (Ed. Anawim, Madrid 2022)

convertir las espadas en azadas, de cuidar al pobre y al desvalido»[686].

En Estados Unidos el fenómeno es enorme y tiene profundas raíces históricas. Raíces históricas muy trágicas: por ejemplo, el *segundo* Ku-Klux-Klan, su resurrección y aquellas adhesiones masivas de verdad al principio del siglo XX, fue obra de un pastor metodista... ¡un supuesto servidor de Jesucristo! Efectivamente, «el año de 1915, durante la noche del Thanksgiving, fundó el segundo Ku-Klux-Klan William Joseph Simmons, una especie de predicador ambulante, con programa mixto en que, por un lado, se hablaba de fraternidad, religiosidad y misticismo y, por otro lado, de la supremacía del hombre blanco, americanismo, oposición al catolicismo, a los judíos y a los negros»[687].

Este espíritu ideológico ha mostrado en los Estados Unidos múltiples caras. En los años setenta del pasado siglo, al compás de las revueltas negras, con el Ku-Klux-Klan acosado por el FBI[688] y sin prestigio propio en la mayoría de los Estados, surgen como hongos grupos racistas que invocan a Cristo... «National Christian News», «American Christian Party», «White People's Commitee to restore God's Law», «Christian Vanguard», «Christian Nationalist Crusade», «Military and Religious Order of St. George», «The Anglo-Saxon Christian Crusade»... y una perla increíble, un grupito de católicos bajo el nombre de «Apostoli Veritatis» también hablando de «la decadencia de la integración», y quejándose de que el catolicismo represente eso, a las «minorías raciales no arias frente al nacionalismo ario y combativo de los evangélicos»...

En fin, hay toda una tradición ideológica al respecto: el llamado «Conservative Movement», alabado por el integrista católico Miguel Ayuso en la revista *Verbo*, algunos de cuyos representantes sureños, los autores del libro colectivo *I'll take my stand*[689], idealizan el patriarcado terrateniente y esclavista del Gran Sur, su tradición y religiosidad, frente al centralismo «impío» del Norte y la industrialización... Brutal reducción, como si cualquier

---

[686] Howard Zinn, *Sobre la guerra. La paz como imperativo moral* (Random House Mondadori, Barcelona 2007) 25

[687] Julio Caro Baroja, *Terror y terrorismo* (Plaza y Janés/Cambio 16, Barcelona² 1989) 65

[688] Hoover, organizador de guerras sucias —con asesinatos y secuestros— e intoxicación informativa, chantajista, antisemita, etc, era racista, pero odiaba al Ku-Klux-Klan en su condición de sudistas rebeldes.

[689] Twelve Southerners, *I'll take my stand: South and the Agrarian Tradition* (Harper & Brother, New York 1930)

antiesclavista fuera necesariamente un jacobino centralista e irreligioso; y, sobre todo, brutal desprecio por la dignidad de millones de hermanos y por su sufrimiento, causado por la acción de otros hombres. Todo ello, en nombre de Jesucristo.

Este paleoconservadurismo, que quiere distinguirse de los «neocon» por su reivindicación de *valores sagrados* pero confluyen con ellos en todas las empresas políticas, perduró y ahora se muestra con un vigor inusitado. Los nombres de las inciativas son diversos, las personas protagonistas también, pero el alma es la misma. J. Falwell, «en 1979 fundó la Nueva Derecha Cristiana (NDC), también llamada Moral Majority. Su primera acción conjunta fue el apoyo prestado a la candidatura presidencial de Ronald Reagan en 1980, el cual, una vez elegido, prometió su apoyo incondicional a la NDC y su política»[690]. Hay una continuidad. Los tradicionalistas sureños, la vieja Doctrina de la Seguridad Nacional, el macartismo... y luego la NDC, la Mayoría Moral, la Coalición Cristiana del predicador Pat Robertson, el «Contrato con América» de Dick Armey, Newt Gringich, Pat Buchanan... Los viejos pensadores paleoconservadores apoyando estas emergencias: Melvin Bradford en las campañas de Reagan y de Buchanan, tras haber apoyado en 1972 al racista Wallace; Rusell Kirk lo mismo. Y luego el crecimiento incontenible de las «Milicias», herederas del Klan, y el «Tea Party», con su brazo armado, los «Oath Keeper's» y su Sarah Palin hablando de devolver el honor a los Estados Unidos envuelta en una bandera y con un crucifijo en la mano... la misma Palin que dice que como madre y respecto a sus hijos varones no ha parido sino «guerreros».

Por supuesto, el fundamentalismo político protestante ha seguido allí manteniendo, básica y generalmente hablando, vivo el espíritu explícito del Klan: odio racial en el nombre de Cristo:

«En el lago Hayden (Idaho), el reverendo Richard Butler dirige una comuna neonazi denominada Naciones Arias, en la que conviven familias a cuyos hijos se les inculca desde niños el odio racial bajo la apariencia de una guerra santa en la que la raza blanca es depositaria de la pureza de los valores cristianos»[691]

Y también, por supuesto, otra nota de estos mundos, el conspiracionismo, se extiende y se retuerce buscando conexiones al calor del crecimiento de este género de fundamentalismo. La

---

[691] Santiago Camacho, o.c., p.203

«John Birch Society», una organización de extrema derecha norteamericana ve *illuminati* en todas partes, y se mezclan sus señalamientos con toda clase de aportaciones: políticos suplantados por robots, el origen del sida, los *illuminati* como causa de todas las guerras desde el siglo XVIII... e incluso «constructores de la "Cara de Marte", una gigantesca formación rocosa que se encuentra en la superficie marciana»[692]...

El conspiracionismo ultraderechista del fundamentalismo protestante en Estados Unidos ve señales en todas partes. En las viejas películas de Disney Aprendiz de brujo, Aladino, La bruja novata, Fantasía; también en Harry Potter. Y «mensajes satánicos subliminales en El mago de Oz, Alicia en el país de las maravillas y El señor de los anillos»[693].

El integrismo de matriz católica en Estados Unidos parece que durante mucho tiempo ha sido un fenómeno minoritario, de unos pocos intelectuales que en principio no tenía relación con todo ese masivo movimiento espiritual que someramente hemos descrito. Antes bien, para muchos de los adalides de aquel fundamentalismo, los «papistas» eran, son, claros enemigos de la América pretendidamente cristiana.

Sin embargo, algún trasvase entre los dos mundos sí ha habido. Por ejemplo, el caso del filósofo católico Frederick Wilhelmsen (1923-1996), integrista escolástico adscrito al Conservative Movement y su culto al «Gran Sur». Este hombre tuvo un especial vínculo con España, lo que le condujo a entregarse a la causa carlista. Creía que la «civilización española» era un signo de la lucha por la «Ciudad cristiana». Lucha que continuaban los tradicionalistas, los contrarrevolucionarios. En los años setenta del pasado siglo, el pretendiente carlista Javier de Borbón Parma le otorgó la «Cruz de la Orden de la Legitimidad Proscrita».

Otro caso de comunicación de visiones está representado por Rusell Kirk, protestante y también intelectual del Conservative Movement. Este hombre, obsesionado por el «orden y la religión», que funde en un solo concepto conservadurismo con religión y orden divino, expone en un libro de 1953 titulado *La mente conservadora* a diversos defensores de la visión. Y se topa, laudatoriamente, con una de las columnas del integrismo de matriz católica: De Maistre. Kirk pone de manifiesto así, con estas

---

[692] Santiago CAMACHO, *La conspiración de los Illuminati* (Planeta, Barcelona 2005) 222
[693] Ibid, p.231

confluencias, hasta qué punto hablamos de ideología y no del Evangelio. Los frutos de su visión son semejantes a los del integrismo: orden jerárquico ajeno al amor y la dignidad:

«Kirk la toma con los "judíos librepensadores" que minan la cristiandad. Adopta la actitud clásica de la derecha, profesa el respeto a las tradiciones y la nostalgia del pasado, comprendido el inaceptable, como la segregación racial y la esclavitud»[694]

El integrismo que aquí tratamos ha tenido históricamente allí una facha propia, sectaria y pequeña, ajena hasta hace poco a la gran corriente ultraconservadora de aquel país, o con incapacidad de influjo. Páginas atrás nos referimos al sedevacantista mexicano Joaquín Sáenz y Arriaga. Este hombre fue el referente para que el tradicionalista norteamericano P. Francis E. Fenton fundara en Estados Unidos, en los años setenta, un «Movimiento Católico Romano Ortodoxo». Hablamos también en otro lugar de un pretendido Papa —integrista— en Arkansas. Con ocasión del asunto Lefebvre hubo publicaciones en favor del arzobispo, como la *Apología pro Lefebvre* de 1987, escrita por A. Michael Davies y publicada en Texas. De tanto en cuando uno se puede topar con personajes e instituciones de esta facción ideológica que han organizado campañas moralizadoras o en el llamado movimiento provida, etc.

Siempre han estado ahí. La tentación de no quedarse al margen del absurdo mesianismo estadounidense, ha tenido influjo sobre no pocos católicos de allí. Y hablamos de un mesianismo estricto, de fundamentos religiosos. En 1953 el cardenal Spellman publicaba un libro de poemas. Había algunos dedicados a los soldados norteamericanos. Por ejemplo:

«¡Oh, Padre del cielo! / Sé glorificado en nosotros / tus hijos-soldado / señalados por nuestro país para la cruzada / una cruzada contra la tiranía, el ateísmo y el odio. / Respondimos a la llamada / y fuimos a tierras extrañas / para luchar contra hordas hostiles / por el triunfo de América / y la causa de la civilización, / la causa de la humanidad y la religión, / la causa de las naciones libres»[695]

[694694] Alain FRACHON-Daniel VERNET, *La América mesiánica* (Paidós, Barcelona 2006) 70-71
[695] Francis SPELLMAN, *What America Means to Me and other Poems and Prayers* (Charles Scribner's Sons, New York 1953) 15

Con tal bagaje espiritual, ¿por qué habían de querer quedar fuera de este «hagamos grande a América otra vez»?

La presencia en el frío y pragmático movimiento neocon de algunos católicos como Novak, fanático propagandista del capitalismo ultraliberal como expresión de una supuesta colaboración espiritual con el Dios Creador, no parece tenga origen en la ideología integrista. Sí la presencia de católicos en el movimiento «teocon», de índole paleoconservador y tradicionalista y que es columna de este crecimiento y transformación de la tendencia y cuyo signo a día de hoy es el llamado «trumpismo».

En la ola de transfiguración explícitamente mesiánica que empapa a los «republicanos» se hallan ya, desde hace años, muchos católicos... «La Iglesia baptista dominaba en general entre los republicanos, pero muchos católicos llegados del campo demócrata se unieron a ellos, seducidos por la invocación a los "valores morales"»[696].

El integrismo de matriz católica en Estados Unidos no es entonces sólo una cuestión de confluencias personales con la ola ultraconservadora. Las confrontaciones con el papa Francisco de algunos obispos de allí, como el ya citado y destituido Joseph Strickland, tienen su influjo en esa ola, muchos de cuyos miembros aborrecen a los «papistas» o desconfían de ellos. Pero la contestación a Francisco es para ellos como una confirmación de la veracidad de sus actitudes: la supuesta guerra al aborto[697] une en ese revival a fundamentalistas protestantes e integristas de matriz católica. El caso del P. Frank Pavone, reducido al fin a estado laical en noviembre de 2022 por su obstinada, provocativa y pública desobediencia a los mandatos de la Iglesia, es significativa: ha representado este sacerdote a amplios sectores católicos absolutamente entusiastas con Donald Trump y lo que significa. De hecho, el P. Pavone ha participado activamente en las campañas de Trump. El propio obispo Viganó, poco antes de su excomunión, declaró públicamente su apoyo a Trump... Consecuencia lógica de sus previos ideológicos, los mismos que le incapacitan para ver la evidente incompatibilidad entre el discurso trumpista y la gracia y la caridad expresadas y donadas por Jesucristo en el Sermón de la Montaña...

---

[696] Alain FRACHON-Daniel VERNET, o.c., p.127

[697] Supuesta por estéril en la medida en que se compagina con el culto a las armas, la violencia bélica y policial glorificadas, el desprecio y los ataques a los migrantes, el voluntarismo economicista...

Esto ya no son confluencias personales, como sucedía con los pocos intelectuales católicos participantes del mito tradicionalista del Gran Sur, o con católicos que han formado parte de los thin thank neoconservadores o paleoconservadores, o con los que, por oposición al Papa, se han adherido individualmente con las posturas del ultraconservadurismo... Hablamos de un verdadero influjo de matriz católica en este repunte ultraderechista estadounidense operado sobre todo a través del voto hispano. Es decir, de sacerdotes y religiosos y religiosas que en nombre de valores tradicionalistas dirigen a muchos fieles católicos en este sentido. Algo grato a los corazones integristas que en Europa y Latinoamérica se muestran zalameros, comprensivos, solidarios, con el universo de valores y actitudes que representa el mundo de Donald Trump.

VIII.- EL REPUNTE INTEGRISTA
Y LA RESISTENCIA A FRANCISCO

1.- Signos crecientes

A lo largo de estas páginas hemos ido viendo la existencia y persistencia del integrismo de matriz católica que llega a nuestros días en el ámbito del occidentalismo. Y lo hemos vinculado con esos previos vitales que son los ultraconservadurismos.

Estos dinamismos, hoy, no paran de crecer: las tendencias conservadoras, en la medida en que son ideología, no tienen freno interior, pueden desarrollarse *horizontalmente*, hasta la conversión en extremas derechas. A veces sucede a veces no. Pero el impulso interior a expansionar los postulados, a totalizarlos, es constitutivo de las ideologías.

Tanto tiempo coqueteando con la derecha liberal burguesa para buscar un cómodo hueco en las sociedades, había de traer que muchos de los fieles adscritos a ese hueco acompañaran a las facciones que en esta derecha van llevando adelante sus presupuestos ideológicos a fin de contestar a las nuevas revoluciones culturales que cuestionan la tradición. Si la confrontación no fuera ideológica sino espiritualmente cristiana, no sólo se respondería —y con otros modos— a las pretensiones destructivas de tales revoluciones culturales, sino a las pretensiones destructivas de tal tradición, en lo que supone vincular la fe con el odio, el belicismo, el clasismo, el racismo, el machismo, y todos los valores objetivos que caracterizan, genéricamente hablando, a esta derecha *cristiana*.

Hay una primera pregunta, inquietante, que viene a las mentes y a los corazones cuando se contempla este panorama histórico: ¿por qué las tendencias políticas de muchos cristianos suelen escorar a la derecha?

Una primera respuesta está en el Evangelio, en el mundo fariseo que allí se describe. Más que fijarnos en las universales actitudes interiores denunciadas como hipocresía, nos podemos fijar ahora en la *ideología* farisea: seguridad religiosa y seguridad material... El conservadurismo, incluso cuando incita a luchar, ofrece como premio tranquilidad burguesa, incluso prosperidad, riqueza, derivada del esfuerzo; y eso que llaman «orden público». La religiosidad se deforma, se contradice por influjo mundano; y cuando tal deformidad es des signo conservador, el fruto es que se mantiene la *religión* y se afianza y endurece el mundo tal cual está.

La tendencia derechista de la vivencia social del catolicismo es una deformación mundana inscrita en el dinamismo universal de la «caída». Mounier se quejaba de la prevalencia de esta deformación del catolicismo frente a la relativamente minoritaria, en su época, de la que representa un catolicismo de izquierda. La prevalencia no significa exactamente alguna correspondencia entre catolicismo y derechismo, sino tendencia al *conservadurismo*, en sentido espiritual, más amplio: por ejemplo, aquí podríamos situar la adscripción, la sumisión cívica al viejo *apparátchik* soviético; o cubano o chino...

Es decir, una tendencia a la negación de las desmesuras que propone —y hace posible de mil modos y a mil ritmos— la gracia de Dios, en nombre de la instalación social, de un lugar con referentes controlados y conversos en roca desde la que juzgar y condenar a los otros.

En la tesitura presente, según el parámetro cultural europeo, luego prácticamente universalizado, este conservadurismo está representado por la derecha sociopolítica. Concepto que llega a abarcar a algunos sectores de partidos teóricamente socialdemócratas. En tiempo de Jesús, los fariseos, como clase acomodada, guardiana de los saberes sociales y amiga del dinero, junto al Consejo de ancianos, el «Consejo de los 70», poder político efectivo y pragmático; en tiempos de civilización de cristiandad, los usos establecidos basados en la fuerza, el poder económico, los linajes... todo lo que cohesionaba a aquellas sociedades y lo que de una manera u otra fue cuestionado por santos profetas.

Estas concepciones son espiritualmente devastadoras para muchos. Y piedra de tropiezo para los que están llamados a conversión. No me resisto a ilustrar algunos de estos efectos mediante la plasmación aquí de unas anécdotas reales, que son más que anécdotas en el sentido de que conducen a lugares profundos y dan una idea de conjunto de lo que supone en la Iglesia esta contaminación ideológica. Los protagonistas del anecdotario son personas caracterizadas por ser militantes de la Iglesia, y por tanto rostro visible de la misma para otros.

Son, por ejemplo, aquellos cristianos que en España se manifestaban gritando la consigna «Zapatero, a la fosa con tu abuelo»; o la valoración positiva del trumpismo, de todo el lote del trumpismo, basada en una roca verbalizada así: «está contra el aborto»; un muchacho, destacado en Acción Católica, en una facción actual de la misma caracterizada por la mentalidad y sensibilidad que envolvieron a esta organización en España durante la guerra civil y el primer franquismo, y que ante el comentario de otro muchacho que acaba de visionar la película *Doce años de esclavitud*, responde a éste: «¡otra de negros!»; otro muchacho, destacado militante cristiano, que ante los sucesos del 1 de octubre de 2017 en Cataluña responde así a otro alarmado por la violencia policial indiscriminada: «¡más les tenían que haber dado!»; otro, presidente de una cofradía y ante aquellos mismos sucesos, enviando grabaciones de bofetadas policiales con fondo de risas; otro chico, también militante, que vive en ambiente incuestionado militarista, y que, jocoso y riendo, comenta con un joven correligionario un videojuego en el que se quema viva a la gente; un sacerdote que ante la avalancha de refugiados originarios de Siria en 2015 y 2016 difundía por doquier la idea expresa de que no se ayudara a la familias musulmanas que huían de la guerra; otro sacerdote, que despreciaba a los musulmanes que condenaban, como contrario a la voluntad de Dios, el atentado yihadista de Barcelona en el año 2017... Podríamos seguir y no parar. Todos conocen este cuadro, bien porque comparten la visión, bien porque la padecen, o porque pretenden desoírla a fin de no tener que tomar ciertas posturas.

Como vemos, al compás del crecimiento de las extremas derechas europeas cuyo sustrato social es este conservadurismo tradicionalista, sociológicamente católico en su mayoría, tales anécdotas no los son: indican un profundo estado de los espíritus.

Es en este clima, larvado durante décadas, en evidente germinación después, cuando Francisco es elegido Papa... Y, obviamente, brota el descontento, la reacción y la resistencia. Desde el primer momento y en ímpetu creciente.

Las tendencias ultraconservadoras dominantes en muchas Iglesias han sido evidentes en las últimas décadas. Muchas fundaciones, varias de ellas investigadas, advertidas o intervenidas por la Sant Sede desde antes del pontificado de Francisco, se han caracterizado por esta tendencia ideológica. Los consecuentes signos de un repunte integrista han asomado en muchos lugares. Frente al relativismo imperante en el mundo rico, y frente a un sinfín de degradaciones, ingenierías antropológicas, blasfemias explícitas, tal repunte no significa —como ellos reivindican— *parresia* evangélica, sino una contrapropuesta ideológica mundana que ofrezca seguridad en torno a unos supuestos valores perennes. En muchas diócesis del mundo occidentalista, y bajo la mirada ausente del obispo —lo cual es lo habitual—, o benevolente en muchos otros casos, se desarrolla entre fieles, seminaristas y curas jóvenes un raudo proceso de sectarización integrista. Que ahora se organiza como resistencia al Pontífice. Pienso en mi diócesis, y esos sacerdotes que en la red sostenían un programa llamado «La sacristía de La Vendée», y para clarificar el asunto subtitulan «tertulia contrarrevolucionaria de sacerdotes»... Desde allí se rechaza el Magisterio actual de la Iglesia —el anterior, que tampoco se acomoda a su ideología en su mayor parte, es silenciado—, y se invita a todos los públicos personajes de la alta jerarquía de la Iglesia que se hayan caracterizado por oponerse a Francisco a participar y ser entrevistados. Usar el nombre de La Vendée ahora, y la palabra «contrarrevolucionario» indican términos de escuela, integrismo explícito...

2.- Oponerse al Papa como corolario evidente de este rebrote

Tenía cierta lógica el que asomara de modo abierta esta desobediencia. Porque ya existía implícitamente respecto a los venerados predecesores de Francisco. Efectivamente, con esos Papas se había practicado de modo suave y no estridente, un silenciamiento sistemático de todo el cuerpo magisterial que no se correspondiera con los estrechos presupuestos del protointegrismo ampliamente extendido entre pastores y fieles. Como luego veremos, estos hermanos han montado en cólera contra Francisco por pronunciamientos, gestos, doctrinas, que habían sido protagonizadas de modo insistente, prolongado, profundo, por sus antecesores. A éstos cribaban sus palabras, ninguneaban sus documentos, ocultaban de modo vergonzoso sus signos. A Francisco le comenzaron a contestar desde el principio... La causa... Difícil saberlo. Porque no hablamos de las incomprensiones y resistencias posteriores, como las que tratamos páginas atrás respecto a la liturgia preconciliar, sino de algo que se manifestó ya desde 2013... No sé, ¿un Papa argentino?, es decir, quizá algún rastro más o menos consciente de orgullo occidentalista herido... O sus modos, su carácter, ajenos a la pompa solemne que muchos identifican sin más con la expresión de lo sagrado... O su carácter incontrolable, que tiende a romper manejos de poder, corruptelas establecidas, aquellas cosas que hirieron lo indecible a Benedicto XVI, quien se veía engañado, puenteado por muchos de sus supuestos colaboradores... Es decir, si este fuera el caso, una suerte de venganza organizada por personas que han sido alejadas de estos manejos por Francisco, y que tienen poder sobre obispos —que quizá les *deban* el obispado—, instituciones, personas con medios que, a su vez, se prestan a hacer o dejar hacer contra el Papa...

Especulaciones sin fin que nos pueden apartar de una visión más profunda respecto a esta actitud: su carácter de desobediencia orgullosa, prepotencia, agresividad, «autorreferencialidad» y «narcisismo espiritual», según las odiadas palabras de Francisco.

El caso es que aquello que, en sus modos explícitos, estaba encapsulado en grupos especializados de integrismo abierto, ha hecho eclosión y se extiende por la Iglesia. Libros y sobre todo páginas de internet aparecen sin cesar en los últimos años para atacar al Papa, atacar a los referentes que el Papa señala como signados por la santidad, atacar al Magisterio... en nombre de una suerte de cruzada para «salvar a la Iglesia».

En el año 2021, una editorial española de este signo publica un libro llamado *Infiltración. El complot para destruir la Iglesia desde dentro*[698], ya editado en otras lenguas. El prólogo estaba firmado por monseñor Athanasius Schneider, uno de los obispos que se está caracterizando por participar públicamente en actos de oposición a Francisco. El libro se basa en ese género de pseudoteología de la historia difundida por el integrismo, en que «sajan por donde ellos dicen» (Balthasar) para indicar, directa o indirectamente, edades de oro perdidas y el comienzo reconocible como tal de un proceso de aniquilación suicida. Por supuesto, el libro sitúa el pontificado de Francisco, en sí, en esta corriente modernista, liberal, que socava la fe y que ahora se vería impulsada de modo espectacular por el propio papado.

Bueno... la confrontación —con los matices que se quieran— de una supuesta Edad de Oro con el Evangelio testifica que tal edad no existe. La Iglesia, a la par que crecimiento por los dones incesantes e irrevocables de Dios, es tensión apocalíptica en

---

[698] Taylor R. Marshall, *Infiltración. El complot para destruir la Iglesia desde dentro* (Homo legens, Madrid 2021)

que las fuerzas infernales son desatadas y actúan con furia asimismo creciente. En proporción a la gracia derramada. Esta tensión tiene un lenguaje histórico y metahistórico: altibajos, tentaciones, caídas brutales, resurrecciones... Y cuanto más universal es, menos es posible catalogar *edades*, pues los acontecimientos se solapan y en un lado se muere mientras en otro brilla la vida... La presión del error o de la mentira, interior y exterior, es constitutiva de la vida de la Iglesia desde el principio. La tensión, el ser caminantes, el ir en pos de la Verdad que siempre desborda a sus hijos, es constitutivo de la Iglesia peregrina... Y también es constitutivo de la Iglesia el que en su caminar penetren ideas, actitudes, que luego se han revelado estériles, contradictorias o insuficientes. Es decir, la pretensión del libro no es advertir lo que a juicio de un autor que viera católicamente la marcha de la Iglesia señalara como peligro en tal o cual aspecto, sino en mostrar una conspiración demoníaca que se habría apoderado de la Iglesia en sí para extinguirla.

Que «el humo del infierno» está en ella, no es una ocurrencia de San Pablo VI. Este Papa lo dijo alarmado por un clima creciente en su época, pero la visión abarca las edades de la Iglesia. Lo que significa que siempre está en combate... Pero que Dios permita que las «puertas del infierno» conquisten a la Iglesia en sí, como parece querer mostrar el autor, es algo que contradice nuestra fe. Porque el autor no habla de un combate sobrenatural que atraviesa los tiempos, sino que señala y fija coordenadas. Señala a Francisco. A la Iglesia de Francisco. Posiblemente para llamar a movilización en torno a lo que sería la «verdadera Iglesia». Término que ha tenido que usar el propio Papa, como ya vimos, para referirse a las pretensiones del integrismo ocultas bajo las reivindicaciones litúrgicas.

Con este espíritu, las páginas de internet integristas se dedican de modo metódico a una contradicción incesante y sistemática. De ahí beben nuevas generaciones de sacerdotes o seminaristas. Los visitadores a seminarios españoles enviados por Roma durante el año 2023, concluyeron que además de inatención de afectividades desordenadas[699], se podía constatar la extensión

---

[699] Tal atención supone ayudar sobrenaturalmente a estas personas, dentro o fuera del seminario en la medida de la deuda de amor constitutiva de la vida cristiana. Haber conocido a cada uno de ellos establece un vínculo que debe tener el lenguaje del acompañamiento y la ayuda. Ahora bien —y este es el motivo de que presumiblemente los consejos de Roma queden en papel

de querencias preconciliares, es decir, ideologización de la teología en este sentido y consecuentes actitudes estéticas.

Estos muchachos, alimentados en España por la ambigüedad calculada de páginas de contenido religioso católico, o por la beligerancia franca de otras, como infovaticana y miles de blogs y de páginas similares, reciben la noticia, por ejemplo, de que Von Balthasar era «brillante pero vacío», de que Mazzolari, Tonino Bello, Dorothy Day, San Oscar Romero... eran filocomunistas desintegradores de la Iglesia...

Es curioso ver que tales páginas tienen exactamente los mismos contenidos y referencias —de verdad, los mismos literalmente— que las páginas explícitamente cismáticas, como las de la Fraternidad de San Pío X, o de sectas sedevacantistas, como la página «vaticanocatólico».

La resistencia a Francisco es un hecho. Extendido y organizado. En noviembre de 2023, monseñor Christophe Pierre, nuncio en Estados Unidos, así lo hacía constar: «los curas jóvenes resisten a Francisco». Una resistencia que, como decimos, viene desde el principio. Benedicto XVI era solicitado por algunos de sus visitantes para que interviniera al respecto, a lo que el Papa emérito respondía: «Francisco es el Papa»...

El 7 de febrero de 2018 Benedicto XVI escribió una carta en referencia a la publicación de escritos teológicos de Francisco. En la carta, el Papa emérito defendía al actual Pontífice de ciertos encasillamientos: le parecía superficial la idea de que Francisco fuera una especie de *párroco* sin formación filosófica y teológica, del mismo modo que no aceptaba la idea sobre su propia persona de que él representara la figura de un estudioso de biblioteca desconectado del alma de las gentes y sus problemas. Benedicto XVI aplaudía el bagaje intelectual de Francisco y subrayaba la continuidad de los dos papados, si bien cada uno según un estilo y temperamento.

La misma existencia de la carta da idea del ambiente de conjura y desacreditación contra Francisco... pero como los seres humanos tenemos capacidad para aumentar los embrollos, aquel acontecimiento sirvió a los integristas, no para verse desautorizados por aquel a quien invocaban —el Papa emérito—, sino para sentirse reforzados: resulta que en la carta Benedicto XVI, después de haber hecho tales aclaraciones, apuntaba como nota personal y probablemente como una advertencia que no quería

---

mojado—, esa atención supone asimismo rebajar el número de seminaristas drásticamente.

eludir por motivos de conciencia, que le parecía sorprendente el que hubiera intervenido en la compilación de escritos de Francisco un teólogo que en su día se enfrentó a San Juan Pablo II, sobre todo con motivo de la encíclica *Veritatis splendor*. El prefecto de la Secretaría de Comunicación había leído públicamente la carta de Benedicto en marzo de 2018 delante de Francisco, pero había omitido el párrafo referente a esa opinión de Benedicto XVI... Obviamente, el asunto salió a la luz después: el prefecto dimitió, lo cual fue aceptado por Francisco, y éste, en lugar de escandalizarse por la advertencia de su antecesor, sencillamente declaró que «la verdad es la verdad y no hay por qué ocultarla»...

No obstante, las publicaciones digitales integristas se frotaron las manos: para ellos el Papa emérito, lejos de defender a Francisco —como así hizo—, había señalado la penetración consentida de la herejía.

En esta resistencia a Francisco no es baladí incidir en los modos generales de la contestación. Indican tales modos actitudes espirituales. De los medios de comunicación ultraderechistas bebe el protointegrismo y el integrismo de matriz católica, hasta llegar, en algunos casos, a la existencia de medios reconocidos públicamente como «católicos» que calcan contenidos de aquéllos e incluso contratan a los mismos periodistas. Estos medios ultraconservadores reaccionaron desde el principio... «eso les pasa a los cardenales por sentar en la silla de San Pedro a un cura rojo»...

Tiempo después, en el año 2022, el director del periódico conservador La Razón, Francisco Marhuenda, declara en televisión visiblemente molesto: «no gusta a los católicos este Papa, es peronista, izquierdista».

El tono general es burlesco: «Francisco, ¿cuándo te pararás a pensar antes de abrir la boca?»; es insolente e irónico, ridiculizando alguna intervención magisterial mientras se le llama «Beatísimo Padre». Y tiene pretensiones de totalidad pues se ha explicitado públicamente el acusar al Papa de «herejía» y «sacrilegio».

Más atrás, al hablar de integrismo sedevacantista, ya hemos hecho alusión a las nuevas expresiones de esta pretensión. En enero de 2024 fue excomulgado el sacerdote italiano Ramon Guidetti por acusar en sus homilías al Papa tildándolo de «usurpador», además de ser un «jesuita masón». La excomunión no ha sido motivada por la calumnia, sino por la acusación de usurpación, enjuiciada con verdad por la Santa Sede como una acción de naturaleza cismática. Pero lo que ha hecho este sacerdote —el decirlo públicamente y en ejercicio de su ministerio— es lo que piensan muchos. Hay aires de cisma cuyas energías, posiblemente, están encarriladas a vías no cismáticas: conspiraciones para inhabilitar al Papa, pare deponerlo legalmente... mitigadas asimismo por la edad de Francisco; es decir, muchos esperan, como decíamos al inicio de este estudio, sencillamente que se muera para que otro cambie las cosas... para que venga otro que cuando confirme una multitud de caminos indicados por el Espíritu, con su propio carácter y sus propias urgencias, pueda ser silenciado —como era costumbre—, adulado a la vez que puenteado... No hay espíritu sobrenatural venido de Dios en toso esto. Sobrenatural sí es este espíritu, pero no viene de Dios.

3.- Desobediencia total versus disensos legítimos

Los Papas son *arrastrados* por el Espíritu, impulsados por su viento. Esto no significa ausencia de pecado, errores de apreciación, rumbos que luego han de ser corregidos. Situados en terreno sobrenatural vemos que tal verdad ha sido así incluso en Papas inapelablemente corruptos o entregados a mediocridades mundanas, sometidos a políticas caídas, etc. Esta moción del Espíritu, de su expresión, es posible percibirla aun así, aunque para ser contemplada debe serlo en integridad, totalidad de factores —envueltos en misterio inaprensible— y extensión temporal, pues el drama victorioso de Dios con los hombres se despliega en la historia toda.

Tal expresión de la moción de Espíritu se encuentra mediada por el carácter, preferencias y visiones de los mismos Papas. Muchas veces estos factores enturbian la expresión porque introducen elementos no queridos por Dios, fruto de debilidades y pecados, u oscuridades envolventes por servidumbre de época; o lo que sea. Otras, tal carácter, tales preferencias y tales visiones, parece que secundan la moción del Espíritu de un modo evidente o más luminoso.

Entonces lo fundamental para un católico es acoger una visión sobrenatural del papado, y no dejarse arrastrar por las sensaciones que pueda producir o esas preferencias. Hablo de sensaciones, de simpatías o antipatías *naturales*, es decir, de algo que no sirve para un juicio sobrenatural. En todo caso, como alarma sobre las emergencias exigentes de nuestra propia naturaleza caída, como algo a abnegar e integrar en otro género de mirada. La que se nos brinda de lo Alto. Si al juicio sobrenatural le siguen o le han antecedido esas simpatías, tanto mejor: anuncio de la futura integración. Pero esa no es la cuestión ahora.

Simpatías o antipatías sobre el carácter de los Papas pueden persistir, como alegría o como aguijón, pero no pueden ser roca basal para determinar la actitud de obediencia, del estar «con Pedro y bajo Pedro». Hay una legitimidad —en cuanto que es un hecho, algo en principio espiritualmente inocuo— en las preferencias de los fieles[700], pero hay ilegitimidad en la resistencia al Pontífice. Por ser resistencia al Pontífice; y agravando la gravedad —valga la redundancia—, por intentar fundamentarla no sólo teológicamente, sino incidiendo en cuestiones de carácter y modos...

Esta ilegitimidad es diversa a la situación interior que pueden vivir quienes espiritualmente, en conciencia, se vean impelidos a experimentar alguna clase de disenso. No todos los disensos en la Iglesia son iguales, sin embargo, por mucho que se invoque a la conciencia. Hay motivaciones espirituales viciadas como actitud —orgullo— incluso aunque respecto al objeto tuviera razón el objetante. Hay también disensos, muchos, errados objetivamente, o tan carentes, insuficientes o ambiguos como aquello que pretenden cambiar o corregir o ampliar. No vamos a volver sobre ello pues ya lo tratamos capítulos atrás al hablar de la naturaleza del Magisterio eclesiástico y su recepción.

En el caso de las resistencias al papa Francisco, parece que puede haber una minoría a la que en rigor no se podría encuadrar entre los opositores, que pueden vivir cierta confusión sobre aspectos del Magisterio. O que crean en conciencia que deben aportar algo de luz en lo que perciben como confuso. Después volveremos sobre esto.

Esta minoría no representa el rostro de la resistencia. Aquí hablamos de una impugnación total, de una confrontación sistemática al Magisterio de Francisco, a su persona. Los propios documentos de los colaboradores del Papa, aunque lleven su visto bueno, son a priori descalificados precisamente por eso, porque se trata de colaboradores de Francisco y porque han sido documentos aprobados o permitidos por él.

Esto ya es una ceguera sobrenatural: los *desajustes* en la Iglesia —los reales y los percibidos como tales por otros *desajustados*—, elementos que deben ser objeto de conversión, de corrección, contribuyen sin embargo a contemplar el crecimiento misterioso de la Iglesia peregrina. Esta visión desaparece cuando

---

[700] Como nota personal, se me ha dado el sentir simpatía de modo positivo en mi corazón hacia Papas de temperamentos bien distintos: San Pablo VI, San Juan Pablo II, Benedicto XVI y el papa Francisco.

los impugnadores se sitúan ellos mismos como autoridad en la Iglesia. Esta ceguera interior produce males en el corazón: ya no se ve más que lo que se quiere ver o se cree ver. La desobediencia se extiende...

Vimos el carácter de esta rebelión a propósito de la *Traditionis custodes*, que también tuvo facha de insolencia: no sólo aquel libro del que hablamos, sino una multitud de artículos, o sacerdotes predicando en las redes que el documento era una «ley inicua» y que por tanto habría que ignorarlo... y además, que esto, por supuesto, no era desobediencia, aunque se hiciera exactamente lo que el Papa prohibía que se hiciera...

Vimos cómo la *Amoris laetitia* se convirtió en excusa, en un *casus belli* para ratificar la percepción que ya se tenía sobre «las herejías» del Papa...

Vimos en febrero de 2019 al cardenal Müller publicar una «Declaración de fe», con intencionalidad. Su declaración no se contrastaba con la incredulidad del mundo rico —«occidente»—, ni con la de otros mundos... sino con Roma.

Henos visto, en ámbitos hispanos, atacar a Francisco por decir lo mismo que dijeron sus predecesores respecto a los grandes crímenes cometidos durante la conquista militar de América... O por protagonizar gestos calcados a los de los Papas anteriores en cuanto a expresiones ecuménicas, amistad espiritual con hermanos de otras religiones, o respecto a la vida, destino y valores de los llamados «pueblos indígenas»[701]. También se han burlado de él y ha sido motivo de declaraciones que pretendían ilegitimar sus decisiones, a propósito de un cambio, una reforma, en la «Ordo» de las Vírgenes Consagradas...

Es decir, todo es objeto de desobediencia, incluso aquello que comenzó a ser impulsado por San Pablo VI para que se desarrollara: la sinodalidad, la colegialidad episcopal, el papel de los laicos en el gobierno de la Iglesia, de las mujeres...

Por supuesto, los documentos magisteriales que tratan de espiritualidad —*C'est la confiance*, *Totus amoris est*, *Patris corde*, *Sublimitas et miseria hominis*, etc— son obviados: ni criticados, ni alabados, ni tratados, ni difundidos; sencillamente ignorados porque de algún modo podrían romper la imagen que quieren

---

[701] Cf, v.gr., San Juan Pablo II, *A los pueblos indígenas* (Anawim, Madrid 2022). SE trata de una compilación de textos, temáticamente clasificados como pequeños párrafos. Muy elocuente el contenido. Y también elocuente tanto el silencio sobre este persistente Magisterio de aquel Papa como los ataques a Francisco por decir lo mismo, incluso citando a su predecesor...

presentar de él, la de un hombre atrapado por pasiones terrenalistas.

Respecto a lo dicho, no se trata de convertir, ahora, en infalible lo que no lo es, sino en afirmar que no hablamos de disensos legítimos sino de una impugnación al Papa en su ejercicio como Papa. Y para algunos, cada vez más, en su propia condición de Papa.

Porque, como antes hacíamos notar, existe la opción de un disenso legítimo. Errado o no, carente o no, pero espiritualmente sano, legítimo. Se está con Pedro y se colabora con él, y si alguno vive una inspiración para portar algo edificante, para corregir, para matizar, para completar, relacionar, conjugar, profundizar... no tiene más que expresarlo. Pues, como hijo de la Iglesia, si ha recibido «bienes» es para compartirlos. Obviamente, tal disenso legítimo tiene unas notas espirituales: es humilde y propositivo; produce sufrimiento interior, no agresividad contra la Iglesia docente. Y no es sistemático, es decir, se da en un clima de receptividad. Sabe, además, que los que se pretenden *liberar* del Magisterio de la Iglesia, en el interior de su seno, sean de una tendencia mundana o de otra, de derecha o izquierda, indefectiblemente se han extraviado.

Los disensos amargos, por principio, burlones, autocomplacientes, alimentados en conciliábulos clericales de cuchicheo, se muestran ellos mismos como una suerte de alternativa magisterial, orgánica, con visos de totalidad. Pueden acertar, más o menos, en algunos aspectos dudosos, en algún punto aquí o allá, pero como tal actitud espiritual, no es legítima. Y su contenido objetivo, en este caso la insoportable perorata integrista, tampoco lo es. Porque contradice en raíz el *sentire cum Ecclesia*.

La resistencia a Francisco y a su Magisterio es evidentemente diversa de un posible y legítimo *disenso* obediente y colaborativo para expresar dudas, desarrollar lo que se crea no desarrollado, o no suficientemente. Para apuntar horizontes, para integrar su Magisterio en el Magisterio de sus antecesores, con matices, con conjugaciones aclaratorias. Es posible la simpatía o la menos simpatía, el seguir o no seguir unos modos (los de San Juan Pablo II, los de Benedicto XVI, los de Francisco, extremadamente diferentes entre sí), sin romper la obediencia a Pedro. Es posible percatarse de en qué incidían especialmente tales o cuales Papas, y acoger las preocupaciones de un nuevo Papa sin sepultar las otras preocupaciones.

Aquí no se da el caso: hay una antipatía personal, visceral y despreciativa en muchos. Hay acusaciones de herejía y sacrilegio, de destrucción deliberada de la Iglesia desde dentro. Cuando en otros pontificados los contestatarios eran de otro signo, los que ahora contestan desde el conservadurismo y los aledaños del integrismo, se esforzaban en responder a aquéllos hablando del carácter del Magisterio, de la autoridad, etc. Cierto que sólo para asuntos relacionados con su pobre concepción de la «bioética», o la sacramentología, pues lo demás no les interesaba y vivían como si no existiera más Magisterio. Ahora, estos contestatarios religiosamente derechistas, impugnan de un modo rayano en lo sistemático las enseñanzas de Francisco. Usan de un viejo sofisma: enseñanza no infalible, luego errónea, falsa. Y ya está.

4.- Los grandes frentes de la contestación

4.1.- *Abu Dhabi, la Pachamama... y Contra recentia sacrilega*

Es ésta una de las grandes batallas del integrismo. Cuando hemos tratado la gestación histórica del actual integrismo de matriz católica, y que se remonta a la quiebra de la civilización cristiandista, hemos visto que un aspecto central de aquella reacción estaba situado en el drama de la relación de la Iglesia católica con las demás confesiones cristianas y con las religiones del mundo.

También dijimos, al hablar del Concilio Vaticano II, de su recepción y del actual repunte integrista, que la doctrina magisterial en que se fundamentan tales relaciones interreligiosas y ecuménicas, no ha sido nunca digerida, recibida, por muchos católicos. A una era de silencios al respecto, de no saber qué hacer con las decisiones y gestos papales, y, por tanto, pasarlos por alto, ha sucedido una contestación creciente. Insolente, insultante y profundamente dañina por la deformación que del rostro del Señor Jesús y de su Iglesia supone.

Decíamos que la cosa viene de antiguo. En 1983 la Comisión Teológica Internacional publicaba un documento firmado conjuntamente con la Comisión Pontificia «Iustitia et Pax» sobre los derechos humanos. Entre otras muchas cosas allí se hablaba de «tentaciones principales» que acosan a los cristianos a la hora de abordar la libertad religiosa, concebida por la Iglesia como derecho de la persona humana:

«La primera (de estas tentaciones) es la del tradicionalismo, del integrismo, del repliegue sobre sí, del ghetto. Insistirá únicamente en lo que es específicamente cristiano e incluso más particularmente en la cristiandad tal y como se afirmó en Europa Occidental, del siglo XIII al XIX. Por costumbre o por miedo se rechazarán las aperturas a las diversas culturas y los grandes movimientos sociales, los llamamientos a la justicia y a las libertades que se lanzan por tantos pueblos o por oprimidos a lo ancho del mundo. En esta óptica, la libertad religiosa reconocida por el Vaticano II se critica severamente: se pretende ver en ella una equivalencia teórica y práctica de todas las religiones, la ausencia de criterios morales objetivos, el reconocimiento del "libre examen"»[702]

Sin adentrarnos en el apasionante mundo de la presencia histórica de la Revelación en el seno de un mundo transido de religiosidad constitutiva, sí hay que constatar a propósito de nuestro estudio varios aspectos. El primero ya lo hemos mencionado: sorprende la virulencia de los ataques a Francisco por decir y hacer lo mismo que hicieron sus predecesores canonizados y el mismo Benedicto XVI. Este último de modo reiterado, como los otros, integrado en su Magisterio.

Esto nos conduce a contemplar la reacción no como una objeción concreta, un disenso sobre algún aspecto que habría que aclarar, sino como una manifestación más de la impugnación total al papado de Francisco. Además, manifestación protagonizada por los mismos actores.

Sorprende también el modo de tratar el asunto. San Juan Pablo II indicaba como una de las grandes misiones de la Iglesia en aquel documento impresionante titulado *Tertio milenio adveniente*, el diálogo con las grandes religiones monoteístas. Y se refería, además de a esa especificidad teológica que es el vínculo con el Pueblo de la Primera Alianza, a la relación fraterna, religiosa, con el islam. Ahora, algunos de los protagonistas de la confrontación enarbolan banderas islamófobas bajo motivaciones religiosas deformadas. Cuando Burke decía que los musulmanes y los cristianos no rezamos al mismo Dios... no sabía lo que decía... Sus distingos teológicos sobre la naturaleza de Dios veían maldad, desviación hacia el mal, allí donde hay una ausencia de plenitud que no obstante no impide que ésta, la Plenitud, la Verdad de Dios, escuche las oraciones de todos sus hijos. No vamos a redundar ahora sobre esto para no introducirnos en la cascada de objeciones

---

[702] COMISIÓN TEOLÓGICA INTERNACIONAL-COMISIÓN PONTIFICIA IUSTITIA ET PAX, *Los cristianos de hoy ante la dignidad y los derechos de la persona humana. Documento 1983* (Ed. CETE, Madrid 1987) 144

escolásticistas a las que tendríamos que responder... porque la primera respuesta sería bastante cortante: es sencillo, no amáis a estos hermanos y buscáis justificaciones pretendidamente objetivas a vuestro desamor. No amáis... Por eso, otro de los opositores ve «invasión del islam» allí donde la Iglesia invita a ver al Cristo forastero con que se definía Él mismo en el Evangelio de San Mateo. Y, por eso, porque la llegada de los pobres, de refugiados, que traen consigo su propio bagaje existencial, su religión, es visto como amenaza al cristianismo —¡pobre concepto del vigor interno de la fe, del testimonio gratuito!—, se reclama desde instancias cardenalicias el que el César use de sus armas temporales para defender a la cultura occidentalista de la supuesta invasión.

El año 2019 fue significativo a este respecto. La conocida como «Declaración de Abu Dhabi», el 4 de febrero, y el «Sínodo para la Amazonía», con la acogida de símbolos de las culturas indígenas de allí en el Vaticano, excitaron gravemente la ya previa y violenta reacción integrista contra Francisco. El resultado fue un manifiesto publicado el 9 de diciembre de 2019 titulado «Contra recentia sacrilega». Este manifiesto acusa al Vicario de Cristo al que señala como enemigo de la fe cristiana. Efectivamente, en él se le acusa directamente, por su nombre: «Protestamos y condenamos los actos sacrílegos y supersticiosos cometidos por el papa Francisco». Los condenadores eran cardenales y obispos: Burke, Müller, Viganó, Brandmüller, Schneider, Urosa, Azcona, Voderholzer, Eleganti.

El manifiesto se centraba en los dos eventos citados. En la «Declaración sobre la Fraternidad Humana» firmada conjuntamente por Francisco y el Imam de la Universidad Al-Azar, hay un párrafo señalado con estupor en *Contra recentia sacrilega*:

«El pluralismo y la diversidad de religión, color, sexo, raza y lengua son queridos por Dios en su Sabiduría, con la que Él creó a los seres humanos. Esta Sabiduría Divina es le fuente de la que proviene el derecho a la libertad de credo y a la libertad de ser diferente»

Los condenadores interpretaban esto como indiferentismo, y como legitimación de la «idolatría», de las «religiones falsas», etc. El manifiesto de estos obispos contenía además un abuso interpretativo al citar una sentencia del II Concilio de Nicea en la que se condenaba a los pastores que no distinguían entre los iconos del Señor y de sus santos diciendo que «no eran diferentes de las imágenes de los ídolos satánicos».

Y, por fin, el manifiesto amenazaba a Francisco con la condenación eterna si no se arrepentía públicamente, por haber quebrado el primer Mandamiento.

Respecto a lo de Nicea, ese Concilio del año 787 se refería a la controversia iconoclasta. Se condenaba la iconoclastia porque sus partidarios consideraban idolátrico el uso de iconos de contenido cristiano. Indirectamente se puede exprimir el texto del Concilio para hacer ver que, por tanto, no es lo mismo una representación de la verdad que una representación satánica y, por ende, que no es lo mismo la verdad —plena— que el error, o la carencia; y muchos menos que la mentira. Bien, esto es evidente. El problema entonces es qué califican como ídolo satánico los autores de *Contra recentia sacrílega*... Parece que los seculares vientos del Espíritu no les han alterado los cabellos, pero este viento desvelador existe.

Alguno requirió del Papa aclaración sobre la afirmación de que Dios «quiere» la pluralidad religiosa. Francisco le habló de «permisión», y, por fin, por las presiones, tiempo después el texto definitivo cambió el verbo querer por el verbo permitir. Esto no apaciguó a la reacción integrista, obviamente, porque tal reacción es una negación de la doctrina del Concilio Vaticano II o cuando menos, una reducción interpretativa de la misma a los presupuestos filojansenistas del integrismo.

La querencia y la permisión no están en desacuerdo. Porque la permisión divina no está ligada exclusivamente al mal, al pecado, a un providente finalismo respecto a ellos, sino a la querencia positiva del ir *completando* una carencia en cuanto ésta conduce o puede conducir a la plenitud. Los condenadores declaran incompatible la noción de Revelación con una pluralidad religiosa que, a la vez que puede expresar errores, insuficiencias o deformaciones, expresa una voluntad positiva de Dios: Decíamos: no permisiva en el sentido del permitir el pecado para manifestar la gratuidad de la misericordia y del amor y para que los hombres conozcan su condición y sean humildes, es decir, receptivos. La voluntad positiva de Dios respecto a la pluralidad religiosa se puede situar en otro plano pues revela tangiblemente la verdad de lo que ha ido afirmando el Magisterio una y otra vez: el Espíritu Santo —Dios— obra en la religiosidad humana.

Así, la voluntad de Dios, que conjuga misteriosamente una querencia positiva con una permisividad, lo es en cuanto las religiones expresan una intrínseca religiosidad y en cuanto en esa *búsqueda* de la humanidad se perciben hallazgos definitivos, mostrados por Él, sostenidos por Él. Es Dios quien vincula la religiosidad constitutiva del ser humano con la reclamación objetiva de su plenitud en Jesucristo. Y es Dios quien sostiene los frutos de amor y de verdad, de santidad, que, desde tal plenitud, operan ya en las religiones.

La idolatría satánica de la que hablaba aquel II Concilio de Nicea, independientemente de la noción concreta que de la misma tuvieran en aquella época, se refiere a la suplantación de Dios como roca existencial. El dinero, no mero instrumento de cambio entre hermanos sobre bienes que son del Padre, cuando se absolutiza y se opone como *Señor* al Señor, según advierte Jesucristo; la codicia, «que es una idolatría» según San Pablo... Incluso las representaciones religiosas que, aun expresando religiosidad, se han deformado de tal manera, se han sometido de tal manera a los controles humanos, a sus proyecciones y expectativas caídas, que velan la religión y divinizan pasiones infames. Como pasó con la vieja religión romana, por ejemplo. Y aun ahí había quien conservaba elementos sanos de religiosidad centrados en la intercesión de los antepasados...

El tema, el debate consecuente, pleno de matices, de casuística, de valoraciones diversas, de sorpresas tanto gratas como degradantes, es interminable. Pero real. Y el integrismo lo corta como se corta el nudo gordiano: lo no confesionalmente cristiano, sencillamente idolatría, superstición, negación de Cristo, batalla contra Dios. Así, el integrismo sostiene una mentira trascendental. Como Quesnel.

La otra gran denuncia que motiva el manifiesto es la supuesta adoración de la Pachamama en el Vaticano... Por supuesto, no ha habido tal adoración a *alguien* que no es Dios, que no es Jesucristo, sino el acoger la simbología cultural, cosmovisiva, de unas culturas amenazadas de extinción criminal a causa, precisamente, de las idolatrías que el integrismo no sabe ver y no quiere ver.

Esta simbología cultural es cultural-religiosa. Se acoge, se reconoce como fruto de una buena intuición religiosa, que es inacabada pero real. Se respeta... Esta «Madre Tierra», deidad que representa al Universo exuberante en el que viven literalmente inmersas esas culturas, ha sido aludida en el cristianismo de diversas maneras. San Francisco de Asís hablaba de «la hermana madre tierra», cita de su cántico que se usó en Aparecida en 2007 para referirse precisamente al vínculo, al contacto evangelizador, del cristianismo con las culturas indígenas. San Juan Pablo II, hablando a indígenas americanos, del Norte y del Sur, y a

503

aborígenes australianos, abundó sobre estos símiles, estos indicios de la acción del Espíritu. Un Espíritu cuyo propósito no es consolidar lo que se opone a Cristo, ni revelar paralelismos soteriológicos, sino *sembrar* al Verbo... El Venerable José Rivera reflexionando sobre esto, sobre el carácter intuitivo de la Verdad que se manifiesta en el mundo, movido por Dios, confluía en lo mismo. «aquí alcanzamos, no sólo las intuiciones de los presocráticos, sino las actitudes de las religiones primitivas ante la tierra-madre»[703]...

En fin, precisamente un hombre que fue discípulo de José Rivera, el mexicano Felipe Arizmendi, obispo emérito de San Cristóbal de Las Casas, en Chiapas, publicó en noviembre de 2019 en *L'Osservatore Romano*[704] un comentario sobre la controversia originada por la presencia de la figurilla de la Pachamama en el Vaticano y ante el Papa. Este obispo decía que lo que hizo el Papa... fue rezar un Padrenuestro ante un conjunto de objetos que «son símbolos de realidades y vivencias amazónicas». Arizmendi narraba en su intervención unas experiencias personales en torno a esta cuestión que son altamente iluminativas. En Cochabamba, Bolivia, este obispo preguntó a un indígena «si para ellos, la Pachamama (la madre tierra) y el inti (el padre sol) son dioses, y me respondió: Quienes no han recibido la evangelización los consideran dioses; para quienes ya fuimos evangelizados, no son dioses, sino los mejores regalos de Dios».

Monseñor Arizmendi citaba el documento de Aparecida (CELAM) para fundamentar el respeto religioso, que es la actitud con la que se puede reconocer la acción del Espíritu y llevar diversas nociones sagradas a plenitud en la acogida de Jesucristo como Señor, como Dios del cielo y de la tierra. Para el integrismo la declaración que este indígena hace al obispo le refuerza su concepción de la misión: gritar a los indios que andan en una mentira que conduce a la condenación, en vez de mostrarles, con amor y respeto sagrados, que su visión se fortalece con una mirada más alta, que desborda el misterio del sol y la inaudita fecundidad de la tierra. El indígena cristiano de que habla Arizmendi, no condena a sus hermanos por no ver lo que él ve, sino que espera, teologalmente, que un día lo vean. Y eso implica respetar sus nociones sagradas sobre el sol y la tierra. Como se le respetaron a él.

---

[703] José Rivera, *Pensamientos* t.I (Edibesa, Madrid 2009) 35
[704] Reproducido en la página *Vatican News* de 12-11-2019

Respecto a lo sucedido con el papa Francisco y la reacción suscitada, este obispo es profundo en su sencillez: «como dice Jesucristo, no juzguemos ni condenemos como idolatría lo que no es».

Hay que insistir en que este disenso sobreactuado, como los otros, no se refiere a un aspecto del que se pida aclaración, sino que es una de las expresiones públicas de una pública impugnación a Francisco como Papa. Aquí confluyen prácticamente todos: desde Burke o Santiago Martín, que se mostraban ante el Sínodo de la Amazonía como cruzados en combate contra los supuestos negadores de la unicidad de Cristo encabezados por el Papa... hasta ese «Patriarcado Católico Bizantino» de Ucrania, en cisma desde 2011, gritando al cielo por la presencia de la Pachamama en el Vaticano y acusando a los otros contestatarios, a Müller en concreto, de cobardes e incoherentes por no declarar abiertamente a Francisco como «Antipapa»...

Todo este movimiento está cerrado sobre sí, en un clima de sectarización cultural, atado a un tiempo concreto y a lugares precisos... Sin embargo, toda la Revelación está transida de *encuentros* con la religiosidad humana. Unas veces para chocar con sus concreciones, por ser éstas hechura de hombres y significando el sentido profundo de idolatría identificada por sus frutos malignos; otras veces para plenificarla porque tal religiosidad ya había sido *tocada* por el Espíritu... Aquel misterioso Melquisedec, que era «sacerdote del Altísimo»... un Altísimo al que reconoce como el que llama a Abraham, y que era «El», padre de dioses, señor de baales, en una concepción aún henoteísta de la divinidad... Y desde entonces hasta ahora los *encuentros* y las consiguientes asunciones, integraciones, no han cesado... Desde la fiesta de Navidad, cuya fecha fija San Julio I, ignorando qué día ocurrió y en que época del año[705], bajo influencia simbólica de fiestas paganas como las saturnales en referencia a la agricultura y la cosecha, y al *Sol Invictus*, en el solsticio de invierno... hasta la propia indumentaria episcopal latina, la mitra, cuyo origen tiene relación probable con los tocados sacerdotales persas de los devotos de Mitra... Y así los teólogos alejandrinos, viendo filosofías paganas como modo de revelación de Dios, o la localización de lugares marianos vinculados a antiguos cultos, o las integraciones propuestas por Ricci... Y San Juan Pablo II recibiendo una pluma

---

[705] Probablemente en primavera, pues según San Lucas los pastores velaban sus rebaños al raso.

sagrada de indios norteamericanos, tomando en sus manos algún cuenco con bebida ritual...

No vamos a redundar ni a detallar más sobre esto —inagotable en sus referencias directas o indirectas—, pues para quien quiera verlo se percibe con claridad este dinamismo espiritual presente en la vida de la Iglesia. Los propios equívocos y rechazos al respecto ocurridos en la historia, luego han querido ser reparados. Como sucedió con el mentado Mateo Ricci.

4.2.- *Espiritualidad, política y sufrimiento de los pobres: la Fratelli tutti acusada de masonismo*

El asunto viene de antiguo. Es una tentación que sufren los cristianos acomodados y que, ahora, en el seno del repunte integrista, toma forma como otro frente más desde el que oponerse al papa Francisco.

Decíamos que viene de antiguo porque la tentación del conservadurismo siempre ha estado presente y estará presente en el caminar histórico de los hijos de la Iglesia.

Contemplamos, por ejemplo, el culto al Sagrado Corazón, el vínculo intrínseco de nuestra fe con la Virgen María o a figuras del esplendor de la gracia como el P. Pío, la Madre Teresa, el joven Carlo Acutis... En todo ello vemos una concreción de lo que el Papa dice en *Fratelli tutti*: el amor...

Cuando Santa Margarita María de Alacoque no se decidía a la consagración por obedecer a su madre, creyó que «podría servir a Dios en casa mediante penitencia y caridad con los pobres». San Claudio de la Colombiere tiene una silenciada «Meditación sobre el amor al prójimo» en la que sacude las conciencias de los acomodados. Y de modo enérgico:

«¿Dónde está tu compasión por los pobres y miserables? (...) Mira si haces a los demás lo que quisieras que te hagan a ti. Si eres pobre, si estás afligido o enfermo, ¿no te gustaría ser socorrido y aliviado?»

El Santo P. Pío y la Santa Madre Teresa volcaron sus vidas en los sufrientes, en los pobres de todo tipo de pobrezas, sin romanticismos que en nombre del socorro espiritual a unas personas excluyen a los visiblemente aplastados a causa del egoísmo de otros, la injusticia establecida como sistema vital, las indiferencias. El joven Carlo Acutis es un chico que ¡con 13 y 14 años! Atendía a inmigrantes tirados en la calle, se sentaba con ellos en los cartones, hacía nacer amistad y simpatía en ellos, compartía sus alimentos, protestaba ante sus padres cuando éstos le querían proveer de zapatillas o de ropa, admiraba a los santos que se habían entregado al servicio de los leprosos, trabajaba en comedores públicos regentados por religiosos...

Es decir, estos hermanos sabían qué significa el Sagrado Corazón de Cristo, vivían la maternidad universal de María, contemplaban el rostro de los otros como el de hermanos amados de Dios, aplastados por el peso del mundo, proscritos, odiados... o usados para supuesta santificación personal de alguien.

El culto del Sagrado Corazón envolvió el alma de grandes servidores de los sufrientes. San Daniel Comboni, el P. Damián, Carlos de Foucauld, Santa Francisca Javier Cabrini... Esta visión del Corazón compasivo de Jesucristo motivó fundaciones en las que el culto se revelaba verdadero. Benito Menni y Mª Josefa Recio y las «Hermanas Hospitalarias del Sagrado Corazón de Jesús»; María Lupita García Zavala y Cipriano Iñiguez Martín del Campo y la «Congregación de Siervas de Santa Margarita María y de los Pobres», y así muchas más.

Cuando Santa Faustina Kowalska recibió aquellas revelaciones sobre la Misericordia en las que el Corazón de Jesús transparentaba sin reserva alguna la Misericordia del Padre, brotaron fundaciones en las que diversos fieles eran conducidos por la gracia del Señor Jesús a los lugares del sufrimiento humano; y los sacerdotes *implicados* en las revelaciones de Santa Faustina se jugaron la vida salvando judíos en Polonia durante la II Guerra Mundial y falsificando partidas de bautismo para ellos...

Sin embargo, la tentación conservadora ha hecho y hace estragos con estos amores. Un culto al Sagrado Corazón alejado del sufrimiento de las gentes socialmente consideradas por los adeptos como ajenas, extrañas, por clase social, nacionalidad, religión, etnia. Alejado por tanto de la belleza del amor universal, converso en pietismo individual e individualista y estética dudosa. Y en muchos casos en soporte de construcciones mundanas, de historias ambivalentes plenas de oscuridades y de sangre. Ya hemos aludido antes a esto: los cristeros, el presidente Moreno, Alfonso XIII, la guerra civil española y etc, etc, etc.

Con los demás, lo mismo. No vamos a redundar en ese género de marianismo que censura el contenido del Magnificat porque es muy doloroso. De Carlo Acutis se silencia o se convierte en anécdota menor, estos aspectos que hemos señalado y que son su lenguaje eucarístico. Es decir, esa pasión por la Eucaristía —que es lo que se resalta de modo aislado, desintegrado—, es la que le conduce ineludiblemente a sus hermanos oprimidos. Y si no fuera así —como parecen transmitir ciertos exaltadores de su figura que callan esto o lo sitúan en el terreno de las efusiones románticas—, este joven santo no habría vivido una real pasión eucarística en la que somos transfigurados a fin de entregar el cuerpo, derramar la sangre, para que los otros vivan.

De la Madre Teresa y del P. Pío, también lo mismo. Las advertencias de la Madre, ciertas advertencias, son silenciadas; como se pasa por alto el acoso vivido por el santo capuchino a causa de la codicia de otros, hermanos en la fe...

La tentación existe. Y es virulenta y extendida. Es el caldo de cultivo perfecto para que hayan fructificado en muchos las acusaciones al respecto dirigidas contra el papa Francisco en este sentido. Cuando algunos de los opositores representantes de esta tendencia tradicionalista dicen que la Iglesia no está para hablar de «políticas migratorias» o de «ecología», sino del «Evangelio de Jesús», tal como propagan los cardenales Müller o Sarah entre otros, esto significa muchas cosas. Muchas. Una incapacidad para vincular el sufrimiento de los hermanos provocado por otros hombres o por abandono, sus muertes, sus vejaciones, su rechazo, sus hambrunas, su cosificación... con el Evangelio de Jesús...

No basta con decir que el cuidado de las almas traería respuesta a esto. No le ha bastado al Espíritu Santo cuando ha inspirado al autor sagrado para que recoja las palabras de Jesús y las *convierta* en Escritura, pues la sanación del corazón tiene el lenguaje del amor, y el amor tiene expresiones muy universales y a la vez muy concretas. Si uno de estos prelados no puede ver que la muerte por hambre de un solo niño, o su ahogamiento en una patera, o bajo una bomba arrojada legalmente... es un asunto sobrenatural estricto sensu, no tiene más que condenar todas las enseñanzas de la Iglesia al respecto, desdecir a San Juan Pablo II cuando las enmarcaba en la «teología moral», es decir, en la ciencia de Dios, e inventarse otra Iglesia dirigida a gente acomodada y aislada psicológicamente del embrollo universal provocado por el pecado, que es otra noción sobrenatural. Ya se hace así, y los sinsabores del alma y las enfermedades del cuerpo así como el horizonte de la muerte, que también nos afectan a todos los acomodados de nuestro mundo, les basta a estos pastores para ejercer sus caridades con nosotros. De lo otro, del raudal apocalíptico de sufrimiento de millones, de los modos estructurados sobre los pecados capitales en sus entresijos y en sus ordenamientos... mejor no hablar, no vaya a ser que los fieles se sientan atosigados y que rebajemos a la Iglesia a agencia ética masónica.

De ese modo se acusa a la encíclica en cuestión o al Dicasterio para el Desarrollo Integral. Otra vez nos hallamos ante una radical desobediencia espiritual, pues nos se trata de algún género de reserva o disenso de carácter propositivo que brotaría de una obediencia no formalista sino personal. Alguien podría, en este buen sentido, percibir por ejemplo que aquello de que advierte el Papa en *Gaudete et ecsultate*, la omnipresencia del pelagianismo, puede contaminar la recepción de las enseñanzas sociales de la Iglesia. Es decir, que en algunos textos aislados del conjunto, o en el uso que se dé de ellos, no se pone de relieve de modo suficientemente claro y sugestivo, el vínculo entre espiritualidad cristiana y el ejercicio de este amor que conduce a luchar contra las brutales injusticias de este mundo. Injusticias que son simultáneamente políticas y sobrenaturales, pues lo mismo que la Iglesia dice que «la política es una altísima forma de caridad» —aserto en el que lo denunciadores no creen—, también advierte del pecado en la acción política.

Si alguno ve, decimos, que no se incide en la sobrenaturalidad y especificidad cristiana para los confesos cristianos de las tareas por la justicia, la fraternidad y la paz... que lo haga, que incida sobre ello. Que ponga de manifiesto con más claridad una vinculación que es intrínseca y revelada. Así de sencillo.

El drama de estos hermanos *contemplativos* es grande. No saber ver la degradación psicológica y moral de una infravivienda y su hacinamiento, o el dolor de una madre que intenta acallar el llanto de su hijo desnutrido, o la angustia de un hombre con su pequeños a cuestas intentando salvar una alambrada, o la desesperación o la sensación de fracaso de un parado... o tantas cosas... no saber verlas como visiones de una llamada a un combate sobrenatural, y a la vez, vivir sin esas preocupaciones en cuanto no afectan a su propia piel o a los amigos y familiares... destruye sus reclamaciones de contemplación, de oración, de silencio interior. Y al fin, esta deformación espiritual conduce a sus seguidores a terrenos bien terrenalistas, valga la redundancia. Ya lo hemos visto, cómo esos espiritualismos tradicionalistas, opuestos al «materialismo», han apoyado o se han congratulado con la victoria de regímenes que atendiendo coactivamente una serie de aspectos de «moralidad pública», haciendo un discurso favorable a «la familia», a «la patria», a «la Iglesia», han sido protagonistas y soportes de graves injusticias, vejaciones, corrupciones y crímenes.

Se contrapone el supuesto humanitarismo naturalista de Francisco afirmando que «en pro de una fraternidad universal renunciamos a nuestros modos de vida propios como cristianos», es decir, se alude a esa encíclica como negadora de la identidad cristiana obviando su corolario, el capítulo octavo, que todo el texto está transido de referencias espirituales y doctrinales de la Iglesia, y el que el Papa tiene el derecho y el deber de dirigirse al corazón de todo hombre con mensajes específicamente formulados así, tal como hacían sus predecesores, tal como hacía, y hasta la saciedad, un Pío XII.

Se hace esto en nombre de una primacía espiritual que luego (¿cuándo?) tendría que concretarse... y al fin se concreta, ¡vaya que si se concreta! De la misma fuente que esta protesta sutil contra *Fratelli tutti* brota una iniciativa: en una diócesis española se anuncia, se organiza y se promociona, desde instancias eclesiales y en locales eclesiales, una conferencia... El 9 de marzo de 2018 el señor Vajk Farkas, primer Secretario de Asuntos Políticos, Consulares y de Prensa de la Embajada de Hungría en España, hablaba bajo el título «Hungría en apoyo de la religión más perseguida del mundo»... A la vez, ese gobierno entrenaba y proveía de armas a unos grupos paramilitares legalizados conocidos como «Los Cazadores» para atacar, herir, robar, humillar, amedrentar, expulsar y eventualmente asesinar, a familias de refugiados de confesión musulmana.

Esto, la criminal actitud ante las migraciones de tantos hermanos adquiere en el repunte integrista un sello propio, distintivo, que alimenta esa confluencia o fusión con ciertos fascismos emergentes hoy.

La política migratoria del mundo poderoso —y de otros que la imitan— es criminal. Lo que hace la Unión Europea y sus sicarios pagados en el resto de Europa y en África, lo que hace Estados Unidos o Rusia, o los potentados árabes, es criminal. Un lenguaje humanitario y una hipócrita desfachatez, apuntalan el mundo y sus abismales e infernales —en sentido teológico— injusticias; tal como ésta. Y luego, tras la declaración humanitaria y la hipocresía, vienen los crímenes tangibles en las fronteras.

A todo este drama se suma el repunte integrista de modo satánico: afirmando primeramente que no se hace lo correcto o que se hace de modo ambigú e insuficiente; a saber, que, en realidad, se promueve la presencia de gente indeseable, de niños indeseables, y que la respuesta está en ciertas contundencias militares y policiales... Que esto lo defendiera alguien que saliera a la calle gritando «¡viva el demonio!» y blasfemando, no tendría por qué asombrar. Pero no. Lo pretenden en nombre de Dios, en nombre de la fe cristiana, de Jesucristo. Y lo gritan con agresividad, como hacía

Jesús Calvo en 2014, celebre sacerdote fascista de la diócesis de León en España, a quien su obispo nunca ha suspendido y enviado a un monasterio a expiar y pedir luz a Dios sobre su vocación... Aquella confluencia de la que hablamos extensamente en otro capítulo y que ahora se vuelve a manifestar, es alimentada por esta deformación religiosa.

Los lenguajes confluyen también; así, cuando en el año 2007 se crea en el parlamento europeo un nuevo grupo de extrema derecha llamado «Identidad, Tradición, Soberanía». O cuando en abril de 2021, veinte tres generales franceses retirados publican un llamamiento que sería avalado por la firma de más de mil exmilitares, publicado como «Carta Abierta» en la revista *Valeurs Actuelles*, para pedir el apoyo a Le Pen, hablar de amenaza de guerra civil y sugerir la necesidad de «la intervención de nuestros camaradas en activo» en un golpe de Estado. El manifiesto tenía este tinte religioso de que hablamos, pues lo que se propagaba como deber del ejército era «acabar con el islamismo y las hordas de la periferia».

4.3.- *Los otros grandes frentes contra Francisco: Ecología y Antropología sexual*

La resistencia a Francisco, acompañada de burlas y desprecios explícitos, a propósito de sus empeños en responsabilizar a los cristianos y a todos los seres humanos en la salvaguarda de la Creación, produce verdadero asombro. Como en los otros casos, es proporcional la virulencia con que se ataca al Papa por este motivo respecto al silencio, al ocultamiento practicado sobre la insistente y reiterada doctrina de sus predecesores. Presente ya desde la primera encíclica de San Juan Pablo II, salpicó sus enseñanzas de referencias a este drama sobrenatural, y concretó de modo condensado muchos de sus retos en uno de los mensajes anuales de inicio del año en que los Papas relacionan la paz con el resto de los retos que se ofrecen a la humanidad. El documento de aquella Jornada Mundial de la Paz de 1 de enero de 1990 se llamaba *Paz con Dios creador, paz con toda la creación*. Allí, con fundamentación bíblica y espiritual, estaba el catálogo casi completo de asuntos que han motivado el nacimiento del movimiento ecologista contemporáneo.

En el caso de Benedicto XVI la acentuación fue proporcionalmente mucho mayor. Mucho... De tal manera que la encíclica *Laudato si* está atravesada de cabo a rabo de citas bíblicas y de citas de estos dos Papas que han precedido a Francisco.

511

Al inicio de esta reflexión hablábamos de equivocar el lugar teológico, buscar en las respuestas que ofrece el mundo a determinados problemas errores teológicos para, o bien negar la existencia del problema, o bien quedarnos ahí, satisfechos con haber descubierto una heterodoxia y precipitándonos nosotros mismos en otra.

Con el ecologismo, y con tantos otros casos, ha operado este dinamismo reaccionario. Además de esto, en esta atmósfera espiritual que acabamos de constatar en el epígrafe anterior: la incapacidad de los críticos —sectarizados por el ideologismo integrista o por sus aledaños— para percibir que el reto que tienen delante es de orden sobrenatural. En su entusiasmo por su supuesta ortodoxia vedan sus corazones y se hacen incapaces de relacionar el «Evangelio de Jesús» con la destrucción por codicia y soberbia (pecados capitales) de la obra del Padre, de ver la desarmonía ecológica llevada hasta el extremo por las desintegraciones humanas como un sobrenatural y constitutivo atentado contra la Belleza... incapaces de ver que los retos ecológicos están esencialmente relacionados con la teología creacionista cristiana y, sobre todo, ausentes absolutamente de la visión indicada por los Papas que vincula este reto con la caridad, con el amor a los que sufren, con el destino de los más pobres, conducidos por la destrucción ecológica a la emigración, a la sed, al exterminio directo, al hambre, a la guerra, a la enfermedad.

Es ocioso extenderse sobre esto: no lo ven y están llamados a verlo. Porque Dios ama a todos.

Por lo demás, como también hacíamos notar, los Papas tienen el derecho y el deber de indicar obligaciones morales universales, liberadoras; llamadas que no son sometidas a la condición previa de una conversión explícita al cristianismo. Es decir, mensajes que no consisten en decir: primero ingresa en la Iglesia, y luego conviértete en hacedor de paz y en guardador de la creación. La llamada universal está intrínsecamente vinculada a la llamada explícita a los cristianos para que recojan como tales estos retos, no abandonando su identidad para sumarse a una supuestamente superior ética mundial, sino para consagrar, estricto sensu, tales retos, con la conciencia de ser inmerecidamente luz y sal del mundo. «Animando» así, en el Espíritu, a los que responden al llamamiento universal desde sus propias tradiciones religiosas o desde su «buena voluntad».

Esto es lo que se trasluce del Magisterio de la Iglesia, que es expresión de la propia vida sobrenatural de la Iglesia... Y si alguno viera, como dijimos más atrás, que esta vinculación intrínseca no está suficientemente iluminada en algunas expresiones e iniciativas... que la ilumine.

Como también dijimos antes, aquí, no obstante, hablamos del contexto de contestación integral e integrista al Magisterio: no tienen nada que aclarar, es decir, de dar más luz, más claridad, porque a priori han sentenciado que todo el enorme bagaje doctrinal al respecto de San Juan Pablo II y de Benedicto XVI no existe, y que este Magisterio de Francisco es herético o irrelevante.

La recepción de *Laudato Deum* por este sector ideológico ha sido clamorosa en este sentido. Hay que hacer notar que el asunto del «cambio climático» no motivó el nacimiento del movimiento ecologista. Efectivamente, antes de que alguien empezara a hablar del «efecto invernadero», tal movimiento nacía desde diversas filosofías y concepciones del hombre, porque la desarmonía y la destrucción se iban haciendo cada vez más evidentes, más arrolladoras. De hecho, si un día toda la energía que usaran los seres humanos, toda, fuera «energía limpia» y «renovable», pero el modo de entender la existencia fuera el mismo que hoy impera... el reto ecológico seguiría en pie; pues, tal como se denunciaba en sus orígenes contemporáneos antes de hablar de cambios en el clima, los resultados de tal género de vida materialista y egoísta estarían ahí: contaminación de ríos y mares, deforestaciones, imparables producciones de increíbles y gigantescos macrovertederos, salinización de las aguas, desertización, extinción de especies, destrucción de parajes a causa de un urbanismo desintegrado y brutal... y todo lo que se nos ocurra.

Esto quiere decir sencillamente que los que atacan a Francisco por afirmar la realidad del cambio climático, obvian el reto en sí. Pues no están en él más que para burlas y denuncias de infiltración ideológica. Un reto que, como los otros, es sobrenatural, que tiene que ver con el amor a Dios, al prójimo, con la humildad receptiva. Es decir, que para un cristiano el luchar desde su identidad y con medios cristianos contra la desaparición de selvas y para defender a sus moradores, por ejemplo, está inscrito en la teología espiritual en que vive.

Por lo demás, *Laudate Deum*, que ha sido objeto de feroces y verdaderas burlas, forma parte de este Magisterio que apela al espíritu.

Hay dos tipos de negacionismo respecto al cambio climático. Uno niega los hechos, niega las anomalías que percibe cualquiera y que sufren no pocos hermanos. Este negacionismo ideologizado hasta el extremo y absurdo, sin embargo sí tiene predicamento en estos medios que resisten al papa Francisco. El otro es más serio y sí se le puede prestar atención: es el de quien no niega la evidencia de los hechos, la desarmonía climática y sus consecuencias para tantos, pero argumentan que el proceso no se debe a intervención humana determinante, sino al propio dinamismo cíclico de las evoluciones naturales.

El papa Francisco aduce contra esto la práctica unanimidad científica, que habla de responsabilidad humana, a lo cual sus adversarios de confesión católica le han contestado con un sofisma, enarbolando la figura de Galileo, quien se confrontó con esa práctica unanimidad científica y resulta que era él el que tenía razón... Así de sencillo: como aconteció el caso Galileo, no el Papa, ni nadie, puede aducir consensos científicos o de otra índole para recibir alguna luz sobre alguna cuestión disputada.

El problema es de fondo, es algo que está más allá de esta concreción ecológica; y es algo en lo que el integrismo no cree: la reclamación fundamental del Papa en este documento dirigido a todos, remata de modo determinante en una llamada a la moralidad y a la solidaridad. Pensando, primero, en los más pobres, es decir, en los que más sufren y van a sufrir. Esto y el reconocimiento de la soberanía de Dios sobre la creación, es lo cristiano del asunto, no los debates técnicos o científicos, hasta el extremo de que de algún modo es irrelevante para la autoridad de la *Laudate Deum* y sus contenidos el que un día se demostrara que la mayoría científica se había equivocado respecto a la etiología de estas desarmonías, sufridas como tales a escala de los vivientes.

Es decir, la reclamación de Francisco, que lo es por amor a las gentes y por el honor debido a Dios Creador —«Laudate Deum»—, seguiría en pie.

Por lo demás, muy seguros de sí deben andar estos cristianos burlescos e indignados para seguir atravesando una línea detrás de otra en un camino que conduce al páramo de la negación de los fundamentos de la eclesiología.

Llegados prácticamente al final de esta reflexión sobre «nuestros integristas» confieso que he de resistir la tentación de tratar de modo intenso este otro frente fundamental en la resistencia a Francisco: lo referente a la antropología sexual cristiana. Es demasiado extenso en sus referencias profundas y sus aplicaciones, luego sólo vamos a señalar, de modo somero, el espíritu que en este caso, como en los otros, creemos que alimenta la contestación.

Decíamos que *Amoris laetitia* asomó como el primer casus belli encontrado como excusa seria para fundamentar lo que ya era resistencia en unos y profunda incomodidad en otros. No venía tal reacción de un disenso constructivo o clarificador, o un caso de conciencia en que el que lo padece acentúa su humildad para recibir más luz y poder proponer en obediencia. Era sólo una expresión de lo que ya iba configurándose como impugnación al papado de Francisco.

Los integristas explícitos de Verbo en España, en 2016, atacaban al Papa por *Amoris laetitia*[706]. Desde estos ámbitos se acusaba al Papa de «personalista». Para ellos el «personalismo» es una deformación filosófica y teológica que negaría la objetividad para entregarse a una suerte de subjetivismo moral no individualista, sino *colectivo*, situacionista, prácticamente determinado por el devenir histórico. Sin tanta pompa filosófica, esta es la acusación que se hace al papa Francisco, acentuada después por su autorización y defensa de la Declaración *Fiducia supplicans*, en el año 2024: que se pliega a los deseos de la cultura dominante en el mundo occidentalista, el mundo que, por otro lado, estos integristas miman como una esencia que exigiría aplastar y expulsar a los musulmanes.

No creemos que sea así. El Magisterio del Papa no sólo señala sin complejos como elementos destructivos de la persona a muchos de estos postulados culturales, sino que afirma la verdad de la persona humana. Pero Francisco, con alma de pastor, se encuentra con una humanidad rota, frágil y fragilizada, a la que quiere acercarse para anunciar la misericordia de Dios. El capítulo de la discordia de *Amoris laetitia*, el capítulo octavo, no era en realidad más que un desarrollo del capítulo IV de la Cuarta Parte de *Familiaris consortio* de San Juan Pablo II. Era como un decir: hagamos esto que se propuso, no son enunciados, sino una tarea pastoral.

Como se enuncia explícita o implícitamente a través de afirmaciones solemnes, en *Amoris laetitia* y en *Fiducia supplicans*, la Iglesia no puede vender la verdad, porque la verdad es liberadora. Pero la verdad está inmersa en un misterio de gracia, y así debe ser propuesta, por atracción. Dejar entonces a Dios operar en el camino de quienes no pueden reconocer la verdad, percibida y en multitud de ocasiones presentada asimismo como losa, como obligación titánica. Y de quienes no la han conocido jamás.

---

[706] Cf por ejemplo, Daniele MATTIUSI, «La Exhortación Amoris laetitia»: *Verbo* nums 547-548 (2016) 535-546

Entonces acompañar, allanar el camino, mostrar con prudencia, no débilmente sino sin atragantar, la belleza de un horizonte que es inasequible porque es un regalo. Y no romper la caña cascada ni apagar el pábilo vacilante.

Esto es lo que se trasluce de los documentos: acompañar la fragilidad, en pos de la verdad plena, que se vivirá o no, se reconocerá con claridad o no, incluso se rechazará, pero que como tal verdad identificada con el amor, es el motor para seguir acompañando.

Ahí tiene sentido esa reflexión que hace Francisco sobre la eucaristía como viático de pecadores y no como premio. Tema delicado, susceptible de manipulación, sí... como todos. Pero acicate para ese acompañamiento y esas bendiciones personales a quien pide ayuda, por las que se les dice: no eres ajeno a Dios, a su Amor, no eres ajeno a la solicitud maternal de la Iglesia.

En esta llamada a «acompañar la fragilidad», la Iglesia encuentra elementos de verdad, de participación de la verdad, en situaciones vitales que son objetivamente dañinas o destructivas, o que estancan y atan a los hermanos a las fragilidades. El camino de liberación espiritual, que, repetimos, puede ser objeto de manipulación, de un querer que la *verdad* se identifique con la situación de cada cual, tiene en cuenta entonces esos elementos positivos: no puede negarlos como tales, son reflejos analógicos de la verdad plena, pueden ser soporte para una posterior catequesis espiritual que abra a los bellos horizontes de la verdad que libera, al descubrimiento de una relación esponsal con Jesucristo que va integrando la afectividad y la va elevando...

Esto, especialmente esto, la visión de analogías, el integrismo lo ataca con virulencia. Para la facción, estas advertencias papales son sencillamente un modo de legalizar. Sus análisis detallados del alcance de las palabras, sus cribas escolásticas de conceptos, perfectamente clasificados en su sentido y en todas sus relaciones, les conducen, en una atmósfera de matematización doctrinal, de tabla legal fija confrontada con la casuística para calcular penas, a negar la propia intencionalidad espiritual interior del Papa y de los colaboradores que hayan participado en tales propuestas. El integrismo juzga que no es un asunto que tenga que ver con la Verdad porque no concibe la Verdad en medio del barro de los hombres, es decir, que tenga expresión de paciencia, de progresividad, relativizando anomalías aparentemente insalvables en el amor que lo espera todo porque lo aguanta todo.

Benedicto XVI, a quien muchos opositores a Francisco acuden para fundamentar su postura[707], también aludía a este dinamismo reconocedor de elementos positivos incluso en situaciones objetivamente desastrosas. Un reconocimiento que no inmoviliza, o normaliza, tales situaciones, sino que puede ser la base de acercamientos personales y el soporte de posibles conversiones y purificaciones. En el libro *Luz del mundo*, Benedicto XVI mostraba uno de estos reconocimientos precisamente al interior de un contexto bien lejano de la doctrina cristiana de la sexualidad y el matrimonio: la prostitución masculina, en referencia probable a la homosexual y la transmisión del sida:

«Cuando un prostituido utiliza un preservativo, pudiendo ser esto un primer acto de moralización, un primer tramo de responsabilidad a fin de desarrollar de nuevo una consciencia de que no todo está permitido y de que no se puede hacer todo lo que se quiera. Pero ésta no es la auténtica modalidad para abordar el mal de la infección con el VIH. Tal modalidad ha de consistir realmente en la humanización de la sexualidad»[708]

Es decir, la verdad —esa «humanización de la sexualidad»— juzga como no adecuadas, además de dañinas, tales situaciones y tales soluciones, como la de la propagación del preservativo... y, por eso, porque la verdad ilumina, ve también que alguien que atrapado en tal contexto esclavizador, usa un preservativo para no dañar a otro, está protagonizando «un primer acto de moralización»...

La actual contestación integrista no entra en este universo de hermanos rotos hasta la médula. Para el integrismo todos estos apuntamientos se reducen a esto: unos hombres, encabezados por el papa Francisco, que se han entregado al modernismo y están socavando la fe. Y, según algunas de las tendencias de este integrismo emergente, esto sería un dinamismo programado, una conspiración interior en la Iglesia, con conciencia de tal.

---

[707] No nos cansamos de denunciarlo: después de haber cribado secciones enormes de su Magisterio que incomodan al integrismo

[708] BENEDICTO XVI, *Luz del mundo. El Papa, la Iglesia y los signos de los tiempos. Una conversación con Peter Seewald* (Herder, Barcelona 2010) 132

A MODO DE CONCLUSIÓN

1.- Pasión por la Verdad

La respuesta espiritual frente a cualquier ideologización que sustituye a la fe y frente a las ideologizaciones de la fe misma —y este es el caso— es implorar de lo Alto la gracia de la pasión por la Verdad. En mayúsculas, los cristianos contemplamos que esta Verdad es el rostro de Jesucristo.

Esta pasión sirve de impulso sobrenatural para resistir a los encajonamientos, tentación omnipresente a la hora de confrontarse con el reto que suponen las ideologías. La caída, tras esta tentación consiste en ser atrapados o en configurar una ideología contraria a la que se quiere combatir. Desde la realidad de lo espiritual esto supone el embarcarse en una batalla horizontalista en que las ideologías que chocan se retroalimentan.

Es la fe la que impulsa no sólo a resistir tales tentaciones, sino a empezar a mirar con otra mirada, más vasta y más profunda, con capacidad de juzgar esos horizontalismos. Sin olvidar a ninguno. De modo sucinto los enumeraba el papa Francisco en una intervención del año 2015 en referencia al imperialismo ideológico y otros ideologismos que acosan a los jóvenes africanos:

«En África, el futuro está en manos de los jóvenes, y hoy están llamados a defenderse de nuevas y desaprensivas forma de "colonización", como el éxito, la riqueza, el poder a toda costa, pero también el fundamentalismo y el uso distorsionado de la religión, e ideologías nuevas que destruyen la identidad de las personas y las familias»[709]

Aquí hay que ser claros al respecto: la denuncia del integrismo, de su propuesta en sí y de su actual pujanza agresiva en el seno de la Iglesia católica, no significa pendular ideológicamente y alinearse con sus antípodas mundanos: la cultura dominante en el universo occidentalista y estas eclesiologías, estas corrientes de espiritualidad y de teología moral que van al compás de las *novedades* del mundo rico. A éstos se les pueden aplicar las palabras que San Agustín a Juliano: «Admirable lo que decís, nuevo lo que decís, falso lo que decís»[710]...

Efectivamente, existe esa tentación, el quedar atrapados en las pugnas interiores que entablan las ideologías mundanas. En la Iglesia ha sido evidente, es evidente la existencia de esta pugna, es decir, la presencia del «modernismo que sacrifica valores eternos y el integrismo que mantiene valores caducos»[711].

Esto no es quedarse en una suerte de limbo, amorfo y sin vitalidad, sin propuesta, esperando a que el acontecer nos conduzca como muñecos... otra tentación más, y masivamente extendida. Significa, por el contrario, caminar en otro Espíritu. El péndulo ideológico del mundo seguirá: rigorismos asfixiantes son sacudidos, y cuando la libertad se repliegue sobre sí, se desvincule de la verdad y del amor y se torna esclavizante y autodestructiva, asoma otro género de asfixia y se reclaman «seguridades», «referentes»... con lo cual, la libertad vuelve a ser aplastada...

Fundamentalismo y relativismo se alimentan mutuamente. Pero el combate contra el integrismo, contra el fundamentalismo, no puede estar motivado por esta incongruencia, con el descrédito de la verdad, alimentando el desprecio o la sospecha relativista sobre la misma; o viceversa, luchar contra ese relativismo sólo por ese efecto indirecto que es el vacío y el temor que provoca la ausencia de referentes, y, por tanto, alentar la búsqueda de referencias con facha de firmes, seguras... y falsas.

Esta constatación es de algún modo secundaria a la respuesta cristiana, porque la respuesta cristiana es eminentemente positiva, no reactiva: el Amor de Dios. Y la libertad consecuente.

---

[709] FRANCISCO, *Al Simposio de Conferencias Episcopales de África y Madagascar* (7-2-2015)
[710] SAN AGUSTÍN, *Contra Julianum* III,3
[711] Cardenal SUHARD, Carta Pastoral *Essour ou déclin de l'Eglise* (1947)

En el caso de la confrontación con el integrismo esto supone lo que antes hemos señalado respecto a cualquier tentación ideológica: que tal denuncia no determina al alineamiento con los enemigos mundanos de esta ideología, no supone necesariamente otra ideologización de la fe, ni irenismo, modernismo, ni acomodos contemporáneos, ni falta de vigor o claridad. Porque la fe, la esperanza y la caridad no se sitúan en otro plano más que en el de la libertad soberana y el eclipse de nuestros temores. Sin cálculos... aquello de Leon Bloy, en expresión condicionada por su entorno cultural pero que indica una actitud enraizada sobrenaturalmente y, por tanto, universalista: «pedir el Espíritu Santo... y que vengan los cosacos»...

El carácter cosmovisivo del integrismo de matriz católica, que abarca las dimensiones humanas, lo espiritual, las actitudes, el vínculo con la religión, las dimensiones sociopolíticas... encuentra la oposición de la fe, que es asimismo constitutivamente cosmovisiva. Y tiene un dinamismo propio —el lenguaje de un amor notable— que configura sus respuestas a los restos del mundo de modo muy plural en las concreciones pero discernibles como algo que expresa la belleza de esta fe.

Estas respuestas chocan con el mundo. San Pablo VI, en reto absolutamente desoído, afirmaba que «las sociedades democráticas son insatisfactorias»[712]. Y a la vez condenaba dictaduras y autoritarismos.

La pasión por la Verdad nos conduce a evitar estos alineamientos sectarios. Entonces, como decíamos al inicio de este escrito, podemos, libremente, escuchar las reclamaciones integristas para discernir a qué retos se refieren, si éstos existen, y, una vez identificada la respuesta integrista como fundamentalmente errónea, no desdeñarlos aduciendo que provienen de ese mundo, sino configurar unas respuestas signadas por la Verdad que custodia y ofrece la Iglesia.

Hablábamos al respecto de la denuncia del liberalismo como ideología que disuelve la verdad y deja a los hombres como medio de relación una suerte de «contrato» en que los débiles son aplastados y en el que las almas se pierden en todas las degradaciones. O de la relación entre la Iglesia peregrina —comunidad de hombres y mujeres en la historia— con el carácter constitutivamente sociopolítico de la humanidad... vínculo irresuelto, irresoluble en plenitud pero que no puede estancarse ni

---

[712] San Pablo VI, *Octogesima adveniens* 24 (14-5-1971)

al modo de la resolución antievangélica integrista ni al modo contradictorio, dañino y asimismo brutalmente antievangélico que ha adoptado en el mundo occidentalista.

Y más retos propuestos a su modo por el integrismo pero reales como retos: la proclamación de la unicidad de Jesucristo, la noción y la vivencia de lo sagrado, la verdad y los males morales, el globalismo como uniformismo coactivo y seductor frente a tradiciones culturales, la propia concepción del hombre en el concierto del universo, su condición sexual...

Todos estos retos y algunos más constituyen seña de identidad de la propuesta ideológica integrista. Y todos ellos son retos reales para la Iglesia; Iglesia cuya esencia no ideológica, aun condicionada en su caminar histórico, suscita asunción de tales retos —los señale quien los señale— y un configurar las respuestas de modo intrínsecamente no ideológico. Yerran quienes para combatir al integrismo, a los fascismos emergentes, niegan la noción de verdad o la diluyen hasta hacerla irreconocible y exaltan como logro definitivo (Francis Fukuyama) a las democracias burguesas, se instalan en los códigos que asignan a la religión, a la Iglesia, un puesto de sacristía que incomode socialmente lo menos posible, se avergüenzan de la unicidad de Jesucristo, se suman a los entusiasmos globalistas tecnocráticos, se someten a las nuevas ingenierías antropológicas que redefinen al ser humano en pos de la liberación de *tabúes* y de la supuesta liberación de opresiones, sean reales o no... Yerran quienes para combatir las aberraciones espirituales que suponen las alternativas sociales aplaudidas por el integrismo, es decir, el mundo de Orbán, de Trump, de Abascal, de Salvini, de Bolsonaro o de cualquiera de los que representan ese tono, callan y se complacen con las aberraciones espirituales que suponen asimismo el mundo mercantilista, cruel e hipócrita de la Unión Europea, el mundo de Obama, de Gore, de Soros, de Macron...

Unos y otros de estos poderosos, y los seguidores respectivos corrompidos por los disvalores de sus mundos, llamados a santidad, amados de Dios...

La Verdad juzga que esta dialéctica ideológica daña. Y un primer daño constatable siempre es el desamor... Al hablar de estas alternativas confrontadas entre sí a ras de tierra, acabamos de citar nombres propios como representantes de universos ideológicos. Es la pasión por la Verdad precisamente la que, venida del Amor, conduce a los terrenos del Amor: al deseo (y la intercesión y el testimonio) de que esas personas concretas y poderosas, un Trump o un Obama, un Salvini o un Soros, encuentren la Verdad, se dejen seducir, se enamoren sobrenaturalmente... De cuando en cuando se han manifestado en la historia milagros de este género. Con expresión milagrosa... Imaginar a uno de estos hombres pidiendo perdón por todo, desprendiéndose de todas sus riquezas, rezando en algún barrio miserable y trabajando piel con piel con hermanos aplastados... y sin escoltas ya, expuestos a la violencia vengativa, con el corazón liberado de temor, instalado en la vida eterna...

2.- Amar a los integristas, evangelizar a los integristas

Si recapitulamos en una valoración todo lo ducho en este libro, llegamos a la afirmación clara de que el integrismo tiene rostro de herejía dañina, que puede conducir a la muerte espiritual y que representa uno de los peligros más profundos que acechan a la Iglesia... pues, tal como sucedía con Israel y el fariseísmo, el mayor peligro no parece estar en los explícitos opositores, o en los heterodoxos manifiestos como tales que niegan entidad a la Iglesia, o incluso en las sutiles penetraciones gnósticas. Tampoco en las tendencias eclesiológicas que enarbolan desacralizaciones y secularismos, pues los hijos espirituales de estos *progresistas* suelen ser ya gentes sin fe, ajenos a la Iglesia y, por tanto, objeto de una primera evangelización.

El mayor peligro es mantener a la gente en misa mientras se les aleja de la gracia y de la caridad: esto es, en sí, el integrismo de matriz católica, por más que en la vida de cada cual de los adeptos haya signos positivos que tienden a desmentir este grave juicio. Pues, como decíamos más atrás, Dios es fiel, es Amor, ama a cada uno de estos hermanos, se *introduce* en rendijas del alma, *aprovecha* el caos de contradicciones interiores que puede vivir cada uno de ellos... y obra realmente el *Ecclesia suplet*, y el *opere operato* sacramental, la realidad santificadora que lucha y se abre paso en la confusión y en las resistencias de los fieles.

Sin embargo, la valoración persiste: por los muchos frutos malignos, por las propias expresiones, actitudes y apoyos a determinadas causas que no oculta el integrismo. Alejar de la gracia y la caridad, hacer de la fe cristiana una ideología repulsiva y odiosa.

Pero la respuesta a tal ideología no es el odio a sus adeptos, ni la indiferencia, el desamor. Es, lo decimos otra vez, el Amor, el deseo vehemente de liberación de los muchos atrapados por esta ideología sectaria, que mueve espiritualmente al orgullo... Si alguno de sus intelectuales propagadores se topara por milagro con estas páginas concretas, brotaría en su rostro, como les brota una y otra vez, una irónica sonrisa ante un pobre imbécil que difunde modernismo.

El aparato conceptual del integrismo es, ad intra, muy sólido. El sentimiento de sentirse elegidos para una cruzada también lo es. Como preguntaban con sorna los sacerdotes del canal de internet «La Sacristía de La Vendée», «¡A ver si los herejes vamos a ser nosotros!»...

Es decir, un estudio como el que ahora culmina, quizá pueda ayudar a hermanos concretos a disipar alguna duda, a fundamentar en la enseñanza de la Iglesia lo que su corazón intuye, a tomar conciencia de aspectos y dimensiones aparcados y de la existencia de testigos que no conocía... pero ningún libro va a convertir en católico a un integrista, ni a nadie. En este caso con obstáculo añadido, pues en la visión que tiene de sí mismo él representaría la pureza y la claridad del catolicismo.

Evangelizar a los integristas no puede ir, por tanto, por vía de persuasión, sino por vía de testimonio.

Los que han salido del cosmos integrista —y no han caído en el efecto rebote adhiriéndose a las disoluciones *progresistas*—, son hermanos y hermanas deslumbrados por el Amor. El lenguaje consecuente ha solido ser la inmersión en los mundos del sufrimiento humano.

Por nuestra parte, sin desprecio ninguno pues no somos nada, pero sin vender la Verdad, quede, nada más y nada menos, el ser ante ellos testigos de la fe de la Iglesia «que nos gloriamos de profesar» y que desborda nuestras pobres capacidades y expectativas; testigos del anhelo de libertad frente a las constricciones del mundo; testigos —por pecadores— del perdón gratuito, del amor gratuito... alegres disidentes que saben que, como decía Santa Juliana de Norwich, «todo acabará bien». Y gente enamorada. Con carencias, pecados, insuficiencias, mezquindades, tonterías, cegueras... pero enamorados.

Salud.

EDITORIAL ANAWIM

Quiénes somos

Sencillamente somos un pequeño grupo de cristianos, católicos, que hemos conocido el Amor de Dios. No sólo a nosotros sino a toda persona llamada a la existencia... y en un misterio cósmico que un día se revelará tras los dolores de parto, un Amor que envuelve y transfigura a toda criatura.

Esta vivencia, que ya ha trastocado todas nuestras vidas, es el motor de esta pequeña editorial. Una editorial que quiere estar atenta a los dolores del mundo, a ese caudal de sufrimiento que nadie puede calcular. Y a los destellos de belleza y de bondad que asoman por doquier, y a las esperanzas y alegrías de todas las gentes.

Qué pretendemos

En comunión con la Iglesia, con la conciencia de que sus llamadas más candentes, más ardientes, más comprometedoras, son desconocidas o situadas en un segundo plano en el alma de muchos hermanos. Así pues, una editorial para intentar, humildemente y confiando en la acción misteriosa de la Providencia, dar luz sobre unas «enseñanzas sociales» transidas de amor sobrenatural y de un lenguaje religioso personalista que remite al Señor de la Historia...
Antiguas inquietudes que conservan todo su valor y vigor originales; personajes desconocidos, sorprendentemente desconocidos, y cuyas vidas son como una inaudita bocanada de esperanza y de verdad; nuevos retos, profundos, complejos, reducidos al fin a la sencillez de la respuesta del amor a cada cual... Todo con sabor a rebeldía, a disidencia, a la alegría del abandono en Dios a través de las luchas por un mundo justo y pacificado, hermanado a la sombra del Padre.
Todas las batallas que el papa Francisco ha expresado en la encíclica *Fratelli tutti*, todos los ámbitos de relación, con Dios, consigo, con los otros, con el universo... La no violencia activa y orante; la lucha por la paz; la justicia y la mística de la revolución social; el amor preferente por los últimos y los descartados; el inmenso y acallado mundo de los presos y prisioneros; los pueblos indígenas como custodios de sabidurías y últimos guardianes del paraíso acosado por la destrucción; las víctimas de los racismos y los combates por el honor y la libertad de todos; el universo de los adictos que aboca a los

amores gratuitos; la dignidad de la mujer y el despliegue de todas sus específicas potencialidades; la complejísima e irresoluble cuestión de la identidad de los pueblos y el universalismo, solo abordable desde el espíritu con el que el Espíritu ungió a Gandhi; el mundo de las discapacidades y la justicia social y la voz que nos dice miremos a la persona en sí; los retos de la bioética desvinculados tanto de blasfemas sumisiones a la cultura dominante y sus leyes como de encorsetamientos conservadores... Y el ecumenismo de la pasión por el hombre, que nos conduce a encontrarnos en los caminos del sufrimiento con los hermanos separados. Y el rastrear huellas del Espíritu allí donde se manifiesten, en las religiones, en las culturas... El misterio de Israel, la fraternidad sobrenatural con las gentes del islam... Y la belleza de la Creación, el desafío de la suciedad, la desarmonía, la extinción...

Una mirada de tensión universal desde el misterio de la Iglesia, donde se abisman y se sacramentalizan los anhelos verdaderos de todo hombre y mujer, en todas las edades y latitudes.

Unos modos

Entonces... desproporción absoluta: desde la insignificancia y la pequeñez, pretensiones totales, querer llegar a escalar en medio de cánticos subversivos «las colinas creadoras de la protesta» (Martin Luther King), rodeados de una nube de testigos, como dice la Escritura.

Y en esta pequeñez agraciada cuidar los signos: un espíritu no lucrativo, querer ayudar a otros, si Dios lo permite y lo bendice, mediante la creación de trabajos vinculados a la marcha de la editorial. Permitir, por supuesto, la reproducción total o parcial de lo publicado. Usar de materiales lo más respetuosos posible de los dinamismos vitales de la «Hermana Madre Tierra» (San Francisco). Estar abiertos a la sorpresa respecto a las iniciativas.

OTROS TÍTULOS DE LA EDITORIAL